纪念杜亚泉诞辰150周年

杜亞泉研究论集

张稷 施亚西 编

商务印书馆
The Commercial Press

图书在版编目(CIP)数据

杜亚泉研究论集 / 张稷，施亚西编. — 北京：商务印书馆，2024

ISBN 978-7-100-23211-1

Ⅰ. ①杜… Ⅱ. ①张… ②施… Ⅲ. ①杜亚泉（1873-1933）—人物研究—文集 Ⅳ. ①K825.42-53

中国国家版本馆CIP数据核字（2023）第215095号

权利保留，侵权必究。

责任编辑：刘　芳
封面设计：李明轩

杜亚泉研究论集

张稷　施亚西　编

商 务 印 书 馆 出 版
（北京王府井大街36号　邮政编码100710）
商 务 印 书 馆 发 行
北京启航东方印刷有限公司印刷
ISBN 978-7-100-23211-1

2024年12月第1版	开本 710×1000　1/16
2024年12月北京第1次印刷	印张 46　插页 4

定价：198.00元

读《杜亚泉文存》
——施亚西

透过
浩如烟海的文字,
触摸到
一颗挚诚的心。
深切地关怀着
民族的复兴,
人类的命运。

冷静的科学头脑,
温和的人文情怀。
他说愿为一片落叶,
奉献给未来的森林。

杜亚泉（1873—1933）

此书于卒而欲署姓名发还之名故书中记儋父及萃翁等则疑两开恨书店将书西及底页中为子署姓名殊未达于意难他亚亦于署之则疑然于名也似乃以则疑代子名名中则疑宾客与于无关关系呼牛呼马听之可也 著者记

杜亚泉留影

猶任館外編輯事至病中不輟蓋 先生與商館共安樂共患難有始有卒積三十年聞其逝時婦病於室子讀于校幼女猶待字世經喪亂家鮮蓋藏一棺戴身幽明礼隔嗚乎傷已謹綴辭而誄之曰

鶴語歲寒 傳來薤唱 聞我 杜君 負痾屬纊 與君同舟 汪汪在望 緝柳編蒲 學術相餉 功繫人文 卅年坐奮 忽告殂謝 身隨道喪 赴書遠來 慘聞清況 妻老子孤 室無蓋藏 感念人琴 能無悽愴 遙想堦前 芝蘭茁壯 培養成林 大宗足仰 渺渺于懷 臨風悵恨嗚乎

　　　愚弟 張元濟 拜撰

杜亞泉先生誄辭

中華民國二十二年十二月杜君海生以書來告其尊子亞泉先生逝世噩聞而盡然

先生於前清光緒末葉在滬自設普通學書室營廢著之術其時商務印書館亦既成立先生以所業不振舉而併入商館並受聘為館中服務遂獲與先生訂交各守職事朝夕編摩相處奉教者凡二十年（元濟）辭職已垂十稔而先生之任編輯益為館中倚重雖其間瞻晤疏濶未嘗不歎其勤且勞也不幸前年遭日兵禍亂全館被燬先生始蒙難而出退休珂里然

编者前言

张稷

2023 年是杜亚泉先生诞辰 150 年、逝世 90 年。2 月 11 日适商务印书馆创立 126 年馆庆日，筹备两年的"商务印书馆历史陈列馆"对公众开放。陈列馆位于王府井大街 36 号，商务印书馆涵芬楼书店二层，总面积约 500 平方米，展线约 200 延米。要用区区 200 米勾勒商务百廿年的企业历史，并展现深嵌其间的数万种出版物、难以计数的文化出版名家和文化教育诸事业，只得去繁就简、一再浓缩。即便如此，笔者统计，晚清民国时段（1897—1949）近 4 万字介绍文字中，杜亚泉共出现 21 次，仅次于张元济、王云五、茅盾，排在第四位。这一结果，与杜亚泉的贡献完全匹配。

杜亚泉（1873—1933），原名炜孙，字秋帆，浙江绍兴人，笔名高劳、伧父、陈仲逸，近代著名出版家、教育家、思想家、编纂家、翻译家，二十世纪科学先驱。1873 年（清同治十二年）9 月 14 日（农历），出生于浙江绍兴府会稽县伧塘乡一个殷实的商人家庭。杜亚泉自幼承家庭厚望勤奋读书，1889 年十六岁即中秀才。1891 年十八岁乡试落榜后，始觉"帖括非所学"，转从族叔杜山佳治训诂小学，罗致群书，昼夜研读。1894 年赴杭州入崇文书院，就秋试再次落榜。1895 年应岁试，考经解获全郡第一。因甲午战败，遂对功名之学产生怀疑，转求实学，始研习数学。先随杜山佳研习中算，后改研习西方数学，攻读李善兰、华蘅芳所译西方数学书籍，1898 年算学考试再冠全郡。同年接受中西学堂监督蔡元培之聘，任该校算学和理科教员，购江南制造局所译自然科学诸书，自学理化和矿植动物之学；又自学日语，不久能直译日文图书。在校期间，与蔡元培均主张维新思想，与旧学究多有辩争。1900年9月，因矛盾激化，与蔡元培一同辞去学校职务，来到上海。

1900年，杜亚泉在上海创办亚泉学馆，招收学生教授理化博物知识，被认为是近代私立大学之嚆矢①。10月（农历）创办半月刊《亚泉杂志》，共出10期，普及科学尤其是化学知识，被誉为完全由国人自办的第一份科普杂志。1901年11月得到父亲资助，将亚泉学馆改为普通学书室，办自然科学和社会科学并举的《普通学报》，编译出版科学书籍和国文、历史等"普通学"图书。《普通学报》共出5期。《亚泉杂志》和《普通学报》均由商务印书馆代印，杜亚泉因此与张元济、夏瑞芳等结识。1901年10月，杜亚泉与蔡元培、张元济等合办《外交报》，并代为发行。

1901年，杜亚泉应邀为商务印书馆编写教科书。1903年，商务印书馆出版杜亚泉所编《绘图文学初阶（初等小学堂用）》，为商务印书馆第一部国文教科书。1904年杜亚泉正式加入商务印书馆，担任理化部主任，是商务印书馆第一代编辑，与高梦旦、陆尔奎并称编译所"早期三杰"。1932年"一·二八"事变爆发，商务遭日军炸焚被迫停业，杜亚泉在慌乱中携家眷回乡避难。商务复业后，杜亚泉居家乡担任馆外编辑。1933年冬，患肋膜炎在贫病交加中去世。杜亚泉服务商务前后三十余年，其中先后任编译所理化、博物等部主任28年，主持《东方杂志》约9年。编写、编译、校订的各类教科书、工具书等近百部，撰写科学、教育、文化、政治、经济、社会、语言、哲学等各类文章400余篇。期间创办新中华学院等学校，参加国音统一运动，组织旅沪同乡会等。杜亚泉一生致力"为国家谋文化上之建设"，为中国近代科学启蒙与文化教育事业，为商务印书馆的企业发展，鞠

---

① 袁翰青：《自学有成的科学编译者杜亚泉先生》，《1897—1987商务印书馆九十年——我和商务印书馆》，商务印书馆1987年版，第84页。原载1982年2月7日香港《新晚报》。

编者前言

躬尽瘁，做出了巨大的贡献。

本书缘起于10年前的2013年，时值杜亚泉诞辰140年、逝世80年。笔者注意到商务本馆的历史整理，对包括杜亚泉、高梦旦、邝富灼在内第一代编辑关注不足。中华人民共和国成立之初，人们对商务印书馆在新时代的定位，是经过了一个探索过程的。对于商务印书馆本身，以及包括杜亚泉在内的馆内人物的认识，也是随着时代的发展而逐步展开的。甚至连商务印书馆的灵魂人物张元济的名字，也一度被历史的尘埃遮盖。杜亚泉比之更甚。正如龚育之、王元化所言，杜亚泉曾经是"'五四'新文化论战中的那位守旧派"[1]；"不但他的生平和功业很少有人提及，就连他的名字也似乎渐渐湮没无闻了。"[2]

1949年后商务印书馆对自身历史的整理研究，始自20世纪50年代末陈翰伯主持商务期间。80年代陈原主持商务，继承了陈翰伯开创的馆史工作，继续搜集本馆史料，形成在馆庆逢五、逢十的年份，结集出版馆史文集的循例。馆庆纪念图书中，先后收入了袁翰青《自学有成的科学编译者杜亚泉先生》[3]、胡愈之《追悼杜亚泉先生》[4]、汪家熔《"鞠躬尽瘁寻常事"——杜亚泉和商务印书馆与〈文学初阶〉》[5]。但有关杜亚泉的重量级史料和研究，如张元济所撰《诔辞》、蔡元培《杜亚泉君传》，以及周建人、章锡琛、张梓生等人撰写的纪念回忆文章等一手史料，均未收入。2014年，笔者在《商

---

[1] 龚育之：《科学·文化·"杜亚泉现象"》，龚育之：《思想解放的新起点》，湖南人民出版社1988年版，第141页。
[2] 王元化：《杜亚泉文选·序》，田建业等编：《杜亚泉文选》，华东师范大学出版社1993年版，第2—3页。
[3] 袁翰青：《自学有成的科学编译者杜亚泉先生》，《1897—1987商务印书馆九十年——我和商务印书馆》，商务印书馆1987年版，第83—87页。
[4] 胡愈之：《追悼杜亚泉先生》，《1897—1992商务印书馆九十五年——我和商务印书馆》，商务印书馆1992年版，第63—66页。原载《东方杂志三十周年纪念号》31卷1号，1934年1月。
[5] 汪家熔：《"鞠躬尽瘁寻常事"——杜亚泉和商务印书馆与〈文学初阶〉》，《商务印书馆一百年1897—1997》，商务印书馆1998年版，第669—687页。

务印书馆馆史资料》新 4 期里,将蔡元培等人的回忆,以及周武《杜亚泉与商务印书馆》等的研究一起,以"万山不许一溪奔——再识杜亚泉"为题,组成了杜亚泉纪念专题刊出。三年后,上海分馆同人推荐过来一部颇感为难的杜亚泉研究文集,让笔者有机缘与本书的另一位编者施亚西先生相识。经过数月书信往来和电话交流,决定在杜亚泉逝世 85 年之际,重新编辑一部杜亚泉研究文集。

杜亚泉的当代发现始于科学界,经历了科学—出版—思想—人物综合研究的四个阶段。即由科学界的率先发现,到出版界对其历史贡献的肯定和生平史料的补充,再到思想界对其思想价值的认识、深化和提高,最后发展到对杜亚泉作为历史人物的整体研究。笔者所见新中国第一篇杜亚泉研究文章,是 1956 年 6 月发表于《新中医药》第 7 卷第 9 期、由朱孝慈所撰的《杜亚泉的生平及其医学学说》。文章介绍了上世纪 20 年代末"中西医之辩"时,杜亚泉发表《研究中国医学的方法》,对中医所持肯定态度以及对中医方法的认识。文章发表的时间,正值中华人民共和国成立早期,"一穷二白"、缺医少药的情况下,自上而下兴起了一股中医热。这篇文章在医学界和思想文化界均未引起反响。

杜亚泉研究第一篇有影响的文章,是袁翰青《自学有成的科学编译者杜亚泉先生》,于 1982 年 2 月 7 日,即商务印书馆创立 85 周年纪念日前四天,发表于香港《新晚报》。袁翰青是著名的化学家、化学史家,时任全国政协常委。该文介绍了杜亚泉的生平,充分肯定了其对于商务印书馆、对于二十世纪中国的科学普及以及在近代科学图书编纂出版等方面的历史贡献,认为杜亚泉是 19 世纪末 20 世纪初介绍西方科学最有成就的人。袁翰青毕业于清华大学化学系,赴美留学并在美短暂执教后回国。历任国立中央大学、北京大学化学系教授等,是 1949 年后中国科学院第一批学部委员。1952 年,早

编者前言

年在上海商务印书馆工作过的出版署长胡愈之约谈袁翰青，派他到当时尚属私营公司的商务印书馆担任编审部长，领导商务印书馆出版科学图书。袁翰青实为新中国时期商务印书馆的第一任总编辑。袁翰青的多重身份中，每一个身份都令他注意到杜亚泉——这位在化学史、科学普及和商务印书馆的出版事业中"功业彪炳"的前辈，袁翰青同时注意到杜亚泉在思想史、文化史上的巨大存在。

袁翰青的文章，首先在商务印书馆和杜氏家族中激起了涟漪。当时商务印书馆有位唐锦泉老先生，负责编辑《商务印书馆馆史资料》。1983年7月20日，在杜亚泉诞辰110年、逝世50年之际，《商务印书馆馆史资料》第22辑，刊登了谢振声、杜其垚、杜其在、杜其执联合署名的《缅怀杜亚泉先生（1873—1933）》。文章介绍了杜亚泉的生平和贡献，补充了日常生活和性格特点等内容。这篇文章，还回忆了"一·二八"事变之后，商务没有给付杜亚泉"应得的退职金"而致全家生活陷入拮据困顿的晚景，介绍杜亚泉在极度困难中，变卖家产维持家庭编译所——千秋编辑所[①]，编辑《小学自然科词书》的情形，并评价其"几十年如一日，竟日流光在案头，为了普及科学知识，鞠躬尽瘁，死而后已。""虽身后萧条，没有给亲属后代留下物质的遗产，却替整个社会留下了无数精神遗产"。袁翰青的文章也引起杜亚泉故乡浙江绍兴的关注。同年12月创办的《绍兴县文史资料选辑》的第一辑，便收入了杜耿荪撰写的《杜亚泉——商务印书馆初创时期的自然科学编辑》。杜耿荪为杜亚泉共曾祖的堂弟，比杜亚泉小36岁，在杜亚泉晚年时曾与之有过密切接触，该文发表时杜耿荪刚刚去世。1990年这篇文章被收入《浙江文史资料选辑》第43辑，题为《杜亚泉——商务印书馆的老编辑》，内容上有些微差别，文末注明写作时间为1963年5月，后者当为前者的底稿原

---

① 杜其在：《鞠躬尽瘁寻常事，动植犹然况人——回忆我的父亲杜亚泉》，《商务印书馆馆史资料》（内刊）第42期，1988年11月29日，第4页。

文。文章对杜亚泉生平做了大量补充，如：在商务工作之外的部分，补充了杜亚泉于清末投入浙江保路运动、参加国音统一委员会、参与汉语拼音字母创制、为旅沪同乡奔走操持等事迹；在商务工作部分，则补充了网罗编译所人才、编译所内部分工等情形；介绍离开商务后在世最后两年，于贫病交加中编书讲学的情形；还详细介绍了杜亚泉历次热心办学的经过等。该文是杜亚泉生平史料的一次丰富补充。文章还正面描述了杜亚泉与王云五的矛盾，直接表达了对以王云五为代表的馆方在"一·二八"事变前后、杜亚泉去世前后表现的不满。

1988年为杜亚泉诞辰115年、逝世55年。这年5月，人民大会堂举行了一场科学与文化论坛座谈会。时任中共中央宣传部副部长龚育之，发表了题为《科学·文化·"杜亚泉现象"》的演讲。他首先肯定了杜亚泉的历史贡献，说"他一生为中国的科学和教育事业辛勤工作，他在这方面的贡献是不可抹煞的"，是"一位在中国传播自然科学知识的'先驱者'。"但接着又说："我同时惊讶地发现，他原来就是'五四'新文化论战中的那位守旧派！"龚育之发出了"杜亚泉现象"之问——"为什么一个介绍自然科学知识的先驱者会成为新文化运动中的落伍者，集先驱和落伍于一身？为什么会出现这样的矛盾现象？"主管意识形态的高层领导，率先从思想史的角度提出对杜亚泉思想进行再检视、再评价的倡议，并鲜明表态道："完全赞成对杜亚泉这位中国近代文化史上的人物作出如实的、全面的、公正的评价，不应该让他只是作为反面形象留在后人的心目中和史书上；我也赞成对杜亚泉在文化论战中的论点再作分析，可能其中也会有某些有价值的，曾经被忽视了的东西。"龚育之在演讲中提到"近年研究中国近代科学史，有些同志提到了他。我就是因此才知道有这样一位在中国传播自然科学知识的先驱者的"。龚育之同样毕业于清华大学化学系，比袁翰青晚23年，是具有科学背景的文化官员。他受化学家袁翰青的影响,注意到化学先驱杜亚泉的思想价值并提出了"杜亚泉现象"之问。杜亚泉的再发现,真是一个因化学而产生的化学反应般奇特效应的历史巧合,袁翰青则为其中的关键性人物。

80年代的中国,外部处于"和平与发展"主题下相对宽松的国际环境,内部则处于改革开放大潮中相对包容开放的时代氛围,主管意识形态的中宣部领导为"作为反面形象留在后人心目中和史书上"的历史人物"张目",引起了知识界的巨大反响,同时也再次引起了杜氏家族、杜亚泉故乡以及学术界的浓厚兴趣。杜亚泉的两个儿子杜其在、杜其执,杜其执的夫人施亚西,开始着手翻检杜亚泉生平史料及其所撰述的著作文章,以增加对这位被中宣部副部长点了名的长辈的了解。1988年11月29日,《商务印书馆馆史资料》第42期刊出杜其在撰写的《鞠躬尽瘁寻常事,动植犹然而况人——回忆我的父亲杜亚泉》,对杜亚泉晚年生活情形等作了补充,文章经大幅修订,被收入许纪霖、田建业所编,三联书店1999年出版的《一溪集——杜亚泉的生平与思想》。

与五年前不同,本轮由龚育之发起的对杜亚泉的关注,聚焦在对杜亚泉的思想价值的再认识。与当时尚在世分别从事金融和科技工作的杜氏兄弟不一样,施亚西为华东师范大学中文系一位出色的学者,后又调到华东师范大学出版社工作,通过阅读杜亚泉文章,她很快认识到杜亚泉思想蕴含的丰富的思想文化价值。自此施亚西开始致力于推动杜亚泉研究,成为数次杜亚泉学术研讨活动和多部杜亚泉研究文集的重要推动者。她常常和周围的学者探讨,鼓励他们研究杜亚泉思想和生平。通过施亚西、田建业、许纪霖、高力克、任元彪等一批学者的耕耘和推动,杜亚泉的生平、思想和人格,不断被世人认识。

1993年在杜亚泉诞辰120年之际,田建业、姚铭尧、任元彪选编的《杜亚泉文选》编成,施亚西、许纪霖请王元化为之作序,王元化撰成长文

《杜亚泉与东西文化问题论战》①，以一个全新的视角，回顾了发生在上世纪一〇年代的东西文化问题大论战，对杜亚泉主要思想主张进行全新解读，对龚育之发出的"杜亚泉现象"之问予以了正面的回答。这篇文章，再次将杜亚泉推到当代思想史视界，在学术界产生了轰动效应和连锁反应。11月17日，上虞市委、市政府和上海历史学会联合在杜亚泉故乡上虞举办了"全国纪念杜亚泉先生诞辰120年暨学术思想讨论会"，王元化、蔡尚思、汤一介、乐黛云、庞朴、张汝伦、姜义华等著名学者纷纷到场，会议引发了空前的讨论和研究的热潮。自此，杜亚泉研究在以沪浙学者为主体的学界延续了下来，并形成了每十年组织一次杜亚泉学术研讨活动的惯例。2003年10月17日，上海历史学会、上海教育出版社、《文汇报》理论部在上海组织"杜亚泉诞辰130年暨学术研讨会"，王家范、许纪霖、周武、章清、高力克、施亚西等学者参加。2013年10月17日，"纪念杜亚泉诞辰140年暨杜亚泉学术成就研讨会"在上虞举行。熊月之、许纪霖、苏智良、高力克、田建业等学者参加。2014年6月10日，由华东师范大学出版社、闸北革命史料陈列馆等举办的"杜亚泉思想现代价值学术研讨会"在上海图书馆举行。施亚西、田建业、徐培华、汪义生、葛乃福、施炎平、潘颂德等参加。

在以上研究和动员的基础上，杜亚泉研究逐渐结出硕果。1998年9月，浙江人民出版社出版了高力克著《调适的智慧——杜亚泉思想研究》；2003年5月，由许纪霖、田建业编辑的《杜亚泉文存》由上海教育出版社出版；2014年6月，由戴逸、柳斌杰主持，周月峰编《中国近代思想家文库·杜亚泉卷》由中国人民大学出版社出版；2016年1月，施亚西、田建业编《杜亚泉重要思想概览》由上海社会科学院出版社出版；2017年3月，陈镱文著《〈亚泉杂志〉与近代西方化学在中国的传播》由科学出版社出版。杜亚泉研究还存在于科学史、《东方杂志》、近代思想文化研究的论文和专著中。

---

① 王元化：《杜亚泉文选·序》，田建业等编：《杜亚泉文选》，华东师范大学出版社1993年版。

高校及研究机构的硕、博论文以杜亚泉为题者亦不鲜见。杜亚泉《辛亥前十年中国政治通览》《人生哲学》《博史》《处世哲学》等著译，近年亦被再版，有的著述还被多家出版社再版。随着对杜亚泉研究的深入，"杜氏生平与思想的众多方面，包括《亚泉杂志》与《普通学报》、杜亚泉与商务印书馆、与《东方杂志》、与新文化运动、与白话文、与科学普及等，都得到了研究，特别是他与陈独秀关于东西文化的争论，研究得尤为透彻，其意义得到了阐发，价值得到了肯定。一个久被尘封、忘却或误读的杜亚泉，已以其博雅、开明、周详、深刻的思想家形象，站立在思想史上。"① 当然杜亚泉身上"保守""落后"的灰色标签，实际上也早已被揭了下来。2022 年 4 月，杜亚泉第一部传记、刘晓嘉著《中国出版家·杜亚泉》由人民出版社出版。至此，杜亚泉研究从科技史、出版史、思想史诸领域，推进到人物的综合研究。

除了以上成果，还有大量研究文章散见于各大报刊。1999 年三联书店出版了由许纪霖、田建业所编《一溪集：杜亚泉的生平与思想》，为第一部杜亚泉研究文集。文集公布了家人收藏的《杜亚泉先生讣闻》所载张元济、蔡元培等人的纪念文章，并收入了国内第一批研究成果。这些史料的公布和文章的结集出版，是杜亚泉研究的新起点。20 多年过去了，新的研究文章已逾数百篇，而编辑本文集，意在辑录二十余年来杜亚泉研究的代表性文章，反映杜亚泉研究的新近方向和成果，同时对杜亚泉著述和生平史料做一点整理和补充。

由于施亚西先生年岁已高，疫情后身体愈加虚弱，加之杜亚泉思想面向之丰富、论述之深刻、史料之宏富，而笔者水平有限，这些情况令书稿编辑过程颇为艰巨。思想史依然是杜亚泉研究的主线，有关论文按政治、经济、哲学、社会、教育、科学、编辑、生平等分类选编。选编时亦考虑了内容、

---

① 熊月之：《略论杜亚泉思想特色》，《历史教学问题》2014 年第 1 期，第 4 页。

结构、作者、篇幅等的平衡。内容分为四个部分：其一，基础史料。收入杜亚泉去世后，生平旧友、旧同事如张元济、蔡元培、胡愈之、周建人、章锡琛、张梓生等的纪念文字等；杜亚泉后人亲属如杜耿荪、杜其在等的回忆文章以及新发现的商务旧同人周榕仙的文章等。其二，论文。涉及杜亚泉思想中的中西文化关系、杜亚泉思想背景研究、启蒙思想与调和论、杜亚泉思想与当代价值重建、国民性思想与价值体系、政治思想及其比较研究、经济与社会思想、进化论与科学主义的反思等研究，以及杜亚泉教育思想与编辑思想、杜亚泉与商务印书馆等文章。王元化《杜亚泉与东西文化问题论战》揭橥杜亚泉研究的源起，彰显中西文化问题之于杜亚泉研究的核心地位；熊月之《略论杜亚泉思想特色》总结了杜亚泉人格与思想特征及其成因；许纪霖《"旧派中的新派"在"五四"前后的命运》，指出中西文化论战实为两代知识分子（清末新派知识分子与"五四"知识分子）启蒙大旗易帜的事件本质。此三篇置于论文部分的起首，便于读者迅速形成杜亚泉生平及思想特征的整体印象。文集收入高力克、洪九来、陈镱文等对杜亚泉思想及生平已有深入研究的学者的新近成果，同时将更大篇幅交给了新加入研究者。如，历史学家汪晖、罗志田等，将杜亚泉思想置于中外历史的大背景下细密考察，对杜亚泉思想的形成演变有了深入的分析揭示。其三，统计表。为编者利用当下信息技术和数据平台，在前辈已有整理成果的基础上，增订整理的杜亚泉著述成果等。其四，前言后语。笔者所撰《编者前言》，介绍了文集编辑经过和主要内容。施亚西《编者的话——我所理解的杜亚泉》，以杜亚泉后代家属和研究者的双重身份，概述其认识杜亚泉思想的历程，披露了杜亚泉研究的一些历史片断，对杜亚泉主要思想亦作了介绍。文集编辑期间，笔者曾数次拜访施亚西先生，往来书信数十封，笔谈数万字，领受了编辑前辈对后辈的信任和爱护，也感受到杜氏家人对商务印书馆出版该文集的看重；这些书信亦表露了这位世纪老人对这片土地深沉的情感、洞见与忧思。2023

编者前言

年不仅是杜亚泉诞辰 150 年，去世 90 年，亦是施亚西先生期颐之年，笔者竭尽全力仍未能在当年完成这部文集，不能不说是一个巨大的遗憾。

编辑本文集期间，笔者借机梳理了杜亚泉与商务印书馆的关系，形成《杜亚泉与商务印书馆史事考略》。杜亚泉去世时已离开商务，为商务印书馆馆外编辑。他离开商务前，与主事者王云五关系不睦多年；离开商务后，以老迈之躯在穷困中日日执笔疾书，赚取生活费用，不曾懈怠分秒；去世后，商务官方未出面主持身后事，亦未组织纪念活动。唯一公开的表达，是 1934 年《东方杂志》三十年纪念刊内由胡愈之执笔、以杂志编辑部名义发表的《追悼杜亚泉先生》。张元济、蔡元培以及商务同人的追思与资助，均以个人身份发起。杜亚泉的凄凉晚景及身后事处理，与其对商务印书馆、对近代中国科学文化教育事业的"彪炳"贡献，构成了鲜明反差，形成一个有关杜亚泉晚年与王云五、与商务馆方关系的历史人情旧账，长期纠结于学界和亲族中间。笔者受此感召，对这段历史做了一点考察，试图从更多的历史细节中，还原各方情境，希望能以本馆百年文化研究中心研究者的身份，对了结这段历史公案做些许的补充和交代。

文集编选过程中，笔者发现杜亚泉思想，正与当下的现实发生着奇妙的双向"纠缠"。一方面，其文化保守主义立场，与当下的社会脉动产生了强烈共震，杜亚泉的许多思想主张，在一百多年后收获了充分的历史回响；另一方面，其兼容并包、中庸调和、人本主义的思想方法，其有关科学与人文、政治与经济、家庭与社会、战争与和平等方面的思考，对反思当下人类社会诸多问题亦有启发。或许，这正是一个杰出思想家的特质——即便面向全然不同的时代，亦能提供启迪与批判的双重价值。

文集编辑得到田建业先生、万国通先生的大力帮助，在此致以感谢！

2024 年 6 月

目 录

张元济	杜亚泉先生诔辞	/ 1
蔡元培	杜亚泉君传	/ 2
蔡元培	书杜亚泉先生遗事	/ 6
胡愈之	追悼杜亚泉先生	/ 8
周建人	忆杜亚泉先生	/ 12
章锡琛	杜亚泉传略	/ 14
张梓生	悼杜亚泉先生	/ 16
袁翰青	自学有成的科学编译者杜亚泉先生	/ 20
杜耿荪	商务印书馆初创时期的自然科学编辑	/ 25
杜其在	鞠躬尽瘁寻常事,动植犹然而况人——回忆我的父亲杜亚泉	/ 36
周榕仙	杜亚泉先生传	/ 43

王元化	杜亚泉与东西文化问题论战	/ 45
熊月之	略论杜亚泉思想特色	/ 66
许纪霖	"旧派中的新派"在"五四"前后的命运	/ 77
周月峰	杜亚泉与近代思潮的互动互竞	/ 87

汪　晖	文化与政治的变奏——战争、革命与1910年代的"思想战"	/ 102
罗志田	五千年的大变:杜亚泉看辛亥革命	/ 147
洪九来	杜亚泉民族主义思想的新构想及其价值	/ 164

高力克	重评杜亚泉与陈独秀的东西文化论战	/ 178
王 鸿	从西方科学转向东方文化——重估杜亚泉思想之转折	/ 198
贾宇琰	探索现代的灵光:试论"五四"时期杜亚泉的中西文化融合观	/ 219
高力克	杜亚泉与调适的启蒙传统	/ 232
潘 宇	中国近代文化思潮中的调和论	/ 247
陈继龙 田建业	杜亚泉思想与当代价值体系重建	/ 264
李成军	进化论的伦理困境与杜亚泉的国学思想	/ 274
颜德如 李 过	杜亚泉对国民性的省思及其价值	/ 283
高力克	杜亚泉的民主转型论	/ 307
张学艺	论杜亚泉理性的政治思维	/ 321
姜 敏	杜亚泉的政治调适思想探析	/ 334
朱华东	杜亚泉与哈耶克有限政府论理论基础之比较	/ 343
唐 玉	调适与冲突——析杜亚泉与伯林两种多元论思想之差异	/ 359
李学桃	论民国初期杜亚泉的经济思想	/ 367
宋 俭 李学桃	杜亚泉的"奢俭观"论析	/ 380
颜德如 李 过	"唯心的进化论":杜亚泉对进化论的反思与改造	/ 392
阎乃胜	论杜亚泉的科学观	/ 414
任元彪	面对西方科学的冲击:杜亚泉回应方式	/ 426
鲁枢元	杜亚泉的启蒙理性与生态意识——兼及生态时代的东西方文化交流	/ 437
欧阳正宇	杜亚泉的教育救国思想及成就	/ 467
唯 嘉	杜亚泉论博弈与人生的关系	/ 476

汪家熔	绘图文学初阶的创新特色	/ 479
吴小鸥 姚 艳	杜亚泉编辑出版教科书研究	/ 487
陈镱文 姚 远	杜亚泉对我国早期科技编辑和科技期刊发展的贡献	/ 500
余 望	探析杜亚泉的科技编辑思想与贡献	/ 511
海 旭 迟艳杰	杜亚泉编辑自然科教科书的思想与实践	/ 523

李逢超　王初阳	为教育的一生——杜亚泉科学教育实践与思想	/ 531
刘永利	作为翻译家的杜亚泉	/ 542
赵学舟　王细荣	普通学书室出版与发行研究	/ 555
周　武	杜亚泉与商务印书馆	/ 571
张　稷	杜亚泉与商务印书馆史事考略	/ 587

| 施亚西 | 编者的话：我所理解的杜亚泉 | / 638 |
| | 编后记 | / 658 |

附录一	杜亚泉年谱简编（周月峰）	/ 659
附录二	杜亚泉主要著译作品	/ 693
附录三	杜亚泉编纂、翻译、校订、出版的主要自然科学类教科书、工具书等	/ 713

杜亚泉先生诔辞

张元济

中华民国二十二年十二月，杜君海生以书来告其族子亚泉先生逝世噩耗，闻而蠢然。

先生于前清光绪末叶在沪自设普通学书室，营废著之术。其时商务印书馆亦既成立，先生以所业不振举而并入商馆，并受聘为馆中服务，遂获与先生订交，各守职事，朝夕编摩相处，奉教者几二十年。今元济辞职已垂十稔，而先生之任编辑益为馆中倚重。虽其间瞻晤疏阔，未尝不叹其勤且劳也。不幸前年遭日兵祸乱，全馆被毁。先生始蒙难而出，退休珂里，然犹任馆外编辑事，至病中不辍。盖先生与商馆共安乐、共患难，有始有卒，积三十年。闻其逝时，妇病于室，子读于校，幼女犹待字。世经丧乱，家鲜盖藏，一棺戢身，幽明永隔。乌乎！伤已。谨缀辞而诔之曰：

鹤语岁寒，传来薤唱。闻我杜君，负疴属纩。与君同舟，汪汪在望。缉柳编蒲，学术相饷。功系人文，卅年以上。奄忽告殂，身随道丧。赴书远来，惨闻清况。妻老子孤，室无盖藏。感念人琴，能无凄怆？遥想阶前，芝兰茁壮。培养成林，大宗足亢。渺渺予怀，临风怅悢。乌乎！

愚弟张元济拜撰
1934 年 1 月
原载《杜亚泉先生讣闻》，开明书店1934年代发

杜亚泉君传

蔡元培

君姓杜,生于旧会稽县伧塘乡。原名炜孙,字秋帆。自赴沪设立亚泉学馆、发行《亚泉杂志》后,遂以别字亚泉行。"亚"从"氩"省,"泉"从"線"省。自谓在世无作用如原质之氩,无体面如形学之線(线)也。幼习举业,父锡三先生望之切,君恒自奋勉。光绪己丑,年十八,入旧山阴县泮。

次年,娶薛夫人。谓乡居见闻弇陋,晋郡城,从何君桐侯受业,致力清初大家之文,上追天崇隆万。辛卯,应乡试,报罢回乡。觉帖括非所学,效从叔山佳治训诂,罗致许氏学诸家书。当暑夜,就庭中围帐挑灯以读。风雪冬日,掩北向书窗,仅留一线光以读。忘餐忘寝,有目为痴者。甲午春,肄业省垣崇文书院。秋试后仍回乡。乙未应试,考经解,冠阖郡。嗣又谓是学亦无裨实用,改习畴人术,由中法而西法。读李善兰、华蘅芳二氏书。时以习代数所得,与叔山佳之习天元者相印证,如是者二年。

戊戌,任本郡中西学堂算学教员。值学使按临,君考算学,又冠阖郡。自是而后,兼习理化,兼习东文,购置制造局傅、徐两氏所译诸书,虽无师,能自觅门径,得理化学之要领。与学堂同事研究东文文法,亦不久能直译东籍而无阻。

庚子秋,中西学堂停办。君赴上海,提倡科学。学馆之设立,杂志之发行,即在是时,时君年二十八也。两广陶子方总督得《亚泉杂志》,深赏之,饬属购阅。辛丑，得父之允，给资设书肆，编译科学书及教科书，名曰普通学书室。杂志出版十册后，改为《普通学报》，注重科学，兼载时事及政治矣。

壬寅夏，南浔庞氏浔溪公学发生学潮。庞君清臣到沪，邀学者往为调停，君亦被邀。前校长辞职，延君继任。君不辞劳瘁，悉心擘画，为学生参考计、实习计，辟图书、仪器二馆。又以传达文化恃印刷物，劝庞君购置印机及铅字以备用。九月，薛夫人故，君归理其丧，因顾校务而迟月余。未几，学潮又作，君多方劝导，卒无效，浔校遂尔停办。学生黄君远庸，为学潮主动者，其后得志，游历欧美，有书致其友，谓曩时年少气盛，不受师训，杜师之言，皆内含至理，切中事情，当时负之，不胜追悔云。

癸卯在里，与宗加弥、王子余、寿孝天及其从叔山佳、海生诸君，组织越郡公学于能仁寺，君任理化博物教员。曾因试验化学，玻瓶炸碎伤面部，医愈后，上唇留裂痕焉。是冬，续娶王夫人。越郡公学旋以款绌停办。

甲辰秋，应旧友张菊生、夏粹芳二君之招，复赴沪。其时普通学书室营业疲顿，而商务印书馆正在发展，罗致编译人才。君被邀为编译所理化部主任，实为此后在馆中服务二十八年之纪元。此后君所致力研究者，为政治、为法律、为哲学、为音韵、为西文、为医药。丙午秋，偕叔海生东游日本，考察教育，购东籍数十种以归。

浙路拒款事起，大声疾呼者，浙江旅沪学会。君在学会为评议员，对于路事尽心力而为之。欲为绍兴实现认股五百万元扬言，与编译所中绍籍二友通力合作。二友告假两月，回绍劝股。君则以同时间之薪入，充其周历八县之资斧。此戊申夏事也。

君尝发起旅沪绍兴同人恳亲会，月一聚晤。加入者有山阴孙伯圻、余姚冯仰山、上虞许善斋诸君。会员虽不多，实为现在绍兴七县旅沪同乡会之先声。直至辛亥年，即民国前一年，同乡会成立，恳亲会始告结束。绍兴本辖八县，自山阴、会稽并为一，成七县。当七县同乡会组织之初，各发起人意见互歧。君乃应用法学，拟订章程，设议事会以决意志，设董事会以任执行，会员为主体，选举有定期，产自选举者皆义务职，月支薪给者为办事员。章程通过，意见悉融，后虽经应时宜而修改，而基本精神迄今存在。君被选为议长，连任数次，同时为副议长者，有邵君力子。被推为校董，连任一次。同时为校董者，有胡熙生、裴云卿、曹慕管、寿孝天诸君。各项校章，又皆为君所拟订。君之宣力同乡会也盖勤。

民国元年，教育部召开国音统一会，君偕吴君稚晖入北京出席。是年，商务馆刷新《东方杂志》，请君兼主编。君主编历八年，于世界大势、国家政象、社会演变、学术思潮，靡不搜集编载，研究讨论，贡献于国人。社论署名，或用亚泉，或用伧父，有署高劳者，亦君作居多也。八年，父殁；九年，继母殁。连遭大故，沪绍奔驰，精力稍替矣。

君身颀面瘦，脑力特锐，所攻之学，无坚不破，所发之论，无奥不宣。有时独行，举步甚缓，或谛视一景，伫立移时，望而知其无时无处无思索也。尝主张以产消合作防障外货之充斥，而最所热心，则在教育。常欲自办一校，以栽植社会需要之人才，初拟设于其乡之诸葛山，嗣拟设于绍兴县城之塔山。如何建筑，如何设备，如何进行，如何由中学扩充为大学，每一谈及，兴高采烈，刻日期成，格于情势，未能实现。至十三年，遂在上海设立新中华中学。子若侄毕业大学者均任教课，君亦自任教课，虽因此减少商务馆服务之薪入，不顾也。支持两年半，虽因此脱售商务馆旧占股份，又负债二三千元，不顾也。卒以无力继续，不得已而停办。然苟使商务馆不遭日兵轰毁，公司不受直接损失，职员不受间接损失，则君于耆年离馆后，应得退俸，足以偿还债负而有余。不意二十一年，沪地有"一·二八"之难。君寓闸北，冒炮火而出，举家流离，殊途归乡，身外无长物。经此劫后，不但偿债计成泡影，且因阖家恢复必需衣物，又举新债焉。

然君对社会之热心，并不因此而挫折，两年来犹在乡招集离馆旧同事，编译有用书籍；犹每周一次晋城，到稽山中学尽演讲义务。不幸于二十二年秋患肋膜炎，医药累月，至十二月六日，竟不起。衾不蔽体，不异黔娄。君有子四人，长在上海大夏大学任教课，次毕业医科学校，在实习期内，三、四尚肄业中学。有女三人，长适高，次待字，三适田。有孙，男女各一人。

君生平撰著，多由商务馆出版。如算学、理科各教科书，动、植物学两大辞典，及其它各种科学书，未易枚举。最惨淡经营者，则为《人生哲学》一书。在浙江旅沪学会刊物内，有《处世哲学》译稿；在开明书店新书内，有《博史》近著；在《一般》杂志内，有评论一篇，咠认新道德为纵欲主义。盖除载《东方》外，随处发表之文字，亦复不少也。

人有以科学家称君者，君答曰非也，特科学家的介绍者耳。去夏六月，君赴"龙山诗巢"雅集，有和友人六如韵诗，末二句云："鞠躬尽瘁寻常事，动植犹然而况人。"嗟乎！人师几人，斯人憔悴；人琴叹逝，笔述斯人。我国人览此传文，倘亦肃然而恻然欤！

中华民国二十三年一月蔡元培撰

原载《杜亚泉先生讣闻》，开明书店1934年代发

书杜亚泉先生遗事

蔡元培

余之识亚泉先生，始于民元前十三年。是时绍兴有一中西学堂，余任监督，而聘先生任数学及理科教员。盖先生治学，自数学入手，而自修物理、化学及矿、植、动物诸科学也。学堂本有英法两种外国语，而是年又新增日文。先生与余等均不谙西文，则多阅日文书籍及杂志，间接的窥见世界新思潮，对于吾国传统的学说，不免有所怀疑。先生虽专攻数理，头脑较冷，而讨寻哲理针砭社会之热诚，激不可遏。平时各有任务，恒于午膳晚餐时为对于各种问题之讨论。是时教职员与学生同一膳厅，每一桌，恒指定学生六人教职员一人；其余教职员，则集合于中间之一桌，先生与余皆在焉。每提出一问题，先生与余往往偏于革新方面，教员中如马湄莘、何阆仙诸君亦多表赞同；座中有一二倾向保守之教员，不以为然，然我众彼寡，反对者之意见，遂无由宣达。在全体学生视听之间，不为少数旧学精深之教员稍留余地，确为余等之过失，而余等竟未及注意也；卒以此等龃龉之积累，致受校董之警告，余愤而辞职，先生亦不久离校矣。

先生本号秋帆，到上海后，自号亚泉。先生语余："亚泉者氩線之省写；氩为空气中最冷淡之原素，線则在几何学上为无面无体之形式；我以此自名，表示我为冷淡而不体面之人而已。"编印《亚泉杂志》，提倡数理之学。

未几，先生膺南浔庞君清臣之聘，长浔溪中学，所请教员，均为一时知名之学者；然终以一化学教员之故，校中忽起风潮；余时在爱国学社，特往

6

南浔调停，无效；先生卒以是辞职，而浔溪中学亦从此停办矣。

余长爱国女学时，先生与寿孝天、王小徐诸君均为不支薪俸之教员，先生所教者为理科。

嗣后，先生进商务印书馆编译所，服务三十年，所编教科书甚多，大抵关于数理，余非习数理者，不敢妄论。余终觉先生始终不肯以数理自域，而常好根据哲理，以指导个人，改良社会，三十余年，未之改也。最近先生曾在其子弟所设之中学，试验人生哲学的谈话。"就近人编译书籍中，选其足以开发青年思想者数种，劝学生阅读；又就生物学、心理学、社会学、哲学、伦理学等科学中，搜辑其新颖警切的理论，每周为学生讲述一次；尤于各科学的名词界说，为学生逐一检查词典，严密注意。"（见《人生哲学》编辑大意第三叶）后因学校停办，先生乃取搜辑的材料，加以扩充与整理，编为《人生哲学》，作为高级中学教科书，于十八年八月由商务印书馆出版。是书分三大部分：一、人类的机体生活（生理的），二、人类的精神生活（心理的），三、人类的社会生活（伦理的）。而前方冠以绪言，后方结以人生的目的和价值与人生问题和人生观二章。中学教科之人生哲学，本为旧日伦理学教科之改名，旧日伦理学中，虽亦有关于卫生及养心之说明，然皆甚略。先生此书，说机体生活及精神生活，占全书三分之一，以先生所治者为科学的哲学，与悬想哲学家当然不同也。先生既以科学方法研求哲理，故周详审慎，力避偏宕，对于各种学说，往往执两端而取其中，如唯物与唯心，个人与社会，欧化与国粹，国粹中之汉学与宋学，动机论与功利论，乐天观与厌世观，种种相对的主张，无不以折衷之法，兼取其长而调和之，于伦理主义取普泛的完成主义，于人生观取改善观，皆其折衷的综合的哲学见解也。先生之行己与处世，亦可以此推知之。

原载《新社会》半月刊6卷2号，1934年1月16日

追悼杜亚泉先生

胡愈之

在《东方杂志》三十周年纪念号付排的时候，我们接到一个可惊的消息：《东方杂志》前主编杜亚泉先生因患肋膜炎，医药罔效，竟于十二月六日在绍兴原籍，溘然长逝了。文化学术界，从此失去了一个功业彪炳的前辈。不但先生的亲友故旧，闻而伤怀，便是本志新旧读者，以及海内外从文字上和先生神交有素的，也都不免同声一哭罢。

亚泉先生原名炜孙，字秋帆，亚泉为其别号，后以号行。清同治十二年（1873年）生于浙江绍兴之伧塘。光绪幼年，清廷变法维新，先生无意科名，幼年即专攻数理化学博物。光绪二十三年起任绍兴中西学堂教职（后改绍兴府中学堂），二十六年即庚子年秋间，来上海创亚泉学馆，编辑《亚泉杂志》，由商务印书馆代印。每半月刊行一册，内容多为数理化学的论文，为中国最早的科学杂志。亚泉学馆后改普通学书局〔室〕，除继续刊行科学书籍外，复自编《文学初阶》，供当时学堂教授之需，为中国最早国文教科书。《亚泉杂志》至二十七年五月停刊。二十九年，先生返绍兴创立越郡公学。三十年秋冬，应张菊生先生之招，入商务印书馆编译所，潜心著述，先后历二十八年。至民国二十一年，"一·二八"事变起，始离商务印书馆。

先生生平，除专心著述外，对于教育及社会事业，建树颇多。除在绍兴创办越郡公学外，晚年更在上海斥私资创立新中华公学。光绪末年，浙路风潮发生，先生与寿孝天先生等对于集款建路，策划颇多。后与汤蛰仙先生等创立浙江旅沪学会，继复任绍兴七邑旅沪同乡会议长，筹设绍兴旅沪同乡公学。先生本不善居积，平时卖文所入，除供简单生活费用外，悉捐作教育公益费。因此身后萧条，无分文遗产。

但是先生虽然没有替遗属留下物质的遗产，却已替社会留下无数精神的遗产了。先生平生治学，极为广博，无论文理社会科学，无不有先生的著作。早年专攻理科，商务印书馆初期所出理科教科书及科学书籍，大半出于先生手笔，其中如《动物学大辞典》《植物学大辞典》，尤为科学界空前巨著。中年研究哲学及近代思潮，对于十九世纪哲学派别，无不涉猎。曾译有《叔本华处世哲学》。晚年著《人生哲学》，在商务印书馆出版。二十年前，中国社会科学研究，还是十分幼稚，但是先生从那时起，已倡导社会主义，主张以生产消费合作，救济农村。此外于工业、医学、法律、政治、国故，均有所著述，散见于各杂志。于语言学，亦有心得。民国初年，曾由教育部聘任读音统一会会员，于注音字母之创制，贡献甚多。

《东方杂志》三十年的历史，可以划分三个时期：从创刊到第七卷止，可以说是草创时期。第八卷起，内容形式大加改进，为第二时期。第十七卷起改为半月刊，为第三时期。杜亚泉先生主编《东方》，便在这第二个时期，先后共历九年。当时中国杂志界还是十分幼稚，普通刊物，都以论述政治法令，兼载文艺诗词为限。先生主编《东方》后，改为大本，增加插图。并从东西文杂志报章，撷取材料。凡世界最新政治经济社会变象，学术思想潮流，无不在《东方》译述介绍。而对于国际时事，论述更力求详备。对于当时两次巴尔干战争和1914年的世界大战，在先生所主编的《东方杂志》，都有最确实迅速的评述，为当时任何定期刊物所不及。《东方杂志》后来对于国际问题的介绍分析，有相当的贡献，大半出于先生创建之功。先生在当时所撰文，多用笔名"伧父"，间有署名"高劳"的。

先生是中国科学界的先驱。不但在其早年生活中，对于自然科学的介绍，尽了当时最大的任务，此外在政治学、社会学、语言学、哲学方面，先生亦致力于科学思想的灌输。在中国科学发达史中，先生应该有一个重要的地位。到了先生主编《东方》的时候，虽提倡精神文明，发扬东方思想，因此与五四时期的《新青年》杂志，曾有过一次论战，但是先生始终没有放弃科学的立场。其对于人生观和社会观，始终以理智支配欲望，为最高的理想，以使西方科学与东方传统文化结合，为最后的目标。所以从思想方面说，先生实不失为中国启蒙时期的一个典型学者。

1899年，先生创办《亚泉杂志》的时候，亲撰序文，其中说：

"政治与艺术之关系，自其内部言之，则政治之发达，全根于理想，而理想之真际，非艺术不能发现。自其外部观之，则艺术者固握政治的枢纽矣。航海之术兴，而内治外交之政一变；军械之学兴而兵政一变；蒸汽电力之机兴，而工商之政一变；铅字石印之法兴，士风日辟，而学政亦不得不变。且政治学中之所谓进步，皆借艺术以成之。……且吾更有说焉：设使吾国之士，皆热心于政治之为，在下则疾声狂呼，赤手无所展布，终老而成一不生产之人物；在朝则冲突竞争，至不可终日，果如何，亦毋宁降格以求，潜心实际，熟习技能，各服高等之职业，犹为不败之基础也。"（按此处所谓"艺术"当时系用作"技术"解。）

这是三十五年前所作的文字，在那时先生已揭发生产技术决定了政治和社会关系。至于先生对当时朝野的批评，在现在看来，也还是非常正确。单从这里，就可知先生是怎样的一个前进的学者了。

至于先生生平自奉之俭，治学之勤，待人的和霭，处事的果敢，无不足为青年人效法。先生且为一自学成功者。先生对于文理百科，几乎无所不通，却全是出于自习自学的。

先生著述事业最大的成就，除了科学著作外，要算《东方杂志》了。《东方杂志》是在先生的怀抱中抚育长大的。现在本志方达三十岁的壮龄，

追悼杜亚泉先生

先生竟不及亲见三十年纪念号的出版，而溘然长逝，这在本志和本志读者，是怎样巨大的损失啊！因此我们特在这纪念号里，追述先生生平事迹，表示对先生的哀悼与敬仰，同时并向先生遗属，表示我们的最诚恳的同情。

原载《东方杂志》1934年31卷1号

忆杜亚泉先生

周建人

我看到亚泉先生所写的书已经很久远了，但是认识他却不过六七年前的事。这时候他年纪不过五十余岁，然而已很瘦，很老了。

亚泉先生很爱讲话而且爱笑。不喝酒，却爱吸烟。吸的常是"黑女牌"烟卷，是用褐色的纸卷着黑褐色烟丝的。据说普通烟卷中常有辟克聂克酸，此种烟里却没有，味道也还好云。每次谈话，常常涉及各种的问题，科学的，社会的，或关于麻雀牌的来源。个人的私事却很少谈起，因为他是向来就不大计算自己的利益的。

亚泉先生谈话时，意见虽常和别人不同，然而见解很清楚。有一次闻一位谈话者讲起有些改革了的国度的人民的生活苦，他便毫不迟疑地回答："那倒是常态的，大家生活的刻苦一点，倒是正常的现象。像有些人过分的物质享受，多数人却在饥饿，这才是病态呵！"

说时一面点着头，将说毕时还带着笑。这笑透进对方的心里，会使他觉得自己的判断不真确起来。

亚泉先生谈话时，很关心于中国的将来，我几次听到这样的议论："中国人应亟谋自给，倘长此被帝国主义剥削下去，结果必至不可设想。"因此他不喜欢买办阶级，说应该办消费合作。他相信只要凭着理智去说明，一定能够说清楚，于是他后来接办了一个学校。

他对学生时时讲起这意见，叫他们千万不要做买办，然而这说教的结果使他很灰心。他有一次对我说起，青年中固然多有好的，但是有些人终于梦想到美国去。亚泉先生并不反对留学，但他恐怕到美国去学不到什么，反而愈加容易走到做买办的途上去。

学校后来终于关了门，这不是全由于主办者的灰心，主要原因是经济不能再维持下去了。有些学校里，学生的饭菜里所用的笋往往发绿得将要变竹的，用到茭白时，也往往已有斑斑的黑点。但是亚泉先生说青年的食品必须有足够的养分，所以饭菜必须好。厨房说那很容易办，只要加饭钱。于是加了钱。这一类的事情很不少。于是他的数千元贮蓄不久就用完了，只好把学校收了场。但从这经验里，使他知道了欲说明一个观念之不容易。

不久，"一·二八"事件爆发了，他从火线下走出，回到故乡，仍然编书。到去年暑假时编好一部七十余万字的词书，这是得别人的帮助而写成的。暑假末，来到上海，这是我和他最后的会面了。这时候，他更老而且衰弱，虽仍然爱谈讲，但已不如从前的爱笑。吃饭时，他还告诉我许多乡村中的情形。

此后又寄来数次信，有一次告诉我曾患肺炎，经治疗后，生命大概已经无妨，不过尚须休养数日耳。可是相隔不多久，即得友人的报告，说有一晚上他忽然顾虑到将来的许多问题，精神过于兴奋，彻夜不睡，次日体温又增高，病势转成沉重，已于六日（去年十二月）去世了。

这消息的传来，不觉已是一月多前的事，但回忆过去，亚泉先生谈话时的声音笑貌，却一一如在目前似的。

原载《申报·自由谈》1934年2月2日，原署名"克士"

杜亚泉传略

章锡琛

杜亚泉，原名炜孙，字秋帆，又署伧父，浙江绍兴人。幼颖悟，遂于经史训诂音韵之学。既以为无裨实用，改习算术。光绪戊戌，任本郡中西学堂算学教习。由是遂致力科学，取上海制造局译述格致理化诸书，悉心研摩，昼夜不倦。以东邻科学图书较多，更习日文，就日籍中研讨。并购置仪器，躬自实验。庚子秋，中西学堂停办，乃赴上海，创编《亚泉杂志》，撰著科学文字，分期刊行。吾国之有科学期刊，此其嚆矢也。粤督陶模见而亟赏之，为饬属购阅。旋以款绌废刊。辛丑，设普通学书室于上海，编译科学、史地、政治诸书，并刊行《普通学报》，而自为之主撰。壬寅，任南浔浔溪公学校长，锐意改进，商之校董，以六千金购置东西图籍及仪器标本，设图书馆仪器馆于校中。未一年，发生学潮，君竭力周旋，多方劝导，卒无效，校遂以停。次年与从叔子彬子楸及同邑宗能述、寿孝天创越郡公学于本郡能仁寺，自任理化教员。未几，校款中绌，遂告停歇。时所创之普通学书室，因经营乏人，颇多亏折。商务印书馆，方于是时日就发展，因延君为编译所理化部主任。自是终其身凡二十八年，馆中出版博物、理化、教科参考图籍，什九皆出君手。其篇帙最巨者，如《动物学大辞典》《植物学大辞典》，皆君为之主编。宣统末年，兼主《东方杂志》笔政。此志创于光绪乙巳，其初盖仅撷拾国内外时事及报章论文，供参考检阅之资。及君主编，始扩大篇幅，多载政治、经济、哲学、科学论著，一新面目，销行激增。《东方杂志》

之有今日，君之力也。先后主编凡九年，所撰文字，自国际时事、经济、政治，以至哲学、教育、科学、语言、考古，靡不具备。君虽尽瘁著作，然平日尤致力于教育。尝任绍兴七县旅沪同乡会会长，为设小学三所。民国十一年，复自创中学校于上海，名新中华公学，自任教授训导之责。深恶上海学风之颓靡，力主敦朴。尝谓今日学生之志愿，舍作官外，即为洋奴。欲使己校毕业学生，咸能离去都市，深入乡村，从事教育及农村合作事业。创设凡三年，耗资八千余金，绝不向人募款。君家仅中资，至是尽罄其所有。二十一年"一·二八"之役，所居为日军炮火所毁，仓皇归里，家遂赤贫。然仍任本邑稽山中学义务讲师，每星期自乡赴城，孜孜不倦。在乡抨击豪强，革新教育，不以年老而骞其志。二十二年十二月六日卒，年六十一。君所著舍教科参考书外，其论著多散见各杂志，尚无专集。单行者有叔本华《处世哲学》《东西文化批评》《博史》《人生哲学》诸书。而《人生哲学》尤为君精力之所萃云。

原载原教育部编《第一次中国教育年鉴·教育先进传略》，开明书店1934年版

悼杜亚泉先生

张梓生

当民国初元之时，国内科举教育渐见发展，所藉以为推进之工具者，杜亚泉先生所编各种理化博物教科书，其重要者也。先生又鉴于民党与康梁派文字争论之后，国人对党派政论渐见厌弃，而青年政治意识，求知欲望，日益发展，不可无以诱导之，乃于所主编之《东方杂志》，撰著不染政党色彩，纯以学理国情为根据之政治论文，更详述世界大势，翻译东西名著以救国人知识之饥荒。欧战以后，东西文明优劣之论，聚讼渐纷，先生则究心哲学，著为论文，以提倡精神文明为己任。十余年前，先生在中国学术界中，无论就自然科学言，就社会科学言，就文哲思想言，固皆有其适当之地位也。今者，以六十之年，病死穷乡，社会闻之，殊甚淡漠。观于他国耆年学人之处境，与国家社会待遇耆年学人之优厚，我对先生之逝世，盖不仅华屋山丘之感矣。

先生逝世消息至沪，我特函请蔡孑民先生为文述其生平，以实本刊，近又得先生从叔杜山次、旧友章锡琛两先生所撰之略传，读之，先生之人格，益令我景仰不已。回忆"九·一八"事变之前，我与倪哲生先生为征询对时局意见，访先生于宝兴西里旧寓，客座茗叙之中，畅聆先生纯理想之救国言论，往事如新，感伤何似。

先生以治学、著书、作育人才终其一生，而其特色，则开风气之先，与一切以理想为依归也。杜山次先生所撰传略，述先生："幼习举业，父锡三望之綦切；君亦能自奋勉。光绪己丑入泮，其为文本尚声调，习时趋，嗣乃幡然改图，致力于清初诸大家，远及天崇隆万。辛卯乡试报罢，仍回乡居，又以帖括为不足业，见山佳治训诂字书，遂亦从事于斯，尤肆力于许氏之学，罗致群书，昼夜研究。夏季苦热，则以夜代昼，治业每达天明。书室北向，冬遇风雪，则闭其窗户，露一线光，仅能辨字，铅椠其中，终日不出。仆辈咸笑其痴。甲午春至杭州，肄业崇文书院，秋试后，仍回乡。乙未岁试，学使按临吾郡，取阖郡经解第一名。嗣以是学为无裨实用，改习畴人术，时从叔山佳治中算，习天元。君初亦习中算，旋改西法，习代数，取李善兰华蘅芳二氏之书，日夕研索，时以所得与山佳相印证。如是两年，所造深邃。戊戌充本郡中西学堂算学教员三月，学使按临，考取阖郡算学第一。自是而后，又兼习理化，时言理化者仅制造局出版傅徐两氏所译诸书，君一一购置，苦乏师傅，乃穷研冥索，自觅门径。未久，即得其要领。"

章锡琛先生所撰传略，述先生："致力科学，取上海制造局所译格致理化诸书，悉心研摩，昼夜不倦，以东邻科学图书较多，更习日文就日籍中研讨，并购置仪器，躬自实验。"至先生著《人生哲学》时，搜集中外新旧书籍，分日由商务印书馆携归寓所，漏夜研究，甄采诸说，比较论述，以成巨著，其老而不倦之精神，则吾所亲见者也。

先生著作生活，始于庚子（1900）之秋，据章传："先生于是秋赴上海创编《亚泉杂志》，撰著科学文字，吾国之有科学期刊，此其嚆矢，粤督陶模见而亟赏之，饬属购阅。旋以款绌废刊。（出版十册），辛丑，设普通学书室于上海，编译科学、史地、政治诸书，兼发行《普通学报》，而自为之主撰。其后普通学书室因经营乏人，颇多亏折，商务印书馆方于是时日就发展，因延先生为编译所理化部主任，自是终其身凡二十八年，馆中出版，博物、理化、教科参考图籍，什九皆出先生手，其篇帙最巨者，如《动物学大辞典》与《植物学大辞典》，皆先生为之主编。宣统末年，兼主《东方杂志》笔政。此志创刊于光绪乙巳（1905），其初盖仅摭拾国内外时事及报章论文，供参考检阅之资。及先生主编，始扩大篇幅，多载政治、经济、哲学、科学论著，一新面目，销行激增。《东方杂志》之有今日，先生之力也。先后主编凡九年，所撰文字，自国际时事、经济、政治，以至哲学、教育、科学、语言、考古，靡不具备。"杜传："商馆所出理科教科书及辞典，或撰著或校订，十九皆经君手；算术教科书亦多由君校订者，其他撰著，或单行，或见于各种杂志，亦复不少，曾费年余心力，著《人生哲学》一书，搜集各家之说而参以己意，颇为士林所推重。"日军侵沪，先生寓所，适居敌人炮火之下，仓皇还乡，事平后，即在乡组织编译社，集子侄及商馆前博物同人，从事译著，如先生者，可谓以著述终其身矣。

先生尝从事教育，欲于此实现其理想。光绪，戊戌（1898）与蔡孑民等在绍兴创办中西学堂，任算学教习；庚子秋，该校停办，乃赴沪。壬寅（1902）任南浔浔溪公学校长，劝校董庞清臣以六千金购置东西图籍及仪器标本，设图书馆仪器馆于校中，并置备印刷机具。是时先生理想之教育得实现之机，服务之兴甚高，妻死，迟至月余始归理丧务。不幸浔校未及一年，以学潮停办，其时鼓动学潮最烈之学生黄远庸，民国后为名记者，追忆前事，于《忏悔录》中亦认此学潮为无意义；并致书友人，自谓有负先生。癸卯（1903）回故乡绍兴，与同人创越郡公学，自任理化教员。未几，校以款绌停。入商务印书馆后，曾东渡赴日本考察教育，并出席国音统一会。此后先生虽以著作为业而对于理想之教育事业，未尝去之于怀。杜传述："热心教育，尝欲自设一校，以栽植人才，初欲假其乡诸葛山麓之僧寺为校舍，设一中学，尝与朋侪言及：作何设备，作何措施，如何进行，如何扩张，如何由中学以晋大学，并谓：苟得如愿，虽终其身服务于是校，并子侄亦终其身服务于是校，均所不惜。谈至酣畅时，兴高采烈，几欲克日观成。嗣以诸葛山地太偏僻，学生不易招致，拟改设城中塔山山上，向当道乞领官地，而自行募捐建筑校舍，格于情势，不克如愿。然此念蟠伏于中，未尝一日忘也。

悼杜亚泉先生

至民国十三年甲子乃自设新中华学院于上海，君与其子若侄，均任教课，虽旷去商馆编译之时间，减少薪水，亦不介意。设立两年半，斥资八千余元，无力继续，不得已，乃停办。君原有商馆股本若干，至是悉以出售，犹不足，仍负债二三千元。"章传述："尝任绍兴七县同乡会会长，为设小学三所。后自创中学于上海，名新中华学院，自任教授训导之责。深恶上海学风之颓靡，力主敦朴。尝谓今日学生之志愿，舍作官外，即为洋奴。欲使已校毕业学生，咸能离去都市，深入乡村，从事教育及农村合作事业。创设凡三年，耗资八千余金，绝不向人募款。君家仅中资，至是尽罄所有。""二十一年'一·二八'之役，所居为日军炮火所毁，仓皇归里，家遂赤贫。然仍任本邑稽山中学义务讲师，每星期自乡赴城，孜孜不倦。"吾尝与先生纵谈中国教育病根，先生慨言："兴学之始，本人主先从大学高师入手，培养领袖及中学教师人材，再办中学及初级师范，以次谋普及国民教育。而张菊生（元济）、高梦旦（凤谦）等为商馆营业计，急尽力鼓吹小学教育之普及，卒以师资难得，教育遂成病象"云云。先生对于教育之理想，无处不受环境之阻碍也！

先生名炜孙，字秋帆，号亚泉，别署伧父，浙江绍兴人，卒于民国二十二年十二月六日，年六十有一。其友章锡琛，以先生毕生著作，除叔本华《处世哲学》、《东西文化批评》（东方文库本）、《博史》（开明）、《人生哲学》（商务）有单行外，其论著多散见各杂志，为谋刊专集。

国人对于人物之崇仰，久失其正鹄，当曲园之死，举国淡然，时王静庵已深有所感。近则时局幻变，人心愈趋卑下，对数政客官僚之死亡，报纸争载，市巷纷谈；而对于品格崇高，行足讽世之学人之逝世，除三数熟友外，类皆无所感怀。呜呼！此亦叔世应有之现象乎？

原载《新社会》半月刊6卷2号，1934年1月16日

自学有成的科学编译者杜亚泉先生

袁翰青

在缅怀杜亚泉先生之前，我想先谈一点我和商务印书馆的关系。

我和商务印书馆曾经先后有过两次比较密切的关系：第一次是作为学生，从商务出版的大量教科书中取得了我的启蒙知识。这里包括的书籍很多，从最早的小学教本到后期的工具书《辞源》之类，我都购买过、阅读过或翻查利用过。后来在大学时期，由商务采用了美国的英文无封面本，另加上有"商务"字样脊封的科学书，我也收藏过一些。这增加了我在近代科学方面的基础知识。我想，和我年龄相近的知识分子，就是70岁上下的人，大都有过类似的经历的。

第二次的关系是我从1952年到1955年担任过商务编审部主任的职务。尽管这个时期，商务的出版物已经着重在自然科学方面，不再出版中小学教本和大量其他书籍了。这时期却还是私营性质的出版社。后来商务的一部分和高等教育出版社合并了，不久我才被调离开。

早期任商务编译所理化部主任的杜亚泉先生，是我崇敬的一位前辈学人，他编的书刊曾经丰富了我的知识。

杜亚泉从1904年起，就被聘担任商务理化部主任，先后达28年之久，审编和写作了相当数量的书刊。一直到1932年"一·二八"日军侵沪，炸毁了商务的图书馆和编译所之后，他才离开商务回到故乡绍兴。

对这位杜先生的生平和著作，现在能回忆起的人已经不太多了。我只就手边能找到的资料,对这位既曾有功于商务,也曾对早期我国科学的发展起过一定作用的学人扼要地介绍一下,以资纪念。

杜亚泉先生是浙江绍兴人,1873年出生于绍兴的一个村镇伧塘,他原来的名字是杜炜孙,号秋帆,后因他在上海自己编辑出版一种刊物名《亚泉杂志》,以后改"亚泉"这个名字。他对用"亚泉"两字为名曾有过说明,亚是从化学惰性元素氩字省笔而来的。他自己说过:"生在世上,没有用途,就像化学惰性原(元)素的氩,没有面和体,就像几何学上的線(线)。"因此,"亚泉"这两个字是由氩和線(线)二字省去偏旁而来的。他用"亚泉"二字为名,具有自谦之意。当然,杜先生当时还不知道氩气后来成为用途不小的元素了。

他在科学方面完全是靠自学成功的,他读的书很广,无论是物理、化学、博物、医药等自然科学方面,以及政治、法律、哲学等方面他都尽量搜集中文和日文书自学。他对于中国的古诗文,原有一定的基础,后来认为古旧文词太空洞,比不上自然科学对于国家更有用,他就一方面努力读书,一面于1897年24岁的时候被聘任绍兴的中西学堂理科教员。他教学的成绩很好,深受学生欢迎。后到1900年27岁时,他想发展自己的抱负,离开故乡,来到上海。

到上海以后,他首先自费创办了亚泉学馆,招收学生来普及理化博物知识。这实际上可以说是后来私立大学的滥觞。这个学馆一方面从事教学工作,一方面又编辑出版《亚泉杂志》,每半月出版一期。这实际是宣传理化博物等自然科学知识,由中国人自办而没有外国传教士参加的最早中文科学期刊。由于这个刊物的发行量很少,只出版了十期就不得不停办了。亚泉学馆招收的学生也不多,两年后也就关闭了。1903年,杜亚泉不得不离开上海,重回到故乡绍兴,办起了私立越郡公学,自任校长。

在 20 世纪初期，商务印书馆因为缺乏自然科学方面的主编人员，不但难以出版科技书刊，连中小学教本的编辑也受到影响。商务在多方面物色这方面的人选的时候，慕杜亚泉先生之名，正式聘请他回沪任编译所的理化部主任。他在商务工作的时间相当长，前后达 28 年之久，他亲自写作和主编的书稿很不少，这对于我国 20 世纪前期的科学发展，起了相当大的推动作用。

杜亚泉还曾兼主编当时富有盛名的《东方杂志》达 9 年之久，对于《东方杂志》的内容起了十分重要的改进作用。这个杂志于 1933 年纪念发行 30 周年之时，适值杜亚泉先生不幸在绍兴因病谢世。《追悼杜亚泉先生》一文中，曾经用了这样两句话："文化学术界，从此失去了一位功业彪炳的前辈。"那时用"功业彪炳"这四个字，也可以看出当时文化界对于杜先生尊敬的心情。

他在商务印书馆写作出版了相当数量的书籍，除了在《东方杂志》上用"伧父"和"高劳"的笔名所发表的文章以外，他还自己执笔，写了一些书籍和主编了一些辞典。

杜亚泉先生担任理化部主任期间所自写和主编的书刊，我现在根据时间的先后，列举如下：

《盖氏对数表》，附用法说明，1909 年初版，曾印行多次；

《植物学大辞典》，全书 300 万字以上，初版于 1918 年，再版于 1934 年；

《动物学大辞典》，全书 250 万字以上，1922 年初版刊行；

《中外度量衡币比较表》，1924 年初版；

《化学工艺宝鉴》，1932 年初版；

《高等植物分类学》，初版于 1933 年，同年再版；

《下等植物分类学》，初版于 1933 年，再版于 1934 年；

《动物学精义》，1939 年初版。

自学有成的科学编译者杜亚泉先生

杜亚泉先生在商务印书馆执笔或主编的书籍除了上述列举的，还有一些中小学自然科学教本以及一时尚不能肯定是由他编的其他书刊。在上列的书籍之中，《动物学大辞典》和《植物学大辞典》，由于利用了大量日文著作和中国古籍，费的精力很多，是当时甚有价值的参考书，就是到今天，也仍然有一定的参考价值。

他在晚年，还写过一些哲学书，例如：他翻译过叔本华的《处世哲学》，自己写过《人生哲学》这一类的著作。虽然由现在的眼光看来，这些书多少是唯心主义的，但是也曾给当时的读者扩大了眼界。

50多年前有一些学过西医的人，如余云岫等著文攻击中医，有很多显然偏颇不确的见解。杜亚泉先生曾写过卫护中医的文章，文题是《研究中国医学的方法》，旁征博引，充分说明中医的价值。杜先生在《方法》一文中，对于攻击中医的人加以批驳。他说："若要高明的医生，所谈阴阳五行六气三候之类决不能说他全无道理。不过他们没有学过西洋科学，不能用科学的名词和术语来解释它。若是有科学知识的人，肯把中国医学的理论，细心研究，必定有许多地方与西洋医学相合；恐怕还有许多地方，比西洋医学高深呢。"他对于中医西医的正确观点，可以说是不偏不倚、实事求是的态度。这种态度至今仍为人称道。[①]

杜亚泉先生对于语言学也进行过相当的研究。民国初年，曾由北洋政府旧教育部聘任他为读音统一会会员。他对于注音字母的创制，曾出过力。

1932年，杜亚泉先生回到绍兴，本想继续写一些书，不幸于1933年12月6日因患肋膜炎症，医药无效，溘然长逝，终年仅60岁。

我们可以说，19世纪中期介绍西方科学最有成绩的人，是众所周知的徐寿先生。徐寿先生之后，19世纪末和20世纪初，杜亚泉先生要算是成绩

[①] 朱孝慈：《杜亚泉的生平及其医学学说》，《新中医药》1956年7卷9期，第45页。

卓著的人物之一了。在纪念商务印书馆成立85周年的时候，不能不提到商务早期的理科主任杜亚泉。他所编译的书刊，对于推动中国科学的发展，起过一定的作用。这是历史事实，完全可以肯定的。

原载香港《新晚报》1982年2月7日

商务印书馆初创时期的自然科学编辑

杜耿荪

自 20 世纪初起到 30 年代末，这二十多年的时间里，凡曾经从事中小学教育工作的，或在中小学读过书的人们都熟悉那时大多数商务版的理化、博物教本是绍兴杜亚泉编辑的。这位工作于商务印书馆达廿八年的老编辑生于 1873 年，卒于 1933 年。笔者是他的共曾祖堂弟之一，他长我 36 年。从作者懂得人事时起，和他接触的机会不少。在"一·二八"沪战后，他携眷返乡直到他逝世的两年内，先后有半年多和他朝夕共处。那时因笔者为先父营葬，曾借宿他家（绍兴伧塘乡，1949 年后划入上虞县）。他生病前，每到夜晚则大家秉烛畅谈，或看他灯下写稿，而病时之力疾执笔,病笃之无钱医治，死后之借棺入殓，斯情斯景，恍然如昨。他死后，我的胞叔山次编了一份他的行状资料，他的老友寿孝天、章锡琛两先生根据这份资料，分别写成他的小传。寿先生所写的一篇，在送请蔡元培先生寓目和征得同意后，作为蔡先生所撰而刊入他的讣闻内(章撰的和蔡先生自写的纪念短文等，也一并刊入)。传记中所叙述他一生的活动，是实事求是的，没有虚构溢美之处。正如寿先生在脱稿后讲过："唯有翔实地写，才不负老友。"但是囿于当时的社会风气，为顾及传文的布局和格调，对于他生前某些活动和关系，或略而不记，或记而不详。现在，笔者不避拙劣，愿就记忆所及，遵循我前辈下笔直书的态度，点滴地补写出来。

一、顽强治学，悉心著述

小传所描述他废寝忘食的治学事迹，曾在至亲好友和族内传颂一时。我们的家长常教育子侄，"要以他为模式"。他十八岁就进秀才，当时算是了不起的。他父亲和他自己也都深信："只要功夫深，中举人、进士可操左券。"笔者先父山佳（谱名子彬）和表兄何桐侯（谱名楸，后为绍兴名书家）先后在这段时期中式本省举人。他们两人的诗文，在当时绍兴学界中有些小名气。我的祖父派下各房聚族居住在绍兴城内西咸欢河沿，聘有几位名师教授子弟。大家庭中又多藏书。何桐侯家里文风也盛，藏书也不少。亚泉就进城拜何桐侯为师，并住宿在我们的大家庭里，遂得与杜、何两家子弟一起切磋琢磨学问。既有大批书籍供他阅览，他就抓着这种良机下苦功夫。笔者幼时，听过一位在我家做长工的老人讲，"夏天一早起来打扫房间时，常发现亚泉还在看书。开饭后要叫他几次才去吃，所以背后人家叫他书呆子"。他从"觉帖括非所学"而孜孜于许氏《说文》，这是治学方向上的第一次转变。1894年（甲午）战争这一年，第二次乡试未售，甲午战败后更引起他思想上的变化，丧权辱国冲淡了他走"正途出身"的信心。同当时爱国的士大夫阶层一样，想讲求实学来济世救民了。这时，先父已在攻读我国古法算学。亚泉认为这是各种实学的入门，也就参加学习。学了两年，就能担任中西学堂的算术教习。俸给所入，可以购买自己所喜爱的书籍，这是以前他所办不到的。他在熟读了上海制造局译印的格致诸书后，求知欲并不因此而得到满足，他意识到，"更上一层楼"应该直接阅读日本原版科学图书，而先决条件则须懂得日文。于是，他又和先父等共习日文，着重搞通文法。三十多年来的编译或教书生涯中，他始终利用这种文字工具来查阅和收集参考资料。

1921年，笔者到上海进商务印书馆附设之尚公小学读书时，因他的寓所即在小学附近，我就在他家搭午饭。中午，他从馆内下班回寓，匆匆吃饭后就利用午后一小时许的休息时间,或看书,或写作。在早晨,也要伏案一二小时后才赴馆。至于晚上,则更要干到夜深方罢。晚年回乡,他还是一如既往起早落夜地工作。在家里唯一的娱乐,是有时同子侄辈打几圈"卫生马将"。他早年就得胃病,有几年且很严重。他始终不懈的治学精神,并没有因病魔缠身而有所减退。

记得1922年春,他长子其均任职于澄衷中学,将与师生旅行普陀,他就觅得一部《普陀志》,化了三四个晚上,摘出主要名胜古迹的由来等,交他儿子随身带去参考。曾听他说过,"这样翻阅一遍,增长了许多知识,好像自己也去游了一次"。同年秋,他五旬寿辰,在山东的先叔海生(子栩)邀他去登泰山、访曲阜。他在行前也查考过有关图书。旅途中,即将所见所闻,写了几封长信寄先叔山次,并希望在申的几位从弟侄也阅读一遍,以广眼界。

同古今中外的学者一样,他在做学问方面一不惜化冗长时间,二不避走崎岖道路,三不着眼于物质报酬。他利用业余时间,看过一大堆图书,但并不匆促写出论述。写好一篇初稿,修改再三,乃属常见。甚至有搁置而不发表的。或则将半定稿请寿孝天等老友看过、商酌过,再付《东方杂志》等期刊发表。在商务印书馆服务廿八年的业余时间,加起来是相当可观的。如果像当时他的个别同事那样,利用亚余时间"跑步式"地写稿来攫取稿费,那末他的著作也可以"等身"了。他的著作散见于期刊上的不算多,出版的单行本仅有四种。清末时他的大部分业余时间还用在浙路拒款、集款运动方面,用在绍兴八县旅沪组织和绍兴旅沪同乡公学等的筹设方面。民国初年,他既担任国音统一会会员,就在他早年学得的声韵知识基础上,来讲究注音字母的创制问题。我国当时"新式标点"的创制和推行,商务印书馆的编辑工作者曾出过不少力,他也是其中之一。为了检验初创时的几种符号是否适用和够用,是否对学子研读古典书籍起很大的帮助作用,他以圈点《二十四史》作试验，历时二年多，他最早建议增加一种逗号"，"，并获采用。这些工作，都是在馆外做而无报酬的。

蔡子民、张梓生两位先生所写的悼文中对他著《人生哲学》的经过和内容，分别提得较详。这本书从开始搜集资料起到付梓，前后历时六七年。出版后，曾受到士林的推崇，可惜当时的高级中学不重视伦理学这一科，有些学校不开这科，所以没有被普遍采用。再版一次后，就不再重印了。

康有为曾对自己的学识作过评价："到三十岁时已达'观止'。"亚泉很不同意这样的说法。与此相反，他是要学到老的。他的确做到了这一点。

二、进商务印书馆前后

1900年，他依靠怎样的关系到上海设立亚泉学馆？笔者不知道。但我在早年，曾见过亚泉学馆发行的理化课本和《普通学报》。这些课本和杂志，在当时算是畅销的。他父亲杜锡三是个地主兼放债的老财主，看到出版图书也有利可图，就拿出一笔资金来开设普通阅书室。一人干不了，招几位亲族去帮助，他的胞弟叔帆也在内。叔帆到上海后，不务正业，吃喝嫖赌。虽规劝无效，兄弟因而失和。叔帆写信给其父，说亚泉只会写稿，不懂生意经？还编造些其他的谎言，欺骗其父。他父轻信叔帆的谎报，就命叔帆掌握经济等权。兄弟之间一度有深刻的隔阂。后来他到南浔去长浔溪公学，浔校停办后，也不回上海而返绍兴办越郡公学。叔帆独揽大权拿着书室资金，更大肆挥霍。待其父明白真相时，已只剩了一付生财，懊悔莫及了。所以，普通学书室之早年夭折，实非亚泉之咎。

听说，普通学书室当时设在上海棋盘街附近有一爿规模不大的印刷所——商务印书馆，为夏粹芳所独资经营，除承印基督教方面的书刊外，并接受普通学书室的印刷任务，亚泉与夏就交上了朋友。普通学书室经营日趋下坡之时，商务印书馆的业务蒸蒸日上，夏粹芳看到出版事业有广阔前途，所以把普通学书室的生财盘进。夏一人的资金不敷运用，乃扩而为股份公司，向外界招股。这就是商务印书馆从专营印刷而扩充为编书、印刷、出版发行的综合性企业的起源。这段经过，小传内不提及，张菊生先生在悼念他的诔辞中，只有"先生以所业不振举而并入商馆而受聘为馆中服务"数语。

1904年，他进馆协助张菊生先生组织编译人才，置备图书，拟订出版规划，奠定了编辑所的初步基础。张先生致力于文学方面的编纂，他则负责理化部门。先父山佳、先叔山次，先堂兄就田和寿孝天、骆师曾、章锡琛诸先生都由他介绍进所。在印刷部门和管理部门方面，他也陆续介绍不少绍兴同乡进馆工作。1904至1920的十多年中，他和同事们在编书方面有着大致上的分工。他自己搞植物矿物两门，就田从事动物学，寿孝天、骆师曾负责编数学，山次先叔主持《东方杂志》的集稿、编排……还有几位青年如章锡琛等，则在他的指导下，做搜集各种资料，编教师参考书等工作。随着中小学教科书的陆续出版，种类已基本上齐全。学术界亟需自然科学方面的工具书，他乃主持《植物学大辞典》的编纂，他自己也从日文图书中，搜罗了许多资料编入。接着，又编《动物学大辞典》，其中就田所做的工作要比他多，而后者的篇幅几两倍于前者。这两部辞典编成后，他的堂弟〔侄〕杜其堡从北京大学冶金系毕业，乃招之进馆。在他的指导下，其堡一个人费四五年工夫，编出《矿物学大辞典》。后来，馆方陆续延聘一批从欧美日本留学归来的学者进所，力量更雄厚了。编译方面的分工，也随时代的前进而要更专业化。于是，原来的理化部划分为理化和博物两部。他主持博物部。当时有人认为馆方缩小他的职权，这却是一种不正确的看法。商务印书馆曾在他的创议下，开办过标本仪器传习班。招收学徒，授以技术，从而充实了馆内自制仪器、标本、模型的人力。他自己也曾在班里讲课。

大概在"一·二八"前三四年，章锡琛在他主编的《妇女杂志》里刊登他自己关于"新道德"观点的文章,不止一二篇。笔者还记得一点:即他认为寡妇或离婚再嫁后,只要同新夫和谐,双方不犯性乱,就够保持"新道德"。他还对当时某些人重提"三从四德"的滥调,表示不满。但所谓纵欲一点,在我的印象中,他并没有公开议论过。亚泉和编辑所内一部分老年同事,都对此表示惊讶,馆内几位领导人也不赞成。认为章在提倡不良风气,几次劝告他停播这些观点。于是,调章锡琛去整编古典文学,由亚泉推荐就田任《妇女》主编。但锡琛仍在馆外写他所持论点的文章,并纠集同道者,创刊《新女性》登载之,销路不错。这样,遭到馆方的不满意。章就辞馆,同他胞弟锡珊创设开明书店于闸北宝山路某一里弄内。《一般》杂志也接着创刊,由夏丏尊主编。可以说,没有这场争沧,锡琛不会出商务印书馆,也就不会创办开明书店。

在商馆服务的最后几年,亚泉遭到馆方当权者王云五的戏弄。现在想来,还令人愤愤。这个自封是自学成功的"饱学之士"——王云五,在当编辑所所长时,早已把几位老年编辑,看作"朽木"了。同时要拉自己的亲信进所,借口"紧编""整顿",辞退一批他所谓已不起作用的编辑人员。另一方面,则借口工作需要,拉进一批心腹。服务将近二十年的寿孝天先生,即为首批被解聘中的一个。就田先生讲过:王云五是一个笑里藏刀的人。在任何编辑同事面前,口口声声"老朋友";在背后,则这个不对,那个有大缺点,想尽办法,在同事间制造分裂。亚泉与好几位商馆董事如张菊生、高梦旦、丁榕等有渊源,而且是一位"开国元老",王云五也不敢妄动他。当王云五扒得总经理的宝座后,对编辑方面仍不放手。《万有文库》、四角号码字典……,都要挂起"王云五主编"的招牌。亚泉自办中学失败后,心境不好。在馆内,又因他拟订的某些计划,遭到王云五或其心腹的阻挠,更怏怏不乐。他服务满廿五年时,曾要求退休。如能批准,可领养老金一万元(他早有这样打算用这笔钱的一部分以偿还办学时的债务),可是王云五"很谦虚"地挽留他，说了许多馆方还要仰赖他的鬼话。他没有看透王云五其人，轻听其言，不走了。在"一·二八"前的一年中(1931年)，为了某些问题闹意见，又先后提出两次辞书，都被退回。为什么不给他退休呢？难道王云五真的器重他吗？当然不是。据馆方内部透露，为的是舍不得付出这笔一万元的养老金。而亚泉则始终被蒙在鼓里。日本鬼子的炮火帮助了王云五实现了"妙计"。忠厚老实人在旧社会里横遭欺凌，他就是一个例子。

三、在世最后二年内的活动

"一·二八"战火一起，他的寓所临近火线，漏夜率眷逃出，每人都只穿一身衣服，携些包袱，随着一大批逃难者出走。第二天下午，到松江。本可以从松江搭火车到杭州，但口袋里的钱已不够买大小五六人的车票。幸而，在松江一所中学里，找到一位素识的教师，解囊相助，才能经杭州返乡。他抛弃了书笈、资料和稿件，但他却带出多少年来归他保管的一部杜氏家谱。在乡间故居里，所存被褥不够应用必须添置，日常开支又待解决，乃卖掉十多亩田产来应付。

1932年夏，辱国的《淞沪停战协定》签订后，五月间，他从绍兴到上海探听商务印书馆情况，住在虹口东有恒路杜山次寓内。他懊悔去年向商馆辞职的的不坚决。到商馆去摸底，得悉该馆决定撤销编辑所，成立编辑委员会来接受馆外稿件，遣散全部编辑人员。他能领到的遣散费仅为四千元。这无异是对他当头打了一大棒，压不住心头怒火，遂向王云五提意见。他说，馆方遭受损失大，要职员们承担些，这也不是不可以的。但是，也应有分寸，四千元的遣散费，不到他本可领得的养老金的一半，不能不说对职员近于克扣。要求馆方重新研究，决计暂不领这笔钱。他的意见引起许多被遣散同事的共鸣，也不去办遣散手续。馆方有点尴尬。但王云五到底老谋深算，挽出亚泉的"莫逆交"丁榕(商务印书馆董事)做说客。

丁榕先来一套润亚泉肺腑的话，承认馆方所定遣散费标准有点偏差，不过，馆方的现金已罗掘殆尽，也有为难之处。要单独为他增加遣散费，将影响全部被遣散者。如他不去领，馆方只有专款存储起来。现在，馆方聘他为馆外编辑，月薪一百元。以后商馆情况好转，则再议增……果然被说服了，而即去领款。领款回寓后，他同我们谈起，还认为丁榕帮了他。这天下午，从虹口内山书店送来一大批图书，计四百多元，大家都愕然，他乃解释，领到钱后，才到虹口内山书店选购的。返乡后，准备邀几人编《小学自然科学辞书》。在乡间旧存的书籍既少，又陈旧，非添置这一批参考书不可。这部分新书中，既有好几部理化、博物大辞典（每部约十本），也有社会科学方面的，甚至还有缝纫、烹调等等。当时已入夏令，他身上还穿一件厚布长衫，大家问及他夏衣有否？他答：还缺，但不准备添制，在乡间出门穿短衫也无妨。这样，他只满载图书而归。

1932年秋到1933年夏，他应绍兴稽山中学之聘，每周为高中班讲课二小时。所讲内容，涉及政治、经济和自然科学概要等。每周上城一次。为了不占用其白天写作时间，他于有课的前一天夜里，独雇一只中型"乌篷船"，从伧塘到县城，约九十华里，天亮到达县城的南门头。在船里，还要秉烛看书，或同船工谈论乡间风物。船工曾谈过，虽然携带被褥落船，但他入睡的时间很少。上午在校讲课，下午访亲友。入晚，再乘原船返家。往返一次，要他自己付出舟金三元多，并供应船工膳食。他既不领讲课报酬，稽中当局虽几次要送旅费，他也婉谢。一学年末，稽中赠送银盾作为纪念。

也在这一段时间里，他同他女婿高某、胞侄其垚等，编辑《小学自然科学辞书》，他从馆外编辑的月薪中，供应乃婿等膳食、另用等费。1933年暑天，书编成，约70万字，他自己携稿赴申交馆。在他逝世后月余，书才出版。上述辞书交稿后，几位助手走了。他独身留在家里，翻阅资料，准备写关于生物学方面的稿子。这年九月里，他就患小病，时卧时起，初时还可看书动笔。但到 11 月初，已不能起床了。他次子毕业于上海某医专，在家护理他。当时要从城中请西医到乡诊治，出诊费可观。到病笃时，才请来诊治一次，则其所患肋膜炎已非药物可能奏效了。当他自己知道危在旦夕时，曾说，死后可领人寿保险费六千元，还清亲戚处旧欠新债两千多元外，后事费用仍有着落。于是写信给王云五，要求馆方在他死后，再发馆外编辑月薪金半年（别人执笔，他自己签名）。信寄后两天他就死了。这时，家中仅存现金十多元。笔者受亚泉先嫂之托，派人上城，与杜海生和另一位先从兄到乡，共商其后事。又到城借钱买殓物，运先叔的寿材下乡。停尸两天，才得盖棺。海生再写信请张菊生先生转达商馆予以帮贴。而张先生和王云五联名的复信说，馆方经济拮据，无以应命。但他们愿以私人名义发起，向在馆的和离馆的亚泉老朋友方面告助。丧家乃改变不发讣闻的打算，印了一批讣闻托商馆转发一大部分。亚泉生前交友较广。由馆方代集的赙金达一千多元。张菊生先生为老友出力最多。

四、热心办学和其他

在旧社会里，封建地主门庭中的"少爷"和"老爷"们，能以平等态度来对待劳动人民，是很少见的。可是他却曾做到这点，可以说，杜氏族中没有像他那样的第二个人出现。他家佃农和佣仆们，都说亚泉不像其父那样势利刻薄。他对人的和蔼可亲，出于自然而不是矫揉造作。清光绪末年，他三弟叔帆在妓院里同一妓女姘识，生下一子。因为在上海不能立足，携其母子回绍，他父亲承认这女的为其儿子的箈室，婴儿是其孙儿。但当时近房长辈，则认为有辱门楣，不接见并阻止其母子参加族内的庆吊活动。亚泉曾对亲友谈论，嫖妓是件大过错，但沦为妓女也是出于被迫，从良后还当她是一个贱人，未免太苛刻了。私生子本身并无过失，被歧视也太不近人情。他的这些见解，亲族中无赞同者。

大约在 1916 年前后，他创议废跪拜，祭祖或向长辈行礼都改为鞠躬，先从我曾祖派下老三房内做起，而后推及全族。他父亲（长房房长）赞成，而先叔杜山次（次房房长）和一位先堂伯（三房房长）不同意，和他有一场争辩。他自己没有中举，不能在宗祠内立匾。他长子于 1916 年从香港大学毕业回来，他想到宗祠里去立匾，说大学毕业等于清时中举人，今后毕业一个就去立一块匾。族人不支持他的意见而作罢。说明他还存在着荣宗耀祖的封建宗法意识。

20 年代到 30 年代，上海开"学店"之风很盛。1924 年他创办新中华学院，想借此扭转一下当时上海的颓靡学风。这所学校不设校董会，也不拉几个上海"闻人"来做靠山，他拿出自己的一些积蓄，卖去一部分商务股票做开办费、命长子当校长，他化去商务的编译工作之大半时间，因而减少了薪给，他也不计及。并要他的从弟、内侄等辞掉原有工作同他一起教课。学校不用"噱头"招徕学生，一切措施是朴实的，没有脱离书生本色。可是，知音者少，入学者不多（最多时好像不到四十人）。学杂费所入不敷开支，但这方面的亏空还有限。他为了改善学生的饭菜，校里津贴菜金给厨房，而厨房中饱私囊，赔累甚多。经济日蹙，仍没有使他气馁，卖去他的全部商馆股票来应付。还不够，再举债，两年半共耗八千元，不得已而停办。知他深者，对他的动机和勇气，是始终给予好评的。

他劝青年千万不要做买办，不要做任何类型的洋奴，接近他者都听到过而赞许之。他不反对青年们出国留学，但顾虑他们回国后忘本，到处宣扬"月亮还是美国好"。在这方面，他领略过深刻的教训。他儿子其均毕业于上海工部局办的华童公学后，进香港大学经济系五年肄业。学成回来后，逢人便谈香港的"文明"，什么在大学里终年吃西餐，讲英语，如何受到洋教授的青睐，而把早年学过的汉语，忘记到连写一封普通书信也为难。他先后在上海几所中学里教英语，不受学生欢迎，这使亚泉大失所望，啼笑皆非。

1933年6月,他和友人诗一首,末二句为"鞠躬尽瘁寻常事,动植犹然而况人"(初稿为"生物犹然而况人")。半年之后,他逝世了。杜亚泉真是为教育事业辛勤劳动了一辈子。

原载《绍兴文史资料选辑》第一辑,1983年12月

鞠躬尽瘁寻常事，动植犹然而况人
——回忆我的父亲杜亚泉

杜其在

我和父亲的年龄相差四十多岁，他去世时我还只 17 岁，相处的时间很短。由于他平时不喜欢同家人谈他的往事，所以我对父亲早年事迹，几无所知，这里只就我童年的见闻，作一简单的回忆。

在我印象中，父亲是一位既严肃又慈祥的老人。说他严肃，因为他平日身上衣着古板，常常上穿一件深色的布长衫，下着扎脚裤和布鞋，头顶秋帽（瓜皮帽），不苟言笑，我们不敢同他接近。说他慈祥，因为他对我们从不疾言厉色，有时也带我们上街走走，去四川路底吃廉价西餐。在春节带我们去四马路科学仪器馆看望他的老朋友，在那里工作的一些叔叔伯伯们会从柜台里拿出皮球、文具之类的小东西送我们。我们学习有点进步，他也像我们一样高兴，记得我 10 岁时，写了一首打油诗："肚子咕咕叫，吃饭时未到，到了吃饭时，肚子已饿饱。"他把这首诗投到《儿童世界》，登出后得五角钱购书代价券，他就带我到商务印书馆门市部买了一幅《中国历代帝王世系图表》，挂在客厅墙上。因经常看这图，使我在幼时就对我国历史朝代有一粗略的概念。我弟弟尚不能自己写作文，父亲就讲了一个日本旅行者和"知了"（蝉）的故事，叫他把故事写成作文也去投稿。有一个星期日下午，不知父亲为什么特别高兴，把我们几个兄弟都叫来聚在一起，他把《三国演义》打开，把卷首的那首《临江仙》词讲解给我们听，反复地讲，直到我们大家都懂了,还叫我们大家背熟。讲完后他又叫人去买了香豆腐干和花生米给我们当点心,并说香豆腐干和花生米合起来吃,味道特别好,有火腿味,这是一位古代名人说的。父亲这么高兴是极为少有的事,所以我对此记忆特别深刻,迄今不忘。我稍长记起这件事,经过考查,知道他所说那个名人就是前清的金圣叹。

我的父亲是一个热爱祖国的人。他的青少年时代,正值祖国内忧外患,国破民穷,民族危机深重之际,这促使他不断观察思考国内外发生的一切,探索救国救民的道路。他出身在一个封建家庭,我祖父是个商人,希望我父亲能踏入仕途,光耀门庭,从小培养他学习经史、训诂、音韵。父亲16岁就中了秀才,但在当时知识界掀起的变法图强热潮的影响下,他开始感到这些学问并不能使国家富强,就毅然抛弃科举学业,改学西方科学技术,为此甚至与我祖父的关系闹得很僵。我祖父直到晚年才觉悟到我父亲的决定是对的,他在日记中赞誉我父亲说:"秋帆(父亲的字)真我之孝子也。"为要掌握西方科学技术,父亲执着地学习数理化生物各课,几到废寝忘食的程度,特别是他为了直接接触西方文化,刻苦自学日文,后来竟也无师自通,不过他的日文不会发音,只能阅读、翻译,然而这给他帮助极大,自不待言。

第一次世界大战爆发以后,他对西方文化的崇拜受到了很大冲击。他看到西方帝国主义国家凭借科学技术上的优势,以"优胜劣汰"学说为幌子,侵略、瓜分殖民地,残酷剥削甚至大量屠杀文化发展较低下的民族和人民,他开始认识到西方文化也存在严重缺陷,不应盲目崇拜,而应取批判接受的态度。这些思想,他在《东方杂志》上发表的许多文章中都有提到,并形成他的东西文化观的主要论点。为此,他还曾与陈独秀等人有过一场论战。

从一个科举出身的旧知识分子到崇拜西方科学技术的学者,又从醉心于西方文化、推崇西方物质文明转变到反对全盘西化,主张中西融合,提倡精神文明,这是我父亲思想上的两次重大飞跃。

父亲一生刻苦自学，勤奋写作，几乎整年没有一天休息。他白天在商务工作，回家后吃过晚饭就埋头看书或写作，直到深夜。后来有一个时期，他生活习惯有些改变，晚上七时许就上床休息，到九时后又起来，再伏案写作直到半夜一两点钟，除非有病，天天如此。《人生哲学》《植物分类学》《博史》等著作都是在晚上写成的，有时候他写作得实在疲倦了，就唱几句昆腔以调剂一下精神。他还坚持天天写日记，从不中辍，一直到"一·二八"逃难才中断。可惜他的历年日记和所有书籍、笔记、书信，均在这场战乱中损失殆尽。

父亲一贯淡于名利，自己立志不当官，不经商。他的毕生精力几乎都用于默默无闻地办学堂、编教材、培养人才上面。同时，他也很重视兴办实业，认为这是救国的一条重要途径。他的堂弟杜春帆家境困难，想找职业，父亲就建议他制造墨汁、墨水，并从日本书中抄引生产的工艺和配方送给他，还给以资助，帮助他在上海办起了一个家庭作坊。这个小作坊后来发展成厂，成为现在的上海墨水厂的前身。在父亲的倡议和推动下，商务自办了动植物标本制作工场，培训制作标本的工人，他还亲自去为工人讲授制作技术。"一·二八"战事后，有几位商务出来的职工，合股创办了一家制造理化仪器的小厂，得到我父亲的大力赞许。这家厂解放后已发展成为一家制造石油和地质工业用仪器的企业。

父亲的交友也反映了他的为人。来我家看他的人，大多是商务编译所里的同事，我记得起来的有寿孝天、凌问之、骆师曾、章锡琛等诸先生及族叔杜就田。他与他们谈天总很投机，一谈就是半夜，谈的内容大多是自己的理想、对商务编译所工作的意见和对时局的评论。父亲谈起来总是兴致勃勃，嗓音很高，精神十足，有时发生争辩，总是他的声音盖过别人，与他那苍老的外貌反差很大。父亲和鲁迅先生也有交往。我记得他曾带我到鲁迅先生家中做客。一次父亲到日本友人内山完造先生开的书店去购书，恰巧鲁迅先生在内屋，鲁迅就对内山说：外面那位就是杜亚泉。内山一听马上出来与我父亲打招呼，二人从此相识，父亲也常去内山书店买日文书。

但父亲对官场却是鄙视而且远离的。我听母亲说过一个小故事：当时的两广总督陶子方对我父亲编辑的《亚泉杂志》十分赏识，规定属僚都必须订购阅读。一次陶到上海，宴请一些社会名流，父亲也收到一份请帖，但他不愿与官场交往，就亲自把请帖送回陶寓。在门口门丁见我父亲身着竹布长衫，脚穿布鞋，以为是我父亲的送信仆人，就问："贵府老爷不来了？"父亲就默认说："是的"，回头就走，到家后还把这情节当笑料讲给家里人听。

办学校是父亲一生最热爱的事业。他认为只有多办学校提高全民文化素质，才能最终使国家富强。但是他看到当时上海许多学校学风颓靡，培养出来的学生，不是想当官，就是想出洋留学当买办，所以总想自己办一所能符合自己理想的学校。1924年他自力创办了新中华学校。因他办学目的不是为了赚钱，所以坚持不登广告，不募捐，不请名人作号召，想单凭自己个人财力和社会关系来支撑。他把一些大学毕业的子侄辈请来当教师，因为这样可以用低工薪。他很关心学生的健康，一天他去学生食堂看看，见伙食太差，马上叫厨房每桌加一碗鸡蛋，并指示管庶务的职员在雇人包厨时只能薄利承包。抱着这样良好的愿望和理想去办学，毕竟不能适应当时的社会现状，学校只维持了两年就因财力无以为继而停办。他耗尽了前半生的积蓄，把自己持有的全部商务印书馆股票卖去抵充，还欠了一身债，但他对此始终不悔。

在家庭生活方面，父亲自律极严。他反对在家中搞宗教迷信活动，不允许僧尼道士进门，反对女子缠足，不允许打骂小孩，他虽不废除祭祀祖先，但自己从不参加。他自奉甚俭。整年只穿布制衣服，我从未见到他着过绸衣或皮袍，只有到晚年在家人一再劝说下，才做了一身丝棉衣裤。他从来不进电影院或其他娱乐场所，只有在饮食方面还比较重视营养，生怕影响子女们的健康。家里的起居设备也很简陋，连一只沙发也没有，他长时间伏案写作的书桌前，只是一把破旧的藤椅，夏天客厅里也只有一只旧的电扇。记得有一回，他的一个学生见到我们家里陈设太寒酸，特从广州运来一套红木家具，父亲觉得我们家里不配用这样高级的家具，就转送给绍兴旅沪同乡会了。还有一件事对我教育很深，想起来至今还感到内疚。1931年冬，我和幼弟在江湾立达学园住读，放寒假时伙食费有几元节余，回家时因有铺盖行李，就叫了一辆出租汽车。不料车到弄堂口，正碰上父亲出门去上班，他一见就沉着脸对我说："我从来没有坐过小轿车，现在你们倒比我还阔气了。"

父亲对自己和家人要求俭约，但帮助别人却并不吝啬。那些年里，军阀混战，城乡人民生活水平相差悬殊，他主张在城市工作的人应该多帮助贫困的同乡人。亲友和族人有困难求助的，几乎都尽力帮助，有的给介绍职业，有的临时周济，有些乡间孤老还长期按月接济。对子侄辈均尽量支持资助他们能上学校进修，他们中有些离家在上海求学的，还常留在我家食宿，算起来先后有八九个。我们在闸北的寓所，虽有两幢房屋，却常常人满为患，开饭时经常挤满三桌。

父亲虽然专心从事学问和著作，却也不是"两耳不闻窗外事"的人，他对现实社会上出现的各种问题，是非常关心的。我听到年长的兄姐说起，在1908年发生的铁路拒款斗争中，父亲曾积极投入抵制清政府屈服于英帝国主义的压力，企图接受英方借款，出卖路权的卖国行径。当时他身为绍兴旅沪同乡会会长，奋起动员绍兴（七县）在乡和在外地工作的同胞，踊跃认捐，筹集资金。那时在商务工作是不允请假的，于是他约集几个志同道合者，一部分人外出动员募款，留下的工作则由另外一部分人代为担当，一个人顶两三个人的活，来支持斗争。"一·二八"后父亲回到家乡，乡亲们纷纷向他诉说乡长恶霸罗厚卿欺压乡民的劣迹；他听后十分愤慨，挺身而出，不顾逃难后的疲顿和困难，搜集整理罗的劣迹，多次上告到县政府，终于使县政府撤销了罗的乡长职务（罗在解放后土改时已被镇压）。那时，父亲还抱病每两周一次坐船去绍兴城里为稽山中学开设义务讲座，对高中学生讲国际形势等课题，宣传抗日救国。我那时正在该校读高中，看到他站在讲台上，一面喘气，一面演讲的情景，至今回想起来，心里还很难过。这个讲座，一直延续到他最后因病不起为止。

1932年的"一·二八"事变，对父亲和我们一家来说，确是一场最惨重的灾难。事变前社会上已有流传，但父亲认为可能是谣言，不会发生战争，所以没有与闸北一带的许多居民一样避入租界。不料日本军队悍然进攻闸北，并用飞机轰炸。我们一家只好不携一物，匆忙雇了两辆人力车逃出居所，途经大场、嘉定，到白鹤港（那时沪杭线在这里设有车站），混入难民群，辗转回到祖籍绍兴。我家在闸北的寓所虽未被战火所毁，但所有财物书籍，全被盗窃一空，当时摆在父亲面前最紧迫的事，就是要重新置办一家人的衣被和生活所需的各种用品，这需要一大笔钱。然而父亲是一生无积蓄的人，更糟糕的是：正值此极度困难之际，一向苛待工人的商务领导人王云五借口商务遭受战争损失，取消了我父亲按商务章程应得的一笔数目不小的退职金（约一万数千元），真是屋漏偏遭连夜雨。

回到故乡后，父亲一则为了生计，二则想继续完成他心中怀着的出版规划，就决心办一个家庭编辑所。他邀请两位被商务遣散的旧同事，连同他的两个侄子（其堡、其垚，原也是商务编辑），成立了"千秋编辑所"（他的故乡长塘古名千秋）。他卖掉祖遗的田产，除维持全家最简单的生活开支外，特地去上海买了一批日文原版书籍，作为编辑所的参考资料。第一部编辑的书是《小学自然科词书》，70余万字，历时一年半完成，这种速度在编辑史上可算是空前的。不幸的是此书完稿后，父亲已一病不起，未见正式出版就去世了。关于他最后买回家去的那批日文书籍，还可讲个小插曲：1942年一批日本鬼子去浙南扫荡经过我乡时，闯入我家，为首的一个下级军官发现了这批日文书，竟下令部下撤出，并在我家门上贴了一张手写的布告，不准日军对我家进行破坏。那个日本军官可能有点文化修养，还保留着一点人性，据说他在临开拔时曾向我的一个族叔用中文写了四个字："此去必死"，可见他的厌战情绪。由于那个军官的布告，乡亲们觉得我家是个避难所，第二年当鬼子又进村时，就都拥到我家去躲避，但那次鬼子偏在我家住下，很多乡亲因而遭殃。当然，这是题外话了。

父亲去世后，家中凄凉。治丧费用全靠亲友的赙金，棺材也是借用族叔祖杜海生的寿材。不过，父亲的挚友给了我们很大的同情和慰藉，杜海生特来乡下主持丧事，蔡元培先生和寿孝天先生为父亲写了传记并领头发了讣闻，张元济先生写了诔辞，胡愈之先生以《东方杂志》编辑部名义撰写了悼闻，周建人、章锡琛、张梓生等先生都写了纪念文章。此外，稽山中学开了隆重的追悼会，会上有悼辞、悼歌，歌词中我迄今还记得有"人才乐育，著作等身"这么两句，学校还派师生代表到我们设在乡间的灵堂悼念，我和弟弟当时还在稽中求学，也得到免费的优待，这些盛情厚谊，都使我终生难忘。

父亲的故居在1949年后特别是公社化运动时期，被当地拆掉改作他用。拨乱反正后，上虞县统战部按照政策给予赔偿，共一万四千余元。我们家族为了缅怀父亲生前热爱教育事业的精神，将此款全部捐献给长塘中学（1997年起被批准改为亚泉中学）作为"杜亚泉奖学基金"。从1988年起已连续发放奖学金近10年。该校黄校长告诉我说，在得到过这项奖学金的学生中，有百分之九十以上都能在高一级学校继续深造，从高等学校毕业的该校学生，都得到过这项奖学金，说明这项奖学金对学生起到很大鼓励作用。我想父亲若在九泉之下得知这一消息，也必会感到一丝安慰。

原载《商务印书馆馆史资料》（内刊）第42期

杜亚泉先生传

周榕仙

先生原名炜孙，字秋帆，清同治十一年生于绍兴之长塘村。幼习举业，年十八入泮。本致力于训诂及散文，旋治数理诸科，无师研习，几忘寝馈。戊戌政变后，历任绍兴中西学堂、越郡公学教师，及南浔浔溪公学校长。继于上海创办《亚泉杂志》及《普通学报》，介绍西欧文化，开中国科学期刊之先河。先生至是始署名亚泉，亚为氩之省笔，泉为線之省笔，盖有自谦寡合之意。光绪三十年，应商务印书馆之聘，任编译所理化部长，从事著述二十八年，其间任《东方杂志》主编九载，所撰文字，包括政治、经济、国际、史地、教育、科学、哲理等，无不明达透澈，洞中肯綮。在民十三年，并分其余力，为上海创办新中华中学，力矫当时学校恶习，因经费不敷，竟尽鬻其所有股票以为维持，其热心教育，有如是者。一•二八之役，先生冒炮火出走，所有书籍衣物，悉付一炬。归里后犹集旧同人与子侄辈组织千秋编辑社，并每周晋城至稽山中学，作义务讲演，并成理科辞书一种。卒因食少事繁，于二十二年秋，以肋膜炎疾终故里，享寿六十有一。《东方杂志》、《新社会》半月刊、及《申报•自由谈》，均为文以悼之。蔡元培先生传其事略，记先生赴龙山诗巢雅集时，和友人诗中有句云："鞠躬尽瘁寻常事，动植犹然而况人。"于此可想见其为人矣。

先生对于后进，恒讲述科学哲理，就近取譬，娓娓不倦。族中子侄之教养培植，悉力资助，俾能自立。而自奉淡泊，不喜功利。有热中者，辄面斥之。故拜金主义之徒，见先生莫不有愧色也。先生对于工商企业，只谈如何改进，不谈如何获利，尝谓赚钱非人生最终目的，不论何业，应以服务社会发展社会为职志，须善用财而不为财所役，中国之守财房，外国之托辣斯，均失中庸之道，慎弗学也。

先生尝为科学仪器馆之董事，当时仪器制造业，仅此一家，国内鲜有了解者，先生颇尽赞助之力。其后商务书馆仪器部，请先生擘画改进，因设仪器标本实习所，传习制造仪器标本之知识及技术，造就大批工作人员。对于社会贡献颇多。不幸战事突发，工作停顿，人亦流离星散。至今先生如尚健在，不知又将作何感想。虽然，先生之志未竟，先生之功不没。先生虽死，先生之谠言，仍得奉为圭臬。一切事业莫不有连续性，欲竟先生之志，责在后起之人矣。

原载《仪文》1948年第2期

杜亚泉与东西文化问题论战

王元化

一

杜亚泉，1873年（同治十二年）生于浙江绍兴府山阴县伧塘乡（今上虞市长塘）。原名炜孙，字秋帆，又署伧父。少时刻苦自修，精于历算，通日语，长于理化、矿物及动植诸科。他的治学道路颇曲折，青少年时，即觉帖括非所学，改治训诂。甲午后，又觉训诂无裨实用，再改学历算。1898年应蔡元培之聘，任绍兴中西学堂算学教员。越二年，为提倡科学，培养人才，创办亚泉学馆（后改为普通学书室），同时出版《亚泉杂志》。（案：亚泉二字为氩、线［線］之省笔。氩是一种惰性化学元素，线在几何学上无体无面，用这两个字原表示自谦之意。可是他没有料到，氩在今天已成为具有广泛用途的重要元素了。）1904年（光绪三十年）应商务印书馆夏粹芳、张元济之邀赴沪，将其普通学书室并入商务，任商务编译所博物理化部主任，负责编辑教科书。（王云五《小学自然科词书序》称：经他负责编辑的教科书不下百余种之多。笔者少时读代数所用的盖氏对数表，就是他编译的。）至今仍在延用的化学元素中文译名也是出于他的手定。由于这些成就，人们称他是"中国科学界的先驱"、徐寿以后至20世纪初成绩卓著的学者。他在主编任上，奖掖后进，做了不少工作。后来，胡愈之回忆在《东方杂志》当编辑时说，曾得到他的细心指导，并称他是忠厚长者，治学严谨，办事踏实①。

1911年（宣统三年）至1920年（民国九年），杜亚泉掌《东方杂志》笔政，前后凡九年。他出任主编后，刷新内容，扩大篇幅，使这个刊物成为当时具有重大影响的学术杂志。除主持编务外，他还勤于著述，著有《人生哲学》，译有叔本华《处世哲学》。他在《东方杂志》上发表论文达200篇。其中有些文章，今天读来，仍有一定启迪作用。《东方杂志》编辑部在他去世后，在悼文中曾对他作了中肯的评价："其对于人生观和社会观，始终以理智支配欲望为最高的理想，以使西方科学与东方传统文化结合为最后的目标。……先生实不失为中国启蒙时期的一个典型学者。"蔡元培也说他"以科学方法研求哲理，故周详审慎，力避偏宕"②。他在胡适以前，首开以科学方法治学的风气。虽然今天看来，科学主义不免给学术研究带来不少弊端，但他在运用科学方法解释社会问题时，却比今天一些号称运用自然科学与社会科学交叉的青年学者，要通情达理得多。

"五四"时期，发生了东西文化问题论战。这场论战肇始于《新青年》主编陈独秀批判《东方杂志》上发表的3篇文章。不久，杜亚泉于1920年迫于情势（受论战影响）辞去主编职务，同时也不再为杂志撰稿，仅担任编辑课本工作，同时创办新中华学院。两年后因经费告绌而停办，负债数千元。淞沪战争爆发，商务毁于日军炮火。杜亚泉举家避难回乡。次年，患肋膜炎，12月6日逝世，享年60岁。他在病时，无钱医治，下葬时借棺入殓，身后萧条，令人倍觉凄凉。张梓生于《新社会》半月刊撰文悼念，言词甚哀，极为沉痛："国人对于人物之崇仰，久失其正鹄。当曲园之死，举国淡然，时王静安已有所感。近则时局变幻，人心愈趋卑下，对数政客官僚之死

---

① 胡序文：《胡愈之和商务印书馆》，《1897—1987商务印书馆九十年——我和商务印书馆》，商务印书馆1987年版，第128页。
② 蔡元培：《书杜亚泉先生遗事》，《新社会》半月刊6卷2号，1934年1月16日。

亡，报纸争载，市巷纷谈；而对于品格崇高，行足讽世之学人之逝世，除三数熟友外，类皆无所感怀。"（案：王静安语见《教育小言十则》第五节："德清俞氏之殁几半年矣。俞氏之于学问，固非有所心得，然其为学之敏，与著书之勤，至耄而不衰，固今日学者之好模范也。然于其死也，社会上无铺张之者，亦无致哀悼之词者，计其价值，乃不如以脑病蹈海之留学生。吾国人对学问之兴味如何，亦可于此观之矣。"）

二

杜亚泉逝世后，不但他的生平和功业很少有人提及，就连他的名字也似乎渐渐湮没无闻了。解放后所出版的《现代思想史论》，对"五四"前后那场关于东西文化问题的论战，未置一词。这场论战就其在文化史上的意义来说，是远远凌驾于以后发生的科玄论战、民族形式问题论战等之上的。根据现在涉及杜亚泉的几篇文章来看，却是毁多誉少，有的甚至把他视为落伍者。现在是应该对他作心平气和的再认识、再估价的时候了。

杜亚泉在任主编前就已经在《东方杂志》上发表文章。最初两篇文章是《物质进化论》和《伦理标准论》，接着一篇一篇源源不断。就这些文章看，他不仅是启蒙者，也是一位自由主义者。1911年他在《减政主义》一文中说："今各国政府组织繁复之官僚政治，视社会上一切事务均可包含于政治之内，政府无不可为之，亦无不能为之。政权日重，政费日繁，政治机关之强大，实社会之忧也。"他认为政府对于社会，只能养其活力的源泉，而不要使之涸竭；只能顺其发展的进路，而不要设置障碍。只有这样，社会的活力才得以顺畅发展。所以政府在教育事业和工商事业方面，仅仅是司其政务，而不必自己去做教育家，自己去经营工商事业。要使教育发达，并不是政府多颁学堂章程，多编教科书。他说："不察此理，贸贸焉扩张政权，增加政费，国民之受干涉也愈多，国民之增担负也愈速。干涉甚则碍社会之发展，担负重则竭社会之活力。"这种观点在其他文章中（《论人民重视官吏之害》《个人与国家之界说》等）亦多有阐发。

照杜亚泉看来，保证社会不发生专制集权现象的重要条件之一，就在于要有一个民间社会的独立空间。政府需受到法律的严格限制，才可以避免对于社会进行过多的干预。他认为社会活力具有伟大的创造力量，一国的兴衰就视其社会活力是受阻而涸竭，还是相反得到了通畅的发展。这一观点十分近于西方的小政府大社会的国家学说。近年来，海外学术界重新探讨了黑格尔等市民社会理论，大多认为如果无条件地承认国家至上独尊的地位，就会导致国家对人民权力的剥夺或侵吞。杜亚泉在《个人与国家之界说》中，也批判了国家主义"强他人没入国家"与"强个人没入国家"的现象，说这是"侵犯他人的自由，蔑视基本人权"。他在《论思想战》中，把这种自由思想阐发得更为透彻。这篇文章提出四项原则，前面两条说的是开浚与广博思想，属于思想修养的问题。后两条，一条是"勿轻易排斥异己之思想"，另一条是"勿极端主张自己之思想"。这种毋意、毋必、毋固、毋我的观点，固然来自传统资源，但杜亚泉使它和现代民主思想接轨。数十年后，胡适声称他认为"容忍比自由更重要"是自由主义的一项重要原则。在那场论战中和杜亚泉站在对垒地位的陈独秀，到了晚年也说，承认反对党的自由乃是自由的要义。但他在那场论争中，曾经是多么疾言厉色地批判了杜亚泉。杜亚泉写的《中国之新生命》一文也是十分值得注意的，其中提到中产阶级问题："现今文明诸国，莫不以中等阶级为势力之中心，我国将来亦不能出此例外。此则吾人之所深信者也。"他在"五四"前后就提出这些看法，说明他的思想敏锐，这使他在当时知识分子中间居于领先的地位。

三

我认为把杜亚泉看作一位反对革新的落伍者，这种误解要归之于长期以来中国近代史上发生的急骤变化。百余年来历史上的每次改革都以失败告终。鸦片战争后，以曾、张、李为代表的洋务运动，希望从西方引进船坚炮利、声光化电等科学技术。可是甲午一战，惨遭失败。继起者认识到不经过政治制度的根本改革，科学技术是不可能孤立地发展的，于是出现了康梁维新运动。辛亥革命成功，以共和代替了帝制，但政治情况却并未改善。军阀割据，连年混战，民不聊生。在共和制下，竟出现了议会贿选、政客收买猪仔议员的丑剧。继起者再一次认识到共和政治制度只能在一定的社会背景和思想基础上形成，于是"五四"的思想革命诞生了。这些不断更迭的改革运动，很容易使人认为每次改革失败的原因，都在于不够彻底，因而普遍形成了一种越彻底越好的急躁心态。在这样的气候之下，杜亚泉就显得过于稳健、过于持重、过于保守了。

对于改革，杜亚泉却有他自己的看法。他在《个人之改革》一文中，阐明了他的改革观念："吾侪自与西洋社会接触以来，虽不敢谓西洋社会事事物物悉胜于吾侪，为吾侪所当效法，然比较衡量之余，终觉吾侪之社会间，积 5000 余年沉淀之渣滓，蒙 20 余朝风化之尘埃，症结之所在，迷谬之所丛，不可不有以廓清而扫除之。故近二三十年以内，社会变动之状况，虽左旋右转，方向不同，而其以改革为动机则一也。社会间稍有智能之人士，其对于社会之运动，虽温和急进，手段不同，而其以改革为目的则一也。改革云者，实吾侪社会新陈代谢之机能，而亦吾侪社会生死存亡之关键矣。"他清楚说明改革是他坚定的信念，这里没有什么虚饰或权变，他对改革是真诚的。可是至今人们还是不能理解他那渐进温和的态度。4 年后，东西文化问题论战爆发，他的东西文化调和论，被陈独秀斥之为"人类惰性的恶德"。陈独秀持急进彻底态度的原因，可用他在《调和论与旧道德》中的几句话来说明："譬如货物买卖，讨价 10 元，还价 3 元，最后结果是 5 元。讨价若是 5 元，最后的结果，不过 2 元 5 角。社会上的惰性作用也是如此。"《新青年》同仁中也有人说过类似讨价还价的话。这种要求彻底的态度一直延续到数十年后的政治批判运动中。由于矫枉必须过正，以致形成以偏纠偏，越来越激烈，越来越趋于极端。

杜亚泉主张温和渐进改革的理论根据，他在《接续主义》（1914年）一文中曾加以阐明。接续主义是德国学者佛郎都在其《国家生理学》一书中的用语。接续是指旧业与新业接续而成，不可割断。杜文说：接续主义表示，"一方面含有开进之意味，一方面又含有保守之意味"。他认为有保守无开进，则拘墟旧业；有开进无保守，则使新旧中间的接续中断。在近世国家中，英美两国都是开进和保守二者兼备。他大概是最早把保守和开进结合起来，并揭示保守的积极意义。他说："所谓保守者，在不事纷更，而非力求复古也。"可见他是从历史发展的继承性使用保守一词的。在这篇《接续主义》中，他根据以往的历史，指出当时如果复古，结果将是摧折新机，动摇国本。历史是不能倒退的，法国革命后屡次复古卒不成功，汉高欲复封建为张良所阻。假使今日俄国欲复彼得大帝以前之旧法，日本欲行明治维新以前之旧制，世人岂不"皆知其不能、识其不可"？他引孟子的话："吾闻出于幽谷，迁于乔木，未闻下乔木而入于幽谷者。"接续主义正是出谷迁乔，而不是相反下乔入谷。他说："水之流也，往者过，来者续，接续者如斯而已。若必激东流之水，返之在山，是岂水之性也哉。"

四

东西文化问题论战中的一个插曲：关于新思想问题的争论，是值得注意的。这一争论涉及理性与感情问题。1919年，蒋梦麟在《时事新报》发表《新旧与调和》一文，虽然没有提杜亚泉的名字，实际上却是对他的调和论提出批评。蒋梦麟的文章说："新思想是一个态度，这一个态度是向那进化一方面走，抱这个态度的人视吾国向来的生活是不满足的，向来的思想，是不能得知识上充分的愉快的。"杜亚泉在《何谓新思想》中争辩说:"态度非思想,思想非态度。"态度是心的表示,且常属于情的表示,而思想则是心的作用,且专属于智的作用。二者不能混同。对向来的生活与知识感到不满足、不愉快,是一种感情,感情不是思想。主张推倒旧习惯,改造旧生活、旧思想,是一种意志,意志也不是思想。接着,蒋梦麟再为"新思想是一个态度"的观点进行辩论,认为态度与思想并非毫无关系,"态度变了,用官觉的方向就变,感情也就变,意志也就变,理性的应用也就变"。这篇文章刊载于《东方杂志》,文末附有杜亚泉的按语。按语再驳蒋说:"以感情与意志为思想之原动力,先改变感情与意志,然后能发生新思想,是将人类之理性为情欲的奴隶。先定了我喜欢些么,我要些么,然后想出道理来说明所以喜欢及要的缘故。此是西洋现代文明之根柢,亦即西洋现代文明之病根。"这里所说的西洋文明的病根,即杜亚泉在下文中所指出的第一次大战时,西方以国家主义、民族主义、竞争主义等等名目,作为发动战争、进行侵略的借口。杜亚泉曾多次撰文对这种行径加以指摘,并引俾斯麦回答奥人的话:"欲问吾以开战之理由耶?然则我可于十二小时以内寻得以答之。"认为这正是先有了要什么的态度再找理由去说明的生动例证。

这一问题的讨论,具有普遍意义。许多人至今仍相信思想取决于态度的正确。解决思想问题,不是依靠理性的认识,而是先要端正态度,先要解决爱什么、恨什么、拥护什么、反对什么的问题。这种态度决定认识的观点,正是马克斯·韦伯所说的意图伦理(an ethic of intentions),我们都十分熟悉意图伦理的性质及其危害,它使学术不再成为真理的追求,而变成某种意图的工具。这种作为意图工具的理论文章,充满了独断和派性偏见,从而使本应具有的学术责任感沦为派别性意识。杜亚泉为了说明仅仅从感情冲动出发的不可靠,再援历史为证。他说:"英国当19世纪初期,劳动者以生活困难之要求,闯入工场,摧毁机器,仅有感性的冲动,而无理性的作用者,即因其时社会主义之新思想尚未发生于彼等心意中之故耳。"

像杜亚泉这样坚持理性的人，不可能不对我国历史做出冷静思考。他的《中国政治革命不成就及社会革命不发生之原因》（1919年）一文将中国历史划为三个时期，文中以大量篇幅谈到游民与游民文化问题。他说游民是过剩的劳动阶级，即没有劳动地位，或仅做不正规的劳动，其成分包括有兵、地棍、流氓、盗贼、乞丐等。游民阶级在我国社会中力量强大，他们有时与过剩的知识阶级中的一部分结合，对抗贵族阶级势力。他认为"秦始以后，20余朝之革命，大都由此发生"。可是革命一旦成功，他们自己也就贵族化了。于是再建贵族化政治，而社会组织毫无更变。他说这不是政治革命，也不是社会革命，只能说是"帝王革命"。游民和知识阶级结合，就产生了游民文化。这种文化以尚游侠、喜豪放、不受拘束、不治生计、嫉恶官吏、仇视富豪为其特色。

杜亚泉认为知识阶级缺乏独立思想，达则与贵族同化，穷则与游民为伍，因而在文化上也有双重性。一面是贵族性，夸大骄慢，凡事皆出于武断，喜压制，好自矜贵，视当世人皆贱，若不屑与之齿者。另一面则是游民性，轻佻浮躁，凡事皆倾向于过激，喜破坏，常怀愤恨，视当世人皆恶，几无一不可杀者。往往同一人，处境拂逆则显游民性，顺利则显贵族性；或表面上属游民性，根底上属贵族性。他说，以此性质治产必至于失败，任劳动必不能忍。这些说法都道人所未道。游民和游民文化是中国历史上的特殊现象，很少被人涉及，但是研究中国文化就不能不注意这个问题。

五

陈独秀所质问的《东方杂志》的3篇文章，均发表于1918年。它们是杜亚泉的《迷乱之现代人心》，钱智修的《功利主义与学术》，平佚编译的《中西文明之评判》。当时正是一次大战之后。论战发生的前一年，杜亚泉撰

《战后东西文明之调和》,说"此次大战使西洋文明露显著之破绽"。这在当时是相当普遍的意见,海外学人甚至谈得更多。杜文又说:"19世纪科学勃兴,物质主义大炽,更由达尔文之生存竞争说,与叔本华(即罅本哈卫)之意志论,推而演之,为强权主义……其尤甚者,则有托拉邱克及般哈提之战争万能主义。不但宗教本位之希伯来思想被其破坏,即理性本位之希腊思想亦蔑弃无遗矣。现代之道德观念,为权力本位、意志本位,道德不道德之判决,在力不在理。弱者劣者为人类罪恶之魁。战争之责任不归咎于强国之凭陵,而诿罪于弱国之存在。"这种估计虽然不免夸大,但事实却是存在的。他就是在这种背景下,提出东西文化调和论的。《中西文明之评判》这篇文章译自日本杂志《东亚之光》,其中介绍了3位西方学者台里乌司、弗兰士和普鲁克陀尔福对中国学者胡君的著作的意见。胡、辜日音相近,胡乃辜鸿铭之误译。辜书曾以德文在德发行,一本是《中国对于欧洲思想之辩护》,另一本是《中国国民之精神与战争之血路》。其内容要旨是说以孔子道德伦理为代表的中国文明,实优于基于物质主义的西方世界观。台里乌司对辜说表示同情,而弗兰士则力辟其妄。陈独秀质问的另一对象是撰写《功利主义与学术》的钱智修。钱又署坚瓠,为杜亚泉在商务的同仁,他与陈寅恪曾在复旦公学同学。1920年杜亚泉辞职后,钱继掌《东方杂志》的笔政。钱对改革的看法与杜相近,他有"因革说":"因者,取于人以为善,其道利在同。革者,创诸己而见长,其道利在异。因革互用,同异相资,故甲国之学,既以先进之资格为乙国所师,乙国之学亦时以后起之变异为师于甲国,而学术即因转益相师而进步。"他也和杜亚泉一样,在中西文化问题上主张调和论。他那篇引起陈独秀质问的《功利主义与学术》,主要阐明文化结构的两个不同层次,即"高深之学与普及教育之关系"。鉴于时人多以功利主义蔑弃高深之学,他对此加以批评。他借"儒家必有微言而后有大义,佛家必有菩萨乘而后有声闻乘"来说明高深之学(相当于精英文化)与大众文化、通俗文化之间的关系。当时传统国学正在衰落，面临这种惨淡景象，他无限感慨地说："濂洛关闽，年湮代远，不可作矣。问有如黄顾颜王之艰苦卓绝、独创学风者乎？无有也。问有如江永、戴震之立说著书、发明绝学者乎？无有也。问有如俞樾、黄以周之久主书院、门弟子遍于东南者乎？无有也。问有如李善兰、华蘅芳之研精历算、译著传于天下者乎？亦无有也。有之，则戴政客为巨魁之学会及元勋伟人之政书尺牍耳。"后来，王国维自沉昆明湖，陈寅恪在挽词中说："凡一种文化值衰落之时，为此文化所化之人必感苦痛。"钱智修这段话正与此相应，可以用来作为阐释王国维自杀的原因。这种思想反映了这一代受到传统文化浸润的知识分子的普遍心态。

陈独秀在《新青年》上发难，撰《质问〈东方杂志〉记者》，副题是《〈东方杂志〉与复辟问题》，时间是1918年9月。12月，杜亚泉发表《答〈新青年〉杂志记者之质问》。次年2月，陈独秀再发表《再质问〈东方杂志〉记者》。从此论战内容逐渐扩展，涉及的问题愈来愈多，参加者也愈来愈众，当时一些重要学人几乎无不参加，时间延续很长，直至1920年杜亚泉辞去《东方杂志》主编职务后，论战仍未消歇。这在我国现代思想史上是空前的。这场论战第一次对东西文化进行了比较研究，对两种文化传统做了周详的剖析，对中西文化的交流提出了各自不同的看法，实开我国文化研究之先河。以后文化研究中诸重大问题及对这些问题所持观点，几乎均可从这次论战中见其端倪。其思路之开阔，论点之坚实，见解之深邃，往往难为后人所超迈。翻阅当时资料，我颇觉惊讶，今天有关东西文化的研究，好像还在重复着这场论战中的一些重要论点。但是今天很少有人提及这场论战了，这不能不说是一件憾事。

六

陈独秀的第一篇质问共16条。其中驳《中西文明之评判》9条，驳钱智修《功利主义与学术》6条，驳杜亚泉《迷乱之现代人心》1条，但这一条最长，其中又包括7点。陈驳杜亚泉的统整说是他的质问中最有理据的。杜亚泉提出统整之说，不仅是为了继承传统，绍述"周公之兼三王，孔子之集大成，孟子之拒邪说"的盛业，而且也出于处在当时军阀割据、列强瓜分的岌岌可危形势下要求统一的迫切心情。但是无论如何，统整说和他那自由主义思想多少显得有些格格不入。他是中西文化调和论者，主张西学融入传统文化，因而他必须发掘可与西学接轨的传统资源。这是一件十分困难而精密的工作，很容易因误差而铸成错误。他在和蒋梦麟论争新思想问题时，蒋曾说他崇尚宋儒性理之学，这话有一定道理。他在文章中多次援引孟子的话，虽然有时对孟子也取批判态度，但他在文化问题上终未摆脱宋儒的局限。陈独秀就他声言汉后优于先秦的观点做了有力的驳诘："中国学术文化之发达，果以儒家统一以后之汉魏唐宋为盛乎？抑以儒家统一以前之晚周为盛乎？……欧洲中世，……耶教思想统一全欧千有余年，……文艺复兴后之文明，诚混乱矛盾，然比之中土，比之欧洲中世，优劣如何？"这段话的缺点是未阐明西方文化为希腊文化与希伯来文化之综合，但它从文化的多元化来反对统整说，就比杜说显得优越。可惜这场论战没有深入探讨下去。今天海外不少学者正在进行苦苦思索，他们担心多元化也有消极的一面，这就是会导致此亦一是非彼亦一是非的相对主义。这是一个悬而未决的问题，有待今后来解决。

陈独秀驳钱智修的《功利主义与学术》没有只字提及西方的宗教生活，这是一大缺陷。实际上，西方虽然在俗世生活中重功利、重物质，可是在俗世生活外还有宗教生活，可以使人在这个领域内吸取精神的资源，以济俗世生活的偏枯。中国情况不同，没有超越的领域，一旦受到功利观念的侵袭，正如一位海外学者所说："整个人生都陷于不能超拔的境地，所以有人慨叹现代中国人过分讲实际，过分重功利，缺乏敬业精神。很少有人为知识而知识，为艺术而艺术，只有一种工具理性。""五四"时，胡适把文学革命说成是文学工具的变迁。40多年来，盛行学术是"阶级斗争工具论"。直到今天还有人以艺术"为人道主义服务"取代"艺术为政治服务"，作为打破教条僵局的出路，而不知道自己并没有走出工具理性一步。钱智修大概是最早对工具理性进行批判的人。他在文章中说："功利主义之最害学术者，则以应用为学术之目的，而不以学术为学术之目的是也。……所谓《禹贡》治水，《春秋》折狱，《三百篇》当谏书者，即此派思想之代表也。"这种以学术为筌蹄的观点，足以妨碍学术之独立。当时像他这样的知识分子，都向往于学术具有一种自由的思想和独立的精神。

钱文的不足是没有对功利主义在西方思想史上的地位和作用做一交代，他只是说一句功利主义之流弊"殆亦非边沁（Bentham）、穆勒约翰（John Mill）辈主唱此主义时所及料者欤"，就一笔带过了。这就给对方留下口实。陈质问钱："以权利竞争为政治上之功利主义，以崇拜强权为伦理上之功利主义，以营求高官厚禄为学术上之功利主义，功利主义果如是乎？"这一段驳诘不能说没有道理，但是针锋不接。钱文所批评的是当时中国社会中的功利主义，因此批评者应该就钱文所说的当时社会上的功利主义是否存在以及钱的批评是否正确做出评断。这才是在同一层面上探讨问题。可是陈的质问并没有这么做，以致这场论战所提出的具有重大意义的问题，因意气纠缠而没有深入展开下去。陈在质问中称："释迦之自觉觉他，孔子之言礼立教，耶稣之杀身救世，与夫主张民权自由、立宪共和诸说……今固彻头彻尾颂扬功利主义者也。"这是一个重大的论断，可是已缺乏应有的理据，而下面的驳诘则更为不伦："功之反为罪，利之反为害，《东方》记者倘反对功利主义，岂赞成罪害主义者乎？敢问。"这已是将论战变成意气之争了。

陈独秀引《中西文明之评判》胡（辜）氏之言"此次战争使欧洲文明之权威大生疑念"，斥之为"此言果非梦呓乎？"又引台里乌司所谓"欧洲之文化不合于伦理之用，此胡（辜）君之主张，亦殊正当"，斥之为"彼迂腐无知识之台里乌司氏，在德意志人中，料必为崇拜君权、反对平民共和主义之怪物"，甚至连台里乌司援引勒萨尔的话"德意志之诸大思想家（指康德等），如群鹤高翔天际，地上之人，不得闻其羽搏之微音"，也遭到谴责。勒萨尔（今译拉萨尔）是一个社会民主党人，不是反对平民共和主义的。辜鸿铭固然是复古派，但是陈对辜的每一言每一行，全都加以否定，而不问其是非曲直，也未免责诘过甚。

七

这场论战所争论的问题核心在杜亚泉的调和论中有关传统伦理道德观念。论战前，1916 年，杜亚泉就已撰写了《静的文明与动的文明》一文。内称，西方重人为，中国重自然。西方是外向的，中国是内向的。西方尚竞争，中国尚和平，等等。他将西方归为动的文明，东方归为静的文明。他认为动静应当互补，各取对方之长，以补自己之短。杜亚泉虽未言明其动静说出处，但细绎其旨，便可领悟其说本之宋儒对《周易》的解释。朱子解周敦颐《太极图说》云："太极之有动静，是天命之流行也"，故"动极而静，静极复动"。近读余英时教授《创新与保守》一文，也采用了动静概念。他说："如果我们把创新和保守理解为中国哲学观念中的动和静，这便与这一对观念在西方文化中的原有位置和关系相去不远了。西方的观念，整体看来，是以保守和创新为属于同一层次但迭相交替、彼此互倚的价值，正如中国人讲'一动一静，互为其根'（周敦颐语）一样。"自然这和杜的说法不尽相同。不过，杜以内向外向来区分东西文化，这一内在超越的概念现已普遍为讨论中国传统文化的海内外学人所接受，他以前尚无人用过这一说法，他要算是最早提出此说的人了。杜亚泉的动静说是他的东西文化调和论的主要根据。动静互为其根，所以东西文化也缺一不可。1921 年，冯友兰在纽约访问泰戈尔，记泰戈尔也有动静说："有静无动则成为'惰性'，有动无静则如建楼阁于沙上。现在东方所能济西方的是'智慧'，西方所能济东方的是'活动'。"［见冯友兰《与印度泰谷尔谈话（东西文明之比较观）》］泰戈尔这一说法与杜亚泉颇为接近。

在这场论战中，持调和论者多以传统资源为依据。陈嘉异于1919年发表《我之新旧思想调和观》，又于1921年撰《东方文化与吾人之大任》。陈嘉异学兼中外，造诣甚深（其生平待考，只知他曾与章行严、钱智修等交往）。他也像杜亚泉一样，从传统资源中发掘新旧调和观点。不过他更强调淬厉固有的民族精神，并以黑格尔历史哲学中理念自我发展自我运动为依据。他引曾子的话"时也者人与人相续而成"说："此与法儒某谓历史之可贵，在累积若干时代之智识道德以传之于国民之谓，同一精审。审此，则吾人如欲焕新一时代之思想与制度，仍在先淬厉其固有之民族精神。"他又引《易》"天行健，君子以自强不息"以证此说。稍晚，梁漱溟在《东西文化及其哲学》中，更进一步发挥此意。另方面，《新青年》同仁李大钊于1918年发表的《东西文明根本之异点》也取动静说："东洋文明主静，西洋文明主动。"他将东西文明说成是世界进步之二大机轴，如车之两轮，鸟之双翼，缺一不可，"此二大精神之自身又必须时时调和，时时融会，以创造新生命而演进于无疆"。

陈独秀对调和论持反对意见最为坚决。他在《今日中国之政治问题》（1918年）一文中声称，在政治、经济、文化各个领域内，西洋的法子和中国的法子，"好像水火冰炭，断然不能相容"。次年，再撰《调和论与旧道德》说："新旧因调和而递变，无显明的界限可以截然分离，这是思想文化史上的自然现象。"他把这种自然现象说成是"人类惰性作用的不幸现象"，而新旧杂糅调和缓进，就是这种人类惰性的恶德所造成的。陈对社会发展所持的看法是"不能说社会进化应该如此"，吾人不可"助纣为虐"。比此文早一个月发表的陈嘉异《我之新旧思想调和观》，虽然是驳张东荪的渐变不可调和说（见东荪《突变与潜变》），但正可回答陈独秀的上述观点。东荪谓 harmony 为由甲乙变丙是自然的化和，而 compromise 只甲乙相济则是人为的调和，并引黑格尔的突变说，以证明渐变不可调和。陈嘉异以物理学、生物学、社会学等理论以驳之，其辞甚辩，论证详博，由于引证太繁，姑简述其要。他说："调和者乃指甲乙两极之交点所生之功用，使甲乙不逾其量而又不尽其量，以保其平衡之普遍的宇宙现象。"他认为"宇宙之森罗万象，只可谓为有'和'之功用，未可谓为尽'一'（同一）之能事。"又说："调和之功用本宇宙万有一切现象所不可须臾离者，否认调和是无异否认宇宙之有差别相。"此论一出，当时几无人能破之。陈嘉异说的"否认调和是无异否认宇宙之有差别相"，确是这场论战的根本问题所在。试从双方对中西文化同异上的看法做一区分：

杜亚泉——东西文化各有不同特点，持调和论。

陈独秀——中西文化绝无相同之处，西学为"人类公有之文明"（1918年《随感录二》），反对调和论。

胡适——不排拒传统，但以西学为主体，强调两种文化之共性，不主调和论（指思想实质）。

吴宓——与胡适相反，以中学为主体，但亦强调两种文化之共性，亦不主调和论（指思想实质）。

参加论战的其他诸家，不外可归于以上四类中之一种。梁漱溟即可归为杜亚泉那一类，他在《东西文化及其哲学》中说："假使中国的东西仅只同西方化一样便算可贵，则仍是不及人家，毫无可贵！中国文化如有可贵，必在其特别之点，必须有特别之点才能见长！"这是持调和论者揭示中西文化各有特点的明显表示。胡适在《读梁漱溟先生的〈东西文化及其哲学〉》一文中针锋相对地说："文化是民族生活的样法，而民族生活的样法是根本大同小异的。为什么呢？因为生活只是生物对环境的适应，而人类的生理的构造根本上大致相同。故在大同小异的问题之下，解决的方法也不出那大同小异的几种。"（吴宓《论新文化运动》亦同，虽然他与胡适在新旧问题上持论相反，但在同异问题上则恰恰与胡暗合。他说新旧文化"其根本定律则固若一"。）胡适驳梁说率多浮浅，今天来看很难站得住。人类思维规律固然在根本上相同，但他所说的"样法"，或更准确地说，思维方式、抒情方式、行为方式，在中西文化之间却有着明显的差异，这是文化史学论家已经证明了的。

八

　　这场论战诸家特别把自己的注意集中在传统伦理观念的问题上。为此，陈独秀的质问专门引用了杜亚泉在《迷乱之现代人心》中的一段话："吾人在西洋学说尚未输入之时，读圣贤之书，审事物之理，出而论世，则君道若何，臣节若何，〔仁暴贤奸，了如指掌；退而修己，则所以处伦常者如何，所以励品学者如何，亦若有规矩之可循。虽论事者有经常权变之殊，讲学者有门户异同之辨，〕（括弧内质问引用时省去）关于名教纲常诸大端，则吾人所以为是者，国人亦皆以为是，虽有智者，不能以为非也，虽有强者，不能以为非也。"这段话特别引起陈独秀的反感，他在质问中提出义正词严的责难："请问此种文明此种国基，倘忧其丧失忧其破产，而力图保存之，则共和政体之下，所谓君道臣节名教纲常，当作何解？谓之迷乱，谓之谋叛共和民国，不亦宜乎？"末两句话十分严厉，已经从文化问题牵连到政治问题上去了。可是杜亚泉在回答质问时毫不示弱地坚持自己的见解："至原文所谓'君道臣节及名教纲常诸大端'，记者确认为我国固有文明之基础。"这并不是任性使气，而确是他对传统的基本观点。并且这也不是杜亚泉一个人的看法，大凡对儒家传统取同情态度的人都持相同的观点。在论战后期，梁漱溟和未参加论战的陈寅恪等，都对这一观点做了更充分的发挥。稍晚，1924年，柳诒徵撰《中国文化西被之商榷》，直截了当地指出：西方立国在宗教，东方立国在人伦。

"五四"时期曾到中国来讲学的杜威、罗素，也都对中国传统伦理观念特别加以注意。梁漱溟曾记杜威于1920年某晚在北京大学哲学研究会上讲话，内称："西方哲学偏于自然的研究，东方哲学偏于人事的研究，希望二者调济和合。"最近海外学者也多把中国的"道德主体""和谐意识"与西方的"认知主体""政治主体"相区别。中国的传统文化自然不能用伦理道德来概括，但它渗透到传统的各个方面，影响之广，从民间文艺的忠孝节烈观念，直到穷乡僻壤的不识字妇女（笔者少时在乡间往往可以见到作为纲常名教象征的贞节牌坊），它成为传统中十分重要的主导力量，却是不容讳言的，这也是尊重传统的人重视伦理道德的原因。如果从中抽掉伦理道德，传统也就所剩不多了。

但是，传统伦理道德观念又是和当时社会别尊卑明贵贱的等级制度紧密相连的。于是，引发了这样的问题，为什么杜亚泉、梁漱溟、陈寅恪等等还会对传统伦理道德采取维护态度？他们都不是顽固派，可以说都是主张革新的开明人物。杜亚泉作为一位自由主义思想家，带有浓厚的民主色彩。他虽然服膺理学，但决不墨守。1918年，他撰《劳动主义》，称许行之言深合孔子之旨，与子路迥别，是劳动主义者。孟子则是分业（分工）主义者。他批评孟子说的"有大人之事，有小人之事"与"劳心者治人，劳力者治于人"。以为"依此分业之理，则劳心者得食于人之特权"，故称孟子的分业是"伪分业"。在这个问题上他所赞同的，不是孔孟，而是托尔斯泰在《我的忏悔》中所倡导的体脑结合"四分法"。这不是理学家所做得到的。梁漱溟的情况也一样。他自称对王学泰州学派最为服膺，认为"晚明心斋先生、东涯先生最合我意"。前人称泰州王氏父子传阳明之学，结果却造成王学的终结。这话是不错的。陆陇其曾指出泰州学派后期"荡佚礼法，蔑视伦常"。梁漱溟采用泰州学派术语，称孔子伦理观念为"絜矩之道"，但又说："古代礼法，呆板教条，以致偏欹一方，黑暗冤抑，苦痛不少。"陈寅恪也存在着同样看来类似的矛盾。他一面在《王观堂先生挽词》中感叹三纲六纪之沦丧，一面又赞赏被斥为"不安女子本分"的陈端生，说她"心目中于吾国当日奉为金科玉律之君父夫三纲，皆欲借此描写以摧破之也。端生此等自由即自尊即独立之思想，在当日及其后百余年间，俱足惊世骇俗，自为一般人所非议"。陈寅恪从写法俗滥、为人轻视的弹词小说《再生缘》中，发现了一个平凡女子为人所不见的内心世界，说明他具有一颗深入幽微的同情心。

从上述可以看出，他们并不是没有认识到传统伦理道德在旧社会中所表现的呆板僵硬和它带给人们的黑暗冤抑，他们也并不是对此无动于衷，漠然视之。甚至比他们更为赞颂传统的陈嘉异也不是主张开倒车回到从前封建时代。他说："夫一民族之成立，所恃者非仅血统、语言、地理、宗教等关系使然；为其枢纽者端在此形成浑然一体之民族精神。……唯是此精神，其民族若不善于运用之，则易流为固性的传统思想，而不克随时代之变易以适应其环境，则此精神或且为一时代之障碍物。所谓时代错误（Anachronism or Ignorant of the modern times）一语，即自此而来。"陈嘉异的民族精神论乃本之黑格尔的历史哲学，这个民族精神不是凝固不变，而是发展的，与时而俱新，不断前进的。

九

杜亚泉最引人误会的是他所说的君道臣节名教纲常这几个字。陈独秀在"一时情急"下，指摘他"妄图复辟"，"谋叛共和民国"，也不是事出无因。现在哪里还有什么君道臣节、父子夫妇的封建关系？这种误会也决不止陈独秀一个人，就是今天也还有不少人是这样想（笔者过去也曾经有类似看法）。

要解开这个似乎是解不开的死结，就需要多做一些冷静的思考。这里还是先从梁漱溟的《东西文化及其哲学》入手。这本书里有一段话，曾给我很大启发："孔子的伦理，实寓有所谓絜矩之道在内，父慈，子孝，兄友，弟恭，总使两方面调和而相济，并不是专压迫一方面的。"他认为西方是先有我的观念，才要求本性权利，才得到个性发展。各个人之间界限划得很清，开口就是权利义务、法律关系，谁同谁都要算账，甚至父子夫妇之间也都如此。而中国则恰好相反。西洋人用理智，中国人用直觉——情感。西洋人有我，而中国人却相反。母之于子，其情若有子而无己；子之于母，其情若有母而无己；兄之于弟，弟之于兄，朋友相与，都是为人可以不计自己，屈己从人的；不分人我界线，不讲什么权利义务，所以孝、弟、礼、让之训，处处尚情而无我。他说，这是孔子伦理的要义。（这颇近于上述海外学者所谓道德主体的和谐意识。）但是在过去社会中，孔子的精神理想没有实现，只有一些古代礼法，呆板教条，以致偏倚一方，黑暗冤抑，痛苦不少。然而尽管如此，在家庭里社会上，时时都能得到一种情趣，不是冷漠敌对，互相像算账的样子，因而于人生的活气有所培养，不能不算是一种长处。（以上综述大意）

尽管对于上述某些观点以及书中所设想的礼乐制度在未来文化中的陶养感情作用，笔者并不赞同，但是这段话提出了令人深思的问题，这就是伦理道德的继承问题。60年代初，这个问题曾在内地展开讨论，但草草收场，收获不大。其实这并不是一个新问题。1920年，梁启超在《欧游心影录》下篇《中国人之自觉》中说："须知凡一种思想，总是拿它的时代来做背景。我们要学的，是学那思想的根本精神，不是学它派生的条件，因为一落到条件，就没有不受时代支配的。譬如孔子说了许多贵族性的伦理，在今日诚然不适用，却不能因此菲薄了孔子。柏拉图说奴隶制度要保存，难道因此就把柏拉图抹杀吗？明白这一点，那么研究中国旧学，就可以得公平的判断，去取不致谬误了。"当时，陈寅恪的观堂挽词也说到传统伦理的现代意义所在，他说："吾中国文化之定义，具于《白虎通》三纲六纪之说，其意义为抽象理想最高之境，犹希腊柏拉图所谓 Eidos（理念）者。"所谓传统伦理中的抽象理想最高之境，即是梁文中所说的排除了时代所赋予的具体条件之后，思想的根本精神，这也就是陈寅恪所谓柏拉图的理念。柏拉图的理念说，后来为黑格尔所继承。按照黑格尔的解释，个体存在只表现理念的某一方面，因此是有局限的，这局限性促成其毁灭。理念本身不可认作是任何一事物的理念，而是在这些个别的实在的结合里和关系里，实现其自身。理念的自身本质上是具体的，因为它自己决定自己，自己实现自己。在传统道德继承问题上，无论是梁启超说的"思想的根本精神"，或是陈嘉异说的"民族精神之潜力"，或是陈寅恪说的"超越时间地域之理性"即"理念"，都是指排除时代所赋予的特定条件之后的精神实质或思想实质。根据这一观点，等级制度、君臣关系等等，只是一定时代一定社会所派生的条件，而不是理念。理念乃是在这些派生的条件中所蕴含的作为民族精神实质的那种"和谐意识"。过去，在道德继承问题讨论时，冯友兰曾提出抽象继承法。这一说法容易引起误解，反不如以上诸说明晰，因为民族精神和理念都是具体的，更谈不到对它们的抽象继承。传统伦理道德除了作为一种民族精神外，也体现在中国文化的思维方式、抒情方式和行为方式上。这是有继承性的。

东西文化融会调和是极其复杂的，其中不少问题至今仍悬而未决。持调和论者多主张开发传统资源，使之与西方文化接轨。但是在许多方面，传统资源十分贫乏，比如，民主是一种思想，也是一种制度。不少学者举出孟子的君轻民贵、黎民不饥不寒之类，这是很不够的。陈焯撰《议院古明堂说》称古代明堂有今议会性质。陈嘉异据《春秋命历叙》称循蜚纪（太古十纪中的第七纪）神皇氏执政，使神民异业，说这就是政教分离。诸如此类，更不足为训。民主制是需要法治来保证的，但传统思想乃内在超越，重修身，而治国则是修身的延续，故法治理论与法治经验在传统资源中极为稀薄。梁漱溟在书中曾与陈独秀辩论法律问题，陈重法律而梁则主道德修养。在这一点上，梁说不免显得单薄，缺乏说服力。中西文化的分野是内在超越者必重道德而轻法律，外在超越者必重法律而轻道德。这是两种不同模式的文化。如何使之融合，是十分困难的。目前海外学者在对付这一难题时，也常常陷入困境。至于在个性、人权等等问题上，中西文化也存在很大的分歧。西方重个人、张个性，故这方面十分发达，但在中国传统中则很难寻觅这方面的资源。梁漱溟曾明白宣告："宋以后所谓礼教名教者又变本加厉，此亦不能为之曲讳。数千年以来，使吾人不能从种种在上的权威解放出来而得自由，个性不得伸展，社会性亦不得发达，这是我们人生上一个最大的不及西洋之处。"杜亚泉在《论社会变动之趋势与吾人处世之方针》中，也说到传统思想以克己为处世之本。他认为这种思想"亦非绝无流弊者，以其专避危险之故，致才智不能发达，精神不能振起，遂成卑屈萎靡，畏葸苟且之习惯。我今日社会之所以对于西洋社会而情见势绌者，未始非克己的处世法之恶果"。以上这些对于传统文化的冷静思考，都是我们今天需要认真对待的问题。

1993年9月21日写于清园

原载田建业等编：《杜亚泉文选》，华东师范大学出版社1993年版

略论杜亚泉思想特色

熊月之

近二十年来，随着杜亚泉文选、文存的编辑出版，随着王元化先生与其他几位学者论述杜亚泉宏文的面世①，学术界掀起一股不大不小的杜亚泉研究热，杜氏生平与思想的众多方面，包括《亚泉杂志》与《普通学报》、杜氏与商务印书馆、与《东方杂志》、与新文化运动、与白话文、与科学普及等，都得到了研究，特别是他与陈独秀关于东西文化的争论，研究得尤为透彻，其意义得到了阐发，价值得到了肯定。一个久被尘封、忘却或误读的杜亚泉，已以其博雅、开明、周详、深刻的思想家形象，站立在思想史上。

对历史人物的再研究，往往是基于对现实问题的深思考。对杜亚泉调和思想、接续理论的再评价，折射的是今人对五四时期激进反传统的反思，对近代以来片面强调斗争哲学的深恶。在这个意义上，杜亚泉的思想没有过时，杜亚泉仍然活在当下。本文探讨的是，杜亚泉为什么能够在那个时代思人所未及、发人所未见？或者说，为什么是杜亚泉而不是别人做出了那么不同凡俗的贡献？我以为，是多方面因素的综合作用，包括知识结构、治学路径、治学方法与个人气质，成就了杜亚泉。

---

① 其代表性论文有王元化的《杜亚泉与东西文化问题论战》（作为序言，写于 1993 年），载田建业等编：《杜亚泉文选》，华东师范大学出版社 1993 年版；郑师渠：《论杜亚泉与新文化运动》，《北京师范大学学报（社会科学版）》1994 年 2 期；高力克：《重评杜亚泉与陈独秀的东西文化论战》，《近代史研究》1994 年 4 期；董恩强：《杜亚泉的文化思想——兼评杜、陈文化论争》，《华中师范大学学报（人文社会科学版）》2000 年 2 期。

科学与人文的复合视野

杜亚泉是近代少有的科学家与思想家一身二任的高度复合型人才。作为思想家自不用说。作为科学家，他不光译有数学、植物学、生理学等方面教科书，编有《化学定性分析》《理化示教》《动物学精义》《植物学》《矿物学》等数十种科学著作与教科书，是清末民初翻译、编辑科学教科书第一人，还对多门学科下过很深的功夫，确有心得。

各门学科中，杜亚泉对于数学、化学、生物学兴趣尤其浓厚，所下功夫尤深。数学在各门自然科学中，被视为理化等学科的基础，相对来说，也是较少依赖外在仪器而可以独立钻研、自学自通的学问。杜对于自然科学的兴趣，正是从数学起步的。他通过自学，由初等而中等而高等，可以担任数学教习，编写教科书，翻译对数表。

化学是自然科学中与传统学问差异最大的学科，也是变化多端、奇妙无比、最能引人遐想、发人深思的学问。杜亚泉主编的《亚泉杂志》刊登有关科学的文章总共40篇，其中关于化学就有19篇，将近一半，可见他对化学兴趣之浓厚。他使用的化学元素名称有76种，较此前江南制造局所译63种多出13种，其中有些名称是他创译的。这是他在中国近代化学上的独特贡献。他编的《化学工艺宝鉴》，述及化学工艺30余类千余种，举凡合金、镀金、冶金、玻璃、珐琅、人造宝石、陶器着色、火柴、油漆、墨水、漂白、防腐、肥皂、毒物及解毒等，应有尽有，详加说明，影响极为广泛。

生物学中，杜亚泉在植物学、动物学两方面都进行了富有创造性的研究与介绍工作。他编校的动物学教科书中，有关古生代、中生代、新生代动物的演进及灭绝是一大特点；书中关于石炭系、二叠系、侏罗系、白垩系的介绍，关于始祖鸟为爬虫类与鸟类之中间物的介绍，均为其他教科书所少见。他主编的《植物学大辞典》《动物学大辞典》，都是中国该学科的第一部大辞典。前者集13人之力，历12年之久，是当时教育部审定公布、各省长通饬采用的教科书。蔡元培评价此书是"吾国近出科学辞典,详博无逾于此者"①。东吴大学生物系主任、美国科学家祁天锡也认为:"自有此书之作,吾人于中西植物之名,乃得有所依据,而奉为指南焉。"②此书详细记录了各种植物的命名(包括别名)、属性、科目,具体描述了各种植物的叶片、花型、根茎;系统整理了中国几千年来关于农作物、植物、中药的零散记载;首次在中文读物中统一了植物的归类,运用了植物的拉丁文名称、日文名称、植物学术语的英文名称、德文名称,为中国植物学开创了新纪元。③

近代生物学是与进化论联系在一起的。杜亚泉在介绍生物学知识的同时,准确地介绍了进化论理论。他不是简单地复述达尔文学说,而是介绍整个进化理论,介绍了进化论的主要概念,介绍了进化论演变的过程,特别提到了拉马克的"用进退废"理论对于达尔文的启发和影响。④

数学的灵魂是逻辑,代数、几何、微分、积分都是逻辑在点线面世界的展开。化学则是逻辑在微观物质世界的展开,其分解、化合、求数、考质,所循皆为逻辑的演绎、归纳原理。近代生物学展示的,是生物世界全面的、变易的、联系的辩证关系,也向人类提供了考察生物演变的大视野与长时段眼光。进化论则作为一根纽带,将人类世界与生物世界连通起来,将人类低级阶段与高级阶段连通起来。有此三门学科作为基础,杜亚泉就具有了同时代人很少具备的严密的、辩证的逻辑思维能力,具备了宏大视野与长时段眼光。

与杜亚泉同时代,中国也有兼通西学的科学家,诸如李善兰、徐寿、华蘅芳、任鸿隽,但他们基本上是某一方面的专才,或数学,或物理,或化学,而不是兼通多门的通才。更关键的是,他们都不是思想家,尽管他们对

---

① 蔡元培:《植物学大辞典》序,《植物学大辞典》,商务印书馆1918年版。
② 祁天锡:《植物学大辞典》序,《植物学大辞典》,商务印书馆1918年版。
③ 张建红、赵玉龙:《民国初年的〈植物学大辞典〉》,《华夏文化》2004年4期。
④ 毕苑:《花鸟虫鱼看世界:晚清的博物教科书》,《中华读书报》2009年10月21日。

某些思想议题也发表过零星的见解，如李善兰曾就世界政治制度问题发表过意见，任鸿隽曾就教育问题发表过意见。用今天的眼光，他们的身份是自然科学家。

与杜亚泉同时代，中国也有具备比较丰富的科学常识的思想家，诸如康有为、谭嗣同、严复、章太炎等，但自然科学在他们那里，仅是常识而已。某些科学知识也会成为他们申述思想的资料，如天文学之于康有为的《诸天讲》，光学以太说之于谭嗣同的《仁学》，生物学之于章太炎的《菌说》，进化论之于章太炎的《原变》，但他们很少会从某一科学的内在理路出发，进行今人所谓的跨学科思维。

正因为杜亚泉具有一般人所不具备的自然科学、社会科学复合视野，所以，他的见解，常常能别具只眼。"五四"时期，陈独秀激烈贬中褒西时，他攘臂大呼，力斥其非，列举中西环境、历史不同，所趋自异。在陈独秀那里，中西之异亦即古今之异，中西之别即为落后与先进之别，复杂问题被简单化处理。而在杜亚泉那里，中西之异则是事物多样性的表现，复杂问题被还原其复杂本相。杜氏所据学理，在生物学界，则是共识，后来也成了人类学界的共识。民国初年，许多人惩于政治腐败、社会混乱、道德沦丧而非议共和，诋毁革命，他投袂而起，热情颂扬共和，肯定革命。他以十年与五千年作为立论单位，以小变与大变、常例与特例作为概念元素，说明"五千年来专制帝王之局，于此十年中为一大结束；今后亿万斯年之中华民国，乃于此时开幕。则非十年以来之小变，实五千年以来之大变，而不可以常例论矣"。他还从思想文化层面，从过去、现在与未来的联系、发展角度，论述这十年变化的价值：

> 且此十年内之变局，不特在吾国历史中，为上下古今时势转移之枢纽；即在世界历史中，亦为东西两洋文化交通之关键。盖十年以前，

欧洲之文明，输入我国者，仅物质科学之一小部分；精神科学殆付之等闲。至政治上之思想与学说，尤为守旧者之所嫉视。虽仇洋之气焰，既因巨创而渐消；而革新之精神，犹为群顽所阻遏。鼓荡之而消融之，使欧洲政治上之原理，得移殖于东亚大陆之上，则固自近十年始也。他日者，因两文明之接合，辟伟大之境域于精神界上，固不能不以此十年为孕育胚胎之时代矣。①

杜氏立论基础，就是源于生物学界的长时段视域，源于变异性与保守性辩证统一的原理。对于清末民初的那场变局，他既是身历其境的参与者，又是抽身事外的观察者，从五千年的悠长历史与全世界的广袤范围，长宙大宇，凭空鹰瞵，所见自与庸常有异。

自然科学、人文科学兼通，加上文辞雅驯，使得杜亚泉的文章风格别致，好看耐读。杜亚泉自小受过很好的文字训诂学的教育，炼词造句，考究、准确而不晦涩。翻阅他编写的教科书，复杂的学理，经过他多学科的整合，以轻松而多彩的笔触表述出来，常常令人叹服不已：教材也可以写得这么生动可诵。兹举两例：他所编植物学教科书的引言这么写道：

试于晴日，移步郊外，林木郁苍，野花烂漫，形式大小，千状百态，无非植物。虽然，植物之种类，尚不止此。若更逍遥海滨，矶渚之边，俯见多数之水藻，巡行林间阴湿之地，检出诸种之菌茸，又如墙屋之藓，树石之苔，到处皆植物也。②

再看他民国初年主持编写的《高小用理科教科书》，其第七课《秋之

---

① 杜亚泉：《通论》，杜亚泉等著：《辛亥前十年中国政治通览》，中华书局2012年版，第1—2页。
② 杜亚泉：《新撰植物学教科书·总论》，商务印书馆1917年版，第1页。

风景》：

> 秋日气候渐寒，风景独佳。其点缀以成秋色者，则有杂草；凄切以发秋声者，则有鸣虫。杂草之果实，至秋成熟。种子散落以后，渐渐枯死。其种子于明春发生新芽，再成杂草。鸣虫之翅，常摩擦而成声，有高低强弱之殊，各不相混。其鸣者皆雄虫，所以招其雌也。雌虫能产卵，故易繁殖。①

综合的视野，准确的知识，生动的文字，三者融为一炉，文质彬彬，相得益彰，使得杜亚泉所编教科书与科普读物，别具一格，具有广泛的读者与持久的影响力。

独特的治学路径与方法

杜亚泉译介新学，上接江南制造局傅兰雅、徐寿之余绪，但其路径与方法则与傅、徐有别。傅、徐翻译西书，是西译中述，即西方学者口述大意，中国学者笔达其旨，意会与表达由两个人分别完成。这种过渡时期的译书方式，对于担负笔述工作的中国学者来说，要体会西学原味，就隔了一层。杜亚泉则不然，他能流畅地阅读日文西书，涵泳其间，得其要旨。这样，他在把握原书精髓方面，便了无窒碍。

他自修化学，极端注意实验，对于书本上所述各类化学反应，尽可能通过实验化为直观的知识。他曾因此而被炸伤面部。正因为如此，他十分重视科学实验仪器和设备的制造。经他倡议，商务印书馆开办了标本仪器传习班，招收学徒，授以技术，培养自制仪器、标本、模型的人才。他也曾临堂授课。这种重视验证的态度，不光能加深他对于科学知识的理解与掌握，而

---

① 毕苑：《花鸟虫鱼看世界：晚清的博物教科书》，《中华读书报》2009年10月21日。

且对他养成重视条件（重视影响结果的所有因子）、重视过程、重视逻辑的科学精神，也大有裨益。

特别需要指出的是，杜亚泉没有上过一天新式学堂，也没有得过先生传授。他的科学知识，全得于自学。他自述：

> （甲午以后）得制造局所译化学若干种而倾心焉，以谓天下万物之原理在是矣。穷日力以研究之，购造粗拙之瓶钵，搜罗纷杂之材料，水溶火煅，混瞀终日，丧财耗精，千失一得。僻居乡曲，无所见闻，畏化学器材之繁贵，不敢问鼎，仅仅得寄其心思于卷帙之中而已。丁酉，越中设郡学，予承乏以算学课诸弟，暇则读分原、辨质之书，知分类、定性之理，乃专备考质之器材以治之。复得学堂所备小学理化器材而试验之。于是，前所读之书始有条理而得纲领也。旋，复以小学化学课诸弟，同志渐多，颇得研究之乐。①

对于化学，他由好、而迷、而乐，由一无所知而登堂入室。对于其他科学知识，无不如此。孔子说："知之者不如好之者，好之者不如乐之者。"乐在学中，是最好的学习状态。他办《亚泉杂志》，办普通学书室，译介科学知识，全部都是赔本生意，但他乐此不疲。他学习的科学知识，举凡数、理、化、天、地、生、医、农，几乎无所不有。这种兴之所至、茫无涯涘的治学现象，是清末民初那个西学东渐洪波涌起的特定时代才会出现的，也只有在杜亚泉这样聪明异常、兴趣极广的人身上才会出现。话说回来，正是这种无拘无束的、迥异于学院式的荒原野径，成就了这位百科全书式的通才。要不然，商务印书馆理化部主任的重任，怎能轮到他来担当！

---

① 杜亚泉：《定性分析》后记，见丁守和主编：《辛亥革命时期期刊介绍》第一集，人民出版社1982年版，第83页。

略论杜亚泉思想特色

晚清时期，像杜亚泉这样科学兴趣极广的人，还有两个。一个是傅兰雅，寓华英国学者，译编过几乎所有科学门类的普及读物，包括各式入门、须知与挂图。他由翻译、经营科普读物而得享盛名，也由此而致富。另一个是范迪吉，江苏昭文（今常熟）人，留日学生，曾独立翻译《普通百科全书》一百种，涉及自然科学、社会科学各个学科，1903年出版。他以一人一手、更数寒暑、废寝忘食而译成。其书出版后颇受学界好评，被认为是该年度汉译日本书最高成绩的代表，有相当部分日后被采用为教科书。可惜的是，范没有在这条路上继续走下去，以至于今人连他的完整生平都无从查考。否则，晚清科普界将会是双星并耀，而不至于让杜亚泉鳌头独占。

自学成才，通过自学成为天下公认的科学通才，滋养、强化了杜亚泉的自信。他将自然科学方面的原理，将重视条件、重视过程、重视逻辑、重视验证的科学精神移植、运用到社会领域，在很多问题上，便能自出胸臆，卓识过人。自信者必执着。杜亚泉每有深识，便顽强坚持，不惜与别人展开论争，虽千万人吾往矣。他的儿子回忆：与同事讨论问题，"父亲谈起来总是兴致勃勃，嗓音很高，精神十足，有时发生争辩，总是他的声音盖过别人，与他那苍老的外貌反差很大。"[1] 读杜亚泉与别人论争的文字，包括与陈独秀关于东西文化问题的论争，与蒋梦麟关于何谓新思想的论争，与余云岫关于中西医的论争，与李石岑的关于新旧伦理观的论争，与朱光潜的关于情与理的论争，字里行间，洋溢的都是真理在握的豪气与势不可挡的锐气。

自学成才的野路子，汇通百家的大视野，使得杜亚泉的见解，往往既出人意外，又在情理之中。比如，对于亿万斯人沉迷其中、熟视无睹的游戏，他能够看出其与人生的关系，认为游戏的实质，"不外乎以抽象的生活，代表具体的生活；以幻想的生活，改换实际的生活而已。成败得失，悲欢欣

---

[1] 杜其在：《回忆我的父亲杜亚泉》，许纪霖、田建业编：《一溪集：杜亚泉的生平与思想》，生活·读书·新知三联书店1999年版，第44页。

戚，演之于斗室之内，现之于旦暮之间。游戏的人生与实际的人生，所殊异者，唯在减除时空之制限，其他殆相同也。"①细品此言，句句在理，堪称千古不刊之论。再比如，他在讨论游民阶级与知识阶级特性时，也慧眼独具。他说，游民阶级有时与过剩的知识阶级中的一部分结合，对抗贵族阶级。秦以后的历代革命，大都由此发生。但革命一旦成功，他们也就贵族化，复建设贵族政治，而于社会组织毫无更变。他认为：

> 吾国之知识阶级，向来生活于贵族文化及游民文化中，故其性质上显分二种：一种为贵族性质，夸大骄慢，凡事皆出以武断，喜压制，好自矜贵，视当世之人皆贱，若不屑与之齿者；一种为游民性质，轻佻浮躁，凡事皆倾于过激，喜破坏，常怀愤恨，视当世之人皆恶，几无一不可杀者。往往同一人，拂逆则显游民性质，顺利则显贵族性质；或表面上属游民性质，根底上属贵族性质。以此性质治产，必至于失败；以此性质任劳动，必不能忍耐。②

细细品味他的结论，对照鲁迅笔下"曾经阔过"的破落户子弟的群像，不能不承认，杜亚泉对于知识阶级兼具贵族与游民两重性质的论述，真是入木三分。翻阅杜亚泉文章，此类戛戛独造的见解，所在多有。他论命运，论幸福，论爱与争，论天意与民意，论死亡哲学，其高论卓识，都会让人掩卷浩叹。

特立独行的个人气质

杜亚泉出身殷实之家，自幼家教极严，养成了勤学习惯。放弃举业后，

---

① 杜亚泉：《博史》，《杜亚泉著作两种》，新星出版社2007年版，第231页。
② 杜亚泉：《中国政治革命不成就及社会革命不发生之原因》，许纪霖、田建业编：《杜亚泉文存》，上海教育出版社2003年版，第183—184页。

略论杜亚泉思想特色

从师治训诂学，研读《说文解字》等书，"当暑夜，就庭中围帐，挑灯以读。风雨冬日，掩北向书窗，仅留一线光以读。忘餐忘寝，有目为痴者"[1]。其刻苦用功如此，意志坚定如此！这种用功程度，坚毅程度，终其一生，从无懈怠与改易：

> 予幼时读书家塾，塾师严酷，如桎梏于囹圄中，致患胃肠病甚剧；弱冠以后，遭甲午、戊戌、庚子等变乱，忧时愤事，心情恶劣，动与世忤；又以自修算术及自然科学，深思博考，不知修养调节之法，脑力以是大伤。洎乎壮岁，佣书沪市，终日埋头，薄暮掷笔，头目眩然。[2]

关于杜亚泉个人气质，蔡元培有一段描述："君身颀面瘦，脑力特锐，所攻之学，无坚不破；所发之论，无奥不宣。有时独行，举步甚缓，或谛视一景，伫立移时，望而知其无时无处无思索也。"[3]蔡与杜是同乡、同事、好友，对杜了解至深。

由此可见，杜亚泉是天资聪颖、勤奋好学、长于深思、意志坚定之人。这四点交互作用，成就了他不朽的业绩。聪颖而不勤奋，或好学而不聪颖，均难有大的成就。若聪颖、好学而无深思，则杜亚泉最多只是一高产之科普家、敬业之编辑家而已，与思想家无缘。惟其长于深思，意志坚定，无时无处无思索，殚精竭虑，将各门知识融为一炉，从而锻造出许多新见解、新思想。

关于杜亚泉思想特色，蔡元培有一精当概括："先生既以科学方法研求哲理，故周详审慎，力避偏宕。对于各种学说，往往执两端而取其中，如唯

---

[1] 蔡元培：《杜亚泉君传》，田建业等编：《杜亚泉文选》，华东师范大学出版社1993年版，第1页。
[2] 杜亚泉：《乐客戏谱》，《杜亚泉著作两种》，新星出版社2007年版，第208页。
[3] 蔡元培：《杜亚泉君传》，田建业等编：《杜亚泉文选》，华东师范大学出版社1993年版，第3页。

物与唯心、个人与社会、欧化与国粹、国粹中之汉学与宋学、动机论与功利论、乐天观与厌世观，种种相对的主张，无不以折衷之法，兼取其长而调和之；于伦理主义取普泛的完成主义，于人生观取改善观，皆其折衷的、综合的哲学见解也。先生之行己与处世，亦可以此推知之。"[1]折衷有庸俗、精深之分，综合有简单、高级之别。杜亚泉对于上述问题的折衷与综合，并非陈独秀一度非难的那样二一添作五式的简单调和，而是在对两端意见进行抽丝剥茧、穷根究底剖析之后的兼取其长，是经过正题、反题辩难之后的更新合题，是周详审慎分析之后的高级综合。这种折衷与综合，经得起学理的推敲，也经得起历史的检验。杜亚泉逝世半个多世纪以后，人们重读他的文章，还会惊服他的敏锐与深邃，感叹"我们现在思考的很多问题，他在八十年前就注意到了，而且，思考的深度要远远超过我们当今一般人呵"！[2]

一个人的思想，不因岁月风雨的荡涤而稍减其光芒，这就是不朽！

原载《历史教学问题》2014年第1期

---

[1] 蔡元培：《书杜亚泉先生遗事》，《蔡元培全集》第六卷，中华书局1988年版，第361页。
[2] 王元化语，见许纪霖：《杜亚泉与多元的五四启蒙》，载许纪霖、田建业编：《杜亚泉文存》，上海教育出版社2003年版，第495页。

"旧派中的新派"在"五四"前后的命运

许纪霖

20世纪的中国文化史,有一个"双子星座":商务印书馆和北京大学。一个出版社和一所大学,奠定了中国的启蒙事业,开创了现代中国文化。

现代社会最重要的是知识的生产与传播领域。商务与北大,几乎同时在19世纪末诞生。在"五四"时期,北大是新文化的生产基地;而商务,则是最重要的知识流通空间。

商务与北大,在近代中国携手合作。然而在100年前,以北大为背景的《新青年》与以商务为背景的《东方杂志》,有一场东西文化的大论战。这场论战,过去一直被视为新旧思想的论战,但我更愿意将之理解为一场近代中国两代启蒙知识分子的较量,以这一事件为标志,启蒙的大旗,从清末新派士大夫转移到了"五四"新知识分子手中。

陈独秀与杜亚泉,原来都出自同一个启蒙大本营,为什么到了1917、1918年间,会发生分裂?如果说陈独秀是"五四"新知识分子代表的话,那么,杜亚泉,毋宁说是清末新派士大夫的典范。我将这群人称为旧派中的新派,他与同龄人(生于1873年)梁启超一起,在清末民初领启蒙风气之先。到了1917年,面临《新青年》代表的新一代知识分子的强劲崛起,他们变成了半新半旧的人物,被罗家伦嘲笑为:"你说他旧么,他却像新;你说他新么,他却实在不配。"

然而,正是杜亚泉这些"旧派中的新派"所坚守的启蒙立场,乃是一种

"早期启蒙",他们像法国的早期启蒙家蒙田、帕斯卡尔一样,寓新学于传统之中,以"接续主义"的态度,将新与旧、东与西、传统与现代接续起来。较之"五四"知识分子对传统的决然了断,更有历史的深度。

一、"家国天下"的士大夫气质

我在"六代中国知识分子"分析框架中,提出晚清知识分子与"五四"知识分子在出生年代上的差别,晚清一代出生在1865至1880年间,"五四"一代出生在1880至1895年间。年龄的差距,在清末的大变动年代,不仅是历史境遇的不同,更重要的是知识差距和气质有别。

商务和编译所的几位创始人都是晚清一代"旧派中的新派":张元济(1867)、蔡元培(1868)、高梦旦(1870)、夏瑞芳(1871)、杜亚泉(1873),这群人年龄相差只是六岁,属于同一代人。

杜亚泉乃秀才出身,江南得风气于天下先,1895年以后即无心科举,热衷新学。他与同龄的梁启超不同,对"政治"没有兴趣,更喜欢以"艺术"(科学技术)救国。他说:"政治与艺术之关系,自其内部言之,则政治之发达,全根于理想,而理想之真际,非艺术不能发达。"从1904年进入商务,担任编译所理化部主任,主持编译的各类自然科学辞典、教科书和普及读物不下百余种,早期中国的科学启蒙,杜亚泉是当之无愧之第一人。

倘若杜亚泉仅仅是编译科技西书,那么他只是一个技术性的洋务人才。然而,他是商务早年元老当中,除了蔡元培之外,最具有士大夫情怀和敏锐时政意识之人。其老友蔡元培对他所知最深,在杜亚泉去世之后,如此评价:"余终觉先生始终不肯以数理自域,而常好根据哲理,以指导个人,改良社会。三十余年,未之改也。"

蔡元培的评语,值得注意的是两点,一是"根据哲理",二是"指导个人、改良社会"。杜亚泉秉承儒家士大夫的理性精神,一生纵论国事天下事,皆是从学理出发，以哲观世，以理论政，即使在与陈独秀的论战之中，面对论敌的咄咄逼人、盛气凌人，也不亢不卑，循循说理。启蒙运动有理性主义与浪漫主义的内部分歧，从气质而言，如果说新派知识分子陈独秀表现出一种浪漫的思想决断的话，那么老派文人杜亚泉则更多地延续了儒家士大夫温雅的理性传统。

同为清末最后一代新派士大夫，继承公羊学传统的康有为，其兴趣在政治，而梁启超游离于政治与社会、改制与启蒙之间。张元济、杜亚泉等商务同人，则始终坚守"指导个人、改良社会"的民间立场。作为深受儒家传统浸润的士大夫，杜亚泉对任何形式的国家集权都是怀疑的，他一生的思想可以用两个"主义"来概括，文化上采中西调和的"接续主义"，政治上是社会自治的"减政主义"。他所致力的，不在政治制度的鼎革，而是社会与文化的改变。"指导个人"以改造人心，"改良社会"以奠定共和基础。

作为一介布衣，杜亚泉心系的却是家国天下。在绍兴老家，他关心中国的命运；到了上海，主编《东方杂志》，又纵览海内外大事。特别是"一战"期间，杂志对欧洲战事的报道和分析，在国内独步天下。杜亚泉对《东方杂志》的改版，最大变化乃是基于真实与知识的全方位报道，从地方到全国，从国家到世界，政治、经济、文化、社会，无所不包容于其间。他无意政治实践，但对国内外时局变化的大趋势，一直有敏锐的观察。他的文章能够跳出表象的时政分析，以丰富的学理和历史知识，在一个更高的层次上分析天下时势。有距离感的关怀，让他的时论具有了时间的穿透力和深邃的历史感。

杜亚泉深知，在一个全球化的时代，中国的命运无法离开世界大势独立发展，欧洲发生的一切，将深刻影响到未来中国的前景。从1916年起，他就开始比较东西文明，从全球文明的视野来思考中国的未来走向。这是"五四"时期知识分子的时代共性，他们的思维方式不是"民族的"，而是

"世界的",不是从民族的特殊历史、民族的特殊国情来想象中国的未来,中国不能逆世界文明潮流而动,世界文明演化的趋势就是中国的方向。虽然杜亚泉、陈独秀、李大钊等人对于世界文明的演化方向观点有分歧,在中西文明是否可以调和上有严重对立,但是"五四"时期的知识分子们继承的是中国的天下主义传统,他们都是胸怀博大的世界主义者,而不是心胸狭窄的民族主义者,更确切地说,是一批具有天下主义情怀的爱国者。

二、杜亚泉与陈独秀的分歧:保种与保教

杜亚泉主政的《东方杂志》,在20世纪10年代是中国最重要的知识性、人文性杂志,从中年知识精英到年轻学生,通过阅读《东方杂志》了解世界、吸取新知。然而,《新青年》的横空出世,打破了《东方杂志》在知识界的权威地位。

陈独秀1915年在上海创办《新青年》,头两年一直没有大的起色,读者寥寥,直到陈独秀担任北大文科学长,1917年编辑部移到北京,杂志拥有了北大的后盾,新文化才正式"运动"起来。《东方杂志》和《新青年》是两代知识分子的象征,原先同属于启蒙阵营的两代人,如今要同室操戈,年轻一代的新知识分子要挑战老一代"旧派中的新派",抢占启蒙的话语权了。

1918年9月陈独秀对《东方杂志》气势汹汹的责难,乃是一个标志性的文化事件。陈独秀不是一个人在战斗,他背后是整个一代雄心勃勃的新知识分子师生群。如果说,1919年的"五四"运动让新一代知识分子登上政治舞台的话,那么,1918年《新青年》对《东方杂志》的挑战,那是年轻人对中年人、新一代启蒙者对老一代启蒙者的精神独立宣言。

从知识层面而言,接受了完整新教育的新知识分子,有100个理由看不起老派启蒙者。陈独秀与杜亚泉的分歧,不仅是新与旧、文明对立论还是文明调和论的差异(这些方面学者的研究已经很多),同时也是晚清以来保种

还是保教的不同。

晚清的各种改革思想，一言以蔽之，可以说是"中体西用"，这是各类新派士大夫的共识所在。不过，即使是中体西用，也有多种路线的竞争。简单而言，有保国、保种和保教三种不同的取向。保国者，最典型的乃是曾国藩、李鸿章和张之洞，他们的洋务改革最重要的乃是保住大清王朝，王朝在，国便在，不至于内外交困，分崩离析。保种者，严复、梁启超也。他们要保的是中华民族，在亡国灭种危机之下，民族的生存是最重要的。保教者，乃是康有为，他心目中的中国，是一个儒教的中国，儒教在，中国就不亡。

到了民国，将保国（君主意义上的国家）视为头等重要的，是威权主义者，如袁世凯时期的杨度，所谓"非立宪不足以救中国、非君主不足以成立宪"，即是这个意思。"五四"时期陈独秀、胡适所继承的，乃是晚清严复的保种传统。中华民族的生存最重要，只要能保住中华民族，采用什么文化并不重要。西学适合现代，中学不利竞争，那么就该舍旧迎新。西学也好，中学也好，只是保种救亡的工具而已。

然而，对于文化民族主义者杜亚泉来说，文化之于他，是民族的灵魂所在，是具有内在价值的，他特别强调立国的精神之本"共同概念"："国家概念，实国家存在之本原，有之则强而存，无之则弱而亡。"中国的宗教伦理，"为民族组成之要素，其支配社会维持治安之潜力，至为伟大，若被破坏，则善恶无所遵循，是非莫由辨别"。作为"旧派中的新派"，杜亚泉的这一保教思路，后来为"新派中的旧派"所延续，陈寅恪将之表达为"吸收输入外来之学说，不忘本来民族之地位"。杜亚泉也好，陈寅恪也好，他们要坚守的中国文明之本，其并非与外来文明对抗，新旧文明乃是接续的、调和的；中国文明是在开放下的坚守，坚守中的开放。

比较起《新青年》的激进启蒙立场，杜亚泉所代表的《东方杂志》，乃是一种"早期启蒙"。100年来，思想界普遍接受进化论观念，总是以为先行者带有各种各样的矛盾和紧张，"理智上接受西方，情感上依恋传统"（列文森评价梁启超语），而后来者肯定要比先行者更加成熟，更加纯粹。然而，"早期启蒙"内在的冲突与紧张性，恰恰构成了其思想的丰富与深刻。法国16、17世纪的蒙田与帕斯卡尔这两位早期启蒙思想家，尊重人的价值，尊重人的理性能力，但浓厚的怀疑主义气质和宗教感，使得他们并不像后来的理性主义者那样相信人可以像上帝那样全知全能。人有理性，但也要有信仰。人虽然获得了解放，成为世界的主人，但并不在上帝那个位置上。人只是会思想的芦苇。人具有神性的一面，具有"可完善性"，但同时又非常脆弱，又有另一面的"可堕落性"，经不起欲望的诱惑。人是天使，也有可能是魔鬼，人性中的狂妄和贪婪都可能使人堕落。

当18世纪启蒙成为运动，占据时代主流之后，人坐上了主体的位置，"可堕落性"被忽略了，相信理性的全知全能，最后导致了一系列歧路和悲剧。而在早期启蒙思想中，因为还有中世纪的宗教和古典的人文平衡，理性是中庸的，正在它应该在的位置上。因而，现在不少研究者发现早期启蒙者蒙田、帕斯卡尔要比伏尔泰等百科全书派更深刻、更睿智，因为他们没有与基督教传统斩断，在理性与信仰之间保持了微妙的平衡。

反过来看清末到"五四"的两代启蒙者。是早期启蒙者梁启超、杜亚泉更深刻，还是新文化运动的思想勇士们更睿智？过去的答案似乎不言而喻，如今的不少研究者们有了不一样的认识。杜亚泉这样的第一代启蒙者，没有古今之沟壑、中西之壁垒。东海西海，心理攸同，新学旧学，学理相融。比较起第二代启蒙者中陈独秀式的偏执和独断，老派的"早期启蒙"虽然一时显得落伍，不合时宜，但更经得起时间的考验，具有老辣的超时代睿智。

三、后《东方杂志》时代的杜亚泉

大凡一个智者,在他所生活的时代里面,大都是失败的、落魄的、不幸的,原因无它,因为他不合时宜。

晚清以来思想界发生的最大变化之一,乃是从"义理"到"时势"的转变。两千年来的儒家义理,天不变,道亦不变。然而,晚清发生的"三千年未有之变局",乃是一场"天变",道亦随之不得不变。"义理"不再是至高无上,必须服从"时势",理在势中,与时俱进。当进化论传入中国,不到数年成为国人普遍信奉的意识形态之后,潮流意识便汹涌而来,无可阻挡。

100年前,当新文化终于酿成运动,新一代知识分子挟新学之大潮,夺得了文化话语权之后,像杜亚泉这样的老派启蒙者便在时代的洪涛之中遭遇了"灭顶之灾"。

《东方杂志》与《新青年》是两种不同性质的杂志。杜亚泉主编的《东方杂志》,乃是知识性、文化性的公共刊物,没有特定的党派和文化立场。它像蔡元培主持的北大那样,中西兼容,新旧并蓄。清末民初是一个"公理"的时代,知识界普遍相信代替传统"天理"的,是以科学为知识背景的、放之四海而皆准的"公理"。杜亚泉主编的《东方杂志》,正是抓住了这一时代的脉搏,通过知识性、全方位地介绍世界之"公理",而成为知识界的头号刊物。不持特定立场的公共刊物诉诸的是人的理性,它让读者通过知识的了解,自由决定自己的文化态度。

《新青年》杂志以及后来的《新潮》杂志,却是与《东方杂志》风格迥然不同的同人刊物,它们都有特定的文化立场和政治态度,战斗性强,旗帜鲜明,有强烈的阵地感和话语权意识。当传统的"天理"消解之后,而"公理"只是以一种科学的、中性的、多元的知识形态出现在读者面前时,中年知识分子固然有成熟的世界观,但对于心智远未健全的年轻学生来说,仅仅阅读《东方杂志》让他们的内心更为迷惘,面对复杂而相互冲突的知识,他们无从选择，更无从构成自己独立的思考与判断。而《新青年》的出现，陈独秀那种说一不二、独断论的启示式宣谕，无异为年轻人"迷乱之人心"指出了一道真理之光。对于普罗大众而言，他们更需要的不是复杂的"公理"，而是简明的"主义"；不是多元的知识，而是一种新信仰。《新青年》对《东方杂志》的胜利，不仅是新学对旧学的复仇，而且是"主义"对"公理"的征服，虽然早年的陈独秀常常将"主义"包装在"公理"的话语之中，又以"主义"的启示方式宣传"公理"。

于是，不合时宜的杜亚泉注定要成为悲剧人物，1917年之后，当《新青年》融入北大，新文化运动兴起之后，他已经注定不属于这个时代了。仅仅两年之后，杜亚泉被商务高层解除了《东方杂志》主编的职务。商务高层是务实的，将启蒙作为一门生意，也借助生意推行启蒙。作为同一代"旧派中的新派"，张元济、高梦旦在思想上并非不同情杜亚泉，但他们比不谙时势的杜亚泉更懂潮流——不仅是文化的潮流，也是商业的潮流，顺之者昌，逆之者亡。

除了商业利益的考虑，还有一个人脉关系的顾虑。蔡元培主持下的北大如日中天，陈独秀领衔的新派教授气势正盛，商务与北大，个中纠缠着太多的人际关系，商务不愿意因固执的杜亚泉一人与北大闹僵。蔡元培、张元济属于同一个关系网络，都是浙人出身的翰林，也同属启蒙阵营。为了两个启蒙大本营不至于分裂，杜亚泉必须牺牲，成为新文化运动的"祭品"。

接替杜亚泉担任主编的，是比他小十岁的钱智修。钱与杜的文化立场基本一致，其《功利主义与学术》一文也被陈独秀点名质疑，但钱的知识立场与杜亚泉有微妙区别。他出生于1883年，在年龄上属于"五四"一代知识分子。杜亚泉完全是自学成才，所知新学乃是通过阅读日文而来，而钱智修毕业于复旦公学，与陈寅恪是同学，能够以英文阅读西学原典。在杜亚泉主政时期，编译人才最初多为懂得一点新学的传统士人，后来为国内新式学堂培养出来的知识分子，到钱智修主政时代，开始引进具有留学背景的海归人才。杂志秉承杜亚泉时代的一贯风格，但杂志的栏目更丰富、知识的分类更细致，作者的原创作品也增加了。简而言之，钱智修时期的《东方杂志》知识性强化了，但杜亚泉主政时代那种敏锐的思想性、对思想议题的介入性却弱化了，或许这正是商务高层所乐意看到的。

辞去《东方杂志》主编之后的杜亚泉，继续担任理化部主任，主持编译介绍国外自然科学新成果，但他内心的炙热关怀远远不能以此满足。他失去了言论阵地，家国天下情怀无从诉说。只能在编辑之余，偶尔与寿孝天、章锡琛用绍兴家乡话聊聊国事。在这一刻，杜亚泉那张早早苍老的脸会突然放出奇异的光，嗓音高亢，精神十足，争辩的声音，每每压过别人。

然而，1920年之后，他很少再有文章问世，读者再也读不到以"伧父""高劳"为笔名出现的那些敏锐又说理的睿智文字了，杜亚泉渐渐淡出了人们的视野，被人忘却了。思想界就是如此残酷，读者忙着追逐层出不穷的新星，几年没有新文章问世，曾经叱咤风云的豪杰也会化为一缕历史的轻烟。

晚清以后，中国知识分子得以存在的公共建制，是三大阵地：报刊、学校和社团。这也是近代中国三位一体的公共领域。杜亚泉一生所致力的，除了办刊物，就是办学校、组织社团。如今《东方杂志》已不容他插手，内心炙热、精力过剩的他在编译之余，转向社团与学校。杜亚泉有强烈的乡党意识，商务编译所的理化部便是他带领一批族人和同乡干出来的编译大业。编译所的国文部是常州帮，而理化部则是绍兴帮。清末他参与筹建浙江旅沪学会，民国以后又创办了绍兴七县旅沪同乡会，担任议长。

不过，他最念念不忘的，还是想创办一所学校，按照自己的教育理想培养人才。杂志不是他的，他做不了主，主编说撤就被撤了。他的启蒙梦想，最终想落在一所自己的学校，自己的！早在清末，杜亚泉就在蔡元培支持下，与乡人寿孝天等人在绍兴创办了一所越郡公学，最终因无后续经费而停办。1924年，杜亚泉将商务的股票全数出售，倾举家之力，在上海创办了新中华学院，自任校长，并亲自教学。他深感上海滩学风颓靡，培养的不是官僚，就是洋奴。他幻想回到书院的敦朴学风，鼓励学生毕业后回到农村，从事教育与农村合作事业。然而，作为一介书生，他徒有理想，却不善经营，更不识时务。启蒙不是纯粹的理想，若要取得成功，或者像蔡元培那样走入体制，主掌北大；或者像张元济那样融入市场，将启蒙发展为一门生意。在近代中国，要在体制与市场之外，独立发展出一个启蒙的事业，除非像办职业教育的黄炎培那样长袖善舞，否则几乎是"不可能完成的任务"。新中华学院勉力支撑了两年半，耗费了杜亚泉8000多元，还借了两三千元债，终究还是倒闭了。

曾经是那样意气风发的杜亚泉，到了生命的最后一刻，是彻底的穷困潦倒，"一·二八"日本人的炮火，摧毁了商务印书馆，也摧毁了他在闸北的寓所。他被迫回到绍兴老家，很快生了肋膜炎。病中的杜亚泉，躺在病榻，还是念念不忘家国天下大事。一天晚上突然亢奋起来，像在主政《东方杂志》时期一样，滔滔不绝谈了很多对国家未来的看法。第二天，他便闭上眼睛，告别人世。

一个为时代所遗弃的启蒙者，在一个世纪之后，被经历了世纪沧桑的王元化首先发现，惊爆天下。杜亚泉留下的文字及其主办的《东方杂志》，从此被思想界和学术界高度重视，反复回味，成为这个民族超越时代的思想遗产。

长时段的历史总要比一时的潮流公平得多。

原载《读书》2017年11期

杜亚泉与近代思潮的互动互竞[①]

周月峰

从晚清、北洋时期到南京国民政府，不管是政局抑或时代潮流，其变化都可说是翻天覆地。杜亚泉身历其中，更活跃于清末至"五四"的言论界，身与清末宪政、民初尝试共和及新文化运动，个人命运随着"互起互伏，波波相续"的"过渡时代"[②]而沉浮，也在观察与思考着过渡时代，同时构想未来。

在杜亚泉的一生中，传播西方数理学说曾耗费其大量心血，影响深远，但正如蔡元培所描述的，他"始终不肯以数理自域，而常好根据哲理，以指导个人，改良社会，三十余年，未之改"[③]。杜亚泉在这一时期留下了不少对政局"当前一境"的即时观察及批评建议，其认知往往比很多时人更为深刻，影响亦大。但在很多年中杜亚泉均处于"失语"状态，"不但他的生平和功业很少有人提及，就连他的名字也似乎渐渐湮没无闻了"。[④]上世纪九十年代后，思想界逐渐注意到杜氏之言论。不过，杜氏言行与时代风气互动互

[①] 本文原为《中国近代思想家文库·杜亚泉卷》的"导言"，收入本书时有所增改。
[②] 梁启超：《过渡时代论》（1901年6月26日），《梁启超全集》第2集，中国人民大学出版社2018年版，第292页。
[③] 蔡元培：《书杜亚泉先生遗事》（1934年1月16日），高平叔编：《蔡元培全集》第6卷，中华书局1988年版，第360页。
[④] 王元化：《杜亚泉与东西文化问题论战》，田建业等编：《杜亚泉文选》，华东师范大学出版社1993年版，第2—3页。1993年，王元化在读到杜亚泉的资料时感叹"读得越多，就越感到杜未被当时以至后代所理解，更未被注意"。这一感叹正是"失语"的最好诠释。王元化日记1993年8月4日，《王元化集》第8卷"日记"，湖北教育出版社2007年版，第193页。

竟的一面仍值得我们进一步关注。

一、科举与早年治学的转向

杜亚泉，1873年生于浙江绍兴府山阴县伧塘乡，原名炜孙，字秋帆，自号亚泉，后以号行。他曾对蔡元培解释"亚泉"二字之含义：

> 亚泉者，氩線（线）之省写；氩为空气中最冷淡之原素，线则在几何学上为无面无体之形式，我以此自名，表示我为冷淡而不体面之人而已。①

杜亚泉自幼刻苦，青少年时曾勤于科举，治帖括、训诂。在有清一代，绍兴山阴县科举之风浓厚。杜姓为山阴望族，祖上屡有举人、进士出身者。杜亚泉的父亲杜锡三曾非常希望其科举入仕，光耀门楣。事实上，杜亚泉幼时对于举业也确实能"恒自奋勉"。在治训诂时，"肆力于许氏之学，罗致群书，昼夜研究。夏季苦热，则以夜代昼，治业每达天明。书室北向，冬遇风雪，则闭其窗户，露一线光，仅能辨字，铅椠其中，终日不出"。如此苦读，效果显著，杜亚泉在1895年岁试时，考取全郡经解第一。② 我们不应因为后来杜氏不再参加科举，而忽略了他曾追随科举的读书脉络。③

蔡元培后来这样记录杜亚泉这一时期的学术转变：

---

① 蔡元培：《书杜亚泉先生遗事》（1934年1月16日），高平叔编：《蔡元培全集》第6卷，中华书局1988年版，第360页。
② 张梓生：《悼杜亚泉先生》，许纪霖、田建业编：《一溪集：杜亚泉的生平与思想》，生活·读书·新知三联书店1999年版，第19页。
③ 后来与杜亚泉共事的胡愈之便说杜"先生无意科名，幼年专攻数理化学博物"。杜亚泉之子杜其在也回忆说其父在变法图强热潮的影响下，"毅然抛弃科举学业，改学西方科学技术"。胡愈之：《追悼杜亚泉先生》（1934年1月），许纪霖、田建业编：《一溪集：杜亚泉的生平与思想》，生活·读书·新知三联书店1999年版，第9页；杜其在：《回忆我的父亲杜亚泉》，许纪霖、田建业编：《一溪集：杜亚泉的生平与思想》，生活·读书·新知三联书店1999年版，第42页。

光绪己丑，年十八，入旧山阴县泮，次年娶薛夫人。谓乡居见闻拿陋，晋郡城，从何君桐侯受业，致力清初大家之文，上追天崇隆万。辛卯应乡试，报罢回乡，觉帖括非学，效从叔山佳治训诂，罗致许氏学诸家书。……甲午春，肄业省垣崇文书院，秋试后仍回乡。①

当时读书人在考中秀才之前，一般都是学"制艺"，如长杜亚泉五岁的同乡蔡元培"十二岁而学为制艺，汩没者六七年"，在十七岁考中秀才后"乃迁于词章"。②稍后，杜亚泉第一次乡试落榜，乃跟随族叔杜山佳"治训诂"。

在清代科举考试中，秀才重文采，考举人除重文采之外，同时需讲求学问。此次乡试落榜，杜亚泉大概意识到自己学问不足，"以帖括为不足业"。于是跟随族叔杜山佳治训诂，"尤肆力于许氏之学，罗致群书"。③

从帖括到治训诂考据的转变，在参加完童生试成为秀才的读书人中普遍存在。如蔡元培中秀才后先"迁于词章"，两年后"读王伯申氏、段懋堂氏诸书，乃治故训之学"，方才"脱制义之范围"。④又如与杜亚泉同一年出生的梁启超，也是在考中秀才后先治帖括，"日治帖括，虽心不慊之，然不知天地间于帖括外，更有所谓学也，辄埋头钻研，顾颇喜词章"，治帖括一两年后"始知有段、王训诂之学，大好之，渐有弃帖括之志"。⑤

可以看到，杜亚泉上述治学的转变，与同一时期的蔡、梁两人类似，读

---

① 蔡元培：《杜亚泉传》（1937年2月），高平叔编：《蔡元培全集》第7卷，中华书局1989年版，第168页。
② 蔡元培：《剡山二戴两书院学约》（1900年2月27日），高叔平编：《蔡元培全集》第1卷，中华书局1984年版，第96页。
③ 张梓生：《悼杜亚泉先生》，许纪霖、田建业编：《一溪集：杜亚泉的生平与思想》，生活·读书·新知三联书店1999年版，第19页。
④ 蔡元培：《剡山二戴两书院学约》（1900年2月27日），高叔平编：《蔡元培全集》第1卷，中华书局1984年版，第96页。
⑤ 梁启超：《三十自述》（1902年12月），《梁启超全集》第4集，中国人民大学出版社2018年版，第108页。

书、治学虽有变化,却仍在传统之内变。或可以说,在1895年之前,杜氏仍是一位科举制下传统的读书人。

真正的变化在中日甲午战争。甲午战争对中国思想界具有转折意义。正如梁启超所说:"唤起支那四千年之大梦,实自甲午一役始。"① 杜亚泉正是在次年秋听到战耗后,有极大触动,多忧国之思,在学术路径上方才改弦更张。他稍后自述:

> 甲午之秋,中日战耗传至内地,予心知我国兵制之不足恃,而外患之将日益亟也,戚然忧之。时方秋试将竣,见热心科名之士,辄忧喜狂遽,置国事若罔闻知。于是叹考据词章之汩人心性,而科举之误人身世也。②

至此,杜亚泉虽对考据词章、科举有所不满,但似乎也并未毅然决然放弃科举,而是再一次调整治学方向,改治畴人术。据其族叔杜山次描述,杜亚泉那时以经学"无裨实用",故"改习畴人术。时从叔山佳治中算,习天元"。③

自阮元编撰《畴人传》之后,天文历算已为治考据者所关注。杜亚泉的业师杜山佳本治训诂,但此时也在"治中算,习天元"。另一位与杜山佳为同科举人的何寿章也"治畴人家言",并著有《圆锥曲线论心》一卷。④ 两人都是光绪十九年(约1893年)的举人,均为杜亚泉所熟识,并一同应举。

---

① 梁启超:《戊戌政变记》(1898年12月—1899年4月),《梁启超全集》第1集"论著一",中国人民大学出版社2018年版,第598页。
② 杜亚泉:《〈定性分析〉后记》(1901年),周月峰编:《中国近代思想家文库·杜亚泉卷》,中国人民大学出版社2014年版,第3页。
③ 转引自张梓生:《悼杜亚泉先生》,许纪霖、田建业编:《一溪集:杜亚泉的生平与思想》,生活·读书·新知三联书店1999年版,第19页。
④ 绍兴县修志委员会辑:《绍兴县志资料第一辑·人物列传》,绍兴县修志委员会1939年辑印,第3165页。

他们当时同治中算，对杜亚泉治学方向的转变当有直接的影响。事实上，最先指导杜氏治筹人术的也确实是曾指导他治训诂的杜山佳。

另一方面，杜亚泉这次治学的转变也与当时的时代背景有关。在甲午前后，时代风气已经大变，取士的标准已是鼓励新旧学兼通。与杜亚泉相识的钱塘士子叶瀚后来回忆，他在年轻时所读多为西学，重西文、数理化、地理等，在其二十二岁（1884年）时，"新会潘学使衍桐为浙江学使，命题云《〈海国图志〉纠谬》。阅生作，诧而奇才，拔置第一。于是杭人士始知新学讲求之有益，闻风而起者大有人矣"。①

这种风气未必始于叶瀚，但学使命题的改变造成当时学风的转移，大致属实。几年之后（1889年），另一位浙江士子汪康年应乡试，以第三艺作骚体，不合科场程式，依旧例应不取；却因在次题《日月星辰系焉》中，能"以吸力解'系'字，罗列最新天文家言"，被主考官认为"新旧学均有根柢"，欲以首名取，终因犯规而以第六名中式。科场程式尚不熟，竟能以高名取，可知实以"新学"中式。②

杜亚泉正是在这样的时代风气下"改习畴人术"，"君初亦习中算，旋改西法，习代数，取李善兰、华蘅芳二氏之书，日夕研索，时以所得与山佳相印证。如是两年，所造深邃"。③他在这两年间研习数学精进迅速，到1898年时，学使按临，考算学，他已是阖郡第一。精于数学后，又自修物理、化学及矿、植、动物诸科，并治哲学，通日语。

杜亚泉个人这一连串的治学转变，一定程度上恰恰是始于追随科举而变，从训诂到畴人术，由畴人术到西方算学，再由西方算学进而接触到整个

---

① 叶瀚：《块余生自纪·上》，《中国文化研究集刊·第5辑》，复旦大学出版社1987年版，第479页。
② 罗志田：《科举制的废除与四民社会的解体——一个内地乡绅眼中的近代社会变迁》，罗志田：《权势转移：近代中国的思想、社会与学术》，湖北人民出版社1999年版，第171页。
③ 转引自张梓生：《悼杜亚泉先生》，许纪霖、田建业编：《一溪集：杜亚泉的生平与思想》，生活·读书·新知三联书店1999年版，第19页。

西方文化，直至放弃科举。杜亚泉后来也说直到戊戌政变发生，他才"知国难将作，绝意仕进"。①也正是在这时，他进入绍兴中西学堂，开始以教书立身、用世。

二、蔡元培与绍兴的新人物

甲午后两年，何寿章与徐树兰在绍兴办中西学堂，聘杜亚泉为算学教习。这很可能缘于何寿章与杜山佳、杜亚泉熟识，了解杜亚泉在这两年中算学精进的关系。自此，他才开始以算学闻名于绍兴，并以算学谋生，在绍兴古城中，成了一个新人物。在中西学堂中，杜亚泉结识了后来影响其人生轨迹的蔡元培。

1898年冬，蔡元培受邀任中西学堂总理。蔡元培1884年十七岁时考取秀才，1889年中举人，次年成为贡士，1892年经殿试中进士，被点为翰林院庶吉士，1894年得授职翰林院编修。他在甲午战争爆发后便开始接触西学，同情维新，提倡新学。1898年，蔡元培受戊戌变法失败的影响，返回绍兴，任职中西学堂，始与杜亚泉相识。

与杜亚泉相比，蔡元培显然是一个全国性的人物，更能直接感受国家层面时局与时代风气的转变，且深受其影响。蔡元培回到绍兴，无疑影响了绍兴小环境的变化，也深深地影响了杜亚泉。

在结识蔡元培后，杜亚泉与之来往密切，一起学日文、英文，共同编和韵记号。其中，中西学堂开设日语课程便是蔡元培的主张，并由他引进日语教师。也因此，杜氏才有机会学习日语。在他们学习日语后，同读"日文书籍及杂志，间接的窥见世界新思潮"，对传统学说"不免有所怀疑"，思想逐

---

① 杜亚泉：《智识阶级之团结》，周月峰编：《中国近代思想家文库·杜亚泉卷》，中国人民大学出版社2014年版，第505页。

渐趋同。①

不仅如此，蔡元培还通过中西学堂，将绍兴的精英集合在一起，形成一种群体效应。蔡元培曾说当时教员中马用锡、薛炳、马绹章、杜亚泉、寿孝天等，在当时的绍兴，"极一时之选"。②这种群体氛围的存在，当对杜亚泉有不小触动。

在这样的交往与氛围中，杜亚泉的思想发生着不小的变化。到第二年，他便向蔡元培提议：

> 兴一蒙学会，集同志数人，分编课程书。先于府城开一学堂，会中人为教习，并立师范生数人，教学生二十余人，即以所编之书陆续授之，借以知其善否，随时改定，俟部类略备，风气渐开，乃推之乡镇。

对杜氏建议，徐树兰听后"愿任刻书之资"。当时设计的课程分成二界："初学惟识字、故事、公理三门，附以体操之易者。第二界分读经、阅史、舆图、数学、格致，皆由浅入深，大约以三年为限。"当时拟先编初学书，计划由蔡元培任识字书、马用锡任故事书、杜亚泉任公理书编撰。③

组学会、开学堂，特别是以蒙学为名，正是当时的时代风气，趋新士人多从事于此。当时蔡元培、杜亚泉的旧交叶瀚曾在上海创办《蒙学报》，在蔡元培、杜亚泉等阅读的报刊中，《蒙学报》便是较为固定的一种。正因蔡元培已将这一群体结合在一起，故杜氏才会有"集同志数人，分编课程书"

---

① 蔡元培：《书杜亚泉先生遗事》(1934年1月16日)，高平叔编：《蔡元培全集》第6卷，中华书局1988年版，第359—360页。
② 蔡元培：《我在教育界的经验》(1937年12月)，高平叔编：《蔡元培全集》第7卷，中华书局1989年版，第194—195页。
③ 蔡元培1899年二月十一日日记，中国蔡元培研究会编：《蔡元培全集》第15卷，浙江教育出版社1998年版，第212页。

的提议。也因他与蔡在这一时期关系密切，思想趋同，故同被认为是"新派"，在"旧派"的反对下，一起离校。后来蔡元培回忆当时学校中新旧之争的情形：

> 每提出一问题，先生与余往往偏于革新方面，教员中如马湄莼、何阆仙诸君，亦多表赞同。座中有一二倾向保守之教员，不以为然，然我众彼寡，反对者之意见，遂无由宣达。在全体学生视听之间，不为少数旧学精深之教员稍留余地，确为余等之过失，而余等竟未及注意也。卒以此等龃龉之积累，致受校董之警告，余愤而辞职，先生亦不久离校矣。①

遭"旧者"反对固然使杜亚泉失去了这一教席，但在当时趋新尊西的时风之下，被看作"新派"一员，正是极重要的身份认同，可以成为上升的渠道，某种程度上甚至部分取代了传统社会通过科举实现身份上升的方式。

可以说，在1898年与蔡元培相识到1904年入商务印书馆之间的几年中，蔡元培在杜亚泉事业中的地位，几乎无人能及。在一时期，杜亚泉事业上遇到困难，往往首先想到向蔡元培咨询，甚至求助。比如，杜亚泉于1902年受邀主持南浔浔溪公学，杜在赴任之前向蔡咨询；在任上出现学潮时，也向蔡求援，蔡从上海"特往南浔调停"。②杜亚泉每当要创办事业时，也往往首先邀请蔡元培加入。如在创办《普通学报》之前，先找蔡商议，并"属元培任经学门"。③

---

① 蔡元培：《书杜亚泉先生遗事》（1934年1月16日），高平叔编：《蔡元培全集》第6卷，中华书局1988年版，第360页。
② 蔡元培1902年二月十四日日记，《蔡元培日记》上卷，北京大学出版社2010年版，第196页；蔡元培：《书杜亚泉先生遗事》（1934年1月16日），高平叔编：《蔡元培全集》第6卷，中华书局1988年版，第360页。
③ 蔡元培1901年七月二十九日日记，《蔡元培日记》上卷，北京大学出版社2010年版，第180页。

也正是通过蔡元培，杜亚泉得以结识活跃于上海文化界的张元济等人，并于 1904 年由蔡元培介绍加入商务印书馆编译所。商务印书馆编译所成立于 1902 年，由张元济推荐蔡元培兼任所长，仅数月，《苏报》案发生，蔡即避地离开上海。1903 年，张元济正式任编译所长，所内分国文、英文、理化数学三部，"又依蔡子民的推荐，聘他的同乡人杜亚泉为理化数学部主任，积极进行教科书编辑工作"。[①] 如果说，绍兴的算学教习仍是一个地方性新人物，那么加入商务印书馆负责理化数学部，特别是之后主政《东方杂志》，则杜亚泉无疑已是一个全国性的文化人物。

三、《东方杂志》与全国舆论

清末数年，中国政治、社会变动极大，朝野空气也随之活泛。1905 年清廷派载泽、端方等五大臣出洋考察宪政。1906 年宣布预备立宪，设立考察政治馆，次年改建为宪政编查馆，作为预备立宪的办事机构。1908 年宣布预备立宪以九年为限，同时颁布《钦定宪法大纲》二十三条。此后立宪的推进其实已相当快速，但仍未能赶上民间对宪政推行的期盼。当时民间士绅纷纷组社团，办杂志，进京请愿，要求加快立宪。

时局也牵动着杜亚泉。事实上，他进商务印书馆后，对时局非常关注，也热心于社会事务。1907 年，杜亚泉与张元济等创立浙江旅沪学会，被选为评议员。1908 年参与江浙两省反对清政府向英商出卖苏沪及沪杭两铁路修筑权的风潮，他对于路事，极尽心力。在 1909 年浙江旅沪学会开会时，杜亚泉做题为"现值预备立宪时代当先研究宪政"的演说。[②]

这样的时代风气也影响到了商务印书馆。1908 年，时在日本考察的张元济从报上看到清廷宣布预备立宪九年清单的报道，立刻写信给商务印书馆

---

① 章锡琛：《漫谈商务印书馆》，《1897—1987 商务印书馆九十年——我和商务印书馆》，商务印书馆 1987 年版，第 108 页。
②《浙江旅沪学会开会纪事》，《申报》1909 年 3 月 29 日第 20 版。

同人高凤谦、陶葆霖、杜亚泉，询问"国内舆论若何"，并建议立刻着手编译政法书籍。张元济在信中嘱咐：

> 鄙见此时国民不必再与政府抗争，姑且返求诸己，将应办之事一一举行，二三年后稍有端绪，若得机会再行争辩未为失时，未知诸公以为何如？预备立宪公会现在定何方针？鄙见不宜随声附和，宜时时从高一层着想，以为国民之向导。此意乞梦翁为苏龛言之。政法书籍亟宜着手编译，为公为私均不可缓。《时事新报》载上谕胪列应办各事，可否即就所举各事选定编译次第，先行试办？鄙意尤重在先编浅近诸书，层层解说，如何为议院，何为选举，每类一册（如条目过繁者即分数册亦可），排列次第，如第几集第几编之类，成一丛书，专备内地绅士入门研究之用。文字宜稍优美而解释务宜明晰，理想切戒过高。①

正是在这样的情况下，商务印书馆对自己的出版事业做了重大的调整，同时，对《东方杂志》也进行相应改革。换言之，《东方杂志》的改革，与清末新政的进程息息相关。

《东方杂志》创刊于1904年，原是一种选报性质的刊物，只偶然发表几篇撰译的文字。1908年七月以前的编者为徐珂。②或正因时局的转变，选报不足以担当"国民之向导"的责任，故从七月开始，《东方杂志》改由更精通政法、热心时事的孟森主编。惟孟森担任《东方杂志》主编不到一年，便因当选江苏省谘议局议员，无暇撰述，辞去主编。杜亚泉大致从这时起，开始参与杂志编辑。杜氏在数月前刚与孟森合作笺释《各省谘议局章程》和

---

① 张元济：《致高凤谦、陶葆霖、杜亚泉》（1908年8月31日），《张元济全集》第3卷"书信"，商务印书馆2007年版，第133页。
② 章锡琛：《漫谈商务印书馆》，《1897—1987商务印书馆九十年——我和商务印书馆》，商务印书馆1987年版，第111—112页。

《议员选举章程》，由杜亚泉接替孟森主掌《东方杂志》合情合理。

杜亚泉于1909年初入主《东方杂志》。到1910年4月，《东方杂志》在第7卷第2号刊出《改良序例》，重申"代表舆论，主持清议，对政府而尽其忠告，悯斯民而代为呼吁"的办刊宗旨，并以各种新栏目配合"宪政方新，世变益亟"的现状。又一年后，更在第8卷第1号（1911年3月）宣示"本杂志大改良"，表示随着"国家实行宪政之期日益迫近，社会上一切事物，皆有亟亟改进之观"。《东方杂志》也从内容到体例进行较大的变动，以回应"随世运而俱进"的读者。或可以说，杜亚泉时代的《东方杂志》，就是与清末宪政偕行的。而杜亚泉对清季新政的认知，更比很多时人深刻。① 在稍后，他又经历辛亥革命与随后的尝试共和。正因他要随时"为国民之向导"及"对政府而尽其忠告"，他的言论多有所为而发，有具体的针对，为我们留下不少"当前一境"的即时观察及批评建议。

在杜亚泉任《东方杂志》主编期间，曾用"伧父"或"高劳"笔名撰写论文、杂感或译著三百余篇。在杜氏主持之下，《东方杂志》成为当时国内销量最大、最有影响的杂志。章锡琛评价说："《东方杂志》之有今日，君之力也。"胡愈之亦坦言："《东方杂志》是在先生的怀抱中抚育长大的。"② 在这一时期，杜氏将主要精力集中于杂志事，甚至在1917年时曾向张元济建议将编译所理化部委托其他人，自己专力主编杂志。③ 但当时新文化运动渐起，时代风气再次改变，杜亚泉渐渐因其不那么激进的主张，成为一个"不新不旧"的"落伍者"。

---

① 关于杜亚泉在辛亥前后对时局的洞察，可参见罗志田：《五千年的大变：杜亚泉看辛亥革命（代序）》，杜亚泉等著、周月峰整理：《辛亥前十年中国政治通览》，中华书局2012年版，第7—8页。
② 章锡琛：《杜亚泉传略》（1934年），许纪霖、田建业编：《一溪集：杜亚泉的生平与思想》，生活·读书·新知三联书店1999年版，第16—17页；胡愈之：《追悼杜亚泉先生》（1934年1月），许纪霖、田建业编：《一溪集：杜亚泉的生平与思想》，生活·读书·新知三联书店1999年版，第12页。
③ 张元济1917年7月2日日记，《张元济全集》第6卷"日记"，商务印书馆2008年版，第225页。

四、东西文明与不新不旧的"落伍者"

民初在对尝试共和挫败的反思中,时人的关注点有一从政治热到文化热的转向。辛亥鼎革之初,本是"一个政治热绝顶的时代"。[①]但很快不满渐生,从 1913 年开始,有一迷茫徘徊时期。此时,杜亚泉已开始对此前国人所追慕的西方政治有所反思,而当第一次世界大战(时人多称为"欧战")爆发之后,此种反思进而扩大到东西方文明全体,并使他卷入东西文明论争之中。

在第一次世界大战之前,中国是步步深入模仿西洋,大致从坚船利炮到政治制度,再到西洋文化精神。杜亚泉那时观察到:"近年以来,吾国人之羡慕西洋文明无所不至,自军国大事以至日用细微,无不效法西洋,而于自国固有之文明,几不复置意。"[②]正如梁启超所总结的,从甲午到民初的近二十年中,"都是觉得我们政治、法律等等,远不如人,恨不得把人家的组织形式,一件件搬进来,以为但能够这样,万事都有办法了"。[③]

然而,第一次世界大战爆发,使得许多时人对"欧洲文明之权威,大生疑念"。[④]如梁启超认为第一次世界大战后,"自兹以往,新时代行将发生,举凡一切国家社会之组织,皆将大异乎其前"。[⑤]陈独秀同样认为受此次战争之洗礼,1916 年以后欧洲的形势、军事、政治、学术、思想,"必有剧变,大异于前"。[⑥]他们认为在第一次世界大战之后有了新潮流,不久后即会出现一

---

① 常乃惪:《中国文化小史》,中华书局 1928 年版,第 172 页。
② 杜亚泉:《静的文明与动的文明》,周月峰编:《中国近代思想家文库·杜亚泉卷》,中国人民大学出版社 2014 年版,第 315 页。
③ 梁启超:《五十年中国进化概论》(1922 年 10 月),《梁启超全集》第 11 集,中国人民大学出版社 2018 年版,第 405 页。
④ 平佚:《中西文明之评判》,《东方杂志》15 卷 6 号,1918 年 6 月 15 日,第 81 页。
⑤ 梁启超:《欧战蠡测》(1915 年 1 月 20 日、2 月 20 日),《梁启超全集》第 9 集,中国人民大学出版社 2018 年版,第 159 页。
⑥ 陈独秀:《一九一六》(1916 年 1 月 15 日),任建树编:《陈独秀著作选编》第 1 卷,上海人民出版社 2009 年版,第 197—198 页。

更新的世界，在这个新世界中，文化、政治、经济等都是全新的。但对具体是怎样一个新世界并不清楚，言人人殊。正是在这样一个"新者之取舍犹有待于研求"的"混沌时期"①，杜亚泉有其自己的判断，对"向所羡慕之西洋文明，已不胜其怀疑"，而"对于固有文明，乃主张科学的刷新，并不主张顽固的保守；对于西洋文明，亦主张相当的吸收，惟不主张完全的仿效而已"。在杜氏看来，这比戊戌时代的"新"更新，是"现时代之新思想"。②

杜亚泉此种论调与时代流风格格不入。陈独秀借用杜氏"迷乱之现代人心"一语，指责其扬中国文明抑西洋文明的做法才是真正陷国人于迷乱，他质问说：

> 今后果不采用西洋文明，而以固有之文明与国基治理中国，他事之进化与否且不论，即此现行无君之共和国体，如何处置？由斯以谈，孰为魔鬼？孰为陷吾人于迷乱者？孰为谋叛国宪之罪犯？敢问？③

这是在袁世凯称帝与张勋复辟之后，陈独秀将杜亚泉的言论与"谋叛国宪"相联系，呈现出当时思想与政治的纠葛，而且，对于不那么趋新的一方而言，政治上称帝与复辟的举动，使得他们在思想上的言说多了一层"罪名"。

正因杜亚泉在新的思想潮流中，较为温和，虽不那么激进，却也并非守旧。所以，罗家伦攻击其"你说他旧吗？他又像新。你说他新吗？他实在不配"。他进而称《东方杂志》为"杂乱派"，具体表现为"毫无主张，毫无选

---

① 胡政之：《世界新旧势力奋斗中之中国》，王瑾、胡玫编：《胡政之文集》，天津人民出版社2007年版，第87页。
② 杜亚泉：《静的文明与动的文明》（1916年10月）、《新旧思想之折衷》（1919年9月），周月峰编：《中国近代思想家文库·杜亚泉卷》，中国人民大学出版社2014年版，第315、499页。
③ 陈独秀：《质问〈东方杂志〉记者——〈东方杂志〉与复辟问题》（1918年9月15日），任建树编：《陈独秀著作选编》第1卷，上海人民出版社2009年版，第434页。

择"，是一个"上下古今派的杂志，忽而工业，忽而政论，忽而农商，忽而灵学，真是五花八门，无奇不有"。就《东方杂志》创立以来的自定位而言，所谓"杂志"，本有包罗万象之意，但在"五四"前后，越来越多的新文化人倾向杂志需要立定明确的"主义"，像《东方杂志》"这样不愧为'杂志'的杂志"，反而成了"毫无主张，毫无特色，毫无统系的办法，真可以说对于社会不发生一点影响，也不能尽一点灌输新智识的责任"。因此，罗家伦建议"主持这个杂志的人，从速改变方针"。①

其实，当时杜亚泉与新文化人双方都自认为代表了"新"，顺应了时代潮流，仅是对"新"与潮流的判断不同。更可见当时的新旧远比我们一般认知中的复杂。但因为"五四"前后，《新青年》一派的激进主张成为时代潮流，使得杜亚泉及《东方杂志》显得格格不入。这样的情况，急坏了商务印书馆当局，他们竭力劝说杜氏不再反驳，并要他改变立场，避免违反时代潮流。杜亚泉迫于情势，只得辞去《东方杂志》主编职务，专管理化部事，不再撰写文章。②

1932年淞沪战争爆发，杜亚泉寓所与商务印书馆俱被炮火焚毁，商务印书馆被迫停业并解雇职工。杜亚泉率全家回乡避难，变卖家产、举债为生。杜亚泉自述这一段避难经历：

> 上海闸北方面，骤遭国难；东方杂志社被轰炸为瓦砾场。沪寓又当火线之冲，予在硝烟弹雨中，蜷伏一日两夜，匆匆出走，不携一物，间关数百里，避难乡间。

---

① 罗家伦：《今日中国之杂志界》，《新潮》第1卷第4期，1919年4月1日，第625—626页（卷页）。
② 章锡琛：《漫谈商务印书馆》，《1897—1987 商务印书馆九十年——我和商务印书馆》，商务印书馆1987年版，第113页。

并自谓:

> 予在此次国难中,虽幸得保存生命,而所受创痛,亦至深巨。①

一年后,杜亚泉患肋膜炎,至12月6日逝世。病笃时无钱医治,身后萧然,几于不克棺敛。商务印书馆同人庄俞当时有诗悼之,诗曰:

> 卅年海上赋同舟,一度烽烟两地愁。
> 博古通今穷物理,谈天说地为人谋。
> 毕生无愧先知觉,垂死犹深后顾忧。
> 文士寒酸何足异,宜将姓氏付千秋。②

杜亚泉在民初时曾说,在当时新旧交替的社会,不规则的风潮常陡然而起,使得大多数人陷于漂泊沉沦之域,汩没于社会风潮之中,诸如"科举停罢,八股专家之老死牖下","法政速成,刑钱幕友之槁饿家园",他曾忧虑,就算自己"澄其智虑,宁其神气,以临此大变,其能否幸逃劫运,犹未可知"。③当时尚是 1913 年,杜亚泉个人事业正可谓如日中天。但不幸一语成谶,仅仅五六年之后,新文化运动之风潮陡然而兴,而他自己最终也如之前的八股专家和刑钱幕友一般"汩没于社会风潮之中"。

---

① 杜亚泉:《博史(附乐客戏谱)》,开明书店 1933 年版,第 39—40 页。
② 《为杜亚泉先生募集子女教养基金》,《同舟》2 卷 7 期,1934 年 3 月 5 日,第 17 页。
③ 杜亚泉:《论社会变动之趋势与吾人处世之方针》(1913 年 4 月),周月峰编:《中国近代思想家文库·杜亚泉卷》,中国人民大学出版社 2014 年版,第 133 页。

文化与政治的变奏
——战争、革命与1910年代的"思想战"

汪　晖

序论:"觉悟"的时代

"五四"运动至今整整90个年头,正如许多重大的历史事件一样,它在中国历史中到底具有什么意义,至今并未更加清晰,反而日渐模糊了。"五四"文化运动提出的众多命题,如科学、民主、共和,都说不上是它的独创,早在晚清时代,"五四"的各种要素已经存在。正由于此,过去20年中,影响较大的"五四"叙述是将现代中国思想与文学的源头追至晚清,拒绝以"五四"为中心划分现代史的正统叙事。在纯粹实证的意义上,"五四"的确承晚清的各种潮流而来。但问题很可能是:"五四"能够在一个纯然实证的意义上说明其意义吗?另一个影响较大的"五四"叙述将洋务运动、戊戌变法、辛亥革命与"五四"运动置于同一个潮流的不同阶段之上,即从器物—制度层面的变革向观念层面变革的转化和突进。这是一个更为典型的现代化叙事。[①]上述两种叙述各有侧重:前者隐含了对于"五四"传统历史定位的怀疑,后者承认"五四"在中国现代历史中的开创性意义,但它们都肯定了晚清与"五四"的连续性,就此而言,它们与那种将"五四"定位为"中

[①] 如果以"五四"文献为据,陈独秀的《吾人最后之觉悟》(《青年杂志》1卷6号,1916年2月)首揭斯义。这一观点此后为许多人继承,虽然分段略有不同。

国走向现代化的全面启动"的观点在历史叙事上并没有更为根本的区别。①

大约40年前，迈斯纳（Maurice Meisner）率先将"五四"与中国的60年代放置于同一个脉络中进行观察，他指出：这两个相隔半个世纪的运动都是以"意识的转化"为宗旨的"文化革命"。② 这是一个很有意义的观察，但未能得到充分论证。这里的问题是："五四"的"文化转向"所蕴含的断裂意识究竟从何而来，为什么20世纪中国政治始终与"文化革命"密切相关？

用器物、制度与观念的演进描述"五四"，将晚清以降的变革置于直线发展的脉络中，没有真正把握"五四文化转向"中所蕴含的"转向"的意义。

推动"五四"之"文化转向"的，不仅是从器物、制度的变革方向向前延伸的进步观念，而且更是再造新文明的"觉悟"。第一次世界大战、中国的共和危机使18、19世纪的欧洲现代性模式处于深刻危机之中——资产阶级民族国家、自由竞争的资本主义经济，以及与此相关的价值系统，突然失去了自明的先进性；共和危机与国家危亡不再仅仅被归咎于中国传统，而且也被视为19世纪西方现代文明的产物。在共和危机、欧洲战争与俄国革命的背景下，西方形象的变化显然也是"五四"文化转向的动因之一。如果将梁启超早年的《新民说》与他写作于欧洲战争期间的《欧游心影录》相比，我们不难发现前者内含完美的西方形象，而后者却显示了西方文明的百孔千疮。梁启超此时谈论的"中国人之自觉"不再是借鉴西方文明的自觉，而是

---

① 彭明：《五四运动与二十世纪的中国》，《中共党史研究》1999年3期。
② Maurice Meisner, "Cultural Iconoclasm, Nationalism, and Internationalism in the May Fourth Movement", in Benjamin I. Schwartz, ed., *Reflections on the May Fourth Movement: A Symposium*, Cambridge: Harvard University Press, 1972, p.15.

从西方文明危机中反观自身的自觉。① 1917年4月，杜亚泉在《战后东西文明之调和》中说："战后之人类生活，必大起变化，已无疑义，改革时代，实近在眉睫之前。"② 又说："此次大战，使西洋文明露显著之破绽"，一种"东西洋之现代生活，皆不能认为圆满的生活""东西洋之现代文明，皆不能许为模范的文明"的"觉悟"油然而生，"而新文明之发生，亦因人心之觉悟，有迫不及待之势"③。

这一"文化转向"并不仅仅是"保守派"的观点。《新青年》的基本政治主张在于奠定真正的共和根基，不仅反击帝制复辟的政治企图，而且铲除帝制复辟的社会基础。但他们不可能对战争危机视而不见，而俄国革命及德国革命也给了他们重新看待西方历史的契机。陈独秀在《一九一六年》中说："创造二十世纪之新文明，不可因袭十九世纪以上之文明为止境。"在欧洲战争的影响下，军事、政治、学术、思想"必有剧变，大异于前"④。一年之后，俄国二月革命爆发，陈独秀断言："此次大战争，乃旷古未有；战后政治学术、一切制度之改革与进步，亦将为旷古所罕闻。吾料欧洲之历史，大战之后必全然改观。以战争以前历史之观念，推测战后之世界大势，无有是处。"⑤ 总之，如何评价共和的制度与价值，如何看待19世纪末期以降被视为楷模的西方模式，以及由此引发的如何看待中国传统等问题，构成了"五四文化转向"的基本问题。因此，构成"五四"文化运动根本特征的，是文化与政治之间的相互转化、渗透和变奏。没有一种与19世纪的政治—经济模式断裂的意志，中国的激进政治不可能形成；同样，没有这一断裂的

---

① 梁启超建议"拿西洋的文明来扩充我的文明，又拿我的文明去补助西洋的文明，叫他化合起来成一种新文明"，这个看法与《新民说》的表述相差不可以道里计。《欧游心影录·中国人对于世界文明之大责任》，《饮冰室合集·专集之二十五》，中华书局1936年版，第35页。
② 杜亚泉：《战后东西文明之调和》，《东方杂志》14卷4号（1917年4月），第1—7页。
③ 杜亚泉：《战后东西文明之调和》，《东方杂志》14卷4号（1917年4月），第1—7页。
④ 陈独秀：《一九一六年》，《青年杂志》1卷5号（1916年1月），第1—4页。
⑤ 陈独秀：《俄罗斯革命与我国民之觉悟》，《新青年》3卷2号（1917年4月），第1—3页。

意识，中国的那些被称之为"保守主义"的文化理论也不可能形成。这种对"十九世纪"的态度并非从一开始就已经明确，但随着战争进程的发展，文化论战的双方都逐渐展开了对于这一问题的深入思考。将"五四文化转向"置于由第一次世界大战造成的人类震惊之中，我们或多或少可以理解这一"意识的转变"的普遍意义。这是一个"自觉"的时代，一个通过"自觉"激活新政治的时代，一个以相互对立的"自觉"展开论战并对各种立场进行理论化的时代。翻阅这个时期的各种印刷物，"自觉"与"觉悟"的字样扑面而来。所有这些"自觉"或"觉悟"均以欧洲战争与共和危机为前提——前者击破了晚清以降中国知识人创造的近于完美的西方形象，后者打碎了仅凭共和政治本身（但不同立场的自觉对于共和价值的评价则截然对立）就可以拯救中国于水火的幻觉。总之，新的政治必须建立在新的"自觉"之上，但政治与自觉的这种关联究竟意味着什么呢？我认为意味着政治与历史之间的断裂——新的政治不是历史的自然延伸，它产生于一种新的意识、思想、文化和历史理解。

　　文化与政治都是人类生活的基本特质，它们之间并无必然分界。但为什么在战争与共和危机的政治背景下，《新青年》刻意地在文化与政治这两个有着密切联系的范畴之间做出区分，又为什么《东方杂志》等刊物对战争与共和危机的探讨逐渐地转向东西文明问题，进而为文化或文明论战提供了前提？很明显，"五四"文化运动的激进方面与保守方面均高度关注政治问题，转向"文明问题"或"文化问题"不是对政治的逃避，而是对政治独特的介入方式。"文化转向"的核心在于重新界定政治的内涵、边界和议题，其潜在含义是对既往政治的拒绝。在这一文化运动中，政治对立和政治斗争直接地呈现为文化对立和文化斗争，换言之，政治的中心是文化、价值、伦理、道德及其呈现形式（语言、文体和艺术表现，等等）。"五四"文化运动将政治问题转化为文化问题，但它的直接产物之一却是新型政党政治的形成——

从共产党的成立到国民党的改组，以及青年党等其他政治团体的诞生。20世纪的"文化"承担着双重的任务，即一方面在社会的基础上创造和培育新的政治主体，另一方面通过内在于国家与政党的运动（或"革命"）促成政治的生成、造化和改易。20 世纪的"文化"命运始终在外在于国家政治与内在于国家政治之间摆荡，前者的范例是"五四"文化运动，而后者的范例是政党与国家内部持续不断的"文化革命"。无论是"外在"还是"内在"，一种通过文化与政治的区分而介入、激发政治的方式构成了 20 世纪中国的独特现象。在这个意义上，"五四"文化运动是后 19 世纪新政治的重要开端之一。

一、从"文明冲突"到"文明调和"

（一）事件与历史

1918 年 9 月，《新青年》第 5 卷第 3 号刊登了主编陈独秀的《质问〈东方杂志〉记者——〈东方杂志〉与复辟问题》一文。[①] 三个月后，《东方杂志》主编杜亚泉发表《答〈新青年〉杂志记者之质问》一文加以回应。[②] 越二月，陈独秀又发表《再质问〈东方杂志〉记者》一文[③]，杜亚泉未作回应，但其时围绕"东西文明能否调和"的思想论战已经大规模展开。"东西文明及其调和"不是杜亚泉一时一地的偶然言论，而是《东方杂志》长期关注的话题。[④] 这个问题产生于什么情境、针对什么问题而来？为了厘清这一论战的前因后果，有必要对《东方杂志》本身进行追踪考察，分析导向有关文明讨论的历史动力和思想脉络。《东方杂志》由上海商务印书馆印行，创刊于

[①] 陈独秀：《质问〈东方杂志〉记者——〈东方杂志〉与复辟问题》，《新青年》5 卷 3 号（1918 年 9 月）。
[②] 杜亚泉：《答〈新青年〉杂志记者之质问》，《东方杂志》15 卷 12 号（1918 年 12 月）。
[③] 陈独秀：《再质问〈东方杂志〉记者》，《新青年》6 卷 2 号（1919 年 2 月）。
[④] 在杜亚泉执掌主编权的首期《东方杂志》上，即刊载了一篇在欧洲引起反响的文章（英文原题为"Letters from John Chinaman"，译者称为中国无名氏所著），其主要内容即讨论"东西文明之冲突"。见《耸动欧人之名论》，《东方杂志》8 卷 1 号（1911 年 2 月），第 6—10 页。

1904年3月11日，至1948年12月停刊，前后出版刊物44卷，中间三度短暂停刊，总时间跨度长达45年。杜亚泉担任《东方杂志》主编是从1912年7月1日出版的第9卷第1号开始的，但由于前任主编孟森于1909年起当选江苏省谘议局议员，该年6月12日出版的第6卷第5号起就已经由杜亚泉全面负责编辑工作了。因此，《东方杂志》的改版是杜亚泉主政时期的产物。"东西文明"问题正是在他主编时期逐渐成为重要议题，并最终引发了《东方杂志》与《新青年》之间的辩论。晚清时代即有"中体西用"问题的大辩论，但"五四"前后的"东西文明论战"有着截然不同的含义。概括地说，这场讨论直接产生于中国知识界对第一次世界大战与共和危机这两个重大事件的回应：如何看待第一次世界大战的原因和结果？如何理解民国初期、尤其是洪宪帝制时期的共和危机？"东西文明论战"在文明、文化、思想的旗号下展开讨论，但其政治含义全部与这两个问题有关。1919年1月，杜亚泉在《东方杂志》第16卷第1号发表《大战终结后国人之觉悟如何》，他感慨万千地说："吾人对此时局，自不能不有一种之觉悟，即世界人类经此大决斗与大牺牲以后，于物质精神两方面，必有一种之大改革。……即如吾国之南北战争，本以参战为诱因，近以受此影响，退兵罢战，可知吾国人于时局上已有若干之觉悟。但觉悟之程度如何，与吾国将来对于世界之大改革能否适应，至有关系。故吾人亟欲以大战争影响之所及告我国人，以促国人之觉悟焉。"[①] 在这里，他将第一次世界大战和中国的南北内战视为具有内在联系的事件，并以此为据，提出促进"国人之觉悟"的必要性。这个"觉悟"的内涵是什么呢？民国建立后，《东方杂志》始终关注共和时代的政治危机；在战争期间，对共和危机的讨论逐渐地与对由战争引发的文明危机的思考关联在一起。在1914—1919年间，杂志每期刊载中外大事记，发表大量国际政治和军事分析；它对东西文明的差异、冲突及调和的分析与对欧洲

---

① 杜亚泉：《大战终结后国人之觉悟如何》，《东方杂志》16卷1号（1919年1月），第1—8页。

战争的分析紧密相关。如果没有第一次世界大战，《东方杂志》将延续晚清启蒙的基本观点[①]；如果没有共和危机，《东方杂志》也将延续民初对于民主政治的乐观看法。但战争深刻地改变了杂志的面貌和议题。杜亚泉辞职后《东方杂志》发表的那份声明说："自本志之出世，至今已十七年矣。而此第十七年，又适为欧战告终后之第一年。世局更新，则杂志界亦不得不明定期的，以顺应世界之潮流。"[②] 言下之意，杜亚泉的去职与《东方杂志》的转向根源于一个事实：思想文化上的"战后时代"开始了。

霍布斯鲍姆在《极端的年代》中将"短二十世纪"的开端确定在1914年第一次世界大战爆发的时刻，而其终结则为1991年苏东的解体。[③] 战争与革命是这个时代的两个中心主题。这也意味着整个20世纪的历史与第一次世界大战及其引发的革命有着密切的关系，它的终结正是这次战争产生的历史范式的终结。作为一个改变历史进程的重大事件，欧洲战争在不同领域、不同社会触发了一系列后续性事件，中国的共和危机也位列其中。这里所说的"重大事件"是指那些改变了历史演进的轨迹、创造了新价值和范式的事件，如法国大革命、第一次世界大战、俄国革命、第二次世界大战、中国革命等等。但是，这些历史变动所以能够构成改变历史进程的事件，并不仅仅在于它们的规模浩大，而在于它们终结了此前形成的历史范式，在它们之后发生的一切不再是历史的自然延续，而是这一新事件所开创的范式的序列性展开。

事件总是依存于人们对于事件的认识、判断和感觉，以及基于这些新的认识、判断和感觉而产生的行动。战争与革命在这个时代紧密相联，但不同的人对于这些事件的意义的理解未必一样。《东方杂志》与《新青年》共同面对着战争与共和的双重危机，但两者建立历史叙述的方式截然不同：前者

---

① 杜亚泉从1911年起接编《东方杂志》，前后九年。1900年，他创办晚清科学启蒙刊物《亚泉杂志》，是晚清时代科学启蒙的倡导者。
② 坚瓠：《本志之希望》，《东方杂志》17卷1号（1920年1月），第1页。
③ ［英］艾瑞克·霍布斯鲍姆著、郑明萱译：《极端的年代》，江苏人民出版社1999年版。

紧密追踪战争发展与共和危机的轨迹,反思战争与现代文明的关系,而后者以革命(先是法国革命,后是俄国革命)为线索,试图从革命所带动的历史变动和价值指向中探索摆脱战争与共和危机的道路;前者在危机之中重新思考中国"文明"的意义,注重传统的现代能量,构思中国的未来,而后者立足于"青年""青春",以"新文化""新思想"召唤"新主体",为新时代的创造奠定地基。因此,建立自身与历史事件的关系的不同方式直接地产生了两种不同的文化政治。伴随着杜亚泉的去职,《东方杂志》和《新青年》在思想言论方面的影响发生了易位,这一转变与战后时期中国政治和思想的中心问题发生变迁有着密切的关系。

欧洲战争与中国的共和危机不仅在时间上相互重叠,而且两者有着密切联系。就直接原因而言,这场战争产生于普法战争(1870—1871)后逐渐形成的德—奥同盟和英、法、俄"三国协约"之间的军备竞赛和对殖民地的争夺,但随着战争进程的发展,俄国、日本、美国、意大利等28个国家相继成为交战国,形成了前所未有的世界大战格局。大战期间,1915年末,在筹安会和其他政治势力的鼓动及袁世凯本人的策划之下,洪宪帝制登场。与以往政治危机有所不同,帝制复辟当然是共和危机的产物,但由此引发的围绕国家统一问题的争论却与第一次世界大战的独特形式——民族国家间的战争——有着密切关系。战争爆发后,日本以承担日英同盟义务、保卫东亚和平相标榜,宣布对德参战。1914年8月27日,日军封锁胶州湾,以进攻青岛的名义出兵山东。1915年1月18日又向袁世凯政府提出"二十一条",其中涉及山东、南满、蒙古、汉冶萍公司、沿海港湾和岛屿的租借,以及在政治、财政、军事、警察等领域全面控制中国的各项条款,并于5月7日提出对华最后通牒,限48小时内答复。帝制的迅速败亡与袁世凯接受日本的"二十一条"有密切联系,但对帝制的隐秘同情并没有因为袁世凯的死亡而迅速消失。原因很简单,对帝制的同情不同于对袁世凯的同情,前者不仅植根于民国初期的政治混乱和合法性危机之中，而且也与中国知识人在战争期间对于欧洲现代国家形态的思考有关。辛亥革命后，蒙古、西藏问题随之被视为从帝制向共和政体转换所产生的危机的征候[①]，而欧洲民族国家间战争也提供了重新思考现代国家形式的契机。帝制失败后，围绕参战问题，在主战的段祺瑞政府与反对参战的黎元洪总统之间展开了激烈的"府院之争"。出人意外的是，这场府院之争的结果竟然是1917年6月的张勋复辟事件。从洪宪帝制到张勋复辟，中国政治领域围绕政体问题产生的矛盾和斗争与第一次世界大战的国际政治选择问题纠缠在一起。

同样是在1917年，俄国二月革命和十月革命相继爆发，列宁与德国签订《布列斯特—立托夫斯克和约》，宣布退出大战。1918年德国发生一月革命，社会民主党组成临时政府，德意志共和国成立。在观察和分析战争的动因与结果的过程中，中国知识人逐渐地将重心从战争转向了革命，由此引发了新的思考和分歧。1919年"五四"运动直接起因于对巴黎和会及《凡尔赛条约》出卖中国权益的抗议，而这个危机又根源于日本与德国对山东权益的争夺，以及德国的战败。在这个意义上，"五四"运动是第一次世界大战的序列性后果之一。战争的结束与苏联的成立，为中国正在进行的文化运动和政治变革提供了新的契机。中国共产党的成立、中国国民党的改组，以及北伐战争的展开，在一个短暂的时段内，一系列重大事件相继发生，它们看似截然不同，却相互关联。

在这一剧烈的变迁之中，"东西文明"是如何生成为中国思想领域的中心问题，又为什么会在"五四"以后逐渐消退呢？我们需要仔细观察"东西文明"问题发生、发展、变异的详情末节。

[①] 康有为于1911年冬撰《共和政体论》曰："晚清若去，蒙、藏必不能保。"1913年1月至3月，他在《不忍》杂志第一、二册发表《蒙藏哀辞》，重述这一观点，并说："虽然，蒙、藏之自立，起于前年之革命，则不能尽责于今政府矣。"见《康有为全集》第十集，中国人民大学出版社2007年版，第1—14页。

(二) 对欧洲战争的民族主义回应：从政体问题转向国家问题

没有第一次世界大战所提供的历史契机，中国知识界不可能将如此众多的事件放置在一个世界性事件的序列性展开中加以思考。早在1911年，《东方杂志》即刊文讨论普法战争后欧洲的局势及各国外交政策，预言欧洲大患即在欧洲境内；但考虑到英日盟约将于1915年届满，有可能引发日、英、俄在满蒙的角逐，中国和亚洲很可能难以幸免于难，一种"此后十五年，实为欧亚两洲危急存亡关头"的预感逐渐浮出水面。① 针对日本首相大隈重信倡导日英同盟，钱智修发表《论日英对华同盟》一文，提出中英同盟的必要性。文章预示了日本参与协约国战争对中国利益的损害。② 也就是说，在大战即将爆发之际，中国知识人已经预见到这场远在欧洲的战争与中国有着难以逃避的关系。在这一广阔的世界视野中，《东方杂志》将民国以来政治问题的重心从"政治"（立宪、议会、政党）转向了"国家"（主权、统一、独立）。与该杂志在1911年对于旨在转移统治权的"革命战争"与共和宪政的全面肯定相比较③，这一政治思考的重心转移是一个重要事件。

杜亚泉的《接续主义》一文刊载于第11卷第1号，即欧洲战争一触即发之际。他强调："国家非一时之业"，包含着过去、现在和未来。"截然中断，则国家之基础，必为之动摇。盖旧时之习惯既失，各人之意见纷乘"，无法形成共识。国家及其延续性暗含着对革命造成了国家基础动摇的判断。从这个判断出发，他提出了"保守"和"新旧间之接续"的必要性："持接续主义以施行政治于国家，则开进之中，不可不注意于保守，固已。然所谓保守者，在不事纷更，而非力求复古也。国家当扰乱以后，旧时法制，其一部分已经破坏，若其接续尚未全断者，但稍为护持，不加摧折，则其创痍亦

---

① 某西人来稿：《最近欧洲各国之外交政策》，《东方杂志》8卷2号（1911年3月），第1—4页。
② 钱智修：《论日英对华同盟》，《东方杂志》11卷1号（1914年7月），第1页。
③ 杜亚泉：《革命战争》，《东方杂志》8卷9号（1911年11月），第1—3页。

自然愈合。若其破坏已甚，接续全断者，则惟有就现在之状况修饰之，整理之，为不接续之接续。必欲复兴旧制，摧折新机，则破坏之后，重以破坏，而国本愈摇矣。"①"接续主义"需要在两个语境中加以理解：一方面，辛亥革命以后，临时政府不得不寻求各国承认——革命既然包含了断裂，重新获得承认就是必然的。但是，革命之后的中国难道不是延续着中国的正统吗？寻求承认不就等同于承认国家自身的断裂吗？在上述语境中，接续主义对国家延续性的重申隐含着对将皇权与共和截然对立的革命观念的批判和修正，其真正的动机是维护中国主权。另一方面，伴随清王朝的覆灭，中国周边形势日趋严峻。在俄国的策动之下，外蒙首先寻求独立。围绕册封等问题，库伦政府与袁世凯政府之间的分歧直接关涉中国主权；甚至并不属于外蒙范围的海拉尔也出现了独立问题，后者与俄国缔结了协约并拒绝承认中国的宗主权。1915年底，"中英藏事会议"在伦敦召开，主要内容涉及修改光绪三十二年（1906）签订的原约及附带条件。1906年原约第5条载明"西藏大员尊北京政府训令，深愿改良西藏法律，俾与各国法律改同一律"，英国则应允在中国放弃治外法权等。但民国之后，英国"以中国司法，尚未十分改良，而藏地尤甚"为由，"拟援十年修改约章之例"，取消此条，并要求中国开放拉萨。②"接续主义"所要处理的国家连续性问题，事实上是一个深刻的问题：清朝皇权具备着多面而模糊的代表性，如中国皇帝、蒙古大汗、满洲族长、儒教政体的代表、喇嘛教的信徒等等，从而将"中国"这一复合社会凝聚在一个以各种线索勾连起来的庞大王朝体系之中。中华民国承清而起，但其政治文化发生了巨变，蒙古、西藏等边疆区域发生的离心倾向成为长久缠绕这一新国家的危机。"五四"时代的文化论战逐渐地将政体问题解释为专制政体与共和政体的对立，晚清革命浪潮爆发以来始终挥之难去的皇

① 杜亚泉：《接续主义》，《东方杂志》11卷1号（1914年7月），第1—3页。
② 参见《青年杂志》1卷4号（1915年12月）"国内大事记"所载"中英藏事会议"，第3页。

权的多重代表性问题却被掩盖了。因此,两个政体之间是否存在接续的问题的确是一个问题。《接续主义》发表之时,蒙古问题已经发生,西藏问题也在萌芽和发展之中,而外交承认直接地关涉中国主权的完整性。杜亚泉论证国家对于延续性的依赖,显然是对这一历史局势的回应。杜亚泉在文中强调国家的延续依存于国民个人对于国家目的的自觉服从,将政治的传承问题与公民的道德状态关联起来,从而为《东方杂志》将对政治的关注转向文明或文化问题埋下了伏笔。

欧洲战争是一个重大事件,它对中国究竟有何影响?除了有关满蒙、西藏、山东等问题的持续讨论外,从1914年战争爆发至1919年和约签订,没有任何其他杂志像《东方杂志》这样如此紧密地追踪欧洲战争的每一局部发展和全局变化,并发表各种研究和评论。以"中外大事记"的方式模仿其做法的,是1915年创刊的《青年杂志》。1914年9月出版的《东方杂志》第11卷第3号头条文章即杜亚泉的《大战争与中国》一文指出:"今日欧洲各国之大战争,实为百年以来之大变;而其影响于吾中国者,亦将为十年中之小变",明确地将中国即将发生的变迁放置在欧洲战争这一事件的脉络之中。① 由于胶州湾问题,中国在战争中偏向协约国,但即便如此,早在战争爆发前,《东方杂志》分析普法战争后欧洲列强的均势平衡,指出欧洲危机的爆发与对势力范围的争夺直接相关。② 总之,欧洲战争势必导致战争双方向其他地区扩张,忧虑并不是单向的。

欧洲战争与民族国家体制有着紧密关系,在这一体制下,民族认同超越了种族认同,以致同种却不同族的政治体之间发生了空前惨烈的战争。为了避免被瓜分或分裂的命运,必须唤起中国人的民族认同和民族自觉("吾国民之爱国心"和"吾民族之自觉心"),这是杜亚泉和《东方杂志》对于欧

---

① 杜亚泉:《大战争与中国》,《东方杂志》11卷3号(1914年9月),第1—7页。
② 凡将:《十年以来世界大势综论》,《东方杂志》9卷7号(1913年1月),第1—8页。

洲战争的第一个回应。[①] 因此，从"接续主义"的角度论述国家的延续性本身也意味着辛亥革命前后形成的政治议题发生了一次位移，即从政体问题转向了国家问题。

二、超民族国家的构想与文明冲突论

（一）"白种联合论"与"大亚细亚主义"

在战争初兴之际，《东方杂志》对欧洲各国冲突的分析也透露了另一种视角，即一种从超越民族国家关系的角度观察战争结果及其走向的视角。欧洲战争催生了欧洲人对于民族主义的反思——作为一个种族和文明单位的欧洲，有无可能消弭战争，最终走向联合？这是一种产生于对政治民族主义的反思而回向种族主义的逻辑——一种以种族主义克服民族国家冲突的逻辑。对中国知识人而言，一个自然的问题是：如果这种超国家、超民族的文明结合体出现，中国又会面临怎样的局面？钱智修的《白种大同盟论》可以视为这一论述的开端。该文引用麦雷少佐（Major Stewart Murry）刊载于《十九世纪》（*The Nineteenth Century*）上的文章说："麦氏之文，引拿破仑在圣海冷那岛（St. Helena）之预言为证，即'时势所迫，欧洲列强，必须为或种形式之联合'是也。因谓白种人欲握全世界之霸权，则不列颠帝国之盎格鲁撒克逊人，乃至欧洲及北美合众国之白种人，不可不结坚固之团体。"据麦氏之意，一旦欧洲大战争发生，大陆各国，乃至大不列颠，均于太平洋上无立足地。"此日本人之机会也，而中国人则必为日本之后援。于是而斐洲之骚乱起，而亚洲亦兴师而出征。……（以下皆麦氏之言）……中国人者，从无不婚不嫁之男女，自1750至1800之五十年，人口已增加一倍。则今后之五十年，又安知不再增一倍？试思此八百兆之中国人，吾人又何以御之？试思今后之五十年，其重要又何如？"在详细介绍了白种大联合或欧洲统一的

[①] 杜亚泉：《大战争与中国》，《东方杂志》11卷3号（1914年9月），第1—7页。

观点之后，作者约略提及伦敦王家学校校长考尔特谷（Dr. Caldocott）博士关于"人类之联合"的观点，这种观点集中"在耶稣教是否以人类全体能受该教之教旨而着手进行"[①]。如果"白种联合论"以"文明冲突论"弥合西方的内部分歧，那么"人类之联合论"则以基督教的普世主义作为中心，两者一为冲突论，一为和谐论，但在以（西方）"文明"为轴心论述东西关系方面却相当一致。

欧洲战争以民族国家为主体，反对和遏制战争的努力试图以文明概念和欧洲统一的构想超越民族主义。但从上述"白种联合论"和"人类之联合论"的逻辑看，以文明为中心的欧洲构想即便能够消弭欧洲民族冲突或基督教国家间的冲突，也不能消灭冲突本身，它不过是将冲突引向一种新的范式，即文明间的竞争和冲突。

欧洲战争初期，面对德国的入侵和压力，法国政治家比兴氏主张"招致日本兵于西方战场，以资臂助"，但法国舆论大哗，"谓借助黄人，实欧洲高贵民族之大耻"。与此同时，两位著名的德国知识分子倭根（Rudolf Eucken）和海克尔（Ernst Heinrich Philipp August Haeckel）发表联合宣言，反对英国让黄色人种加入战争，并斥责俄国人为"半东洋半野蛮之民族，英人不当与之联盟以残同种"[②]。倭根的哲学将东方思想糅和到对战争与文明的思考之中，而海克尔的一元论哲学也试图调和精神与物质、自然与上帝之间的矛盾，他们的思想在1910—1920年代的中国有重要影响。[③] 但这份宣言证明：前者所谓"精神生活"和"内的生命之奋斗"与后者所谓"万有皆神之教理"不但没有摆脱民族主义的立场，而且也都是对白种人而言的。[④] 刘

[①] 钱智修：《白种大同盟论》，《东方杂志》11卷2号（1914年8月），第22—26页。
[②] 刘叔雅：《欧洲战争与青年之觉悟》，《新青年》2卷2号（1916年10月），第1—8页。
[③] 鲁迅早年曾大力介绍海克尔的理论，1916年马君武则在《新青年》2卷2号发表《赫克尔之一元哲学》，见该号第1—3页。（赫克尔为海克尔旧译——编者）
[④] 刘叔雅：《欧洲战争与青年之觉悟》，《新青年》2卷2号（1916年10月），第1—8页。

叔雅因此断言：欧洲战争终局以后，即为"黄白人种陈师鞠旅以决生死之时期"①。

在欧洲舆论中，有关建立"欧洲合众国"以克服战争危机的舆论不可避免地与欧—亚、白—黄的冲突和对立的观点相互纠缠。正是以此为背景，1916年1月，章锡琛发表了《欧亚两洲未来之大战争》（根据德国人台利史原著所写）一文，预言在民族国家的冲突之后，一种新型的文明冲突将继之而起："欧洲大战乱既定之后，其继起之问题，决非各国家各民族间之争斗冲突，而必为一文明与他文明之争斗，一人种与他人种之冲突。质言之，即欧罗巴与亚细亚之争斗冲突也。……今日东亚之状态，方纷纭扰攘，陷于内部之争乱。然至欧洲之战云既收，交战各国和约告成，则东亚诸邦必将联合缔盟，造成强国之浑一体，而代表黄白两人种之两种文明，必将于斯时起莫大之冲突矣。因此冲突而起之战争，则在世界历史上将开未有之先例。盖此种战争非如昔日，悉本于军事或产业之关系，而为原于两种人生观、两种宗教、两种民族精神冲突之战争也。"②如所周知，"文明冲突论"是后冷战时代的一个热门话题。根据亨廷顿的分析，在冷战结束之后，伴随着意识形态冲突与民族国家冲突的逐渐退场，一种"文明间的冲突"将成为一种新的冲突范式。③但"文明冲突论"并非当代的偶然发明，而是欧洲思想的一个持久命题，"欧亚战争论"就是在第一次世界大战期间出现的"文明冲突论"。与当代"文明冲突论"产生于对后冷战时代的思考相似，这个更早版本的"文明冲突论"产生于对战后政治格局的探究。通过对欧洲战争的反思，"文明冲突论"显示了一种超民族国家的思想，以及关于"后民族国家时代"

---

① 刘叔雅：《欧洲战争与青年之觉悟》，《新青年》2卷2号（1916年10月），第1—8页。
② 章锡琛：《欧亚两洲未来之大战争》（根据德国人台利史原著所写），《东方杂志》13卷1号（1916年1月），第23—25页。
③ Samuel Phillips Huntington, "The Clash of Civilizations", *Foreign Affairs*, vol.72, No.3（Summer 1993）。根据该文扩展而成的著作见［美］塞缪尔·亨廷顿著、周琪等译《文明的冲突与世界秩序的重建》，新华出版社1998年版。

文化与政治的变奏——战争、革命与1910年代的"思想战"

（尽管其时民族主义方兴未艾）的国际冲突形态的思考。

晚清以降，"欧亚文明冲突论"或"大亚细亚主义"并非新鲜话题。《东方杂志》创刊于1904年日俄战争时期，这一时期的《东方杂志》不但抱着"与日本相为后先，全力而扼东方之霸权，则天下事未可量也"的期待[1]，而且有关黄种民族主义的论述也充斥其间。[2] 日俄战争后，围绕"满洲善后"问题，《东方杂志》对于政府在自己国土上严守中立这一形势深感屈辱[3]，对于英俄围绕西藏、日俄围绕东北、德日围绕胶州湾的争夺倍感焦虑，他们一方面相信在"黄白种界之竞争日激日烈"的条件下中日韩联合的必要性[4]，另一方面又觉得日本与其他列强一样虎视眈眈，"谋复国权"而不是什么黄种联合才是救国正道。[5] 1905年以后，以黄种为中心、以中日联合为内涵的亚洲论逐渐退潮。[6] 代之而起的，是用帝国主义范畴观察包括日本在内的霸权国家的扩张策略[7]，而因应之道也必然展现为捍卫国家权益的政治民族主义。在欧洲战争接近尾声之际，有关中国将成为战后世界经济战之战场的看法在欧美、日本逐渐兴起，中国知识界对于日本在战后安排中的角色的疑虑日渐深重。[8] 至1919年巴黎和会召开，《凡尔赛和约》签订，德国在山东的权

---

[1] 孤行：《论中国必不能破坏中立》，《东方杂志》1卷2号（1904年4月），第27—29页。
[2] 创刊号实际上是日俄战争专辑，头条文章《论中日分合之关系》云："近日拒俄之事，乃拒元之事之结果；亚欧之荣落，黄白种之兴亡，专制立宪之强弱，悉取决于此也。"（《东方杂志》1卷1号，1904年3月，第1—3页）。
[3] 孤行：《满洲善后策》，《东方杂志》1卷2号（1904年4月），第21—27页。
[4] 可权：《论各国对现时旅顺之意见》，《东方杂志》1卷5号（1904年7月），第79—82页。《东方杂志》1卷10号（1904年12月）转载《大公报》9月11日的社论《中国衰弱非日本之福说》，亦谈及中日韩联合的必要性，但对日本"乘战胜之余威""向中国多方要索"深感忧虑。见该期第231—233页。
[5] 新华：《论中国无国权》，《东方杂志》1卷5号（1904年7月），第82—86页。
[6] 这一时期对于日俄战争的解读也从黄种、亚洲等问题转向了政体问题（即立宪政体战胜专制政体），如《东方杂志》2卷6号（1905年7月）转载同年5月21日《中外日报》的文章《论日胜为宪政之兆》，以日俄战争为例，批评专制政体，鼓吹中国的立宪改革（第115—117页）。
[7] 佩玉：《日本之帝国主义》，《东方杂志》8卷4号（1911年6月），第16—18页。
[8] 少游：《战后之中国与日本》（译自日本《东方时论》杂志），《东方杂志》14卷6号（1917年6月），第44—52页。

益和胶州湾的租借地全部被转让给日本。在这一条件下，中国朝野对于日本版的"大亚细亚主义"已经毫无兴趣，他们更关注的是"大亚细亚主义"的帝国主义内涵。①《东方杂志》在讨论中日关系与"亚细亚主义"问题上出力尤多，例如高劳（杜亚泉）在第12卷第4号发表《日本要求事件》、章锡琛在第12卷第6号发表《日本要求事件之解决》（同期发表译作《日本之军国主义》）、许家庆在第13卷第10号发表《战后远东列强之地位》（译自《太阳报》末广重雄原著），从不同角度详尽披露中日交涉过程，深度说明胶州湾问题。②因此，并不奇怪，在《欧亚两洲未来之大战争》发表三个月之后，章锡琛又发表《大亚细亚主义之运命》对前文加以修正和补充，并断言："所谓大亚细亚主义者，徒足以挑拨世界他部分之反感，而终无济于事实。甚愿为此说者之审思熟虑，而无徒放言高论，以快一时之意也。"③一年半以后，杜亚泉又从日本《外交时报》上译出《世界人之世界主义》一文，从人种的融合与投资及移民的自由两个方面，论述了白种联合论、泛美主义和亚细亚主义等建立在种族和地域关系之上的概念的局限，倡导一种"世界人之世界主义"。④"大亚细亚主义"不仅是《东方杂志》讨论的话题，也是当时思想领域共同关心的话题。1919年，李大钊在《国民》杂志上发表《大亚细亚主义与新亚细亚主义》和《再论新亚细亚主义》两文，正可以与《东方杂志》的讨论相互参照。李大钊认为日本的"大亚细亚主义"是以亚洲门罗主义的方式展开的"大日本主义"，并提出"新亚细亚主义"作为替代方案，

---

① 关于日本的亚洲政策和大亚细亚主义问题，《东方杂志》给予持续的关注。例如，1917年《东方杂志》14卷3号，刊载了君实翻译的《日人对于中日亲善论之意见》（第13—16页）、《日人之放论》（第27—39页）等等。
② 1917年1月，胡学愚译述《欧洲大战中之日本》，对于日本在战争中与欧洲各国的联盟和对立等详加分析，文末从英国人的角度提出日本对于中国无野心的看法，调子有所不同。见《东方杂志》14卷1号（1917年1月），第9—15页。
③ 章锡琛：《大亚细亚主义之运命》，《东方杂志》13卷5号（1916年5月），第16—18页。
④ 杜亚泉：《世界人之世界主义》（译自日本《外交时报》），《东方杂志》14卷12号（1917年12月），第54—57页。

其中包含了两个要点:"一个是在日本的大亚细亚主义没有破坏之前,我们亚洲的弱小民族应该联合起来共同破坏这个大亚细亚主义;另一个是在日本的大亚细亚主义既经破坏以后,亚洲全体民众联合起来加入世界的组织——假如世界的组织那时可以成立。"① 显然,李大钊重视的不是国家间的联合或文明冲突论,而是"全体民众"的联合,从而区域或世界的组织必须是一种以社会革命和社会运动为前提的"民众的大联合"。

(二)文明的调和与现代西方文明的超越

中国知识界对于"大亚细亚主义"的批评产生了一个结果,即不是像日本朝野那样以"亚洲文明"(当然是以日本为中心的"亚细亚文明"或"东洋文明")为单位以与西方抗衡,而是以文明调和为方向对亚欧文明冲突论加以修正和调整。李大钊与《东方杂志》在政治立场上相距较远,但主张文明调和却是一致的。不管具体的判断如何,以欧亚为两极形成文明冲突或调和关系的假说,已经成为这一时代的"问题框架"之一。② 1915年初,钱智修在《伍廷芳君之中西文化观》中就曾介绍杰出外交家伍廷芳的中西文化论。伍廷芳在谈话中强调亚洲文化的优越和"西洋文明"的弱点,那种用道德与经济、责任与无责任、社会与个人等二元对立描述东西文明的方式已经十分明显。③

事实上,欧亚分野的基本概念建立在白种与有色人种的种族区分之上,而社会制度、宗教和其他生活方式则在种族分野的基础上构成了文明的分

---

① 李大钊:《再论新亚细亚主义》,《国民》杂志2卷1号(1919年11月)。
② 1917年10月,君实在《东方杂志》14卷10号发表《亚细亚主义》(译自日本《亚细亚时论》杂志)一文,对亚细亚主义持肯定态度,其基本立场是"以东西文化之融合调和为规",以形成一种类似于泛美主义的"大亚细亚主义"。见该期第17—20页。
③ 钱智修:《伍廷芳君之中西文化观》,《东方杂志》12卷1号(1915年1月),第1—5页。伍廷芳断言:"余谓亚细亚,当再以文化沾溉西洋。此非余漫为嘲讽之言也。诚以白种人当受教于有色种之同胞者,其事固尚多耳,如印度,如中国,如日本。……"

野。正如泰戈尔对于东方文明的宣扬一样，这一东西文明二元论不以冲突和对抗为宗旨，而是以克服现代文明危机为指向。① 从第一次世界大战时期，到 20 世纪 20 年代前期，泰戈尔从宗教和精神文明的角度对于欧洲战争和现代性的分析，极大地鼓舞了中国知识人的文明思考。② 梁启超的《欧游心影录》、杜亚泉的《静的文明与动的文明》、梁漱溟的《东西文化及其哲学》等大量著作与泰戈尔桴鼓相应，提供了不同版本的、以克服现代危机为宗旨的东西文明论。③

《东方杂志》以文明为单位考察东西差异由来已久④，但将这一文明差异作为摆脱膜拜西方的心态、形成"文明自觉"的途径，却是新的动向。对于《东方杂志》而言，"自觉"在这里首先是对盲从西方（或现代）倾向的修正，其次是对盲目否定中国（或传统）倾向的修正，这一点与《新青年》的立场尖锐对立。钱智修将一味崇拜西方、一味贬低中国的思潮概括为与爱国主义相对立的"嫉国主义"，在政治上与杜亚泉的"接续主义"论述一脉相承。⑤ 两年之后，陈独秀在《新青年》上发表《我之爱国主义》一文，对这一思潮和看法做出正式的回应，以一种"所谓持续的治本的爱国主义"与有关"嫉

---

① 胡学愚：《印度名人台峨尔氏在日本之演说》，《东方杂志》13 卷 12 号（1916 年 12 月），第 49—51 页。
② 关于泰戈尔访日的讨论持续了很长时间，从战争期间直至 20 世纪 20 年代来华，络绎不绝。从宗教角度思考战争的文章可以参见鲍少游译自日本《中央公论》的长文《欧洲战争与世界之宗教问题》，见《东方杂志》14 卷 2 号（1917 年 2 月），第 17—29 页。
③ 1923 年和 1929 年，泰戈尔两度访华，不但成为轰动一时的文化事件，也引发了不同派别知识人之间的激烈论争，其根源也正在于对他的东西文明论的不同评价。在他访华前，冯友兰在纽约访问泰戈尔，并以《与印度泰谷尔谈话（东西文明之比较观）》为题，将谈话发表在《新潮》3 卷 1 号（1921 年 9 月）；与此同时，《东方杂志》18 卷 17 号（1921 年 9 月）发表愈之的《台莪尔与东方文化之批判》，介绍瑞士哲学家对泰戈尔的东西文明调和论的批判。泰戈尔第一次访华后，中国共产党人撰文批评泰戈尔的观点，如陈独秀以实庵的笔名在《中国青年》27 期（1924 年 4 月）发表《太戈尔与东方文化》，瞿秋白在《向导》61 期（1924 年 4 月）发表《太戈尔的国家观与东方》等文，从不同角度批评泰戈尔的东西文明论。鲁迅在《坟·论照相之类》和《华盖集续编·马上日记之二》中对于泰戈尔访华事件的讥讽更是著名的例子。
④ 杜亚泉在接编杂志不久，即发表《东西洋社会根本之差异》，译自日本《太阳》杂志户田博士论文，见《东方杂志》8 卷 3 号（1911 年 5 月），第 1—6 页。
⑤ 钱智修：《正嫉国主义》，《东方杂志》11 卷 4 号（1914 年 10 月），第 1—4 页。

国主义"的指控相对抗。① 很明显，文明论战同时也是政治论战，"吾人之自觉"直接关涉如何估价中国及其政治价值——如果以西方为普遍尺度和政治规范，那么，中国是否还存在自身的政治传统和政治价值？如果中国的危机是由文化衰败引发的基础性危机，中国的改造是否必须通过彻底改造这一文化传统（并全面引入西方进步价值）为前提？《东方杂志》和《新青年》的激烈论辩与其说是关于文明调和论与反文明调和论的冲突，毋宁说是有关"何为自觉"的辩论——不同的自觉将产生不同的政治。

三、洪宪帝制、政体危机与"新旧思想"问题

（一）共和危机、权力配置与国家传统

在深入所谓"文明自觉"与民初知识人政治态度的关系问题之前，这里先讨论围绕洪宪帝制而发生的不同派别知识人之间的严重分歧。若不了解上述文明论得以产生的逻辑与民初政治的关系，政治论战为什么会转化为"新旧思想"问题便难以理解。

在袁世凯称帝（1915年12月12日）之前，中国政治领域中的君宪与共和问题再度成为最为敏感的议题。1915年12月11日"解决国体总开票"，洪宪帝制于次日正式粉墨登场。《东方杂志》每月初发行（其他时期也有月中发行的情况），故1915年末期并无任何关于称帝问题的报道和评述。但早在1915年10月，《东方杂志》在"内外时报"栏目头篇刊登了《关于筹安会之辩论》，内收古德诺《共和与君主论》、杨度《君宪救国论》（上、中、下）两篇鼓吹帝制的长文，以及汪凤瀛《致筹安会书》、梁启超《异哉！所谓国体问题者》两篇质疑文章；1916年初刊行的第13卷第1号，又在每期必载的"中国大事记"所记前月11、12、13、14、15日等各条，详载袁氏称帝过程及各项细节。两期报道均谨守客观，未表示明确态度，但

---

① 陈独秀：《我之爱国主义》，《新青年》2卷2号（1916年10月），第1—6页。

《东方杂志》对于这一事件的高度关注是显而易见的。为什么杂志对于帝制事件未做迅速而明确的回应？它的基本立场究竟是什么？它的政治分析与战争分析及文化问题之间的关系如何？

仔细阅读1915—1916年间的《东方杂志》，我们可以从它的微妙态度中察知端倪。[①] 概括地说，《东方杂志》对于帝制问题的态度可以区分为两个方面。首先是政治态度。《东方杂志》认为称帝事件与其说体现了民主共和与帝制的冲突，毋宁说显示了辛亥革命后中国政体无法形成有机统一的危机。因此，尽管《东方杂志》并不赞成帝制，却体认国家统一和独立问题的至关重要性。[②] 1914年，杜亚泉著文指出"今之谈时事者，辄咨嗟太息曰：民国成立，倏已岁余，而内治之纷乱如是，财政之竭蹶如是，外交之危迫如是，长此终古，吾国将不足以自存"[③]，提醒人们关心国家认同薄弱、中央政权无力、中央财政匮乏的局面。他的《接续主义》批评民国政治与传统政治的截然断裂，显然是将超越政体差异的国家延续性作为解决国家统一问题的途径。1915年2月，他又发表《自治之商榷》一文，对民国以降地方自治的存废进行分析，其基本的结论是："盖自治者，乃授一般人民以自治其事之权，而吾国普通人民之学识经历，方在幼稚，故不可不有所指导而限制之。"[④] 从这个角度说，当务之急不是陷入民主与专制的价值论辩，而是探讨中国政体危机的解决之道。1916年3月出版的第13卷第3号头条为家义的文章《建国根本问题》，无论是时间还是题目，都可以视为对洪宪帝制的回应。然而，细读全文，作者未及共和政治一语，也没有讨论皇权专制问题，而是将"建国根本问题"归结为中央与地方的权力配置问题。作者指出：

---

① 杜亚泉对于洪宪帝制的高度关注，也证之于他以高劳笔名出版的《帝制运动始末记》（商务印书馆1923年版）。这部著作的底子就是他在编辑《东方杂志》时的追踪观察。
② 杜亚泉：《中华民国之前途》，《东方杂志》8卷10号（1912年4月），第1—6页；杜亚泉：《革命成功记》，同前，第6—16页。
③ 杜亚泉：《现代文明之弱点》，《东方杂志》9卷11号（1913年5月），第1—6页。
④ 杜亚泉：《自治之商榷》，《东方杂志》12卷2号（1915年2月），第11—14页。

文化与政治的变奏——战争、革命与1910年代的"思想战"

今日时势，欲谋建国，当……怀一政权分配主义。第一，知中央集权地方分权乃配置之问题，非排斥之问题。第二，知中央政府、自治团体，及互配之机关，非相克之机关。则种种无谓之辩争，可以消除于无有，而正当之解决可以得之于将来。此诚建国根本问题也。[1]

这一主题在同年第七、八号续有讨论，其时洪宪帝制已经垮台，《东方杂志》一方面明确地将帝制运动视为违背民意、天意之举[2]，但另一方面又认为中央—地方的冲突非但没有解决，反而由于这一事变，"集权政策将因之顿挫，分权势力将因之膨胀，殆无疑义"[3]。

《东方杂志》的判断是以帝制复辟后的形势为根据的。辛亥革命后，各省分裂危机、中央政府危机与外交危机此起彼伏，权力统一问题始终没有解决。清王朝的覆灭与其说是革命的结果，不如说是清代政治不统一、地方军事化的产物。杜亚泉分析说："革命军之起也，各省同时响应，标独立之帜，各设军政府，推举都督，迨形势既成，乃设统一之临时政府于其上。南京之临时政府，殆有联邦政府之观。"[4] 这一形势既与中国传统行省体制不同，又使得民国初期的政治问题长期在集权与分权之间摆荡。帝制复辟后，上述各个方面形成了总危机的态势，而地方分裂危机最为显著。袁氏称帝不久，蔡锷、戴戡、李烈钧在云南率先起义，宣布独立，贵州、广西继之；帝制失败后，独立浪潮并未停止，先是广东宣布独立，浙江、陕西、四川、湖南也以不同的方式尾随其后，其他各省势力各显其能，一时政局乱象纷呈。与此相应的，是中央政府危机。护国军义旗初揭，中央政府责令曹锟、张继尧、李长泰等起兵镇压，四川、湘西、桂边等战火骤起，而北京政府内部权力斗争

---
[1] 家义：《建国根本问题》，《东方杂志》13卷3号（1916年3月），第1—6页。
[2] 杜亚泉：《天意与民意》，《东方杂志》13卷7号（1916年7月），第1—4页。
[3] 杜亚泉：《集权与分权》，《东方杂志》13卷7号（1916年7月），第5—10页。
[4] 杜亚泉：《中华民国之前途》，《东方杂志》8卷10号（1912年4月），第1—6页。

加剧，段祺瑞、徐世昌因不赞成帝制而先后辞职。1916年6月15日，由中央节制的海军公开反对帝制，以海军主力第一舰队为主，公推李鼎新为总司令，加入护国军，宣告海军独立。上述军政两个方面共同构成了中央政府及其军事体制的危机。伴随中国政体危机、中央政府分裂和地方割据的加剧，各国外交紧锣密鼓，围绕外交承认问题，恃机抢占在华利益，不但满蒙、西藏等边疆处于严重的不稳定状态，而且山东及其他内地的权益也岌岌可危。中华民国的外交危机直接地联系着国家的领土完整和主权独立。

在这个思路之下，《东方杂志》将民国的危机解读为"循环政治"①的危机，而不是共和与独裁的政治价值冲突所造成的危机。独立浪潮的激发与帝制复辟有着直接的关系，但地方分裂趋势的确是辛亥革命前后始终存在、未能解决的危机。这一时期《东方杂志》对于如何形成中央集权、地方分权及社会自治之间良性关系的讨论构成了政治思想的一个重要脉络，不但与辛亥革命前这份杂志对于"中央集权"和"寡人专制"的严厉批评形成对照②，而且也与辛亥革命后杜亚泉本人对于"减政主义"的倡导大不相同。③在《集权与分权》一文中，杜亚泉指出："近半年内之事变，……各省之现象，几与联邦无异。集权政策之效果，何以至于如此，推其原因，一由于政府之集权政策无贯彻之之精神……二则由于极端之集权，决不能实现。苟非有相当之分权，则集权亦自然消灭也。"④他承认"近半年内之事变，固由帝制运动而起，与分权集权之问题，无所关系"，但同时强调"就我国之现势而言，极端之集权固属不能，极端之分权亦为不可"。面对全面性的政治危机，他的建议是："一将政务分为统治、官治、自治三项"；"军事、外交、交通三

---

① 钱智修：《循环政治》，《东方杂志》13卷12号（1916年12月），第1—6页。
② 除了杜亚泉本人的论述外，其他文章也多有涉及，例如日后成为青年党创始者之一的陈启天就专门撰文论述省制问题，回应洪宪帝制后的中央权力与地方权力的关系问题。陈启天：《省制论略》，《东方杂志》14卷1号（1917年1月），第10—16页。
③ 杜亚泉：《减政主义》，《东方杂志》8卷1号（1911年3月），第4—10页。
④ 杜亚泉：《集权与分权》，《东方杂志》13卷7号（1916年7月），第5—10页。

者，直辖于中央，取集权主义，以固国家之统一"；"财政、司法及民政中之警察事务归官治，教育、实业及其他公益事务归自治，使地方团体不得强制人民，而专图人民之福利……"①

（二）"国家主义"与"政治主义"的区分

用建国问题、集权与分权问题回应洪宪帝制危机，凸显出《东方杂志》对于国家统一和独立问题的关注远远超过了对共和—独裁的政治价值的关注。讨论国家统一和集权的必要性既不等同于从民主政体的角度反对独裁专制，也不等同于赞成国家边界的过度扩张。② 杜亚泉批判大政府主义，但并不将大政府主义归结为传统专制制度的产物，恰恰相反，在他的视野中，大政府主义是当代世界各国的普遍现象。从这个角度看，政府之大小问题既不能放置在传统与现代的二元关系中讨论，也不能放置在民主与专制的二元关系中进行分析，而只能放置在现代政治自身的危机中加以观察。③ 这一论述是一个转折，它意味着《东方杂志》及其同道开始将中国政体危机置于现代政治危机的框架中进行讨论，而不是仅仅将帝制问题放在专制传统的叙述中加以分析。洪宪帝制失败之后，杜亚泉明确宣布："共和政治，不适于吾国之国情，此帝制派之扬言，以为改革国体之口实者也。今记者敢仿效彼等之口吻，以谓'民主立宪之政治主义，不适于现今之时势'。"④

那么，什么是"政治主义"呢？"政治主义"亦即民主宪政主义——以

---

① 杜亚泉：《集权与分权》，《东方杂志》13卷8号（1916年8月），第1—5页。
② 1917年3月，杜亚泉发表《个人与国家之界说》，提出"巩固个人之地位"的必要性，指出"个人对于国家，各有相当之责任"，反对"强个人以没入国家"，亦反对"强国家以迁就个人"。见《东方杂志》14卷3号（1917年3月），第1—5页。
③ 在《减政主义》一文中，他说："今各国政府，组织繁复之官僚政治，视社会上一切事务，均可包含于政治之内，政府无不可为之，亦无不能为之。政权日重，政费日繁，政治机关之强大，实社会之忧也。"见《东方杂志》8卷1号（1911年3月），第4—10页。
④ 杜亚泉：《论民主立宪之政治主义不适于现今之时势》，《东方杂志》13卷9号（1916年9月），第1—5页。

政府为中心，注重于改造国家内部环境，讲究群己权界，以伸张民权为取向，限制国家权力。而"国家主义"以国家为中心，侧重改造和适应国家的外部环境，强调人民对于保卫国家权利之责任，将国权置于个人权利之上。杜亚泉赞成民主宪政主义，但按照他对"时势"的分析，如果国民过于注重"政治主义"，极易产生内部分裂趋势，导致外敌乘虚而入。《东方杂志》多次讨论民国在满洲、蒙古和西藏等问题上的损失，而在杜亚泉看来，除了列强的霸权之外，这也正是民初"政治主义"的后果。①

因此，他希望将民主宪政主义纳入"国家主义"的轨道。但这里需要指出的是：所谓区别于"政治主义"的"国家主义"也并不等同于用国家统摄一切政治生活，他所谓"国家"并不同于19世纪欧洲的国家概念，关于这一点，下文续有论述。

"政治主义"的核心是以议会政治为框架的政党政治，对"政治主义"的批评必然包含对政党政治的批评。辛亥革命之后，围绕立宪和政党问题议论纷纭，杜亚泉指出："果其立宪，则不论何国，无不有政党者"，并主张政党以"调查政务，研究政策，指导国民为目的"②。但是，民国既立，议会政治乱象纷呈；洪宪帝制时期，各地的反叛运动多由党人策动，地方分裂和中央政权危机均与政党问题有着莫大关系。这与杜亚泉关于"政党决不能因地域而存立"而必须"以主义结合，非以感情结合"的想法大异其趣。③ 在国家危亡之际，不同政党为求一己目的而竞争，他们经常引入外力，其结果势必加重国家的分裂。

1917年1月，杜亚泉发表《外交曝言》，分析政党与国家分裂的关系问

---

① 杜亚泉说："国民苟斤斤于政治主义，则必生邻国之觊觎而招外交之屈辱。更征诸吾国近事，则五年之中，三起革命，政治之改良几何，而满蒙西藏间权利之损失，已不可问矣。此皆持政治主义之国民所宜及时自警者也。"《论民主立宪之政治主义不适于现今之时势》，《东方杂志》13卷9号（1916年9月），第1—5页。
② 杜亚泉：《政党论》，《东方杂志》8卷1号（1911年3月），第10—14页。
③ 杜亚泉：《政党论》，《东方杂志》8卷1号（1911年3月），第10—14页。

题。他警告说:"设我国政党,不揣时势,效土耳其青年党之行为,致演成巴尔干分裂之局势,则瓜分之祸,即在目前。"① 杜亚泉的议论发表于他被迫卷入与陈独秀的论辩之时,但若比较两者关于政党的看法,并非没有相似之处。在《吾人最后之觉悟》中,陈独秀将中国政治危机归结为人民对于国家和政治缺乏干预的热情,"国政变迁,悉委诸政府及党人之手"②。但是,往下推论,分歧或侧重点之差异也就出现了。陈独秀希望的是一种全民政治,他将"最后之觉悟"定义为"政治觉悟"与"伦理觉悟"两个层次,也即赋予"政治"以"伦理"的内涵,或者说,以伦理作为政治的最终内涵,公众的参与和言论的自由是这一伦理政治的必要条件(或伦理的政治形式)。1916年,陈独秀回答汪叔潜对他批评政党政治的疑问时,将"党见"与"国民总意"相区分,认为一旦政党脱离此"国民总意","则政乃苛政,党乃私党也"③。从政体形态上看,他对国会作为"代表国民监督行政部之非法行动"的机构也持肯定的态度,指出正是国会在政府借款、外蒙俄约、宋教仁案等事件上发挥了民主的作用。④ 与此不同,杜亚泉关心的是政党政治与国家稳定的关系,在他看来,政党组织的目的是"保持政治之均平,助成国家之发达",但中国政党很有可能重蹈青年土耳其党人的覆辙,"滥用其形式,日相标榜,以为无意识之竞争,亦可为买椟而还其珠者矣。此犹仅就政治上言之也。若从社会一方面而论,则道德新旧之殊异,理论事实之差违,两不相容,时生冲突"⑤。两者对于中国政党状态的判断相似,而各自提出的替代性构想截然不同。政党问题与议会政治条件下的言论自由问题关系密切,但言论自由的运用本身也可能产生新的危机。杜亚泉说:"言论自由,出版自由,他人用以

---

① 杜亚泉:《外交曝言》,《东方杂志》14卷1号(1917年1月),第1—8页。
② 陈独秀:《吾人最后之觉悟》,《青年杂志》1卷6号(1916年2月),第3页。
③ 陈独秀:《通信》,《新青年》2卷1号(1916年9月),第3页。
④ 陈独秀:《随感录(二)》,《新青年》4卷4号(1918年4月),第343页。
⑤ 杜亚泉:《现代文明之弱点》,《东方杂志》9卷11号(1913年5月),第1—6页。

促进文明者，吾取法焉，转成为意气之纷争……"①就言论自由无法呈现国民之总意、政党政治条件下的言论往往陷于偏私之纷争而言，杜的判断与陈的看法未必真正对立。但不同之处在于：他并不在传统与现代、专制与民主的二元对立中陈述这一问题。在《言论势力失坠之原因》中，杜亚泉认为现代之言论状况甚至不如传统时代之清议，不但政治张弛、国是得失，言论无所转移，即便一般的社会问题，现代言论并未起到纠正、督促之实效，其根源在于现代言论一方面以公共舆论自任，但另一方面却受控于权势、党派与金钱关系，本质上不可能达成社会共识。②这一看法与他后来在"东西文明论战"中指责现代中国政治只有"分化"、缺乏"统整"的看法一脉相承。在洪宪帝制前，他对政党政治的批评集中在中国的政党政治的混乱之上，而在"东西文明"问题的脉络下，这一政治批评逐渐指向了西方现代政治模式本身。按照这一判断，中国的政治危机不是传统政治的危机，而是盲目模仿西方现代政治模式的危机。

杜亚泉对政党政治的批评补充和深化了他对"政治主义"和"民主宪政"的反思。在帝制与共和相互对立的政治语境中，他的姿态后来被陈独秀解读为支持"复辟"并不奇怪。真正的问题是：当杜亚泉以"国家主义"批判"政治主义"时，他的论述就已经蕴含了从"政治问题"过渡到"文明问题"的线索——"五四"时代的政治辩论以文明辩论和文化论战的方式展开是有内在脉络可循的。

（三）两种国家概念：文明国家与民族国家

通过将国家与政治加以区分，杜亚泉暗示了不同的国家类型之间的差异。在他看来，那种建立在"政治主义"基础上的国家是一种独特的文明类

---

① 杜亚泉：《现代文明之弱点》，《东方杂志》9卷11号（1913年5月），第1—6页。
② 杜亚泉：《言论势力失坠之原因》，《东方杂志》15卷12号（1918年12月），第1—5页。

型，由于"时势"的压力，中国需要汲取"政治主义"的要素，却更应该关注国家自身的连续性，即国家的地基是自身的文明和历史，而不是其他外来要素。这是一种以文明为内核的国家概念，其政治含义不在政体的形式，而在文明国家间的差异和对抗。在1913年5月发表的文章《现代文明之弱点》的末尾，杜亚泉说："国基初定，扰乱频仍，对内补苴之不暇，尚无以文明与列强颉颃之余力，亦未达以文明与世界接触之时期也。"而今天所应努力的，正是"发展物质之势力，促进精神之作用，以为文明竞争之准备者，诚切要而不容稍缓者矣。"[1] 在这里，文明竞争的主体是国家，但竞争着的国家却属于不同的文明。

因此，不同于欧洲民族国家间的竞争，中国与西方国家间的竞争是文明国家间的竞争。这也就暗示了民族国家不是普遍的国家形态，而只是一种国家的文明类型。按照杜亚泉的观察，"政治"必须以独特的文明国家及其生活形态为基础，中国没有必要复制欧洲国家的政治文化。由此，杜亚泉在倡导"国家主义"的同时，也对以军国主义为取向的现代国家主义给予严厉批评。[2] 他论述道："我国社会内，无所谓团体。城、镇、乡者，地理上之名称，省、道、县者，行政上之区划，本无人格的观念存于其间。国家之名称，则为封建时代之遗物，系指公侯之封域而言，自国家以上，则谓之天下，无近世所谓国家之意义。王者无外，无复有相对之关系，其不认为人格可知。至民族观念，亦为我国所未有。"[3] 按照这个论述，中国的国家不同于人格性的民族主义主体，中国的地方或区域也因此不会像欧洲国家那样自塑为主体。隐含在这一非人格化国家形态描述中的，仍然是一种对于分裂的忧惧。在这个意义上，这一独特的国家论隐含了一种克服分裂危机的文明取向。如果国

---

[1] 杜亚泉：《现代文明之弱点》，《东方杂志》9卷11号（1913年5月），第1—6页。
[2] 杜亚泉：《国家主义之考虑》，《东方杂志》15卷8号（1918年8月），第4—9页。
[3] 杜亚泉：《静的文明与动的文明》，《东方杂志》13卷10号（1916年10月），第3页。

家的差异即是文明的差异,那么,《东方杂志》对于帝制问题与共和危机的分析势必从政治态度转向文明态度或文化态度。① 在中西区分的前提下,杜亚泉提出的是两种不同国家类型下的两种不同价值取向。在这个框架下,帝国主义与和平主义、民族主义与世界主义的对立不过是建立在西方政治地基之上的两种取向,而杜亚泉所要探讨的,则是在这种对立之外的文明差异。这个分析的逻辑与他对政体问题的分析是一致的,即共和与专制是欧洲政治传统的对立两极,是欧洲政治文化的内部矛盾,而建立在两种文明地基之上的国家形态的差异才是真正的价值差异。这就是他所谓"思想战"的内涵。如果我们不了解他对国家问题的上述独特理解,就会迷失在他本人也未加清晰界定的不同的国家和国家主义概念之中。

(四)"思想战"与"东西文明"二元论

《东方杂志》提出建国及集权与分权问题并不等同于回避政治价值的矛盾,毋宁说他们要重新规划"政治"的含义。这里的关键在于将政治问题归结为文明或文化的问题。在他们看来,将中国政治问题单纯地解读为共和与君宪的冲突已经陷入了一种单一的文化—政治价值的框架,误将西方现代国家形态理解为超越文明差异的普遍政治形态。在这里,根本的价值问题即新—旧关系与东—西文明的差异问题。钱智修在《惰性之国民》中问道:"今吾国之病源果何在耶?向谓种族问题之为梗也,救之以革命而病如故;向谓专制政治之厉民也,药之以共和而病亦如故。""吾国社会之病状,而吾欲以惰之一字概之者也。何以救之?亦唯救之以精神上之补剂而已。道德、宗教则其补剂之君也,学术、政治则其补剂之臣也。"②

---

① 1915年1月,杜亚泉曾主张"社会协力主义",即"和平的国家主义"或"国家的和平主义"。见杜亚泉:《社会协力主义》,《东方杂志》12卷1号(1915年1月),第1—6页。协力主义的要旨在于承认国家、国民和种族的差异,"承认各国家之并立于世界,各得自谋其繁荣进步",并以此为前提进行"协力"。
② 钱智修:《惰性之国民》,《东方杂志》13卷11号(1916年11月),第1—6页。

从这一角度出发，他们提出了"新旧思想"的关系问题。在此之前，1916年2月，《东方杂志》第13卷第2号以头条位置刊登杜亚泉的学生远生（黄远庸）文章《新旧思想之冲突》。作者明确地将"新旧冲突"归结为"思想冲突"。① 从语调上看，远生的态度仍然偏于新思想的一面，态度也较为激烈，而两个月后杜亚泉发表的回应文章更强调新—旧、东—西之间的调和，拒绝在两者之间做必居其一的选择。在他看来，中国国民思想之冲突虽然产生于与西洋思想的接触，但并不能化约为东西思想之冲突。他说："吾国民之所谓新思想者，岂能脱离其固有之东洋思想，唯吸收几分之西洋思想而已。而所谓旧思想者，又岂能全然墨守其固有之东洋思想，以排斥西洋思想。然则新也旧也，不过一程度问题。其程度之所由差别，虽复杂多端，综其大要，则或由知识之差违，或由情感之殊异。"②

这就是"新旧调和论"的滥觞。时隔半年之后，杜亚泉不再将新旧问题归结为"程度问题"，而是以文明差异说明"新旧"与"东西"的关系。在这一论述中，调和的基调并未改变，但东西文明的价值冲突却被凸现出来了。《静的文明与动的文明》一文是这一转换的代表作："盖吾人意见，以为西洋文明与吾国固有之文明，乃性质之异，而非程度之差；而吾国固有之文明，正足以救西洋文明之弊，济西洋文明之穷者。"③

与作者早期有关"吾国现在文明之不足恃，已为不可逃避之事实"④的言论相比，这篇论文的语调有了重要的变化——变化并不在于对中国现状的判断上，而在将欧洲战争危机确定为文明危机的基本判断之上。杜亚泉认为东西文明的不同产生于东西社会形态的两大差异：其一，西方社会以民族为单位，构成民族的国家，而中国各民族的同化程度较高，即便是割据时代

---

① 远生：《新旧思想之冲突》，《东方杂志》13卷2号（1916年2月），第1—5页。
② 杜亚泉：《再论新旧思想之冲突》，《东方杂志》13卷4号（1916年4月），第1—6页。
③ 杜亚泉：《静的文明与动的文明》，《东方杂志》13卷10号（1916年10月），第1—8页。
④ 杜亚泉：《现代文明之弱点》，《东方杂志》9卷11号（1913年5月），第1—6页。

（如南北朝、五代、辽金时期）或少数民族王朝的时代（如元、清两朝），"仍为一姓一家兴亡之战，不能视为民族之争"；其二，西方社会海洋贸易发达，形成竞争激烈的经济形态，而中国的内陆经济以农业为本，安于里井，较少竞争。这两项社会形态的差异导致中西文明各自呈现出"静的文明与动的文明""自然存在与竞争存在"的态势。杜亚泉用人为与自然、向外与向内、团体的竞争与自然的个人、竞争之胜利与道德之修为、以战争为常态与以和平为常态等等对称但截然有别的二元取向描述这种文明态势。在他看来，文明并不因其差异而必然产生冲突和对立，由于交往日盛、相互接近，文明间的相互学习、"抱合调和"才是真正的出路。①

但无论如何，文明异质的判断不可能不在政治思考和社会思考上留下深刻的烙印。《东方杂志》对于政体问题的分析与对战争原因的探讨有着内在的联系——它们共同指向对于"文明问题"和"新旧思想问题"的思考。从编辑方针上看，《东方杂志》力求提供一个全球性的视野观察中国的政治与社会问题，并提供解决之道。那么，两者（国际战争与国内政治）是如何关联起来的呢？第一，在战争与中国政体这两个性质很不相同的问题上，《东方杂志》均强调"思想"的作用，即战争的核心是思想的战争，政体冲突的核心是思想的冲突。这不但为将战争分析与政治论战引向了文明冲突和思想论战开辟了道路，而且也将思想置于政治和战争的中心地带。第二，尽管欧洲战争与中国的政治矛盾产生于各不相同的历史语境，但两者却同属于一个时势，受制于同一种逻辑。因此，克服战争危机的方法与解决政治矛盾的道路均与"思想问题"相关。1915年3月，《东方杂志》第12卷第3号以头条位置刊载杜亚泉的《论思想战》一文。作者认为"战争之起因，可依人类进化之程序，分之为三级。其始争得失，进则争利害，更进则争是非。争得失者为事实战，争利害者为事实战亦为思想战，争是非者则思想战也"。"思

---

① 杜亚泉：《静的文明与动的文明》，《东方杂志》13卷10号（1916年10月），第1—8页。

想战"这一概念将各种形式的战争、冲突和矛盾归结为思想间冲突。按照这个逻辑,晚清以来的政治问题均根源于整个世界思潮的变迁,"辛亥之革命,即戊戌以来极端守旧思想之反动;近日之复古,亦辛亥以后极端革新思想之反响也。地球之存在,由离心力与向心力对抗调和之故;社会之成立,由利己心与利他心对抗调和之故。故不明对抗调和之理,而欲乘一时之机会,极端发表其思想者,皆所以召反对而速祸乱者也。"[1]在这个普遍联系的观点之下,对战争的思考(如《接续主义》对国家问题的分析)与对政体的讨论(如《论民主立宪之政治主义不适于现今之时势》对"政治主义"的批评)都包含着对国家及其文明价值的关注。对欧洲战争和国内战争的反思没有简单地走向对"战"的否定,而是将"战"转向思想领域,以思想和文化重构被战争和暴力所压抑了的政治。因此,"文化""文明"和"思想"等范畴逐渐上升为政治思考和文明讨论的焦点。

四、调和论与二十世纪新(旧)文明

(一)19世纪政治模式的衰落

将政治问题纳入文明问题中加以处理,亦即将政治、经济、军事、制度和技术等问题收摄于"文化""文明"或"思想"问题之内加以展开;由此,对战争的反思与对共和危机的探索也全部被汇集到有关新旧思想与东西文明的反思之中。这一方式产生于对欧洲战争与社会危机的观察,即19世纪欧洲所代表的政治模式、经济模式以及隐含其后的价值体系陷入了总体危机,任何回避这一总体危机的方式,都不可能为中国的未来变革提供合适的方法和尺度。杜亚泉说:"现代文明根蒂之社会组织亦将归于死灭,哺食于此组织中之政治组织亦当然死灭。""今大战终结,实为旧文明死灭,新文明产生之时期。"他又分析"两种文明"的区别说:"旧文明者,即以权利竞争为基

---

[1] 杜亚泉:《论思想战》,《东方杂志》12卷3号(1915年3月),第1—3页。

础之现代文明；而新文明者，即以正义公道为基础之方来文明也。但此在欧洲言之则然，若就我国言之，则当易为新文明死灭，旧文明复活之转语。盖我国今日固以权利竞争为新文明，而以正义人道为旧文明也。我国近20年来之纷扰，实以权利竞争为厉阶，皆食此所谓新文明者之赐，与欧洲国际间纷扰之祸根，实为同物。欧洲所竞争者，为国家权利，故发生国际战争；吾国人所竞争者，为个人权利，故发生国内战争。范围之大小虽殊，因果之关系则一……故我国之国内战争，实欧洲国际战争之缩影也。"①

如果欧洲战争和共和危机都是现代文明自身的危机，那么，如何估价现代文明及其政治价值就成了尖锐的问题。杜亚泉和其他一些同道提出"新旧问题"的目的，是要审查19世纪的新观念、新价值和新政治的衰落，进而重新勾勒未来之"新文明"。

什么是戊戌以来之新政治或"西洋之现代文明"？一言以蔽之，即以民族国家为中心的政治文化与以物质文明为中心的资本主义经济，它们的共同特征即以权利为本位的社会—政治体系，而支撑这一社会—政治体系的基本框架是国家，以至今天我们在谈论政治这一概念时似乎就是在谈论国家政治（政党、军队、议会和外交等等），却全然忘却了政治与国家的这一独特联系模式只是19世纪政治的特征。欧洲战争就是19世纪的国家及其政治文化的战争，催生战争的独裁政治、秘密外交、军备竞赛和经济剥夺是现代国家类型及其政治文化的衍生物。杜亚泉承认英、美、法国家的民主政治与德、奥、俄的君主政治有所区别，但即便是后者也不能归结为传统国家的范畴。

如前所述，杜亚泉对早期国家主义立场的修正实际上产生于他对两种国家类型的区分。在他的上下文中，所谓国家是一种区别于传统政治形态的现代政治形式。因此，他对国家的批评不是对传统政治形式的批评，而是对现代国家的政治形式，亦即议会多党政治和军事体制的反思。杜亚泉设问说：

---

① 杜亚泉：《大战终结后国人之觉悟如何》，《东方杂志》16卷1号（1919年1月），第1—8页。

"政党之偏私，与武人之跋扈，既为民主主义必至之结果，然则民主政体果不可行，君主专制果不可废乎？"① 他指出"真共和之成立，不外二因：一为国内农工商业之发达，二为国民教育之普及。"② 这些观点综合了杜亚泉对于未来政体的观察，即民族国家即将衰落，超大型国家或超大型国家集团即将出现，而在这种超大型政体中，传统民族国家的两大政治力量即政党与武人将会衰落，而"科学的劳动家"将成为"二十世纪之主人"。③

这里所谓"二十世纪之主人"，即与19世纪民主政治的主体（如政党）是完全不同的未来政治主体。这个新的政治主体的出现预示着在19世纪形成的那种国家与政治的牢固联系正在发生转变：国家间战争与阶级间战争、政治军事斗争与市场条件下的权利竞争，政党、军队等政治主体与作为"未来之主人"的劳动阶级同时出现于历史的舞台，后者将催生超越国家范畴的新政治。即便在战争与和平的问题上，阶级斗争和劳工运动也常常比各国政府更具有政治决定的作用。

自杜亚泉接手编辑以来，《东方杂志》始终存在着一条探索"二十世纪之政治问题"的脉络，"人类之解放、个性之自觉、亚非二洲之自主运动、劳动界之反抗运动、社会党之政治运动、妇女解放运动、妇人参政运动"等便是新世纪政治的主要课题。④1915年3月，彭金夷概括出20世纪之三大问题："自19世纪继承至于20世纪之问题虽多，其中于20世纪必须解决之最大问题有三。第一，男女问题，女子于政治上、社会上，欲与男子占同等地位之问题；第二，劳动问题，资本家对于劳动者之问题；第三，殖民问题，国家与国家间之问题。以上所举三问题中，有一共通之点……即弱者对

---

① 杜亚泉：《未来之世局》，《东方杂志》14卷7号（1917年7月），第1—6页。
② 杜亚泉：《真共和不能以武力求之论》，《东方杂志》14卷9号（1917年9月），第1—6页。
③ 杜亚泉说："欧战以后，世界之国家，经政党与武人之扰乱，渐有瓦解之势，而数国家联合之大团体，将于此时出现。"见《未来之世局》，《东方杂志》14卷7号（1917年7月），第1—6页。
④ 许家庆：《二十世纪之政治问题》，《东方杂志》8卷10号（1912年4月），第1—5页。

于强者之问题也。"① 不是国体与政党问题，而是这些广泛的社会问题构成了未来政治的内容。这一转变与杜亚泉和《东方杂志》对于"社会之疾病"及平等问题的长期关注有着密切关系。②《东方杂志》在深入探讨战争、国际关系、国体与政党等问题的同时，辟出大量篇幅探讨婚姻、家庭、语言、个人、阶级、劳动、土地、人口、迁徙、教育及其他社会问题（如"阶级的奋斗""异性的奋斗"等等）。③ 当杜亚泉沿着这一线索探索20世纪"新政治""新文明"的时候，他的政治概念超越了19世纪以政府、政党和国民经济为中心的国家论，而这一取向与《新青年》其实完全一致。总之，通过对于欧洲战争危机的分析，一种将政治范畴从国家框架中解放出来的可能性诞生了。

（二）19世纪经济制度的危机

《东方杂志》对于19世纪政治形式的批判始终与对土地、资本和劳动的关系的分析相互关联，这也就为其政治思考提供了一个新的方向，即社会主义的方向，其中心是对以权利竞争为中心的资本主义的批判。④ 就杜亚泉而言，这一批判同样产生于他对国际战争与欧洲社会的阶级斗争的关系的分析。在《大战终结后国人之觉悟如何》一文中，他指出：资本主义及其社会分配体制滋生了激烈的阶级斗争，而战争正是这一社会斗争的政治显现；真正追求和平的并不是那些政治领袖，而是"各国之下层人民"。从国家间战争的角度看，英、美、法、意为战胜国，但从阶级战争的角度看，俄、德、奥之"社会党实战胜其国之帝王、官僚、军阀，而新造其国家……"在这个

---

① 彭金夷：《二十世纪之三大问题》（日本安部矶雄原著），《东方杂志》12卷3号（1915年3月），第40—44页。
② 杜亚泉：《吾人将以何法治疗社会之疾病乎》，《东方杂志》9卷8号（1913年2月），第1—4页。
③ 杜亚泉：《推测中国社会将来之变迁》，《东方杂志》15卷1号（1918年1月），第1—6页。
④ "社会主义与社会政策"问题在《东方杂志》中出现很早，先后在8卷6号、8卷12号及其他部分刊文讨论。

意义上，巴黎和会"谓为阶级战争之讲和会议，讵不可乎？"①

由这一国家间战争与阶级间战争的区别，一种关于超越国家范畴的社会主义政治的萌芽产生了。杜亚泉说："我国之有志者，当此时会，一方面当劝勉国人实行政治上、精神上之社会主义，以纾未来之祸；一方面当留意于世界改革之大势，明其真相，悉其主旨，详其利害……"②在这里，"社会主义"是对自由竞争的资本主义的限制，而"纾未来之祸"一语则暗含对于布尔什维主义式的激进革命的警告。如前所述，杜亚泉明确地将"科学的劳动家"视为"二十世纪之主人"，试图在19世纪的政治与20世纪的政治之间做出清晰的区分。在战争结束之际，他专门研究欧洲劳动争议的解决方法，以备未来中国之需③，并将"劳动主义"的观念追溯至中国传统内部。④在1917—1918年间，杜亚泉和《东方杂志》对俄国革命和德国革命的发生及其社会基础进行追踪观察，不但完全认同社会主义者对资本主义及其生产方式的批判，而且承认"过激主义"是对"资本主义之横暴""专制主义之固执""生活困难之苦痛""智能道德之低下"等"现代社会缺陷"的回应。如果将这些分析与李大钊在《庶民的胜利》、蔡元培在《劳工神圣》、陶履恭在《欧战以后的政治》中所做的分析相比较，相似之处是多于相异之处的。⑤

但是，《东方杂志》的主张接近于欧洲社会党人，其核心观点是以"社会政策之厉行""民主主义之确立""殖产兴业之奖进""平民教育之普及"等社会主义方法克服资本主义弊病。在《续记俄国之近状》中，杜亚泉断言法国革命能够诉诸中间阶级的同情，而俄国革命则是一个底层的激进革命。在他看来，由于俄国帝制具有政教合一的特征，颠覆政体必将导致宗教

---

① 杜亚泉：《大战终结后国人之觉悟如何》，《东方杂志》16卷1号（1919年1月），第1—8页。
② 杜亚泉：《大战终结后国人之觉悟如何》，《东方杂志》16卷1号（1919年1月），第1—8页。
③ 杜亚泉：《劳动争议之解决方法》，《东方杂志》15卷1号（1918年1月），第13—22页。
④ 杜亚泉：《劳动主义》，《东方杂志》15卷8号（1918年8月），第1—3页。
⑤ 李大钊《庶民的胜利》、蔡元培《劳工神圣》、陶履恭《欧战以后的政治》均发表在《关于欧战的演说三篇》总题下，刊于《新青年》5卷5号（1918年10月），第436—441页。

的衰落；而宗教衰落的结果是道德与信念无所皈依，从而社会混乱就是必然的。① 这个关于俄国政教体制的看法与康有为有关孔教的讨论不能说没有一些相通之处。在《对于未来世界之准备如何》一文中，杜亚泉说："社会主义者，以现世界之经济制度根本错误，致生产分配不均，贫富悬隔太甚，过激者因而欲废弃地主资本家之特权，将一切生产匀配于劳动者之手，此等均富之说、共产之论，骇人听闻，予辈殊不欲效其口吻。第其所揭示现世界经济制度之破绽，实已确不可掩盖。……在吾人观念中之未来世界，就其近者而言……固不认均富共产之可以实行，唯十八、九世纪沿习而来之自由竞争主义，必因受生存权之反抗，大减其势力。"②

在这一思想指导下，《东方杂志》力图将社会主义与"过激主义"（即布尔什维主义）、理论上的共产主义（及无政府主义）与"过激主义"、民主主义与"过激主义"区分开来。1919年6月，《东方杂志》甚至以《过激思想与其防止策》为题专门探讨避免"过激主义"的方法问题③，其基本立场十分清楚。

《东方杂志》对俄国革命、尤其是"过激主义"的态度与《新青年》日后的发展大异其趣，但此时《新青年》尚未大规模转向马克思主义和俄国革命，布尔什维主义及"过激派"问题并不是两个刊物之间发生争执的焦点。《新青年》与《东方杂志》均以东西文明或新旧思想为中轴展开讨论。恰恰由于这一共享的前提，一场包罗万象的论战才会在文化论战的形式下展开。因此，值得注意的是杜亚泉、陈独秀等如何将政治分析置于文明分析的框架之下。在《中国政治革命不成就及社会革命不发生之原因》一文中，杜亚泉将政治革命与社会革命置于不同社会条件和文化传统之中加以观察。在他看

---

① 杜亚泉：《续记俄国之近状》，《东方杂志》15卷1号（1918年1月），第37—42页。
② 杜亚泉：《对于未来世界之准备如何》，《东方杂志》15卷10号（1918年10月），第1—11页。
③ 君实：《过激思想与其防止策》，《东方杂志》16卷6号（1919年6月），第1—10页。

来，政治革命和社会革命依存于具体的历史条件和文化传统，其成败与否不能归因于偶然的人为因素，而必须考虑革命模式与文明的关系是否合拍。[①]在分析俄国"十月革命"时，杜亚泉力图从历史关系中阐述革命主体的诞生，他指出：无产阶级包含"劳动阶级"与"中等阶级"两个不同的部分；在传统社会中，"中等阶级"产生于与贵族、武士、僧侣等阶级的对立之中，他们充任官吏、教员、自由职业者和专门人才，实为"社会组织之中坚"；但在资本主义条件下，"新中等阶级"的经济地位陷于"无产阶级化"的境地，从而成为区别于作为有产阶级一部分的"中产阶级"的社会阶层。革命或"过激主义"就是由这一独特的阶层率先引发的。[②]在俄国，由于资产阶级不发达，从贵族阶级中分化出来的知识阶级直接与劳动阶级相结合，越过政治革命的阶段，产生了空前的社会革命。在德国，政治革命尚未成功，贵族阶级与资产阶级联合起来共同对付劳动阶级。为什么第一次世界大战始于德国的主动挑衅？根源在于面对无产阶级的兴起，贵族阶级与资产阶级想借对外战争以扩张自身势力，最终的结果是劳动阶级排斥军国主义并催生社会革命。[③]

杜亚泉对于"中等阶级"的分析与他对中国游民阶层的观察有着内在联系。秦政以降的中国社会，由于各种制度安排，知识阶级人数众多，知识程度愈益降低，同时又无其他技能支撑日常生活，遂成为一种既不属于财产阶级，也不属于劳动阶级的"过剩的智识阶级"；而在劳动者中，也由于生育过多、资质不高，产出"过剩的劳动阶级"，亦即"游民阶级"。中国历史上的革命多为这两个阶级共同构成的以重造贵族社会为规律的游民革命或帝王革命。中国的辛亥革命虽然深受欧洲政治革命的影响，但由于中国资产阶级

[①] 杜亚泉：《中国政治革命不成就及社会革命不发生之原因》，《东方杂志》16卷4号（1919年4月），第1—7页。
[②] 杜亚泉：《中等阶级论》（译自日本《太阳》杂志），《东方杂志》16卷6号（1919年6月），第19—23页。
[③] 杜亚泉：《中国政治革命不成就及社会革命不发生之原因》，《东方杂志》16卷4号（1919年4月），第1—7页。

"大都不解立宪共和为何物,初未尝与闻其事,提倡之者为过剩的智识阶级中之一部分,加入者为过剩的劳动阶级中之兵,事实上与从前之帝王革命无稍异,其模拟欧洲之政治革命者,不过中华民国之名称,及若存若亡之数章约法而已。革命以后,名义上不能建设贵族政治,实际上握政权之官僚或武人,大率为游民首领之贵族化者。政治革命之不成就,决非吾人所能讳言"①。因此,中国的变革与其循政治革命与社会革命的道路,不如从消除两种过剩阶级及其文化着手。这个反对革命的结论与鲁迅《阿Q正传》对于辛亥革命的观察其实有着许多共同之处,但区别在于前者试图通过文明调和来解决中国政治问题,而后者却暗示着革命的不可避免。

总之,通过对于19世纪经济模式和阶级问题的社会主义分析,一种将政治奠基于社会和文明之上的可能性也诞生了。

(三)"新旧文明"之辩证

就对18—19世纪的西方政治模式的批判而言,《东方杂志》与《新青年》共享着许多前提。陈独秀就曾明确表示"18世纪以来的政制已经破产"②,他所谓"站在社会的基础上造成新的政治"的诉求,就是超越政治革命的阶段,将社会改造,而不是国家、政党作为"新政治"的地基。按照这个新政治的概念,政治不再等同于国家,政治问题也不再等同于国体与政党问题,政治领域与经济领域及其他社会领域的清晰分界随之被取消了。这个看法同样是《东方杂志》的基本立场。在这个意义上,尽管杜亚泉与陈独秀对于共和与传统价值的观点截然不同,但他们对于资本主义经济和政治制度的批判性分析都指向一种新的生活方式、一种与18—19世纪欧洲资产阶级文明截

---

① 杜亚泉:《中国政治革命不成就及社会革命不发生之原因》,《东方杂志》16卷4号(1919年4月),第1—7页。
② 引自陈独秀:《谈政治》,《新青年》8卷1号(1920年9月),第1—9页。

然不同的新文明。

与政治领域从国体与政党等范畴向社会范畴的转变相一致的，是政治范畴从客观领域向主观领域的转变。政治不仅取决于政治组织等物质基础，更取决于构成这一物质基础的主观条件。新文化运动将文化而不是政治置于这场运动的中心位置，就此而言，杜亚泉的立场相差并不遥远，他将造成"政治纷扰之原因"归结为"个人之无道德""国民之无能力"及"经济之缺乏"三项，其中前两项均与主观状态有关。另一种更为准确的说法也许是：新文化运动与以杜亚泉为代表的思想潮流将文化与伦理置于政治概念的核心，他们在文化上和伦理上的对立也正是一种深刻的政治对立。杜亚泉说："今日政治上之纷扰，起于一种心理作用，乃由精神状态不安之故。"[1]正由于此，他断言："社会主义行之于国家之政治上，不如行之于国民之精神上为善。"[2]因此，新政治不是一种国家的政治，而是一种思想的政治。

"五四"时代的论战以"东西文明"与"新旧思想"为战场，其前提正在于论战的双方事实上共享着一些前提。在这一论战之中，通过论辩、对立和相互渗透，不同思想和理论立场得以理论化，并催生出与这些理论相关的新政治。《东方杂志》与《新青年》在对"过激主义"和俄国革命的判断上有着明显的区别，但为什么这场论战不是围绕各自在俄国革命、德国革命及共和政治等政治问题上的分歧展开，而是以"新旧调和论"为中心呢？为了说明这一问题，有必要说明"新旧调和论"的逻辑。1917年春天，杜亚泉发表《战后东西文明之调和》一文，篇首即称引托尔斯泰语录云："方今之世，为改革时代，人类生活，当起一大变化……盖中国、印度、波斯、土耳其、俄罗斯、日本等东洋国民之天职，不独获得欧洲文化之精彩，必当表示真正自由之模范于人类也。"这是在战争背景下对西方危机所做的文明论诊

---

[1] 杜亚泉：《政治上纷扰之原因》，《东方杂志》15卷2号（1918年2月），第7—10页。
[2] 杜亚泉：《大战终结后国人之觉悟如何》，《东方杂志》16卷1号（1919年1月），第1—8页。

断。杜亚泉指出：经此战争，西方强权主义、帝国主义、物质主义的伦理必将朝其相反的方向发展，而资本主义经济危机所产生的社会主义潮流必将支配未来的局势。"吾代表东洋社会之中国，当此世界潮流逆转之时，不可不有所自觉与自信。"① 这年年底，章士钊在《东方杂志》发表《欧洲最近思潮与吾人之觉悟》一文，将这个"自觉与自信"的内涵挑得很明白，他说："从前欧洲思想之变迁，乃食文艺复兴之赐，现在思想仍略含有复古的臭味。吾国将来革新事业，创造新知与修明古学，二者关联极切，必当同时并举。"② 因此，"复古"是新的，而文艺复兴以降的新思想反而是旧的了。

在《新旧思想之折中》中，杜亚泉提供了一个以"时势"和事件为叙述框架的新旧观。首先，新旧总是存在于特定的时间点上，亦即"时势变迁"之中，不能以直线时间的观念来辨别新旧；其次，新旧存在于事件及其发生过程之中，因此必须以事件为轴心区分新旧。根据这两个尺度，"戊戌时代之所谓新旧"与"欧战以后现时代之所谓新旧"不能混为一谈，亦不能相互否定。戊戌时代以"仿效西洋文明者为新，而以主张固守中国习惯者为旧"；而战争改变了整个世界局势，"西洋之现代文明（亦即戊戌时代之新——作者注），乃不适于新时势，而将失其效用。"③ 例如，中国的战争以及滋生这些战争的政治基础产生于对欧洲 19 世纪文明的模仿，形式上为趋新所致，实质则为循旧所致；又如，欧洲的"平民政治"与中国的"仁政"思想、欧洲的和平主义与中国的"大一统主义"观念、欧洲的社会主义与儒家的"大同"理想"忻合无间"，看似复古，实为翻新。④ 由于战后"中国与西洋各国必处于同一之境遇，故未来文明之创造，不能视为西洋人独有之要求"，从而"中国固有文明"（作为战后时代之新——作者注）有可能对"未来文明"

---

① 杜亚泉：《战后东西文明之调和》，《东方杂志》14 卷 4 号（1917 年 4 月），第 1—7 页。
② 行严（章士钊）：《欧洲最近思潮与吾人之觉悟》，《东方杂志》14 卷 12 号（1917 年 12 月），第 1—9 页。
③ 杜亚泉：《新旧思想之折衷》，《东方杂志》16 卷 9 号（1919 年 9 月），第 1—8 页。
④ 杜亚泉：《大战终结后国人之觉悟如何》，《东方杂志》16 卷 1 号（1919 年 1 月），第 1—8 页。

有所贡献。①在这个意义上,以战争作为中轴,新旧关系发生了逆转,即中国固有的"旧文明"是新的,而戊戌以来的"新政治"是旧的,新时代的要求一变而为"复古"。一个不难从中得出的结论是:新文明将诞生于中国传统与20世纪欧洲新文明的调和之中。陈独秀在他质问《东方杂志》的第1篇檄文中举了3篇文章,即刊载于第15卷第6号上、由平佚译自日本《东亚之光》杂志的《中西文明之评判》②和钱智修的论文《功利主义与学术》③,以及刊载于同卷第4号上的伧父(杜亚泉)的论文《迷乱之现代人心》。杜亚泉的论文是将中国政治危机置于文明问题的脉络中进行表述的一个典范,而陈独秀对于这篇文章的批判也最为全面和尖锐。那么,杜亚泉的新旧调和论为什么会成为引发"东西文明论战"的关键文本呢?这篇文章的标题将中国危机归结为"现代人心"而不是传统,这一前提最为关键。在这一前提之下,杜亚泉列出四个方面作为中国现代危机的征兆,即"国是之丧失""精神界之破产""政治界之强有力主义"与"教育界之实用主义",而这四个方面环环相扣,有着相互衍生关系,其中"国是之丧失"最具根源性。所谓"国是之丧失"指"现代思想,因发展而失其统一。就分化言,可谓之进步;就统整言,则为退步无疑",实际上暗指议会政治、多党竞争与言论自由或者受制于局部利益,或者为争论而争论,莫衷一是,集众意而不能形成公意。这是现代民主政治的危机。"精神界之破产"指现代人沉浸于"物质的生活中,不遑他顾,本无主义主张之可言",而少数所谓"有主义主张者,亦无非为竞争权利与寻求奢侈之手段方便上偶然假托"。如果"主义"均为物质利益的直接呈现,也就无法构成公意。由于是非与公意的衰落,"政治界之强有力主义"亦即强权政治应运而生。与上述各个方面相互呼应的,是

---

① 杜亚泉:《新旧思想之折衷》,《东方杂志》16卷9号(1919年9月),第1—8页。
② 平佚:《中西文明之评判》,《东方杂志》15卷6号(1918年6月),第81—87页。
③ 钱智修:《功利主义与学术》,《东方杂志》15卷6号(1918年6月),第1—7页。

"教育界之实用主义"——实用主义教育背弃重视精神生活和生活价值的古典传统,而将教育完全"埋没于物质生活之中"。"以实用为教育之主义,犹之以生活为生活之主义,亦为无主义之主义而已。"①上述现象几乎为当时各派知识人所认同,区别在于杜亚泉将这些现象归结为"迷乱之现代人心",而陈独秀将之视为传统中国的旧病复发。按照杜亚泉的诊断,中国的现代病灶是重"分化"而缺"统整"、重"物质"而无"精神"、重"实用"而无"价值",政治上的强人政治恰恰是这一现代病的产物。要想治疗这一疾病,不能依靠输入西洋文明,原因在于西洋文明本身"方自陷于混乱矛盾之中,而亟亟有待于救济",西方思想本是希腊与希伯来两个传统的混合,缺乏内在的统一性。因此,"救济之道,在统整吾固有之文明,其本有系统者则明了之,其间有错出者则修整之"。总之,必须以擅长统整之中国文明会通、汲取西方文明,"今后果能融合西洋思想以统整世界之文明,则非特吾人之自身得赖以救济,全世界之救济亦在于是"②。换言之,一切输入中国的"主义"都在加速中国分化瓦解和中国精神领域的迷乱无宗,一切解救之道均在于立足中国文明的"统整"工作。

如果将杜亚泉视为文明中心问题的"统整"与"分化"置于他对欧洲战争与共和危机的分析之中,我们不难发现其和集权与分权、大一统与分裂、传统政体与共和、清议与言论自由等各个层次的政治判断之间有着紧密的联系。不同之处在于:这些二元范畴基本上是对现象的归纳,而"统整"与"分化"的范畴却更为抽象和普遍。杜亚泉在此基础上概括中西文明的不同取向,其以新—旧和东—西为杠杆形成的文明调和论的政治指向是十分清晰的。陈独秀对此一口气问了七个问题:(1)中国文明究竟是在儒家统一前为盛还是统一后为盛?(2)中国文明统一于儒术还是包含多种学术?(3)统

---

① 杜亚泉:《迷乱之现代人心》,《东方杂志》15卷4号(1918年4月),第1—7页。
② 杜亚泉:《迷乱之现代人心》,《东方杂志》15卷4号(1918年4月),第1—7页。

一的欧洲中世纪与竞争性的现代西方何为优劣？（4）在输入西方学术之前中国精神界是否已经破产？（5）在共和条件下保存君道臣节名教纲常是否"谋叛共和"？（6）"以中国此时无强力者"为憾的作者是否曾对洪宪时代"称快"？（7）古代精神生活是否即纲常名教，西洋物质文明是否也有精神文明？① 这些追问用语尖锐，除了第6条有些勉强外，其他各条均直点要害。

在欧洲战争、俄国革命与现代资本主义的普遍危机之下，"东西文明论战"说到底是一场如何判断现代危机及中国未来道路的大争论。无论其枝蔓伸向何方，这一争论最终取决于开创这一道路的主体究竟是谁。②

《东方杂志》对于世界局势和中国困境的描述没有任何其他杂志能及，但它恰恰未能回答由谁来"调整新旧势力以形成新势力"？政客、党人、官僚、学士一一沉陷于"迷乱"之中，我们能够期待他们通过自我修养立地成佛吗？③ "自觉"的钟声没有在他们心头响起，谁又能敲给他们听呢？我认为《新青年》与《东方杂志》的分歧不能全然置于东—西、新—旧概念之下加以说明：它们都批判18、19世纪的"旧文明"（从政治模式到经济形态），都拥抱20世纪的"新文明"（社会主义），但政治取舍各不相同。更为清晰的差别在于：《青年杂志》开宗明义，从"青年"问题开始，也即将一代新人的创造作为政治变迁和社会变迁的路径，它与《东方杂志》所共享的旧轨道已然终结的历史意识在这里转化为一种"青春的哲学"。在"文明调和论"的框架下，东西文明、新旧思想被置于一种客观的结构之中，杜亚泉

---

① 陈独秀：《质问〈东方杂志〉记者——〈东方杂志〉与复辟问题》，《新青年》5卷3号（1918年9月），第206—212页。
② 杜亚泉：《中国之新生命》，《东方杂志》15卷7号（1918年7月），第1—4页。
③ 杜亚泉总结说："盖从前之种种运动，其初亦欲造成一新势力，以与旧势力对抗，其结果则依附旧势力而欲利用之。卒至旧势力愈炽，新势力毫无所成就者，其误点所在，一、不于社会生活上求势力之根据地，而但欲于政治上行使其势力；二、不于个人修养上求势力发生之根本，而但以权谋术数为扩张势力之具。是二者，有一于此，则其势力必不能成。故新势力之发生，必不取径于此。"杜亚泉：《中国之新生命》，《东方杂志》15卷7号（1918年7月），第1—4页。

仔细地勾画去取的方法，却无法说明由谁来对之进行汲取与调和，使之陷于一种"无主体的方法论循环"，而"新文化运动"以"运动"界定"文化"，以"文化"创造"运动"，它所召唤的是一个运动的主体，以及这个运动主体的政治。它对传统的激烈批判与对新政治主体的召唤完全一致。杜亚泉相信新政治只能产生于既定的历史与文明，而《新青年》却认为新政治只能产生于与历史断裂的意志。当杜亚泉从《东方杂志》黯然退场的时刻，"五四"学生运动的声浪仍在中国上空回荡，一种新的政治当真就要登场了——这个新政治是从对政治的拒绝中、在"思想战"的硝烟之中产生的。文化和伦理居于新政治的核心。这是现代中国的第一轮"文化与政治的变奏"，我们将在"短促的二十世纪"一再听到它的回响。

原载《中国社会科学》2009年4期

五千年的大变：杜亚泉看辛亥革命

罗志田

百年前的辛亥革命，是中国历史上一次根本性的大转折。其"大"的程度，当事人和后人的认知，似都有些不足。由于时人对那次鼎革的认识不够深入，对革命可以带来的转变又期望太高、对共和的见效要求太快，从民国二年开始，国人对新体制的大失望已经萌芽，而革命并未成功的看法也逐渐树立，衍化成一种固定的认知。受此影响，我们对辛亥革命本身及随后尝试共和的早期经历的观察，也渐失平常心和批判力，而在不知不觉中随着某种固定的视角和思路去观察和思考。其结果，有些与此相左的看法，虽提出甚早也实有所见，却为我们所忽略，长期视若无睹。

《辛亥前十年中国政治通览》就是国体转换的当事人当时的感受和分析。原名《十年以来中国政治通览》，出版于1913年2月，是《东方杂志》（1904年创办）为"刊行10年之纪念"而出之"纪念增刊"的主要部分，附在该杂志的9卷7号之后。因其时间的巧合，那10年的政治通览，基本等于回顾辛亥前10年的经历，从当事人角度，告诉我们那次革命怎样"一路走来"。

此书最主要的作者，是时任《东方杂志》主编的杜亚泉。占全书一半篇幅的"通论"和八篇"各论"中至少两篇，悉出其手（因各论皆署笔名，多数笔名似乎都仅此一见，也不排除其中还有杜氏的作品）。其余作者，目前只有署名"指严"者可以确定为许指严，余皆待考。不过按照当时的惯例，大概都是商务印书馆（《东方杂志》的出版者）中人员。故本书不仅为杜亚泉所主撰，全书构架也应出自他手。

杜亚泉这几年较为人所关注，主要因为他在新文化运动时期提倡一种不那么激进的中西调和取向。当年他因此不能与时俱进的坚持而失去了《东方杂志》主编的工作，近年却因此另类的（alternative）主张而引人注目。不过，大部分杜氏的关注者，却不甚注意他对辛亥革命的即时认知和分析。本书的出版，不仅可以帮助今人重新认识和理解辛亥革命，也有助于我们对杜亚泉思想的进一步了解。

一、不可以常例论的五千年大变

与后来很多人不一样，杜亚泉当时就充分注意到那次鼎革的根本性质（以下凡未注明者，皆引自《通论》），他说：

> 吾侪今日，处共和政体之下，追忆十年以前，……虽国势之颠危、民情之锢蔽，犹不免为五十步百步之观，未能逾十年小变之常例。而五千年来专制帝王之局，于此十年中为一大结束；今后亿万斯年之中华民国，乃于此时开幕。则非十年以来之小变，实五千年以来之大变，而不可以常例论矣。

很明显，以共和代帝制，是个以千年计的大变。类似的说法，也曾为不少人提及，却并未真正据此思考。若定位于变化的层级，只要确认共和为革命之目的，任何能造成这样转变的革命，宁非极大的成功？至于尝试一个全新政治体制的成败，那是一个更大变革的一部分；发生在辛亥年的那次革命本身，不应为其承担责任；而其带来的政权鼎革，却无疑是一个象征性的转折点——与其相关的转变此前已发生，此后仍在延续，直到今天。

这是一个充满颠覆和根本性变革的全方位巨变,且仍处于进行之中。它可以说是"革命"(revolution),也可以说是"转化"(transformation),更可以用梁启超所说的"过渡时代"来概括。正因为变化是全方位的,容易使人联想到政治的共和取代帝制,不过是其一个有代表性的象征;复因为变化是根本性的,洋溢着革命的激情,这又是一个希望与风险并存的发展进程,很难以常理论[①]。

杜亚泉既认识到这是五千年以来之大变,又指出了其不可以常例论,所见实高。前者或尚有人提及,后者则是一个没有多少人分享的睿见。好些年后,梁启超对"革命时代"的历史研究有了概括的认识,即"革命前、革命中、革命后之史迹,皆最难律以常轨。结果与预定的计画相反者,往往而有"[②]。可惜的是,这样的卓越见解对历史研究者影响不大。迄今很多研究者,仍喜欢用按图索骥的方式,拿各种古今中外的常例、常轨来衡量辛亥革命。

二、殊途同归的革命与立宪

杜氏见解的另一特点,是明确了此前革命与立宪"殊途同归",这与后来的史学论述中常将二者视为对立,非常不一样。在他看来,辛亥前十年

> 茫茫政海中,固有二大潮流,荥洄澎湃于其间。此二大潮流者,其一为革命运动,其一为立宪运动。革命运动者,改君主国为民主国;立宪运动者,变独裁制为代议制。其始途径颇殊,一则为激烈之主张,一则为温和之进步;及其成功,则殊途同归。由立宪运动而专制之政府倾,由革命运动而君主之特权废。民主立宪之中华民国,即由此二大政潮之相推相荡而成。而十年以来元首之更迭、议会之发生、政党

[①] 参见罗志田:《过渡时代读书人的困惑与责任》,新加坡 2008 年度"吴德耀文化讲座",收入黄贤强编:《汉学名家论集:吴德耀文化讲座演讲录》,八方文化创作室 2011 年版。

[②] 梁启超:《中国历史研究法》,《饮冰室合集·专集之七十三》,中华书局 1989 年版,第 117 页。

之勃兴、与夫行政机关之改革，莫不以是为要领焉。

因此，"中国十年以来之政治，自一方面观之，为革命运动之进行；自一方面观之，则又立宪运动之进行也"。这样的见解，也有人分享，梁启超就屡言之。不过，杜亚泉进而提出，立宪的任务尚不止于革命。用时人的话说，君主、民主是所谓国体问题，而立宪则是更实际的政体问题。立宪的实质，是"以宪法规定统治权"。具体言之，则"必设议院以代表国家意思，制定法律；政府则依国家之意思以执行政务；更立法院，依法律以行裁判。而地方自治，尤为立宪国家之基础"。这样的立宪，前清仅开其端，而民国尚未接其续。

在杜氏看来，变独裁制为代议制，既是革命的任务，也是共和的要求。"综观我国十年以来之历史，不外乎改革政体、实行立宪之一事。革命运动，亦无非以此为目的。"革命可以转换国体，却不一定能保障代议制的推行；故革命之后，仍需进一步推行立宪。惟民国二年时的状况，则是"革命之伟业虽成，而立宪之前途尚远"。故"今后之进行，我国民正宜努力"。最后一语，或并非简单的套话。从清末以来，凡事诉诸"人民"，便是对当政者失去信任的隐语。同时，"国民"大致也是一种适于整合各类不同政治力量的概括性认同。

梁启超后来在辛亥革命10周年时，也提出革命与立宪共同的说法，以为"当光绪、宣统之间，全国有知识有血性的人，可算没有一个不是革命党"；不过主张立宪者想要实行"政治革命"，而主张革命者却要实行"种族革命"。双方"表面上虽像是分歧，目的总是归着到一点"。而辛亥革命即是他们"不约而同的起一种大联合运动"——武昌起义前有四川谘议局人士主导的保路运动，武昌起义后响应而宣布独立的也多是"各省谘议局"[①]。

这个说法不能仅视为想要在革命成功后分享"胜利果实"，多少也有些史实的依据，近年不少人即仿此而立说。那时梁启超正以"国民运动"来涵盖双方，即两者都是"诉诸一般民众，合起来对付满洲政府"的国民运动。不过他进而指出："共和政治的土台，全在国民。非国民经过一番大觉悟大努力，这种政治万万不会发生；非继续的觉悟努力，这种政治万万不会维持。"如果国民的面貌不改变，"凭你把国体政体的名目换几十趟招牌，结果还是一样"[②]。梁所谓政治革命，即杜所说的立宪；约10年过去了，共和仍只是个"招牌"，充分表现出很多读书人的失望。

这种失望，其实从很早就开始。杜亚泉自己虽已认识到这是一次五千年的大变，但他在民国二年说"立宪之前途尚远"时，已隐约有些不耐了。而余人的不满，大体也滥觞于此时。对于未能认识到此次鼎革性质的人来说，革命既然可以这样容易就"成功"，后面诸事也都应同样顺利而神速才是。或许正是革命成果来之太易，宠坏了早已被近代连续的挫折逼得急不可耐的国人。

三、速成的革命

的确，辛亥革命的一大特点，就是其速成。用杜亚泉的话说，自武昌发动后，"五旬之间，各行省之光复者，十居八九。其余各省，亦莫不先后响应"。可以说，"此次革命之举，诚速于置邮传命矣"。这是个非常形象的表述，而且那时好像还是世界性的趋势。此前（1901年）也是由帝制改共和的"葡萄牙之革命，成功最速。于10月4日午前1时发难，至午后2时而葡王出走，是日白拉茄被推为假大统领。一年以内，痛革旧政，颇收美

[①] 梁启超：《辛亥革命之意义与十年双十节之乐观》（1921年），《饮冰室合集·文集之三十七》，中华书局1989年版，第4页。

[②] 梁启超：《外交欤内政欤》（1921年），《饮冰室合集·文集之三十七》，中华书局1989年版，第44页。

果"。比较起来,"我国革命之成功,虽不及葡萄牙之神速,然决非其他诸国所能比拟"①。

如果说此时杜亚泉对中国革命的"神速"不如葡萄牙还略感遗憾,稍后他的心情就更好,乃自豪地说:"自辛秋起义,不及半年,共和聿成,民国统一。以极短时间,成极大事业,不特中国所未有,抑亦先进之所无。"②自19世纪中叶以来在中外竞争领域屡屡受挫的中国,竟一举走在世界前列了!能不让很多人心旷神怡!

不过,杜氏究与常人不同。他同时也开始思考,革命成功太容易,则后续问题可能甚多。"夫成熟易者果实不良,代价廉者物品必劣,此自然之理也。"他想起一位美国人曾说,"使中国革命自此竟告成功,则吾美之共和将无价值"。这话虽不动听,"其言固含有至理"。因为革命是"至宝贵至艰大之事业也。美人富自治性质,犹必经十余载之痛苦,始观厥成。以吾习于专制之民族,乃不数月而遽收美果。揆之事理,决无若此之易易。则其必将再经挫折,再经磨难,又势所必至者"。盖"吾国专制之毒,入人已深,一旦易名共和,而形成共和国家之内部分子,未尝受相当之磨折,俾与国体同化,则其枘凿凿枘,因不体合而生种种冲突,亦固其所"。

杜亚泉眼中美国人和中国人的对比(分别与自治和专制相关联),固带有当年的时代特色;然那时就能够考虑到政治制度的基础是人,共和体制的成败取决于国人能否"与国体同化",不能不说是高瞻远瞩。后来他分析二次革命的总因,也认为是"社风骤变"造成的"道德堕落",仍是从国人对新制度准备不足的角度立说。这也是杜氏与众不同之处,即他往往能从事物的基本层面思考和分析问题。此前他对清季新政的考察,便已表现出这一特点。

---

① 杜亚泉:《中华民国之前途》,《东方杂志》8卷10号(1912年4月),见田建业等编:《杜亚泉文选》,华东师范大学出版社1993年版,第36页。
② 本段与下段,引自杜亚泉:《革命战争之经过及其失败》,《东方杂志》10卷3号(1913年9月),见杜亚泉等著:《辛亥前十年中国政治通览》附录,中华书局2012年版。

四、摹拟他国之繁复政治可能导致革命

杜氏于 1909 年初入主《东方杂志》，与朝廷下诏加快预备立宪大约同时。此后立宪的推进其实已相当快速，但仍未能赶上民间对宪政推行的期盼。到 1910 年 4 月，《东方杂志》在 7 卷 2 号刊出《改良序例》，重申"代表舆论，主持清议，对政府而尽其忠告，悯斯民而代为呼吁"的办刊宗旨，并以各种新栏目配合"宪政方新，世变益亟"的现状。又一年后，更在 8 卷 1 号（1911 年 3 月）宣示了"本杂志大改良"，表示随着"国家实行宪政之期日益迫，社会上一切事物皆有亟亟改进之观"。《东方杂志》也从内容到体例进行了较大的变动，以回应"随世运而俱进"的读者。

或可以说，杜亚泉时代的《东方杂志》，就是与清末宪政与时偕行的。而他对清季新政的认知，却比很多时人更深刻。他在 1900 年就提出，政治在很大程度上依赖于技术："航海之术兴，而内治外交之政一变；军械之学兴，而兵政一变；蒸气电力之机兴，而工商之政一变；铅字石印之法兴，士风日辟，而学政亦不得不变。"甚至可以说，"政治学中之所谓进步，皆借艺术（即今人所说的技术）以成之"。而中国读书人则"皆热心于政治之为：在下则疾声狂呼，赤手无所展布，终老而成一不生产之人物；在朝则冲突竞争，至不可终日"。他们当"降格以求，潜心实际，熟习技能，各服高等之职业"。盖政治只需要少数人，而"存活于我社会中多数之生命者，必在农商工之界"。若能"职业兴而社会富"，则"文明福泽，乃富强后自然之趋势"①。

杜氏所谓政治与艺术的关系，隐约可见今人爱说的国家与社会的关系。尽管使用的语汇不同，表述的隐显也不一，他从很早就敏锐地意识到，国家与社会处于一种多层面的紧张、冲突甚或对抗的竞争性关系之中。约 10 年

---

① 杜亚泉：《亚泉杂志·序》（1900 年 11 月），田建业等编：《杜亚泉文选》，华东师范大学出版社 1993 年版，第 1—2 页。

后,在辛亥革命前夕,他进一步论证了两者之间既关联又冲突的关系,提出"政治者,社会上一种之事务也。政府者,社会上之政治机关,亦一种之机关也"①。

而随着西潮东渐,中国偏重"政治"的传统得到了欧洲及日本"繁复政治"的支持,变得更加强有力,并直接体现在新政的举措之中。由于欧洲以及日本

> 各国政府,组织繁复之官僚政治,视社会上一切事务,均可包含于政治之内;政府无不可为之,亦无不能为之。政权日重,政费日繁,政治机关之强大,实社会之忧也。社会之人,或习焉不察,讴歌于政府万能之下,至事事依赖政府而为之。营一业则请国库之补助,举一事则求官厅之保护。民间独立心之薄弱,实为当局者多年之干涉政略所养成。积之既久,遂不自觉其迷误。

这样的思路,不幸为正通过日本学习西方的中国人所仿效,遂以为"无学部则教育必衰,无农工商部则实业不振"。其实,"社会之事物,有自然之法则管理之"——"社会之活力(才力财力之结合作用),有一定之制限,政府决不能创造之";而"社会之发展,有一定之秩序,政府亦不能揠助之"。盖"有研究学术之活力,则教育自兴;有生产之活力,则实业自盛"。与前引技术兴则政治变的早期观念相对照,显然可见沿袭的脉络。杜亚泉强调:

> 一国政府之本分,在保全社会之安宁,维持社会之秩序,养其活力之泉源而勿涸竭之,顺其发展之进路而勿障碍之,即使社会可以自

---

① 本段及以下数段,引自杜亚泉:《减政主义》,《东方杂志》8卷1号(1911年3月),田建业等编:《杜亚泉文选》,华东师范大学出版社1993年版,第11—16页。

由发展其活力而已。教育也,殖产也,政府唯司其关于政务者,不必自为教育家、自营农工商之业也。夫国家教育之兴,非政府多颁学堂章程、多编教科书籍之谓;国民实业之盛,非政府多营官有事业,多定检查方法之谓。总言之,则国运之进步,非政府强大之谓。

这样看来,与其"谓社会之进步,必仰政府之提携;不如反而言之,谓政府之进步,仰社会之提携,较为确当"。如果政府"不察此理,贸贸焉扩张政权,增加政费,国民之受干涉也愈多,国民之增担负也愈速。干涉甚则碍社会之发展,担负重则竭社会之活力,社会衰而政府随之"。这是真正学贯中西的见道之论。只有对中国传统政治和西方经典自由主义的小政府观念有深入理解,并了解西方对国家(state)与社会关系的新学理,才能说出如此通透的话。

而教育和商业不应由政府主导,更是杜亚泉反复申论的主题。对于农工商部,他主要认为是"虚设",没起到什么正面作用。而学部之设,则对教育带来了直接的弊害。因为"学部管理教育,事事必就绳墨"。其"所颁布之教育法令,渐臻严密"。大至教科分配、学级编制、教师资格和教授书籍,小若"节日记念,必行如何之礼式;放假休学,必在如何之期日;甚至服物细故,亦或规定而取缔之"。其条例之繁密,"仿之科举而更甚"。束缚既多,"于教育前途,仍多窒碍",实"不可不大加减削"[1]。

杜亚泉注意到,日本当时已有人提议"废止文部省、农商务省、警视厅及枢密院",而中国留美学生也因美国不设学部,教育行政隶于内政部,倡议中国也"废去学部,并入民政"。他赞同这些说法,主张中国之"教育行政、农工商行政,不必另设专部"。说到底,"教育实业等事,全赖社会之自

---

[1] 本段与下段,杜亚泉:《论今日之教育行政(续)》(1911年10月),田建业等编:《杜亚泉文选》,华东师范大学出版社1993年版,第26—28页。

谋，国家仅任提倡检查之责，其直接自办之事本少也"。尽管他稍后观念略有转变，认为自清末"商部开办以来，力惩旧习，积极进行"，使"国人耳目，崭然一新。凡朝野上下之所以视农工商，与农工商之所以自视，位置较重"①。但整体上，杜氏坚持社会的事应让社会自为，并不看好政府过于积极的作为。

盖不仅权力永远导致腐败，官僚机器亦自有其强大的惯性作用，使一切向形式化和文牍化的方向发展，直至欲自我遏制而不能。在有官僚政治传统的外国，若政府太有作为，"势且不可久"。清末的中国本"人才未贮，财力未充"，乃"不自量力，尤而效之。规模不可不备也，于是乎增设若干之官厅，添置多数之官吏；而又不可无所事事也，于是乎编订种种之条例，设立种种之名目"。当时"政治所以纷繁纠杂者，正因官吏太多，彼此以文牍往还，以消日力，所谓'纸张天下'是也"。其结果，"当局以张皇粉饰其因循，朝士以奔走荒弃其职务。问其名则百废具举，按其实则百举具废"。官僚政治这种自我消耗且难以自制的惯性作用，今日正盛行于全球，而杜亚泉早在100年前就已洞烛其奸，实在难能可贵。

直到今天，我们多数的研究者仍沿袭着"无学部则教育必衰，无农工商部则实业不振"的思绪，把清季新设各部作为一个"进步"的正面举措而进行论述。在大学扩招而批量生产博士硕士后，这些新设各部本身也成为学位论文题目；而其中讨论最详细的，恰是杜亚泉苛责最多的各类章程条例和繁复检查方法。这些研究倒是与当年以文牍为政务的时代风气暗合，颇具以条文为史实的特色，再现了"纸张天下"的风采。

大体上，今日研究者的基本倾向是赞颂所有的政府作为，并不以新政举措过多为病，还往往指责其作为不够。而杜亚泉的态度则相反，因为他很清楚，政府的任何作为，都与开支的增加成正比。杜氏观察到，清末的宪政，

---

① 杜亚泉：《辛亥前十年中国政治通览·实业篇》，中华书局2012年版，第161页。

往往以仿效"他国之繁复政治之形式"为目标，而未曾认识到"国家政治，在精神而不在形式"。正因为致力于形式求备，一些并未考虑中国国情的举措，常使人"感其事之无益，觉其费之可省"。

例如，清末办警察是中外研究者一向称赞的举措。但杜亚泉则看到，中国的警察制度，徒从形式"摹拟他国，似未适合于我国之情势"。盖西方城市人口多，"故有市街警察之制"。中国则"一二大都会繁盛之区，固可仿而行之，乃各府县之城治市集，亦复于数十武之内，植立武装之巡士，甚至乡村之间，亦间有之"。由于乡镇本无多少需求，这些巡警不过"终日植立而无所事事"。警政是当年民政部耗费最多的事项，实则"其费甚繁，其益殊少"。若能从"适于用"的角度改革之，"则全国之内，所节必多"。

总体看，中国实行宪政数年，徒"摹拟他国之繁复政治，包举一切，而能力不足以副之"。更重要的是，

> 此等事务，皆在官与官之间，与吾民无与。吾民之所须于国家者，除对外而求其捍卫国境，对内而求其缉除暴乱，此外则讼狱之事，不可不仰官厅裁判；赋税之款，不可不向官厅输纳而已。所谓刑名钱谷而已矣。吾望吾政府编订官制之时，勿仅存官多治事之见，而当虑及官多生事之害也。

这其实是杜亚泉区分政府与社会职能的一贯见解。被他名为"减政主义"的小政府取向，在他眼中既是"各国社会上之新倾向"，也是"我国政治上之旧经验"。这也是杜氏与许多今人不同之处——那些以为新政举措多多益善的研究者，基本不知中西政治传统中尚有小政府的取向，或虽知却视而不见；他们大体仍存"官多治事"之见，而未见"官多生事"之害。故其对清季新政的认知，常与杜亚泉异。

关键在于，繁复的新政到那时"弊害已形，致反对之声，一时哄起"。若不"采用减政主义，收束局面，以为持久之谋"，则前途堪忧。杜氏

> 逆料其结果，殆不出两途：一曰迫于财政之困乏，仅仅维持现状而不得，则敷衍益甚，而几等于销灭；一曰不顾民力之竭蹶，益益进行现在之政策，则搜括愈力，而终至于溃决。其尤不堪设想者，则一方面行其敷衍之策，而政治销灭于上；一方面尽其搜括之实，而经济溃决于下；大局遂不堪问矣！

五、革命怎样走来

上面是杜亚泉1911年3月的预测，现在看来，不能不佩服其洞察力。革命发生后，他分析其起因，以为主要是"政治之不良，政体之未善。而种族之异，亦足为其诱因"。尽管"革命之现象，至今年而大著。而考其主义之发生，则夫提倡之、传播之、实行之，伏而不灭、蹶而愈奋者，已非一朝一夕之故"。从太平天国到吴樾谋炸端方和徐锡麟枪毙安徽巡抚恩铭，各种"言论事实之发现于近年中者，既日演而日激。革命之声浪，震荡于国民之耳鼓；革命之思想，遂深印于国民之脑筋"[①]。

不过，"当时下有鼓吹革命之党人，而上复有制造革命之官吏。立宪其名，专制其实：商路则收为国有，外债则任意大借，代表则递解回籍，内阁则专任亲贵。凡可以离民之心、解民之体者，行之唯恐不力"。结果，到"武汉事发，各省响应，革命军之旗帜，遂翘然高举于禹域之内"。所谓官方"制造革命"的说法，早由章士钊发其端[②]，但章更多是说反话，杜却是认真

---

① 本段与下段，杜亚泉：《革命战事记》，《东方杂志》8卷9号（1911年11月），见杜亚泉等著：《辛亥前十年中国政治通览》附录，中华书局2012年版。
② 参见章士钊：《论中国当道者皆革命党》(1903年)，《章士钊全集》第一卷，文汇出版社2000年版，第20—24页。

的。问题是，努力推行新政的朝廷何以能让人产生这样的看法，即其行之唯恐不力的，皆是"离民之心、解民之体"的举措，是非常值得思索的。这直接牵涉到清季改革与革命的复杂关系，非片言可了，只能另文探讨。我们且看杜亚泉的见解：

> 此次清廷之革命，其本因有二：一为远因，则以满人专有政治上之特权，种族间生不平之观念；一为近因，则由于世运变迁，专制政体不适于时世。而其助因有三：一为中央集权，二为大借外债，三则财政紊乱、政费浩大、税目繁杂[①]。

清末的种族问题，过去是有些讳言的。其实既是事实，也有构建的成分，还有大量待发之覆。而所谓专制政体不适于时世，实各说不一，其背后隐伏的关于专制、时世的理解，也相去甚远。我的看法，由于西潮冲击造成中外竞争的新局面，清季朝野面临着政治方向、政治结构和政治伦理的根本变革（详另文）。杜亚泉之所论，更多还是时人所谓专制和立宪的对应。倒是他所说的三助因，环环相扣，皆与新政直接相关，可能是促成革命更直接的原因。

中国的传统政治理念，道家主无为，儒家主君主垂拱而治，都是一种不强调作为的小政府取向。而小政府的一个基础就是分责分权。历代关于郡县和封建的长期争议，便与怎样分责分权相关。昔人也说郡县制是中央集权，那其实是针对着封建制的弱中央而言，与今人心目中的中央集权，还差了十万八千里，切莫混淆。但清季新政最后几年，确因推行改革出现明显的集权现象。

[①] 杜亚泉：《中华民国之前途》，《东方杂志》8卷10号（1912年4月），见田建业等编：《杜亚泉文选》，华东师范大学出版社1993年版，第40页。

盖清代督抚理论上是朝廷外派人员,却又有不小的独立权限,故其"常利用其中间之地位"以为运作。当民气强盛时,便"借人民之后援,以抵抗中央"。若中央意志强硬时,则又尽力压制,"保中央之信用,以摧残民气"①。及新政推行,朝廷发现"行省分权,不能举改革之实,遂主张集权,即以是受人民之反抗,为此次革命之重大原因"②。而盛宣怀在辛亥年提出的"干路国有,借款兴筑"政策,酿成了四川保路运动大风潮。前者便与中央、地方的权责相关,后者又触动时人关于借外债即"丧失国权"的普遍认知。而不得不事事作为的政府,面临浩大的政费,又不能违背永不加赋的祖训,遂只能靠征收临时性的苛捐杂税和大借外债来应付。揆诸当时舆论,两皆有自杀意味。这些方面,本书通论和各论均有论述,颇可参考。

六、追寻已逝的现场感

总之,对于辛亥革命的发生和进行,身历鼎革的当事人,其看法与后人常不甚同。我们借助后见之明,更容易看到什么直接影响到了结果。然而有些后人非常关注的,在时人的眼中,却可能不过如惊鸿之影,一掠而过。反过来,有些他们所特别看重的,我们或有不知所云的感觉。包括本书附录中的几种"大事记",有些我们今天来编写,可能就不会收录;而有些那里面不曾纳入的,我们反会大书特书。胡适早就提醒我们,历史记载中"最不近情理处,他的最没有办法处,他的最可笑处,也正是最可注意的社会史实"③。本书中所有与今不同的记录和分析,都可视为历史研究的突破口。

最重要的是,当下记载有其特定的长处,即在其可能"捉住当前一境"的现场感,那是后人永不能有的感觉。顾颉刚曾论笔记的好处说,"或写其直接之见闻,或记其偶然之会悟,要在捉住当前一境,使之留于札牍而不消

---

① 杜亚泉:《论省制及省官制》,《东方杂志》9卷3号(1912年9月),第3—4页。
② 杜亚泉:《中华民国之前途》,见田建业等编:《杜亚泉文选》,华东师范大学出版社1993年版,第37页。
③ 胡适:《〈醒世姻缘传〉考证》(1931年12月),《胡适全集》(4),安徽教育出版社2003年版,第407页。

失";传说中李贺在驴背得句即书于片纸，正欲保存"其一刹那间之灵感"[①]。盖史事常如章太炎所说，"若空中鸟迹，甫见而形已逝"[②]。当时写下的文字，不论其写作或记录的意图如何，多少都能留下几许"一刹那间"的感触；与后人追记、考证者大不相同。

本书的整理出版，不仅让我们看到很多重要的见解，还能让我们体会时人的"当前一境"，庶几可以捕捉已逝的"空中鸟迹"。例如，本书在论述袁世凯在直隶练北洋新军时，便注意到其"数次办理秋操及南北合操，颇能铺张扬厉，耸动外人"[③]。这一点就向为后之研究者所忽视。1905年北洋新军的首次实弹演习，据说耗银百万两，在当时可是件大事。以当年的预算，固不免有人以为这样做是过于浪费、劳民伤财，但也让许多人——特别是在华外国人——看到一个"尚武"中国的兴起。所谓"颇能铺张扬厉，耸动外人"，寥寥10个字，已概括了两方面的观感。这样的现场感觉，恰是后人所缺乏的。

注意外人观感，是当年一个重要现象，展现出面向世界的新眼光。《东方杂志》对此也是有意为之。在前引7卷2号的《改良序例》中就新增中国大事记、世界大事记、中国时事汇录、世界时事汇录，以及中国调查、世界调查等栏目，都是考虑到"万方多难，供殷鉴于寸心"；俾读者"不出户庭，足周知乎四国"。后来8卷1号的改版，也强调要"广征名家之撰述，博采东西之论著，萃世界政学文艺之精华，为国民研究讨论之资料"。对于时事，更"近自吾国，广及世界，凡政治上之变动、社会上之潮流、国际上之关系，必求其源委，详其颠末"。

本书的编纂也遵循类似的取向，故配有"十年世界大事记"和"十年世

---

① 顾颉刚：《浪口村随笔·序》(1949年7月)，辽宁教育出版社1998年版，第1页。
② 章太炎：《国故论衡·文字总略》，上海古籍出版社2003年版，第54页。
③ 阙庵：《军政篇》，杜亚泉等著：《辛亥前十年中国政治通览》，中华书局2012年版，第116页。

界大势综论"（今入附录）。在杜亚泉的论述中，也明确从中西文明结合的视角观察中国的革命：

> 此十年内之变局，不特在吾国历史中，为上下古今时势转移之枢纽；即在世界历史中，亦为东西两洋文化交通之关键。盖十年以前，欧洲之文明，输入我国者，仅物质科学之一小部分；精神科学，殆付之等闲。至政治上之思想与学说，尤为守旧者之所嫉视。虽仇洋之气焰，既因巨创而渐消；而革新之精神，犹为群顽所阻遏。鼓荡之而消融之，使欧洲政治上之原理，得移殖于东亚大陆之上，则固自近十年始也。他日者，因两文明之接合，辟伟大之境域于精神界上，固不能不以此十年为孕育胚胎之时代矣。

把辛亥革命视为"世界历史中东西两洋文化交通之关键"，恐怕是很多今人不太容易想到的。但也只有循此视角，才能真正理解后来的"五四"新文化运动，理解为什么胡适把新思潮的任务界定为"整理国故，再造文明"。同时，我们也可从辛亥、"五四"两次的中西结合中看到中国文化的步步退缩，前一次已有些尊西抑中，后一次则明确要在反传统的基础上再造；虽然还有些"故意反"的意思，中西对峙局面下中国文化的地位，的确是又后退一大步了。

另一方面，中西文明接合之后，还要对世界文明做出贡献，即"辟伟大之境域于精神界上"，大体延续着梁启超早年希望东西文明"结婚"的梦想，却是后来许多人早已忘却的抱负。北伐时胡适曾教导西人，社会主义是西方文明当时的最高阶段，而西人就对此视而不见，需要他这个中国人来提示，同样也是秉承这样一种开放的心态和世界的眼光。

本书又一表现时人"当前一境"的描述，可见于杜亚泉对清季立宪国策的回顾。他说，"我国由君主立宪之预备时期，一跃而为民主立宪之确定时期,其进化之速,亦足为我国民幸矣"。这很容易让人想起袁世凯稍早在鼎革时也曾说:由于改用共和国体,中国人遂"由专制朝廷之臣仆,一跃而为共和平等之人民。实我中华无上之光荣,亦世界罕闻之盛举"[1]。而1912年成立的孔道会,在上书大总统袁世凯时也说,"中国由专制一跃而为共和"。

这些政治和文化倾向不同的人不约而同地使用了"一跃",最能表现那种一举领先世界的荣幸感。而且这几乎是个二级跳式的跃进,前"一跃"的立宪尚未及实现,后"一跃"的共和已凌空起步,并轻松跨越。故若从倒放电影的视角看,两跃的起步点几乎是同一的;若分而视之,从前"一跃"到后"一跃",也没用多久。当时世界的共和国不多,中国便居其一,在亚洲更是第一个。久积之愿望,竟然一朝实现,得来不甚费工夫,其庆幸、自豪之感,皆发自内心。自19世纪中叶以来,这样的心境,已久违了。

对另一些人来说,原来革命这样轻松容易,从此也就进一步确立了"革命"在从思想到行动各层面的"正确"性。"革命"在中国社会中的吸引力,自然不胫而走,成为很多人遇到问题时一个名列前茅的选项。套用今人的话说,在改写历史之后,要同样以毕其功于一役的方式续写历史的向往,成为后来很多人的希望;也常因其事不能速成,而给很多人带来失望。过去对辛亥革命的认知,便多受到这类失望的影响。

或许即因这次令人失望的具体革命并未"成功",才让抽象的革命在此后仍让人流连不已,浮想联翩,甚至感觉不"告别革命"就不足以推进他事,却淡忘了我们正经历着5000年的大变。

原载杜亚泉等著:《辛亥前十年中国政治通览》,中华书局2012年版

---

[1] 袁世凯等:《为改定国体致各督抚等电》,中国第二历史档案馆编:《中华民国史档案资料汇编》(第二辑),江苏古籍出版社1991年版,第79页。

杜亚泉民族主义思想的新构想及其价值

洪九来

如果说，勃兴于晚清时期的各种"拒外"呼声是中国近代民族主义思潮的第一大高潮期，整个1920年代兴起的各类"反帝"爱国运动是民族主义的第二大高潮期，那么，从1912年民国初肇到1922年初华盛顿和会结束这整整10年间，确乎为两次民族主义高潮间的一个相对平缓期。此间，随着国内外一系列重大变故，尤其是长达5年的人类历史上第一次战争惨剧以及随后的两次国际和会，中国思想界环绕着民族主义问题经受了一次次的感情折磨。这其中既有对大战蕴含的民族主义色彩的讴歌，又有对大战惨无人道之悲状的疑惑；既有借助参战之机废除不平等条约的厚望，也有战后被大国出卖利益所引起的失望与激愤。民族主义与民权主义、国家主义与和平主义、公理与强权，这一组组矛盾的思想符号都纠结于中国知识分子心中，使得他们愈发理智、深度地思索民族主义诸问题。创刊于1904年的《东方杂志》（下文简称《东方》）在进入民国之后承接了晚清时期所持的"文明排外"主张，并适合新的时境，就民族主义诸问题发表了一系列富有独特性的言论。尤其是时任主编杜亚泉不仅对引发民族主义热议的直接导火索——第一次世界大战的进程有及时而完整的报道，而且借此刊发了大量时论较为系统地提出了一种保守、调和的新型民族主义主张，为时人所注目。因此，本文以1912—1922年的《东方》的相关言论为研究标本，重点梳理杜亚泉对民族主义议题的发言意图与方式，以此俯瞰民族主义思潮在民初10年间的发展脉络与时代特征,并深化对杜亚泉等《东方》知识群体思想价值的研究。

一、民初杜亚泉对民族主义思想的坚守

晚清时期中国社会的各政治集团尤其是革命派与改良派之间原本对民族主义涵义的理解就存在着根本性的分歧,随着政治秩序的转换,这种歧异再度明显地表露出来。孙中山等革命党人一直把民族主义主张与"排满"革命的活动紧密地结合在一起,武昌起义爆发后,由于"排满"革命迅速成功,中华民国顺利建立,使得孙中山当时乐观地认为,同盟会的三大主义中,民族、民权两主义的任务已基本大功告成,只有"民生主义至今未少着手,今后之中国首须在此处着力"[①]。尽管二次革命失败后,孙中山意识到民权主义的任务还远未完成,被他重新提起作为中华革命党的奋斗宗旨之一,但对民族主义这一项,在一段时间内确实被孙中山为代表的革命党人所淡忘。

与此相反,进入民国之后的改良派群体并没有放弃民族主义这一政治纲领,而是通过各种言论方式再次表达了他们原先的主张。杜亚泉在《东方》上的一些言论最为典型。1913年初,杜亚泉在总结辛亥革命与晚清民族主义思潮之关系时就与孙中山的观点大相径庭。杜氏认为,辛亥革命的实质是"将全国之统治权,自个人之手移于国民"的政治革命,并不是满汉种族之争。所谓满汉不平等问题至多是这次革命的"助因",而绝不是"主因"。从历史上看,我国古代也有所谓"夷夏大防",但它是指一种"文化程度上之区别,非种族上之关系",相应地,夷夏式的民族主义本质也是"皆以推广文化为亟,而不以排斥异族为能"。以相竞争、相排斥为特征的近代民族主义完全是从外部输入中国的,是中国社会被迫纳入弱肉强食的世界格局之后所产生的一种新型国家意识。因此,"我中国国民之民族主义,乃对于他民

[①] 广东省社会科学院历史研究室等编:《孙中山全集》第一卷,中华书局1981年版,第574页。

族之持民族主义以压迫吾民族者，与之抵抗，以免受制于他民族之主义"①。按照这种理解，民国新立、五族共和，并不意味着民族主义的使命在中国已经完结，恰恰相反，中国社会应乘此政治转型之良机，充分发挥民族凝聚力，增强与外部世界相竞争的能力，以免受制于他民族。《东方》的编辑钱智修当时也发表过类似言论。他把民初中国社会"大自典章制度，微至服御玩好，一切以欧美为极则，论及本国，辄存鄙夷不屑之意"的现象讥之为一种"嫉国主义"。要纠正这种怪状的首要办法在于唤醒世人的自觉心，振奋爱国主义精神。钱氏承认爱国主义是与个人利己主义同源的，掺杂着一些功利主义色彩。但他认为人之所以爱自己的国家，"亦以己固托处于其中，而有利害荣辱之关系云尔"。② 在人类大同未至之前，爱国主义仍有其存在的合理性。很明显，杜亚泉、钱智修等基于民初政治治理的客观必要性共同强调了民族主义必须在场的逻辑合理性。

1914 年 6 月欧战爆发，《东方》知识群体的民族主义呼声不仅恰逢其时地得到了应验，而且被进一步激发。《东方》从一开始就以极大的兴趣关注着这场战事，据不完全统计，在整个战争的 5 年间，该刊对战争的各项报道不下 200 篇，仅杜亚泉一人对战事进程的长篇连续报道就有近 20 篇，所以有论者认为，《东方》对第一次世界大战确实、迅速的介绍"为当时（国内）任何定期刊物所不及"③。战事之初，该刊的所有社评都一致认同此战是一场民族主义之激战，如杜亚泉就曾言欧洲西线的战争是日耳曼民族与拉丁民族之争，东线的战争是日耳曼民族与斯拉夫民族之争。更有论者借用日本人的言论，赋予这场战争以新的民族主义内涵，说"古之战争，乃帝王将

---

① 杜亚泉：《十年以来中国政治通览》（上编·通论），《东方杂志》9 卷 7 号增刊（1913 年 2 月）。
② 钱智修：《正嫉国主义》，《东方杂志》11 卷 4 号（1914 年 10 月）。
③ 《东方杂志》编辑部：《追悼杜亚泉先生》，《东方杂志》31 卷 1 号（1934 年 1 月）。（一般认为，此文即时任《东方杂志》主编胡愈之所撰——编者注）

相率民族而战之战争；今之战争，乃一民族驱使帝王将相而战之战争也"[1]。对战争性质的如此理解也导致了该刊论者当时异口同声地赞美充满活力的德意志民族，进而把德皇威廉二世誉为具有强力意志的人格化身[2]。总之，一次大战给杜亚泉带来的第一直观印象就是："现今世界各民族，无不以民族为基础，构成政治的单位，以实现国民生活，显示同类意识。"[3] 20 世纪的国家如果不建筑于国民强烈的民族自尊心与自强心之基础上，不是灭亡，也会沦落为奴隶国的地位。所以，此次大战无疑给中国社会送来了一针兴奋剂，"一为戟刺吾国民之爱国心，二为唤起吾民族之自觉心"，在此基础上，应该"策我黄魂，急起直追，与列强携手于大舞台，共睹二十世纪之灿烂辉煌景像"[4]。一次大战给《东方》论者带来的激情与兴奋由此可见一斑。

二、杜亚泉对民族主义思想的具体构想

指认《东方》论者的民族主义热情与信心被大战所激发，并不意味着他们也像当时欧洲军国主义者一样，把战争作为解决民族矛盾、擎护民族主义大旗的唯一方式，因而高声欢呼、狂热赞美。恰恰相反，以杜亚泉为代表的《东方》知识群体在民国最初 10 年间对民族主义这一重大的政治纲领与社会思潮进行了诸多深层的思索，提出了不少富有理性的真知灼见。

（一）民族主义应是一种和平的国家主义

在一次大战爆发前后，杜亚泉等人在《东方》上确实翻译介绍了不少西人（包括日本人）的军国主义言论，但该刊对此学说本身是持审视、怀疑态

---

[1] 章锡琛：《从文明史、国际史上观察欧洲战争》（译自日本《中央公论》），《东方杂志》11 卷 5 号（1914 年 11 月）。
[2] 许家庆：《德皇即位二十五年之纪念》，《东方杂志》10 卷 2 号（1913 年 8 月）。
[3] 杜亚泉：《大战争与中国》，《东方杂志》11 卷 3 号（1914 年 9 月）。
[4] 陈弈民：《余之所希望者》，《东方杂志》12 卷 6 号（1915 年 6 月）。

度的，从一开始就不赞成以战争为主导的军国主义思想。杜亚泉曾译介了一篇宣扬种族战争不绝论的文章。该文声称："战争为人类种族相对生存上不可废绝之事，就令一时呈平和之状态，亦不过为准备次回之战争而暂时休憩耳！"①在文后按语中杜亚泉评点到，对战争与和平关系的如此理解就如同说"人生但有疾病，决无健安"，即使偶有"健安"，也只是为了"准备疾病"，这完全违反了人类社会的进化规律，是非常病态、荒谬的观点。随着战事的推进，杜亚泉愈发认清了军国主义穷兵黩武、血腥残暴的实质，诚如其所揭示的："其对内也，谓国家有无上之权威，可以包涵万有，不特人民生命财产当为国家牺牲，即宗教信条、道德标准，亦不能不屈服于国家权力之下。而其对外，则以并吞弱小为强者之权利；以残杀良懦为天赋之本能；以和平为万恶之原，以公法为无用之物，而一切正义人道，均可置之不顾。"②更进一步，杜亚泉还洞察到，不仅仅是极端的军国主义，就是世界各国通行的国家主义也均隐含着"排斥他人，伸张自己"的意味，与和谐向上的人类文明进程相冲突。因此，如何正确对待国家主义思潮就成了一个难题亟需中国思想界做出回答。

民初在中国思想界颇有势力的无政府主义者曾就此表明了自己的态度。他们认为，第一次世界大战宣告了国家主义和民族主义此路不通，"拿国家主义来做手段，那就世界主义必为国家主义所牺牲"；对于弱小国家和民族来说，拿国家主义来抵抗强权，"其结果则弱国反因国家主义而失败"③。《东方》知识群体不同意这种观点，他们认为，无政府主义者所崇拜的大同世界虽理想可嘉，但失之高远；托尔斯泰式不抵抗主义虽不乏人道正义，但不切实际。在一个列强角逐、弱肉强食的时代，民族竞争、国家冲突是不可避

---

① 杜亚泉：《从生物现象上观察之战争》，《东方杂志》13卷3号（1916年3月）。
② 杜亚泉：《国家主义之考虑》，《东方杂志》15卷8号（1918年8月）。
③ 秋霖：《国家的处分》，葛懋春等编：《无政府主义思想资料选》上册，北京大学出版社1984年版，第424页。

免的，即使炮火之竞争消除了，但工商事业之竞争、文化事业之竞争仍然存在，因此，"国家主义，实为救济目前之对症良药，不当有所非议"①。杜亚泉尤其反对无政府主义者所谓的弱小民族反抗强权会引火自焚的论调，视之为苟且偷生、不求进取的民族劣根性的变相流露。他揭示道，近代世界格局中所谓富者强者都是以榨取多数贫者弱者的生产物而致富的，如果它们处处受到贫弱者的抵抗，自己也会立形变得贫弱。尽管这种抵抗"在贫弱者之损失较大，然可以防止后日之欺陵，于计亦未为大左也"②，比那种靠一味退让与依附求得苟延残喘的做法要来得尊严与高尚。正是在这个意义上，《东方》一如既往地呼喊着反侵略、抗强权、树正义、保尊严的时代强音，表现出极其浓厚的爱国情怀与民族自尊心。

坚持民族主义与国家主义为时代合理性的存在，但反对狭隘的民族主义与极端的国家主义，强调对它们的弊端也必须早做预防之策以备不测，杜亚泉的"社会协力主义"设想就是这种理性与情感相调适后的一个结晶物。所谓社会协力主义，就是调和国家主义与和平主义之冲突，而合成为一种和平的国家主义或曰国家的和平主义。在杜亚泉看来，国家主义内含"对内为协力，对外为竞争"二义，极端的国家主义往往利用"任意气而乏思考、多猜忌而易冲动"的群众心理进行盲目的排外行为，在这种极端倾向驱使之下，不仅存在着倾覆他人国家、凌侮他人民族的罪恶，甚至会自相残杀，自寻祸乱，对国家主义的本义构成了全面的威胁。欲解除极端国家主义的危险，方法就是仅取国家主义"对内为协力"之一义，舍弃其"对外为竞争"之另一义，以和谐有序的国内和平为国家主义的直接目的，并以此间接地保护国际和平，是为和平的国家主义。和平主义为人类的最高理想、社会的终极目的，但它并不能取消现实世界中各民族、国家间存在的客观差异，一味地宣

---

① 杜亚泉：《国家主义之考虑》，《东方杂志》15 卷 8 号（1918 年 8 月）。
② 杜亚泉：《国民对外方法之考案》，《东方杂志》12 卷 6 号（1915 年 6 月）。

扬"废斥国防、破除国界"的极端主张也是非常有害的,会让极端的国家主义者得逞其侵略野心,也不是到达大同世界的理想路径。现实的和平主义应是:"一方面发展自国之特长,保存自国之特性;一方面确守国际上之道德,实行四海同胞之理想。"①它并不废弃自己的国家,也不排斥他人的国家,而是互相依赖、协作,共同繁荣、进步,故此,它是一种国家的和平主义。

很明显,"社会协力主义"与民国初年杜亚泉所认同的以互助为主导的社会进化观是一致的。杜亚泉并不否认自然界与人类社会存在着不息竞争的事实,但他认为竞争是依赖于协力而存在的,"协力者为优胜,不协力者为劣败";"协力之范围愈广,协力之方法愈备者,则竞争之能力愈大,生存亦愈安全"②。从这个意义上讲,人类的进化史更是一种基于协力、互助为主而成的历史,竞争则是次要、辅助性的。竞争既不能毫无目的,也不是不择手段,"必以共同生活为前提","以不相侵夺为原则",是一种适度的、有界限的奋斗方式。竞争的界限具化到国家主义身上而言,就是"对内则以不相侵害为依归,对外则以毋召恶感为要旨"③,确立一种稳健、保守的国家主义思想,一种非侵略、"不亡亦不强"的和平卫国主义思想。

(二)民族主义应是一种民主的国家主义

《东方》倡导民族主义的政治旗号与该刊论者对代议制立宪政治的怀疑态度也大有关系。杜亚泉当时就认为,以代议制为核心的民主制"政治主义"是19世纪中期以前的产物,法兰西革命为其昌盛的标志。而19世纪中后期代之而兴的是"国家主义",日耳曼统一为其产生标志。对这两种政治思潮的本质区别,杜亚泉比较如下:"政治主义者,以政府为中心,对于国

---

① 杜亚泉:《社会协力主义》,《东方杂志》12卷1号(1915年1月)。
② 杜亚泉:《社会协力主义》,《东方杂志》12卷1号(1915年1月)。
③ 杜亚泉:《吾人今后之自觉》,《东方杂志》12卷10号(1915年10月)。

家内部之环境,适应之且改造之者也。国家主义者,以国家为中心,对于国家外部之环境,适应之且改造之者。政治主义,国家从属于人民;国家为保障人民权利而设,故尊重民权,常限制国家,使勿侵损人民之自由。国家主义,人民从属于国家;人民有保卫国家权利之责,故尊重国权,常牺牲个人,使埋没于国家权力之内。"①尽管杜氏认为这两种主义互有优劣,但最为他所看重的还是国家主义能集全体国家力量对外抗争的强大优势,相比之下,"但知个人生活,不知国家生活"的政治主义就显得拙劣了。这种政治比较观是杜亚泉畅言民族主义的认识论基础,他据此断言,20世纪国家主义代替政治主义"实出于自然淘汰之公理",即便此次大战德意志战败,国家主义的潮流也不会因此而消失。

杜亚泉急切地呼唤中国要融入国家主义的时代潮流之中,但又没有把政治主义完全弃之一旁,高蹈阔步地径直进入国家主义行列,反而强调中国社会的当务之急必须是先完成政治主义的改造任务。对此社会递进的路径选择方式,他是这样解释的:国家主义必须建立在国民的真正爱国心之基础上,而"国民之爱国心,非可以力征经营得也,非可以智驱术驭求也",必须从政治改良入手,改良之道就是"对于普通人民,不可不高其智德,优其待遇,与以公权,试以自治,变一姓一人私有之国家,为全体国民公有之国家"②。于此可见,杜亚泉把国家主义之勃兴与传统政治之改造看作是一个可以同时加以解决的整体进程,反对任意割裂二者进行跳跃性的冒进,尤其是借"国家主义"之旗号行专制主义之实的举动。他曾嘲讽帝制派打着"以国家为前提"的幌子帮助袁世凯搞复辟的倒行逆施,既不是所谓的"国家主义",也不是所谓的"政治主义","不过欲造成欧洲十七世纪以前无政治无

---

① 杜亚泉:《论民主立宪之政治主义不适于现今之时势》,《东方杂志》13卷9号(1916年9月)。
② 杜亚泉:《大战争与中国》,《东方杂志》11卷3号(1914年9月)。

国家之状态而已"①。

应当看到，杜亚泉对国家主义与政治主义的有机调和思想是由其更为内在的价值信念——自由主义的价值观决定的。杜亚泉固然反对那种"但知个人生活，不知国家生活"的极端个人主义，但是也反对完全牺牲个人以附属于国家的极端国家主义。在他看来，个人主义与国家主义虽然利害相关联，"然其致力之点，则有本末先后之不同，而不可或混者也"。对于两者间的本末先后关系，杜亚泉当时界定了四条准则：（1）"当先巩固个人之地位"；（2）"个人对于国家，各有相当之责任"；（3）"毋强个人以没入国家"；（4）"毋强国家以迁就个人"。②由此可见，杜亚泉所倡导的国家主义建立在一个价值底线之上，即必须以人格独立的个人自由主义为本源、为前提。从根本上讲，他并不反对民主立宪政治，只是希望用国家主义来补正其弊端，调剂成一种民主的国家主义或曰国家的民主主义。杜亚泉的这种新型政治价值观也是在当时《东方》知识群体中占据主流的共同倾向，署名慧心的论者曾就此加以发挥。该论者认为，国家间的竞争"实个性竞争也"，国家与政府的存在意义就是"能多予个性以发展之机会"；如反其道而行之，"日以神权与暴力摧残个性，则国家与政府，不仅为赘物，实一公蠹而已"。在此情况下，国民"或谋所以改良之，或根本推翻之，而别立一种善良之组织，皆所不避"。要之，国家主义之鹄的在于"务使个性不受汩没或压迫而后已"③。很明显，该论作者这里重申的仍是个性自由主义为一切政治价值之底线。

（三）民族主义应是一种文化的国家主义

众所周知，《东方》在民初10年间是以文化保守主义者的形象展现在世

---

① 杜亚泉：《论民主立宪之政治主义不适于现今之时势》，《东方杂志》13卷9号（1916年9月）。
② 杜亚泉：《个人与国家之界说》，《东方杂志》14卷3号（1917年3月）。
③ 慧心：《新政治之价值》，《东方杂志》18卷17号（1921年9月）。

人面前的。文化保守主义产生的思想渊源当然非常复杂，但是维系自己传统文化的民族主义情结显然是一个不容忽视的重要因素。杜亚泉是"精神救国论"的倡导者，他认为每个民族都有自己的特性，相应地，也自然有各自独特的文化。民族文化的内涵不仅体现在有形的物质文明上，更体现在无形的精神文明上。因此，"一国之存立，不徒赖有实质之武力，尤赖有形上之文明"。如果一个民族能吸收他人之长，补剂自己之短，是可取的生存之道；相反，如果一个民族"举历史上留遗之文教，暨先哲累代所阐明之思想学识，视如敝屣，悉加屏弃，则国家基础将受无形之动摇"①。正是在这个意义上，杜亚泉当时极力反对徒袭西方文化的民族虚无主义，主张用传统文化的某些原典精神去抗拒西方文化的入侵。如果说杜亚泉的主张还是建立在调适的基调上，显得较为理性的话，那么《东方》其他论者的一些言论则更为激进。署名隐青的论者指出，民族精神是一种先天而成、亘古不绝的无形力量，它可以超越一个民族的地理环境、语言文字、宗教道德等基本构成要素而抽象地存在。因此，"为今日之民族计，人种之化合澌灭，不足忧也；语言文字之灭亡，不足忧也；宗教之盛衰变迁，不足忧也；国土之存亡，亦不足忧也。所可忧者，其维民族精神之有无乎？"②这种精神不死、民族不亡的论调承接了晚清时期的"国魂说"，把民族精神维系民族独立、传承民族文化的作用拔高到了一个极度。

文化民族主义在民初的勃兴显然也离不开一次大战这重背景。随着人类前所未有的互相惨杀的剧幕徐徐拉开，西方文化的破绽也渐次暴露出来。《东方》的编辑曾在一篇介绍欧战各国红十字事业的文章后顺笔发问道："今列国政府，一方则制造兵器，以从事于杀人之事；一方则提倡红十字事业，

---

① 杜亚泉：《国家主义之考虑》，《东方杂志》15卷8号（1918年8月）。
② 隐青：《民族精神》，《东方杂志》16卷12号（1919年12月）。

以煦煦于救死扶伤之役。狐埋狐搰，其自相矛盾为何如哉？"[1]这种看似不经意的发问实质上反映了该刊知识分子对西方文化深层次的疑惑与追问，"五四"前后中国社会有关中西文化优劣异同的第一次大讨论就是在这种背景下产生的。杜亚泉当时提出了中西文化乃"性质之异"的"动静说"，其立论的主要依据就是从和平与战争、竞争与道德等涉及国家主义的基本关系问题入手的。他的基本判断是：西方文化是一种向外的"动"的文化，中国文化是一种向内的"静"的文化。西方社会建立在以武力竞争为基础的国家主义观点之上，"视胜利为最重，而道德次之"，道德的作用已仅仅沦落为竞争的工具；我国传统社会则往往以"与世无争，与物无竞"的高尚道德为重，"视胜利为道德之障害"，道德的作用即在于消灭竞争。相应的差异是：西方社会无时无刻不处在战争状态中，战争为其常态，和平为其变态，即使其和平时期也为"战争后之休养时期，或为第二次战争之预备时期"；而我国传统社会"时时以避去战争为务"，即使出于天演所迫而发生战争，其目的也是用来构求和平，"和平其常态，战争其变态也"[2]。为此，杜亚泉提出要建设一种动静互补、中西合璧，但"以静为基础"的新文化模式。毋庸讳言，杜亚泉对中西文化的这种差异性认识是非常表象的，其间寓含的褒中贬西的感情色彩也很明显，流露出文化保守主义者试图用传统规范现代的消极性伦理意图。但是文化保守主义从根本上讲并不是顽固的文化复古主义，也不是盲目的文化排外主义，其内在理路是调和、渐进的，以文化的民族性与时代性、稳定性与进步性相和谐统一为最理想的境界。这种文化理想被《东方》论者用"文化的国家主义"这一旗号具体地表达出来。所谓"文化的国家主义"，是一种旨在"增高文化上之国家地位，使国民不致为世界文明人类之落伍者"的新式国家主义，与先前以武力统一世界或以武力维持民族

---

[1] 章锡琛：《各国之红十字事业》，《东方杂志》12卷8号（1915年8月）。
[2] 杜亚泉：《静的文明与动的文明》，《东方杂志》13卷10号（1916年10月）。

生存的旧式国家主义相区别。它要求各个民族与国家"提倡思想上之自由贸易，采取世界各国之思想学说，放弃自给主义"，既努力从事于各种文化事业之建设，增高本国的文化地位，同时又不与其它国家之利益发生冲突，并且还可以"促成国际主义、世界主义之实现，保障世界之和平，增进人类之福利"①。从这种国家主义诉求中，我们又可以透见到文化保守主义者极具理想化与开放性的一面。

三、杜亚泉民族主义新构想的价值意义

中国民族主义思潮在民国初年处于一段间歇平缓期，各政治集团与知识群体少言甚至讳言民族主义话题，形形色色的社会主义与无政府主义主张是当时两大热门的主流话语。而杜亚泉等《东方》知识群体不为时潮所裹挟，坚持用民族主义大旗来标识中国社会反封建反殖民的时代主题，是较为逼近后发型国家现代化转型的本质规律的。他们受一次大战炮火的激发，构画了一种和平、保守的民族主义与民主、文化的国家主义理想图景，这一系统、新颖的构想就刊物群体自身而言，既是对其晚清时期所倡导的"文明排外"说的理论总结与思想升华，也是他们在民初较为全面、集中呈现的政治理念与文化战略。就中国民族主义思想的发展脉络而言，其构想既是对起自晚清的中国民族主义思想场域的维系与延伸，也是开启新一轮民族主义热潮的某种理论性预备与舆论性先声。因此，杜亚泉当时丰富而理性的思考无论在《东方》个体的成长史上，还是在中国民族主义的思想版图上，均是不可忽略的价值资源。

在评衡杜亚泉民族主义构想的具体价值得失时，有一点意义是非常凸显的，这就是《东方》论者的调适心态比较成功地化解了民族主义要求与自由主义信念之间的内在紧张关系。在近现代民族主义的呐喊声中，中国自由主

---

① 君实：《文化的国家主义》，《东方杂志》17卷16号（1920年8月）。

义者不可避免地会有一些困惑与彷徨，诸如伸张民族大义与师法欧美的关系如何处理？近代西方社会中为什么会有自由、民主、平等的政治价值与强权、霸道的政治现实的矛盾，等等。对一些以西方近代文明为绝对信仰圭臬的、严格的自由主义者如早先的严复、后来的胡适等人来说，这些矛盾常令他们非常尴尬，内心也多局促不安。但是这种焦虑心态在同样怀抱自由主义基本理念的杜亚泉等论者身上并不多见，其调适的巨大功能在很大程度上消解了本应有的矛盾状态。《东方》论者的调适魅力不仅在于能够直接运用中国传统文化的资源与现代民族主义思想相嫁接，同时还能巧妙地借取西方文化的某些正面形象并做虚拟性的扩大，以此来抨击西方文化的负面内容，支持自己的民族主义理想。如杜亚泉曾把现代欧美国家主义的表现类型划分为两种：一种是"大抵在内已无可施展，而其力又足以外张者"，因而专务向外侵略，德国是其典型；另一种是"境内尚有自给之余地，为防外力侵入，乃揭此义以励其国人，俾各努力于自卫"，美国是其代表。为此，他甚至替美国的海外殖民活动辩解，认为其本意是"在排除交通贸易之障础，而非有长驾远驭之决心"。这种过于溢美的言论并不是客观上对新大陆共和国的对外本质有所偏信与误解所致，而是把美国作为国家主义理想的化身而进行有意虚拟的结果，目的是在为自己建构的保守、非侵略的国家主义理想做注脚。杜亚泉的最后结论就是："夫美之国力，胜吾万万，犹以保守为职志，不敢侈言功利，以求上人，则我国当知所取法矣！"[①]由此可见，杜亚泉等人不仅能用东方之旧调和西方之新，还能用西方之新调和西方之旧，其文化调和主义的范围极其广泛，功能极其有效。

当然，建立在调和论基础之上的民族主义思想并不是四平八稳、无懈可击的，它同样面临着许多现实的挑战，也会陷入许多无奈的困境之中。当大战接近尾声、美国总统威尔逊提出解决战后民族问题的 14 点建议时，《东方》

---

① 杜亚泉：《国家主义之考虑》，《东方杂志》15 卷 8 号（1918 年 8 月）。

知识群体与当时充满崇拜狂热的国人一样欢欣鼓舞,高呼着"公理战胜强权"的口号。因此,当巴黎和会上"威大炮"的"14等于零",中国外交再告失败后,可以想见杜亚泉等人对英美式公理与正义的失望之情。但是,巴黎和会后《东方》知识群体对包括民族主义在内的西方思想文化的态度,既没有像激进主义者那样从全盘接受走向全盘否定,也没有像严格的自由主义者那样发出"我不知道风是哪一个方向吹"的哀叹与焦虑,因为他们所建树的民族主义与国家主义理想从根本上讲有深厚的传统文化做铺垫,来自西方的文化资源只是其所调和的养分之一,并不是全盘认同与被动接受的客体。世界仍旧是强权世界的现实不仅没有破灭他们的构想,反而坚实了他们秉承的基本价值信念。尽管杜亚泉本人在"五四"运动后已远离了这个自己经营多年的思想论坛,但其对民族主义思想的基本态度与具体主张并没有从《东方》消失。正如该刊后来编者所言:"在今日尚非可与言国际之正谊与弱国之权利",国人所能指望的是"充实内力,勉图上进",以奋斗的精神换取和平的理想[1]。"人类都是平和主义者,但是我们愿意成为平和主义的战斗员,却不愿成为卑怯懦弱、苟安朝夕的伪平和主义者。"[2] 这种思想心声既是对杜亚泉一直倡导的民族主义基调的继承与发展,也是引领刊物在1920年代积极投身于"反帝"爱国实践运动的行动指南。

本文原以《大战中的热烈与冷静——民初十年〈东方杂志〉民族主义观评析》为题刊登于《江西师范大学学报》(哲社版)2006年第3期,有修改

---

[1] 罗罗:《国际联盟与华盛顿会议》,《东方杂志》18卷17号(1921年9月)。
[2] 化鲁:《平和的心理》,《东方杂志》19卷7号(1922年4月)。

重评杜亚泉与陈独秀的东西文化论战

高力克

杜亚泉是 20 世纪初中国著名的科学教育家和启蒙学者。由于百年中国历史的急进历程和传统学术范式的限度,杜以及东方文化派的研究在学术界长期受到冷落,这与"五四"新文化运动研究汗牛充栋的显学局面形成鲜明对照。本世纪交替之际,回顾 20 世纪中国回应西潮而探寻中国现代性的曲折历程,杜亚泉的东西文化调和理论和其稳健的启蒙思想,不失为一份值得重新发掘以资借镜的珍贵思想遗产。

一、社会进化论与文化多元论

杜亚泉是 20 世纪初中国一位百科全书式的启蒙学者。他不仅于自然科学的介绍建树颇巨,而且于人文学和社会科学的研究译介亦贡献良多,他所主编的《东方杂志》,为民初介绍世界现代政治经济社会现象和文化学术思潮重要刊物。早在民国初年,杜即始注重国民心理改革问题,倡导"精神救国""个人之改革",而孜孜于培育现代国民精神的思想启蒙,为民初一位重要的启蒙学者。新文化运动兴起后,杜对其西化主义和反传统主义的激进倾向持批评态度,与陈独秀为代表的新青年派展开了一场东西文化问题论战。这场文化论争的焦点,在于东西文化的性质及其优劣的评判问题。

比较文化思潮是东方中国启蒙运动的特定形式,"五四"新文化运动也是围绕东西文化论争而展开的。陈独秀在《青年杂志》创刊伊始,相继发表

《敬告青年》《法兰西人与近世文明》《东西民族根本思想之差异》等文，以其激进的东西文化比较理论开启了"五四"启蒙运动的序幕。在《敬告青年》中，陈将东西文化的差异概括为"奴隶"与"自主"、"保守"与"进步"、"退隐"与"进取"、"锁国"与"世界"、"虚文"与"实利"、"想象"与"科学"，并把"人权"与"科学"归为西方现代文明的两大基石，而力倡中国文化的西方化。在《东西民族根本思想之差异》一文中，陈进一步从价值观层面比较评判了东西文化，将西方文化与东方文化的差异归为"个人"本位与"家族"本位、"法治"本位与"感情"本位、"实利"本位与"虚文"本位，并且主张革除中国人"爱平和尚安息雍容文雅之劣等东洋民族"的民族性，而"以个人本位主义，易家族本位主义"。在《吾人最后之觉悟》一文中，陈进而将文化批判的锋芒直指儒家伦理，指出儒家别尊卑明贵贱的三纲伦理，与西方自由平等学说分别为东西道德政治之大原和"东西文明之一大分水岭"。儒家纲常礼教与现代共和政治水火不容，存其一必废其一。陈的文化观以孔德和斯宾塞的社会进化论为基底，其对中西文化的总体评判是"中西古今论"。在《法兰西人与近世文明》一文中，陈把东西文明归结为"古代文明"与"近世文明"，他认为东洋文明"其质量举未能脱古代文明之窠臼"，而"可称曰'近世文明'者，乃欧罗巴人之所独有，即西洋文明也"[①]。因而在陈看来，中国文化的现代化无疑就是西方化。这种代表新青年派的西化主义文化观，主导了"五四"思想界。

陈独秀比较文化理论的深刻之处，在于其敏锐地把握了世界现代化的历史趋势，适时提出了借西方现代文化变革中国传统文化的历史课题。然而，由于陈比较文化理论是由强烈的现代化功利激情所导引的，其采用的进化论文化范式就不可避免地具有西方中心主义倾向。在陈的文化进化图式中，只有人类文化由传统向现代、由东方向西方的一元进化，而没有东方文化在现

---

① 陈独秀：《独秀文存》，安徽人民出版社1987年版，第10页。

代世界文化中的位置，也没有传统与现代的连续性。与此相联系，由于陈比较文化理论之启蒙进步主义的价值取向，其东西文化的比较与其说是东西两种文化之间的双向"对话"，毋宁说是以西方现代性为准衡而对东方传统文化的单向"批判"。以陈的这种西化主义文化观所主导的新文化运动，深化了中国文化的认同危机。杜亚泉的东西文化理论，即对陈和新青年派之西化主义倾向的回应。杜于《新青年》创刊不久，在其主编的《东方杂志》发表了《静的文明与动的文明》《战后东西文明之调和》等文。针对陈的西方中心主义的进化论文化范式，杜提出了文化多元论的东西文化观。

与陈独秀把东西文化定位为"古代文化"与"现代文化"不同，杜亚泉则坚持认为东西文化的差异为"性质之异"，而非"程度之差"。他指出，文明为社会历史演化的产物。"西洋文明与吾国文明之差异，即由于西洋社会与吾国社会之差异；至两社会差异之由来，则由于社会成立之历史不同。"[1] 西洋社会古来由相互对抗纷争的诸多异民族混合而成，故演成今日民族国家争斗之局；而中国社会历史则有着与西洋社会迥异的统一局面。西洋社会的商业文明源于交通便利的地中海环境；而中国社会的农业文明则发达于土地沃衍的内陆黄河流域。西洋社会的民族纷争和商业竞争造就了西洋人的竞争精神，而中国社会的民族和平和乡土和谐则形成了中国人的和平精神。中西社会历史的这种基本差异，导致了中西文化的一系列深刻的差异：如西洋文明是人为（反自然）的，中国文明则是顺自然的；西洋人的生活为向外的，中国人的生活向内的；西洋社会有兼具权利义务的人格化的团体，中国社会则只有自然人而无团体；西洋社会崇尚竞争胜利，中国社会则贵重道德修身；西洋社会多战争，中国社会则贵和平。在杜看来，中西文化的上述差异，皆源于"竞争存在"和"自然存在"两种文化精神的差异。他以"静的文明"与"动的文明"来概括中西文明。"综而言之，则西洋社会为动的社

---

[1] 陈崧编：《五四前后东西文化问题论战文选》，中国社会科学出版社1985年版，第17页。

会，我国社会为静的社会。由动的社会发生动的文明，由静的社会发生静的文明。两种文明各现特殊之景趣与色彩，即动的文明具都市的景趣，带繁复的色彩，而静的文明具田野的景趣，带恬淡的色彩。"①

在东西文化的评判问题上，杜亚泉反对新青年派之"以西评中""以今评古"的进化论取向，和对西方文化无批判的盲从态度，而坚持对东西文化兼取批判态度。他认为，东西文明各有其价值，也互有其偏弊。"动的社会其个人富于冒险进取之性质，常向各方面吸收生产，故其生活日益丰裕。静的社会专注意于自己内部之节约，而不向外部发展，故其生活日益贫啬。盖身心忙碌者，以生活之丰裕酬之；而生活贫啬者，以身心之安闲偿之。以个人幸福论，丰裕与安闲孰优孰劣，殊未易定。唯二者不可得兼，而其中常具一平衡调剂之理。"②人类生活终不免与苦痛相伴，自然之苦痛烈则人为之苦痛少，自然之苦痛减则代之以人为之苦痛。故而中西社会各有其流弊，中国社会之弊若"贫血症"，西洋社会之失则若"充血症"。在杜看来，总体而论，"西洋文明酝郁如酒，吾国文明淡泊如水；西洋文明腴美如肉，吾国文明粗粝如蔬"，中西文明各有长短，不可或缺，二者适可互为调剂补正。

作为对新青年派进化主义文化观的批评性回应，杜亚泉的多元论文化观提出了一个被"五四"主流思想界所轻忽的重要课题：文化的民族性以及现代化中的文化认同问题。文化既有体现人类文化"共相"的时代性内容，又有表征民族文化"殊相"的民族性因素。文化的发展既有时间性的进化趋势，又有空间性的多元进路。陈杜之文化进化论与文化多元论的歧异，从其主编的《新青年》和《东方杂志》之刊名已显示。实际上，两者分别抓住了文化的时代性与民族性两基本属性。杜强调中国文化之东方特质的多元论文化观，应是对陈之进化论文化观的补正。需要指出的是，杜在文化问题上并

---

① 陈崧编：《五四前后东西文化问题论战文选》，中国社会科学出版社1985年版，第20—21页。
② 陈崧编：《五四前后东西文化问题论战文选》，中国社会科学出版社1985年版，第20—21页。

不否认"进化"法则，但他反对社会达尔文主义"唯物"的一元进化论，而主张社会进化独立而超越自然进化的"心物"二元进化论。他认为："有机界之进化，与超有机界之进化，理法不同，目的不同。世之操生存竞争说者，欲以生物界之现象，说明人类社会之现象，致使人类社会堕落于禽兽之域，其谬误既不待言。"[①] 杜的多元文化观立基于二元进化论，此为其与陈一元进化论文化范式的基本歧异。

杜亚泉关于中西文明之"静的文明"与"动的文明"的概括，不失为比较文化的一个深刻见解。这一观点不仅影响了"五四"思想界（如李大钊等），而且与汤因比晚年关于中国文化之"安定性"与西方文化之"变动性"的观点相映成趣，汤期待中国文化在融和东方"安定性"和西方"变动性"的基础上创造一种人类新文明。[②] 在中西文化评判问题上，杜反对新青年派的西方中心主义取向，而采取了价值中立的批判态度。如果说新青年派的"重新估定一切价值"实际上不过是以西方现代性衡估中国文化，那么杜则同时坚持对西方文化本身进行反向的"价值重估"。杜的这种"以西评中"和"以中衡西"并重的文化对话态度，使其超越了传统主义的偏狭墨守和启蒙主义的廉价乐观，而深刻地洞见了东方古典文明之精神和谐和西方现代文明之物质丰裕不可得兼的人类文化困境。杜的稳健的多元论文化观虽不免煞新文化运动的风景，但其对于矫正新文化运动之西化主义的偏颇和探寻中国文化重建的正确道路，无疑自有其深邃独到的思想价值。

二、现代化与精神传统

如果说从世纪初到"五四"时期的中国现代化思潮有一个趋于激进化的过程，那么这一过程的标志则是反孔运动的兴起。无论康有为的儒学改良运

[①] 田建业等编：《杜亚泉文选》，华东师范大学出版社 1993 年版，第 108 页。
[②] 参阅［日］山本新、秀村欣二等编，周颂伦等译：《中国文明与世界——汤因比的中国观》，东方出版社 1988 年版，第 214 页。

动和梁启超的思想启蒙，还是章太炎的国粹主义和孙中山的民族主义，在文化上都没有越出"中体西用"的文化民族主义范式。而"五四"新文化运动则是一场效仿法国启蒙模式的激进反传统运动。

《新青年》的反孔运动固然起于对康有为与帝制复辟势力合流的孔教运动的反应，但它也是其进化论范式之西化运动的逻辑结果。陈独秀非孔的基本理由，是孔子之道违逆现代生活。他认为，道德随社会生活而进化，"孔子生长封建时代，所提倡之道德，封建时代之道德也；所垂示之礼教，即生活状态，封建时代之礼教，封建时代之生活状态也"①。因而孔教在现代社会已丧失存在之价值。代表古代文明的孔教与代表现代文明的西方文化水火难容。孔教"根本的伦理道德，适与欧化背道而驰，势难并行不悖。吾人倘以新输入之欧化为是，则不得不以旧有之孔教为非。""新旧之间，绝无调和两存之余地。"②陈的反孔以法国学者孔德的实证主义进化论为理论依据，在这种"宗教——玄学——科学"三个阶段文明进化图式中，现代社会将以科学取代古典社会的宗教和玄学。据此，陈在信仰问题上持启蒙理性主义态度，主张废弃宗教，"以科学代宗教"。他认为，宗教道德法律等"人为法"是部分的、暂时的、当然的，而科学之"自然法"则是普遍的、永久的、必然的。"人类将来真实之信解行证，必以科学为正轨，一切宗教，皆在废弃之列"；"人类将来之进化，应随今日方始萌芽之科学，日渐发达，改正一切人为法则，使与自然法则有同等之效力，然后宇宙人生，真正契合。"③陈的这种以科学统整宇宙人生，以知识代信仰的唯科学主义观点，典型地代表了新青年派的启蒙理性主义倾向。此外，"民主"是陈崇尚的另一西方价值理念，他相信，"科学"和"民主"万能，可以救治中国政治道德学术思想上的一

---

① 陈独秀：《独秀文存》，安徽人民出版社1987年版，第85页。
② 陈独秀：《独秀文存》，安徽人民出版社1987年版，第660、91页。
③ 陈独秀：《独秀文存》，安徽人民出版社1987年版，第660、91页。

切黑暗。

然而,陈独秀的以科学民主取代儒学传统的启蒙理性主义新文化模式,含有一个深刻的文化难题:世俗的西方现代性能否取代东方古典精神传统,而成为中国新的道德精神资源?当陈和《新青年》启蒙学者们急功近利地鉴取18世纪西方现代启蒙文化时,他们却有意无意地忽略或回避了近200年来西方基督教传统与现代性并存不悖的历史经验,而对基督教采取了拒斥态度。这就使新文化运动的"全盘西化"有名无实,而空缺了超越性之终极关怀层面的中西交流。陈在反孔时并未意识到,作为古典中国文化认同象征和道德精神资源的儒学被毁弃后,中国文化势所难免的认同危机和意义危机。而这种传统文化失范所导引的价值真空,并非西方启蒙理性主义文化如"科学"或"民主"所能填补。"科学"属知识范畴而不具有人文价值,而"民主"以及"自由""平等"诸理念亦属世俗社会伦理,而不具有精神价值的终极超越性意义。这样,新文化运动的中西文化对话(尽管是批判性的),实际上就仅仅限于社会伦理层面(自由平等与纲常礼教),而中西价值系统之终极关怀层面——儒学与基督教之间的对话,则付之阙如,尽管新文化运动对儒学采取了整体性否定的全盘反传统主义方针。而这种"半截子西化"(工具理性化)和"全盘性反传统"所难以避免的意义危机,则是新文化运动之最深刻的内在困境。这也是杜陈文化论争的一个焦点。

关于中国传统道德,杜亚泉民初以来一直主张进行温和的道德改良,而反对激进的道德革命。杜的道德改良论的基本理由是:一、中国数千年来以道德立国,为世界上不假宗教而"纯粹唯一之道德国家",人民本道德以为相维相系之具,故当今国势危殆之际,救国之道仍不能离立国大原之道德。二、道德有"体用"之分,道德之大体可不变,而其小端及其应用则宜因时因势而损益变革。三、新旧道德差别甚微,而中国旧道德由于未以欧西之宗教和等级社会为基础,其与现代道德则尤少悟。四、中国当今处外势侵入的形势，正宜刷新旧道德，巩固防围，以为抵抗，而不能舍本国特性而同化于外人。五、值此民初社会变乱初定和秩序未复之时，唯以维持现状保守和平为急务，而不宜速求进步。杜的这种稳健的道德改良论，成为其民初启蒙活动的基本宗旨，它与陈独秀和新文化运动之激进的伦理革命方针迥然相异。

《新青年》激进的反孔运动，受到杜亚泉和《东方杂志》的批评。杜陈论争的一个焦点，在于如何对待中国精神传统资源。在《迷乱之现代人心》一文中，杜针锋相对地提出护存光大中国传统文化以救治现代中国之意义危机的主张，杜指出，以儒学为主干的中国传统文化，为中国社会统整价值和维系人心的"国是"。此"国是"系"先民精神之产物"和"吾国文化之结晶体"。现代思想文化由"分化"与"统整"二者互相调剂而成，文化之分化的发展和统整的连续，二者不可或缺。中国传统文化长于统整，几千年来演成以儒家为主干而整合道释的中国精神文化之结晶体。而源于希腊文化和希伯来文化的西洋文化则自古以来难以统一，文艺复兴以后更是众说纷杂。新文化运动迎西学而弃传统，复对纷杂片断之近代西洋文化忽迎忽弃，改宗倏忽而无所适从。这种传统价值资源毁弃无遗而输入价值又恍惚而无所守的局面，可谓"精神界之破产"。"譬有一人，其始以祖宗之产业，易他人之证券，既而所持证券忽失其价值，而祖宗之产业已不能回复矣。吾人精神界破产之情状，盖亦犹是。破产而后，吾人之精神的生活既无所凭依，仅余此块然之躯体、蠢然之生命，以求物质的生活，故除竞争权利、寻求奢侈以外，无复有生活的意义。"[1]与陈独秀废弃孔教而代之以国民教育的主张相反[2]，杜认为现代教育之实用主义取向，正是中国意义危机的根源。在他看来，古典教育注重精神生活，而现代教育则注重实用知识技能而埋没于物质生活之中。这种仅"以实用为教育之主义，犹之以生活为生活之主义，亦为无主义

---

[1] 陈崧编：《五四前后东西文化问题论战文选》，中国社会科学出版社1985年版，第43页。
[2] 陈独秀：《独秀文存》，安徽人民出版社1987年版，第675页。

之主义而已"。"吾人今日之所学者,岂复有君子之道,乃乞食之道而已。"①

杜亚泉认为,西洋文明不足以救治中国人的意义迷失。在他看来,由希腊和希伯来文明杂合而成的西洋文明,自古纷争冲突,一部西洋文明史即两希文明交相冲突更替的历史。而文艺复兴以后,取代中古希伯来文化而复兴之希腊文化,复被近代科学文化所破坏,故西方现代文化实为破坏以后之断片,其彼此矛盾冲突而难以统一。关于中西精神文明的评判,杜反对新青年派"富强"至上的功利主义取向。他认为,"夫精神文明之优劣,不能以富强与否为标准,犹之人之心地安乐与否,不能以贫富贵贱为衡"②。因而西方富强的物质成就,并不能掩盖其深刻的精神冲突。他从"衣锦食肉持筹握算而家室不安身心交病的富翁",来比喻西洋文明。杜强调指出,近代中国亲西方之变革运动的流弊,在于其以"富强"的功利主义取向对待中西文化。"吾人往时羡慕西洋人之富强,乃谓彼之主义主张取其一,即足以救济吾人,于是拾其一二断片,以击破己国固有之文明,此等主义主张之输入,直与猩红热梅毒等之输入无异。"③西学对于自身元气虚弱和缺乏免疫力的中国传统文化,是毁灭性的。

关于中国文化危机的出路,杜亚泉认为,唯有光大和修整中国传统文化,并以之统整和融合西洋文化。"救济之道,在统整吾固有之文明,其本有系统者则明了之,其间有错出者则修整之。一面尽力输入西洋学说,使其融合于吾固有文明之中。西洋之断片的文明如满地散钱,以吾固有文明为绳索,一以贯之。"④杜认为,中国传统文明之所以具有"文明统整"的可能性,在于其素以统整见长并有数千年统一之历史经验,而中西文化亦多有相通之因素。他相信,中国文明若能"融合西洋思想以统整世界之文明",那

---

① 陈崧编:《五四前后东西文化问题论战文选》,中国社会科学出版社 1985 年版,第 45、46、47 页。
② 陈崧编:《五四前后东西文化问题论战文选》,中国社会科学出版社 1985 年版,第 45 页。
③ 陈崧编:《五四前后东西文化问题论战文选》,中国社会科学出版社 1985 年版,第 46 页。
④ 陈崧编:《五四前后东西文化问题论战文选》,中国社会科学出版社 1985 年版,第 47 页。

么中国和世界都可得以救济。

综上而言，在如何对待传统资源的问题上，杜亚泉提出了与陈独秀以及"五四"主流知识界截然不同的主张。如前所述，陈以科学民主代替儒学传统的新文化模式，难以解决中国文化的意义危机和认同危机。儒学是一"凡圣合一"的东方价值符号系统，现代西方的科学和民主并不足以取代儒学而充当现代中国人的意义资源。杜敏锐地看到了新文化运动以西方现代性摧毁中国传统文化所产生之精神价值失范的意义危机。在精神文明评判问题上，杜反对以"富强"之功利尺度为标准，以护存传统资源不受工具理性化的西方现代性的侵蚀，这在功利激情弥漫的"五四"思想界，不能不说是理性的慧识。他所批评的新文化运动之"富强"至上的价值取向，及其以"断片"之西方现代性击破"统整"之中国精神传统的偏激倾向，深刻地揭示了新文化运动之"现代化情结"的片面性，以及其"半截子西化"与"全盘反传统"所遗留的意义空阙之困局。杜对新文化运动之"唯富强主义"取向、"断片之西化"和"全盘反传统"之偏失的批判，实际上提出了一个启蒙运动之"文化对话"的课题。此恰为新文化运动之深刻阙失。耐人寻味的是，陈独秀后来对此似有所悟，其"五四"以后转而疏离启蒙理性主义和倡导基督教，显然是对其前期激进倾向的修正。而新文化运动之另一领袖胡适，其大力张扬的唯科学主义的"科学的人生观"，亦不过是将儒家"三不朽"人生观加以"科学"的包装而已。陈胡的价值尴尬，恰恰暴露了新文化运动之启蒙理性主义之意义空阙的困局。在孔教问题上，陈反对孔教定于一尊的思想专制和杜护守传统资源的统整，分别抓住传统之"变革"与"认同"的二大主题。现代化应是传统之"变革"与"认同"统一的创造性转化。需要指出的是，杜的"文明统整"并非陈所简单理解的"思想统一"，而是意谓中国文化传统之一脉相承连续性和融会西学的整合。杜的以中国传统文化之"绳索"一以贯之西方文化之"散钱"的比喻，强调传统在现代化之文化整合中的主体地位，这点也是对新文化运动之西化主义的补正。

三、西化主义与东西调和

陈独秀在文化问题上激进的西化主义和反传统主义，既由其寻求"富强"的"现代化情绪"所驱策，也以西方启蒙理性主义的社会进化论为理论武器。这种社会进化论以孔德的实证主义进化论和斯宾塞的社会有机体论为基础。如果说孔德的"宗教—玄学—科学"三段论进化图式，使陈坚信儒学已被文化进化所淘汰而丧失了存在价值；那么斯宾塞的社会有机体论则进而使其意识到西方化和反传统都必须是整体性的。在他看来，"无论政治学术道德文章，西洋的法子和中国的法子，绝对是两样，断断不可调和牵就的"。"因为新旧两种法子，好像水火冰炭，断然不能相容。""若是决计革新，一切都应该采用西洋的新法子。"[①] 关于孔教，"吾人所不满意者，以其为不适于现代社会之伦理学说，然犹支配今日之人心，以为文明改进之大阻力耳，且其说已成完全之系统，未可枝枝节节以图改良，故不得不起而根本排斥之。盖以其伦理学说，与现代思想及生活，绝无牵就调和之余地也。"[②] 陈的这种全盘西化和全盘反传统的激进主义，代表了新文化运动的主流思潮。

然而，陈独秀的这种立基于启蒙进化论的西化主义，在新文化运动的展开中不能不日显其内在的困境。人类文明之进化过程无穷，"新""旧"之域相对，因而陈追寻"进化"的趋新鹜时，使其不可能在 20 世纪坚执 18 世纪启蒙时代的"法兰西文明"。而且陈也和多数中国启蒙学者一样，在其深固的"现代化情结"和功利激情下，也难以超越"富强"的民族主义目标而真正深刻地体认西方人文价值。同时，文化上的"全盘西化"除了启蒙宣传外，亦并无实际运作的可能性。事实上，连激进反传统的"五四"启蒙学者

---

① 陈独秀：《独秀文存》，安徽人民出版社 1987 年版，第 152 页。
② 陈独秀：《独秀文存》，安徽人民出版社 1987 年版，第 697 页。

自身也难以逃出"传统的掌心",陈独秀、胡适人生观之徘徊于个体与社群之间的价值尴尬,深刻地反映了新文化运动在传统与现代、中国与西方之间的内在困境。

杜亚泉在东西方文化问题上主张调和论。在他看来,欧战已暴露了西洋文明的破绽,对西洋文明也应像对东洋文明一样进行重新评判。东西文明皆非人类圆满的"模范的文明",因而战后新文明应是东西文明的改造、更新和调和。新文明的创造应"以适于人类生活者为归"。而人类生活最重要的领域为经济和道德。两者为人生之物质和精神依凭,而不可或缺。"故既富加教,实为人类保持生活之大纲。文明之定义,本为生活之总称,即合社会之经济状态与道德状态而言之。经济道德俱发达者为文明。"[①]以此文明标准衡之,今日之东西文明皆现病态。就经济而言,西洋文明失在"充血症",其科学的经济手段诚然发达,但却为其追逐欲望的错误经济目的所误用;而中国文明则害在"贫血症",其经济目的仅在满足人生所需之生活资料,惜乏有效的经济手段。就道德而论,东西道德互以"理性"和"力行"见长,但西方人之"重力行而蔑视理性"和中国人之"讲理性而不能力行",适成反对。源于希腊文化和希伯来文化之西方道德,千百年来几经冲突融合,在现代科学文化和物质文明的冲击下陷于沦落,宗教本位的希伯来思想与理性本位的希腊思想并遭毁弃,现代道德则沦为权力本位、意志本位。因而现代西方文明已陷入严重的道德危机。相比较,中国道德则未陷于西方那样的价值冲突。就道德总体而论,东洋社会失之于"精神薄弱"的"麻痹状态",而西洋社会则病在"精神错乱"的"狂躁状态"。展望战后文明演化趋势,杜认为将出现"世界潮流逆转",而趋于东西文明的调和。他预言,大战以后西洋社会经济之演变,"必趋向于社会主义"。而未来西洋社会之道德的变迁,将在源于希腊文化的近代科技文化趋于极端而陷于穷境之时,复趋于

[①] 陈崧编:《五四前后东西文化问题论战文选》,中国社会科学出版社1985年版,第27页。

"希伯来思想复兴时代",而达致希腊文化和希伯来文化的调和。在杜看来,社会主义为中国固有的人文理想,西洋文明的社会主义趋势,将使中国人获得实现千年社会主义理想的途径。而希腊和希伯来思想文化,本与中国传统道德若合符节。因而两希文化调和以后,与中国道德必大有趋近之观。当此世界潮流转换之时,国人在文化问题是应有所自觉和自信。对输入之西洋文化,"必审其于生活上之价值如何","取其所长,弃其所短"。对中国传统道德,当确信其为"最纯粹最中正者",同时研究世界各国贤哲的思想以资借鉴。质言之,东西文明的调和,在于"以彼之长补我之短"。"吾人之天职,在实现吾人之理想生活,即以科学的手段,实现吾人经济的目的,以力行的精神,实现吾人理性的道德。"[①]

"新旧"之争是新文化运动的一个基本主题。关于"新旧思想",杜亚泉反对新青年派唯启蒙文化是尊的独断论,而主张"新旧思想之折衷"。杜认为,所谓"新旧"之域在时间上是相对的,时代不同而意义自异。戊戌时代的"新旧"之争,以主张仿效西洋文明者为新,而以主张固守中国习惯者为旧。而欧战以来时势变迁,西洋现代文明破绽毕露,在现时代则复以主张创造未来文明者为新。值此世界文明转换之际,中国也应以未来文明之创造为己任。中国传统文明具有超越和补正西方现代文明的人文理想,若加以科学整理刷新,可成为未来文明之重要成分。因而在现时代,"则不能不以主张刷新中国固有文明贡献于世界者为新,而以主张革除中国固有文明同化于西洋者为旧"。对于"中西新旧"问题应有新的觉悟,"现时代之新思想,对于固有文明乃主张科学的刷新,并不主张顽固的保守,对于西洋文明亦主张相当的吸收,唯不主张完全的仿效而已"[②]。今日的新思想,是戊戌时代和现时代新旧思想的折衷。杜的"折衷"意即"中道"或"综合"。他的新旧思

[①] 陈崧编:《五四前后东西文化问题论战文选》,中国社会科学出版社 1985 年版,第 32 页。
[②] 陈崧编:《五四前后东西文化问题论战文选》,中国社会科学出版社 1985 年版,第 163 页。

想折衷论的总体原则,在于现代文明与未来文明、启蒙文化与社会主义的综合。"吾人主张以现代文明为表,以未来文明为里。表面上为奋斗的个人主义,精神上为和平的社会主义。"①

杜亚泉对新青年派揭橥的"新思想"提出批评。在他看来,新文化运动的所谓"新思想"实则"非新非思想"。"非新"者,指其仅抱守18、19世纪之启蒙文化如科学、民主和进化论,而于经济民主主义、互助进化论和社会主义等后启蒙文化之新思想无涉。"非思想"者,则指新文化运动之反传统主义意识形态,"实非思想而为态度"。这种推倒一切旧习惯的"态度",起于对传统不满的感情,它也算不上什么"新态度",而只是一种时髦态度。这种"推倒一切旧习惯"的态度与新思想的定义适相凿枘。"新思想依据于理性,而彼则依据于感性。新思想于事物或观念间,附以从前未有之关系。而彼则于事物或观念间,破其从前所有之关系。"②在新旧文化的关系问题上,杜反对陈和新青年派的"先破后立"的文化革命方针,而主张"先立后破"的文化改良路线。他认为,"盖旧习惯之破坏,乃新思想成立后自然之结果。新屋既筑,旧屋自废;新衣既制,旧衣自弃。今不务筑新屋,制新衣,而唯卷人之茅茨而焚之,剥人之蓝缕而裂之,曰:是即予之所谓新屋也,是即予之所谓新衣也。则人安有不起与之反抗者。"③一味破旧和反传统不仅无助于新文化的构建,而且将激化新旧之间的冲突而阻碍新文化的创造。

杜亚泉对陈独秀和新青年派之西化主义和反传统主义,做了全面的批评性回应。他关于新文化运动之唯启蒙文化是尊的独断的启蒙西化主义、"推倒一切旧习惯"的非理性态度和"以破代立"的文化激进主义的批评,不

---

① 陈崧编:《五四前后东西文化问题论战文选》,中国社会科学出版社1985年版,第198页。
② 陈崧编:《五四前后东西文化问题论战文选》,中国社会科学出版社1985年版,第198页。
③ 陈崧编:《五四前后东西文化问题论战文选》,中国社会科学出版社1985年版,第199页。

能不说切中了"五四"启蒙运动的偏弊。杜关于"东西新旧"问题的开放心态、辩证思考和理性选择，在弥漫着启蒙浪漫主义的"五四"思想界可谓独树一帜。在"五四"知识界，杜是最早从欧洲大战中预见西方文化之困境及其思潮转换趋向的思想家，他先于梁启超之《欧游心影录》而早在新文化运动之初，已预言了西方文化的危机，尽管陈独秀当时对此颇不以为然而轻蔑地讽之以"梦吃"。杜关于中西经济道德的辩证评判，尤其是关于战后西方文明将趋于社会主义和希腊希伯来文化融合趋向的预言，深有见地。耐人寻味的是，陈以后的思想流变，似乎戏剧性地印证了杜的卓识。陈独秀在"五四"以后也开始疏离和批判欧洲启蒙文化，他不仅将西方思潮划分为启蒙时代的"近代思潮"与20世纪的"最近代思潮"，而且承认近代思潮"杀人"和"教我们绝望"。同时，陈开始转而迎受社会主义和基督教。陈一改先前"以科学代宗教"的实证主义观点，而承认基督教和希腊文化是欧洲文化的两大源泉和"支配西洋人心底最高文化"，并且主张以鉴取希腊希伯来之审美和宗教情感来补正中国文化。陈对欧洲启蒙文化和基督教文化的迎拒，反映了新文化运动的内在困境。关于新旧文化的关系问题，陈的"先破后立"的文化革命论和杜的"先立后破"的文化改良论，实际上代表了激进的法国启蒙理性主义模式和稳健的英国自由主义模式的分歧。杜不认为文化进化可以靠除旧布新的文化革命形式来完成，他相信文化重建无须以摧破传统为前提。最值得一提的是，杜关于东西文明之调和与新旧思想之折衷的文化调和论，以"人类生活"为标的，从物质文明（经济）和精神文明（道德）双重维度，以东方传统、西方现代性和超现代之社会主义为精神文化资源，提出了整合"东西新旧"，而构建"既富加教"、效率与公正统一的新文明模式。这种新文明模式显然比新文化运动之"科学民主"模式更为深刻和宏伟。如果说百年中国现代化运动经历了一个由"西化"到探寻"中国现代性"的曲折历程，那么这一"中国现代性"的生成正是以中国传统、西方现代性和社会主义为基本精神文化资源的。正是此三维资源互动互约之"调和"的张力，规定了中国现代化模式的基本格局。

四、启蒙运动的两条路径

陈杜的东西文化论分别切中了中国文化现代化之"变革"与"认同"两大主题。陈关于东西文化之时代差异和世界现代化历史趋势的揭示，关于中国文化理性化之"科学""民主"主题的体认，以及对儒家纲常礼教的批判，深刻把握了中国文化多元之民族特性的强调；杜关于护存东方精神传统而保持中国文化之主体性和承续性的主张，以及东西文化融合调和而综合创新的文化重建思路，则进而揭示了中国传统文化自我更新转化的历史课题。美国文化人类学家托马斯·哈定对文化的"创造"和"保守"有精辟的见解，他认为："我们的主题是由创造和保守——这两个文化适应过程的特性方面所构成的。通过分化和放射，同化和平行发展，新的文化类型和文化因素便得以产生了。但是由于它们的系统特性，文化又趋向于稳定和自我维持，即使是迫于外来压力而不断发展的特殊部分，也不过是为了保持其基本的结构和方向罢了。"[1] 陈杜的东西文化论分别把握了中国文化之"创新"和"守成"的二大主题。杜的护存传统资源的稳健观点，是对陈和新文化运动之文化激进主义路线的制衡和补正。两者的一"进"一"挽"，缩影了一幅具有辩证张力的启蒙运动的思想图景。

关于陈杜文化理论的价值，如果说陈之优胜更多在于思想启蒙宣传效应，那么杜则长于文化学理的思想价值。从学理而论，陈之启蒙主义理论如进步主义、实际主义、唯科学主义、社会进化论等，以及其激进的西化主义和反传统主义文化主张，多粗陋浮泛而经不起学理推敲，尽管其"深刻的片面性"不乏历史合理性。陈的理论之误，在于把传统视为一个无生命力和铁

---

[1] 托马斯·哈定等著，韩建军、商戈令译：《文化与进化》，浙江人民出版社1987年版，第54页。

板一块的僵死历史遗存,据此而把中国现代化归为一个移植西方现代性而摧破中国传统的简单的"西化"过程。而杜的"东西调和""新旧折衷"的文化综合理论,尽管在弥漫启蒙浪漫主义的"五四"思想界颇显"保守"和不合时宜,但却更为中正理性,而独具深邃恒久的思想价值。日本和东亚"四小龙"现代化的历史经验证明,东方民族的现代化决不是一个必须以毁弃传统资源为代价的"西方化"过程,而毋宁是一个东西文化从冲突走向融合的文化综合创新过程。诚如希尔斯所言,文化扩张的极限是文化融合,"除了科学知识之外,相互融合是传统延传所达到的最远极点"[①]。"诸种传统的相遇也即意味着传统的冲突。冲突同时伴随着增添、融合、吸收和熔化,这并不是不协调的。"[②] 显而易见,杜的调和主义无论从学理逻辑抑或历史经验而论,都更符合 20 世纪学术和社会发展的趋势。

关于杜亚泉以及东方文化派的思想属性,学界一般将之归入"文化保守主义"范畴。然而需要指出的是,"保守主义"是一歧义丛生的西方概念,它在中国近代思想史研究中不能不具有阐释的限度。艾恺曾指出:"'保守主义',通常都有很重的政治含义与价值取向,和我希望指出的文化现象有出入;特别是民初的反现代化思想,其不但不保守,进取的精神反而很明显。"[③] 艾氏用"守成主义"("守成"与"创业"相对应)代替"保守主义",颇具深见。但将民初批评现代性对人文价值的侵蚀性、倡导东西文化调和的文化守成主义思潮,定位为"反现代化"思潮,则在逻辑与史实上值得商榷。批评西方现代性对东方文化道德价值的侵蚀和护卫传统资源,无疑是"五四"东方文化派的一个基本特征,但是他们并不冥顽不化地拒斥现代西方科学和民主。易言之,东方文化派与新青年派的聚讼对峙,其焦点并不

---

① [美] E. 希尔斯著,傅铿、吕乐译:《论传统》,上海人民出版社 1991 年版,第 337 页。
② [美] E. 希尔斯著,傅铿、吕乐译:《论传统》,上海人民出版社 1991 年版,第 374 页。
③ [美] 艾恺:《世界范围内的反现代化思潮:论文化守成主义》,贵州人民出版社 1991 年版,第 4 页。

在于迎拒科学民主,而在于存毁传统道德。这也是东方文化派与体用派的一个基本分野。而按照费正清的阐释,即便是从事自强运动的体用派,似乎也并非"保守"的或"反现代"的,费氏将"认为中国跳半步便可进入现代"的洋务派和"反对一切西方的东西"的保守派,做了明确的界分①。可见,如果以"反现代化"范畴来涵括近代中国一切批评西方现代文明的思潮,同样具有"保守主义"范畴之阐释的限度,它将难以区分墨守传统的守旧派与体用派、改良派、东方文化派等思潮的界限。显然,对于杜亚泉的思想个案来说,无论"保守主义"抑或"反现代化"范畴,都难以阐释其辩证臧否东西文化,并主张东西新旧融合的文化调和主义的繁复性。东方文化派是个十分复杂的思想流派,其主要成员多为留学欧美日而学贯中西的硕学之士,其对世界新知的了解决不在新青年派之下,且其思想又徜徉于"东西新旧"诸文化单元之间,而决非"传统—现代"二分范式所能涵盖。如果一定要给杜的调和论定位,大概也仅能以"反西化主义"为下限,它是对"五四"时代"西风压倒东风"之文化态势所做的批评性反应。

杜亚泉的"反西化"的文化调和主义,当属民初启蒙运动之重要一翼。杜陈文化理论的思想歧异与其说在于"激进"与"保守"的对立,毋宁说在于启蒙运动之"激进"与"稳健"路线的分歧。如果说陈的启蒙理性主义采借了激进的法国模式,那么杜的文化调和主义则更趋近于温和的英国自由主义模式,它与戊戌时代梁启超的启蒙路线相近似,李大钊的调和主义也当属此列。杜对稳健温和的英国现代化模式赞赏备至,他认为,"近世之国家中,开进而兼能保守者,以英国为第一,用能以三岛之土地,威加海陆"②。"故民主国家,于新旧交递之间,当以稳静持重为主。"③ 杜本人曾以"新旧

---

① 参阅[美]费正清著、张理京译:《美国与中国》(第四版),商务印书馆1987年版,第141页。
② 田建业等编:《杜亚泉文选》,华东师范大学出版社1993年版,第131页。
③ 田建业等编:《杜亚泉文选》,华东师范大学出版社1993年版,第132页。

思想"之别来诠释其与新青年派的分歧:"新旧思想之差异,就其表著者言之,不过程度分量之问题,非极端反对者。其于西洋文明,一方主张完全仿效者,一方亦主张为相当的吸收。其于固有文明,一方主张完全革除者,一方亦不主张顽固的保守。则折衷之结果,似不过于程度分量之间,为几分之加减而已。"[1]这里,杜承认其与新青年派的歧见不属"极端反对"的敌对思想营垒,而仅有"程度分量"之别。杜还从知识情感之个性差异的层面,进一步深刻分析了新旧派别的特征。他指出:"知识明敏感情热烈者,常为革新之魁;知识蒙昧情感冷淡者,常为守旧之侣。至知识蒙昧感情热烈者,表面上为革新之先锋,而浅尝浮慕,宗旨恒不坚定,或转为守旧者之傀儡,今之所谓暴乱派是已。知识明敏情感冷淡者,实际上为革新之中坚,而徘徊审慎,不肯轻弃旧惯,反似为笃于守旧者,今之所谓稳健派是已。"[2]显然,杜自居"革新之中坚"的"稳健派",以与陈为"革新之魁"的"激进派"相区别,而在杜看来,两者的急进与稳健,归根结底源于"知识明敏感情热烈"与"知识明敏情感冷淡"的个性差异。陈杜二人同属"革新"的启蒙营垒,其文化启蒙的不同进路,很大程度上反映了一位急躁勇猛的革命家兼启蒙者与一位稳健温和的百科全书式启蒙学者的性格差异。

近代中国的启蒙运动,有一个由戊戌之英国式自由主义到"五四"之法国式激进主义的范式转换过程,这一运动的激进化趋势与20世纪中国政治变革的激进化趋势相同步。即便没有民初康有为与帝制复辟运动汇流的孔教运动,儒学批判运动在20世纪中国新文化运动中也属题中应有之义。因而中国启蒙运动鉴取法国模式自有其深刻的历史合理性,这也是儒学一统的古典中国之统合型文化结构使然。问题在于,中国的现代化是否必须以全盘毁弃东方传统的代价?正是围绕这一基本问题,陈的反传统主义和杜的调和主

---

[1] 田建业等编:《杜亚泉文选》,华东师范大学出版社1993年版,第410页。
[2] 田建业等编:《杜亚泉文选》,华东师范大学出版社1993年版,第211页。

义成为启蒙运动之激进和稳健路线的分野。杜的稳健路线的底蕴不在"保守",而在于寻求超越西方模式的健全的东方现代性。

　　回眸百年思潮史,我们不无遗憾地发现,历史在宽容激进主义之"深刻的片面性"的同时,也长期湮没了理性的价值。在启蒙时代以至20世纪中国的革命进程中,杜及其所代表的东方文化派一直居于被历史遗忘的边缘地位。杜亚泉的文化思想是启蒙时代留下的一笔未被发掘的思想遗产。他关于在现代化中护存东方精神传统的观点,关于"先立后破"的渐进式文化转型进路,关于以东方传统、西方现代性和社会主义为精神文化资源而创造中国新文明的文化综合方针,以及关于物质文明与精神文明协调发展的"既富加教"的社会发展目标,不失为先驱者富有远见卓识的金玉良言,是20世纪中国思想史之一份经过历史汰洗而弥足珍贵的思想遗产。重新研究杜亚泉以及东方文化派,是重建百年思想史的一项重要课题。

原载《近代史研究》1994年4期

从西方科学转向东方文化
——重估杜亚泉思想之转折

王 鸿

"召唤亡灵是为了现实的需要",这句话在杜亚泉思想的研究中表现得尤其明显。作为长久隐匿于主流历史叙事之外的人物,杜亚泉之所以在 20 世纪 90 年代后备受关注,虽然与其思想本身的深邃性有关,但更为关键的是,当时剧烈变动的政治与历史局势所引发的关于近代中国历史叙事的整体性反思。在喧嚣一时的"激进与保守"论战中,部分研究者将新文化运动视为 20 世纪中国激进主义的发端,认为正是这场思想运动引发了此后的一系列思想病症和政治灾难。对于新文化运动以及激进主义的反思,引发了学界对曾经被视为保守思想甚或"反动"人物的重新评估。彼时所谓的保守派,即从初期的国故派、林纾、严复,到后期的东方文化派、学衡派、梁启超、辜鸿铭、章士钊等,受到学者们的广泛关注[1]。也正是在这种二律背反的"激进与保守"研究范式中,杜亚泉作为"五四"时期东西文化论战的代表人物,其思想中的温和渐进倾向,特别是"调和论"主张,得以在长久湮没无闻之后,受到学者们的重视,被视为弥足珍贵的思想传统[2],被推崇为"另一种启

---

[1] 参见李世涛主编:《知识分子立场——激进与保守之间的动荡》,时代文艺出版社 2000 年版;郑大华、贾小叶:《20 世纪 90 年代以来中国近代史上的激进与保守研究述评》,《近代史研究》2005 年 4 期。
[2] 王元化:《杜亚泉与东西文化问题论战》(代序),载许纪霖、田建业编:《杜亚泉文存》,上海教育出版社 2003 年版,第 1—20 页。

蒙，一种温和的、中庸的启蒙"①，可谓是一种"调适的智慧"②。基于当时特定的思想语境，这些解释范式可谓自有其开创性意义所在。

然而，随后有关杜亚泉的研究，虽在史料、研究视角上有所补充，但并未在整体上对上述解释框架做出深刻反思，从而在某种程度上遮蔽了杜亚泉思想的复杂性③。如果说杜亚泉在新文化运动时期对于东方文化的强调构成了"另一种启蒙"，那么与《新青年》群体同处一个时代的他是否又真的能够游离出彼时的激进谱系，而自成一格呢？在当时语境中，所谓"东方文化"与"科学""民主"，是否真的存在此疆彼界的区别，抑或二者之间是否存在某种"态度同一性"④呢？这些问题并不仅仅存在于杜亚泉研究中，同时也潜藏在对"五四"前后所谓"保守派"的研究中。杜亚泉的特殊性，除了他较早提出东西文化二元论及其调和论主张外，较少为研究者所关注的，则是他早年作为科学启蒙者的角色，对西方文化所持有的极大热情。完整地勾勒杜亚泉由推崇西方科学转向东方文化的思想历程，并侧重考察其在这一转变前后思想的微妙变化，显然对于突破以往的解释范式有所助益，甚而对于探讨此后循东方文化派路径进一步发扬光大的"新儒家"与由"五四"激进浪潮引发的"革命"走向之间的内在勾连，也有着管中窥豹的意义。

---

① 许纪霖：《杜亚泉与多元的启蒙传统》，载许纪霖、田建业编：《杜亚泉文存》，上海教育出版社2003年版，第496—497页。
② 高力克：《调适的智慧：杜亚泉思想研究》，浙江人民出版社1998年版。需要指出的是，高力克所谓的"调适的智慧"，其基本分析框架来自黄克武关于梁启超的研究（参见黄克武《一个被放弃的选择：梁启超调适思想之研究》，中研院近代史研究所专刊，1994年版）。
③ 参见刘畅、宋祎凡：《启蒙之"思想战"及其内在悖论——1910年代杜亚泉东方文化观念的历时转变》，《天津师范大学学报（社会科学版）》2016年1期；鲍文欣：《杜亚泉：在"动静"与"新旧"之间》，《杭州师范大学学报（社会科学版）》2016年1期；陈同：《第一次世界大战背景下的杜亚泉》，《史林》2015年6期。值得注意的是，汪晖从第一次世界大战背景下考察杜亚泉与陈独秀的争论，认为相关争论背后涉及文化与政治的互动。参见汪晖：《文化与政治的变奏——战争、革命与1910年代的"思想战"》，《中国社会科学》2009年4期。
④ 这一概念参见汪晖：《预言与危机——中国现代历史中的"五四"启蒙运动》，《文学评论》1989年3、4期。

一、科学救国的迷梦

杜亚泉，字秋帆，清同治十二年（1873）生于浙江绍兴。从近代中国知识阶层代际结构的变化来看，像杜亚泉这样出生于19世纪七八十年代的知识分子恰好处于中国政治、社会、文化、思想急剧变化的转型期。一方面，在1905年科举制度正式废除之前，他们大体接受过系统的儒家经典教育，甚至参与过博取功名的科举考试，无法遽然摆脱传统思维的束缚；另一方面，他们正年轻，在救亡日亟的时势面前，开始大量吸收西方新观念、新思想，对于传统儒家思想虽未弃如敝屣，但也已不如上一代知识分子那般具有文化自信。可以说，杜亚泉这一代知识分子乃是在"不中不西""又中又西"的文化氛围中成长与活动的，深受传统与西方的双重影响[①]。然而，正如张朋园所指出的，此种新旧杂糅的暧昧态度并未持续多久，从戊戌变法、立宪运动、辛亥革命到"五四"运动，随着新生代知识分子逐步取代传统士绅，成为社会的主力军，越来越多的知识分子毅然地走出传统的藩篱，"攻击传统伦理、风俗习惯，乃至于传统的历史观、宗教观"[②]。比杜亚泉小6岁的陈独秀，便于1897年参加江南乡试时，亲睹考场内外的种种丑恶现象，愤然痛斥腐朽的科举制度，转而支持康梁变法的主张，从此走上反传统、求新知的激进化道路[③]。而杜亚泉也回忆说他在戊戌变法后，痛感"国难将作"，不甘"奴颜婢膝于专制政府之下"，毅然放弃科举应试为官之路，"绝意仕进"，"退而修己"[④]。如所周知，陈独秀在新文化运动中为反传统，进而掀起中国

[①] 许纪霖：《20世纪中国六代知识分子》，载《中国知识分子十论》，复旦大学出版社2003年版，第82—83页。
[②] 张朋园：《清末民初的知识分子》，载许纪霖编：《20世纪中国知识分子史论》，新星出版社2005年版，第227页。
[③] 陈独秀：《实庵自传》，台北传记文学出版社1967年版，第35—43页。
[④] 杜亚泉：《智识阶级之团结（谈屑）》，《东方杂志》16卷10号，1919年10月。为统一行文，以下凡引用杜亚泉在担任《东方杂志》主编期间所发表的文章，均不用其文章笔名（包括伧父、亚泉、高劳、炜孙），而直接以"杜亚泉"注出。

从西方科学转向东方文化——重估杜亚泉思想之转折

思想界狂飙运动的理据之一,便在于其所揭橥的"科学"(赛先生)口号[1]。与陈独秀相比,杜亚泉其实更早地投入到了传播科学理念的实际活动中。1898年,杜亚泉便应蔡元培之聘,任绍兴中西学堂算学教员。两年后,创办亚泉学馆,宣扬科学理念,培育科学人才。与此同时,他还创办了近代中国第一份由中国人自己主持的科学刊物《亚泉杂志》。此后,他更是在中小学科学教科书的编订工作上着力甚深,由其翻译、主编的科学刊物、辞典及编写的科学教科书,至少有60本,影响广泛,成绩卓著,可谓是"中国科学界的先驱"[2]。

杜亚泉在其早年之所以对科学教育如此用心,并非随意择取,其理据在于对科学重要性的高度自觉。在《〈亚泉杂志〉序》中,杜亚泉虽借用张之洞《劝学篇》中"西政"与"西艺"(亦即科学技术)的表述,但却道出了不同于"中体西用"的论调。他认为,虽然在中国传统文化中,"政重于艺",但考诸实际,政治与艺术(科技)之关系,"自其内部言之,则政治之发达,全根于理想,而理想之真际,非艺术不能发现。自其外部观之,则艺术者固握政治之枢纽"。科学的重要性,非但不亚于政治,且构成了政治进步的关键因素,举凡内政、外交、军事、经济与教育之前进,无不与科学存在密切的联系。"航海之术兴,而内治外交之政一变;军械之学兴,而兵政一变;蒸汽电力之机兴,而工商之政一变;铅字石印之法兴,士风日辟,而学政亦不得不变。"[3] 苟科学发达,则"政治、道德诸问题,皆迎刃而解",否则,"虽周孔复生,亦将无所措手"[4]。

值得注意的是,虽然杜亚泉强调科学的重要性,发出不同于"中体西

---

[1] 陈独秀:《敬告青年》,《青年杂志》1卷1号,1915年9月。
[2] 参见陈镱文等:《杜亚泉先生年谱》,《西北大学学报(自然科学版)》2008年5、6期;王元化:《杜亚泉与东西文化问题论战》,载许纪霖、田建业编:《杜亚泉文存》,上海教育出版社2003年版,第1—3页。
[3] 杜亚泉:《〈亚泉杂志〉序》,《亚泉杂志》创刊号,载许纪霖、田建业编:《杜亚泉文存》,上海教育出版社2003年版,第229页。
[4] 杜亚泉:《〈工艺杂志〉序》,《东方杂志》15卷4号,1918年4月。

用"的论调，但其对科学正当性的论证却仍然延续了"中体西用"论的思维模式。在政治与科学（"艺术"）关系的论述中，杜亚泉所理解的科学看似凌驾于政治、道德之上，但若是借用华勒斯坦（Immanuel Wallerstein）等人的界定，实则并不具有牛顿模式意义上的那种笼罩一切的准神学价值，而近似于笛卡尔式的科学认知，即清醒地意识到在自然与人类、物质与精神、物理世界与社会／精神世界之间存在着差异，并自觉地将科学与政治学、伦理学、形而上学等人文学科视为两个不同的领域①。不过，与笛卡尔对这两个领域的严格划分不同的是，杜亚泉虽然也看到了二者之间的区别，但却又从功利主义的角度论证科学的价值正当性，将二者悖论性地重新勾连起来，从而科学的价值不仅体现在对客观规律的认识上，而且还深刻地展现于社会政治的具体实践中。可以说，杜亚泉对科学的认同与探索，就如同史华兹笔下之严复对西方价值的引介一样②，其所歆羡的并不仅仅是真正的科学价值，更重要的是西方科学所带来的富强效应，普及科学理念的目标也就最终落实在建立一个既富且强的中国上。

事实上，将科学与国家富强紧密联系，是近代中国早期科学家观念中的普遍"意结"③。除了杜亚泉创办的《亚泉杂志》，近代中国较早的科学刊物如由上海科学仪器馆编辑发行的《科学世界》、由科学研究会编辑发行的《科学一斑》，均在科学／政治、科学／时代、科学／文明的论述方式中，为科

---

① ［美］伊曼纽·华勒斯坦等著、刘锋译：《开放社会科学：重建社会科学报告书》，生活·读书·新知三联书店1997年版，第3—4页。关于笛卡尔式的科学认知及随后的发展，参见［英］C.P.斯诺著、纪树立译：《两种文化》，生活·读书·新知三联书店1994年版。
② 参见［美］史华兹著、叶凤美译：《寻求富强：严复与西方》，江苏人民出版社1990年版。
③ "意结"一词借用了王中江关于近代中国富强心态的论述，一方面没有海外学人在论述所谓"意底牢结"（ideology）的负面色彩，另一方面则可表明近代知识分子所共享的一些情结（参见王中江《解释的力度：史华兹的中国思想史视角》，载许纪霖、朱政惠编：《史华慈与中国》，吉林出版集团有限责任公司2008年版，第172页）。

学及科学家在现代社会体制中的地位和意义,提供合法性论证[1]。此种具有功利主义色彩的合法性论证,固然在某种程度上与科学在西方的价值意涵不相契合,但却也顺应了科学价值从边缘到主流的发展趋势。根据利奥塔在《后现代状况》中对科学知识和叙事知识所做的区分,科学在成为一切事物合法性的来源之前,并没有自明的正当性,它自身的合法性仍需要政治、经济、文化等叙事知识的论证。换言之,科学自身并不能自我确证,而是需要借助特定的历史形势,以获得其价值正当性,从而为人们所接受。离开了特定的政治、经济、文化等叙事知识的论证,科学甚至无法证明其自身的意义,更遑论以科学为理据为其他历史实践提供合法性证明[2]。

科学在近代中国正当性确证的过程,的确也因应着近代中国特殊的内忧外患的历史形势,填补了儒学价值解钮所带来的价值真空状态,以"公理"之名替代了原本维系人心、统辖人伦的"天理"观[3]。当然,所传入之西方科学观念非仅一端,而反响最为巨大者,为严复所引介之竞争进化论。与杜亚泉所揭示的科学与政治关系不同的是,竞争进化论描绘的是一幅从自然到人事的普遍竞争的图景。在此种图景中,并没有事实与价值的区别,亦不分人事与自然的差异,所诉诸的乃是普遍的进步观念。进步的动力,并非传统儒家的道德与伦理,而是普遍的力性竞争。无论是个人还是国家,均不能例外,要想获得生存,唯有努力在竞争中获得胜利,打败他者,成为强者。在这个力性秩序中,并无所谓的公理,强权即公理;并无所谓的道德,竞争即

---

[1] 参见范明礼:《科学世界》,载丁守和主编:《辛亥革命时期期刊介绍》第一集,人民出版社1982年版,第288—302页;汤奇学:《科学一斑》,载丁守和主编:《辛亥革命时期期刊介绍》第二集,人民出版社1982年版,第544—547页。

[2] Jean-Francois Lyotard, *The Postmodern Condition*, Minneapolis: University of Minnesota Press, 1984. 汪晖更将利奥塔所描述的此一科学发展历程,概括为"科学的公理化"与"公理化的科学",前者科学自身的正当性仍未证成,而后者已然以"公理"自居,一切事物均受其检验(参见汪晖:《现代中国思想的兴起》下卷,生活·读书·新知三联书店2008年版,第1111页)。

[3] 汪晖:《现代中国思想的兴起》上卷,生活·读书·新知三联书店2008年版,第47—70页。

道德。生活在这样一个超乎道德、血腥的世界里,正如浦嘉珉所言,"自我保存是其中的唯一道德"①。

此种竞争进化论流传中国之快有如"置邮传命",对中国社会影响之大不下万钧雷霆②。但其学说流传速度愈快,影响日渐增强,并非意味着杜亚泉科学救国梦想的步步实现,反而使其对科学之态度发生巨大的转变,认为"近年中以输入科学思想之结果,往往眩其利而忘其害,齐其末而舍其本,受物质上之激刺,欲日盛而望日奢"③。高倡科学之结果,并没有产生一个富强且有序之国家,而是使社会达尔文主义甚嚣尘上,权力竞争、寻求奢侈之风,流行不止,以致大部分人皆"趋于身份不相应之生活"④,原本"辨别綦严,各治其生,不容混杂"的四民秩序完全被打乱⑤。而维持此一规范秩序的德性伦理也不复存在,上焉者如伦理之信念、道德之权威,下焉者如风俗之习惯、鬼神之迷信,"均已破坏而无余,又别无相当者出承其乏,而利禄主义,物质潮流,复乘其虚而肆其毒。于是群情悯悦,无所适从,人心摇惑,失其宗主,人人各以其爱憎为好恶,利害为是非"⑥。即使是在政治上力争上游、有所作为之人,也往往多存"五日京兆"之心,而不愿谋求百年大计,凡所规划,"但求及身或其任事之时期内,得以敷衍粉饰而止,永久之利害、他日之安危,非所虑也"⑦。

杜亚泉的这些论断显然针对的是民初的共和乱局,而寻其源头所在,则是由西方传入的、被时人视为"科学"的竞争进化论。然而事实上,根据相关学者的研究,由严复所引介的竞争进化论,并非全然主张将自然的丛林法

---

① [美]浦嘉珉著、钟永强译:《中国与达尔文》,江苏人民出版社2009年版,第414页。
② 杜亚泉:《静的文明与动的文明》,《东方杂志》13卷10号,1916年10月。
③ 杜亚泉:《战后东西文明之调和》,《东方杂志》14卷4号,1917年4月。
④ 杜亚泉:《说俭》,《东方杂志》14卷6号,1917年6月。
⑤ 杜亚泉:《消极之兴业谈》,《东方杂志》12卷7号,1915年7月。
⑥ 杜亚泉:《国民共同之概念》,《东方杂志》12卷11号,1915年11月。
⑦ 杜亚泉:《吾人今后之自觉》,《东方杂志》12卷10号,1915年10月。

则应用于人间的伦理世界,而是同时预设了一个与天争胜、人定胜天的过程。如果说流俗所至之竞争进化论,乃是建立在自然与人事无法遽分的一元论思维方式之上,那么进化论的引介者严复则在"天行"与"人治"之间做出了某种程度上的二元分割。虽然自然界存在弱肉强食的残酷现实,但是人类社会乃是不同于"丛林"世界的"花园"文明,并不需要完全遵从"丛林法则",而是依赖于园丁的精心设计与细心照料,任天而治,并不合理,也无法持续①。与严复之所思所虑相同,杜亚泉早于1913年便批判流俗所传之竞争进化论将自然与人事相结合的一元论思维模式,认为"以生物界之现象,说明人类社会之现象,致使人类社会堕落于禽兽之域",无可谓进步,甚且不乏谬误②。不过,除此之外,杜亚泉的思考亦更多地融入了东西文化之比较。

二、"欧战"与"精神救国论"

"五四"时期发生的东西方文化论战,肇端于《新青年》杂志主编陈独秀批判《东方杂志》上发表的三篇文章。1918年《东方杂志》15卷4号刊登主编杜亚泉《迷乱之现代人心》一文,同卷6号载平佚所译日本《东亚之光》杂志的《中西文明之评判》一文及钱智修所撰《功利主义与学术》,批评西方现代文明,反思文化的发展问题。对此,陈独秀在《新青年》5卷3号上发表《质问〈东方杂志〉记者——〈东方杂志〉与复辟问题》一文,直指《东方杂志》此类观点是"以笼统不中要害、不合逻辑之议论见教",不脱文化复辟的窠臼,望《东方杂志》记者回应其十六条质疑③。三个月后,杜亚泉以《答〈新青年〉杂志记者之质问》一文加以回应。之后,陈独秀又发表了《再质问〈东方杂志〉记者》一文,杜亚泉未作回应。

关于"五四"时期的东西方文化论战已有丰富的研究,然而仍值得注意

---

① 王道还:《重读〈天演论〉》,《科学文化评论》2012年1期。
② 杜亚泉:《精神救国论(续本卷第二号)》,《东方杂志》10卷3号,1913年9月。
③ 陈独秀:《质问〈东方杂志〉记者——〈东方杂志〉与复辟问题》,《新青年》5卷3号,1918年9月。

的是，杜亚泉与陈独秀二人关于东西文化的不同观感。不同于陈独秀以西方为中心，将西方作为线性历史发展终点的文明论，认为中国唯有追逐西方的现代化脚步，才能够迎头赶上历史发展的滚滚潮流，在杜亚泉的笔下，东方为"静"，西方为"动"，东方好和，西方好战，"西洋文明酽郁如酒，吾国文明淡泊如水；西洋文明腴美如肉，吾国文明粗粝如蔬"①。在杜亚泉看来，东西方文明之间固然存在着性质上的区别，但性质之异显然不意味着文明进化程度的差别。如果"酽郁如酒"的西方文明有其发展之道，那么"淡泊如水"的东方文明也自然有其自处之道。作为性质之异的文化对比，其间固然不乏冲突与矛盾，但以性质之异而断然评定价值之优劣，实已远离逻辑的推理，而陷于盲目的冲动和激进的破坏。有鉴于此，杜亚泉在与陈独秀的论战中便不再盲目地追逐西方，唯强者是从，而是通过文化主体性的形塑，重新发掘传统的价值，兼容并蓄，唯适者所歆。救正"杌陧彷徨"之中国，如杜亚泉所言，"决不能希望于自外输入之西洋文明，而当希望于己国固有之文明"，那种借助西洋文明以救济中国的做法，"斯真问道于盲矣"，"此为吾人所深信不疑者"②。

问题在于，在西强中弱的等级性国际格局中，面对着"杌陧纷乱"的时局与"沦胥板荡"的人心，确立文化主体之价值正当性，杜亚泉的自信从何而来？其决绝之判断又因何而起？事实上，杜亚泉此种东西方文化观，不仅仅缘于民初政治乱局中竞争进化论趋势而入形成的金钱与强力交织的棼乱状态，而是与一个具有世界性影响力的事件密切相关，即发端于欧洲的第一次世界大战。虽然在时人那里，更多地使用"欧战"③这一具有区域性战争视

---

① 杜亚泉：《静的文明与动的文明》，《东方杂志》13卷10号，1916年10月。
② 杜亚泉：《迷乱之现代人心》，《东方杂志》15卷4号，1918年4月。
③ 时人除了称第一次世界大战为"欧战"外，"大战""大战争"等词也经常可见，但大体以称"欧战"为主。胡适曾坦言："这一次大战实在不是一场'欧战'，乃是一场空前的'世界大战'。但是在汉文里，'世界大战'四个字（The World War）还不成名词，我们中国人的心里仍旧觉得这是一次'欧战'。"参见胡适《欧战全史·胡序》，载梁敬錞、林凯：《欧战全史》，亚洲文明协会1919年版。

野的词汇,但其影响力却并未因此而减弱,且有愈演愈烈之态势。如果说国内的扤隉不安,彷徨无所定向,如杜亚泉所观察的,是缘于由西方传入的竞争进化论,那么当时南北战争、共和政治所造成的混乱局面,则直接牵涉到欧战。"欧洲所竞争者,为国家权利,故发生国际战争;吾国人所竞争者,为个人权利,故发生国内战争。范围之大小虽殊,因果之关系则一。"[1]如果欧洲战争之竞争心理为"膨胀的游戏欲",那么中国则与之完全相同,"政党借国会为游戏,各出其阴谋权诈运动收买之手段,以比较技术之高下;武人借和战为游戏,各施其操纵向背诱引劫制之手段,以比较博进之多寡"。故就此而言,"我国之国内战争,实欧洲国际战争之缩影也"[2]。

欧战不仅对欧洲社会造成了巨大的破坏,更使大多数欧洲人对西方文化失去信心,启蒙运动以来的理性主义不复高歌凯旋,所向披靡。欧战的爆发,诚如霍布斯鲍姆在《极端的年代》中对"短二十世纪"的界定,意味着一个新时代的产生,开创了以"革命"为主题新的历史范式[3]。从1914年第一次世界大战,到19世纪80年代末90年代初东欧剧变与苏联解体,启蒙运动开创的理性主义一步步遭到反思、批判与解构。以理性主义为支撑的科学,不再具有韦伯意义上的祛魅功能,而是构成了对人性价值的破坏与摧残,以致这个世界不复令人着迷。对科学的反思,一方面是对科学技术所释放出来的暴力、竞争与无情的反思,另一面则预设了一个道德淳美、普遍人权与强调生命意义的美好世界,这个世界所看重的,并非仅仅是冷冰冰的科技,而是含情脉脉的人情。根据郑师渠的研究,当时欧洲对社会文化危机的反省存在两个取向:一是以马克思主义为代表,强调资产阶级"理性王国"的破产,主张通过无产阶级革命,将人类社会引向更高的发展阶段;"另一

---

[1] 杜亚泉:《大战终结后国人之觉悟如何》,《东方杂志》16卷1号,1919年1月。
[2] 杜亚泉:《大战终结后国人之觉悟如何》,《东方杂志》16卷1号,1919年1月。
[3] [英]艾瑞克·霍布斯鲍姆著、郑明萱译:《极端的年代》,江苏人民出版社1999年版。

个取向则是反省现代性,它集中表现为非理性主义思潮的兴起"。与马克思主义的唯物论主张不同,这种非理性主义思潮乃是从唯心论的角度出发,反对理性对内心的禁锢,而将目光投向人的内心世界,强调人的情感、意志与信仰的重要性。从尼采高呼"重新估定一切价值"开始,这种唯心论便甚嚣尘上。到20世纪初,以法国哲学家柏格森(Henri Bergson)与德国哲学家倭铿(R.C. Eucken)等人为代表的生命哲学,更是风靡一时,掀起了东西方社会共同的追捧热潮①。

杜亚泉对于欧洲这股非理性主义的唯心论思想极为关注,曾在《东方杂志》上译介刊载,并多次著文宣传。早在欧战爆发前一年,《东方杂志》即刊发章锡琛译自日本《万朝报》的《新唯心论》一文,介绍欧洲唯心论思想发展之历史与前沿,进而指出在生存竞争之唯物论外,欧洲经历由唯物论转变为心物二元论及唯心论之次第②。半年之后,《东方杂志》登载钱智修之《现今两大哲学家学说概略》,介绍柏格森与倭铿之生命哲学,认为二者均"以生活为灵魂上之经验,以自由进步为主旨",一反机械论与宿命论之旧说,凸显了欧美哲学对现代物质文明的反思。而且,他还断言"历史派与实验派之说,渐成腐臭,而直觉说与唯灵说,乃代之而兴",认为这是一个"唯物论"衰败、"唯心论"崭露头角的时代③。而杜亚泉本人则依据欧美唯心论之内涵,三论"精神救国"之宏旨,分别从学理与事实上揭露国内流行的竞争进化论之偏颇,对于晚清以来以竞争进化论为基石的科学救国论大加挞伐。

在他看来,19世纪后半期,风靡欧美、流行世界的竞争进化论,其实为"一种危险至极之唯物主义"。此种唯物竞争进化论,是当时"唯物论"与"唯心论"相互拮抗的结果。"唯心论"哲学不复生机,而"物质科学,日益

---

① 郑师渠:《欧战前后国人的现代性反省》,《历史研究》2008年1期。需要指出的是,郑师渠的研究更侧重于欧战后的情形,但实际上相关变化在欧战期间、甚至欧战之前就已出现。
② 章锡琛:《新唯心论》,《东方杂志》9卷8号,1913年2月。
③ 钱智修:《现今两大哲学家学说概略》,《东方杂志》10卷1号,1913年7月。

昌明"，"以空想为基础之唯心论，遂不能不服屈于以实验为基础之唯物论之下"。之后，以孔德之实验论启其绪，以达尔文之动物进化论植其基，以斯宾塞之哲学论总其成，"唯物论哲学，昌明于世，物质主义之潮流，乃弥漫于全欧，而浸润于世界矣"。从自强运动到戊戌变法，此种主义，航渡东亚，输入中国，"其初则为富强论，其继则为天演论"。一时之间，传播于上中流人士之间，"炫耀耳目，渗入脏腑"，"而我国民之思想，乃陷于危笃之病态，卒至抛掷若干之生命，损失若干之财产，投入于生存竞争之漩涡中，而不能自拔"①。

如果说竞争进化论通过杂糅人事与自然的方式，将自然界的丛林法则运用于人类社会，从而确立事实与价值无法遽然区分的宇宙观，那么杜亚泉所推崇之新唯心论，则诉诸自然知识与道德知识的二元划分。人类固然属于生物界之一部分，但人类除了生存之外，更应该"唤起吾侪之精神"，实现"心意遂达"之宏旨。"心意遂达"，并非放纵心灵，而是"使其心之能力，自由向上发展之谓，即孔子之所谓君子上达也"。一方面，应该使心灵勿受生理之牵掣，使人事摆脱自然之统辖；另一方面，则要各自发展心力，使吾人之心，"超然离立于宇宙之间"，在知识、情感与意志上更求进境，从而"或为学理上之发见，或为艺术上之发明，各专一门，各精一事"，"则物质竞争之流毒，当可渐次扫除，文明进化之社会，亦将出现矣"②。

当价值正当性的基础不再建立在以强弱为衡量标准的竞争进化论之上，那么，西方文明也就不再富有魅力，而是遭到了强有力的解构。对西方文明解构之理据，同竞争进化论所遭遇的一样，均源于物质／精神、自然／道德的二分所形塑的正当性依据。杜亚泉指出，欧战在造成人类社会之大决斗与大牺牲后，"于物质精神两方面，必有一种之大改革。凡立国于地球之上者，

---

① 杜亚泉：《精神救国论》，《东方杂志》10卷1号，1913年7月。
② 杜亚泉：《精神救国论（续本卷第二号）》，《东方杂志》10卷3号，1913年9月。

决不能不受此大改革之影响"①。如果说欧战的发生"使西洋文明，露显著之破绽"②，进而使"吾人对于向所羡慕之西洋文明，已不胜其怀疑之意见"③，那么大战结束的时候，则应是旧文明死灭、新文明产生之时期。所谓"旧文明者，即以权利竞争为基础之现代文明，而新文明者，即以正义公道为基础之方来文明也"④。

西方文明不再为世人所称道，如杜亚泉所言，西方科学"仅为发达经济之手段，苟目的已误，则手段愈高，危险亦愈甚"。不是财富之增加，不是科学之进步，而是精神之发达，才应该是文明的目的所在。而"精神文明之优劣，不能以富强与否为标准"，正如"人之心地，安乐与否，不能以贫富贵贱为衡"⑤。因此，杜亚泉虽然承认东方文化缺少西方文化之科学与力行精神⑥，但是本此物质与精神二分的理念，救正中国之道，则"决不能希望于自外输入之西洋文明，而当希望于己国固有之文明"⑦。通过重新确立价值正当性的基础，杜亚泉抛弃了其早年所念兹在兹的西方科学，不再谋求科学的发展，而是将目光投向了中国传统固有文明，寻求精神的进步。

三、互助进化论与宋儒性理之学的互动

当杜亚泉通过物质／精神、自然／道德的二元划分对抗竞争进化论的一元论主张，通过静的东方／动的西方、精神的东方／物质的西方抵制西方的强权文化时，中国文化似乎正经历着与西方启蒙运动一样的主体性转向。不过与西方诉诸个人的主体性转向不同的是，中国的主体性转向乃是文化的主

---

① 杜亚泉：《大战终结后国人之觉悟如何》，《东方杂志》16卷1号，1919年1月。
② 杜亚泉：《战后东西文明之调和》，《东方杂志》14卷4号，1917年4月。
③ 杜亚泉：《静的文明与动的文明》，《东方杂志》13卷10号，1916年10月。
④ 杜亚泉：《大战终结后国人之觉悟如何》，《东方杂志》16卷1号，1919年1月。
⑤ 杜亚泉：《迷乱之现代人心》，《东方杂志》15卷4号，1918年4月。
⑥ 杜亚泉：《战后东西文明之调和》，《东方杂志》14卷4号，1917年4月。
⑦ 杜亚泉：《迷乱之现代人心》，《东方杂志》15卷4号，1918年4月。

体性转向,通过对抗主流之西方文化的方式,重新发掘传统的价值与中国文化在世界上的定位。西方在经历了个性的主体性转向后,其价值正当性来源不再诉诸传统的上帝、自然等实质性原理,价值客观主义至此衰落,价值主观主义开始流行,由此产生的多元主义价值观,构成了包括自由主义、存在主义、虚无主义等诸多思潮发展的温床[1]。那么,中国的文化主体性转向,是否也意味相同的文化与价值进路呢?

事实上,当杜亚泉在批判竞争进化论时,的确也蕴含着与西方认识论转向相同的悲观主义知识论与人性论,价值多元主义的观点呼之欲出。此种悲观主义,不同于竞争进化论在自然面前的乐观态度,相反,乃是一种在自然面前保持谦卑的悲观姿态。杜亚泉指出,"天下事理,绝非一种主义所能包涵尽净"。既然各种主义乃"人为之规定,非天然之范围",并无自然神圣之理念(科学之"公理")存其背后,且各种主义又往往"随时代以迁移",那么,包容与理解自然必不可少,"对于相反之主义,不特不宜排斥,更当以宁静之态度,研究其异同"。只有这样,才能避免"无意识之纷扰",不至于各种主义之间相互倾轧,从而"分道而驰,各程其功"[2]。不过,我们也不可高估杜亚泉的多元论调,因为构成其论证基础之精神/物质、自然/道德二元论,并非稳定的关系,而是建立在另一套一元论观念之上。它一方面来自于外来传入的互助进化论,另一方面则源于与此种互助进化论不无暗合之处、且构成杜亚泉所推崇的"东方文化"底色的"宋儒性理说"[3]。

互助进化论早在 20 世纪初便伴随着无政府主义思潮传入中国,在无政府主义者的小范围内相当流行,但直到"五四"时期才真正进入中国知识分

---

[1] 关于西方启蒙运动后的主体性转向,参见石元康:《自由主义与现代社会》,《开放时代》2003 年 1 期。
[2] 杜亚泉:《矛盾之调和》,《东方杂志》15 卷 2 号,1918 年 2 月。
[3] 参见蒋梦麟:《何谓新思想》,《东方杂志》17 卷 2 号,1920 年 1 月。

子的视野①。不过，在晚清国族主义盛行的时代背景下，互助进化论固然并无多大影响，渲染耳目的乃是以"物竞天择，适者生存"为口号的竞争进化论，但是借由部分无政府主义知识分子的鼓吹，却也在思想界中形成了一股批判性极强的思想潜流②。虽然与竞争进化论一样，互助进化论也诉诸"进步"的理念，但其倡导的不是残酷的竞争，而是协力的互助。如果说在竞争进化论中一切唯力是从，没有道德，只有强权，那么互助进化论则正好与之相反，是"爱"，而不是"力"，构成了其对整个世界的基本认识。事实上，当杜亚泉于1913年宣扬"精神救国论"的时候，他便认识到除了竞争进化论外，"近世欧美学者，亦谓人群进化，以爱为一大原则"③。本此原则，他指出，宇宙进化也并非仅有竞争进化一途，而是有着内涵不同的三个阶段：第一个阶段为无机界之进化，此阶段的目的为"质力之保存"，简言之，即保证存在而已；第二个阶段为有机界之进化，此阶段的目的为"生命之繁孳"，简言之，即维持生存而已；而第三阶段是人类社会的进化，此阶段的目的为"心意之遂达"，简言之，即实现个体之自由④。在这个意义上，人类社会虽离不开维持生存之物质基础，但已不仅仅停留于这一层次，而需时刻努力实现人类的终极目标，即超越无机界之"存在"与有机界之"生存"，使心灵不受欲望之牵绊，以实现个人的独立与精神的自由。在身与心、物质与精神的对立中，精神与心灵之通达为更高层次的要求。"竞争之说"的最大问题，便在于以外在之"身"抑制内在之"心"，以物质压抑精神，致使人类社会"互相争斗"，社会呈现凄怆之色。反之，"苟人类社会之中，各个人之心灵，皆超然离立于宇宙之间，以察万有之理，互相通达，互相联合，督率仆役，

---

① 许纪霖：《现代性的歧路：清末民初的社会达尔文主义思潮》，载许纪霖、宋宏编：《现代中国思想的核心观念》，上海人民出版社2011年版，第175—194页。
② 参见［美］浦嘉珉著、钟永强译：《中国与达尔文》，江苏人民出版社2009年版，第370—436页。
③ 杜亚泉：《国民今后之道德》，《东方杂志》10卷5号，1913年11月。
④ 杜亚泉：《精神救国论（续本卷第二号）》，《东方杂志》10卷3号，1913年9月。

为世界作工，则社会自臻于完成之域"①。

事实上，若是我们细绎后来杜亚泉论述东西文化相区别的文字，便会发现他相当注重互助进化论所突出的"心"之作用，并将其视为东方社会伦理和道德的核心价值。在他看来，与现代西方社会注重力行精神、强调协同进步的道德相比，"吾人之道德，根本于理性，发于本心之明，以求本心之安，由内出而不由外入"②。中国"古代教育皆注重于精神生活"，"务在守其己之所信，行其心之所安"，而现代西方人虽然在物质层面获得成功，但因讲求物质生活和实用主义，在精神上却"烦闷殊甚"。在接受了互助进化论后，杜亚泉相信进化的途径并非只有竞争一端，"进化之规范，由分化与统整二者互相调剂而成"。由西方主导的现代思想，分化有余而统整不足，"就分化言，可谓之进步；就统整言，则为退步无疑"。西方文明的弱点，正足以衬托东方文明的优势。讲求物质生活和实用主义的西方文明，"如满地散钱"，只有以强调精神与人心的东方文明为"绳索"，"一以贯之"，从而"统整"世界文明，才能够扭转时局，在救济中国的同时，也救济世界文明③。杜亚泉由此展开了对东西文化的具体叙事。一方面，由互助进化论的后设视角出发，杜亚泉重新梳理西方历史，认为"西洋人之思想，为希腊思想与希伯来（犹太）思想之杂合而成"④。希伯来思想"崇灵魂，敬上帝，务克己，持博爱主义"，希腊思想"重现实，喜自然，尚智术，持爱国主义"。罗马时代后期，改宗基督教，希伯来思想占上风；文艺复兴时期，则是"希腊思想大占势力于社会"。到19世纪，延续希腊思想的基本理路，"科学勃兴，物质主义大炽；更由达尔文之生存竞争说与叔本华（即罅本哈卫）之意志论推而演之，为强权主义、奋斗主义、活动

---

① 杜亚泉：《精神救国论（续本卷第二号）》，《东方杂志》10卷3号，1913年9月。
② 杜亚泉：《战后东西文明之调和》，《东方杂志》14卷4号，1917年4月。
③ 杜亚泉：《迷乱之现代人心》，《东方杂志》15卷4号，1918年4月。
④ 杜亚泉：《迷乱之现代人心》，《东方杂志》15卷4号，1918年4月。

主义、精力主义；张而大之，为帝国主义、军国主义；其尤甚者，则有托拉邱克及般哈提（"般哈提"即 Friedrich von Bernhardi，"托拉邱克"所指不详——引者注）之战争万能主义"。在承续希腊思想而来的科学理念"发达已极，遂酿战祸"的情势下，杜亚泉断言，"今后当为希伯来思想复兴时代，与历史上文艺复兴时代，遥遥相对"，认为权力本位、意志本位的现代西方文化应该让位于讲求平和安乐、协同互助的希伯来宗教思想[1]。

另一方面，杜亚泉转向固有之东方文化，认为"代表东洋之中国人"，在此世界潮流逆转之时，不可不有所"自觉"与"自信"。所谓的"自觉"与"自信"，既是对由西方主导的现代思想的怀疑，同时又是对久遭压抑的东方文化的肯认。在杜亚泉看来，中国的道德思想，"体天意以施诸人事，修人事以合乎天意，其戒谨恐惧之心，与修身事帝之念，则又与希伯来思想，若合符节"[2]。在西方现代文明"操科学以杀人，利于刀兵；率机器以食人，甚于猛兽"[3]的情况下，讲求人心与协同的互助进化论与希伯来思想最终均纳入东方文化的轨道，其共同目标在于抵抗竞争进化论，特别是其权力本位、意志本位的理念，以内安人心，外定秩序。

当然，我们不能武断地认定杜亚泉仅仅是在外来互助进化论的刺激下重拾对东方文化的信心，但是从竞争进化论到互助进化论的思想变迁，确实很大程度上启发了他对东方文化的重新认识。一方面，他对于东方文化的界定，主要应对的便是包裹在"科学"美名下的竞争进化论对于当时人心和时局所造成的混乱态势；另一方面，类似互助进化论对于人心的强调，他对于东方文化的界定，其实并非后来陈独秀所批评的那样，侧重在君道臣

---

[1] 杜亚泉：《战后东西文明之调和》，《东方杂志》14卷4号，1917年4月。
[2] 杜亚泉：《战后东西文明之调和》，《东方杂志》14卷4号，1917年4月。
[3] 杜亚泉：《新旧思想之折衷》，《东方杂志》16卷9号，1919年9月。

节、名教纲常等制度性层面①，而是强调抽象的精神层面。他虽然论及东方文化之政教伦理，但是从整体上看，对于"东方文化"的定义，实际上均围绕"人心""精神""思想"等词汇展开，而其对立面则为"物质""科学""权力""富强"等汇聚而成的西方文明。就此而言，在杜亚泉与《新青年》群体发生思想冲突的同时，二者之间其实也存在某种态度同一性，均强调人心与精神的作用，只不过前者主张发扬开掘东方文化，后者则强调对西方文化的吸纳。

在稍后杜亚泉与蒋梦麟关于何为"新思想"的争论中，我们可以清晰地看到在东西文化大议题下杜亚泉与《新青年》群体的分歧，恰恰不在于所谓激进与调和的差异，而在于对所谓"新思想"的不同理解。杜亚泉、蒋梦麟二人都强调"新思想"的重要性，但正如蒋梦麟所指出的，杜亚泉对于"思想"（也可替换为"精神"和"人心"）的定义，其实本于"宋儒性理说"，强调"理性"，而非"感情"和"意志"。蒋梦麟当然不认同杜亚泉将"思想"定义为"理性"的做法，认为他是把思想视为"不痛不痒的一种知识作用"，徒有抽象的"理性"，缺少了"活泼泼的感情和意志"②。而杜亚泉在回应文字中也针锋相对地指出，如果"以情感与意志为思想之原动力"，那么"人类之理性"毫无疑问地将变为"情欲的奴隶"，而这正是"西洋现代文明之病根"。如果一定要在理性／意志（情欲）的二元对比中定义"新思想"，那么他倒认同"宋儒性理说"，认为"当以理性率领情欲，不可以情欲率领理性"③。杜亚泉与蒋梦麟的论争很难不让人想起儒学史上程朱与陆王的分歧。虽然杜亚泉对于蒋梦麟的回应不再是以传统的路径，而是在批判竞争进化论的权力意志、接受以"爱"为核心的互助进化论之后的结果，但我们可以看

---

① 陈独秀：《质问〈东方杂志〉记者——〈东方杂志〉与复辟问题》，《新青年》5卷3号，1918年9月。
② 蒋梦麟：《何谓新思想》，《东方杂志》17卷2号，1920年1月。
③ 参见杜亚泉对于蒋梦麟《何谓新思想》一文的编者按语，《东方杂志》17卷2号，1920年1月。

到，他最终仍未走出传统一元论思维的藩篱，形成完全有别于激进谱系的思想理路。张灏先生曾指出："转型时代的知识分子以历史潮流代替天意，同时保留了传统对心的信念，其结果是一种近乎主观意识决定论的观念。我们可称之为意识本位的历史发展论。"①在杜亚泉从推崇西方科学转向东方文化的思想转变过程中，我们不能简单认定此种"意识本位的历史发展论"构成了杜亚泉思想转变的内在理路，特别是在他与蒋梦麟的论战中，对于人心的强调也并没有主张意志独断的趋向。但是如果说强调人心之感情与意志的主张构成了"意识本位的历史发展论"，那么杜亚泉通过结合互助进化论与宋儒性理说的方式所呈现出的，其实可称之为一种"理性本位的历史发展论"。虽然比之前者的激情，后者要来得审慎，特别是对于杜亚泉这样温和的知识分子而言，相关论述往往不乏容忍和调和的语调，但是在随后的历史发展中，这种"理性本位的历史发展论"却往往也有着相当强烈的一元论色彩，以一种知识主义的理性姿态，构成了改造人心与政治的思想桥梁之一。

在东西文化论战中，陈独秀对杜亚泉的诸多批评，虽然不乏意气用事，但在杜亚泉以东方文明"统整"西方文明这个问题上，却相当敏锐。在陈独秀看来，"文化之为物，每以立异复杂分化而兴隆，以尚同单纯统整而衰退，征之中外历史，莫不同然"。杜亚泉表面上以"统整"文化为名，整顿人心，维持国是，实际上却是以"学术思想之统一"为实，谋求"黜百家而独尊一说"，故最终难免于步入"强力压倒一切主义、主张"的窠臼②。陈独秀的这些论断虽有武断的成分，但是当杜亚泉突出强调理性之文化精神时，原本跳脱出竞争进化论的物质与精神、自然与人心二分的区别，实隐然有被重新纳入到以精神和人心为内核、以东西文化的历史变迁为外延的一元论倾向。当然，这并非要否定杜亚泉在东西文化论战中难得的温和立场，而是试图由思

---

① 张灏：《中国近代思想史的转型时代》，载《幽暗意识与民主传统》，新星出版社 2006 年版，第 151—152 页。
② 陈独秀：《再质问〈东方杂志〉记者》，《新青年》6 卷 2 号，1919 年 2 月。

想表层透视其内里，进而指出现代中国思想变迁中殊途同归的复杂面相。无论是早期对科学的高度推崇，还是后期对人心的极力强调，杜亚泉其实始终是一个一元论者。如果说其对科学囊括一切的高调宣言，彰显的是一种表露无遗的一元论姿态，那么，当其在物质与精神、东方文化与西方文化之间做出二元划分之时，所体现的则是一种隐秘的一元论倾向。可以说，在物质与精神、科学与政治、体与用、政与教（艺）之间，杜亚泉虽有所侧重，但整体上仍然主张一种有机的互动。即使到后期转向东方文化，他对于"人心""精神""理性"的强调，也并未促使其真正抵达多元主义的面相，相反，他只是以"理性"替代"科学"，作为理解上至"宇宙之间"、下至"饮食衣服居处"的核心范畴，背后那套勾连宇宙与人心、政治与教化的一元论思维方式和价值信念并未须臾变化。

余论

现代中国思想的兴起，并不是一个简单地由传统到现代的线性推进过程，而是一个新与旧、传统与现代盘根错节、徐徐嬗变的过程。在此过程中，原本行之有效的一套宇宙观和儒家伦理逐步消解，濒临崩溃，中国人面临着前所未有的秩序危机和意义危机。找寻一套替代性的价值观，成为一代又一代的知识分子不容回避的时代课题，并构成了他们观点多歧背后的"同一性态度"。然而问题在于，新与旧的杂糅、传统与现代的交错，却使置身其中的知识分子所提供的现代性方案往往呈现出悖论性，遽难简单地以单一化标准评判其是非与异同。可以说，如何理解近代中国各式各样的现代性方案，成了历史研究者的难题。

就杜亚泉的个案研究而言，我们看到，他紧扣时代脉搏，由崇奉科学到转向东方文化，表面上虽有着巨大的思想裂痕，但其内在延续性却远远超过其断裂性。当杜亚泉通过对"政／艺"、"体／用"的重新解读来接受西方科学，特别是竞争进化论的时候，并不全然意味着他对于传统的背离；而即使是他转向东方文化，主张救正中国之秘钥在于"心意遂达"的时候，也不意味着全然抛却了此前接受西方科学理念的论证途径。如果我们能够拨开那些掩盖在他思想前后变化的、表面上看来充满歧义的"面纱"，那么，与其说杜亚泉在思想史上的意义在于他在日趋激进化的"五四"时期提供了一套调和论主张，倒不如说他的思想构成了之后科玄论战，甚至是近代中国文化与革命分途的一个思想史"驿站"。全面理解杜亚泉的思想变迁提示我们，有必要将此后的思想分途做一重新梳理，在强调差异的同时，更需要看到其间的思想互动。

原载《天津社会科学》2017年4期

探索现代的灵光：试论"五四"时期杜亚泉的中西文化融合观

贾宇琰

19世纪末20世纪初，正当西方的文化思想尚未从繁华的噩梦中步入灯火阑珊之时，一阵阵的西风，吹醒了有五千年保守文化的中国，崛起于"五四"早期的激进主义知识分子悍然对传统做了全盘否定，将其视为应该全部摒弃的有机体或整合体，从而产生了"整体性的反传统思想"[①]。随之而来的便是"传统—现代"等一系列二分对立的理论。最终，新文化运动在一片"打倒孔家店"的呼喊声中席卷了全中国。正如胡适所说："新文化运动的根本意义是承认中国旧文化不适宜于现代的环境，而提倡充分接受世界的新文明。"[②]

然而在激烈而富有朝气的新文化运动之后，中国的现代化并未像人们所设想的那样顺利发展，由于缺少中国人文价值的爬梳，现代化显现出平面的、缺少历史立体感的样子。人们更多地承认传统并不必然是现代化的绊脚石，现代社会在很大程度上是从传统得益的社会。那种传统与现代简单对立的思想模式历尽沧桑之后，终于受到有力的挑战。其实，早在"五四"时期便有人对此质疑，这就是《东方杂志》主编杜亚泉。作为文化调和主义者的杜亚泉，客观、冷静地阐明了中西文化的各自特质，把二者区分为"静"的

[①] 林毓生：《中国传统的创造性转化》，生活·读书·新知三联书店1988年版，第150页。
[②] 胡适：《新文化运动与国民党》，《新月》2卷6期。

文明和"动"的文明，从而引发了这样的问题：难道历史上如此伟大的文化竟未能抓住人类生存和发展的根本问题？难道代表了人类根本精神和终极价值的文化只能有一个而且只能在西方？难道历史的进步性只表现在昨天对今天的叛离？在与激进派的文化论战中，杜亚泉在力图揭示中国传统文化真义的同时，又将目光投向中国未来思想与文化的发展，终于提出了自己关于文化的系统观点，即"中西文化融合观"。正是在突破传统与现代对立的两极格局的前提下，杜亚泉提炼出自己的文化融合观。因而，无论"中西文化融合观"的可行性如何，他着力寻求中国未来文化之路的努力尝试是应得到肯定的。本文则旨在通过对其文章的分析和探索，对其思想做一简要的评述。

一、中西文化之比较

进入"五四"时期以后，近代的中西冲突实际已演化为两种文化的冲突。加之欧战所暴露出的资本主义的种种弊端，更促使杜亚泉探索"文明之真价所在"。于是，杜亚泉对于中国文化价值和前途的重估与研究，便由两种文化的比较起始。

"五四"文化论争中，东西文化的比较实为中国传统文化与西方近代资本主义文化的比较。激进派在"进化论"的支配下，将中西文化差异归为时代差异，并视之为"进化论"的彻底运用。他们认为中国之所以落后是因为体制、文化压抑个人自由，只有冲破体制与文化，社会才能进步，这就为其在冲突中解决问题奠定了基础。

而杜亚泉对此则提出了截然不同的观点。他更相信文化不存在高下之分，仅性质不同，结构相异而已。他认为："西洋文明与吾国固有之文明，乃性质之异，而非程度之差，而吾国固有之文明，正足以救西洋文明之弊，济西洋文明之穷者。西洋文明浓郁如酒，吾国文明淡泊如水；西洋文明腴美如肉，吾国文明粗粝如蔬。而中酒与肉之毒者，则当以水及蔬疗之也。"[①]在他看来，二者差别"皆为竞争存在与自然存在两观念差异之结果，综而言之，则西洋社会为动的社会，我国社会为静的社会。由动的社会发生动的文明，由静的社会发生静的文明"[②]。

这种"动""静"之别的观点，其意义细细推敲起来绝不仅限于具体概念，它的提出的价值更体现于它不仅揭示了两种文明的独有价值，同时也涉及了二者的某种联系。首先，就其肯定中西文化性质相异并非程度之别而言，杜亚泉便具有很大的创见，在当时强有力地拒绝民族虚无主义的狂潮，反映出其强烈的民族自信力和深厚的文化见识。进一步讲，既然中西文明各自独立，那么维护这两种文明的规范和力量便成为各自独立的关键所在。西方社会的个人利益和权利，需要一个靠武力支持的法律，因而西方立宪制度和自由民主的核心，就是"牵制"与"平衡"及"法治"。反之，中国社会则是通过内在的自律和伦理意识凝聚在一起，外化为具体规范便是传统的伦理纲常，在维护秩序时更着眼于人的"道德能力"。从这样一个角度来解释杜亚泉欲保全伦理纲常，从而保存中国传统文化之特性的原因应该是有一定说服力的。其次，杜亚泉在确认两种文化的独立性质的基础上，对两种文化的联系也有所阐述。他认为："动的社会，其个人富于冒险进取之性质，常向各方面吸收生产，故其生活日益丰裕；静的社会专注意于自己内部之节约，而不向外部发展，故其生活日益贫啬。盖身心忙碌者，以生活之丰裕酬之；而生活贫啬者，以身心之安闲偿之。以个人幸福论，丰裕与安闲，孰优孰劣，殊未易定。"[③]既然两种文明各有优劣，调和自然成为可能。

[①] 杜亚泉：《静的文明与动的文明》，转引自蔡尚思主编、朱维铮编：《中国现代思想史资料简编》第一卷，浙江人民出版社1982年版，第336页。
[②] 杜亚泉：《静的文明与动的文明》，转引自蔡尚思主编、朱维铮编：《中国现代思想史资料简编》第一卷，浙江人民出版社1982年版，第339页。
[③] 杜亚泉：《静的文明与动的文明》，转引自蔡尚思主编、朱维铮编：《中国现代思想史资料简编》第一卷，浙江人民出版社1982年版，第340页。

毫无疑问，杜亚泉对中西文化的比较已为其中西文化融合观埋下了伏笔。正鉴于此，他才能放眼中西文化的前途并提出自己的设想。更为关键的是，他告诉了我们这样一个明确的道理：中西文化不应当也不可能一味照搬或模仿别人，相反，尊重本民族的文化特性，取人所长，以我为用，才是文化交流中的正确原则。

二、关于"传统"的观点

在"五四"文化论争中，"传统"是一个敏感的字眼。激进派对它嗤之以鼻，在传统一元论的影响下，陷入反对和维护传统的两极震荡运动，在提倡新文化的同时，产生全盘反传统主义。就其概念而言，正如美国学者希尔斯所认为的，传统是一个社会的文化遗产，是人类过去所创造的种种制度、信仰、价值观念和行为方式等构成的表意象征；它使代与代之间，一个历史阶段与下一个历史阶段保持某种连续性和同一性，构成了一个社会创造与再创造自己的文化密钥，并且给人类带来了秩序和意义[1]。事实上，传统往往深潜在社会群体的心中，并非想丢便可丢的东西。

同时，几乎没有创新与批判可以脱离传统而进行。杜亚泉一语道破：文明之发生，常由于因袭而不由于创造。通过对西方文明演变的梳理，他对战后西洋文明之发展做出推测，他得出：战后西洋文明中希腊思想与希伯来思想之调和，必与中国社会道德思想有接近之处。此观点的确有附会之嫌，因为中西文化根底上是不同的。但不容忽视的是，在论及西洋近代文明史时，杜亚泉已表达这样的意思，西方近现代文明并未脱离古代希腊文明。追根溯源，我们急于介绍到中国的，就是所谓希腊精神。这时，杜亚泉的论辩中则隐含了这样的问题，既然同样产生于古代社会的希腊精神能历久而长新，那么我们凭什么断言凡是传统文化必定不适宜现代生活？

---

[1] [美] E.希尔斯著，傅铿、吕乐译：《论传统》译序，上海人民出版社1991年版，第3页。

进一步而言，问题的关键仍在于中国传统文化自身之价值。中国传统文化主要是指中国传统的儒家文化，杜亚泉称之为"国是"，他说："我国之有国是乃经无数先民之经营缔造而成，此实先民精神上之产物，为吾国文化之结晶体。吾国所以致同文同伦之盛，而为东洋文明之中心者，盖由于此"。[1]由此看来，"国是"即中国儒家文化，在杜亚泉的眼中便是传统社会的价值体系，是国之所以为国的根本特质，于是杜亚泉便有了"国是之丧失为国家致亡之由"的言论。那么"国是"的根本价值或是其在传统社会中的功能究竟是什么呢？对此杜亚泉也有其说辞，他讲道："国是之本义，吾人就文字诠释之，即全国之人皆以为是者之谓。盖论利害，则因地位阶级之不同，未易趋于一致。若论是非，则人同此心，心同此理，自可出于一途也……虽论事者有经常权变之殊，讲学者有门户异同之辨，而关于名教纲常诸大端，则吾人所以为是者，国人亦皆以为是。虽有智者不能以为非也。虽有强者不敢以为非也。故其时有所谓清议，有所谓舆论。清议与舆论，皆基本于国是，不待议不待论而自然成立者也。"[2]这样的论述似包含有"统整"的含义，事实上，正是传统儒家文化将人们的思想、观点、价值观等一系列精神认识统一起来。固然，他没有论述"统整"的作用是如何发挥，究竟"统整"些什么，但我以为这种说法在一定程度上揭示了伦常的实质。在传统的"人性善"的命题之下，人类社会显然必须常朝着合乎人性的方向发展，传统儒家便有了"仁"与"义"的提法。二者中，一是人类存在的根本自然要求，一是社会要求。由前者产生社会的凝聚力，由后者产生社会的约束力。二者的具体外化表现便是伦理纲常，它成为社会的一种秩序要求或平衡力量。在这样的秩序下，一个社会的意识、思想、价值及行为便有规矩可循，所谓"统

---

[1] 杜亚泉：《迷乱之现代人心》，转引自蔡尚思主编、朱维铮编：《中国现代思想史资料简编》第一卷，浙江人民出版社1982年版，第351页。
[2] 杜亚泉：《迷乱之现代人心》，转引自蔡尚思主编、朱维铮编：《中国现代思想史资料简编》第一卷，浙江人民出版1982年版，第350—351页。

整"就得到实现。那么杜亚泉又是怎样看待"统整"的价值呢？他从传统的道德入手，进而论证出我们传统道德之根本，是与伦理纲常的"统整"功能相一致的。他说："吾人之道德，根本于理性，发于本心之明，以求本心之安，由内出而不由外入。"①这样，"理性"便可视为对自身和谐、社会和谐乃至整个宇宙和谐的一种追求，而我国的价值取向便是重和谐的，这不正与三纲五常的基本目标一致吗？因而"统整"这一传统文化功能得到杜亚泉的极力推崇，乃至他将其视为进化之规范。如前所说，杜亚泉以为中心文化仅性质相异，无程度之差，那么两种文明所起的社会功能也就取决于两种文明各自的价值取向。如此说来，中国传统文化自有其存在之价值，其功用自然不可忽视。

实际上，儒学作为中国传统文化之主导延续至今，孔子乃至其倡导的伦理也凝结成几千年封建宗法体制，使人在举手投足间无不感到它们的存在。人类文明史上还很少有一种文化能像中华传统文化那样，在维系传统社会的稳定方面起到如此巨大的作用。难怪杜亚泉自信地说："吾固有文明之特长，即在于统整，且经数千年之久，未受若何之摧残，已示世人以文明统整之可以成功。"②

当然，传统文化发展至今，在封建制度的制约下，已是趋于僵化、停滞。对此，杜亚泉有所意识，并已指出东洋社会道德状态今日为精神薄弱的麻木状态。首先，应肯定他的提法是较为客观的，不过，问题的根本在哪里呢？在他看来，在于有理性而无意志表现之。对此，他却少了进一步的阐述。而同时，他认为西学的输入导致中国人心之迷乱，这也是一种误区。西学在传统没落中仅可视为催化剂，根本症结仍在传统社会的内部。

---

① 杜亚泉：《战后东西文明之调和》，转引自蔡尚思主编、朱维铮编：《中国现代思想史资料简编》第一卷，浙江人民出版社1982年版，第346页。
② 杜亚泉：《迷乱之现代人心》，转引自蔡尚思主编、朱维铮编：《中国现代思想史资料简编》第一卷，浙江人民出版社1982年版，第356页。

固然在"五四"反传统的声浪中,杜亚泉为了抓住传统文化的内涵从而保全它,以至忽视了现实的传统文化终究是封闭的这一事实,但对于他孜孜以求,多方论证传统文化之真义,在激烈的反传统浪潮中卓然不动的勇敢心智,我们至今仍很钦佩。更为关键的是,在关于传统文化的问题上,杜亚泉并未停留于中国传统文化的老路,而是追求未来的中国文化,旨在使传统文化以全新的面目出现并延续在未来的社会中,因而他便提出了独具特色的"中西文化融合观",这样的观点显然超出了"传统—现代"的二极对立格局,并非一般的保守认识或是调和、折衷的态度了。的确,我们离不开传统的掌心,但我们可以对传统做一"创造性的转化",使其在不失却根本价值的前提下,更利于我们现实的生存与发展,而这本身便是一种创造性的思维,我们认为杜亚泉正是在这样的基础上提出文化融合观的。

三、"新文明"与西方文化

面对着西方文化的入侵以及传统文化价值权威的没落,杜亚泉产生了对新文明的强烈渴求。因而他意识到:"夫先民精神上之产物留遗于吾人,吾人固当发辉而光大之,不宜仅以保守为能事。故西洋学说之输入,夙为吾人所欢迎。"[1] 同时,欧战所暴露之种种弊端,又使他体会到:"东西洋之现代生活,皆不能认为圆满的生活,即东西洋之现代文明,皆不能许为模范的文明。而新文明之发生,亦因人心之觉悟,有迫不及待之势。但文明之发生,常由于因袭而不由于创作,故战后之新文明,自必就现代文明,取其所长,弃其所短,而以适于人类生活者为归。"[2] 由此可见,杜亚泉显然已认清中国的出路不应再回到传统的孤立中去,也不应无主地倾向西方,更不应在新、

---

[1] 杜亚泉:《迷乱之现代人心》,转引自蔡尚思主编、朱维铮编:《中国现代思想史资料简编》第一卷,浙江人民出版社1982年版,第351页。
[2] 杜亚泉:《战后东西文明之调和》,转引自蔡尚思主编、朱维铮编:《中国现代思想史资料简编》第一卷,浙江人民出版社1982年版,第344页。

旧、中、西之间打滚。中国的出路有且只有一条，那就是创造中国的"新文明"，即实现中国的现代化，以顺应人类社会的发展。

然而，现代化使中华民族陷入窘境。近代中国的全部悲剧就在于它没有为人类蕴育出新文明的曙光，却又不得不开始现代化的历程。此时，借取西方资本主义近现代文明则是势所必至。值得一提的是，杜亚泉并未把西方文化等同于现代文明，而是视之为一独立的文化体系，即主张吸取其精华，又指出存在的弊端。

那么，西洋文化究竟指什么？杜亚泉是这样说的，"西洋人之思想，为希腊思想与希伯来（犹太）思想之杂合而成。希腊思想，本不统一，斯笃克派与伊壁鸠鲁派互相反对，其后为希伯来思想所压倒。文艺复兴以后，希伯来思想又被希腊思想破坏。而此等哲学思想，又被近世之科学思想所破坏。今日种种杂多之主义主张，皆为破坏以后之断片"[①]。这样一番对西方文化史的清晰描述使我们对西方文化有了粗浅的了解。其中，希伯来思想是西方文化的特质，包含西方根本的价值取向，这自然是作为独立体系的中国文化无法借取的。而希腊思想作为近世科学思想之发端，历久而长新，对中国传统文化却有着特殊的意义。传统中国社会，在理性精神影响下，在一定程度上缺乏了实现其道德理想的物质条件。毕竟科学观念及其应用直接决定了西方的富强，而实现富强一直是近代中国人的梦想，于是科学成了向外借取的关键。它作为新文化运动的一面旗帜，在激进派的心目中有着权威性的地位。某种程度上，"五四"激进派在倡导着"唯科学主义"，这一观念认为"宇宙万物的所有方面都可以通过科学方法来认识"。而特别的是，"中国的唯科学主义世界观的辩护者并不总是科学家或科学哲学家，他们是一些热衷于用科学及其引发的价值观念和假使来诘难，直至最终取代传统价值主体的知识分

---

① 杜亚泉：《迷乱之现代人心》，转引自蔡尚思主编、朱维铮编：《中国现代思想史资料简编》第一卷，第355页。

子。这样唯科学主义可被看作一种在与科学本身无关的某些方面利用科学威望的一种倾向"[1]。这样的认识则与传统的一元文化论有很大的关系,而这时科学的含义则大大被歪曲了。

而杜亚泉又是如何看待科学的呢?我认为,杜亚泉对科学持一种较为公允的态度,他既没有逃避科学,也没有盲目崇信科学,而是主张利用科学,驯服科学。因而他讲道:"科学上之智识技能,当利用之以生产日常须要之物,使其产出多而价值廉,以应下层社会之用,而救其缺乏。若奇巧高贵之品,便安享乐之法,仅为上层社会发达肉欲计者,及奢侈品、装饰品、消耗品,以诱惑普通社会而害其生计者,必力屏之。经济之配布,当渐使平均,勿任贪黠之徒,利用科学,以施其兼并侵略之技。至科学上之学说,如竞争论、意志论等,虽各有证据,各成系统,但皆理性中之一端,而非其全体,当视之与诸子百家相等,不可奉为信条。"[2]这反映出杜亚泉力倡运用科学实现我国的理想人生而非一味迷信科学的公正态度。正如他所言,"吾人之天职,在实现吾人之理想生活,即以科学的手段,实现吾人经济的目的;以力行的精神,实现吾人理性的道德"[3]。事实上欧战显示的问题,正是使杜亚泉对科学有疑虑的根本所在,他在文章中也有所涉及,因而他主张合理利用科学的理想事实作依据。

既然主张吸收西方文化,那就有了一个如何吸收的问题。杜亚泉认为西洋之"断片"文明,如满地散钱,以吾固有文明为绳索,一以贯之,这才是正途。用他本人的话说,就是用中国固有文明"统整"西洋文明。姑且不论这种观点是否有效,至少我们可以得出:他对西方文化的态度是审慎而开放

---

[1] [美]郭颖颐著、雷颐译:《中国现代思想中的唯科学主义(1900—1950)》,江苏人民出版社1990年版,第1页。
[2] 杜亚泉:《战后东西文明之调和》,转引自蔡尚思主编、朱维铮编:《中国现代思想史资料简编》第一卷,浙江人民出版社1982年版,第349页。
[3] 杜亚泉:《战后东西文明之调和》,转引自蔡尚思主编、朱维铮编:《中国现代思想史资料简编》第一卷,浙江人民出版社1982年版,第350页。

的。他主张有选择地应用科学于社会，主张以"统整"的方式吸收西方文化，而这样的主张较之同样倡导西学的"五四"激进派，显得更为现实、冷静。同时，值得注意的是，他主张吸收西方文化的着眼点，在于中国未来文化的发展，而非盲目的以西学代替中学，因而他在吸收西学的同时，更注重了来自本土的创造，力图使传统能吸纳西学，这着实是为了创造一个更富有生机的新文化。如此说来，他的观念与那种基于情绪性心理反应，本着历史和种族的根底而厌弃西学的人又是根本不同的。

四、中西文化与现代化

通过对传统与现代的反思，透过中西文化的比较，杜亚泉逐渐明确了自己的文化路向，建立起中西文化融合的观念框架。

在新文化运动的年代，激进派在进化论的指引下，坚信中西文化不可调和牵就。不可否认，"进化论"在中国历史中发挥了不可估量的作用，它使中国人从传统中清醒过来。但客观地讲，中国文化自有其存在的特质和价值，而以进化论解释历史发展，分析中西差异，毕竟有其局限性，终不能回答中国向何处去，中国文化出路的问题。

而杜亚泉则本着"结构论"的认知态度，主张中西文明不分优劣，并提出"动"的文明与"静"的文明的区别，二者"各现特殊之景趣与色彩"。中国文化的发展自有其独特方向与路径，而非以西方文明救济固有文明。在杜亚泉看来，中西调和为势所必至，当然这并不是简单的调和、折衷观点，而有特殊的内涵。于是，在时代的进步召唤及传统渐趋没落的背景下，基于创造一个中国未来文明的设想，杜亚泉便产生了"中西文化融合观"。他提出："救济之道，在统整吾固有之文明！其本有系统者则明了之，其间有错出者则修整之，一面尽力输入西洋学说，使其融合于吾固有文明之中。西洋之断片的文明,如满地散钱,以吾固有文明为绳索,一以贯之。"①

其中,"统整"是一关键性的字眼。杜亚泉认为它是传统文化的独特功能,进一步将其视为文化运行的内在机制。正如他所言,"进化之规范,由分化与统整二者互相调剂而成。现代思想,因发展而失其统一。就分化言,可谓之进步,就统整言,则为退步无疑"②。由此可见,杜亚泉文化融合观的根本,就是要按中国传统文化的发展机制创造中国未来文明。

那么,"统整"在创造"新文明"中又是起什么作用呢?究其字面含义,便是统一、整合。这便为激进派的尖锐批判提供了口实。陈独秀以无可辩驳的史实阐明在学术上独尊一家,好同恶异,不过是扼制进步的现象,只有学术思想的自由发展,才是思想文化发展的正确道路。在我看来,"统整"也并非这般摧残文化。就我个人对杜亚泉"统整"含义的理解而言,它的作用可分为两方面,其一是统整中国固有文化,使传统中自有系统的精华更为明了,而对脱离传统真义的则应加以修补、创造,可视之为"缘自本土的创造",伦常则是其中的主脉;其二是用中国传统文化统整西方文化,将西方文化通过中国传统文化的解释而容纳于传统文化之框架,伦常同样是主脉。前者是前提,后者则是关键。分析而知,杜亚泉的想法涉及继承、吸收、创造三方面的内容。不可否认,文化的新界定,必将在传统得到创造性转化,及传统与外来文化创造性的结合的基础上设定,而杜亚泉正是这样选择的。遗憾的是,关于"统整"的具体发挥,以及如何解决中西观念上的实际对立等问题,杜亚泉并未深入说明。

但是,我们要清楚的是,在当时那个"传统——现代"两极对立格局占主导的背景下,杜亚泉其实已从中脱颖而出。实际上,他已不在古今中西间

---

① 杜亚泉:《迷乱之现代人心》,转引自蔡尚思主编、朱维铮编:《中国现代思想史资料简编》第一卷,浙江人民出版社1982年版,第356页。
② 杜亚泉:《迷乱之现代人心》,转引自蔡尚思主编、朱维铮编:《中国现代思想史资料简编》第一卷,浙江人民出版社1982年版,第351页。

骑墙不定，而是力图在传统、西方、未来之间寻找某个契合点。因而，不论他的文化融合观是不是一种最佳方案，他致力于创造一种既有中国特色，又不乏西方现代优秀文化的未来新文明的卓越探索，这本身就是超越。

五、历史的思索

站在今天的高度反思历史，把现代化看成是整个近代中国的主题，我们不难发现，传统精神在其中的影响和作用。虽然，随着中国被强行卷入人类文明和世界秩序的旋涡以及一个全新世界的出现，传统儒家道统像海市蜃楼一样地幻灭，但以杜亚泉为代表的文化保守派在现代化中追求文化真义的努力却从未停止。如果说，传统确是促进现代化的一个重要因素，又是杜亚泉等一代知识分子自我认同的依据，那么人文知识分子对传统的继承以及改造便是他主要的社会职能。在我看来，杜亚泉就是一面对传统进行阐述、改造，为现代化提供精神动力和目标；另一方面，也据传统对现代化本身进行反思和批判，从而使现代化不仅是经济、社会的发展，而且也是人性的发展。

然而在"五四"时期反传统的狂躁气氛中，人们通过历史沿革和转瞬即逝的事件的思考，进而断言：进步是强制的。然而，在"进化论"的影响下，激进派实际上运用了来自传统的"一元论"思维模式来解决迫切的社会、政治与文化问题。在"传统—现代"的二极对立意识中，他们认为如要革新，就非全盘反传统不可。杜亚泉的"中西文化融合观"其实就是在打破这种对立的基础之上提出的。如果说"统整"是突破口，那它的意义绝不仅在其功能本身，而在于它是将传统与现代相契合的一种设想。"中西文化融合观"的价值也就体现在它所蕴含的熔铸传统与现代的可能性上。

客观地讲，文化有其共性，而不同文化亦有相互补益、涵摄继而增长发达为一综合文化之可能。显然，只有我们熔铸了传统与现代，我们才能创造未来。而杜亚泉的精湛之处就在于他能在反思民族文化根本精神的同时，透过对中西文化的客观比较，着眼于中国未来文化发展，进行艰难而富有成效的文化探寻，最终突破"传统—现代"二极对立的模式。回顾往昔，眺望将来，我想我们更多关注中华传统文化命运的人都应为杜亚泉一颗为振兴中华传统文化而坚韧不拔、苦苦求索的心而激动和振奋。

原载《中学历史教学参考》1998年4期

杜亚泉与调适的启蒙传统

高力克

调和主义：于保守中求进步

调和主义为民国初年启蒙思潮之重要流派。调和主义熔英伦自由主义和儒家中庸之道于一炉，在政治上和思想文化上取资英国自由主义之"于保守中求进步"的调和渐进路线，成为启蒙时代回应西潮的另一种多元开放的思想模式。

杜亚泉是清末民初一位著名的科学教育家和启蒙学者，"五四"时期任上海商务印书馆名刊《东方杂志》主编。杜的启蒙思想承严复英伦思想传统之余绪，其对民国政治文化的现代化，持温和渐进的自由主义方针。调和主义为杜思想之基调，其对宇宙、社会、人生，以及中国政治、经济、文化、道德诸层面的思考，无不以"调和"立论。

民国初年是一个中西文明激荡的变革时代。晚清肇始的中国现代化运动，虽经辛亥革命而进入建设共和的民国时代，然而袁世凯的专权独裁自始即给民国的宪政实验蒙上了阴影。而进步势力之革命派和立宪派同室操戈的政党歧争，以及革命派武力抗袁的"二次革命"，更加剧了民国政局的纷扰动荡。同时，民初又处于一个中西文化交汇碰撞的时代。辛亥改制及其"共和幻象"的败局，导引了启蒙运动的文化变革，民初孔教运动和新文化运动之中西新旧的颉颃对峙，表征着中国现代化之深刻的文化冲突。杜亚泉的调和主义正是对民初政治文化之新旧冲突的思想回应。杜之调和主义的要旨，在于化新旧之冲突为良性互动的多元张力，于新旧调和中渐进有序地推进宪政建设和文化转型。

在政治上，杜亚泉立于超越党派政争的自由知识分子地位，而力倡进步与保守兼容妥协的自由主义。在他看来，现代化是一个新旧接续的历史连续体，民国的政治现代化应取资英国道路，坚持开进与保守平衡兼容的接续主义。就政治操作而言，进步党和保守党的并存平衡，则为现代立宪政治所不可或缺。"进步过骤，则不免流于危险，当以保守主义维持之；保守过甚，则不免流于退弱，当以进步主义调和之。若二党不失其平衡，则宪政愈形其圆满。"① 针对民初政界激进保守各不相谋，军阀民党干戈互见的纷扰政象，杜亚泉倡言多元妥协的"调节"精神，藉以确立现代民主宪政的规范。杜指出，"调节"的意义在于养成"有秩序之对抗"，使政治力量悉遵正轨而避免内讧。由调节而养成对抗之秩序和对抗之形势，而后可立民主政治之基础和政党对峙之模型。②

杜亚泉对中国民主化进程持渐进主义的观点。他认为，中国由帝政而共和的转型，必须经历一个漫长而曲折的历史过程。民国的国体改革短短几年，两度复辟，事变迭出，几乎——一步趋法国大革命后90年动荡恐怖的历史。可见中国改数千年君主专制而为民主共和，决非短时间所能告成。所谓改革，不仅改革其国体，而且应当改革其人心。而人心之改革，必须渐进，它比国体之变革更难。③ 杜反对民初朝野以暴易暴、武力攻伐的风气，在他看来，共和政治之成立，以经济之发达和国民教育之普及为两大基本原因。必须国民之产业既丰，智德能力既备，而不至为少数强力者所支配，共和之

---

① 杜亚泉：《政党论》，《东方杂志》8卷1号（1911年3月）。
② 杜亚泉：《力之调节》，《东方杂志》13卷6号（1916年6月）。
③ 杜亚泉：《今后时局之觉悟》，《东方杂志》14卷8号（1917年8月）。

基础才不可动摇。共和与武力无涉。武力虽可以倒专制，却不可以得共和。真正的共和政治决不能以武力实现。专制崩解之后，共和有名无实，此时党派纷杂，争斗相寻，所谓共和，不过是假共和。专制之后，必经过一个假共和阶段，待实业发达，教育普及，而后真共和渐渐成立。而发达实业和普及教育，本非短时间所能成就。若以武力横加障碍，则必欲速而不达，求近而反远。既然武人干政和党派争权为假共和时期所不可避免，则除复辟势力以外的各方都应互相让步，互相忍受。真正的共和精神，将孕育于相忍相让的妥协精神之中。未来中国的真共和，必由忍让而后成。①

在文化问题上，杜亚泉不赞成"五四"流行的进化论和西化论文化观，而持文化多元论观点，主张融合中西新旧的文化调和主义。杜认为，中西文化的差别为性质之异，而非程度之差。发源于地中海的西方商业文明，是一种"动的文明"；而产生于东亚内陆的中国农业文明，则是一种"静的文明"。中西文化精神由此而有"和平"与"竞争"之别。中西文化各有价值，也互有偏弊。西方"动的文明"之物质丰裕与中国"静的文明"之精神安闲，分别以精神紧张和生活贫啬为代价。精神安闲与物质丰裕于人的幸福皆有其价值，唯二者不可得兼，于其中不能不平衡调剂。中西文化之"静"与"动"，利弊互见，相辅相成。二者适可调剂补正。杜进而预言："至于今日，两社会之交通，日益繁盛，两文明互相接近，故抱合调和，为势所必至。"②在杜看来，当前中国文化的困境，并非输入新文化之为患，而是不能调和旧文化之为患。故而中国文化建设之要务，在调和新旧，去其畛畦，祛其扞格，以陶铸现代中国新文化。③

道德调和论是杜亚泉文化调和论的逻辑展开。杜认为，中国儒家文化与

---

① 杜亚泉：《真共和不能以武力求之论》，《东方杂志》14卷9号（1917年9月）。
② 杜亚泉：《静的文明与动的文明》，《东方杂志》13卷10号（1916年10月）。
③ 杜亚泉：《现代文明之弱点》，《东方杂志》9卷11号（1913年5月）。

西方基督教文化的道德传统，各有短长，西人"重力行而蔑视理性"，与中人"讲理性而不能力行"，适成反对。因而中西道德都不能许为模范道德。关于中西道德的未来演化趋势，杜预言，欧战以后，作为西方文明两大源头的希腊文化与希伯来文化，将于屡起冲突反动之后归于调和，而形成西方20世纪之新道德。由于中国道德本与希腊希伯来道德不乏契合之处，故而西方道德于二希传统调和之后，与中国道德亦必大有趋近之观。中国道德建设的方针是："以力行的精神，实现吾人理性的道德。"[①] 关于民初的新旧道德之争，杜超越了"道德革命"论和"保存国粹"说的对立，而主张新旧道德的调和互补。在杜看来，道德的发展并不是一个简单的新旧更替过程，道德有体有用，道德之用虽与时地俱变，但道德之体则具有普遍性和永恒性，如"仁""爱"这些具有全人类性的最基本的道德价值。[②] 杜对中国现代道德建设问题的思考，贯穿着其融合新旧的道德调和论思想。其关于奋斗与克己、爱与争、互助与独立、个人与国家并重的道德方针，无不于相反相成的中西新旧道德中，而寻求调剂平衡的中庸之道。

综上所述，杜亚泉关于民初政治、文化、道德建设等问题，无不取执两用中、多元互补的调和方针，调和主义可谓杜社会文化思想之基调。杜的调和主义，以"输入新文明，调和旧文明"的文化综合为要旨；其温和渐进的改革思想，更近于盎格鲁—撒克逊式自由主义的思想风格。杜对英国人之"开进而兼能保守"[③]"于保守中求进步"[④]的调和精神赞赏不已，并且力主中国现代化取资渐进稳健的英国模式。而杜之调和论思想中最契合英伦自由主义精神的，是其多元主义思想。

[①] 杜亚泉：《战后东西文明之调和》，《东方杂志》14卷4号（1917年4月）。
[②] 杜亚泉：《国民今后之道德》，《东方杂志》10卷5号（1913年11月）。
[③] 杜亚泉：《接续主义》，《东方杂志》11卷1号（1914年7月）。
[④] 杜亚泉：《英皇之加冕礼》，《东方杂志》8卷4号（1911年6月）。

多元主义：开放的思想范式

如果说多元精神是英伦自由主义传统的基本元素，那么，这种开放的多元精神也是杜亚泉调和论思想的基本风格。新文化运动前夕，杜亚泉有感于欧化东渐而导致守旧维新二派思想水火不容的现象，于《东方杂志》发表《论思想战》一文，力倡思想界各派以开放宽容的多元主义精神和自由思想，克服偏狭的一元独断精神，以化解因新旧思想之歧异而导致的思想冲突。杜在文中指出，国民欲发达其思想而又避免思想战的发生，必须注意以下几点：一是宜开濬其思想。不问何党派之言论，何社会之心理，皆当察其原因，考其理由，以发展自己之思想。否则思想贫乏而易受眩惑。二是宜广博其思想。既知甲说，更不可不知反对之乙说，尤不可不知调和之丙说。近代思想发达，往往两种反对之说，各足成立，互相补救；若专主一说，则思想易陷于谬误。三是勿轻易排斥异己之思想。世界事理，如环无端，东行之极，则至于西；西行之极，亦至于东。人们平时主张一种思想，偶闻异己之论往往认其毫无价值；然待研究更深，而此异己之论，可能忽迎面相逢，而成其思想之先导。若入主出奴，恶闻异议，则为思想浅薄的表征。四是勿极端主张自己之思想。世界事理，无往不复，寒往而暑来，否极则泰生。地球的存在，由离心力与向心力对抗调和之故；社会的成立，由利己心与利他心对抗调和之故。若不明对抗调和之理，而欲乘一时机会而极端发表其思想，只能加速祸乱。在民国政体初更、文化变革的时代，国民应该力惩度量狭隘、性情偏激的积弊，虚怀密虑，明辨审思，以宁静的态度和精详的考察，应付此纷纭繁复的世变事理。①

新文化运动勃兴后，面对思想界新旧各派日趋激烈的"主义"之争，杜亚泉发表了《矛盾之调和》一文，进一步以多元主义立论，阐明了两种对立的主义并行不悖、各程其功的调和主义原理。杜指出："天下事理，决非一

---

① 杜亚泉：《论思想战》，《东方杂志》12卷3号（1915年3月）。

种主义所能包涵尽净。苟事实上无至大之冲突及弊害，而适合当时社会之现状，则虽极凿枘之数种主义，亦可同时并存，且于不知不觉之间，收交互提携之效。"① 主义最坚越狭隘而独断排他者，莫若宗教。然自世界交通而后，即宗教之教义亦渐有趋近融合的趋势。在杜看来，主义的对立并非绝对的，凡两种主义，虽然极端睽隔，但其中有一部分宗旨相似利害相同的，无论其大体上如何矛盾，往往因此一部分之吸引，使其联袂而进行。而且，主义不过人为之规定，而非天然之范围。实则人事杂糅，道理交错，决非人为所定之界域可以强为区分，其中有不少交互关系、彼此印合之处。主义既为人为所规定，而人事又常随时代以迁移，故每有一种主义，经人事时代之递嬗而次第移转，终趋于相反方面。杜进而指出，"世界进化，尝赖矛盾之两力，对抗进行"。思想的发展，亦循此矛盾对抗调和之理。自西学东渐，输入的西方学说，其各种主义初非互不兼容，而实含有"分道而驰，各程其功"之意。只因国人对西方学说不善效法，失其本旨，于是未收分途程功之效，先开同室内讧之端。这种狭隘偏浅之见不利于思想发展。对于主义，国民应当选择其为心之所安、性之所近者，并诚实履行之，毋朝三而暮四，亦毋假其名义以为利用之资；而对于相反的主义，不仅不宜排斥，更当以宁静的态度研究之，以求调和协进。②

对于从西方输入的新思想，杜亚泉主张持理性开放的研究态度，而反对独断的教条主义态度。在杜看来，西方思想长于分化，近代以来更是思想自由，歧异纷呈，若不深入研究广泛比较，而贸然信之，难免陷于片面谬误。③杜强调指出，对于西方学术思想，必须持多元主义的开放态度，而切不可教条主义地独宗一说。"至科学上之学说，如竞争论、意志论等，虽各有证据，

---

① 杜亚泉：《矛盾之调和》，《东方杂志》15卷2号（1918年2月）。
② 杜亚泉：《矛盾之调和》，《东方杂志》15卷2号（1918年2月）。
③ 参阅［英］伯特兰·罗素著，马家驹、贺霖译：《西方的智慧》，世界知识出版社1992年版。

各成系统,但皆理性中之一端,而非其全体,当视之与诸子百家相等,不可奉为信条。""世界各国之贤哲,所阐发之名理,所留遗之言论,精深透辟,足以使吾人固有之观念,益明益确者,吾人皆当研究之。"①

杜亚泉的多元主义是其调和论的思想基石。这种融合英伦自由主义和中土阴阳学说的多元主义精神,在知识和价值问题上持开放宽容的立场,否认包涵万理而一统天下的绝对真理和终极目的的存在,而承认人的认识能力的有限性和真理的相对性,以及思想价值的多元性。杜强调一种主义不能包涵万理,各种主义皆有其独立的思想价值。各种对立之主义的并行不悖和对立调和,是人类思想发展的前提条件。杜的这种开放的多元主义,其要旨在于反对激进保守之偏狭的一元独断精神,而倡导新旧思想兼容、对话、综合的开放的文化态度。罗素曾将理性、宽容、妥协、反教条,归为英国经验论自由主义的基本思想特征。②伯林则以"价值多元论"为其自由主义的基本立足点,他认为,并不存在一种唯一正确的价值体系,世界上有着多种多样的价值判断的标准。倘若试图立下某种价值为绝对标准而将其放之四海而一统天下,其结果必然扼杀人性中最为宝贵的创造性,而造成一个死气沉沉的世界。杜亚泉的多元主义,显然深得英伦自由主义传统之底蕴。

杜亚泉与民初调和主义思潮

调和主义为民初知识界一股有影响的社会文化思潮。除了杜亚泉主编的《东方杂志》,章士钊(秋桐)于东京创办的《甲寅》,为调和主义思潮之又一重镇,甲寅派之章士钊、李大钊、高一涵等人皆为英伦自由主义的信奉者和调和主义的倡导者。

章士钊为民初"调和立国论"的著名代表。面对政力失轨、冲突倾轧的

---

① 杜亚泉:《战后东西文明之调和》,《东方杂志》14卷4号(1917年4月)。
② 杜亚泉:《论思想战》,《东方杂志》12卷3号(1915年3月)。

民国政局，章以超党派的自由知识分子立场，力倡英伦式的宪政规范与调和精神。[1] 章认为，调和是"立国之大径"，是政制传之永久所必具之性。调和生于抵抗力，它是两派政治势力之间在维护各自独立性基础上所实现的"两让"。而要达致调和，则须做到"有容"。章将反对好同恶异的"有容"精神，归为宪政之本。在他看来，好同恶异为人类野性之遗传。社会化同以迎异则进，克异以存同则退。欧洲文化之进化即在于尚异。而中国政治学术之落后于欧美，其根本原因，则在此好同恶异之野性。[2] 这里，章把"有容"和"好同恶异"，归为民主宪政和专制主义的根本精神之所在，并把以"有容"之德易"好同恶异"之性，当作民国宪政建设的治本之策。章的调和主义采借自穆勒的自由主义，其"调和立国论"即援引穆勒之言而立论："人不能无过者也，其所得真理往往偏而不全，故非听反对之议论，尽量流行，往复比较，从而折衷意见之统一，不足尚也。"[3]

李大钊为《甲寅》诸贤中又一信奉调和主义的自由派思想家。与章士钊一样，李亦笃信密尔、斯宾塞、古里天森、莫烈等人的调和主义，并于民国政治改良和文化建设问题力倡新旧调和之道。李认为，宇宙间有二种相反之质力，由一方言之则为对抗，由另一方言之则为调和。调和为宇宙之美的源泉，亦为社会进化之基础。现代社会为调和的社会，社会进化之道在于进步与秩序的调和。就思想而言，进步与保守同为文明进化的必要，正如车有两轮，鸟有双翼，二者宜为并存竞争而并驾齐驱。关于调和之法则，李强调指出，调和之机肇于"两让"，而调和之境则保于"两存"。新旧之性质本非绝异，新与旧比较而言，二者但有量之差而无质之异，其中并无褒贬之意和善恶之分。因为进化之道，非纯恃进步或保守，非赖乎新或旧，而需进步与保

---

[1] 章士钊：《调和立国论》，《甲寅》1卷4号（1914年11月）。
[2] 章士钊：《政本》，《甲寅》创刊号（1914年5月）。
[3] 章士钊：《调和立国论》，《甲寅》1卷4号（1914年11月）。

守、新与旧的调和平衡。为达于调和之境，思想界各派之各分子宜尽备调和之德。思想冲突非任诸思想之自为调和不可。欲二种思想相安而不相排，兼容而不相攻，全靠个人于新旧思想接触之际，自宏其有容之性，节制之德，不专己以排人，不挟同以强异。调和之德具，则思想与政治之冲突可免。①调和论是李大钊自由主义思想的基本理念，甚至在"五四"后期李改宗马克思主义之后，我们仍不难发现其思想深处的调和主义印迹。

蔡元培是新文化运动的精神领袖，其于北京大学倡导的"思想自由""兼容并包"原则，亦深刻体现了调和主义和多元主义的精神。蔡认为，大学为"囊括大典，网罗众家"之学府。《中庸》曰"万物并育而不相害，道并行而不相悖"，足以形容大学之精神。各国大学无不兼容相反相成之思想，如哲学之唯心论与唯物论，文学美术之理想派与写实派，经济学之干涉论与放任论，伦理学之动机论与功利论，人生观之乐天观与厌世观，常樊然并峙于其中，此思想自由之通则，而大学之所以为大也。②在答林琴南函中，蔡进一步阐明了"思想自由""兼容并包"的原则："无论有何种学派，苟其言之成理，持之有故，尚不达自然淘汰之运命者，虽彼此相反，而悉听其自由发展。"③

综上所述，章士钊、李大钊和蔡元培的调和主义思想与杜亚泉思想如出一辙，其代表了民初启蒙思潮中温和稳健的英伦式自由主义传统。调和主义以宇宙间矛盾对立平衡之法则，阐扬政治与思想文化上新旧调和之理，倡言宽容节制的调和之德，反对好同恶异的偏狭之性，以"调和"为民国宪政建设和文化变革的根本方针。民初调和主义思潮虽有其共同旨趣，但亦不乏思想者个体之差异。大体而言，章、李侧重政治，其倡有容之德与调和之

---

① 李大钊：《调和之法则》，《言治》季刊第3册（1918年7月）。
② 蔡元培：《北京大学月刊》发刊词，《北京大学月刊》1卷1号（1919年1月）。
③ 蔡元培：《答林琴南君函》，《新潮》1卷4号（1919年4月）。

道，旨在求政力之对抗而平衡的自由主义宪政规范；杜、蔡则更重思想，其主思想多元和思想自由，意在调和中西新旧而熔铸中国现代文化。需要指出的是，杜亚泉的调和论不仅以宇宙间事物之相反相成的矛盾辩证法立论，而且立基于开放的多元主义精神。杜的多元主义秉承了英伦经验主义之理性、宽容、怀疑、反教条的传统，其以否认包涵万理之绝对真理的悲观主义认识论，导出其各种主义皆有价值的思想多元论，进而由此推出其政治文化之新旧多元对立调剂的调和主义。此为杜调和论思想的深刻独到之处。

调和论与激进论之争

如果说民初新思潮的演变经历了一个从《东方》《甲寅》时代向《新青年》时代递嬗的过程，那么这一转变的表征则是调和主义与激进主义的消长。随着新文化运动的兴起，调和主义之新旧调和的温和路线与《新青年》彻底反传统的激进路线日形抵牾。陈独秀撰文批评调和论，表征着"五四"时期激进主义与调和主义在文化问题上的深刻歧异。

在《调和论与旧道德》一文中，陈独秀将调和论归结为一种体现社会弱点的"很流行而不详的论调"。在他看来，新旧因调和而递变，二者无明显界线可以截然分离，这是思想文化史上之自然现象，而非思想文化本身之新旧比较的实质。这种现象当属文化史上不幸的现象，是人类惰性之作用的结果。新旧不仅在时间上不能截然分离，而且在空间上亦同时并存。同一社会中人的思想万有不齐新旧杂糅的现象，乃因人类社会中惰性较深的劣等分子，不能和优秀民族优秀分子同时革新进化的缘故。对此，改革者固然可以据进化史上不幸的事实，悲悯其实然如此，却不忍心幸灾乐祸地主张其应然如此。正如我们不能不承认人类本能之具有侵略、独占、利己等恶德的事实，却绝无人会主张人类应该如此。惰性也是人类本能之一种恶德，是人类文明进化的障碍，新旧杂糅调和缓进的现象，正是这种恶德和障碍造成的。

因而新旧调和只可说是由人类惰性而自然发生的一种不幸的现象，不可说是社会进化之一种应然的道理。若将调和当作指导社会改良的一种主义，那便助纣为虐，误尽苍生了。社会进化中惰性之作用亦如市场买卖的讨价还价，革新的主张十分，社会惰性开始只能承认三分，最后自然的结果是五分。若照调和论者的意见，自始即主张五分，最后自然的结果只有二分五，如此社会进化所受二分五的损失，岂非调和论的罪恶吗？因而调和论只能看作客观的自然现象，不能当作主观的人为主张。①这里，陈反对调和论的基本理由，是其助长了人类守旧的惰性，从而滞缓了社会进化过程。陈将人类思想文化史上之新旧调和递变的现象，归为人类惰性阻碍进化的结果，因而在文化方针上反对调和主义，而坚持矫枉过正的激进路线。

陈独秀反调和论的激进观点，代表了《新青年》启蒙学派的文化观。胡适、钱玄同等人对新旧文化问题亦持同样主张。胡适30年代倡"全盘西化"，其立论可谓与陈独秀如出一辙。胡认为，文化自有一种保守的惰性，中国文化的现代化只有"取法乎上"而全盘西化，旧文化的惰性自然会有折衷调和的倾向。②与陈独秀一样，胡适也承认文化进化之新旧调和的历史现象，但其坚持反对调和主义的文化主张。

陈独秀的调和论批评，表征着"五四"启蒙思潮的深刻分裂。陈与杜亚泉等人的激进调和之争，其焦点在于"新旧"问题，而二者的分歧则主要表现在如何对待旧文化的方针上。如果说激进调和二派在输入新文化问题上无大分歧，那么二者对于旧文化则有革命与调和的不同方针。比较陈杜的文化观，二者在新旧问题上具有一系列深刻的思想歧异。对于新旧之性质的评判，陈立基于社会进化论，而认为新旧文化绝然对立，水火不容，从而主张彻底的反传统主义；杜则以接续主义立论，强调新旧文化接续不断，相反相

---

① 陈独秀：《调和论与旧道德》，《独秀文存》，安徽人民出版社1987年版，第563—564页。
② 胡适：《编辑后记》，《独立评论》142号（1935年3月）。

成,故而对传统持温和的调和主义方针。对于旧文化之保守的惰性,陈相信矫枉过正的变革可以抵消历史传统的惰性而促进文化更新,从而主张激进的文化革命;杜则怀疑人为的激烈文化变革的功效,而相信历史进程(时间)为最大的改革者,从而倡导循序渐进的文化改良。在启蒙方针上,陈忧于民众之守旧苟安的国民性,而主张以"石条压驼背"的激烈思想革命伦理革命而警觉之;杜则虑及过激的思想与伦理革命易导致民间社会的伦理失范,以及群众心理之非理性倾向所难免的破坏性后果,而主张对民众施以潜移默化的理性启蒙。综上所述,杜亚泉与陈独秀的调和激进之争,在学理与策略上存在深刻的分歧。应该说,陈的激进的文化革命论,就文化策略而言,固不乏其矫枉过正的深刻的历史合理性;但就其学术理路而言,其赖以立论的文化进化论,则毕竟难免其学理的粗陋和偏颇。而杜的文化调和论则具有学理与策略的统一性。其不仅学理上契合文化之新旧调和递变的渐进演化法则,而且在策略上亦因其"以立代破"方针的周详稳健,而可防避激进主义之矫枉过正的破坏性流弊。此为调和论的思想价值之所在。

调和论与二元论自由主义的命运

调和论是杜亚泉关于社会思想和文化思想的基本观点,它贯穿于其关于宇宙、社会、文化、人生等问题的一系列看法中。杜以矛盾"对抗调和之理"为宇宙与社会运演的普遍法则,据此而主张政治文化上的调和主义和思想上的多元主义。需要指出的是,杜的调和论和多元主义思想是英伦自由主义与儒家中庸之道的结晶。关于杜的调和论,蔡元培曾有精当的评价:"先生既以科学方法研求哲理,故周详审慎,力避偏宕,对于各种学说,往往执两端而取其中,如唯物与唯心,个人与社会,欧化与国粹,国粹中之汉学与宋学,动机论与功利论,乐天观与厌世观,种种相对的主张,无不以折衷之法，兼取其长而调和之。"① 此实则亦为蔡元培本人思想的表述。值得注意的是，蔡对杜调和论思想之周详审慎的"科学方法"和执两取中的"折衷方法"的概括，揭示了杜思想方法之中西会通的基本特点。作为一位精通自然科学的百科全书式的启蒙学者，杜之周详审慎的"科学方法"，体现了经验主义之理性的科学精神，这也是杜有别于《新青年》启蒙学派之人文学者的基本思想特征。而杜之理性宽容、和平中正的"折衷之法"，则熔西方自由主义之多元主义和中国古代辩证法以及中庸之道于一炉，其以宇宙社会之矛盾"对抗调和"法则，强调思想价值的多元性和相对性，进而主张在思想多元的张力中，寻求中西新旧的"调剂平衡之道"。杜的调和论可谓深谙西方多元主义之底蕴，此即亚里士多德所谓"最高度的和谐产生于对立"之辩证哲理。

激进、保守、调和是民初思想界回应西潮的三种思想模式。调和论与激进主义、保守主义之最深刻的歧异，在于其理性开放的多元主义精神。"五四"作为东西方文化交汇激荡的启蒙时代，是中国思想史上自春秋战国以来又一个最富创造性的黄金时代。调和论之多元主义的思想价值，在于其顺应启蒙时代东西文化交汇融合的趋势，而揭示了价值多元、思想自由之开放的思想规则。确切地说，多元主义与其说是一种"主义"，毋宁说是一种开放的文化态度和思想原则，这是其与激进主义与保守主义之一元独断精神的根本差别。《新青年》启蒙学派之追求科学民主和批判儒家礼教，在中国新文化史上诚然功不可没，但其以欧化君临一切的一元论思维模式和乌托邦浪漫情怀，亦暴露了新文化运动的深刻思想限度。激进主义之武断偏激的一元主义与调和论之开放平和的多元主义，成为中国启蒙运动中法国路线和英国路线的基本分野。在民初共和流产、民情沉郁的环境中，新青年派之激烈反传统的激进路线，显然更为契合中国现代化之意识形态重构和社会动员的

---

① 高平叔编：《蔡元培全集》第六卷，中华书局1988年版，第361页。

时代需要，这使其启蒙运动具有不同凡响的强大的社会影响。关于《新青年》启蒙的利钝得失，常乃惪有一段颇为中肯的评论："平心而论，当时的新文化运动——《新青年》时代的新文化运动——不过仅仅有一股新生蓬勃之气可爱罢了，讲到内容上是非常幼稚浅薄的，他们的论断态度大半毗于武断，反不如《甲寅》时代的处处严守论理，内中陈独秀、钱玄同二人的文字最犯武断的毛病，《新青年》之不能尽满人意在此，但是我们若从另外方面一想，若不是陈、钱诸人用宗教家的态度来武断地宣传新思想，则新思想能否一出就震惊世俗，引起绝大的反响尚未可知，可见物各有长短，贵用得其当罢了。"[1] 民初启蒙思潮中，《新青年》因其以"宗教家"之武断态度宣传新思想，而惊世骇俗；而《甲寅》《东方》之调和思想，亦因其"严守论理"，而另具深邃恒久的思想价值，虽然其理性宽容之风格并不合社会急进之时宜。民初思潮之激进、调和、保守三派，颇类人生之青年、中年、老年三阶段。调和论以其兼容调剂青年之锐进过激和老年之因循保守的辩证思想张力，而独具中年思想之中正稳健的品格。

多元主义是民初和"五四"启蒙传统中最为意义深远的思想遗产。诚如林毓生所正确指出的："思想现代化的首要课题是：思想模式的现代化。这种工作，首先要从传统一元式模式转变到多元式模式。"[2] 对于中国启蒙来说，思想范式从一元到多元的转型，之于中国思想的现代化具有根本性意义。周策纵曾高度评价"五四"时代之思想自由、相互宽容的"基本的多元主义"传统。刘东则将蔡元培的"思想自由，兼容并包"原则所代表的多元论自由主义精神，归结为"五四"时代高蹈于启蒙思潮之上的理性精神。[3] 杜亚泉、章士钊和蔡元培之调和论所内蕴的多元主义精神，代表了民初启蒙

---
[1] 常乃惪：《中国思想小史》，中华书局1930年版，第184页。
[2] 载刘军宁等编《市场逻辑与国家观念》，"公共论丛"第一辑，生活·读书·新知三联书店1995年版，第233页。
[3] 刘东：《北大学统与"五四"传统——历史的另一种可能性》，《东方》1994年第4期。

思潮中源自英伦经验主义的另一种启蒙传统。这种多元主义精神，是思想现代性的精神内核，其思想价值决不在"科学"和"民主"之下，而毋宁说它是"科学"和"民主"赖以生长的基础。

原载《五四运动与二十世纪的中国：北京大学纪念五四运动80周年国际学术研讨会论文集》，社会科学文献出版社2001年版

中国近代文化思潮中的调和论

潘 宇

对于近代中国思潮的总结,比较有代表性的倾向认为是激进思潮和保守思潮之间的拉锯,并以激进作为最明显的色彩,以至于余英时先生认为,在近代中国,因为政治现实太混乱,得不到大家的认同,在这种情况下,只有激进主义,只有求变的程度不同。大多数知识分子在价值上选择了往而不返的"激进"取向。"一部中国近代思想史就是一个激进化(radicalization)的过程。最后一定要激化到最高峰,'文化大革命'就是这个变化的一个结果。"[1] 的确,近代西方文化对中国的冲击,代表的是一种"现代性"对于传统社会的解构。所以问题便集中到如何处理中国的传统和西方文化之间的关系,或者说在吸收西方的制度和器物文明的时候,如何安顿本土的价值问题。

张之洞所提出的中学为体和西学为用,便是一种相对折衷的策略。虽然在张之洞看来,康有为已经太过激进,但是,康有为所领导的变法运动堪称是现代性的制度设计和传统的价值理念之间协调的一次尝试。或许我们可以将之视为"中学为体,西学为用"的实践版。康有为的努力终究归于失败,代之以更为激进的革命派,利用种族主义的口号将清朝政权推翻了。然而,在一系列的政治、社会制度变革之后,出现了旧价值退场、新的核心价值难产的局面。按白鲁恂的说法是"权威真空":"当政治权力合法性的文化与心

---

[1] 余英时:《钱穆与中国文化》,上海远东出版社1994年版,第200—201页。

理基础，在发展过程中受到根本性的损毁时，权威危机就会产生。起初，这种危机可能发生在当传统权威的政治形式，显然无法应付现代化所产生的问题与需求时。'合法性'须伴随着'能力'，当权威之神秘力量无济于事时，情况是最糟的。除了政治制度之合法性问题外，若无其他的社会结构要求，安逸、顺从之控制能力都丧失的话，权威危机在深度与广度都变得更加剧烈了。倘若赋予整个社会的组织与次序的社会、宗教及文化制度等辅助权力皆不存在的话，就会产生权威真空的情况。"①

这种"权威真空"所导致的价值观上的混乱状况，使得文化问题成为中国由近代向现代转型过程中的一个至关重要的问题，并使得20世纪的文化讨论成为与政治、经济变革密切相关的社会事件。但是，如果我们超越激进与保守二元对立的思路，我们就会注意到一种到目前为止并不太引人注目的立场，即调和论或折衷论的观念，也有人将之称为中国近代文化的第三条道路。

曾有论者认为，调和论在严格意义上并不能构成一个"派"②，而是激进派和保守派所共同采用的"障眼法"，也就是说通过调和的手段作为自己真实立场的掩护。比方说，激进的西化派会采取西学与中学并不冲突的言说，来为西学的传播提供合法性的依据；而保守派为了不给人以顽固不化的口实，也会运用"道器""体用"等手段来化解双方立场之间的尖锐对立。因此，这种立场往往会被归入激进派或保守派的观点中。

但是，近年来对于杜亚泉和学衡派的研究发现，似乎简单地用激进或保

---

① ［美］白鲁恂：《中国现代化过程中的权威危机》，载金耀基等：《中国现代化的历程》，台北时报文化出版公司1980年版，第257页。
② 陈序经认为存在着一个与西化派和复古派不同的折衷办法的派别。"折衷派的主张是要把一部分的西洋文化来和中国的固有文化融合起来，而成为一种中西合璧的文化。"他把"道的文化与器的文化""中学为体，西学为用""精神文化与物质文化""静的文化与动的文化"等都归入折衷派。站在全盘西化立场上的陈序经，当然认为这些主张是毫无根据的。参见陈序经：《东西文化观》，中国人民大学出版社2004年版，第81页。

守来定义他们都会发生或多或少的困难,因此,丁伟志、王元化、黄克武等人便开始试图勾勒调和派的线索,而杜亚泉、梁启超、学衡派则是主轴。虽然调和派有时与保守主义倾向有一些界限不清,但是,如果将调和派独立出来研究,则可以更准确地理解近代中国文化思潮的丰富性和复杂性。

一、激进和保守之间,杜亚泉和梁启超

当时的著名记者黄远生以一种独有的敏锐和精确的笔法描述民国成立之后中国思想文化界的状况,认为当时的激进和保守两大阵营的争论,已经由器物和制度之争扩展到"思想","此犹两军相攻,渐逼本垒,最后胜负,且夕昭布"[①]。然而如果我们认可激进派的胜利,也不能简单地看作保守派的失利,因为作为新文化运动反思的结果之一,新儒家便在梁漱溟关于东西文化及其哲学的一系列讲演之后得以确立。本文要着力分析的是,在激进和保守之间,其实存在着一种"调和"的思路。丁伟志说:"鸦片战争以后60多年间,在时代潮流的推动下,中国文化思想阵线急剧发生的是一种十分有趣的反方向的变化。从新思想的传播一方面来看,是从那种绝无反抗精神、充满对王朝忠诚的'师夷长技以制夷',一步步发展成主张对旧文化传统坚决实行'根本扫荡'的新文化运动,这是一条明显呈现为不断减弱直至消除对旧传统妥协心态和调和方式的愈战愈奋的进攻线路。而从旧思想维护的一方来看,却是在新思想的进攻下,节节败退、步步为营,从顽固地主张盲目排外,一变再变,到新文化运动兴起时,维护旧文化旧传统者却成了力主折衷的调和论者。和新思想提倡者对于新旧思想的关系从持调和态度转变成持绝不调和态度那样的变化趋势,构成鲜明对照,旧思想维护者对于新旧思想的关系,从持绝不调和态度变成了持调和的态度。"[②]从历史的轨迹看,调和

[①] 黄远生:《新旧思想之冲突》,《东方杂志》13卷2号(1916年2月)。
[②] 丁伟志:《重评"文化调和论"》,《历史研究》1989年4期。

论则往往是相对弱势一派的"手段"。而在"五四"新文化运动取得压倒性的优势之后，这种调和论的立场似乎为坚持传统资源的价值一方所采用，因此，调和论有时候会被划入保守的行列。这种思路由于比较中庸，似乎没有激进和保守之对垒那么引人注目，因而会被许多文化研究者所忽略。

当然，正是因为调和论本身的复杂性，近年来也有人将杜亚泉的调和论看作是"另一种启蒙"。许纪霖借用墨子刻的"转化"和"调适"的划分，认为："转化论者相信，传统可以像一件旧衣服一样脱去，新文化可以在理性主义的建构下平地而起。问题只是在于，是否有勇气与传统告别。陈独秀当年就是一个最激烈的转化论者。而调适论者则认为，新文化不可能凭空生成，只能在传统的背景下逐渐演化，新与旧之间有可能、也应该在新的语境下实现融合。从梁启超到杜亚泉，在近代中国思想史上始终存在着一种调适的变革线索。假如我们不再持有一元论心态的话，就无法否认这也是一种启蒙。不过是另一种启蒙，一种温和的、中庸的启蒙。"①

如果进一步考察，我们会看到无论是将其纳入保守派还是温和的启蒙，都无法准确地定位调和论的实质。以新儒家为代表的保守论者坚持中国文化的本位性，而激进论者则认为只有否定传统才能拥抱西方，两者存在本质的对立，而调和论则是"无立场"的思路，相信有一种超越性的路径的存在。这种超越、会通的思路，最初表现为严复和梁启超对于中国魂的坚持和对于西方制度安排的接受上。其他的代表人物还有章士钊、李大钊、蔡元培、李剑农、张君劢等。其中最典型的形态可能是杜亚泉的东方文化派。

（一）杜亚泉的折衷主义

随着对于近代思想认识的不断丰富，杜亚泉这个曾经在近代思想史上产生过重大影响的思想家也逐渐引起人们的注意。他的调和中西的思想更是被

---

① 许纪霖：《杜亚泉与多元的五四启蒙》，《中华读书报》2000年1月5日。

王元化等诸多学者所关注。

1911年至1919年年底，杜亚泉曾兼任《东方》杂志主编，历时九年。《东方》是当时风行的《新青年》杂志的论敌之一。杜亚泉在很长一段时间一直被视为是保守的、落后的代表人物，原因在于陈独秀对于《东方》杂志中几篇文章的质问，即署名平佚的《中西文明之评判》、署名钱智修的《功利主义与学术》，还有署名伧父（杜亚泉）的《迷乱之现代人心》，以及对于杜亚泉所做的回答的"再质问"。

杜亚泉的调和立场首先是建立在他对于中西文明的认识上，他反对用进步和落后的进化立场来看待中西文化的差别，指出文化是社会的产物，而文明的差别只是社会差别的体现，因此不同的文明只是"性质"上的差别而非"程度"上的高低。"盖吾人意见，以为西洋文明与吾国固有之文明，乃性质之异，而非程度之差；而吾国固有之文明，正足以救西洋文明之弊，济西洋文明之穷者。……文明者，社会之生产物也。社会之发生文明，犹土地之发生草木，其草木之种类，常随土地之性质而别。西洋文明与吾国文明之差异，即由于西洋社会与吾国社会之差异。"[1]

而随着文化之间交流的日益完善，不同文化之间势必互相接近而互资利用。"至于今日，两社会之交通日益繁盛，两文明互相接近，故抱合调和，为势所必至。"[2] 因此，他特别反对激进的西化论者完全否认中国文化之价值、全盘仿效西方的主张。他说："而吾国一部分之醉心欧化者，对于西洋现代文明，无论为维持的、为破坏的，皆主张完全仿效，虽陷于冲突矛盾而不顾；唯对于中国固有文明，则以为绝无存在之价值，苟尚有纤芥之微留于国人之脑底者，则仿效西洋文明决不能完全。此种思想，固由戊戌时代之新思想推演而来。然以时代关系言之，则不能不以主张刷新中国固有文明，贡

---

[1] 许纪霖、田建业编：《杜亚泉文存》，上海教育出版社2003年版，第338页。
[2] 许纪霖、田建业编：《杜亚泉文存》，上海教育出版社2003年版，第343页。

献于世界者为新，而以主张革除中国固有文明，同化于西洋者为旧。"①所以他在《迷乱之现代人心》一文中，对于中国基本精神的丧失，政治上的强有力主义，教育中的实用主义，表示了深深的忧虑和系统的批评。

由此而来，他提出一种调和论的立场，认为应不遗余力地吸收西方的文化，但因为这些文明，如"满地散钱"，所以需要"以吾固有文明为绳索，一以贯之"。他说："吾人往时羡慕西洋人之富强，乃谓彼之主义主张，取其一即足以救济吾人，于是拾其一二断片，以击破己国固有之文明。……西洋之断片的文明，如满地散钱，以吾固有文明为绳索，一以贯之。今日西洋之种种主义主张，骤闻之，似有与吾固有文明绝相凿枘者，然会而通之，则其主义主张，往往为吾固有文明之一局部扩大而精详之者也。吾固有文明之特长，即在于统整，且经数千年之久未受若何之摧毁，已示世人以文明统整之可以成功。今后果能融合西洋思想以统整世界之文明，则非特吾人之自身得赖以救济，全世界之救济亦在于是。"②

这种调和论的思想理所当然引发了陈独秀的批评。由于抱定了中国文化传统是吸收西方文化的障碍这样的信念，陈独秀反对任何形式的"调和"，认为提出任何方案的调和只是反对革新的借口。陈独秀说："现在社会上有两种很流行而不祥的论调，也可以说是社会的弱点：一是不比较新的和旧的实质上的是非，只管空说太新也不好，太旧也不好，总要新旧调和才好；见识稍高的人，又说没有新旧截然分离的境界，只有新旧调和递变的境界，因此要把'新旧调和论'号召天下。一是说物质的科学是新的好西洋的好，道德是旧的好中国固有的好。"③

陈独秀认为新旧之间没有明确的界限虽是文化史上的自然现象，却是一

---

① 许纪霖、田建业编：《杜亚泉文存》，上海教育出版社2003年版，第402页。
② 许纪霖、田建业编：《杜亚泉文存》，上海教育出版社2003年版，第367页。
③ 陈独秀：《调和论与旧道德》，《新青年》7卷1号（1919年12月）。

个不幸的现象。如果看不到文明之间的新旧差别，那么"劣等民族"便不能"和优级民族优级分子同时革新进化"。"惰性也是人类本能上一种恶德，是人类文明进化上一种障碍，新旧杂糅调和缓进的现象，正是这种恶德、这种障碍造成的；所以新旧调和只可说是由人类惰性上自然发生的一种不幸的现象，不可说是社会进化上一种应该如此的道理；若是助纣为虐，把他当做指导社会应该如此的一种主义主张，那便误尽苍生了。"①

据此，陈独秀对于前述《东方》杂志的几篇文章提出了系统的批评。他首先对第一次世界大战所导致的西方文明权威动摇表示不解，特别是对杜亚泉将"纲常伦理作为国基"的思想与共和政体之间的冲突加以强调，并将《东方》杂志和复辟联系在一起，使调和论的观点与启蒙立场相对立。以彻底否定传统文化为前提的新文化运动固然有其偏颇之处，但调和论自有其内在的矛盾。首先，在新文化运动之前，调和论一直是"手段"而非"一以贯之"的价值追求。其次，在新文化运动之后，调和立场转为对传统持同情和保守立场的思想流派的手段，那么如何在现代的政治体制下，将一直作为制度合法性资源的儒家等思想转变为现代中国人的"民族认同"，如何调和民主政治和传统价值之间的紧张，始终是一个困境。"杜氏的调适思想代表了'五四'时期另一种温和的启蒙传统。启蒙运动中的调适思想和转化思想具有互补性：激进的转化思想犹如烈性药，温和的调适思想则若营养剂，两者在批判和建设上各有其价值。当然，两者亦各有其难题。转化思想的困局，在于其毁弃儒教又拒斥基督教之后，无以藉西化解决意义危机。调适思想的难题则在于：在政教分离的西方文化中，基督教自然可与自由宪政并行不悖；但在一元论传统的中国文化语境中，建制化的半伦理半政治的儒教，在普遍王权崩解之后，如何在文化而非学术层面实行道德与政治的非建制化分殊？儒教非建制化之后又如何发挥其社会伦理的功能？这也是杜亚泉调适思

---

① 陈独秀：《调和论与旧道德》，《新青年》7卷1号（1919年12月）。

想给我们留下的世纪难题。"①

（二）梁启超的调和论

对中国知识界产生更大影响的是梁启超的《欧游心影录》和梁漱溟的《东西文化及其哲学》。梁启超从第一次世界大战引申出对于西方文化的反思，指出："拿孔孟程朱的话当金科玉律，说他神圣不可侵犯，固是不该，拿马克思、易卜生的话当作金科玉律，说他神圣不可侵犯，难道又是该的吗？我们又须知，现在我们所谓新思想，在欧洲许多已成陈旧，被人驳得个水流花落。就算他果然很新，也不能说'新'便是'真'呀！"②

按照胡适的说法，梁启超是思想界里面敢于公然宣布"科学破产"的人。的确，当科学成为一种主义，他便能取得"无上尊严的地位，无论懂与不懂的人，无论守旧和维新的人，都不敢公然对他表示轻视或戏侮的态度"③。

然而，梁启超在游历刚刚结束第一次世界大战的欧洲的时候，发现欧洲人正在经历一种价值观矛盾，也就是当传统的价值观被否定的时候，人生的意义能否由科学方法来承担。"现今思想界最大的危机就在这一点。宗教和旧哲学既已被科学打得个旗靡帜乱，这位'科学先生'便自当仁不让起来，要凭他的试验发明个宇宙新大原理。却是那大原理且不消说，敢是各科的小原理也是日新月异，今日认为真理，明日已成谬见。新权威到底树立不来，旧权威却是不可恢复了。所以全社会人心，都陷入怀疑沉闷畏惧之中，好像失了罗针的海船遇着风雾，不知前途怎生是好。""一百年物质的进步，比从前三千年所得还加几倍。我们人类不唯没有得着幸福，倒反带来许多灾难。

---

① 高力克：《调适的启蒙传统》，《二十一世纪》2000年6期。
② 梁启超：《饮冰室合集》专集之二十三，中华书局1989年版，第27—28页。
③ 胡适：《科学与人生观》序，载张君劢、丁文江等著：《科学与人生观》，山东人民出版社1997年版，第10页。

好像沙漠中失路的旅人，远远望见个大黑影，拼命往前赶，以为可以靠他向导，那知赶上几程，影子却不见了，因此无限凄惶失望。影子是谁，就是这位'科学先生'。欧洲人做了一场科学万能的大梦，到如今却叫起科学破产来。"①

如何解决这个问题，在文化上就是要对自己的文化传统存有敬意，并融合中西方文明。"我希望我们可爱的青年，第一步，要人人存一个尊重爱护本国文化的诚意；第二步，要用那西洋人研究学问的方法去研究他，得他的真相；第三步，把自己的文化综合起来，还拿别人的补助他，叫他起一种化合作用，成了一个新文化系统；第四步，把这新系统往外扩充，叫人类全体都得着他好处。"②

如何展开中西文化的互动？一是把西方的物质文明与东方的精神文明合二为一。二是将西方的个性解放和中国的人格修养融合起来，塑造新国民。"国民树立的根本义，在发展个性，《中庸》里头有句话说得最好：'唯天下至诚为能尽其性。'我们就借来起一个名叫做'尽性主义'。这尽性主义是要把各人的天赋良能，发挥到十分圆满。就私人而论，必须如此，才不至成为天地间一赘疣，人人可以自立，不必累人也，也不必仰人鼻息；就社会国家而论，必须如此，然后人人各用其所长，自动地创造进化，合起来便成强固的国家、进步的社会。"③三是自由竞争和互助主义的结合。"中国社会制度颇有互助精神，竞争之说素为中国人所不解，而互助则西方人不甚了解。中国礼教及祖先崇拜，皆有一部分为出于克己精神与牺牲精神者。中国人之特性在能抛弃个人享乐，而欧人则反之。夫以道德上而言，决不能谓个人享乐主义为高，则中国人之所长，正在能维持社会的生存与增长。……因此吾以为不

---

① 胡适：《科学与人生观》序，载张君劢、丁文江等著：《科学与人生观》，山东人民出版社1997年版，第11页。
② 梁启超：《饮冰室合集》专集之二十三，中华书局1989年版，第37页。
③ 梁启超：《饮冰室合集》专集之二十三，中华书局1989年版，第23—24页。

必学他人之竞争主义，不如就固有之特性而修正扩充之也。"[1] 四是民本主义和西方代议制的结合。"其实自民本主义而言，中国人民向来有不愿政府干涉之心，亦殊合民本主义之精神。对于此种特性不可漠视，往者吾人徒做中央集权之迷梦，而忘却此种固有特性。须知集权与中国民性最不相容，强行之，其结果不生反动，必生变态，此所以吾人虽欲效法欧洲而不能成功者也。"[2]

这种极具感染力的文字，可以说是梁启超的招牌，开始鼓励中国的知识层反思西方思想存在的问题和我们对待自己文化传统的态度。按照黄克武先生的研究，梁启超的主要思想倾向首先是一种调适性的，他通过对"新民说"的研究发现，梁启超主张人性是善恶交杂的，因此历史在本质上是渐进的。其次，梁启超对个人的自由有充分的肯定，这样便与中国传统对于群体的重视相结合，强调了"为我"和"兼爱"之间的结合。第三，梁启超强调在引入西学的时候，与中国思想传统的结合，这样我们看到的更多是连续性，而非革命论者所宣扬的"截断众流"的思想。[3] 由此可见，调和论是梁启超思想的底色。

二、学衡派的新人文主义：超越了民族主义的保守主义

与杜亚泉、梁启超不同的是，学衡派作为文化保守主义的一个重要的力量，其代表人物与新文化运动的代表人物在教育背景上日益接近，他们所依据的均是西方的思想观念，所以钱穆在评论吴宓、梅光迪等人的《学衡》杂志时，一针见血地指出是"以西洋思想矫正西洋思想"。他说，这些人"隐然与北大胡、陈诸氏所提倡之新文化运动为对抗。然议论芜杂，旗鼓殊不相称"。在简述了学衡派的"人文主义"以后，钱穆也只是说："盖与前引二

---

[1] 梁启超：《梁任公在中国公学演说》，《申报》1920年3月14日。
[2] 梁启超：《梁任公在中国公学演说》，《申报》1920年3月14日。
[3] 参见黄克武：《一个被放弃的选择：梁启超调适思想之研究》，载《"中研院"近代史研究所专刊》(70)，1994年。

梁之书（梁启超之《欧游心影录》和梁漱溟之《东西文化及其哲学》）相桴鼓，皆对于近世思想加以针砭者也。唯学衡派欲直接以西洋思想矫正西洋思想，与二梁之以中西分说者又微不同耳。"①

学衡派以《学衡》杂志为根据地，其主要的作者群以东南大学为核心，包括了梅光迪、胡先骕、吴宓、柳诒徵，还有在北京的王国维、陈寅恪、汤用彤等。《学衡》杂志创立的目标所指就是以陈独秀、胡适为代表的新文化运动，据吴宓自编年谱记载，1918年吴宓初入哈佛，就有人告诉他梅光迪正准备与胡适争论。"今胡适在国内，与陈独秀联合，提倡并推进所谓'新文化运动'，声势煊赫，不可一世。故梅君正在'招兵买马'，到处搜求人才，联合同志，拟回国对胡适做一全盘之大战。按公（指宓）之文学态度，正合于梅君之理想标准，彼必来求公也。"②所以，即使是最近，依然有人将学衡与新文化运动之争看作是"意气用事"，或只是为了争夺"文化的权力话语"③。

1922年1月，《学衡》杂志正式创刊，其宗旨是："论究学术，阐求真理，昌明国粹，融化新知，以中正之眼光行批评之职事，无偏无党，不激不随。"

（一）学衡派的思想源头

与新文化运动直接继承欧洲的启蒙思潮不同，学衡派的思想基础是以白璧德为代表的新人文主义。新人文主义对当时的机械化大生产持批评态度，

---

① 钱穆：《国学概论》，商务印书馆1931年版，第363—364页。
② 郑师渠：《在欧化与国粹之间——学衡派文化思想研究》，北京师范大学出版社2001年版，第61页。
③ 沈卫威说："现代文化保守主义者如梅光迪、吴宓敌视胡适等人的最直接的心理因素，是因为对方占据了文化要津，控制了知识的权力话语。于是他们（梅、吴）以文化守成自居，以旧抗新、拒新。明知守成得不到什么（他俩也根本不守旧的礼教、道德，只是空喊给自己壮胆和装饰门面。这两位自我标榜反对新文化的急先锋，反倒是最积极、最坚决地响应新文化、新道德观，搞家庭革命，争取恋爱、婚姻自由的人——抛弃前妻），反而站在保守的一方，其目的无外乎是借助文化守成，争夺文化的权力话语。"沈卫威：《回眸"学衡派"——文化保守主义的现代命运》，人民文学出版社1999年版，第76页。

重视道德观念，重视继承优秀的人类文化传统。吴宓等人在哈佛学习的时候，深受白璧德的影响，而白氏的人文主义，主要的攻击点是以培根为始祖的科学主义和以卢梭为代表的浪漫主义，并提出实证的人文主义。他说：如果与这种人文主义相对照，"则彼科学及感情的自然主义之缺误立见。盖其所主张，实证不足，又惑于想象，溺于感情，将旧传之规矩，尽行推翻，而不知凡个人及社会之能有组织，能得生存，其间所以管理制裁之道，决不可少。故今者既已将身外（有形）之规矩推翻，则必须求内心（精神）之规矩以补其缺也"。①完美的人文主义是"须融汇从古相传之义理而受用之，并须以超乎理智之上而能创造之直觉工夫，辅助其成"②。他们反对那种泛滥的人道主义，而是站在精英主义的立场，试图从训诫和选择中确立人文主义的精神，调停理智和浪漫，取得一种中道。在这种立场的影响下，学衡派反对启蒙的价值观和进步观，认为世界文化具有统一性，文化的历史统一性。"今欲造成中国之新文化，自当兼取中西文明之精华，而熔铸之，贯通之。吾国古今之学术德教，文艺典章，皆当研究之、保存之、昌明之、发挥而光大之。而西洋古今之学术德教，文艺典章，亦当研究之、吸取之、译述之、了解而受用之。"③

学衡派特别强调文化发展中的选择原则，强调引入的文化必须与中国当时的需要相结合。梅光迪说：其一是被引进之本体有正当之价值，而此价值当取决于少数贤哲，不当以众人之好尚为依归；其二是被引进的学说必须适用于中国，即与中国固有文化之精神不相背驰，或为中国向所缺乏，而可截长补短者，或能救中国之弊而有助于革新改进者。④按照这样的选择标准，他认为，创造与自由，平民主义包括马克思主义，虽风靡一时，但并不具备本

---

① 孙尚扬、郭兰芳编：《国故新知论——学衡派文化论著辑要》，中国广播电视出版社1995年版，第3—4页。
② 孙尚扬、郭兰芳编：《国故新知论——学衡派文化论著辑要》，中国广播电视出版社1995年版，第14页。
③ 孙尚扬、郭兰芳编：《国故新知论——学衡派文化论著辑要》，中国广播电视出版社1995年版，第88页。
④ 梅光迪：《现今西洋人文主义》，《学衡》第8期，1922年。

体的价值。显然问题的关键还在于如何才能判定一种思想是否适合于中国的需要,因为在梅光迪做出这个判断前后,马克思主义开始为知识界和更多的人所接受,而且实践也证明了其作用。因此,学衡派的贡献在于方法上的突破。"学衡派在继承传统的问题上以反对进化论同激进派和自由派相对峙,同时以强调变化和发展超越了旧保守主义;在引介西学方面则以全面考察、取我所需和抛弃长期纠缠不清的'体用'框架而独树一帜。"① 但令人深思的是,一种合理的方法并不必然带来合理的结果,政治永远不是文化的自然延伸。

(二)新旧问题与中国文化精神

"五四"运动的最典型的言说就是新旧文化之不能两立,进而将中西问题转变为新旧问题。对此陈独秀等人有许多经典的论述,但最为简明扼要的还是汪叔潜的说法:"所谓新者无他,即外来之西洋文化也;所谓旧者无他,即中国固有之文化也。……二者根本相违,绝无调和折衷之余地。……新旧之不能相容,更甚于水火冰炭之不能相入也。"②

在学衡派对于新文化运动的反击中,新旧问题是一个重要的突破点。吴宓说:"何者为新?何者为旧?此至难判定者也。原夫天理、人情、物象古今不变,东西皆同。……所谓新者,多系旧者改头换面,重出再见,常人以为新,识者不以为新也。……故凡论学应辨是非精粗,论人应辨善恶短长,论事应辨利害得失。以此类推,而不应拘泥于新旧,旧者不必是,新者未必非,然反是则尤不可。且夫新旧乃对待之称,昨以为新,今日则旧,旧有之物,增之损之,修之琢之,改之补之,乃成新器。举凡典章文物,理论学术,均就已有者,层层改变递嬗而为新,未有无因而至者。故若不知旧物,

---

① 乐黛云:《世界文化对话中的中国现代保守主义——兼论〈学衡〉杂志》,载李继凯、刘瑞春选编:《解析吴宓》,社会科学文献出版社 2001 年版,第 16 页。
② 汪叔潜:《新旧问题》,《青年杂志》1 卷 1 号(1915 年 9 月)。

则决不能言新。"① 这也就是说，文化之新旧并不是以时间之先后来划分的，更重要的是新和旧之间是一种层层递进的关系，所有的创造都是建立在传统的基础之上的。所以，学衡派认为新文化运动将新旧对立起来的做法，是政客而非学问家和教育家所应为，当然也算不上是创造，而是对文化的一种毁坏。梅光迪认为，新文化运动的那些人"彼等非思想家，乃诡辩家也。……彼等非创造家，乃模仿家也。……彼等非学问家，乃功名之士也。……彼等非教育家，乃政客也。"②

胡先骕在《论批评家之责任》一文中，也认为新文化运动的提倡者以偏激来求得轰动效应是文化发展之祸。他说："今之批评家，犹有一习尚焉，则立言务求其新奇，务取其偏激，以骇俗为高尚，以激烈为勇敢。此大非国家社会之福，抑亦非新文化前途之福也。"③

吴宓也认为专取一个流派的观念而作为西方世界的全部是不合适的。他说："近年国内有所谓新文化运动者焉，其持论则务为诡激，专图破坏。然粗浅谬误，与古今东西圣贤之所教导，通人哲士之所述作，历史之实迹，典章制度之精神，以及凡人之良知与常识，悉悖逆抵触而不相合。其取材则唯选西洋晚近一家之思想，一派之文章，在西洋已视为糟粕，为毒酖者，举以代表西洋文化之全体。其行文则妄事更张，自立体裁，非马非牛，不中不西，使读者不能领悟。"④ 吴宓认为，他之所以批评新文化运动，并不是因为新文化运动提倡革新，而是因为"新文化运动者反对中国的传统，但他们在攻击固有文化时，却将其中所含之普遍性文化规范一并打倒，徒然损害了人类的基本美德与高贵情操"⑤。

---

① 孙尚扬、郭兰芳编：《国故新知论——学衡派文化论著辑要》，中国广播电视出版社 1995 年版，第 80 页。
② 孙尚扬、郭兰芳编：《国故新知论——学衡派文化论著辑要》，中国广播电视出版社 1995 年版，第 72—75 页。
③ 孙尚扬、郭兰芳编：《国故新知论——学衡派文化论著辑要》，中国广播电视出版社 1995 年版，第 285 页。
④ 孙尚扬、郭兰芳编：《国故新知论——学衡派文化论著辑要》，中国广播电视出版社 1995 年版，第 78 页。
⑤ 吴宓：《中国之旧与新》，《中国留美学生月报》16 卷 3 期，1921 年 1 月。

就学衡派的基本理念"昌明国粹，融化新知"而言，是以昌明国粹来融化新知，还是通过融化新知来昌明国粹，恐怕是一个不容忽视的问题。1927年，吴宓在与陈寅恪、楼光来的谈话中讲了一个"二马之喻"，其间的矛盾和紧张是跃然纸上的。"言处今之时世，不从理想，但计功利。入世积极活动，以图事功。此一道也。又或怀抱理想，则目睹事势之艰难，恬然退隐，但顾一身。寄情于文章艺术，以自娱悦，而有专门之成就，或佳妙之著作。此又一道也。而宓不幸，则欲二者兼之。心爱中国旧日礼教道德之理想，而又思以西方积极活动之新方法，维持并发展此理想，遂不得不重效率，不得不计成绩，不得不谋事功。此二者常互背驰而相冲突，强欲以己之力量兼顾之，则譬如二马并驰，宓以左右二足分踏马背而絷之，又以二手坚握二马之缰于一处，强二马比肩同进。然使吾力不继，握缰不紧，二马分道而奔，则宓将受车裂之刑矣。此宓生之悲剧也。而以宓之性情及境遇，则欲不并踏此二马之背而不能。"[①]这不仅是因为吴宓性格中的矛盾因素，而且是中西文化在冲突中寻求协调本身的困境。汤用彤在解释这个问题的时候依然是模棱两可的，因为他认为调和的前提是两方思想的相同或相合，但如果是根本不相合，则调和是无从说起的。"外来文化思想在另一地方发生作用，须经过冲突和调和的过程。'调和'固然是表明外来文化思想将要被吸收，就是'冲突'也是他将被吸收的预备步骤。因为粗浅的说，'调和'是因为两方文化思想相同或相合，'冲突'是因为两方文化思想的不同或不合。两方总须有点相同，乃能调和。"[②]

学衡派试图通过对"伦"的问题的阐发来解决国粹的问题，也就是说，寻找中国文化在新的情景下的立足点。柳诒徵是学衡派中的史学大家，他认为中国之所以能在文明古国中持久存在，主要源于中国文化独具的精神，这

[①] 吴宓著、吴学昭整理注释：《吴宓日记 1925—1927》，生活·读书·新知三联书店 1998 年版，第 355 页。
[②] 汤用彤：《文化思想之冲突与调和》，《往日杂稿》，中华书局 1962 年版，第 123 页。

个精神的实质就是人伦。"讲两个人的主义",其中心是恕:"仆尝妄谓五伦为二人主义,二人主义者,仁也,即所谓相人偶也,相人偶者,由个人而至大多数人之中,必经之阶级也。"因此,不懂得五伦,也就不懂为人之道:"为人必自五伦始,犹之学算必自四则始,不讲五伦,而讲民胞物与,犹之不明四则,辄治微分积分,何从知为人之道哉。"① 而吴宓认为,人伦精神的中心在于"理想人格",它体现在中国古人所说的圣人、君子、士人等身上。理想人格包括这样一些内涵:(1)内圣外王,德行兼备;(2)诚心正意修身齐家治国平天下;(3)富贵不能淫,贫贱不能移,威武不能屈;(4)穷则独善其身,达则兼济天下。② 陈寅恪则有"独立之精神,自由之思想"的理想。郑师渠认为:"柳诒徵、吴宓、陈寅恪对中国文化精神的概括,正形成了一个宝塔式的递进序列:人伦道德—理想人格—独立的精神、自由的思想。它的基础是体认中国文化重伦理,以'人伦道德'为中心。"③

学衡派对中国文化精神的阐发自然是一项重要的工作。乐黛云先生说:"《学衡》与'五四'前的国粹派已有显著不同:国粹派强调'保存国粹',重点在'保存'。严复追求的是'保持吾国四五千载圣圣相传之纲纪彝伦、道德文章于不坠'。《学衡》强调的却是发展。《学衡》的宗旨是'论究学术,阐求真理,昌明国粹,融化新知,以中正之眼光,行批评之职事',目的不只是'保存国粹',而是'阐求真理',方法也不是固守旧物而是批评和融化新知,这就是发展。《学衡》派突破一国局限,追求了解和拥有世界一切真善美的东西,就更不是国粹派所能企及的了。"④

学衡派并没有真正解决融化新知和昌明国粹之间的有效联系,因为如何

---

① 柳诒徵:《孔学管见》,《国风》半月刊 1 卷 3 期(1932 年)。
② 参见吴宓:《悼柯凤孙先生》,《大公报·文学副刊》1933 年 9 月 11 日。
③ 郑师渠:《在欧化与国粹之间——学衡派文化思想研究》,北京师范大学出版社 2001 年版,第 103 页。
④ 乐黛云:《世界文化对话中的中国现代保守主义——兼论〈学衡〉杂志》,载李继凯、刘瑞春选编:《解析吴宓》,社会科学文献出版社 2001 年版,第 14 页。

吸收西方的思想使国粹得到昌明，学衡派并没有拿出真正有说服力的成果，而且无论在文化界还是对于政治操作层面的影响，学衡派恐怕都难以与国粹派相比。如何走出调和论本身的理论和实践困境，以张申府、张岱年先生为代表的综合创新可以看作是对于调和论的进一步超越。

原载《中国人民大学学报》2009年1期

杜亚泉思想与当代价值体系重建

陈继龙　田建业

改革开放以来，我国在经济建设发展、社会繁荣、国家的综合实力和人民群众的生活水平长足提升的同时，出现了诸如拜金主义盛行、违法乱纪频繁、奢侈浪费严重、假冒伪劣猖獗等大量消极现象，这说明国家在政治体制改革和文化价值建设方面，远远落后于经济建设的步伐。与此同时，越来越多的有识之士认识到，中国的崛起仅有经济发展而没有相应的文化建设，没有一整套与这样的发展速度和规模而相匹配的具有影响力并充满生机的价值体系，中国便不可能产生与大国地位相称的国际影响力。故而经济起飞、大国崛起之后，立足于本土文化的价值体系建设，是一件刻不容缓的事情。

早在100年前，第一次世界大战前后，面对当时的国际国内乱局乱象，杜亚泉先生在《迷乱之现代人心》及同时期的其他文章中，尖锐地指出当时在四个方面的严重问题：

一、精神界之破产。他说："破产而后，吾人之精神的生活，既无所凭依，仅余此块然之躯体、蠢然之生命，以求物质的生活，故除竞争权利、寻求奢侈以外，无复有生活的意义。"

二、政治界之强有力主义。他说："一切是非，置之不论……以强力压倒一切主义主张。"政府决定一切、包揽一切，扼制社会蓬勃的生机与活力。

三、教育界之实用主义。他说："今之教育则埋没于物质生活之中，所谓实用主义者，即其教育之目的，在实际应用于生活"，"乃乞食之道而已。"①

四、社会各界达乎过度竞争之程度。因市场经济的负面作用，造成无时不在竞争之中，且"以竞争胜利为生存必要之条件，故视胜利为最重"，"孜孜于图谋自己利益，汲汲于主张自己权利，及享用过于奢侈"②。

笔者看来，杜先生当年所揭示的这四种消极现象在今天也惊人相似地以不同程度存在。杜先生当年强调以"国是"即"国民共同概念"来凝聚共识，增进团结，以建设民主、文明、富强的中华民族。"国是"就是国民共同的概念，就是国人的共识。他在《国民共同之概念》一文中强调，"国民共同概念"是立国之本，强国之源。国民有共同概念才能群策群力，相系相维，所以，它"实国家存在之本原，有之则强而存，无之则弱而亡"。而且，这个共同概念一经形成，"未尝不可易辙改弦，但必为有步骤之变更，得大多数之赞许，则仍可稳健进行"③。而"国是"之确定，是需要全民上下共同来参与和完成的。如何重建价值体系，亚泉先生认为应确立两个基本原则：

一是要以中国为本位，发掘我国传统文化精华，同时，吸取外国先进文化，加以熔铸冶炼，互相调剂，抛弃畛域之见、古今之嫌，从而形成一种新的文明。亚泉先生有言："吾固有文明之特长，即在于统整。……今后果能融合西洋思想以统整世界之文明，则非特吾人之自身得赖以救济，全世界之救济亦在于是。"④——这就是亚泉先生"统整"的进化原理。

坚持中国本位的同时，亚泉先生还主张接续主义。亚泉先生认为，对于古代中国之文明，要持接续主义的明智态度。所谓接续主义，就是继承本国、本民族历史上固有的优良的文明传统，将其融入现代的政治、文化

---

① 以上俱见《迷乱之现代人心》，载许纪霖、田建业编：《杜亚泉文存》，上海教育出版社2003年版，第363—366页。
②《静的文明与动的文明》，载许纪霖、田建业编：《杜亚泉文存》，上海教育出版社2003年版，第340页。
③《国民共同之概念》，载许纪霖、田建业编：《杜亚泉文存》，上海教育出版社2003年版，第255—257页。
④《迷乱之现代人心》，载许纪霖、田建业编：《杜亚泉文存》，上海教育出版社2003年版，第367页。

与社会生活中，而并非与传统一刀两断，截然切割，要去芜存菁、接续发展。"国家之接续主义，一方面含有开进之意味，一方面又含有保守之意味。……有保守而无开进，则拘墟旧业，复何所用其接续乎？若是则仅可谓之顽固而已。……反之，有开进而无保守，使新旧间之接续，截然中断，则国家之基础，必为之动摇。"[①]诚哉斯言！——这就是亚泉先生"接续"的历史法则。

对于如何重建社会道德，构建新的价值体系，亚泉先生精辟的论述，为我们提供了可资借鉴的思想资源。

一、以精神之灵济物质之乏

1913年7月至9月，杜亚泉先生接连在《东方杂志》上发表了3篇主题相同的文章，主张以"精神"而非"物质"来挽救颓废的世风、堕落的道德。这三篇文章的题目分别是：《精神救国论》《精神救国论（续一）》《精神救国论（续二）》。

我们知道，价值体系所关照的是人类与物质生活相对的另一个范畴——精神生活。重建价值体系，首要的是确定人类的精神取向，重视精神对于社会生活的整合与引导作用。

亚泉先生在《精神救国论》一文中，首先指出了庸俗进化论的问题。他以法国实证主义哲学家孔德（1798—1857）、英国社会学家斯宾塞（1820—1903）为例，指出，此二氏之学说，将生物进化之原理运用于人类社会。亚泉先生认为，孔德"其主要之论旨，不外乎以生存竞争为原因，以自然淘汰为作用，以进化为结果"。不可否认，这种思想主张，具有鼓励人类在竞争中极大地激发社会生产，从而推动社会的物质进步，创造丰富的社会财富。但是其流弊也是显然的：过度竞争所导致的贫富悬殊、社会不公愈演愈烈；

[①]《接续主义》，载许纪霖、田建业编：《杜亚泉文存》，上海教育出版社2003年版，第13页。

物质至上，又会导致享乐主义纵行，纵欲主义肆虐。英国社会学家斯宾塞，鼓吹普遍进化论与社会有机体论。他这种将生物界的进化法则推广至人类社会的论调有庸俗之嫌。庸俗的社会进化论所产生的后果是唯竞争是依，完全忽视了在竞争之外，尚有社会协力以调剂之。亚泉先生《精神救国论》一文认为："仅言物质主义之贻害社会，系精神救国论之反证，尚未入本论范围。"所以，他又写了《精神救国论》续一与续二。在《精神救国论（续一）》一文中，他首揭物质主义之三大祸害："一、激进人类之竞争心；二、使人类之物质欲昂进；三、使人类陷于悲观主义。"

亚泉先生不惮其烦地介绍了数位外国科学家、人文学者的学说，来驳斥或校正庸俗社会进化论的谬见。如，英国的赫胥黎（1825—1895）、乌尔土（国籍、生卒年不详）、英国的特兰门德（1786—1860）、俄国的克鲁泡特金（1842—1921）、英国的颉德（1858—1916）、美国的巴特文（1861—1934）、美国的胡德（1811—1913）。通过介绍这几位外国科学家或人文学者的学说，亚泉先生借他人之酒杯，浇自己之块垒，并开出了道德、爱、协力主义及智性等药方，弥补无限竞争之偏、救无限竞争之弊。

他在《精神救国论（续二）》中申论宇宙进化的理法乃是"分化与统整"。他认为，无论是无机界之进化，还是有机界之进化，或者人类社会之进化，无不依照"分化与统整"的理法演绎。因为亚泉先生特别重视人类心理的作用，所以他拿人类的心理结构作为"分化与统整"的范例："至于超有机界，则积单简之感应作用，构成繁复之心理作用，个人心理之内部，以智情意之复杂而分化，而以意识之主宰统整之。"亚泉先生还提出了"心意遂达"的概念。所谓"心意遂达"，究其实质就是人类心意能力自由向上发展之谓。尽管人类的"心意遂达"仍包含生存的目的，但是由于人类的心意作用特别发达，故"遂于生理的进化以外，别开心理的进化之一阶段；而心意遂达之目的，乃不能为生存目的之附属物，转使生存目的附属于心意遂达目的之下矣。"可见精神对于整合与引导社会进步的不可或缺。

二、以道德之具挽颓靡世风

杜亚泉先生认为，一个竞争过甚、发展迅猛的社会，亟需新的道德建设来支撑，否则即使经济能够腾飞一时，终将不能长久持续，不仅如此，民族的道德却可能由此更加堕落。这种情形反过来又必会阻滞经济的进一步发展。亚泉先生申言：立国有两大要素，一曰法律，一曰道德。法律是消极的，道德却是积极的，故"虽寰球各国，殆无一不以道德为立国之本源"。因为，"法律之维絷人心，远不如道德之巩固；涵濡民俗，亦不如道德之秾深。""（人民）本道德以为相维相系之具。"[①]

道德伦理乃是价值体系的具体而微的重要内容，它是价值体系的基础，其所发挥的作用也最为直接，而教化国民生活的方方面面无微而不至，犹如水之沾溉土壤。重建道德规范，则需要有确确实实的内容。任何道德体系的建基从来都不是凭空而起的，它必然或取资于本国传统的优良思想资源，或借镜于国外先进的精神文明成果，并将两者加以融合会通，以形成新的道德规范内容。杜亚泉认为，以中国而言，经过现代转换改造以后的儒家伦理道德规范仍然是重建价值体系的首要选择。"吾社会中固有之道德观念，为最纯粹最中正者。"[②] 他在《国民今后之道德》一文中提出："中国道德之大体，当然可以不变，不特今日不变，即再历千百年而亦可以不变。若其小端及其应用之倾向，决不能不因时因势，有所损益于其间。"[③] 因为时势的不同，杜先生认为传统道德所可变化者有三：一是改服从命令之习惯而为服从法律之习惯；二是推家族之观念而为国家之观念；三是移权利之竞争而为服务之竞争。杜先生对传统道德"变"与"不变"的观点，反映了他的"道

[①]《国民今后之道德》，载许纪霖、田建业编：《杜亚泉文存》，上海教育出版社2003年版，第290—291页。
[②]《战后东西文明之调和》，载许纪霖、田建业编：《杜亚泉文存》，上海教育出版社2003年版，第350页。
[③]《国民今后之道德》，载许纪霖、田建业编：《杜亚泉文存》，上海教育出版社2003年版，第291页。

德体用论",即:对道德本体要坚持、要维系,不令失坠;对道德运用要因应时代变迁带来的挑战,有所损益,有所改良,与时俱进。以"忠"为例,"忠"作为道德本体,永远存在,但是,传统社会提倡"忠",主要是忠君,而现在提倡"忠",就是要忠于人民,忠于国家,忠于事业。凡此种种,不一而足。

"五四"时期提出打倒"孔家店"的口号,对以儒家为代表的传统文化近乎全盘否认。今天省思"五四",认为"五四"对中国传统文化的优秀成分,特别是儒家的伦理道德规范的否定是不可取的。陈独秀因亚泉先生"关于名教纲常诸大端,则吾人所以为是者,国人亦皆以为是"的论述,便指责他"妄图复辟","谋叛共和民国",却是一场误会。那么该如何理解杜亚泉先生所标举的"名教纲常"呢? 我认为亚泉先生所说的"名教纲常"是指人类社会一定历史阶段所需的秩序、教化、法规的总称。对于"名教纲常"的肯定,亚泉先生有其哲学根据。他在《无极太极论》一文里指出,无论时间、空间、物质,还是人类,都是无极太极的统一。所谓无极,就是无始无终、无穷无限之谓;所谓太极,乃人类思想能力在这无始无终、无穷无限中所能达到的极限。人类越进步,太极界越扩大。以人类社会而言,最初是无极境界,各人除自身外,相互间不关痛痒,皆不相关相爱,其极界甚小。随着社会的发展,相关相爱之面渐宽,于是太极境界逐渐扩大,秩序也随之而生。他说:"于是乎有差别,于是乎有礼仪,于是乎有名分。然则秩序也者,乃竞争之无极范围内所立之太极界也。"[①] 这就是名教纲常所由产生的根源。具体言之,宇宙由无机界而历有机界,由有机界而历人类界(社会界)。在社会界,人需要根据他们的职业、地位,界定各人的权利与义务。这种权利与义务,既有法律上的强制性规定,也有道德上的自觉性约束。这些规定和约束也可以说就是"名教纲常",它也可以理解为引导社会有序运转、稳健

[①] 《无极太极论》,载许纪霖、田建业编:《杜亚泉文存》,上海教育出版社2003年版,第5页。

发展的一种具有意识形态意味的规范。

不可否认，今天我们继承传统思想文化，需要进行现代化改造，具体地讲就是去除历史局限性，汲取其与时代合拍的合理内核。我们以亚泉先生标举"名教纲常"的所谓"五常"即"仁、义、礼、智、信"为例，笔者以为今日不但不能剔除，而且根据亚泉先生对其进行的现代化解释之后，可成为我们今天新道德体系里最精彩的内容。

"五常"之"仁"，即"爱人"。杜亚泉先生说："利他者，协力互助，为他之生命而努力，爱之本也。"①亚泉先生明言："吾国自古迄今，言道德者均以仁为大本，孔子尤丁宁反复于是。"深知旧道德中所谓仁爱，"人类非此无以主存。而一切道德，亦非此无所附丽也"②。乃将仁爱置于道德规范的最高位置。"义者，宜也。"（《中庸》）也就是处世做事得当、得体。"义"体现为一种道德标准，就是按人的良知应该如此或者应该如此去做的意思。亚泉先生认为，人类心意之遂达，虽有与生存相关联的一面，然还有追求高尚目的的一面，故他说："当欲生欲义，二者不可兼得之时，则取义舍生，超有机界之目的，遂全然脱离有机界之目的而独显矣。"③关于"礼"，礼是人与社会、人与人相处时应遵循的规则，也有礼节、礼仪之意。"礼"可调节社会矛盾，亦能规范限制人类不健康的情欲，所谓"发乎情，止乎礼"。亚泉先生认为："情则为性之所表见，若性为人欲所蔽，则发而为情，即偏私而失其中正"④，故须以礼来矫正。关于"智"，孔子说："知（智）者不惑，仁者不忧，勇者不惧。"（《论语·子罕第九》）知（智）的功能在于解惑、除惑，实兼有智慧与理性的涵义。道德规范是建筑在对善恶是非的判断基础上的，从这个意义上，知（智）对于道德规范的建基具有某种导向作用，

---

① 《爱与争》，载许纪霖、田建业编：《杜亚泉文存》，上海教育出版社2003年版，第24页。
② 《国民今后之道德》，载许纪霖、田建业编：《杜亚泉文存》，上海教育出版社2003年版，第295页。
③ 《精神救国论续二》，载许纪霖、田建业编：《杜亚泉文存》，上海教育出版社2003年版，第52页。
④ 《精神救国论续二》，载许纪霖、田建业编：《杜亚泉文存》，上海教育出版社2003年版，第54页。

不致使其迷失方向。最后讲"信"。孔子认为"信"比"食""兵"更重要。"民无信不立。"(《论语·颜渊第十二》)现代社会中,"信"是社会维系的一个基石,现代契约关系的核心也是"信"。我以为,综上所述,所谓"五常",不仅没有过时,相反,在市场经济的条件下,其重要性反而更加凸显出来。

三、以协力精神而致社会之共进

方今中国社会,个人为生存而竞争,而奋斗,由此激发社会活力,使得社会生产力和个人财富得到极大改善,但过度竞争亦产生了诸多社会问题,从某种程度上妨害了社会全体的共进,破坏了社会氛围的和谐。早在20世纪早期,在西方进化论与竞争学说的影响下,传统社会结构与道德标准急剧变革,一度也出现了对物质利益趋之如鹜、竞争过度的现象。第一次世界大战更是由于帝国主义国家奉行极端的国家主义,彼此不择手段地竞斗而爆发国际间空前惨烈的血腥战争,陷普通民众于水深火热。目击时艰,亚泉先生适时提出了"社会协力主义"的思想。1915年,他在《东方杂志》上发表了《社会协力主义》一文,以阐述其以协力调适竞争的观点。亚泉先生发现:"(协力与竞争)二者之间,常有一界,界以内为协力,界以外为竞争",故界愈小,对外竞争愈激烈;界愈大,则内部协力愈广。一般生物,以个体为界,至于人类,为社会生活,其协力之界,渐推渐广。亚泉先生声言:"现今时代,将由国民之协力,进为人类之协力之时代。"协力或互助,体现了人之为人富有理性、具有同情性与合作精神的一面,也是社会良性发展的目标和人类追求的理想,这应该是社会主义思想的题中应有之义。亚泉先生说得好:"人类之趋向于协力,若男女之相求,若阴阳之相翕,终非人力所能抵抗。"[①] 只有将协力或互助的思想注入到价值体系中去,把它提升为价值体

---

① 《社会协力主义》,载许纪霖、田建业编:《杜亚泉文存》,上海教育出版社2003年版,第21页。

系的核心，让国民认识到利他甚于自利，唯有全体人类皆得幸福，自己方能获得真正的幸福，社会方能获得真正的和谐，而个人和社会的竞争力方能获得持续的发展。

四、顺应"自然"，升华精神境界

单纯的物质丰裕往往使人性沉沦，重建价值体系的根本目的，就在于提高国民的精神素养与境界，提高分辨善恶、真假、美丑的能力，使灵魂不至于为物质束缚，沦为物质的奴隶，为民众之人生指引顺应自然、真质朴素的价值与方向，最终引导社会更加健康地发展。

杜亚泉先生在《静的文明与动的文明》一文论到："西洋社会，一切皆注重于人为，我国则反之，而一切皆注重于自然。……我国人则以自然为善，一切皆以体天意、遵天命、循天理为主。"他又提倡一种"自然存在说"，以与西方的"社会（实即技术）存在说"相抗衡。他说："西洋人之观念，以为社会之存在，乃互相竞争之结果，依对抗力而维持，若对抗力失调，则弱者败者，即失其存在之资格。（而）吾国人之观念，……凡社会中之各个人，皆为自然存在者。"[1]杜先生的自然为上的观点，是对史上道家自然观的总结。杜先生引丁格尔的话，说："欧美文明，使人心中终日扰扰，不能休息，而欲以中国人真质朴素之风，引为针石。"[2]这种"真质朴素之风"正是中国"田野景趣、恬淡色彩"的古典社会所推崇的，于今日之中国早已荡然无存矣。亚泉先生认为，恬淡、朴素、自然、宁静的生活，能够净化人的心灵，有助于社会的和谐进步。亚泉先生意欲以高尚朴素的古典中国的价值情操，来抵御物欲横流的当代社会乱象。不能不说，这样的学说，于今天有着巨大的参照价值。

---

[1]《静的文明与动的文明》，载许纪霖、田建业编：《杜亚泉文存》，上海教育出版社2003年版，第339页。
[2]《静的文明与动的文明》，载许纪霖、田建业编：《杜亚泉文存》，上海教育出版社2003年版，第341页。

重建经济现代化条件下的价值体系，是一项艰巨而伟大的工程，是一种接续文明、发展文明的崇高事业，我们值得为之付出百倍千倍的努力，甚至是几代人的辛勤劳作。我们应当怀着一颗敬畏和谦卑之心，虚心向优良传统文化请教。杜亚泉先生为我们做出了榜样。亚泉先生的论述，不仅为当代精神文明建设提供了丰富的思想资源，他对一个时代的深刻思考，在学理与方法论层面，无疑亦成为重建当代价值体系的重要镜鉴。

进化论的伦理困境与杜亚泉的国学思想

李成军

在甲午战败后"无以自存""无以遗种"亡国灭种危机的背景下，物竞天择的进化论思想通过严复所译《天演论》的传播被国人广泛接受。严复翻译物竞天择原则的意图不在于揭示生物界生存竞争的残酷性，而在于将之适用于人类社会，尤其以之为依据对国家生存状况予以警示，为寻找"自救之术"打下思想基础。[①] 进化论思想的传播极大促进了思想解放，为推动维新变法奠定了良好的舆论和思想氛围。随着其影响越来越深，进化论思想带来的冲击越发明显。民国以来，以杜亚泉为代表的学者开始对进化论思想及其后果进行反思，并在此基础上，提出了恢复国学的思想主张。

一、问题的提出：进化论思想带来的伦理困境

杜亚泉是近代最早对进化论思想进行深刻反思的学者。民国刚刚建立，1913年7月至9月，杜亚泉分三次连续在《东方杂志》刊发文章《精神救国论》，对进化论思想进行系统反思。他认为进化论传入中国固然有其积极意义，但是国人对进化论的理解存在误区，那就是将原本适应于生物界的进化论思想适应于人类社会自身。在杜亚泉看来，在进化论思想的支持下，优胜劣汰被认为是生物界乃至人类社会本身的基本规律，由此"如何而得免于

[①] 严复：《原强》《论世变之亟》，胡伟希选注：《论世变之亟——严复集》，辽宁人民出版社1994年版，第13页。

淘汰，为处世之紧急问题"，其实质无非是"如何而使我为优者胜者，使人为劣者败者而已"，即认为个体生存竞争高于一切，其结果导致"一切人生之目的如何，宇宙之美观如何，均无暇问及，唯以如何而得保其生存"[①]。概言之，依据杜亚泉的观点，进化论思想的传播促使国人思想产生了重要的改变，即将个体视为"优胜劣汰"之主体，将个体间你死我活的竞争关系视为正常。这无疑使得个体生存竞争行为合法化。由此，优胜劣汰观念的功能发生了微妙的变化，即由自然规律转而成为价值标准，即成为确立个体竞争合法化的思想来源，即转变为一种竞争伦理思想。依据这种竞争伦理，一切符合进化方向或趋势者即具有积极的道德价值，具体表现为具有竞争优势之事物具有存在的合法性，一切获取优势的个体竞争因而也具有存在合法性。在杜亚泉看来，这种伦理思想对国内政治产生了深远的影响，使得国内政治争权夺利得以合法化，"盖自生存竞争之说，浸润人心，邻厚君薄之言，已为社会上不可动摇之定律。故当时各地方各团体各阶级各个人之间，几无所在而不用其竞争。"[②]政治上的争权夺利，在民主时代几乎不可避免，因而具有一定的共性。但是，在民主并不成熟的民国初期，争权夺利合法化却具有难以忽视的破坏影响，那就是促使政治上投机、倾轧、甚至军阀武力争夺等行为的加剧，不利于政治秩序的稳定。不仅如此，竞争伦理还带来深层次的伦理困境，因为竞争伦理肯定一切获取竞争优势的行为之合法性，实际上意味着承认强者侵犯甚至侵略弱者的合法性，这对固有一切道德价值造成极大冲击，对此杜亚泉颇为担忧，"如此世界，有优劣而无善恶，有胜败而无是非。道德云者，竞争之假面具也；教育云者，竞争之练习场也。其为和平之竞争，则为拜金主义焉；其为激烈之竞争，则为杀人主义焉。"[③]

[①] 杜亚泉：《精神救国论》，载许纪霖、田建业编：《杜亚泉文存》，上海教育出版社 2003 年版，第 37 页。
[②] 杜亚泉：《精神救国论》，载许纪霖、田建业编：《杜亚泉文存》，上海教育出版社 2003 年版，第 38 页。
[③] 杜亚泉：《精神救国论》，载许纪霖、田建业编：《杜亚泉文存》，上海教育出版社 2003 年版，第 37 页。

依据杜亚泉的观点，竞争伦理还将带来另一个伦理困境，即使得物欲释放，缺乏足够制衡。进化论应用于人类团体组织之内部竞争，实际上将个体之利己性作为人性之基本假设。个体以利己为核心的生存竞争其实质往往是个体欲望之释放，其结果在杜亚泉看来导致物质主义的兴起，两者相辅相成，"吾侪之社会，既为物质的势力所奄有，处其中者，以充满其肉欲为唯一之目的"①。欲望获取正当性之后，极大助长了社会生活中奢华挥霍之风气，"我国今日之社会，道德堕落之声，喧腾于众口者，推其主因，实承唯物主义之弊"②。物欲被释放出来，因而"金钱之势力，猖獗于社会"③。物质主义肇兴于洋务运动，但辛亥革命以后，物质主义势力达于极点。在过去，尚有"政治上之势力及道德宗教风俗习惯之势力，稍加以裁制"，而辛亥革命后，物质主义失去制衡而肆无忌惮，"今则精神上之势力衰微，举无足以抵抗之者"④。可见，杜亚泉所担忧者不在于物欲是否被释放，而在于它是否能得到有效克制。在缺乏制衡的社会中，一切都"扰攘于金钱势力之下而已"⑤。由此，杜亚泉担忧，洋务运动以来所倡导的物质救国"将酿成物质亡国之事实"⑥。

由倡导物质救国论形成竞争伦理，并由此带来伦理困境，这对于刚刚进入民国的中国社会道德秩序的构建产生了重要影响。杜亚泉认为，这种伦理

---

① 杜亚泉：《论社会变动之趋势与吾人处世之方针》，载许纪霖、田建业编：《杜亚泉文存》，上海教育出版社2003年版，第285页。
② 杜亚泉：《精神救国论（续一）》，载许纪霖、田建业编：《杜亚泉文存》，上海教育出版社2003年版，第40页。
③ 杜亚泉：《论社会变动之趋势与吾人处世之方针》，载许纪霖、田建业编：《杜亚泉文存》，上海教育出版社2003年版，第285页。
④ 杜亚泉：《论社会变动之趋势与吾人处世之方针》，载许纪霖、田建业编：《杜亚泉文存》，上海教育出版社2003年版，第285页。
⑤ 杜亚泉：《论社会变动之趋势与吾人处世之方针》，载许纪霖、田建业编：《杜亚泉文存》，上海教育出版社2003年版，第285页。
⑥ 杜亚泉：《精神救国论》，载许纪霖、田建业编：《杜亚泉文存》，上海教育出版社2003年版，第33页。

困境是形成民初社会道德秩序日渐败坏的重要背景。

二、前车之鉴：西方对进化论的伦理思考

在竞争伦理具有深远影响的背景中，如何解决社会秩序构建的伦理困境？杜亚泉将目光转向西方，试图从西方进化论思想的发展历程中找出解决问题的线索。杜亚泉认为，虽然国人接受的进化论思想将个体视为生存竞争的主体，但他认为这不是达尔文之本意，达尔文进化论思想的出发点并不是个体而是团体生存竞争。杜亚泉认为，在团体的视域中，团体内部个体之间能突破生物性弱肉强食般残酷的生存竞争关系，这使个体之间爱和互利关系的形成得以可能。这就是杜亚泉认定达尔文进化论与其道德观念"实相成而不相悖"[①]的原因之所在。换句话说，杜亚泉并不认可竞争伦理源自于达尔文进化论思想的本意。

另两个著名学者斯宾塞、赫胥黎的进化论思想也进入了杜亚泉的视野。杜亚泉认为斯宾塞提倡社会协力互助，"已与生存竞争之说，隐相对抗"[②]。他赞扬道，"斯氏固以协力互助，与生存竞争根本调和，为绝对之道德法，其说较达氏为精"[③]。在杜亚泉看来，按照斯宾塞的观点，社会内部不存在"弱肉强食"的竞争伦理。赫胥黎也是主张进化论的重要学者。杜亚泉认为赫胥黎的进化论思想"主张限制竞争说，力纠达氏之谬点"[④]。相对于达尔文有关"道德的本能亦不过生存欲"的观点，赫胥黎则恰恰将动物界与人类社会分开，认为动物界之生存竞争现象，不能以人类道德视之，狼之逐鹿，不能由此说狼之可恶，同样不能由此认为鹿之可怜，可以说"自然之地

[①] 杜亚泉：《精神救国论》，载许纪霖、田建业编：《杜亚泉文存》，上海教育出版社2003年版，第36页。
[②] 杜亚泉：《精神救国论》，载许纪霖、田建业编：《杜亚泉文存》，上海教育出版社2003年版，第36页。
[③] 杜亚泉：《精神救国论》，载许纪霖、田建业编：《杜亚泉文存》，上海教育出版社2003年版，第36页。
[④] 杜亚泉：《精神救国论（续一）》，载许纪霖、田建业编：《杜亚泉文存》，上海教育出版社2003年版，第41页。

位,完全中立,无善亦无恶,无所谓道德,亦无所谓不道德,只可谓非道德而已"①。也就是说,动物界之"弱肉强食"属于自然现象,无所谓道德正当性问题。而人类社会进化的意义就在于摆脱此非道德状态,"即自此境遇中脱出,由非道德的人类,变而为道德的人类之谓也"②。使人类社会摆脱非道德状态进入道德状态的关键在于"以共同之和平,代相互之争斗,使生存竞争,受若干之制限,文明愈进,制限愈严"③。也就是说,在杜亚泉看来,依据赫氏观点,对生存竞争进行限制,这是人类进入道德社会关键之所在。换句话说,与动物界之优胜劣汰的自然现象不同,人类社会应主张限制生存竞争,以形成社会道德秩序。可以说,斯宾塞、赫胥黎两者有关观点为杜亚泉主张限制生存竞争,解构竞争伦理的正当性提供了重要的思想资源。

生物进化论的核心无非将个体之生存竞争合法化,其实质就是以利己为人性之基本设定。基于生物进化论的竞争伦理其实质就是以利己作为人类社会道德的出发点,而杜亚泉认为生物进化论不适应于人类社会,其实就意味着否定了以利己作为人类道德出发点的可能。在此基础上,杜亚泉认为社会道德秩序应当建立于利他之上。如何从理论上构建利他的道德关系?杜亚泉对西方有关思想做进一步梳理。首先,杜亚泉对英人特兰门德(Drument Henry)著作《人类向上论》(Ascent of Man)进行介绍。杜亚泉认为特兰门德提倡爱之进化,与达氏之竞争进化思想相对照。依据杜亚泉的观点,特氏之进化论不同之处,在于主张生物除维持自己之生存外,"而其为他之生命

---

① 杜亚泉:《精神救国论(续一)》,载许纪霖、田建业编:《杜亚泉文存》,上海教育出版社2003年版,第41页。
② 杜亚泉:《精神救国论(续一)》,载许纪霖、田建业编:《杜亚泉文存》,上海教育出版社2003年版,第41页。
③ 杜亚泉:《精神救国论(续一)》,载许纪霖、田建业编:《杜亚泉文存》,上海教育出版社2003年版,第41页。

而努力者，即伦理学中之所谓爱也"[1]。所谓爱，"即牺牲自己以保他之生存，并无所向之物"[2]。可见，在杜亚泉看来，爱的要义在于利他。杜亚泉认为，人类社会之所以能"保抱提携，鞠育教诲"，在于"亲子间之爱情"，这种爱在人类社会中，极为发达，"家庭也、国家也、社会也，皆爱之所创造者也，同情也、协助也，皆爱之所产出者也"[3]。由此，杜亚泉从特氏理论当中找到了社会道德得以形成的基础，那就是利他之爱。此外，杜亚泉还关注英人颉德（Benjamin Kidd）的《社会进化论》以及美国学者巴特文（Baldwin）的进化论思想。这些学者其进化论思想有一个共同点，那就是要求约束利己，而主张利他。

以上诸家对于进化论思想之思考，使杜亚泉认识到，"进化之理法，固大有研究之余地，决非生存竞争、自然淘汰之一种理法所得包举无遗"[4]。总体而言，杜亚泉对于西方进化论思想的反思，其出发点并不是为了反对西方，而是正确地认识西方思想，其立足点在于引进西方思想，为解决民国初年中国现实社会道德秩序构建困境服务。也正是通过对西方进化论思想的梳理，杜亚泉得以吸收西方思想最新发展动态，为从全新视角重新审视民国以来中国社会现实打下思想基础。

三、应对困境：恢复传统儒家道德

为了应对进化论竞争伦理带来的伦理困境，杜亚泉在总结西方有关进化

---

[1] 杜亚泉：《精神救国论（续一）》，载许纪霖、田建业编：《杜亚泉文存》，上海教育出版社2003年版，第42页。
[2] 杜亚泉：《精神救国论（续一）》，载许纪霖、田建业编：《杜亚泉文存》，上海教育出版社2003年版，第42页。
[3] 杜亚泉：《精神救国论（续一）》，载许纪霖、田建业编：《杜亚泉文存》，上海教育出版社2003年版，第42页。
[4] 杜亚泉：《精神救国论（续二）》，载许纪霖、田建业编：《杜亚泉文存》，上海教育出版社2003年版，第49页。

论思想的基础上，提出了自己有关进化论的思考。杜亚泉认为人们往往易于看到生物个体之间的生存竞争，而难以看到生物之间联合与外在环境之间抗争，就此他认为生物生存竞争不足以解释进化的全部原因。[①] 杜亚泉从生物个体向外竞争出发，对竞争伦理提出了新的看法。他认为，由对外竞争的需要，高级生物不得不关注联合而不是冲突或竞争。在杜亚泉看来，低等生物仅仅具有联合的雏形，高级动物则具备了联合的高级形式即心理联合之雏形，但只有人类才真正实现心理联合，"甲之知能传于乙而与之共知，甲之情能感于乙而与之同情，甲之意能达于乙而与之同意，生命虽各具，而心意则相通。于是各个体乃联合而构成社会"[②]。故此，在杜亚泉看来，人类社会进化不同之处，从内容来看在于心理联合，或曰统整，并影响及于自然界。[③] 可见，心理联合的意义在于减少人类社会内部之冲突以应对外在竞争压力，提高群体生存竞争力。依据杜亚泉的观点，要形成心理联合，势必对伦理提出新的要求。在杜亚泉看来，心理的联合势必需要克制自利，发扬利他，从而减少冲突，达成群体之联合。从群体联合以应对外部压力出发，杜亚泉将伦理秩序构建的基点定为利他并克制利己，从而抗拒生物进化论所带来的伦理困境。可见，心理联合的现实需要为树立群体协作伦理的正当性提供了重要支持。

在杜亚泉看来，欲望是利己之心理根源，要克制利己，实质就是突出心理之主动性，克服欲望。如何克制欲望呢？杜亚泉将目光投向传统儒家伦理思想。杜亚泉认为"大抵吾国普通思想，以理本于天，故称天理，欲起于人，故称人欲，又以其为生物所共有，故称物欲；理为中正，欲为偏私，二

---

① 杜亚泉：《精神救国论（续二）》，载许纪霖、田建业编：《杜亚泉文存》，上海教育出版社 2003 年版，第 55 页。
② 杜亚泉：《精神救国论（续二）》，载许纪霖、田建业编：《杜亚泉文存》，上海教育出版社 2003 年版，第 53 页。
③ 杜亚泉：《精神救国论（续二）》，载许纪霖、田建业编：《杜亚泉文存》，上海教育出版社 2003 年版，第 51 页。

者常相反对。吾人之性，本于天，合于理，故曰性善；情则为性之所表见，若性为人欲所蔽，则发而为情，即偏私而失其中正，亦与理为反对矣。"[1]可见，在杜亚泉看来，理是善的根源，而情欲是恶的根源，以理制欲，是实现利他的重要路径。杜亚泉认为，理和情欲虽然同属于心理现象，但是"理者，存于宇宙间，吾人以知性推考而得之"，也就是说，理表现为心理之理智因素，属于"高尚之心理"。[2]而情欲，则"存于吾身，冲动吾意"，属于"卑劣之心理作用"，其根源在于"生理作用"。[3]因而，在杜亚泉看来，以理制欲即为以知率情，以心理克制生理，"古圣贤之所谓克己无我，及宗教家之所谓解脱等，皆使心理作用超脱于生理作用以外，而不为生理作用所牵掣而已"[4]。

可见，在杜亚泉看来，儒家以理制欲，即以理克制身体、克服欲望的思想对于克制利己，实现社会道德秩序的构建具有重要价值。正是基于如此考虑，杜亚泉提出精神救国论的主张，认为需要恢复以儒家伦理思想为重点的国学，以建立利他的社会道德秩序。但这并不意味着他认为欲望毫无意义。杜亚泉认为，西方社会"常谓人类为欲望而劳动，故一派之论者，颇以遏抑嗜欲为无益于社会，而主张黜俭崇奢之说"[5]。也就是说，在杜亚泉看来，西方社会肯定欲望甚至张扬欲望，是其快速发展的原因。因而，依据杜亚泉的观点，在现代社会中，欲望对于促进社会发展具有一定的积极推动作用。相

---

[1] 杜亚泉：《精神救国论（续二）》，载许纪霖、田建业编：《杜亚泉文存》，上海教育出版社2003年版，第54页。
[2] 杜亚泉：《精神救国论（续二）》，载许纪霖、田建业编：《杜亚泉文存》，上海教育出版社2003年版，第54页。
[3] 杜亚泉：《精神救国论（续二）》，载许纪霖、田建业编：《杜亚泉文存》，上海教育出版社2003年版，第54页。
[4] 杜亚泉：《精神救国论（续二）》，载许纪霖、田建业编：《杜亚泉文存》，上海教育出版社2003年版，第54页。
[5] 杜亚泉：《论社会变动之趋势与吾人处世之方针》，载许纪霖、田建业编：《杜亚泉文存》，上海教育出版社2003年版，第287页。

反，在中国社会，国民常被称为"无欲之国民"，并认为，"国民欲望薄弱"，"致才智不能发达，精神不能振起，遂成卑屈委靡、畏葸苟且之习惯"，是导致"吾国数千年来进步迟缓"的原因。① 在对中西双方文化进行比较的基础上，杜亚泉得出一个基本结论，即进行中西文化的融合，主张一方面"祛其流弊"，即试图以西方文化克服传统文化之缺陷，另一方面，"决不可毁其特质。奋斗与克己，其末流虽若背驰，善用之则亦有相辅相成之效"②。可见，杜亚泉的思想是以不破坏中国社会儒家克己特质为前提，从而扬长避短，促进中国现代化发展。

四、小结

近代以来，进化论思想的传播对于促进思想解放无疑具有重要的积极意义。但是，杜亚泉并没有陷入对进化论思想的迷信当中，他对进化论思想影响的内在理路进行了深入分析，认为近代以来的物质解放与进化论思想的引进密切相关，并由此导致物质泛滥、精神空虚、物欲横流的现实问题。杜亚泉以敏锐的眼光，看到了进化论思想促进物质发展的同时，也带来了负面的伦理困境；并试图倡导以恢复儒家克己思想为主要内容的国学思想，解决进化论思想所导致的伦理困境，从而解决欲望过度释放带来的社会道德问题。这种思考并不是简单的复古，而是基于对西方文化进行深刻的反思之上，意图在于解决近代中国现代化发展过程中社会道德秩序构建存在的困境，因而对于刚刚投入到现代化发展进程的中国具有深刻的思想意义。

原载《湖北第二师范学院学报》2015年6期

---

① 杜亚泉：《论社会变动之趋势与吾人处世之方针》，载许纪霖、田建业编：《杜亚泉文存》，上海教育出版社2003年版，第287—288页。
② 杜亚泉：《论社会变动之趋势与吾人处世之方针》，载许纪霖、田建业编：《杜亚泉文存》，上海教育出版社2003年版，第288页。

杜亚泉对国民性的省思及其价值

颜德如　李　过

"杜亚泉是20世纪初中国一位百科全书式的启蒙学者。他不仅于自然科学的介绍建树颇巨,而且于人文和社会科学的研究译介亦贡献良多。"[1]但杜亚泉逝世后,对杜亚泉学术思想的研究在很多年中处于"失语"状态[2],俨然是一位"思想史上的失踪者"[3]。一方面,虽然20世纪90年代以来,杜亚泉逐渐进入学界的视野,但关于其思想的研究还相当贫乏,关注点基本上集中于文化调和思想及其与陈独秀在"五四"时期关于中西文化问题的论战,因此对他的思想还有待进一步挖掘。另一方面,学界对中国近代国民性改造思潮做了比较充分的研究,但"在众多个案研究中,专著类个案研究的目光不约而同地集中于鲁迅,而论文类的个案研究除鲁迅外多关注严复、梁启超、陈独秀等,相对忽略了其他一些同样有较大影响的思想家"[4]。其实,杜亚泉对中国的国民性问题有很多独特而深刻的见解,他对国民性的关注绝不亚于

---

[1] 许纪霖、田建业编:《一溪集:杜亚泉的生平与思想》,生活·读书·新知三联书店1999年版,第78页。
[2] 周月峰编:《中国近代思想家文库·杜亚泉卷》导言,中国人民大学出版社2014年版,第1页。
[3] "思想史上的失踪者"借用朱学勤《思想史上的失踪者》(花城出版社1999年版)一书中对"六八年人"的用语,本文用以表示杜亚泉及其思想长期以来未得到应有的重视,几乎被遗忘了。
[4] 闫润鱼、陆央云:《20世纪90年代以来中国近代国民性改造思潮研究述评》,《教学与研究》2009年3期,第70页。

对东西文化问题的关注。[①] 我们认为，探究杜亚泉对国民性的省思，可以让我们以既不同于当代人的视角，也有别于严复、梁启超、鲁迅等近代主流人物的视角，更加深入地了解杜亚泉的思想内涵，从一个新的层面充实杜亚泉思想的研究。更为重要的是，有助于我们更加全面地审视中国近代的国民性改造思潮及中国近代的启蒙运动，并为当今中国的现代化建设提供借鉴。

一、对国民性的认识

国民性是指"一个社会成年群体中具有众数特征的、相对稳定持久的人格特征和模式"[②]。它是"行为方式特征、社会心理特点以及相对应的社会价值取向和伦理道德规范的总和"[③]。杜亚泉对中国国民性的内涵具有许多独到的认识，尤其对国民性之弱点进行了深刻的剖析。

（一）"素乏独立之精神"

杜亚泉认为中国人素来缺乏独立精神。首先，国人盲从无定见，喜欢附和大流，"举一事，营一业，每喜于众人共趋之途，分取余润"，进而造成同行同业之间的恶性竞争[④]。其次，国人有服从权力的习惯而无服从法律的习惯，"服从命令之名词，他国视为出于强制之执行，吾国则视为兼有道德之义务。况既以天泽尊卑之分凛乎其前，复以刑罚戮辱之威惩乎其后，由是父诏兄勉，相戒勿抗，期为明哲之保身，积习既深，遂衍成一种甘受压制之根

[①] 本文并没有做数字上的统计，但通过阅读《中国近代思想家文库·杜亚泉卷》（以下简称《文库》）可以明显地得出这一结论。目前出版的辑录杜亚泉论著的文集有《中国近代思想家文库·杜亚泉卷》《杜亚泉文存》《杜亚泉文选》。其中，《文库》的收录最为充分，"辑取其中最具代表性的思想论著150余篇（部），涵盖杜氏对清末民初政治、社会、文化等方方面面的思考"（参见《中国近代思想家文库·杜亚泉卷》导言，第10页），因此本文选择《文库》作为主要参考文献。
[②] [美]艾历克斯·英格尔斯著、王今一译、卢春龙校：《国民性：心理—社会的视角》，社会科学文献出版社2012年版，第14页。
[③] 袁洪亮：《人的现代化——中国近代国民性改造思想研究》，人民出版社2005年版，第19页。
[④] 周月峰编：《中国近代思想家文库·杜亚泉卷》，中国人民大学出版社2014年版，第266页。

性。共和成立，命令严威虽已失坠，而此种根性迄未湔除。叫嚣跳掷之行为，年来弥蔓全国，语以法律而不知遵守，经一种权力加乎其上，则又不问其权力之当否，帖然翕服而莫敢谁何"[1]。国人崇拜权力而法律意识淡薄的特性集中表现为强烈的官本位心理，"吾国人之心理，夙以仕宦为唯一荣幸之途，自胜衣就傅以至成人，父诏兄勉，咸以此为目的，故人民之优秀者，大都致身于仕宦之中"[2]。杜亚泉在《论人民重视官吏之害》一文中对官本位的国民心理进行了淋漓尽致的剖析。他认为，在数千年专制政体的钳制之下，我国官吏享有种种权力和权利，因此人民已经形成重视官吏的根性。他并制定了"减少官吏""划除官威""厘定官俸"三个救济方策[3]。

（二）"素乏国家观念"

杜亚泉认为中国人极重视家族，从而导致国人爱国心的薄弱，国家观念至为孱弱，人们只关心家族事务，漠视国家事务，"我国民素来漠视国家主义，国境之并合，国号之存废，视之殊无关系"[4]。杜亚泉还特别提到，我国对"隐君子"的称道，也一定程度上影响了国民的爱国心，"数千年来吾国国民性之日就退屈，爱国心之日形衰薄，未始非此隐逸之高风有以致之也"[5]。众所周知，中国的道家推崇隐逸，而作为封建社会主流意识形态的儒家思想讲求经世致用，具有强烈的入世倾向，士人追求的是"修身齐家治国平天下"。儒家甚至认为君子不入仕是不义的，"不仕无义，长幼之节，不可废也；君臣之义，如之何其废之？"[6] 儒家对入仕的重视也是中国官本位国民心理的一个重要原因。但相映成趣的是，儒家对隐逸同样不排斥，"天下有

---

[1] 周月峰编：《中国近代思想家文库·杜亚泉卷》，中国人民大学出版社2014年版，第167页。
[2] 周月峰编：《中国近代思想家文库·杜亚泉卷》，中国人民大学出版社2014年版，第141页。
[3] 周月峰编：《中国近代思想家文库·杜亚泉卷》，中国人民大学出版社2014年版，第94—95页。
[4] 周月峰编：《中国近代思想家文库·杜亚泉卷》，中国人民大学出版社2014年版，第217页。
[5] 周月峰编：《中国近代思想家文库·杜亚泉卷》，中国人民大学出版社2014年版，第233页。
[6] 张燕婴译注：《中华经典藏书·论语》，中华书局2006年版，第284页。

道则见，无道则隐"①，"邦有道，则仕；邦无道，则可卷而怀之"②。千百年来，深受儒学熏陶的士大夫在政治失意之时，往往"乘桴浮于海"③，做起隐士来。中国百姓一直热爱田园生活，而不关心政治事务、国家事务，一定程度上也是受到儒道隐逸之风的影响。杜亚泉的观点可谓新颖而深刻。

（三）"常注重于现在之事实"

杜亚泉认为中国人是"现实的国民"，国人注重现在的事实，而对于事实后面的原理却置之不顾④。"现实的国民"有三点危害：一是迟滞了中国伦理、宗教、学术、技艺的发展。中国对于君臣父子夫妇兄弟朋友之间的关系，以及日常行为等伦理规范有仔细的规定，但这些规定后面的原理，即使是古时贤哲，"大都言其然而不言其所以然"；佛教本旨博大精深，但在我国却"全注目于实地上之应用"；历学、算术、农桑、畜牧、兵事、外交、本草、医学等等往往有独到的经验，但"考其说明之理由，则皆参凿附会，不可究诘"，国人将以上事物的原理一概归于五行相生相克之理⑤。二是导致我国文化中本有的民主立宪原理在千年专制政体之下消散于无形之中，中国历史上虽然经历了无数次变革，但"国民政治上之思想，数千年绝无改革"⑥。三是造成了民国共和政体徒有其名。一方面，民国政治"兵马权重而法律权轻"，因为兵马代表事实上的权力，而法律代表原理上的权力，国人重事实轻原理，当然觉得兵马比法律更能解决问题；另一方面，一国的政体必须适应该国国民的性质，而中国人是"现实的国民"，"自不能以纯粹理想的共和

---

① 张燕婴译注：《中华经典藏书·论语》，中华书局 2006 年版，第 111 页。
② 张燕婴译注：《中华经典藏书·论语》，中华书局 2006 年版，第 234 页。
③ 张燕婴译注：《中华经典藏书·论语》，中华书局 2006 年版，第 54 页。
④ 周月峰编：《中国近代思想家文库·杜亚泉卷》，中国人民大学出版社 2014 年版，第 98 页。
⑤ 周月峰编：《中国近代思想家文库·杜亚泉卷》，中国人民大学出版社 2014 年版，第 98 页。
⑥ 周月峰编：《中国近代思想家文库·杜亚泉卷》，中国人民大学出版社 2014 年版，第 98 页。

政体移殖于其间"，因此，所谓民国共和政体，大概是达不到理想状态的[1]。

（四）"涣如散沙"

中国人涣散如沙是近代政治家和思想家的共识。孙中山曾经在不同的场合多次提到中国人"一片散沙"，他强调的是中国人没有统一纪律，缺乏团队精神，民族凝聚力差[2]。杜亚泉则主要从国民无共同意识和知识分子阶层不团结两个方面揭露中国人的涣散如沙。杜亚泉在《国民共同之概念》一文中提出了"国民共同概念"一词，即"人民与人民间，意识思虑大致相同，好恶爱拒不甚悬隔，判断事理既无显著之差违，辨别是非复鲜反覆之矛盾"[3]。简言之，即国民的共同意识。"国民共同概念"之于一国至关重要，它是国家的本原，关涉国家存亡，有共同概念，即使联邦也可以构成一整体，无共同概念，统一的国家也会分崩离析[4]。然而反观当时的中国，"人心庞杂而无折衷之公理也，众志分歧而无共循之涂辙也"[5]，于是"群情悁悦，无所适从，人心摇惑，失其宗主，人人各以其爱憎为好恶，利害为是非。聚十人于一堂，则所见互异；就一人而观察，则前后迥殊"[6]。而杜亚泉对知识分子阶层的反省可谓不胜枚举，尤其对知识分子阶层的不团结痛心疾首："惜乎！吾国从前之学生，在学校中尚有几分之团结力，能以严词正义抵抗强权；一出学校，世故撄之，离群索居之后，个人薄弱之精神乃为金钱与武力之所屈，鼓吹帝制，效忠军阀，其甚者则卖国亲敌亦出于其中。"杜亚泉认为，这虽然是个人的罪恶，但也由于整个知识分子阶层不团结，不相互扶助而彼

---

[1] 周月峰编：《中国近代思想家文库·杜亚泉卷》，中国人民大学出版社2014年版，第99页。
[2] 颜德如：《孙中山"一片散沙"说析论》，《广东社会科学》2005年3期，第93页。
[3] 周月峰编：《中国近代思想家文库·杜亚泉卷》，中国人民大学出版社2014年版，第271页。
[4] 周月峰编：《中国近代思想家文库·杜亚泉卷》，中国人民大学出版社2014年版，第272页。
[5] 周月峰编：《中国近代思想家文库·杜亚泉卷》，中国人民大学出版社2014年版，第273页。
[6] 周月峰编：《中国近代思想家文库·杜亚泉卷》，中国人民大学出版社2014年版，第274页。

此排斥,以致知识分子中的一部分铤而走险,跌出群体之外[1]。

(五)"以享福为人生之目的"

杜亚泉在《破除享福之目的》一文中揭示了中国人以"享福"为人生目的的国民性格,"今试任就一中国人而叩其一生之目的如何,则无论官僚士庶、农工商贾,以至妇人女子,当无不同声而答曰:'吾之目的在享福'"[2]。那么,何为"享福"?"吾中国人之所谓福者,为感快乐而不感苦痛;所谓享福者,为不劳心劳力得感快乐而不感苦痛。是即吾中国人所认为人生之目的者也。"[3]可见,"享福"须同时具备两个条件:其一,不劳心也不劳力;其二,感到快乐而不感到苦痛。以一句通俗的话概括之,"好吃懒做"。杜亚泉认为人生的目的是生活,而生活的意义在于劳心劳力,因此中国人以"享福"为人生目的实际上是违反了人生的目的[4]。以享福为人生目的危害不小,"吾中国人既人人抱一谬误之目的以涉世,于是其所费之心力与体力,乃无不趋于谬误,专图不当得之权利,而巧避其应尽之义务。苟可达其享福之目的者,则其行为虽如何不正当,亦一切置之不顾",结果则是使中国陷入腐败贫弱的境地[5]。最后,杜亚泉强调,"享福之目的一破,则吾中国可得多数生活之人,活动其心力体力以从事于正当之工作。国家振作富强之道,即基于是矣。"他呼吁国人当锻炼其精神和身体,为一生的活动做准备[6]。

(六)深陷"利欲与义气"

杜亚泉在论析新旧思想产生冲突的后天因素时认为,利欲与义气的势

---

[1] 周月峰编:《中国近代思想家文库·杜亚泉卷》,中国人民大学出版社2014年版,第505页。
[2] 周月峰编:《中国近代思想家文库·杜亚泉卷》,中国人民大学出版社2014年版,第196页。
[3] 周月峰编:《中国近代思想家文库·杜亚泉卷》,中国人民大学出版社2014年版,第197页。
[4] 周月峰编:《中国近代思想家文库·杜亚泉卷》,中国人民大学出版社2014年版,第198页。
[5] 周月峰编:《中国近代思想家文库·杜亚泉卷》,中国人民大学出版社2014年版,第198页。
[6] 周月峰编:《中国近代思想家文库·杜亚泉卷》,中国人民大学出版社2014年版,第198页。

力最大。在杜亚泉看来，利欲与义气导致的思想冲突比是非导致的思想冲突要剧烈得多。满足现状的人由于维持现状有利，因此主张守旧，不满现状的人由于改变现状有利，因此倾向于维新，"新思想旧思想者，不过为其利欲所驱遣之资料"①。如果利欲之外又夹杂了义气，"不但是非有所不问，并利害亦有所勿顾矣"②。杜亚泉强调"夫利欲与义气，乃吾国民性质中之弱点"③。杜亚泉认为中国的交友之道同样体现了国民重视义气的劣根性，"吾国人于交友之道，概以义气为重，以有无相通，患难与共，死生不二，为友谊之极则。故凡朋友之利益，必为之顾全；朋友之危难，必为之解救"，流弊所及，往往徇私害公，专一于朋友之间的私义而忘记了公义④。杜亚泉认为朋友相交的正道是注重精神上的互助，如道德上的切磋和智识上的交换，"若以实利上之互相辅助为交友之目的者，则所谓小人以同利为朋"⑤。但征诸中国现实，"吾国中等以上之人物，往往不务生产，不具技艺，专以广结交游为一生之事业。其身家生活之根据，唯在依附朋友之势力，托情面求栽培；为之友者，亦认此为友谊上不可却之任务，不得不勉强敷衍，故社会上一事业之兴起，政治上一机关之设立，辄荐书满箧，食客盈门，几有不可驱除之势"⑥。

杜亚泉在深入剖析中国国民性弱点的同时，也认为中国的国民性中有许多优点。比如，他多次提到中国人勤俭耐劳，"我国人之生活为向内的，社会内之各个人皆向自己求生活，常对于自己求其勤俭克己、安心守分"⑦，"国

---

① 周月峰编：《中国近代思想家文库·杜亚泉卷》，中国人民大学出版社 2014 年版，第 279 页。
② 周月峰编：《中国近代思想家文库·杜亚泉卷》，中国人民大学出版社 2014 年版，第 279 页。
③ 周月峰编：《中国近代思想家文库·杜亚泉卷》，中国人民大学出版社 2014 年版，第 279—280 页。
④ 周月峰编：《中国近代思想家文库·杜亚泉卷》，中国人民大学出版社 2014 年版，第 393 页。
⑤ 周月峰编：《中国近代思想家文库·杜亚泉卷》，中国人民大学出版社 2014 年版，第 393 页。
⑥ 周月峰编：《中国近代思想家文库·杜亚泉卷》，中国人民大学出版社 2014 年版，第 393—394 页。
⑦ 周月峰编：《中国近代思想家文库·杜亚泉卷》，中国人民大学出版社 2014 年版，第 316 页。

民之勤勉节俭、耐苦忍辱，较胜于欧人者"[1]，"勤俭二字，本为吾国之老生常谈"[2]。中国人爱好和平，"我国数千年来闭关自守，不与他社会相接，无所谓侵略主义"[3]，"我国民自古迄今，皆倾向平和主义"[4]，"吾国人素爱和平，视战争为人类之祸害，故经传所载，如佳兵不祥、兵凶战危、胜残去杀、止戈为武种种教训，均含有非战之意，而社会道德则以博爱仁恕为归宿，凡急功近名之事，均所不尚"[5]。中国人度量宽容，"吾国伦理学，于此点亦颇注意。如以德报怨，恶而知其善，绝交不出恶声之类，数千年来，咸奉为处世圭臬，今虽百不如人，而独此度量之宽容，犹不落英人之后"[6]。

二、改造国民性的方案

对于国民性中的优点，杜亚泉认为我们应该好好保持。但对于国民性中的弱点，杜亚泉积极筹思改造之策，涉及政治、社会、文化及个人等方面，形成了一个比较全面系统的综合性改造方案。

（一）"减政主义"

在政治方面，杜亚泉以改革政府为中心，其主张可以用四个字概括："减政主义"[7]。何为"减政主义"？"减政云者，减并官厅，减少官吏，减省政务，即减缩政治范围之谓也。"[8]杜亚泉并引用西方学者的话加以说明，"凡以立宪的精神为基础之政府，于可以减轻之事务，当努力减轻之，苟非政府

---

[1] 周月峰编：《中国近代思想家文库·杜亚泉卷》，中国人民大学出版社 2014 年版，第 430 页。
[2] 周月峰编：《中国近代思想家文库·杜亚泉卷》，中国人民大学出版社 2014 年版，第 465 页。
[3] 周月峰编：《中国近代思想家文库·杜亚泉卷》，中国人民大学出版社 2014 年版，第 137 页。
[4] 周月峰编：《中国近代思想家文库·杜亚泉卷》，中国人民大学出版社 2014 年版，第 217 页。
[5] 周月峰编：《中国近代思想家文库·杜亚泉卷》，中国人民大学出版社 2014 年版，第 486 页。
[6] 周月峰编：《中国近代思想家文库·杜亚泉卷》，中国人民大学出版社 2014 年版，第 225 页。
[7] 周月峰编：《中国近代思想家文库·杜亚泉卷》，中国人民大学出版社 2014 年版，第 31 页。
[8] 周月峰编：《中国近代思想家文库·杜亚泉卷》，中国人民大学出版社 2014 年版，第 31 页。

本来之事务，悉当省略"①。用现在的话说，就是"有限政府"。减政主义对于国民性的改造至少有四个方面的积极作用：第一，培养人民的独立精神。"民间独立心之薄弱，实为当局者多年之干涉政略所养成，积之既久，遂不自觉其迷误。"②第二，治疗国民官本位的国民心理，杜亚泉在《论人民重视官僚之害》中开出的三个"拔除人民重视官吏之根性"的方剂中，"减少官吏"和"厘定官俸"都属于减政主义的范畴③。杜亚泉明言："盖减政主义者，打破官僚政治之主义也。"④第三，矫治国民国家观念的薄弱。"夫欲启发人民对于国家之观念，且以补官治之不足，自治诚切要之图。"⑤第四，矫正国民的"享福"观念。杜亚泉认为机构增加，政费增加，官员奢靡，上行下效，于是世风奢靡。减政主义的核心是减并政府机构，"减政主义之实行也，必自裁减官厅始"⑥。具体而言，中央与地方须划清权限，"欲使中央与地方之立法权保其统一，而无骈枝之虑、抵触之忧，不可不更有明晰之界限"⑦；官治与民治分开，"官治则依于国家专占事项之法令行之，自治则取概括的列举"⑧；教育、实业及公益事业由地方自治，"地方人民自治之政务，即教育、实业及道路、桥梁、水利、户口、清丈、卫生、团防、救火等公益事务，即内务中之不含警察性质者，皆归地方自治团体办理"⑨。但减政主义并非政府放弃作为，"其当为国家所经营者，亦决不持消极主义以废置之。而其经营之方法，则务在节减行政费以扩充事业费"⑩。

---

① 周月峰编：《中国近代思想家文库·杜亚泉卷》，中国人民大学出版社2014年版，第95页。
② 周月峰编：《中国近代思想家文库·杜亚泉卷》，中国人民大学出版社2014年版，第31页。
③ 周月峰编：《中国近代思想家文库·杜亚泉卷》，中国人民大学出版社2014年版，第95页。
④ 周月峰编：《中国近代思想家文库·杜亚泉卷》，中国人民大学出版社2014年版，第122页。
⑤ 周月峰编：《中国近代思想家文库·杜亚泉卷》，中国人民大学出版社2014年版，第207页。
⑥ 周月峰编：《中国近代思想家文库·杜亚泉卷》，中国人民大学出版社2014年版，第120页。
⑦ 周月峰编：《中国近代思想家文库·杜亚泉卷》，中国人民大学出版社2014年版，第67页。
⑧ 周月峰编：《中国近代思想家文库·杜亚泉卷》，中国人民大学出版社2014年版，第101页。
⑨ 周月峰编：《中国近代思想家文库·杜亚泉卷》，中国人民大学出版社2014年版，第300页。
⑩ 周月峰编：《中国近代思想家文库·杜亚泉卷》，中国人民大学出版社2014年版，第121页。

（二）改革家庭

"天下之本在国，国之本在家"[1]，中国人重视家庭，家庭对国人的影响是深刻的。杜亚泉认为中国传统的家庭制度弊害极多，对国民性造成了诸多消极影响，"我国之人少年者多浮浪，老年者多贪鄙，二者皆家庭制度所养成也"[2]。首先，蓄妾造成国人奢靡贪婪的性格，"盖淫则必奢，奢则必贪，皆相因之结果也"[3]。其次，早婚对国民性格危害极大，"夫早婚之害多矣，男子以色欲不节而妨其发达，女子以生育过早而损其康健，子女多孱弱，则遗忧于种姓；教养不完全，则流毒于社会"[4]。杜亚泉认为，"今欧美各国富力之厚，国民程度之高，虽有种种原因以致此，而予谓结婚之迟，必为其最重大之原因矣"[5]。再次，互助的家庭制度于国民性极具消极影响，在互助的家庭制度之下，国人在少年时凡事依赖父母，游手好闲，而及至中年，儿女成行，责任增加，国人却没有相应的承担能力，"则不能不嗜利若命，凡寡廉鲜耻之事，刻薄无情之举，不得不忍而为之，继遂积为习惯，而酿为风俗矣"[6]。因此，要改造我国的国民性，家庭的改革必不可少。至于如何改革家庭，杜亚泉的论述极多，尤其在《家庭与国家》《男女及家庭》《家庭之改革》三篇文章中有详细的讨论。从破除家庭制度的消极影响而言，概要有三：其一，废除蓄妾制度，"蓄妾之事，苟非重婚，即为奸淫"[7]。其二，摒除早婚习性，须"子女成年，始为择配"[8]。其三，在互助的家庭之中培养独立精神，"补救之道，不可不于互助之制度中采用独立之精神，为父母者宜

---

[1] 万丽华、蓝旭译注：《中华经典藏书·孟子》，中华书局2006年版，第150页。
[2] 周月峰编：《中国近代思想家文库·杜亚泉卷》，中国人民大学出版社2014年版，第277页。
[3] 周月峰编：《中国近代思想家文库·杜亚泉卷》，中国人民大学出版社2014年版，第52页。
[4] 周月峰编：《中国近代思想家文库·杜亚泉卷》，中国人民大学出版社2014年版，第223页。
[5] 周月峰编：《中国近代思想家文库·杜亚泉卷》，中国人民大学出版社2014年版，第223页。
[6] 周月峰编：《中国近代思想家文库·杜亚泉卷》，中国人民大学出版社2014年版，第277页。
[7] 周月峰编：《中国近代思想家文库·杜亚泉卷》，中国人民大学出版社2014年版，第54页。
[8] 周月峰编：《中国近代思想家文库·杜亚泉卷》，中国人民大学出版社2014年版，第342页。

移其子女婚嫁之资作教育子女之费，宜与以艺能，为子女谋自立，勿孳孳为利，为子孙谋遗产"①。

（三）改革教育

阿尔蒙德等在《公民文化——五个国家的政治态度和民主制度》一书中通过对美国、英国、联邦德国、意大利、墨西哥五国政治文化与民主制度的经验分析得出结论，新兴国家要在短时间内培育出西方国家在若干世纪内衍生的公民文化，最能够替代时间的变量是教育。他断言，"任何一条现代化的道路，其内部都有公民文化的种子。任何一组现代化问题优先秩序的排列，都会将重点放在教育上"②。现代化的过程不仅仅是物质的现代化，根本的是人的现代化，也就是国民性的改造，而教育恰恰是实现人的现代化的最重要的手段。杜亚泉也洞见到这一点，"至个人之知识与情感，固根本于先天之禀赋，然社会之交际与学校之教育，亦能改变其气质"③。但当前教育却弊端丛生，不仅不利于优良国民性的塑造，反而使"入其中者，实足以刺戟其神经，使生愤懑不平之感；堕落其品性，使有薰莸同器之虞"④，今日教育"直犹驱无病之人入疫病收容之所也耳"⑤。杜亚泉多次讨论了改革教育的方案。一是教育的目的要正确，"夫教育之基础，当立于国民生活之上，不当立于官吏进身之上者也。国民当以谋生活之故而求教育，不当以作官吏之故而受教育"⑥。二是政府对教育不宜过多干涉，"今后之教育行政，凡关于社会所经营之教育事业，宜力主放任，去其干涉之手段；关于政府所

---

① 周月峰编：《中国近代思想家文库·杜亚泉卷》，中国人民大学出版社2014年版，第277页。
② [美]加布里埃尔·A.阿尔蒙德、[美]西德尼·维巴著，张明澍译：《公民文化——五个国家的政治态度和民主制度》，商务印书馆2014年版，第375页。
③ 周月峰编：《中国近代思想家文库·杜亚泉卷》，中国人民大学出版社2014年版，第280页。
④ 周月峰编：《中国近代思想家文库·杜亚泉卷》，中国人民大学出版社2014年版，第43页。
⑤ 周月峰编：《中国近代思想家文库·杜亚泉卷》，中国人民大学出版社2014年版，第43页。
⑥ 周月峰编：《中国近代思想家文库·杜亚泉卷》，中国人民大学出版社2014年版，第44页。

经营之教育事业，宜力求进步，尽其诱导之责任"①。三是教育要体现实用性，"夫学校之中，授人以知识技能，使其得应用此知识技能以自营生活"，但也注意教育学生"君子之道"②。杜亚泉特别注重小学教育，认为，"夫小学教育，每与国家以伟大之影响，时或收意外之殊绩者"③。他同时认为，教育不仅限于学校教育，也应兼及社会教育④。总而言之，"真共和之成立，不外二因：一为国内农工商业之发达，二为国民教育之普及，盖必国民之产业既丰，智德既备，能力充足，不至为少数有力者之所左右，共和之基础始不可动摇"⑤。

（四）发展哲学与改革文学

杜亚泉极为推重哲学对于塑造国民性的作用，他在《读色纳嘉〈幸福论〉书后》一文中，认为我国今日社会沉沦于物质主义的深渊之中，不论是有才智者还是一般民众都缺乏高尚思想，而旧道德和宗教都不能起到拯救人心的作用，"救济之道，当在哲学"⑥。杜亚泉认为罗马帝国的强大"皆斯笃克学派养成之国民性为之"⑦，而中国却一向没有关于死之哲学的研究，"吾国军队之怯弱，民气之萎靡，官吏之贪黩，皆由怖死之一念而来"⑧。死的观念反映于生的观念上，"虽为缺乏之生、烦恼之生、屈辱之生，吾人皆视为较愈于死"⑨。因此，我国如要模仿西方文明，必须从思想上做根本的改

---

① 周月峰编：《中国近代思想家文库·杜亚泉卷》，中国人民大学出版社2014年版，第45页。
② 周月峰编：《中国近代思想家文库·杜亚泉卷》，中国人民大学出版社2014年版，第434页。
③ 周月峰编：《中国近代思想家文库·杜亚泉卷》，中国人民大学出版社2014年版，第271页。
④ 周月峰编：《中国近代思想家文库·杜亚泉卷》，中国人民大学出版社2014年版，第132页。
⑤ 周月峰编：《中国近代思想家文库·杜亚泉卷》，中国人民大学出版社2014年版，第395—396页。
⑥ 周月峰编：《中国近代思想家文库·杜亚泉卷》，中国人民大学出版社2014年版，第261页。
⑦ 周月峰编：《中国近代思想家文库·杜亚泉卷》，中国人民大学出版社2014年版，第428页。
⑧ 周月峰编：《中国近代思想家文库·杜亚泉卷》，中国人民大学出版社2014年版，第430页。
⑨ 周月峰编：《中国近代思想家文库·杜亚泉卷》，中国人民大学出版社2014年版，第430页。

革，必须输入死之哲学①。杜亚泉在《人生哲学》《编辑大意》中认为孙中山三民主义的哲学基础就是人生哲学，也称之为民生哲学，并认为用民生哲学统一现代国民思想，在目前已经收到了特殊的效果，在将来则可以解决一切国内国际问题②。杜亚泉也肯定了文学对于国民性的重要意义，他在《战争与文学》中探讨了战争与文学的关系，认为古时的战争文学如汉高祖的《大风歌》、岳武穆的《满江红》均足以"演为一代之风尚，积成国民之特性，于不识不知之间，使国民之精神上受其陶冶焉"。因为"大抵雄壮之著作，能引起国民之功名心，而成伟大之思想；愤激之著作，能发生国民之敌忾心，而著忠勇之功绩"，而"忧愁惨痛之作，能使国民爱好平和，有镇静战争之效，然往往使国民流于文弱"③。因此，我国的文学在唤起国民同情以消弭其横暴行为的同时，也应当"以此鼓励其侠烈之勇气"，这是文学发展的方向，也是今日从事文学者的责任④。

（五）个人自改革

对国民性的改造，不论是政治、社会的手段，还是文化的手段，归根结底要落实在个人身上，个人自己不改革，一切措施都是空谈。正如杜亚泉所言，"未有己不正而能正人者，亦未有分子腐败而团体能良好者。吾侪不改革自己之个人，而侈言改革社会，是实吾侪之大误也"⑤，"则欲使个人能尽力于国事，必使个人先尽力于自身"⑥。杜亚泉在《个人之改革》中列出了个人自改革的纲要，第一是保持"卫生"，"使身体全健，机官发达，于体格上得成为个人"；第二是"养心"，"使知情意各方面调和圆满，于精神上

---

① 周月峰编：《中国近代思想家文库·杜亚泉卷》，中国人民大学出版社2014年版，第430页。
② 周月峰编：《中国近代思想家文库·杜亚泉卷》，中国人民大学出版社2014年版，第537页。
③ 周月峰编：《中国近代思想家文库·杜亚泉卷》，中国人民大学出版社2014年版，第230页。
④ 周月峰编：《中国近代思想家文库·杜亚泉卷》，中国人民大学出版社2014年版，第230页。
⑤ 周月峰编：《中国近代思想家文库·杜亚泉卷》，中国人民大学出版社2014年版，第175页。
⑥ 周月峰编：《中国近代思想家文库·杜亚泉卷》，中国人民大学出版社2014年版，第348页。

得成为个人";第三是"储能","大之如文事武备,小之如应对洒扫,凡属普通应用者,皆当习之。于学理上之研究以外,尤当为实地之试验";第四是"耐劳","故除老幼以外,无论何人,当随其年龄职业,日治事以六时至八时为率"①。简单地说,个人要身心健康,储能耐劳。个人改革还体现在道德的革新上,杜亚泉在之前的《国民今后之道德》一文中,对国民道德的改造提出了三点要求:其一,"改服从命令之习惯而为服从法律之习惯也";其二,"推家族之观念而为国家之观念也";其三,"移权利之竞争而为服务之竞争也"②。简言之,要塑造有法律观念、国家观念和义务观念的新人。杜亚泉所主张的个人自改革可以用其《人生哲学》中的一段话予以概括:"盖品性虽能统制行为,使向同一的方向,但亦非绝对固定,不能更变的。借修养训练的力,可以徐徐改变其方向。吾人当内省自己的个性和品性,外察环境和生活的关系,依据理性的指导,把善的品性,努力保持,使其发达完全,恶的品性,努力抑制,使其渐渐隐退,这就是修养和训练的任务。"③

三、近代国民性改造思潮中的杜亚泉

杜亚泉所处的时代,中国虽然经历了洋务运动、戊戌维新等社会变革,但仍然处于杌陧不安的状态。中国需要变革,但如何变革,必须深思。19世纪末,近代思想家纷纷将变革中国的目光投向国民性的改造,掀起了一股声势浩大的国民性改造思潮,这一思潮以严复的"鼓民力,开民智,新民德"开其端绪,梁启超的"新民说"促使其成为思潮,到"五四"新文化运

---

① 周月峰编:《中国近代思想家文库·杜亚泉卷》,中国人民大学出版社2014年版,第178页。
② 周月峰编:《中国近代思想家文库·杜亚泉卷》,中国人民大学出版社2014年版,第167—168页。
③ 杜亚泉:《杜亚泉人生哲学》,吉林人民出版社2013年版,第81页。

动时期发展到高潮。①

首先，近代国民性改造思潮的基本逻辑是通过"立人"以实现"立国"②，它从一开始就打上了民族主义的底色。杜亚泉同样认为："国者，民之所积，观其个人之性质，可以断其国家之运命"③；"社会者，个人之集合体，个人完成，而后社会乃能进步"④；"政治乃事务执行之机关，而非质力发生之产地，必民力充韧，百务振兴，而后政治乃有所凭借"⑤。杜亚泉与其他近代思想家一样，将改造国民性作为救亡图存、寻求中国富强的路径，他们倡言的国民性改造显示出强烈的工具理性。其次，近代思想家普遍认识到中国人缺乏独立精神，无国家观念，漠视国家事务，以及一盘散沙的劣根性。张锡勤将近代思想家揭露的国民性弱点概括为"奴隶性"。所谓"奴隶性"，乃是"长期封建专制统治所造成的人们安分、柔顺、依赖、卑怯的顺民性格和安于奴隶地位的奴才意识"。此种"奴隶性""使人丧失国家思想、群体意识、公德观念，使人无政治热情、无责任感、无义务观念，对国家民族、社会群体、政治和公共事务一概冷漠，造成一种可怕的消极性"⑥。梁景和认为近代思想家对国民性的批判主要集中在"中国人的奴性、麻木、虚伪、自私、嫉妒、空谈、旁观、好古、保守、愚钝、无公德、无是非感、无国家思想、无独立性、无自治力、无冒险精神、无尚武精神、拖拉迟缓、不

---

① 关于近代国民性改造思想的发端时间，学界有不同的认识，大致有五种意见：近代初期，鸦片战争前后，戊戌时期，辛亥革命时期，"五四"时期。（参见俞祖华《中国近代改造国民性思想研究述评》，载《烟台大学学报（哲学社会科学版）》2014年6期）喻大华认为，严复最早对改造国民性问题做了较为系统的阐述。（参见喻大华《要现代化必须改造国民性——谈晚清新民思潮》，载《探索与争鸣》1997年4期）吴艳华、郭贞认为，"国民性"问题是19世纪末20世纪初中国出现的并延续一个世纪之久的社会启蒙思潮。（参见吴艳华、郭贞《"国民性"：一个持久性话题》，载《山东社会科学》2003年6期）
② 张宝明：《国民性：沉郁的世纪关怀——从梁启超、陈独秀、鲁迅的思想个案出发》，《郑州大学学报（社会科学版）》2000年2期，第119页。
③ 周月峰编：《中国近代思想家文库·杜亚泉卷》，中国人民大学出版社2014年版，第137页。
④ 周月峰编：《中国近代思想家文库·杜亚泉卷》，中国人民大学出版社2014年版，第178页。
⑤ 周月峰编：《中国近代思想家文库·杜亚泉卷》，中国人民大学出版社2014年版，第265页。
⑥ 张锡勤：《中国近代资产阶级思想家对"奴隶性"的批判》，《学习与探索》1988年6期，第55页。

果断、不求效率"等方面[1]。比较起来，杜亚泉还特别强调了国人浓重的官本位心理以及法律观念的缺乏，这值得注意。同时，"常注重于现在之事实"，"以享福为人生之目的"，深陷"利欲与义气"则是杜亚泉对国民性弱点的独到见解，这些见解有助于我们更加全面深入地了解中国人的面貌。再次，近代思想家普遍认识到教育在改造国民性中的重要作用[2]，不少人将外国的富强归根于教育，认为通过教育可以养成"国民之资格，发达御侮之能力"[3]。他们提出，教育要确立"人本"的正确方针，发挥家庭教育、学校教育和社会教育的重要作用，抛弃以纲常礼教为核心内容的道德教化，反对被动灌输式的教育[4]。相比较而言，杜亚泉改革教育的方案中展现出了许多全新的、耐人深思的思想。在近代国民性改造思潮中，小说等文学形式也受到思想家们的重视，鲁迅就是以小说和杂文"针砭国民性的国手"。到了"五四"前后，逐渐有人把批判国民性的矛头对准封建的宗法宗族制度[5]，而在 1916 年，杜亚泉在《家庭与国家》一文中就注意到了这一点。最后，近代国民性改造思潮忽视了社会经济对国民性的决定性影响[6]，杜亚泉同样没有真切地意识到这一点。

杜亚泉对国民性的省思表现出冷静客观、全面系统、审慎周密的特色。首先，从前文已经看出，杜亚泉虽然主要揭示了国民性的缺点，但是也比较中肯地指出了其优点。而近代国民性改造思潮表现出极为偏颇的一面，存在片面化、情绪化、绝对化的倾向，缺乏辩证的思维，往往只看到国民性的缺陷，而忽视其优点。"几乎所有的批判文章，都是一批到底，似乎

---

[1] 梁景和：《清末国民性批判》，《清史研究》1999 年 3 期，第 58 页。
[2] 袁洪亮：《论近代国民性改造的几种主要方式》，《船山学刊》2003 年 3 期，第 140 页。
[3] 梁景时、梁景和：《清末思想界对"国民性弱点"的批判》，《江汉论坛》1991 年 3 期，第 70 页。
[4] 袁洪亮：《论近代国民性改造的几种主要方式》，《船山学刊》2003 年 3 期，第 141 页。
[5] 袁洪亮、郭汉民：《中国近代国民性改造思潮简论》，《中州学刊》2000 年 5 期，第 122 页。
[6] 周建超：《论辛亥革命前的改造国民性社会思潮》，《社会科学研究》1997 年 5 期，第 113 页。

中国国民性衰堕已极，一无是处"[1]，"在揭露和批判国民劣根性的过程中，存在着不科学、不准确或危言耸听和言过其实的地方"[2]，"在对待中国国民性中精粹与劣根的关系方面，存在着注重揭露劣根性而忽略总结优良面的偏向"，"对国民性优劣二面缺乏全面、辩证的认识，是这一思潮最根本的局限性"[3]。其次，杜亚泉改造国民性的途径既有政治方面的考察，也有社会、文化方面的考量，还有个人的自改革，是一个较为综合的改革方案。而近代国民性改造思潮却缺乏综合改造的意识，"清末思想家却没有从政治、经济和文化三方面的综合视角，来提出一个改造国民性的可行方案，这是历史遗留的缺憾"[4]。辛亥革命后，启蒙思想家们同样没有提出一个综合性的改造国民性的方案，而是将国民性的改造"简单化为一个社会成员人人洗心革面的问题，似乎只要人人痛下决心、悔悟自新、告别旧我，即可成为一代新人"[5]。再次，杜亚泉尤其注意到了对知识分子阶层的反省。他甚至认为"此八九年中，吾国内一切罪恶，皆当由智识阶级负其责任"[6]。他屡次鞭挞"智识阶级"的不团结和堕落，将堕落的"智识阶级"嘲讽为"高等游民"，"其不得职业之高等游民，贫困无聊，对于现政治负怨望，对于现社会抱不平"[7]，"而吾侪则多为社会中之高等游民，营寄生生活于社会，以实际言，已失其求食之本能"[8]。而在近代国民性改造思潮中，启蒙思想家们具有根深蒂固的精英主义情怀，把广大群众看作被改造的对象，而忽视了对知识分子阶层自身的反省。"在现代启蒙运动中，知识分子惯于高高

---

[1] 郑师渠：《辛亥革命后关于国民性问题的探讨》，《天津社会科学》1988年6期，第42页。
[2] 刘小林：《论中国近代改造国民性思潮》，《广西师范大学学报（哲学社会科学版）》1999年3期，第92页。
[3] 陈高原：《论近代中国改造国民性的社会思潮》，《近代史研究》1992年1期，第20页。
[4] 梁景和：《清末国民意识与参政意识研究》，湖南教育出版社1999年版，第66页。
[5] 张锡勤：《论中国近代的"国民性"改造》，《哲学研究》2007年6期，第34页。
[6] 周月峰编：《中国近代思想家文库·杜亚泉卷》，中国人民大学出版社2014年版，第505页。
[7] 周月峰编：《中国近代思想家文库·杜亚泉卷》，中国人民大学出版社2014年版，第94页。
[8] 周月峰编：《中国近代思想家文库·杜亚泉卷》，中国人民大学出版社2014年版，第177页。

在上，以俯视式的姿态启蒙别人，却往往忘记了自己的缺点，忘记了自己也需要启蒙。"[1]

综上，杜亚泉对国民性的省思与近代国民性改造思潮的关系可以用四个字概括："离合之间"。一方面，由于受到相同的国内外环境的影响，面临着相同的时代主题，作为饱含家国情怀的知识分子，杜亚泉与近代其他主张国民性改造的思想人物具有相同的关怀，均将振兴民族国家作为改造国民性的旨归。而且，杜亚泉与严复、康有为、梁启超等维新人士，与陈独秀、胡适、鲁迅等新文化运动人士一样，既是思想者，又是教育者，自然重视教育和文学对国民性改造的作用。并且，在马克思主义进入中国之前，近代资产阶级思想家们不可能真正认识到经济结构的变动对国民性改造的决定性作用。另一方面，杜亚泉与近代众多思想人物相比，在性格际遇等方面具有诸多特别之处。这些特别之处对杜亚泉的思想，包括其对国民性的反省与思考具有深刻的影响。正是这些特别之处，使得杜亚泉对国民性的省思在近代国民性改造思潮中独具特色。其一，杜亚泉天性冷淡，他曾谈"亚泉"名号的由来，"亚泉者氩線之省写；氩为空气中最冷淡之元素，線则在几何学上为无面无体之形式，我以此自名，表示我为冷淡而不体面之人而已"[2]。他认为自己既不是"知识明敏感情热烈"的"革新之魁"，也不是"知识蒙昧情感冷淡"的"守旧之侣"，而是"知识明敏情感冷淡"的"稳健派"[3]。而梁启超、陈独秀等近代思想人物几乎均是性格热烈之人。其二，杜亚泉早年长期浸淫于中国传统文化，具有扎实的国学根基，这一点与同时代的思想

---

[1] 贺仲明：《国民性批判：一个文化的谎言》，《探索与争鸣》2009年7期，第39页。
[2] 许纪霖、田建业编：《一溪集：杜亚泉的生平与思想》，生活·读书·新知三联书店1999年版，第6页。
[3] 周月峰编：《中国近代思想家文库·杜亚泉卷》，中国人民大学出版社2014年版，第279页。

人物并无二致。①但杜亚泉又具有深厚的理化知识，被誉为"中国科学界的先驱"②。他在甲午战争之后改习数学和化学，并自学日语；他创办了我国最早的科学期刊《亚泉杂志》，最早引进元素周期律；他写作或翻译的书籍有30余部，主编的刊物、辞典及编写的教科书达40多种，这里面大多是自然科学类，其中《动物学大辞典》和《植物学大辞典》到现在都有影响力。③杜亚泉一生倡导科学，科学的理性精神无时无刻不影响着他，正如蔡元培所言，"先生既以科学方法研求哲理，故周详审慎，力避偏宕，对于各种学说，往往执两端而取其中"④。学兼中西、贯通文理的知识背景使杜亚泉能以开阔的视野，客观理性地对待国民性等问题。其三，也是最重要的一点，杜亚泉一生不涉足政治，"以治学、著书、作育人才终其一生"⑤。其自由知识分子的角色使其能够以"局外人"的身份，以比较中立的立场冷静地剖析诸多社会问题，较少受到政治局势的影响，从而使其观点更具有理论上的深度。事实上，在近代中国，像杜亚泉这样性格冷淡、学兼中西文理、终身远离政治的思想家实属寥寥。近代国民性改造的旗手们均充当着启蒙人物和政治人物双重角色，他们对国民性的认识并没有独立性，而是从属于其政治主张，服务于特定的政治目的，随着现实政治的变动而变动。⑥

---

① 许纪霖认为，在整个20世纪的中国，共有六代知识分子，即晚清一代、"五四"一代、"后五四"一代以及"十七年"一代、"文化大革命"一代和"后文化大革命"一代。康有为、梁启超、严复、章太炎、蔡元培、王国维等晚清一代知识分子均在早年受过系统的、良好的国学训练。陈独秀、李大钊、梁漱溟、陈寅恪、胡适、鲁迅、周作人等"五四"一代知识分子也在幼年受过"四书五经"等传统教育。参见许纪霖《中国知识分子十论》，复旦大学出版社2015年版，第82—83页。
② 许纪霖、田建业编：《一溪集：杜亚泉的生平与思想》，生活・读书・新知三联书店1999年版，第11页。
③ 关于杜亚泉的详细生平及著述，可参阅《中国近代思想家文库・杜亚泉卷》《杜亚泉文存》《杜亚泉文选》《一溪集：杜亚泉的生平与思想》《调适的智慧——杜亚泉思想研究》中的相关介绍。
④ 许纪霖、田建业编：《一溪集：杜亚泉的生平与思想》，生活・读书・新知三联书店1999年版，第7页。
⑤ 许纪霖、田建业编：《一溪集：杜亚泉的生平与思想》，生活・读书・新知三联书店1999年版，第18页。
⑥ 陈高原在其论文《论近代中国改造国民性的社会思潮》（载《近代史研究》1992年第1期）中指出，1905年以前，改良派和革命派基于同样的政治需要，对于国民性的观点大致相同。而1905年以后，两派同样由于政治上的分歧而对国民性的看法产生严重分歧。辛亥革命以后，国民性成为知识界共同关注的话题。总之，政治形势及思潮主导者的政治见解始终左右着近代国民性改造思潮的走向。

四、杜亚泉对国民性省思之价值

第一，从上文已知，杜亚泉对国民性的省察与思考表现出与近代国民性改造思潮相疏离的一面，我们从其个人的性格、知识背景以及其对政治社会事务的态度方面进行了分析。实际上，这一分析为我们重新审视中国近代国民性改造思潮及中国近代的启蒙运动提供了一个新的视角：中国近代国民性改造思潮的局限性乃至中国近代启蒙运动的局限性在相当大程度上是由其主导者自身的局限性决定的。贺仲明认为，"在中国现代的启蒙主义上，启蒙的主导者问题一直是困扰着中国启蒙运动的关键性问题，甚至可以说，也许这一点正是导致中国现代启蒙运动未能取得最终成果的关键原因"[①]。金耀基也认为，"中国现代化运动之领导人物皆由政治文化之秀异分子担承，而他们对现代化之认同乃对中国发展之取向具有战略性的影响地位，故分析中国现代化乃可从分析秀异分子之观念形态着手"[②]。但长久以来，学界在讨论中国近代启蒙运动的曲折经历时，往往将其归咎于中国近代半殖民地半封建社会及民族危机等客观因素，而忽视了近代启蒙运动主导者这一关键因素。

需要澄清的是，本文并无否定中国近代启蒙运动及其主导者的历史功绩之意，但透过上文的分析，却可以引起我们对中国近代启蒙运动的一点新的反思：启蒙，首先是启蒙者自我的启蒙，康德将启蒙定义为"人类脱离自己所加之于自己的不成熟状态"[③]就暗含了这一层意思。换言之，作为启蒙运动主导者的知识分子首先要具备启蒙的素质。首先，启蒙运动的主导者，要陶冶冷淡的性格，具有冷静的思维，要能够控制自己的感情。启蒙运动旨在改造民众的文化心理结构，是一项长期渐进的工程，任何急功近利的

---

① 贺仲明：《启蒙与自我启蒙——对中国启蒙运动的一种解读》，《文艺争鸣》2000年6期，第46页。
② 金耀基：《从传统到现代》卷二（补篇），法律出版社2010年版，第50页。
③ ［德］康德著、何兆武译：《历史理性批判文集》，商务印书馆1990年版，第22页。

心态和举措都会适得其反。其次,启蒙运动的主导者要具备比较全面的知识结构,既要有东西文化的开阔视野,也要有文理兼具的知识储备,至少启蒙运动的领导集团要具备全面的知识结构。再次,启蒙运动自然不能够完全与政治绝缘,但也绝不是政治的附属品,它有自己的独立性,对于启蒙运动主导者来说,正确处理启蒙与政治的关系需要智慧。最后,启蒙运动应该具有包容性:一方面,启蒙运动的领导队伍既要有政治人物,也要有纯粹的思想人物,这样启蒙的路线策略才会既有现实针对性也有一定的超越性;另一方面,启蒙运动本身是一场思想解放运动,作为启蒙运动的主导者,他应该具有足够的度量容许各种思想的争鸣,充分吸收各种思想养分,而不是对于异己思想武断地排斥、粗暴地打压。

杜亚泉是近代重要思想人物,执掌"民初国内影响最大的学术政论综合刊物"[①]《东方杂志》近十年,对中国近代思想界产生了重要的影响。王元化先生在读了杜亚泉的著作后曾慨叹:"我们现在思考的很多问题,他在80年前就注意到了,而且,思考的深度要远远超过我们当今一般人。"[②]但由于各种原因,杜亚泉的思想长时期没有得到应有的重视,这不能不是一种缺憾。现代性肇端于启蒙运动,中国的现代性肇端于中国近代的启蒙运动,要继续提升现代性,需要不断地反思启蒙,并借此继续启蒙这一"未完成的历史事业"[③]。

第二,杜亚泉对国民性的省思对于当代中国的现代化建设极具启发意义。中共十八大后,中共中央提出要全面深化改革,全面建成小康社会,实现中华民族的伟大复兴。在实现"中国梦"的伟大征途中,国民素质的提升至关重要,正如英克尔斯所言,"如果在国民之中,没有我们所确认的现代

---

① 高力克:《调适的智慧——杜亚泉思想研究》,浙江人民出版社1998年版,第10页。
② 施亚西、田建业编:《杜亚泉重要思想概览》序,上海社会科学院出版社2016年版,第1页。
③ 许纪霖:《启蒙如何起死回生:现代中国知识分子的思想困境》,北京大学出版社2011年版,第365页。

的那种素质的普遍存在，无论是快速的经济成长还是有效的管理，都不可能发展，如果已经开始发展，也不会维持太久"[1]。杜亚泉对国民性的认识见识独到、思想深刻，尤其是其提出的改造国民性的方案，具有许多可资借鉴的价值。

首先，当今世界已经进入"行政国家"时代，庞大的公共服务和福利要求迫使政府的职能不断扩张，行政权力的扩张带来一系列问题，"小政府，大社会"成为现代政府改革的共识。中共十八大后，新一轮行政体制改革已经展开，中央政府厉行简政放权。同时，中共中央大力推行从严治党，反腐倡廉。据杜亚泉所见，"减政主义"能够治疗国民官本位心理，抑制政府开支，防止官员奢靡腐败。因之，根据杜亚泉的理论，目前中国进行的简政放权与反腐倡廉实如鸟之两翼，相互促进。需要特别指出的是，杜亚泉所言的"减政主义"并非政府放弃作为。他提出的扩充事业费、节减行政费的操作方案对于当今中国的行政改革仍然具有借鉴意义。

其次，当今中国社会仍然以家庭为基本组成单位，家庭依然是陶铸国民性格最重要的场所，就目前中国的家庭教育而言，杜亚泉所倡导的培养子女独立精神依然是一个重要课题。事实上，中国早已经进入独生子女时代，独生子女的一个显著特征即是缺乏独立精神，而当今社会又是一个竞争异常激烈的社会。职是之故，各种"二代"纷纷登场，各式"拼爹"应运而生。此种现象一方面破坏了社会的公平正义，威胁政治社会稳定，另一方面扭曲了国民的价值观念和行为方式，二者互相助长，形成恶性循环。梁启超有言，"少年强则国强，少年独立则国独立"[2]，青少年独立精神的培养关乎国家民族之前途。

---

[1] [美]阿列克斯·英克尔斯、[美]戴维.H.史密斯著，顾昕译：《从传统人到现代人——六个发展中国家中的个人变化》，中国人民大学出版社1992年版，第454—455页。

[2] 李华兴、吴嘉勋编：《梁启超选集》，上海人民出版社1984年版，第127页。

再次，杜亚泉改革教育的思想内涵丰富，值得特别关注。一方面，当今中国教育的目的不是如杜亚泉所言，立基于生活，为了生活，着眼于国民素质的提高，而是异化为"文凭教育""考试教育"。同时，政府对于学校教育的投入远远超过了社会教育，对于普通教育的投入远远超过了职业教育，中国的教育事业呈现出畸形的发展。另一方面，如前所述，由于教育的目的发生偏移，教育内容因此缺乏杜亚泉所言的实用性，大量的高校毕业生一入社会便成为无业游民，真正印证了"百无一用是书生"。而且，政府对教育事业的管理远远超出了杜亚泉规定的"诱导之责任"，教育过度行政化成为中国教育事业发展的巨大障碍。康德指出："人只有通过教育才能成为人。除了教育从他身上所造就出的东西外，他什么也不是。"[①] 目前中国高等教育正在积极推进"双一流"建设，这是从根本上提高国民素质的大工程，杜亚泉改革教育的思想是具有极大参考价值的。

复次，杜亚泉提出了发展哲学与改革文学的改造国民性的方案。文学对国民素质的影响是潜移默化的，哲学能够对国民素质的培养提供宏观的、超越的指导。杜亚泉认为，哲学可以救治国民沉沦于物质主义的深渊。在物欲横流的当今社会，在一个"没有世界观的世界"[②]里，这一点尤其值得注意。

最后，杜亚泉所言的塑造有法律观念、国家观念和义务观念的新人，对于当今中国而言也是完全适合的，与社会主义核心价值观的要求是完全契合的。他所言的保持"卫生""养心""储能""耐劳"的国民自改革方案仍然是不刊之论。人的现代化"不但是完成国家现代化的必要条件，更是一个国家现代化的标志和组成部分"[③]，它是"现代化制度与经济赖以长期发展并取得成功的先决条件"[④]。中国的现代化不仅仅是物质的现代化，根本的是

---

① [德]康德著，赵鹏、何兆武译：《论教育学》，上海人民出版社2005年版，第5页。
② 赵汀阳：《没有世界观的世界》，中国人民大学出版社2003年版。
③ 葛剑雄：《改革开放与中国人观念的现代化》，《上海大学学报（社会科学版）》2009年2期，第5页。
④ [美]阿列克斯·英克尔斯等著、殷陆君编译：《人的现代化》，四川人民出版社1985年版，第8页。

人的现代化，也就是国民性的改造。邓小平说："我们国家，国力的强弱，经济发展后劲的大小，越来越取决于劳动者的素质，取决于知识分子的数量和质量。"[①] 邓小平的话需要我们认真体会。要实现"中国梦"，不仅需要现在的发展，还需要"后劲"，不仅仅是经济发展的后劲，整个国家民族的发展都需要后劲。这样的后劲来自哪儿？它来自广大的中国人民。

原载《哈尔滨工业大学学报（社会科学版）》2017年5期

[①] 邓小平著、中共中央文献编辑委员会编辑：《邓小平文选》第3卷，人民出版社1993年版，第120页。

杜亚泉的民主转型论

高力克

杜亚泉（1873—1933），浙江绍兴山阴县（今上虞）人，近代中国杰出的科学教育家和百科全书式的启蒙学者。杜自学成才，博采自然、人文、社会诸学，自1904年起长期任商务印书馆编译所理化部主任，编撰了大量国文和理化教科书及科学工具书，我国最早的植物学辞典和动物学辞典，即出自其手。1911年春，杜兼任商务印书馆名刊《东方杂志》主编，自此发表了大量时政与文化评论，为民初和"五四"时期重要的舆论家和思想家。杜及其主笔的《东方杂志》承温和渐进的立宪派之余绪，揭橥新旧政力、文化之调和，在日趋激进化的"五四"思想界独树一帜，并因批评新文化运动而与陈独秀发生东西文化论战。1920年，杜因坚持独立思想与商务馆方意见不合，而辞《东方杂志》职，仍任编译所理化部主任，自此淡出思想界。

辛亥革命终结了两千年帝制，但民国之"亚洲第一共和国"的宪政实验旋即失败。宋教仁案、二次革命、制宪流产、洪宪复辟、护法战争接踵而至，武力相寻的共和乱象，凸显了民国深刻的宪政危机。在时局离乱的民国初年，关于共和革命的反思和中国民主转型之路的求索，成为思想界的中心课题。杜亚泉关于民初宪政失败的社会分析和市民社会取径的民主转型方案，理性、深刻而独到，不失为民初政治思想的重要遗产。

一、游民社会与中国革命

关于民国宪政失败的原因,杜亚泉独辟蹊径,进行了深刻的社会史分析。他以欧洲革命为鉴,试图从社会阶级结构上追寻民主革命发生和成功的社会机理,以及辛亥革命之共和流产的社会历史原因。

在杜亚泉看来,政治革命是由贵族政治[①]转变为平民政治、由专制政治转变为共和政治的转型过程。如果考究欧洲政治革命发生和成功之原因,则不难明了中国政治革命何以不成功。

按照杜亚泉的历史分析范式,一种社会的权力结构和文化形态,建基于知识和阶级势力的结合。不同阶级与知识的结合,构成了人类文化演进的三个时期。第一期文化,为武力势力与知识结合而产生,中国三王五帝至汉唐宋明,古代希腊罗马时期,即属第一期文化。第一期文化为贵族阶级文化,常带有贵族的色彩,以贵贵尊贤、尚礼仪、重门第为其特征。第一期文化产生后,贵族阶级与知识阶级相结合为统治阶级,劳动阶级则为被统治阶级。后来劳动阶级之勤勉而善于储蓄者渐渐积累财富,从劳动阶级脱颖而出成为专事经营财产的财产阶级。另一方面,随着知识之流布渐广,愈来愈多知识阶级不得不降为被统治者。在欧洲社会,一部分知识阶级逐渐疏离政治转而投身科学文艺研究,并将科学技术发明应用于社会,以殖产兴业。科技知识与商业的结合,促进了知识阶级的财产化和财产阶级的知识化。知识阶级和财产阶级相结合而主张人权,表扬民治,由此发生第二期文化。欧洲近代文化即第二期文化,其为财产的势力与知识相结合而产生,为财产阶级文化,它带有财产的色彩,以自由平等、尊权利、重科学为其特征。随着第二期文化的发展,由于经济竞争之剧烈和物质文明之发达,出现了财产阶级劳动化和劳动阶级知识化的趋势。劳动阶级与知识相结合,则鼓吹人道,主张公产,由此形成第三期文化,如俄罗斯之新文化。此文化为劳动势力与知识结

---

① 杜亚泉所谓"贵族",泛指包括君主、贵族、官僚等在内的古代权贵阶级,而非欧洲意义上的世袭贵族。

合而产生,为劳动阶级文化,带有劳动的色彩,以泯除阶级、自由平等、尊重劳动、热爱和平为其特征。[①]

在杜亚泉的人类文化演进史图式中,权力和文化的重心经历了由贵族阶级(君主)而资产阶级而劳动阶级的渐次下移。在欧洲文化由古典而现代的转型之中,作为第二期文化的资产阶级文化的兴起,表征着由脱颖于劳动阶级的资产阶级的成长和工商业的兴起,以及疏离政治的知识阶级所从事的科学技术和文化教育事业的发展。实际上,由资产阶级和独立的知识阶级结合而成的现代社会,其权力和文化之重心已从上层的君主贵族转移到市民阶级的中等社会。

在杜亚泉看来,中国历史和欧洲历史的重要差异,在于中国历史上并没有发展出欧洲式的第二期文化,即财产阶级文化。中国第二期文化的迟滞源于财产阶级的弱小,中国未能像欧洲那样从劳动阶级中脱颖而出一个新型的财产阶级。而由于天灾频仍和人口膨胀所导致的劳动阶级的过剩,则产生了一个庞大的边缘化群体——游民阶级,它是兵匪侠盗流氓乞丐的来源。另一方面,帝国从未断绝知识阶级对于政治之希望,科举制使笼罩于政治之中的知识阶级缺乏生活技能和经营能力,而与财产阶级和劳动阶级格格不入,成为过剩的知识阶级,而终难以出现欧洲式的知识阶级财产化的转型。作为过剩的劳动阶级之游民阶级,在中国势力甚为伟大,秦以后二十余朝之革命,多由游民阶级和过剩的知识阶级联合以抗击贵族阶级而发生。但革命以后,游民阶级和知识阶级往往重蹈贵族化之覆辙,复建设贵族政治,社会组织依然如故。因而中国古代革命并非政治革命和社会革命,而仅为帝王革命而已。游民阶级和知识的结合,则产生了一种游民阶级的文化。此种游民文化是中国特有的贵族文化之病态。

[①] 杜亚泉:《中国政治革命不成就及社会革命不发生之原因》,《东方杂志》16卷4号,转引自田建业等编:《杜亚泉文选》,华东师范大学出版社1993年版,第397—399页。

杜亚泉指出，在中国社会，贵族文化与游民文化常为矛盾的存在，而更迭兴衰。贵族文化过盛时，社会沉滞腐败，则游民文化起而代之；游民文化过盛时，社会骚扰紊乱，则贵族文化起而代之。中国历史往往呈现出贵族文化与游民文化的循环。中国知识阶级向来缺乏独立品格，他们徘徊于贵族与游民之间，"达则与贵族同化，穷则与游民为伍"。"吾国之智识阶级，向来生活于贵族文化及游民文化中，故其性质上显分二种：一种为贵族性质，夸大骄慢，凡事皆出以武断，喜压制，好自矜贵，视当世之人皆贱，若不屑与之齿者；一种为游民性质，轻佻浮躁，凡事皆倾于过激，喜破坏，常怀愤恨，视当世之人皆恶，几无一不可杀者。往往同一人也，拂逆则显游民性质，顺利则显贵族性质；或表面上属游民性质，根柢上属贵族性质。"[①]

杜亚泉进而分析了辛亥革命失败的阶级原因："辛亥革命，虽由欧洲第二期文化传播于吾国而起，然欧洲之政治革命，既由财产阶级发生，而吾国之财产阶级，大都不解立宪共和为何物，初未尝与闻其事，提倡之者为过剩的智识阶级中之一部分，加入者为过剩的劳动阶级中之兵，事实上与从前之帝王革命无稍异，其模拟欧洲之政治革命者，不过中华民国之名称，及若存若亡之数章约法而已。革命以后，名义上不能建设贵族政治，实际上握政权之官僚或武人，大率为游民首领之贵族化者。政治革命之不成就，决非吾人所能讳言。"[②] 在杜看来，辛亥革命并不具有欧洲财产阶级的政治革命之现代性，它不过是一场财产阶级缺席的游民阶级的新式帝王革命，掌握政权之官僚或武人仍未脱游民阶级贵族化之窠臼。

杜亚泉所谓中国的"贵族"，实为专制政治中包括帝王、官僚在内的权贵阶级，而非欧洲封建制度中的世袭贵族。此"贵族文化"，亦即宫廷文化。

---

① 杜亚泉：《中国政治革命不成就及社会革命不发生之原因》，《东方杂志》16卷4号，转引自田建业等编：《杜亚泉文选》，华东师范大学出版社1993年版，第401—402页。
② 杜亚泉：《中国政治革命不成就及社会革命不发生之原因》，《东方杂志》16卷4号，转引自田建业等编：《杜亚泉文选》，华东师范大学出版社1993年版，第400页。

与此相对应,"游民文化"是杜分析中国社会文化的一个独特的重要概念,它指劳动阶级中过剩而边缘化的"游民阶级"的生活方式。而这种"游民文化"又为过剩而边缘化的知识阶级所吸收,成为帝国时代中国知识阶级文化的另一元素。如果说,在欧洲中世纪后期由贵族文化而资本主义文化的转型中,一个重要趋势是知识阶级和劳动阶级的财产化;那么,中国中央集权的帝国专制政治则阻碍了资本主义的发展,使劳动阶级和知识阶级无由财产化而转变为财产阶级,而沦为游民化,此为中国贵族文化的病态。而中国知识阶级达则权贵化、穷则游民化的两面性,亦为帝国专制政治下中国知识阶级的畸形病态。杜的"游民文化"概念,深刻地揭示了中西历史文化的分歧,以及欧洲之多中心社会与中国之大一统社会的深刻差异。

财产阶级与知识阶级的结合是市民社会的基础。而市民社会是中西历史的分水岭。在欧洲中世纪后期,劳动阶级的财产化和知识阶级的财产化,是财产阶级兴起和市民社会形成的重要路径。而中国恰恰缺乏这一社会阶级结构的转型,皇权主义官僚政治和科举制阻碍了知识阶级的财产化,使其徘徊于宫廷文化与游民文化之间;而农业帝国重农抑商的政策则阻碍了财产阶级和商业文明的兴起,使劳动阶级徘徊于农民与游民之间。此为中国市民社会难以生长的根本原因。

贵族文化和游民文化的对立循环,以及知识阶级"达则与贵族同化,穷则与游民为伍"的两极化,表征着中国社会权贵与游民对立的极化结构。权贵之"庙堂"世界与游民之"江湖"社会,相反相成,二者具有农业文明之同构性。权贵的骄慢武断和游民的过激浮躁,形成了帝制中国"成王败寇"的政治文化,其完全缺乏市民阶级的理性和妥协精神。诚如托克维尔所言:商业是一切激情的敌人,商业爱温和妥协,商业使人倾向自由而远离革命。[①]妥协,正是一种财产阶级的文化。

---

① [法]托克维尔著、董果良译:《论美国的民主》(下卷),商务印书馆1988年版,第300页。

杜亚泉深刻地认识到，中国历史的独特性，在于贵族社会与游民社会的对立，在"庙堂"与"江湖"之间，缺乏一个西方式的市民社会。游民社会不同于以财产阶级为基础的市民社会，它并非独立于帝国皇权的新文明形态，而是农业文明的病态结构。财产阶级的匮缺，正是辛亥革命难以成功的根本原因。杜关于民初宪政失败的社会史分析，显然较新文化派之文化决定论的伦理学—心理学分析更为深刻。

二、经济、教育与民主

面对民国初年的宪政危机，国民党以武力抵抗袁世凯之独裁，新文化人采取改造国民性的启蒙进路，杜亚泉则主张以市民社会之发展为宪政建设的基本路径。

杜亚泉深刻地认识到，帝制中国的民主转型是一个长期而渐进的艰难历史过程，其间须经无数挫折磨难。他强调："革命者，至宝贵至艰大之事业也。美人富自治性质，犹必经十余载之痛苦，始观厥成。以吾习于专制之民族，乃不数月而遽收美果，揆之事理，决无若此之易易，则其必将再经挫折，再经磨难，又势所必至者。虽然，挫折磨难云者，非必战争之谓也。循序改良，因端变革，由驳杂而渐臻纯粹，始勉强而徐底自然，固未尝不可从容改造，以达于有价值之目的。"①

杜亚泉总结晚清以来现代化运动的历史经验，认识到政治改革的局限性，而主张社会取径的改革之路。他指出：以往的变法、立宪、革命，皆欲藉政治改革以挽回痼疾，而社会之病势却有增而无退，因中国之病在社会全体之各个人，非政治界一二人手术所能愈。今后治疗之任务，不能望之政府，而当责之于社会之个人和社会之全体。②

---

① 杜亚泉：《革命战争之经过及其失败》，《东方杂志》10卷3号，1913年9月。
② 杜亚泉：《吾人将以何法治疗社会之疾病乎》，《东方杂志》9卷8号，转引自田建业等编：《杜亚泉文选》，华东师范大学出版社1993年版，第66页。

杜亚泉崇尚温和渐进的英国模式，但他对中国之大陆帝国的特性及其和法国历史的亲和性、中国民主转型之渐进性，有着清醒的认识。在他看来，"吾国国体改革，未满六年，而事变叠出。凡法兰西大革命后 90 年间经过之事实及其恐怖，吾国几一一步其后尘。……今帝制既见而覆灭，则法兰西之往事，吾国已十步其七八"；"盖改革云者，不徒改革其国体，且当改革其人心。而人心之改革，须由渐渍，非如国体之易易"。社会之改良，"不可旦夕致也。时日未至，痛苦未深，则数千年沉淀之渣滓，丛积之垢弊，必难尽去。而欲去此不易去之垢滓，不可不藉恐慌灾患以洗涤之。……必有数载或数十载之兵戈杀戮，以行其除旧布新之作用。……其不能不赖岁月之推移，俾文治武力徐徐调合，又事势所必至者矣"①。

面对北洋军阀和国民党人武力相寻的宪政危机，杜亚泉坚持和平渐进的改革路线，反对以暴易暴的武力斗争。他认为共和不能由武力而实现，在从帝国到共和的政治转型过程中，革命之后必经历一个假共和的过渡阶段。以为美国与法国的共和是革命的产物，完全是误读历史。杜将发展实业和普及教育归为实现民主的根本路径。他强调："真共和之成立，不外二因：一为国内农工商业之发展，二为国民教育之普及。盖必国民之产业既丰，智德既备，能力充足，不至为少数有力者之所左右，共和之基础始不可动摇"；"考之历史，则武力可以倒专制，而不可以得共和。专制既倒之后，虽已有共和之名，尚未有共和之实。此时党派纷杂，争斗相寻，所谓共和，皆假共和，非真共和。必更经过若干时期，而后因实业之发达与教育之普及，真共和乃渐渐成立"。②实业发达和教育普及，被杜视为实现真共和的前提条件。

在杜亚泉看来，中国实业不振的根本原因在于：一是人们无从事实业之

---

① 杜亚泉：《今后时局之觉悟》，《东方杂志》14 卷 8 号，转引自田建业等编：《杜亚泉文选》，华东师范大学出版社 1993 年版，第 284—286 页。
② 杜亚泉：《真共和不能以武力求之论》，《东方杂志》14 卷 9 号，转引自田建业等编：《杜亚泉文选》，华东师范大学出版社 1993 年版，第 291—292 页。

根性；二是社会无崇尚实业之风俗；三是政府无提倡实业之实心。关于发展实业，杜主张施行经济自由政策，放任民间社会自由发展工商业。"至政府方面，则与其有诱于其前，孰若无扰于其后；不必侈言奖劝也，勿加扼抑而已；无事过为干涉也，遂其生理可已。……而一切官营事业，务以不碍商人生计及侵损其权利为要旨。至政界中人自营私业，则必划清界限，毋以官僚势力加入乎其间。"①

关于发展实业和普及教育，杜亚泉向来主张自由放任的减政主义，反对政府对经济和教育事务的干涉，将经济和教育归为社会自治的领域。他主张："夫社会之事物，有自然之法则管理之，此为政者之所不可不知者也。社会之活力（才力、财力之结合作用）有一定之制限，政府决不能创造之。有研究学术之活力，则教育自兴；有生产之活力，则实业自盛矣。社会之发展有一定之秩序，政府亦不能揠助之。知能之竞争烈，则发展于教育；物质之需要增，则发展于实业矣。一国政府之本分，在保全社会之安宁，维持社会之秩序，养其活力之泉源而勿涸竭之，顺其发展之进路而勿障碍之，即使社会可以自由发展其活力而已。"②

杜亚泉强调："发达实业与普及教育，本非短时间中所能成就。若以武力横加障碍，则必欲速不达，求近而反远矣。……吾国今日朝野之间，孰为要求真共和之人，可以至单简之方法择别之：即孜孜于研究实业、从事教育者，皆要求真共和之仁人志士，而以真共和为标帜，亟亟焉欲用武力以去假共和者，皆反对真共和之罪魁恶首也"。③

对于杜亚泉来说，共和政治以财产阶级文化为基础，而财产阶级文化则

---

① 杜亚泉：《消极之兴业谈》，《东方杂志》12卷7号，转引自田建业等编：《杜亚泉文选》，华东师范大学出版社1993年版，第195页。
② 杜亚泉：《减政主义》，《东方杂志》8卷1号，转引自田建业等编：《杜亚泉文选》，华东师范大学出版社1993年版，第12页。
③ 杜亚泉：《真共和不能以武力求之论》，《东方杂志》14卷9号，转引自田建业等编：《杜亚泉文选》，华东师范大学出版社1993年版，第293页。

为财产阶级与知识相结合的产物。所谓财产阶级文化即市民社会之文化。发展经济与普及教育正是培育财产阶级文化的基本路径，也是变游民社会为市民社会的必由之路。

三、中等阶级与市民社会

在杜亚泉的文化史图式中，中国文化的演化由于匮缺资产阶级文化的发展，而停滞于古代文明形态，并演成宫廷文化与游民文化循环振荡的病态结构。与现代欧洲中产阶级逐渐成长为社会中坚力量的橄榄型社会不同，中国社会则是一个中等阶级幼稚的哑铃型社会（M 型社会），这正是中国宪政转型难以成功的关键所在。因而，培育中等阶级，建构市民社会，以改造两极化的哑铃型社会结构，是中国社会改造的基本方向。

关于中国社会之发展，杜亚泉寄希望于中等阶级为主体的市民社会。他认为，中国之新生命在于新型的中等阶级。戊戌以降的变法、立宪、革命种种运动，新势力之所以毫无成就，其误在不于社会生活和个人修养上求新势力之根据地，而欲于政治上行使其势力并以权谋扩张其势力。杜预言，未来中国新势力之诞生，必以社会取径代替以往的政治取径，而从社会生活和个人修养上着手。这种新势力，"唯储备其知识能力，从事于社会事业，以谋自力的生活；……标准于旧道德，斟酌于新道德，以谋个人之自治"；"现今文明诸国，莫不以中等阶级为势力之中心，我国将来亦不能出此例外"。[1]

杜亚泉主张，培育新型的中等阶级，首先有赖于个人之改革，而个人改革是社会改革的前提。他认为，社会为个人之集合体，个人完成而后社会乃能进步。欲改革社会，必从改革个人着手。[2] 杜氏个人改革之宗旨，在于破除

---

[1] 杜亚泉：《中国之新生命》，《东方杂志》15 卷 7 号，转引自田建业等编：《杜亚泉文选》，华东师范大学出版社 1993 年版，第 323—324 页。
[2] 杜亚泉：《个人之改革》，《东方杂志》10 卷 12 号，转引自田建业等编：《杜亚泉文选》，华东师范大学出版社 1993 年版，第 129 页。

寄生游惰的游民文化，代之以独立自主的市民文化。他强调："所谓个人之改革者，非改革之使别成新造之个人，亦改革之使完成固有之个人而已。"个人改革的标准：1.卫生，使身体健全，官能发达，于体格上得成为个人；2.养心，使知情意各方面调和圆满，于精神上得成为个人；3.储能，丰富学艺，提高个人立身社会之能力；4.耐劳，服务精勤忍耐，以尽个人劳力之义务。①杜的以上四项个人之标准，综合了西方市民社会中个人的身体之强键、精神之活泼、技能之熟练、服务之精勤诸优点。

国民对于国家之标准，是公民意识的主要内容。在家族本位的中国文化中，向来匮缺现代的国家意识和个体意识，故健全的国家意识和个体意识，是中国公民精神建设的基本课题。杜亚泉主张国民应恪守公私之界，以达到个人之于国家之权利和义务的平衡。他强调："欲使个人能尽力于国事，必使个人先尽力于自身。当其致力于自身之时，不必悬国家以为标的也，但使各个人均有充实自治之能力，即不难随其材职之高下，学识之深浅，直接间接以分任国事。而欲任事后个人国家间之不发生冲突，则国家所以责备于个人，与夫个人所以贡献于国家者，当各有其分量，而不容或过焉。"因而，国民应恪守个人与国家之界限：其一，当先巩固个人之地位；其二，个人对于国家各有相当之责任；其三，毋强个人以没入国家；其四，毋强国家以迁就个人。②

帝制中国两千年的专制主义官僚政治传统，造成了根深蒂固的官本位之重官心理。这种陈腐之宫廷文化的重官心理，已积淀成民族性格的痼疾，它严重阻碍了经济的发展和市民社会的成长。杜亚泉将改造国民性视为社会改革之重点，主张破除宫廷文化的消极影响，消除国民的重官心理。他强调指

---

① 杜亚泉：《个人之改革》，《东方杂志》10卷12号，转引自田建业等编：《杜亚泉文选》，华东师范大学出版社1993年版，第128页。
② 杜亚泉：《个人与国家之界说》，《东方杂志》14卷3号，转引自田建业等编：《杜亚泉文选》，华东师范大学出版社1993年版，第262—265页。

出:"我国数千年来,伏屈于专制政体之下,官吏之威权特重,且安富尊荣,独占社会上优厚之权利,故人民之重视官吏,几成根性。秦汉以后,经长久之时期,而政治不改良、实业不进化者,实为此根性之所累。……吾辈欲谋民国政治之安宁,望民国实业之发达,则其首要之条件,即在拔除人民重视官吏之根性。"①

市民社会之伦理以自由、独立、平等为基本原则。杜亚泉社会改革的宗旨,在于破除中国古老而陈腐的宫廷文化和游民文化,培育自由、独立、平等的市民文化,以造就以中等阶级为基础的市民社会。这种中等阶级的新势力,将是中国民主转型成功的关键。与陈独秀由伦理革命而改造国民性、进而由国民运动而实现民主的观点不同,杜亚泉更注重基于经济发展和教育普及之中等阶级的成长及其之于民主转型的意义。

四、妥协之精神

宪政民主的实现不仅是政治制度的转型,而且是政治文化的变革。对于宪政体制来说,"妥协是政治的灵魂"(阿克顿语)。妥协是英国自由精神的基本特征,它是一种弱王权型多中心秩序的产物。诚如亚当·斯密所言:"党派间的争执,不发脾气,不走极端,这是自由民族社会道德上最关重要的事情。"②

大一统帝制中国的政治文化向来缺乏妥协精神,其表现为"成者为王,败者为寇""不是东风压倒西风,就是西风压倒东风"的暴力对抗传统。邹说指出:在民初乃至 20 世纪中国政治斗争中,对立双方的行为往往无不受"全赢博弈"模式的支配,毫无妥协的余地。③ 民初袁氏与民党对抗的"全赢

---

① 杜亚泉:《论人民重视官吏之害》,《东方杂志》9 卷 4 号,转引自田建业等编:《杜亚泉文选》,华东师范大学出版社 1993 年版,第 49 页。
② [英]亚当·斯密著,郭大力、王亚南译:《国民财富的性质和原因的研究》(下),商务印书馆 1974 年版,第 333 页。
③ 参阅邹说:《中国革命再解释》第 5 章,牛津大学出版社(香港)1993 年版。

博弈"模式，实为宫廷文化和游民文化的两极振荡。对于杜亚泉来说，改革帝国的政治文化传统，破除骄横武断之贵族文化和浮躁过激之游民文化，培养理性和妥协的市民文化，是中国实现民主转型的一个关键问题。

杜亚泉是民初调和思潮的代表人物，他最欣赏英国"于保守中求进步"的接续主义传统，在他看来，处于民主转型中的中国，尤需借鉴英国的接续主义传统，而实现新旧调和的平稳过渡。他强调："国家之接续主义，一方面含有开进之意味，一方面又含有保守之意味。盖接续云者，以旧业与新业相接续之谓。……近世之国家中，开进而兼能保守者，以英国为第一，用能以三岛之土地，威加海陆。即北美合众国之政治，亦根据于殖民时代之历史者为多。此接续主义对于国家之明效大验也。"①英国"旧瓶装新酒"的进化模式，正是新旧妥协之社会和谐调整的典范。在杜亚泉看来，妥协是宪政的基础。而民国宪政实验的失败，究其弊之所在，则为未知调节之道。政治修明的根本原则，是人民对于国家有强健的自由活动之能力。人民之政治力，第一当求其健强，第二当求其调节。能调节乃健强。二者相丽而存，相剂为用。杜指出，中国承数千年之专制，民力至为薄弱，政治上之势力全属于统治者方面。民众虽有不胜政治压迫而反抗并结成强力以推翻政府者，然事成之后，即取政府而代之，且以从前所受于政府者还而施诸人民。因而人民之政治力，不过假之以为取得政权之工具，政权取得之后，即为无形之消灭。②由于民力和市民社会的薄弱，中国古代改朝换代之帝王革命，皆不免贵族与游民循环之结局。

杜亚泉认为，政治过程如同宇宙运动，全赖对抗力之作用。公理以相持而益显，权力以相竞而愈平。欧美政象所以能常保均势，皆政党对抗之结

---

① 杜亚泉：《接续主义》，《东方杂志》11卷1号，转引自田建业等编：《杜亚泉文选》，华东师范大学出版社1993年版，第131页。
② 杜亚泉：《力之调节》，《东方杂志》13卷6号，转引自田建业等编：《杜亚泉文选》，华东师范大学出版社1993年版，第219页。

果。"是调节者,所以养成有秩序之对抗,使之悉遵正轨,不为无意识之交哄而已。……调节之有裨于对抗,一在养成对抗之秩序,一在造成对抗之形势。夫而后可立平民政治之基础,可树政党对峙之模型。"① 杜进而强调:"立宪国之政治,常赖两大政党之对峙,以收调节之效。顾对抗力之作用,乃两异性之互相裁制,而非两异性之协同进行。"②

面对民国初年北洋与民党武力对抗的宪政危机,杜亚泉尤其强调妥协之价值,将其视为克服共和乱象而实现宪政的关键所在。他指出:"吾国今日,决无能遽得真共和之理。武人干政,党人争权,为假共和时期之所不能免。苟不至于运动帝制、主张复辟者,皆当互相让步,互相忍受。自己而能让能忍也,则他人亦必感之而相让相忍。即他人而不让不忍也,自己终当让之忍之。有一能让能忍者,真共和之精神即胚胎于此。孔子曰:能以礼让为国乎何有? 基督曰:善忍而至于极,必获救矣。吾知吾国将来之真共和,必由忍与让而后成者也。"③

妥协是宪政的灵魂,英国"光荣革命"和美国制宪会议都是妥协的典范。杜亚泉认识到在中国政治转型的大变局中妥协之于政治文化变革的特殊意义,他的妥协论可谓深得自由主义宪政之神髓。

五、结语

杜亚泉关于游民阶级和游民文化的独到分析,深刻地揭示了中国匮缺资产阶级市民社会的历史特性,以及辛亥革命难以成功的历史原因。经济发展、教育普及、中等阶级和妥协宽容,是杜亚泉民主转型论的基本要素。这

---

① 杜亚泉:《力之调节》,《东方杂志》13卷6号,转引自田建业等编:《杜亚泉文选》,华东师范大学出版社1993年版,第221—222页。
② 杜亚泉:《矛盾之调和》,《东方杂志》15卷2号,转引自田建业等编:《杜亚泉文选》,华东师范大学出版社1993年版,第298页。
③ 杜亚泉:《真共和不能以武力求之论》,《东方杂志》14卷9号,转引自田建业等编:《杜亚泉文选》,华东师范大学出版社1993年版,第293页。

些看似迂远和非政治的观点，却深刻地切中了中国政治发展之肯綮。

杜亚泉民主转型论的深刻洞见，在亨廷顿的20世纪后期世界民主化进程研究中得到了印证。亨廷顿指出："在民主的水平与经济发展的水平之间存在着极高的相关性"，"如果你想要造就民主，就请促进经济增长"。理由是："经济发展需要高度的城市化、识字率和教育水平。它也带来就业结构的变化，导致农民在规模和重要性上的下降，以及中产阶级和城市工人阶级的发展。后两个群体会不断要求在影响他们的政策上享有发言权和影响力。随着教育程度的提高，他们能够组织工会、政党和公民团体来促进他们的利益。其次，经济发展产生了更多的公共资源和私人资源可供在各个团体中分配。政治变得越来越不是你死我活的零和游戏。因此，妥协和宽容都得到提倡。第三，经济增长造就了一个更为复杂的经济体系。这样的经济越来越难以受到国家的控制。……第四，国家对经济控制的放松导致独立的权力中心的产生和成长。而这些权力中心恰恰立足于对资本、技术和通讯的私人控制。"[1]

亨廷顿关于20世纪后期世界民主化浪潮的杰出研究堪称政治学研究之经典，其经济发展、教育普及、中产阶级、妥协宽容与民主之相关性的观点，可谓杜亚泉民初之民主转型论的世纪回响。

原载《政治思想史》2010年2期

---

[1] ［美］塞缪尔·P.亨廷顿著、刘军宁译：《第三波——20世纪后期的民主化浪潮》序，上海三联书店1998年版，第3—4页。

论杜亚泉理性的政治思维

张学艺

近代以来，在西方武力与文明的冲击下，中国面临着全面的政治、文化与社会危机，在政治上，如何实现民族国家独立和建立统一的政治权威，应对外部挑战与国内秩序，是所有关心中国政治的知识分子共同面临的问题。杜亚泉的政治思想就是针对这一问题而提出的。在传统的政治资源不足以建立现代化的民族国家的情况下，中国知识分子将眼光投向了西方，试图从西方的政治文明中吸取我们可以借鉴的资源，重新建立中国的政治制度，建立民族国家与和平秩序。共和宪政、社会主义、无政府主义等政治思想都纷纷引入中国，在思想界出现了一个百家争鸣的景观。

杜亚泉以"天下兴亡，匹夫有责"作为个人与国家之界说[1]的内容，指出了个人对国家的责任。他对近代中国政治处境的理解是现实的和理性的，"夫国家莫大之任务，在对内而保其治安，对外而任其防御"。[2]这为我们解决近代中国政治面临的两大难题——国家在国际政治的无政府状态下的生存与内部政治秩序的重建——提供了新的思考视角。本文将在这一视角下关注杜亚泉理性的政治思想，包括他的国家观、政治革命与共和政治以及他理性的政治思维。

---

[1] 杜亚泉：《个人与国家之界说》，载许纪霖、田建业编：《杜亚泉文存》，上海教育出版社2003年版，第168页。
[2] 杜亚泉：《国家自卫论》，载许纪霖、田建业编：《杜亚泉文存》，上海教育出版社2003年版，第149页。

一、国家观

国家主义自14、15世纪以来在欧洲萌芽发展,一战前后达到全盛,但世界大战的惨剧使以托尔斯泰为代表的一些思想家清醒地认识到国家主义的弊端,进而倡导和平主义。由于当时国家地位与处境的不同,中国与西方的国家观存在根本差异。杜亚泉认为,中国国民自古迄今,皆倾向和平主义,素来漠视国家主义,重治国轻卫国。而在甲午战争以后,中国无力保存自己,国家与民族处于危亡关头。所以,对中国国民来说,提倡国家主义是必要的,用武力来保卫国家的国家观念应该得到强化,不能对外国抱有和平的幻想。"盖政治上、社会上时时以国防准备之须要,悬于心目中,则所以振发其精神,鼓励其进步者,其价值实在军事的利益以上也。"但对国家主义的强调,并不与世界和平主义相悖[①],因为杜亚泉的国家主义是防御性的,不是攻击性的。"唯吾人所谓国家自卫云者,亦决非般哈提之战争主义而已。般哈提曰:'不为强国,则为亡国。'吾人亦岂望为强国哉?唯望不至亡国而已。不强亦不亡,吾人卫国之目的,盖不过如此。"[②]在西方的国家主义与和平主义理论逐渐传入中国的情况下,鉴于国家主义与和平主义在西方的激烈冲突,杜亚泉力图防患者于未然,主张调和二者以构成国民的新思想,从而适应世界的新形势,避免使二者对抗地存在。

杜亚泉此种主张的思想前提是,一种主义兴起后,往往容易走向极端,而且这种趋势不能自行停止,国家主义与和平主义也是如此,"国家主义之极端,即不平和之军国民主义、民族的帝国主义;而平和主义之极端,即非国家之世界主义、社会主义也"[③]。杜亚泉清醒地分析了二者走向极端后的可

---

① 另外,杜亚泉在《国家自卫论》一文中还探讨了国家自卫与国内政治的问题,在《个人与国家之界说》一文中讨论了国家主义与个人独立的关系问题,本文在这里不做详述。
② 杜亚泉:《国家自卫论》,载许纪霖、田建业编:《杜亚泉文存》,上海教育出版社2003年版,第150—151页。
③ 杜亚泉:《社会协力主义》,《东方杂志》12卷1号,1915年1月。

怕后果。他一方面援引托尔斯泰对国家主义的论述，又以日本称霸东亚、欧洲一战爆发为例，说明如果国家主义走向极端，就会含有国内外战争的危险。我国提倡国家主义，初衷本为针对辛亥革命以来的动乱政局，警示人们以国家利益为重，但如果一味地强调国家主义，就可能出现相反的结果，或与其他国家兵戎相见，或在自己国内自相残杀。但另一方面，他并没有因此赞成中国应当持世界大同的心态，相反，他认为，绝对的和平主义在当时并不符合中国现实，因为一则我国没有维持和平的国力，二则如果一味地提倡和平主义，就会松弛了捍卫国家的责任，在当时的世界形势下，无疑于舍身喂虎。而且，和平主义会给政党之间的争斗提供口实，容易引起党派阶级之间的战争，而不顾国家的秩序和利益。

二、政治革命观

辛亥革命结束了清政府的政治统治，建立了中华民国。杜亚泉是支持这一政治革命的，这一政治革命有着与传统的中国政治革命不同的含义，标志着政治现代化的开启。

首先，杜亚泉区分了不同性质的革命。革命战争有争夺统治权的革命，还有转移统治权的革命。前一种主要是争夺王位或政权，大多是君主与统治阶层成员之间的权力斗争。古代中国的王朝更迭多是通过这种政治革命的方式，变的是统治者，而不变的是专制的统治方式和社会形态。革命仅仅为异姓改朝时所用。而后一种主要是君主与被统治的人民之间的革命战争，权力的转移发生在统治者与被统治者之间，晚近之革命战争多属于此类。自欧美政治思想输入以来，苦于专制之国民革命，意义大不同于以前之革命，"几若专为推翻专制政府改建立宪共和政体之标志"。辛亥革命就是这样一种政治革命，它根本改变了传统中国的政治革命的意义：不再是君主一人的统治，而是全体人民的统治。革命不是单纯的争夺统治权，也不是劫掠财产，而是保护人民财产，建设民国，创立共和政体[①]。其次，杜亚泉认为，政治革命与社会革命也不同。"贵族政治（或君主政治）变为平民政治（或民主政治），专制政治变为共和政治（或立宪政治），谓之政治革命。经济制度之社会变为劳动制度之社会，私有财产之社会变为公有财产之社会，谓之社会革命。"[②] 政治革命是政治权力的转移，涉及的是政体的变迁；而社会革命是产权制度的变迁，是经济关系的调整。杜亚泉是明确区分了政治革命与社会革命，但二者之间是一个什么样的关系，在中国究竟会发生哪种革命，他们之间有没有冲突，杜亚泉似乎没有太多论述。

对于政治革命的考虑，杜亚泉没有脱离我国的特殊的政治力量和社会条件，他通过比较的方法，分析了政治革命之所以发生的原因和条件，从而深刻揭示了我国的政治革命与欧美的政治革命的不同。政治革命的社会基础、革命力量和条件都不相同。欧美的政治革命由财产阶级发生，而我国的财产阶级，大多不知立宪共和是何物。我国的革命者中持有共和信念的只是过剩的知识阶级的一部分，另外大多数成员是过剩的劳动阶级，所以事实上，辛亥革命与从前之帝王革命没有多大区别。杜亚泉认为，模拟欧洲的政治革命的，不过是中华民国的名称以及数章约法而已。杜亚泉这样一种政治社会学的分析方法，很类似于马克思对政治的阶级与社会分析方法，对于我们今天思考政治问题仍然非常有启迪。

三、共和政治观

对于这样一种自古以来，中国政治社会和广大民众所不熟悉的政治革命，共和政治的实现过程必然充满了曲折与挫折，必然是一个长期的过程。

---

① 杜亚泉：《革命战争》，载许纪霖、田建业编：《杜亚泉文存》，上海教育出版社2003年版，第144—145页。
② 杜亚泉：《中国政治革命不成就及社会革命不发生之原因》，载许纪霖、田建业编：《杜亚泉文存》，上海教育出版社2003年版，第179页。

对此，杜亚泉有着清醒的警惕和忧虑意识。"今变帝制为共和，政府威力既不如昔日之尊严，典章法度亦非人民所稔习，而其所获之参政权，又未必惯于使用，则其张皇俶扰而有待于长时日之底定，亦固其所。"武人与官僚的政权之争的传统中国政治革命的方式，必然还要在政治舞台上上演一定的时期，才有一个文治的、法治的共和政制的到来。因此，共和政治的实现，"不能不赖岁月之推移，俾文治武力徐徐调合，又事势所必至者矣"①。杜亚泉对共和政治的实现，充满了信心，但是这并不妨碍他对政治革命的每一步都抱有谨慎的和现实的态度。

他深知包括政体革命在内的政治革命的艰难，辛亥革命的成功，仅仅是建立了形式上的共和政体，辛亥革命的成果之所以被人们所接受，在很大程度上，是因为清政府已经失去了政治合法性——人们对于它在政治、经济和文化等方面的作用已经彻底失去了信心——而不是因为人们对辛亥革命的政治革命有了认同与理解。共和政体诚然是辛亥革命的动机，但它只是革命党人这些先觉者的政治主张和理想，共和、民主、宪政等理念和价值，是为广大民众所不熟悉和不知晓的。所以，就大多数国民之心理来看，辛亥革命，是事实上的革命，并不是基于原理的革命；是利害的判断，而不是信念的坚持②。杜亚泉说了一句在今天我们仍然在强调的一句话，"橘逾淮而为枳。物犹如是，况政体乎？"一国的政体，必要适应一国之人心。用通俗的话来说，有什么样的政体，就有什么样的国民；而有什么样的国民，就有什么样的政体。这看起来好像是一个循环的怪圈。而事实上，国民不是一成不变的，政体也是如此。毋宁说，二者之间是一个互动的过程。对于中国国民来

---

① 杜亚泉：《今后时局之觉悟》，载许纪霖、田建业编：《杜亚泉文存》，上海教育出版社 2003 年版，第 202 页。
② 对于受过欧美政治思想熏陶的知识分子和广大民众心理或观念之间的隔阂，杜亚泉有着深刻的认识。知识分子往往拘泥于某一外来主义的学说，只顾高谈学理，繁征博引，不能够结合本国的实际，将其转化为国民通晓易懂的话语。见《言论势力失坠之原因》，载许纪霖、田建业编：《杜亚泉文存》，上海教育出版社 2003 年版，第 186—187 页。

说，虽然共和政体是我们所不熟悉的，但并不等于我们不能建立这个政体。共和政体是我们的理想，是我们政制建设的目标。"近年以来，理想上之进步已渐著。唯事实之进步，犹不能如理想之速耳。""吾国民苟自审其政体上之缺陷，采欧人千余年来发明之原理，而以现实的心理陶铸之，则今日之所谓原理者，他日未必不著为事实。"①

但是，政体的改变，不是单纯的制度建设的问题，要有相应的经济、社会、文化和国民心理等条件。"盖改革云者，不徒改革其国体，且当改革其人心。而人心之改革须由渐渍，非如国体之易易。"② 真共和不能以武力求之，真共和的实现需要全体国民力量的整合，去除个人私利，顾及大局安危。"真共和之成立，不外二因。一为国内农工商业之发达，二为国民教育之普及。盖必国民之产业既丰，智德既备，能力充足，不至为少数有力者之所左右，共和之基础始不可动摇。"③ 武力可以倒专制，而不可以得共和。专制倒了之后，共和在相关条件不具备的情况下，不可能一下子就实现。专制之后，必经过假共和——武人干政与党人争权，然后由这一临时假共和过渡到真共和，而这个过渡时期是有长有短的。杜亚泉对共和政体的实现过程的曲折性有着深刻的、现实的认识和充分的心理准备，所以他特意强调国民对共和政制的信念的坚持不懈。"我国民今日所当兢兢注意者，即在维持此主义，不使稍有所动摇，以免他主义之阑入。"④ 防止政治革命变成了传统上的争夺统治权的战争，或者是满汉之人种战争，或者是因经济困难的经济战争，陷入无休止之内战，而忘记了政治革命的初衷与主旨：建立共和政体。

---

① 杜亚泉：《共和政体与国民心理》，载许纪霖、田建业编：《杜亚泉文存》，上海教育出版社2003年版，第154—155页。
② 杜亚泉：《今后时局之觉悟》，载许纪霖、田建业编：《杜亚泉文存》，上海教育出版社2003年版，第202页。
③ 杜亚泉：《真共和不能以武力求之论》，载许纪霖、田建业编：《杜亚泉文存》，上海教育出版社2003年版，第163页。
④ 杜亚泉：《革命战争》，载许纪霖、田建业编：《杜亚泉文存》，上海教育出版社2003年版，第145页。

辛亥革命以后的政治历史已经证明，杜亚泉的这一番担忧并不是杞人忧天，不过，历史总是种种因素的合力造成的，从来就不是纯粹的逻辑演绎，我们总是生活在具体的生活中，我们不必也无法根据某一种主义或理论来要求历史的逻辑性。所以我们不能说，中国近代历史没有按照杜亚泉的论述来进行就是错误的，但是，这并不等于说杜亚泉的警惕是无意义的。我们或许可以说，杜亚泉的共和与民主宪政的坚定信念在政治制度的建设上，对于我们理解和思考近代中国的政治制度的演变：由立宪政治到共和政制，到国民党的党治，再到共产党建立的新中国，对于我们思考在政治秩序、经济生存与个人自由等多元价值冲突的复杂历史情境下，共和政体是如何一步步演变的，而不同的知识分子是如何对待共和政制的等问题，仍然是有价值的。限于篇幅与主题，本文在这里不再阐述。

四、问题导向——理性的政治思维

我们可以看到，无论在主张国家独立，还是在实现共和政体的思考上，杜亚泉始终是持一种现实的、理性的政治思维。没有对绝对的主义辩护，没有忽略政治中的黑暗面，没有否定革命道路的曲折与艰难。革命的武力对于推倒清政府也许是必要的，但是，在为新的共和政体做准备的时候，需要的是经济、教育等各个方面的建设，是一步步扎实的、耐心的、琐碎的工作。在杜亚泉看来，政治革命已经确立的共和政制的方向，只要我们都怀有这样一个共识，那么，我们在政治上就应该在此基础上，抱着"忍让"的态度，而移心于实业或教育，为真共和的实现和前途做出更大的效益。既然旧的政治势力无法通过一定的转化而成为新的政治势力，那么它的灭亡，自然就预示着一种新的政治势力的崛起取而代之。杜亚泉不满于武人与官僚这等旧势力的纷扰与相争，认为他们是旧势力内部不同部分之间的相争，是非胜负，虽不得而知，但自此以往，旧势力必自灭。旧势力灭亡太快，如果新的势力还没有牢固的基础的话，是不能有所成就的。杜亚泉虽然不知道这种新势力究竟是来自哪里，但是他预测，新的势力和旧的谋求权力与权术的政治势力的不同之处在于，它一定要有社会生活上的根据，"于社会生活上求势力之根据地"；另外，要有个人修养上的名誉、信用的势力。政治势力要获得政治权力，要最终拥有政治权威，的确需要兼备社会势力和信用势力。而中国共产党在近代政治上的成功，也验证了杜亚泉的思想远见与卓识。

杜亚泉的政治主张的实践性，是在对具体的政治情势、条件等考虑的前提下进行政治思考的结果，而不是从理论出发的本本主义或教条式的论断。个人可以主张某种主义，但是主义能否实现取决于一定的社会条件与势力。也就是说，主义必须与政治社会相适应才有效。杜亚泉明确指出："毋强国家以迁就个人。"杜亚泉深感于政治动荡局势中各种主义的纷争导致的混乱加剧，这种主义的不同，显现的是政治现状的复杂和个人价值取向的不同。在杜亚泉看来，问题导向的思维可以尽量在各种主义之间保持一个开放的心态，平等的对话，而不是自我封闭的针锋相对。一旦个人政见与国家现势不相适应，就不应该固持己见，"当稍贬方针，以为妥协调和之地。果难假借，则无宁退出政治之外，以待时会之再来"。[1]

虽然杜亚泉认同共和政制，但是，他也同样不排斥社会主义。当然，他是把社会主义作为一种社会政策来看待的。"吾国人欲适应世界之新文明，固以抛弃权利竞争，保国内之和平，为先务之急；其次则宜励行社会政策，以苏下层人民之苦痛。""政治上适用社会主义，即所谓社会政策也。"[2] 在杜亚泉看来，欧美诸国实行的一些社会政策"其意义则不外乎于物质及精神上救助贫者弱者，兼限制富者强者，使不能以其资力侵害贫者弱者之生活，此

---

[1] 杜亚泉：《个人与国家之界说》，载许纪霖、田建业编：《杜亚泉文存》，上海教育出版社2003年版，第169页。

[2] 杜亚泉：《大战终结后国人之觉悟如何》，载许纪霖、田建业编：《杜亚泉文存》，上海教育出版社2003年版，第209页。

固至公至平之政策，凡属贤明之政府皆当奉为矩矱者也"。而大战终结后欧美日等国之社会主义之勃兴，其影响必及于中国。中国自古以来虽然没有社会政策一词，"然所谓'仁政'云者，实包涵社会政策于其中"①。

任何主义在中国的实行，都要考虑中国具体而特殊的国情，不能简单地强行移植。无论是共和政制的实现曲折，还是社会主义的社会政策实施，都是如此。杜亚泉虽然预见到社会主义在中国是大势所趋，但是他仍然以一个现实的、理性的态度来警惕国民对社会主义激进一面的危害性。他分析了我国政治与欧美政治背景的不同，分析了我国下层人民和欧美情势的不同。后者大多为劳动者，且有完备的劳动组织，有学识道德之人为领袖，社会改革已经过深思熟虑，改革有一定的步骤和手段。而我国下层人民劳动者不多，农工业之组合团体范围小，没有改革思想；无劳动者对社会抱有感情上的仇恨，他们的行动多为义愤所驱，无论在学问、道德还是思想和行动方面，与欧美的社会党之程度，都相差尚远。杜亚泉对国民提出警惕的预告，"故我国急进之徒，若欲乘世界之潮流，率此下层人民中之无职业者，贸贸然企图改革社会之事业，则必使吾全国之社会陷于覆亡之境遇，此实我全体国民所宜兢兢注意者"。如果我们不能阻挡社会主义的世界潮流，那么我们应该如何应对它呢？"我国之有志者当此时会，一方面当劝勉国人实行政治上、精神上之社会主义，以纾未来之祸，一方面当留意于世界改革之大势，明其真相，悉其主旨，详其利害，以为适应之预备，切勿盲从轻信，摘未熟之果，揠未长之苗，以贻害于无穷焉。"②

在杜亚泉的政治建设主张中，"调和折衷"论是一个基本的原则③。在

---

① 杜亚泉：《大战终结后国人之觉悟如何》，载许纪霖、田建业编：《杜亚泉文存》，上海教育出版社2003年版，第209页。

② 杜亚泉：《大战终结后国人之觉悟如何》，载许纪霖、田建业编：《杜亚泉文存》，上海教育出版社2003年版，第211页。

③ 刘黎红：《"调和折衷"在杜亚泉思想中的方法论意义》，《聊城师范学院学报（哲学社会科学版）》2001年6期。

杜亚泉先生诞辰130周年、《杜亚泉文存》出版的专家讨论会上，学者们将杜亚泉的思想概括为墨子刻先生所称的"调适"思想。而无论是"调和折衷"，还是"调适"，这都是杜亚泉坚持理性的、现实的政治思维的特点体现，杜亚泉从来不忘记的是政治革命的现实复杂性，他从来不忽视现实中国政治社会的条件，他主张的是客观地、理性地分析政治革命的条件，现实地分析各种政治力量在政治革命中的作用，预测政治革命的实现过程与步骤。所以，杜亚泉对政治问题的思考是超越任何主义的，不是从教条的主义出发，而是从中国社会的实际情况出发，是一种政治社会学的政治思维方式。他不满于那些陷入西方政治理论的知识分子，偏激地运用一元论思维模式去理解和接受西方文化和政治学说。杜亚泉的政治思想就像他的调和论的中西文化观一样，不是激进的以摧毁传统为代价的，而是中正理性的，具有深邃深久的思想价值。杜亚泉的稳健路线的底蕴不在"保守"，而在于寻求超越西方模式的健全的东方现代化。杜亚泉的调和主义无论从学理逻辑还是历史经验而论都更符合20世纪学术和社会发展趋势。

另外值得敬佩的一点是，杜亚泉对中国政治的变迁抱有负责任的态度。很多知识分子将中国的政治社会与欧美的相比，在一种被动情感的驱使下，尤其容易拿别人的好来反衬自身的差，"常历举他人之长，较我之短"。杜亚泉不是没有看到这一点，"吾国政治之腐败、民气之衰颓、实业之凋落，比之欧美，诚觉相形见绌"。但是，杜亚泉并没有像大多数知识分子那样，以对中国政治社会极尽批评为要事："称崇他人，贬抑自己，以国民知识为愚蒙，以人民程度为低下，其极端偏畸者，则谓中国事事物物均不如人，几欲尽弃其固有之文化，效法欧美，而极端激烈者，则又发为愤嫉之词，好作牢愁之语，对于国民及国政，动则肆其指摘与诟病。"杜亚泉认为，"言论界对于社会及个人，负有指导监督之责。凡社会个人之举动，言论家常居于批评之地位。顾批评之分量，以适当而止，……勿为疾恶过甚之辞，示以补救方"。① 批评是知识分子的社会责任的体现，但是对一个变迁中的社会来说，仅仅有批评是不够的，更多的是需要分析我们丑恶的社会现象背后的原因，寻找我们走出困境的道路。相比之下，杜亚泉更能够体现一个知识分子的社会责任。简单地做比较与批评是容易的，难的是对复杂的现实社会状态的认识、分析与理解，更难的是怎样把别人的好的方法借鉴过来，与我们的国情相适应，走我们自己的道路。杜亚泉对中国政治社会的分析，对中国政治变迁的思考，对于近代以来包括我们今天的政治、社会改革，都有着重要的价值与意义。

五、革命—保守与多元现代性话语下的杜亚泉

长久以来，由于受革命与反动，激进与保守话语框架的束缚，我们对杜亚泉的政治思想始终不能够给予相对公正与客观的评价。王元化和张汝伦等为代表的学者认为杜亚泉被罩在"保守"的阴影下是历史的误会。杜亚泉不仅是启蒙者，也是一位自由主义者，根本不是一个文化保守主义者。他只不过要提倡一种理性的态度。但是，"百余年来，不断更迭且均告失败的改革运动"，容易使人认为每次改革失败的原因，都在于不够彻底，因而普遍形成了一种越彻底越好的急躁心态。在这样的社会心理中，杜亚泉持温和渐进的政治观点，自然显得过于稳健、过于持重、过于保守了。不过，他们认为杜亚泉并非不要改革，相反，改革是他的坚定信念，理由之一是杜亚泉在《个人之改革》一文中明确阐述"改革云者，实吾侪社会新陈代谢之机能，而亦吾侪社会生死存亡之关键矣"。这清醒地反映了他对改革是真诚的。理由之二是杜亚泉的改革主张也是较正确的。杜亚泉在《减政主义》中提出，要保证社会不发生专制集权现象的重要条件之一，就在于要有一个民间社会的独立空间。他认为社会活力具有伟大的创造力量，一国的兴衰就视其社会

---

① 杜亚泉：《言论势力失坠之原因》，《东方杂志》15卷12号，1918年12月。

活力是受阻而涸竭，还是相反得到了通畅的发展。他在《个人与国家之界说》中，批判国家主义"强他人没入国家"与"强个人没入国家"的现象是"侵犯他人之自由，蔑视他人之权利"。他在《论思想战》一文中提出四项原则：一是宜开浚其思想。二是宜广博其思想。三是勿轻易排斥异己之思想。四是勿极端主张自己之思想。这是杜亚泉思想取之传统资源而与现代民主思想接轨的产物。他在《中国之新生命》一文中提到的中产阶级问题："现今文明诸国，莫不以中等阶级为势力之中心，我国将来亦不能出此例外"等等看法均表明他思想敏锐，在当时知识分子中居领先的地位。

以政治史发展的轨迹来勾勒思想史的框架，隐含着消除思想史本身的逻辑与独立性，使思想史异化为一部意识形态冲突史的可能。而这种实质上是意识形态冲突史的思想史不可避免地剥夺一些真正有创见、有思想的思想家在思想史上的合法地位，而使一些意识形态立场成为思想史的主题。这样，思想史自身发展的脉络变得模糊不清，甚至完全被扭曲，而冲突的意识形态观念由于不可能超越自身而构成了一再重复的怪圈，在不同时期以不同形式重演[1]。

革命的思维是一种一元的思维方式，而为今天更多人所津津乐道的现代化的话语也未尝不是这样一种思维。一元的思维总是带有一种强制与单调的划分，是非此即彼、黑与白的两分式的思维。而现实总是复杂的，价值是多元的，政治是关乎总体的生活方式，更是复杂而艰难的。思想总是与特定的历史情境相联系的，没有特定的问题意识，就没有思想的火花产生。离开了具体的历史背景，不知道思想所针对的问题和对话者，我们是无法理解思想，更是无权去评价他们的。而作为评价者的我们的思维方式一旦摆脱既定范式的束缚，我们就可以用一种另外的眼光来对待我们的前辈，我们就可以用一种史学所倡导的"同情的理解"的视角来与我们历史上的思想者进行

---

[1] 本报记者：《杜亚泉与思想史》，《文汇报》1994年2月27日。

平等的对话。超越"主义"的简单化，将杜亚泉放在多元现代性的思维框架里，放在现代思想史的整体脉络和谱系，放到中国历史里的具体问题意识中，来寻找他的定位，无疑会让我们对他的政治思想有一个很深刻的、更公允的理解与认识。而理解他的思想，才能使我们在今天更好地理解我们的历史，更好地理解我们现在的处境。我们是从哪里开始走的，我们是如何一步步走到今天的，我们的明天将要走向哪里，我们将如何迈出我们的下一步。理解历史是走向未来的前提，历史是一面镜子，这句话没有说错。

原载《陕西行政学院学报》2010年3期

杜亚泉的政治调适思想探析

姜 敏

杜亚泉是清末民初时期一位著名的科普教育家和启蒙思想家，他倾毕生精力于传播科学知识、普及文化教育和启迪国民思想。杜亚泉一生主要的成就在于科学著述和《东方杂志》的知识启蒙，在他主编《东方杂志》期间发表了大量政论和思想文化评论，并积极倡导温和渐进的调适思想，使其成为民国初年有影响的调适思想家。调适的概念是由美国学者墨子刻最早提出的，他认为在对待传统与现代的关系上，在中国近代思想史上，事实上存在着两种不同的思维模式：转化与调适。转化思想主张政治、文化和社会的根本转变，而调适思想更加注重历史变革的延续性，现代化与传统并不是二元对立的，完全可以在传统的背景下采取温和的变革取向。① 实际上，杜亚泉思想的一个重要特点是调适思想一直贯穿于他的人生观、社会观和文化观，及其关于中国现代化问题的思索之中。从20世纪90年代开始，关于杜亚泉思想的研究一度成为学术界的热点问题，出现了一大批学术成果。但是都偏重于文化方面的研究，对杜亚泉的政治调适思想的研究较少。在笔者看来，杜亚泉的政治调适思想主要包括四个方面：他的接续主义以政治文化为着陆点，倡导进步与保守调适的辩证法和政治多元均衡的宪政原则；他的协力主义揭示了国家主义与和平主义有可能存在的负面影响，试图用"国家的平和主义"与"平和的国家主义"来解决潜在的问题；他的减政主义揭示了中国

---

① 许纪霖等：《杜亚泉与现代思想史上的调适思潮》，见 https://www.sylib.com/mrdyqbdzj/1730.htm。

大一统集权化官僚政体滞碍市民社会发育的流弊,主张厘定国家与社会的范围边界,改革国家万能的集权化行政体制,以推动市民社会的自主发展;他在中央与地方的权力调配方面,提倡集权与分权的调适,提出了一整套关于中央和地方行政制度改革的构想,试图在中央与地方权力之间找到一条折中之路。本文主要是梳理他的政治调适思想,并借此来反映民国初年关于政治现代化的一种有别于激进与保守这条主线的另一种思索。

一、接续主义:进步与保守的调适

随着辛亥革命的结束,中华民国面临着深刻的政治秩序整合危机。在"宋案"以后,议会民主制伴着孙中山领导的"二次革命"而最终走向崩溃,使民国再度陷入动乱危境。杜亚泉对这种政治秩序整合危机深感忧虑,他于1914年在《东方杂志》上发表《接续主义》,大力提倡进步与保守相调和的政治接续主义。

"接续主义"来源于德国学者佛朗都所写的《国家生理学》。接续是指旧业与新业接续而成,不可割断。杜亚泉给"接续主义"所下的定义是:"一方面含有开进之意味,一方面又含有保守之意味。盖接续云者,以旧业与新业相接续之谓。有保守而无开进,则拘墟旧业,复何所用其接续乎?若是则仅可谓之顽固而已。……反之,有开进而无保守,使新旧间之接续截然中断,则国家之基础必为之动摇。……故欲谋开进者,不可不善于接续。"[1]杜亚泉接续主义的要旨在于"在保守中求进步"[2],在于开新和保守的平衡互动。所谓保守,意在稳健有序,而非墨守复古。"开进兼能保守"的接续主义,主要是在强调变革的限度,而倡言一种新旧接续和渐进有序的改革。这种改革也就是一个新旧接续的渐进的自然调和过程。杜亚泉大概是最早把保

---

[1] 许纪霖、田建业编:《杜亚泉文存》,上海教育出版社2003年版,第13页。
[2] 高力克:《调适的智慧——杜亚泉思想研究》,浙江人民出版社1998年版,第15页。

守和开进结合起来,并揭示保守的积极意义。①他的原话是这样的:"所谓保守者,在不事纷更,而非力求复古也。国家当扰乱以后,旧时法制,其一部分已经破坏,若其接续尚未全断者,但稍为护持,不加摧折,则其疮痍亦自然愈合。若其破坏已甚,接续全断者,则唯有就现在之状况修饰之、整理之,为不接续之接续。必欲复兴旧制,摧折新机,则破坏之后,重以破坏,而国本愈摇矣。"②根据他的意思,"保守"的意义与其说是泥古守旧,毋宁说是推陈出新的渐进改革。

如果说接续主义之要义在于进取与保守的平衡互动,那么其关键则在于调节之道。③在杜亚泉看来,"调节"是民主宪政的基本精神,现代公民的政治力,"是故人民之政治力,第一当求其健强,第二当求其调节。能节斯健,唯调乃强。不调节之健强,败事有余,成事不足。……二者当相丽而存,相剂为用"④。在这里,强健指的是自由刚健,而调节则是指调和节制。强健与调节实为现代公民精神之不可或缺的两个方面。杜亚泉还指出,"调节之有裨于对抗,一在养成对抗之秩序,一在造成对抗之形势,夫而后可立平民政治之基础,可树政党对峙之模型,固相因而不相背者矣"⑤。他的意思是,立宪政党政治的关键之处在于调节对抗,以形成有秩序的对抗或政治文明的对抗,来保持多元政治力量的均衡。他特别推重英国政治传统,指出英国政治的优点在于"其议院与政府,与夫此党与彼党之间,岂无意见之差违,然卒能和洽调剂,相让相成,归于一致"⑥。

罗素曾说:"自由主义的主旨就是宽容。"⑦杜亚泉关于政党对峙均衡的

---

① 王元化:《杜亚泉与东西文化问题论战》,《学人》(第五辑),江苏文艺出版社1994年版。
② 许纪霖、田建业编:《杜亚泉文存》,上海教育出版社2003年版,第14页。
③ 高力克:《调适的智慧——杜亚泉思想研究》,浙江人民出版社1998年版,第18页。
④ 许纪霖、田建业编:《杜亚泉文存》,上海教育出版社2003年版,第171页。
⑤ 许纪霖、田建业编:《杜亚泉文存》,上海教育出版社2003年版,第174页。
⑥ 许纪霖、田建业编:《杜亚泉文存》,上海教育出版社2003年版,第193页。
⑦ [英]伯特兰·罗素著,马家驹、贺霖译:《西方的智慧》,世界知识出版社1992年版,第282页。

多元政治原则，进步与保守调适兼容的有序改革的接续主义，以及以此为基础的多元调和之道的宽容精神，是对这句话最好的阐释。杜亚泉的接续主义、调和主义的政治思想，在当时以激进与保守为主的思潮之间开创了一种不同的政治思想。

二、协力主义：国家主义与和平主义的调适

国家主义自14、15世纪的文艺复兴以来在欧洲萌芽并得到发展，随着民族主义在欧洲大陆的苏醒，国家主义在一战前后达到全盛。然而物极必反，走向极端的国家主义是一战爆发的直接原因，大战所带来的巨大的物质损失和对文明的摧残，使一些有正义感、抱和平愿望的思想家清醒地看到了国家主义的弊端，起而倡导非战的和平主义，反对战争或暴力的一切形式，追求和平和非暴力方式，解决人与人之间的冲突和对抗。近代以来，国家主义与和平主义逐渐传入中国，国家主义与和平主义在西方的激烈冲突，让杜亚泉提高警惕，力图防患于未然，他指出："调和二者之间，以构成国民之新思想，以随伴世界之新机运，是则吾侪所切望者也。"[①]杜亚泉认为一种主义兴起后，往往容易走向极端，而且这种趋势不能自行停止，国家主义与和平主义也是如此，"国家主义之极端，即不平和之军国民主义、民族的帝国主义；而平和主义之极端，即非国家之世界主义、社会主义也"[②]。他在1915年的《东方杂志》上发表的《社会协力主义》中着重分析了国家主义与和平主义的利弊得失。杜亚泉认为，国家主义能使民族国家的人民在面对侵略时，举国一致，同仇敌忾，激起强烈的爱国心和民族凝聚力。然而，如果国家主义走向极端，"今之持军国主义以倾覆他国家，持民族主义以陵侮他民族者，实为破坏平和之导线"[③]。"使其主义而得所发展也，将不免与他

---

① 许纪霖、田建业编：《杜亚泉文存》，上海教育出版社2003年版，第17页。
② 许纪霖、田建业编：《杜亚泉文存》，上海教育出版社2003年版，第16页。
③ 许纪霖、田建业编：《杜亚泉文存》，上海教育出版社2003年版，第17页。

国家他民族以兵戎相见；使其主义而不得发展也，则且必于自己之国家自己之民族中，自寻祸乱，自相残杀矣。"①而和平主义相对于国家主义，是对国家主义的矫枉，使战争减少，人们能和平共处。如果极端的和平主义走向了反面，则"是犹舍身饲虎，徒使彼持极端之国家主义者，益得逞其侵掠吞噬之政略耳"②。

为了能够有效地避免极端国家主义与和平主义可能带来的弊端，杜亚泉提出了调和二者的协力主义。他指出："国家主义对于国民为协力，对于他国家为竞争。平和主义对于人类为协力，对于自然界为竞争……现今时代，将由国民之协力，进为人类之协力之时代。"③杜亚泉的协力主义有两层含义：一是"协力主义为平和的国家主义"，"国民协力者，即行于国家以内之协力主义也"。它与国家主义的区别是"则国家主义者，对内为协力，对外为竞争，而兹则仅取其对内之一部，故为平和的国家主义"。二是"协力主义即国家的平和主义"，实行协力主义"决不在消灭国民及人种间之差异"，而是"一方面发展自国之特长，保存自国之特性，一方面确守国际上之道德，实行四海同胞之理想"④。因此，可以说"是以国家的平和主义，决不废弃自己之国家主义，亦不排斥他人之国家主义。夫不以自己之国家主义排斥他人之国家主义，是亦平和的国家主义也"⑤。

协力主义是杜亚泉调适思想的一种具体体现，他试图在国家主义与和平主义中找到一种兼其优胜的方法，协力主义正是体现这种想法的具体方略，其对于现在的民族主义热潮有可能出现的负面影响应该有着一定的警醒作用。

---

① 许纪霖、田建业编：《杜亚泉文存》，上海教育出版社 2003 年版，第 18 页。
② 许纪霖、田建业编：《杜亚泉文存》，上海教育出版社 2003 年版，第 19 页。
③ 许纪霖、田建业编：《杜亚泉文存》，上海教育出版社 2003 年版，第 20 页。
④ 许纪霖、田建业编：《杜亚泉文存》，上海教育出版社 2003 年版，第 22 页。
⑤ 许纪霖、田建业编：《杜亚泉文存》，上海教育出版社 2003 年版，第 23 页。

三、减政主义：国家权力与市民社会的调适

近代以来，随着市场经济的不断发展和市民社会的生成，使得社会自主领域得到扩大，市民社会与国家分殊的多元社会结构形成，这也是西方民主政治产生的前提条件。民国初年政界和思想界对国家和社会的关系问题并未重视，虽然孙中山、梁启超二派有"民权""国权"之争，但是他们大多在政治层面阐发思想，而轻视社会层面。

1911年春，杜亚泉在《东方杂志》上发表《减政主义》，批判"政府万能主义"的官僚政治，力倡以有限政府促社会自主发展。他指出，"今各国政府，组织繁复之官僚政治，视社会上一切事务，均可包含于政治之内，政府无不可为之，亦无不能为之。政权日重，政费日繁，政治机关之强大，实社会之忧也"[①]。杜亚泉认为，社会是一自主活动领域，"一国政府之本分，在保全社会之安宁，维持社会之秩序，养其活力之泉源而勿涸竭之，顺其发展之进路而勿障碍之，即使社会可以自由发展其活力而已"[②]。社会事务，政府只要管理政务，而不必干涉。"总言之，则国运之进步，非政府强大之谓。不察此理，贸贸焉扩张政权，增加政费，国民之受干涉也愈多，国民之增担负也愈速。干涉甚则碍社会之发展，担负重则竭社会之活力，社会衰而政府随之。""故欲图社会之进步，计政府之安全，非实行减政主义不可。"[③] 由上可知，杜亚泉减政主义的主旨在于改革中国的集权化官僚政治传统，缩减政治范围，削减官制、官吏、政务和人员，界定厘清国家与社会的范围边界，以图民间社会的自主发展。

依杜亚泉看来，一个民间市民社会的独立空间是保证社会不发生专制集权现象的重要条件之一。市民社会的自主发展是西方现代政治发展的重要

[①] 许纪霖、田建业编：《杜亚泉文存》，上海教育出版社2003年版，第132页。
[②] 许纪霖、田建业编：《杜亚泉文存》，上海教育出版社2003年版，第133页。
[③] 许纪霖、田建业编：《杜亚泉文存》，上海教育出版社2003年版，第133页。

历史条件，洛克的"小政府大社会"的有限政府论，就是对英国现代化模式的国家与市民社会关系的概括。杜亚泉认为，社会活力具有伟大的创造力量，一国的兴衰就是视其社会活力是受阻而涸竭，还是得到了通畅发展。如果无条件地承认国家至上独尊的地位，就会导致国家对人民权力的剥夺或侵吞。杜亚泉还特别提到了中产阶级的问题，他指出："现今文明诸国，莫不以中等阶级为势力之中心，我国将来亦不能出此例外，此则吾人之所深信者也。"[1] 中产阶级作为市民社会形成的基础力量，它的发展状况直接影响市民社会的形成和民主政治的发展。

国家权力与市民社会的关系问题，在中国现代化进程中少有人注意。杜亚泉继承了严复思想关于这方面的内容，深刻地认识到市民社会对于现代化的重要意义，大力主张破除政府万能主义，实行减政主义，以厘定国家与社会之范围边界，改革官僚政治和限制政府权力，从而促进市民社会的自主发展。

四、中央与地方：集权与分权的调适

民国建立以后，在各派势力之间出现了关于在政权组织形式上的争论。"中华民国成立以后之第一大问题，为联邦非联邦问题，即分权制与集权制问题。"[2] 穷兵黩武的袁世凯力行中央集权揽权专制，而革新势力则借助于清末以来的立宪运动所形成的地方政治化，以联邦主义与袁世凯抗衡。民国初年的政治斗争形势纷繁复杂，各派势力根据自己的政治利益在政治舞台上你争我夺。

就中央与地方的关系问题上，杜亚泉认为中央集权主义和联邦主义各有利弊：中央集权主义有利于政令畅通，行政效率较高，但容易产生独断专

---

[1] 许纪霖、田建业编：《杜亚泉文存》，上海教育出版社2003年版，第215页。
[2] 杜亚泉：《论共和折衷制》，《东方杂志》8卷11号，1912年5月。

行、缺少制衡的弊端，而且统一的政令容易造成中央的决策与地方的实际情况不符，不利于地方积极性、主动性的发挥；联邦主义有利于发挥地方的灵活性和主动性，但是，"政令不统一，中央之政绩不举，各地方之争议易兴，对内对外均成孱弱之势"①。

在此基础上，他还进一步说明了民国政治中集权与分权之争的实质是"所谓集权者，无非集权于个人，使得专制于中央，而发生帝政。所谓分权者，亦无非分权于个人，使得跋扈于地方，而形成藩镇。……今日借个人分权之势力，以去个人之集权，即帝政不至发生，而藩镇已隐然成立"②。然而，集权与分权并非截然对立，他主张调剂集权与分权："夫集权制与分权制，其利害得失，固非一时所能尽述……大抵内外苟有所偏重，其祸均足以亡国，今后之谋国者，不可不折衷于二者之间，以求调剂之方法。"③所以民国政治要想在稳健中得以发展，就决不能走极端的集权或者分权之路，必须在国家与地方、集权与分权之间求中道。

那么如何在集权与分权之间求中道呢？在杜亚泉看来，主要在于厘定国家行政与地方行政的界限。为此，杜亚泉提出了一整套关于中央和地方行政制度改革的构想。简言之，也就是三级行政体制的组织形式。三级行政分别是中央统治机构、地方官治机构和社会自治形式，即为统治、官治、自治三项。"统治"为中央政府直辖的政务，包括军事、外交、交通，这三种政务直辖于中央，取集权主义，以巩固国家的统一。"官治"为中央政府与地方官厅分担的政务，如财政、警察、司法，警察司法可配置于地方。"自治"为地方人民自治的事务，如教育、实业及其他民政公益事业。杜亚泉设想，这种中央统治、地方官治、社会自治分层的行政体制，于国家行政与地方行

---

① 杜亚泉：《中华民国之前途》，《东方杂志》8卷10号，1912年4月。
② 杜亚泉：《集权与分权》，《东方杂志》13卷7号，1916年7月。
③ 杜亚泉：《中华民国之前途》，《东方杂志》8卷10号，1912年4月。

政明定范围边界，可兼收集权与分权之利而防避其害。

杜亚泉的这种调和集权与分权的观点，是对民国时期袁世凯专制与军阀割据的反思，反映了他稳重的性格，可以看到他超越党派政争，站在价值中立的理性立场。其中央统治、地方官治、地方自治的分层互动的多元行政体制模式，综合中西古今政治文明，熔集权与分权、传统与现代于一炉，表现出杜亚泉高度的政治智慧，对后世政治制度的发展有着积极的影响。

杜亚泉的政治调适思想取径非政治的社会改革，寄望走一条超越激进与保守的温和渐进的民主化道路。他的渐进改革论对民国政治现代化问题进行了历史与现实、制度与规范、政治与社会、地方与中央多维度的思考，其思想价值和理论贡献是多方面的。杜亚泉的政治思维不仅周详审慎，而且于事理往往取其中道而不偏执，具有辩证综合和理性稳健的风格，并能超然于党派政争恩怨，独立于启蒙学者的地位，是民国初年乃至现代思想史上一份宝贵的思想遗产，对于当代政治的发展也有着积极的启示意义。

原载《郑州航空工业管理学院学报（社会科学版）》2011年3期

杜亚泉与哈耶克有限政府论理论基础之比较

朱华东

宪政是现代政治文明的基本特征,而宪政的精髓乃在于限制国家和政府的权力以保障个人的基本权利,同时又实现国家的富强。正是基于此,作为20世纪初的中国启蒙思想家杜亚泉和作为20世纪影响最大的自由主义思想家之一的哈耶克,都极力主张政府权力及职能的有限性。他们的有限政府论有相同或相似的理论前提,但是更有作为其理论基础的伦理哲学和认识哲学上的极为深刻的差异。

国家与社会的分殊化原则

贯彻现代社会的分殊化原则、实现国家与社会的分殊,以消解"上无道揆,下无法守"的传统全能国家,建立有限政府,在杜亚泉和哈耶克那里都得到了强调;换言之,国家与社会的分殊化是杜亚泉和哈耶克有限政府论的基本的原则性前提。而这一原则的合理性,在杜、哈二人那里又是以对社会自身活力的判断为逻辑起点的。

1911年3月,杜亚泉发表《减政主义》一文,鲜明地从宪政前提的角度提出有限政府的主张:"减政主义者,各国社会上之新倾向也,我国政治上之旧经验(指老子的无为而治——引者注)也,实行宪政之前提也。"所谓减政者,乃"减并官厅,减少官吏,减省政务,即减缩政治范围之谓也",即限制政府权力和职能之范围,建立有限之政府。

杜亚泉认为，社会有自身的活力和自我管理的法则，并且这种活力和法则正是社会进步之源泉："夫社会之事物，有自然之法则管理之，此为政者之所不可不知者也。社会之活力（才力财力之结合作用），有一定之制限，政府决不能创造之。有研究学术之活力，则教育自兴；有生产之活力，则实业自盛矣。社会之发展，有一定之秩序，政府亦不能揠助之。知能之竞争烈，则发展于教育；物质之需要增，则发展于实业矣。"而全能式的政府向社会领域扩张权力，不仅难以促社会之进步，反而会消解社会之活力，造成将来之实祸。首先，会消解民间独立之心，养成社会之惰性。"各国政府，组织繁复之官僚政治，视社会上一切事务，均可包含于政治之内，政府无不可为之，亦无不能为之。"结果，"政权日重，政费日繁，政治机关之强大，实社会之忧也。社会之人，或习焉不察，讴歌于政府万能之下，至事事依赖政府而为之。营一业则请国库之补助，举一事则求官厅之保护。民间独立心之薄弱，实为当局者多年之干涉政略所养成，积之即久，遂不自觉其迷误"，以致"今之人谓无学部则教育必衰，无农工商部则实业不振"；而民间独立精神之消解，必将从根本上破坏社会生机的心理基础。其次，殚竭社会之物力，阻遏社会之进步。政府"贸贸焉扩张政权，增加政费，国民之受干涉也愈多，国民之增担负也愈速。干涉甚则碍社会之发展，担负重则竭社会之活力，社会衰而政府随之"。所以，"欲图社会之进步，计政府之安全，非实行减政主义不可"。再次，就中国的实际情况而论，政府决不具备包举社会事务的人力和物力，若贸然包举社会事务，必招致实际的祸患。我国"人才未贮，财力未充"，"持此以往，吾辈逆料其结果，殆不出两途：一曰迫于财政之困乏，仅仅维持现状而不得，则敷衍益甚，而几等于销灭；一曰不顾民力之竭蹶，益益进行现在之政策，则搜刮愈力，而终至于溃决。其尤不堪设想者，则一方面行其敷衍之策，而政治销灭于上；一方面尽其搜刮之实，而经济溃决于下，大局遂不堪问矣。此吾之所以欲持减政主义以挽目下之颓风，而纾将来之实祸也"。

那么,政府的应有职能为何呢?在杜氏看来,政府职能仅在国防、治安、司法和税务方面而已。"一国政府之本分,在保全社会之安宁,维持社会之秩序,养其活力之泉源而勿涸竭之,顺其发展之进路而勿障碍之,即使社会可以自由发展其活力而已。教育也,殖产也,政府唯司其关于政务者,不必自为教育家,自营农工商之业也。夫国家教育之兴,非政府多颁学堂章程,多编教科书籍之谓;国民实业之盛,非政府多营官有事业,多定检查方法之谓。总言之,则国运之进步,非政府强大之谓。""吾民之所须于国家者,除对外而求其捍卫国境,对内而求其缉除暴乱,此外则讼狱之事,不可不仰官厅裁判;赋税之款,不可不向官厅输纳而已,所谓刑名钱谷而已矣。"① 这样,杜亚泉实际上明确地提出了国家与社会的分殊化原则,并进一步揭明了宪政下的政府服务于社会的本质特征。

与杜亚泉一样,哈耶克也是通过论说社会自身活力来论证国家与社会分殊化原则的。不过,作为宪政自由主义思想家,哈耶克总是倾向于从经济的角度论证其有限政府论的一系列原则。在他这里,社会活力集中体现于市场经济的活力,并且主要是从认识论的角度论证这一活力的。

作为奥地利学派的成员之一,哈耶克进一步发展了奥地利学派的两条重要见解:第一,人类社会中的认识总非尽善尽美;第二,任何经济活动的成本都带有主观性质。在分析社会时,奥地利学派不仅没有把任何信息都当成完美的,而且从一开始就假设"世界上根本没有完美无瑕的认识"。

哈耶克把这一见解发扬光大,从而说明社会经济发展的动力只能在社会之中。他认为:在市场经济中,认识具有分散、片面和不集中的特点。正是由于这些特点,市场才得以发挥其功能。每个经济主体都能掌握到关于价格、生产机会、资源和买卖机会的不同情况,市场的作用就在于协调不同经

---

① 杜亚泉:《减政主义》,《东方杂志》8卷1号,1911年3月。

济主体（每个主体都是经济的组成部分，但没有一个主体能够详细地了解到经济的全面情况）的活动，把所有零散的认识集中起来。"我们必须利用我们对周边环境的认识，但这些认识从来就没有一个集中的或者整体的形式，而只是一些零零散散的、不全面的信息——这些信息还经常相抵触——分别掌握在单独的个人手中。"①

那么，我们怎样把所有零散的认识集中起来呢？奥地利学派的第二条即关于经济成本的本质问题对回答此问题奠定了理论基础。奥地利学派没有从"投入"（例如劳动时间）的角度——原则上来讲，人们能够对"投入"进行客观的衡量——而是从相反的"产出"角度来定义商品的成本，即同样的资源可以用来生产其他什么商品。对"产出"的价值评估只能靠每个人的主观衡量来实现。由此可以得出，推动经济制度向前发展的最重要的认识都是个体的、主观的、不集中的，因此使任何中央政府都难以接近。

市场是人类对分布在社会的不同时间和空间里的认识加以应用的工具。但是，除了通过市场过程本身，人们没有其他方法来利用这些认识。任何想收集这些认识并把它统一在某个官僚机构或专家小组手中的尝试最终都会以失败告终。但是，哈耶克非常谨慎，他从来不认为"市场能够以某种合适的方式来保证效率"，从他的认识论来看，任何人都不知道什么才是"合适"的。像所有的人类制度一样，由于不确定性和无知，市场也是一种不完善的工具。但是，在哈耶克看来，市场比其他选择略胜一筹，只有市场才能最好地搜集这些认识，自发地推动社会进步。② 因此，在哈耶克看来，市场不是一种由中央政府为了更高层次的效率和消费者满意度而重新设计、重新制作出来的事物，而是自发地发展起来的一种自然现象。中央政府的任务被限定

---

① 参见哈耶克：《认识在社会中的应用》，后重印于《个人主义与经济秩序》，英国劳特利奇出版社1948年版，第78页。
② 安德鲁·甘布尔著，王晓冬、朱之江译：《自由的铁笼：哈耶克传》，江苏人民出版社2002年版，第89页。

在保证市场基本条件的稳定、消除市场发展道路上的障碍等问题上。这种限定显然是建立在对社会市场活力信任的基础上。

这样，哈、杜二人殊途同归，从不同的角度论证了社会自身的活力和生机，进而得出了作为他们有限政府论理论前提的国家与社会分殊化原则。他们的这一论说，正反映了宪政自由主义对国家权力滥用的恐惧，进而要求对其进行限制。正如德国政治学家卡尔·施密特（Carl Schmitt）所言，自由主义宪政的核心内涵是，个人自由的范围在原则上是无限的，而国家干预这一范围的能力在原则上是有限的。换句话说，个人行动在理论上无需证明其合理性；相反，国家的干预行动却必须证明其合理性。[1]

如果说国家与社会分殊化原则表明了杜亚泉与哈耶克的有限政府论有着共同的理论基础的话，那么，我们将从伦理哲学和认识哲学两方面阐明二者的深刻差异。

伦理基础

不同的伦理基础形成了哈耶克与杜亚泉有限政府论的最根本的区别。个人主义是哈氏政治哲学当然也是其有限政府论的根本伦理出发点；而杜氏虽然深深地服膺于英国以个人主义为伦理基础的有限政治，但面对中国的现实危机，终于又回到中国传统的整体主义的伦理思路上去了，致使其有限政府论具有深刻的不彻底性和动摇性。

哈耶克说："我所说的'自由主义'是指这个词最真实、最全面的含义，即：个人自由具有至高无上的价值，而不是'服务于更高的政治目的的一种手段'。"[2] 在这一基础上，他在判断个人和政府的价值关系时，个人便成了

---

[1] Joseph W. Bendersky, *Carl Schmitt, Theorist for the Reich*, Princeton: Princeton University Press, 1983, pp.107–122.

[2] ［英］安德鲁·甘布尔著，王晓冬、朱之江译：《自由的铁笼：哈耶克传》，江苏人民出版社2002年版，第163页。

绝对优先的价值主体,而政府相应地成为实现个人的自由和利益的价值手段,但只是有限的并且必须谨慎使用的价值手段,是否有利于个人自由的实现便成了衡量政府职能的性质和范围合理性的根本标准。

哈耶克承袭了穆勒的观点:应当允许个人在一定的范围内去追求他们自己的价值观和爱好,而不是其他人的。尽管他承认个人也许会为了共同的目标而走到一起,但这些目标的范围要受到严格的限制。国家就是一个出于共同目标而组成的团体,但哈耶克认为这些共同目标应该被限制在政府的基本职能范围内。如果超越了这个范围,那就意味着国家的有些成员正在把他们的目标强加于他人身上。当这种情况发生时,政府就会受到人们为维护自己的权利和自由对其施加的压力,而这种压力客观上又可能会促使政府为维护现有权力进一步扩张其权力。因此,国家对于私人领域的任何侵占都值得怀疑和思索。

为了保证对政府权力的限制得以实现,哈耶克反对任何有可能扩大政府权力的制度和行为,尤其反对极权式的全能政府,反对政府对社会进行全能式的规划。他认为,极权主义与自由主义之间有深刻的鸿沟,经营极权主义的个人即使有良好的愿望,也不可能弥补这一鸿沟。因为极权主义的政体会改变善良的道德:刚刚开始对经济生活进行规划的民主政治家很快就会面对一场选择,即要么实行独裁,要么放弃其经济规划。极权主义独裁者就像他们一样,很快就会不得不在忽视一般道德原则和面临失败之间做出选择。[1]一旦为了某一目的而采取极权主义方法,那么这些方法也会在其他情况下得到采用。目的将会证明手段的正当性,从而进一步"合理地"危害个人的自由。

杜亚泉对英国之个人主义精神称赞备至,认其为英国文明尤其是政治文

---

[1] [英]安德鲁·甘布尔著,王晓冬、朱之江译:《自由的铁笼:哈耶克传》,江苏人民出版社 2002 年版,第 110 页。

明之精神根基。

他通过欧洲大陆法律与英国法律精神之比较,指出英国政治的个人主义实质:欧洲大陆法律,"本于罗马法之君主专制法律,有悉将个人牺牲之之势";而英国法律"则为从社会意志产出之法律,常保护个人。近世以来,英国人之性格,虽大变化,至于尊重个人之权利与自由,则为与大陆诸国不同之特质。英国人自中世纪以来,实以此点为最优秀也"[①]。

杜亚泉指出了东方国家对个人主义的严重误解,从政府与个人的关系上揭示个人主义之真义,强调英国政府个人主义的价值指向:"英国之个人主义,非只图自己利益,不顾他人利益及社会公共利益之主义,其实不外将社会公共事业悉归人民经营,政府及政府之法律,则专以保护个人为目的,不妨碍个人自由发达之理想,其人民亦不恃政府之保护干涉,能养成自主自治之风,唯任个人或个人的团结之经营。至有害个人之自由权利或有害社会公共之利益之时,始求政府保护干涉。""英国法律及地方自治制度,皆以保护个人之自由权利为目的,不肯轻将个人牺牲之。"[②] 这样,在杜亚泉看来,个人主义实际上就是划定和限制政府权力范围的根本原则。

杜亚泉深刻地指出,英国之强大正是由个人主义精神所造就,而东方诸国根本不知个人主义之精义,不理解个人主义对于英国之发达的深远意义,"不知今日之英国,实即个人主义之结果"。

因此,他力倡欲立宪国家尤其是当时中国要以英国为楷模,贯彻个人主义之精神,建保障个人自由之有限政府:"凡立宪国家,实不可不取法于英国也。我国宪政,多资于日本;然日本之宪政,实未完成。其有司尚有不知宪法为何物者。议会中虽有政党,亦不能保护人民之权利与利害,往往以牺牲人民之权利,为能尽忠于国家。即内政方针,教育主义,亦无一非妨害个

---

① 杜亚泉:《英皇之加冕礼》,《东方杂志》8卷4号,1911年6月。
② 杜亚泉:《英皇之加冕礼》,《东方杂志》8卷4号,1911年6月。

人之自由权利者。循此而行，国家虽可保安全，然因不许个人之自由发展，则人民之发展与国家之进步皆无望矣。英国之议会政治，称为世界模范，其政府无防压人民之事，苟不犯现在法律，不搅乱治安，任其作何言论，取何主义，皆可自由。""言论思想最自由之英国现情，东洋诸国人，所不可不研究者焉。""我国民虽未尝无自治之精神，其所以不能发展者，一则从来之专制政府以其发展过甚，妨碍于国家；二则恐其专擅武断，妨害个人之权利。然若采取英国之制度，则二者均可无虑。"①

杜亚泉先生如此推崇作为英国有限政府伦理基础的个人主义精神，并倡其为世界宪政国家的楷模；然而，令人吃惊和意味深长的是，他在力主中国政府减政以建立有限政府时，似乎在有意努力避免从个人主义的伦理角度论证自己的主张。杜亚泉有限政府的主张集中表现在他的《减政主义》和《再论减政主义》两篇论文中。如前所述，《减政主义》从保护社会活力的角度论述了国家与社会分殊化原则，似乎带有主张个人自由的意味，但是我们必须注意，杜亚泉这里的个人自由与他称赞英国时所表达的自由主义精神相比却显得相当暧昧，当然也不如作为哈耶克有限政府论价值目标基础的个人自由那么鲜明。杜亚泉在《减政主义》一文中首先指出减政以建立有限政府乃为解救当务之急："我国数年以来，施行宪政，摹拟他国之繁复政治，包举一切，而能力不足以副之，弊害已形，致反对之声一时哄起。自此以往，又恐有因噎废食之举。与其事庞言杂，一切失坠于冥冥之中，复见阻于哓哓之口，不如采用减政主义收束局面，以为持久之谋，专一精神，以赴目前之急。"而目前之急则在于"社会之进步，政府之安全"；在于"挽目下之颓风，而纾将来之实祸"，"才力不充也，则去其旁骛之精神，财力不济也，则汰其繁杂之费用，推陷廓清而后，乃就当先之急务，立一定之范围，刻意励

---

① 杜亚泉：《英皇之加冕礼》，《东方杂志》8卷4号，1911年6月。

行，坚持勿懈"①。在《再论减政主义》中，杜亚泉首先非常明确地指出减政的应急之目标："吾民国目前之大问题凡三。其一为对外问题，则俄库协约如何取消，英藏交涉如何对付是也。其二为对内问题，则内政如何整理，一也；财政如何救济，二也。三问题之中，对外问题，关系于国家之实力，必内政统一，财政宽裕，国力稍充以后，方能为根本上之解决。则目下之急务，尤在对内问题之及早解决而已。欲解决此对内之二大问题，则吾请更以减政主义进。减政主义之理论，本志第8卷第1号已叙述之。此主义之大要，在减少政务，减缩政费。"②这十分清楚地表明了杜氏有限政府论的非个人主义的价值取向。所以，如果说哈耶克的有限政府论属于以个人主义为目标的价值理性的话，而杜亚泉的有限政府论则属于以应当时急务为目标的工具理性；或者说哈耶克是从伦理的角度主张政府权力的有限性，而杜亚泉则是从技术和实际操作的角度主张限制政府的职能和权力范围。这是哈耶克与杜亚泉有限政府论理论基础的根本区别。这样，哈耶克的有限政府论更具有深厚的理论支持和伦理力量，而杜亚泉有限政府论具有坚实的现实支持和实践力量。

于是，这里就产生了我们应该深思的一个问题：杜亚泉深谙英国个人主义精神对于英国文明的意义，尤其理解个人主义在英国有限政府构建中的伦理基础性地位，并且又力倡立宪国家应以英国为楷模，那么杜亚泉为何不走如上所述的哈耶克式的逻辑理路，却绕过个人主义的价值理性而主要从应"目下之急务"的工具理性出发提出和论述有限政府的主张呢？我们或许能从杜亚泉先生对"国民今后之道德"的设计中找到答案。

杜亚泉先生对"国民今后之道德"的设计基于两个基本判断。这集中反

---

① 杜亚泉：《减政主义》，《东方杂志》8卷1号，1911年3月。
② 杜亚泉：《再论减政主义》，《东方杂志》9卷7号，1913年1月。

映在他的《国民今后之道德》①一文中。

第一，对中国传统道德的价值判断。杜亚泉通过新旧道德之比较，否定了对中国传统道德的"根本改革"和"保存国粹"二说，认为中国传统道德应当"变者什一，不变者仍什九也"："我以为道德新旧，其差至微。而中国旧道德，与新者尤少抵牾。彼新道德所标定义，谓旧道德概以习惯为基础，含有宗教之性质，合于教旨则为善，违乎教旨则为恶；人民行动，咸受裁于此教旨之中。又旧道德之标准，每囿于团体之范围，如贵族、如平民、如僧侣，各因其生活状态，而有特殊之道德，且形成一特殊之舆论；个人行为，常为舆论所牵制，因是无活动之余地，未由阐发事理之真相，以求进境。若夫新道德之特色，则无习惯团体之障碍，故人民得以自由发展其理想，完全使用其智识，日新月异以合乎社会之进程。是说也，未尝无充分之理由。特其所陈，多以欧西社会为根据，与吾国状况微有不同。盖吾国道德，初无宗教之观念也。虽释、老、耶、回，同受闾阎之信奉，然别为统系，与道德本体素不相蒙。又如古昔之敬畏天命，流俗之崇拜鬼神，未尝不有宗教之意义。然天者，宇宙自然之理所从出，范围至为广漠，苟未别立一种条教，强人率从，即不能与宗教等视。而鬼神之事，儒者不道，其为力亦至微。若夫团体拘缚，则吾国阶级职业之畛域，不甚峻严，非欧西之贵族、僧侣比，故团体舆论，不能有特殊之权势。观于周秦学派之离合，朱陆学说之异同，则吾国道德，亦何尝有习惯团体之关系，而不许人以自由发展其理想也？如以外势侵入国体已变为辞，则外势侵入，正宜刷新旧物，巩固防围，以为抵抗。无舍一国之特性，靡然与他人俱化之理。且吾国道德，类皆注重社会行动。其涉及团体者，又未尝极端推戴君权。唐虞之让德传贤，孟子之君轻民贵，均与共和之原理相合。民国建设，所以如此易易者，未始非旧道德不拥护专制之力也。由此言之，吾国道德，实无根本改革之必要。然因是而谓旧

---

① 杜亚泉：《国民今后之道德》，《东方杂志》10卷5号，1913年11月。

道德之无需改易，且谓当设国教以振兴之，则又不可。夫道德有体有用，体不可变而用不能不变，前已言之矣。若设为国教，则必有其形式上之约束，而失因时救济之妙用。且他人方离宗教之羁缚，而进于理想之自由。吾乃从理想之自由，而趋于宗教之羁缚。闭遏智识，阻碍进步，莫甚于此，殊未见其可也。"也就是说，从总体上看，中国传统道德是与共和所需要的道德精神相符合的，甚至民国建立之所以如此顺利，也正是我国传统道德反专制之力所致。既然如此，"今后之道德当若何？"他得出了自己的结论：中国传统道德"变其不合时势者一二端可已。变者什一，不变者仍什九也"。

第二，从时势出发之道德判断。"维持现状保守平和"是杜亚泉审视"近情"、考量道德的基本出发点："盖国家当变乱初平之后，秩序未复之时，唯以维持现状保守平和为急务，而不宜速求进步，固亦主张新道德所承认者。法国革命后，所以全国抢攘，造成恐怖时代，迄一世纪而始获安宁，未始不由旧道德全然破坏所致也。"于是，综合对中国传统道德和时势两方面之判断，杜亚泉举出所"变者什一"："吾尝熟思深虑，以为今后道德，有亟应变动者三。其余虽有当变者，而要非今日之首务也。""一、改服从命令之习惯而为服从法律之习惯也。服从命令者，专制国之通例，而在吾国则更有特因。盖吾国古昔主持道德者，即主持命令之人。""二、推家族之观念而为国家之观念也。""三、移权利之竞争而为服务之竞争也。"试分析此三点，其"改服从命令之习惯而为服从法律之习惯"，由命令变为法律只不过是"汤"之变而非"药"之变，因为，命令和法律只是两种不同的规范形式而已，它们如果以同样的价值精神为基础，其本质便是相同的；而其二、三两点正恰恰进一步强调了个体对整个（家族和国家）的服从，强调了以轻个体权利、重个体义务为本质特征的中国传统价值观。换言之，在杜亚泉那里，价值主体并没有实现从整体向个体的转换，而这一转换正是实现杜亚泉深为推崇的英国式的有限政府的伦理基础。

由此看来，在杜亚泉那里，在个人主义的价值观与"维持现状保守平和"等急务之间存在着深刻的冲突。在这种冲突面前他选择了后者，并且这种选择成了他有限政府论的总出发点，甚至也可能是他对中国传统道德进行价值评判的总出发点。在救亡图存的急迫任务面前，工具理性压倒了价值理性。这正如钱智修所言："吾国自与西洋文明相触接，其最占势力者，厥维功利主义 Utilitarianism。功利主义之评判美丑，以适于实用与否为标准，故国人于一切有形无形之事物，亦以适于实用与否为弃取。"①

认识论基础

哈耶克的有限政府论有其坚实的认识论即理性怀疑主义的支持，而杜亚泉的认识论并没有进入其有限政府论的逻辑理路之中；换言之，杜氏并没有以相应的认识论为其有限政府论奠定理论基础，不仅如此，杜亚泉先生的理性观甚至与其有限政府论存在着潜在的冲突。

哈耶克认识论上的哲学立场最初体现在他的《感觉的秩序》(*The Sensory Order*)②中。该书以康德哲学中有关"认识"的前提为基础，认为所有的认识都是片面的、内在的，因为思维正在努力辨认的正是它自身所处的现实。他的这一观点在《自由宪章》中得到了深化。他根据西方近代思想家对认识和人类理性的态度，把关于理性的理论分为两种类型：进化论理性主义和构成论理性主义。他认为，前者相信人类在长期实践中形成的经验，对理性把握世界的能力抱着极其怀疑的态度；而后者对理性抱以高度的自负。哈耶克从这一认识论出发，主要从两个方面论证了限制政府权力的必要性。

首先，他分析了两种不同的认识论指导下的政府行为的差异及其对于个

---

① 钱智修：《功利主义与学术》，《东方杂志》15 卷 6 号，1918 年 6 月。
② 哈耶克：《感觉的秩序：理论心理学基础的调查研究》，英国劳特利奇出版社 1952 年版。该书起草于 20 世纪 20 年代，但直到 1952 年才出版。

人自由的不同意义。根据个人主义的不同的认识论依据，哈耶克把个人主义分为"真个人主义"和"假个人主义"。在哈耶克看来，以进化论理性主义为哲学指导的个人主义乃"真个人主义"；以构成论理性主义为哲学指导的个人主义乃"假个人主义"。因为，前者对保障个人自由的制度的追求总是谨慎的、渐进的、尝试性的；而后者对保障个人自由的制度的追求往往是通过消灭现行制度、提倡采用全新的计划去实现，"是试图在统治或治理（government）中寻求的"，"亦即在政府组织做出的最高程度的干预中寻求政治文明。而这种干预是暴政抑或是自由的问题，完全取决于谁是干预者，以及这种干预对哪个阶级有利"。然而，按照进化论理性主义的观点看，"这种干预永远只能是集权政制或贵族政制"。[1] 也就是说，这两种完全不同的进路在自由方面导致了完全不同的结论。哈氏引用 J.L.Talmon 的话进一步表明这些结论之间的主要差别：它们"一方认为自生自发及强制的不存在乃是自由的本质，而另一种则认为自由只有在追求和获致一绝对的集体目的的过程中方能实现"；"一派主张有机的、缓进的和并不完全意识的发展，而另一派则主张教条式的周全规划（doctrinaire deliberateness）；前者主张试错程序（trial and error procedure），后者则主张一种只有经强制方能有效的模式（an enforced solely valid pattern）"。哈氏指出，正如 J.L.Talmon 所言，上述第二派的观点实际上已然成了"'全权性民主制'的渊源"。[2]

其次，如该文第一部分所述，哈耶克在论证市场的活力进而论证国家与社会的分殊化原则时，实际上也是从其理性怀疑主义认识论的角度展开的。

这样，哈耶克的认识哲学就从政治和经济（市场）两个方面为其有限政府论奠定了坚实的理论基础。

---

[1] [英] 弗里德利希·冯·哈耶克著、邓正来译：《自由秩序原理》（上），生活·读书·新知三联书店 1997 年版，第 62—63 页。
[2] [英] 弗里德利希·冯·哈耶克著、邓正来译：《自由秩序原理》（上），生活·读书·新知三联书店 1997 年版，第 64 页。

杜亚泉对理性的态度几乎与哈耶克截然相反，并且从根本上影响着他的有限政府论。

"理性"，一般有两义：一是指通过逻辑思维把握真理的能力，与感性相对，是工具理性；一是指控制行为的能力，即理智，与欲望冲动相对，是价值理性。我们所谓的认识论一般是在前一种意义上使用"理性"的，上述哈耶克的认识论便是如此。

杜亚泉的有限政府论缺乏明确系统的认识论基础；换言之，杜氏并没有从人类的认识能力的角度为其有限政府论作直接论证。但我们还是可以从其对"理性"的有关论述中窥见其认识论对其有限政府论的深刻影响。

总的来说，杜亚泉是在"理智"意义上使用"理性"概念的。1913年12月，杜亚泉发表《理性之势力》一文。"理性者，吾人所持以应付事物、范律身心者也。本乎生理之自然，与夫心理之契合，又益之以外围时地之经验，遂形成一种意识。平时寂处，则蕴之为良知；出与物接，则发之为意志。""夫理性有广狭二义焉：自狭义言之，其所蕲向者，仅以得遂生活为限，属诸生理及简单心理之表示，与欲望同一性质。然社会进化后应用之理性，决不容如是之简单，必有几许裁制惩遏之力，寓乎其中，而其用乃广。故推私利为公利，由爱己以爱他，均为理性中应有之事。此广义之说也。前之说，理性与欲望为同源；后之说，理性与欲望为对待。然人类之生，实与欲望相终始，其能牺牲欲望以徇理性，如前所谓得生不用、辟患不为者，仅少数耳。其余则嗜欲动于中，利害驱于外，不胜其惩克，因而汨没一己之理性，且侵害他人之理性者，比比皆是。人世扰攘，半由此理性欲望不绝之冲动而来，因征之历史而可信者。"从这段话看：一、杜亚泉是在"理智"的意义上使用"理性"概念的；二、理性（理智）是否能战胜欲望是决定社会治乱的重要因素。关于第二点，他进一步指出："凡人类之各遂其生活，社会之获保其安宁，非仅恃乎军队之保障，政治之设施，法令之诏示，刑赏之劝惩已也，赖有理性焉，为之主宰是而纲维是。""凡人类祸福，国家安危，均唯理性之马首是瞻。而其倾向之于彼于此，或左或右，实有不容或误者。若一旦失其常轨而陷于迷罔，则一切事理，亦必随而入于瞑眷之中，贻害实非浅鲜。"而欲望、经济利益、武力、觉世牖民艰深之学说等，正是扰乱理性、使其易陷于迷误的因素。所以，"甚矣，理性之难得中正也！"[①]

那么，"难得"并非不可得。如何纠正此迷误以获得中正之价值选择呢？在杜亚泉看来，这就要依赖于我们的认知理性[②]了（上述第一种意义的理性，即哈耶克所使用的理性），也就是说，正确的价值理性（在杜亚泉那里，正确与否的标准是中正）要通过认知理性来保证。第一，"吾人当各澄清其意虑，养成判别事理、审察物情之能力"。第二，杜亚泉先生对精英理性极为自信："凡操维持世道化民成俗之权者"，对民众"一方面迎机善导，顺其发展之本能；一方面救弊扶偏，匡厥趋向之歧误"。"善为政者，所以消息盈虚，潜移默化，利用其势力，以收赞助之功，而不使轶出范围，形成种种之障害也。尤有望者，儒者著书，哲人觉世，敷陈学理，启迪颛蒙，为理性之前驱，作人民之先导，务宜力求平正，切中事情。""孔子言理性，丁宁反覆于中庸之为德。呜呼，此其所以范围天下而不过欤！"[③]

既然"善为政者"及"儒者""哲人"有此之能，那么仅仅从认识论的角度看，何以要"减政"呢？在杜亚泉看来，那是因为我国目前"才力未充"。"夫各国政府组织繁复之官僚政治也，有统一之才能，有监督之方法；其官厅之治事也，敏捷而有调理，其官吏之服务也，精勤而有历练，其为国民谋福利也，盖无不周而且至；而有识之士，犹窃窃焉忧之，以谓于社会无益而有害，其势且不可久。若夫我国，人才未贮，财力未充，政府虽有改弦

---

① 杜亚泉：《理性之势力》，《东方杂志》10卷6号，1913年12月。
② 杜亚泉先生并未从"认识能力"的意义上使用"理性"一词，这里所用的"认知理性"是作者对杜亚泉先生关于认知能力的有关论述的一种概括。
③ 杜亚泉：《理性之势力》，《东方杂志》10卷6号，1913年12月。

易辙之心，官僚犹仍泄沓偷安之习，乃不自量力，尤而效之。"[①]也就是说，作为政府包举一切的一个条件——理性能力——世界其他发达国家的政府，是具备的；而这一能力我国目前尚不具备，所以，不能不实行减政主义。但是，按照杜亚泉的"范围天下"的理性观，我国"人才未贮"应该只是暂时现象，一旦人才具备，是否减政，那可能另当别论了。因此，杜亚泉先生的认识论，便决定了其"减政主义"的暂时性和不彻底性。

总的来看，杜亚泉先生以"减政主义"所表现出的有限政府论，对于当时的中国来说，的确不乏智慧的光辉和深远的启蒙意义。但是，我们通过与哈耶克有限政府论相对照，可以看出其理论基础方面的明显薄弱性，甚至可以说它只是随世事而变的应时之策而非具有普遍性的政治理论。因此，在欧战开始后，他在国家主义将是20世纪世界之大势的基本判断的基础上，认为"民主立宪之政治主义不适于现今之时势"，力主中国尽快进入并结束"政治主义"即民主立宪阶段，以便及时地走向国家主义。[②]这样他便走向其"减政主义"的反面了。如果说其有限政府论还存在有对个人权利和自由关照的话，那么这一关照就被其后来的国家主义所彻底地淹没了。由此看来，宪政和有限政府的主张与实践如果缺乏其相应的理论基础尤其是相应的伦理基础的支撑，便难免有动摇性和不彻底性。

原载《史学月刊》2003年12期

---

① 杜亚泉：《减政主义》，《东方杂志》8卷1号，1911年3月。
② 杜亚泉：《论民主立宪之政治主义不适于现今之时势》，《东方杂志》13卷9号，1916年9月。

调适与冲突
——析杜亚泉与伯林两种多元论思想之差异

唐 玉

一

美国学者墨子刻认为，中国现代思想史上一直存在着转化和调适两种社会文化转型路径。前者——即转化思想——主张政治、文化和社会的根本转变；后者——即调适思想——则注重历史变革的延续性，否定现代化与传统的二元对立，并且认为二者完全可以在传统的背景下采取温和的变革取向。

"五四"启蒙运动时期，陈独秀等人主张转化的社会文化转型路径，尤以十月革命以后的思想更为激进，且这种转化思想一度成为中国启蒙运动的主流思想。这一转型理路在政治经济上极力主张推翻一统性的专制统治，在文化上坚持线形文化进化论，希冀以西学一统取代儒学一统。这种转化路径不仅是对中国长期的专制帝国和农业经济在社会伦理习俗、政治经济制度和文化心理等层面所积淀的保守性之反动，同时也是在中国独特的由现代化而启蒙的转型场景中知识分子力图挽救民族危亡时难以避免的急切心态之表现。但是这种简单化的西化主义、反传统主义、文化革命主义以及对宗教道德的贬抑态度致使这场启蒙陷入困境。

杜亚泉是"五四"启蒙时期以多元开放之思想模式回应西潮的一名主将，他主编的《东方杂志》对上述激进的转化思想提出了深刻的批评。在

《矛盾之调和》一文中，他阐述了矛盾对立之两种主义"分道而驰，各程其功"的原理，认为两种对抗力量的调和是宇宙的基本法则，人类社会的演化也不例外。"天下事理，决非一种主义所能包涵尽净。苟事实上无至大之冲突及弊害，而适合当时社会之现状，则虽极凿枘之数种主义，亦可同时并存，且于不知不觉之间，收交互提携之效。"①

杜亚泉在此调适的基调上阐述了他对宇宙、社会、人生以及中国政治、经济、文化、道德诸问题的思考。在政治上，他提倡进步与保守兼容妥协的自由主义，认为现代立宪政治不可或缺的正是进步党与保守党的并存与平衡，其意义即在于形成"有秩序之对抗"。②在文化问题上，他同样坚持多元论，认为中西文化之别在于"静的文明"与"动的文明"之异③，此种差异乃属性质之异而非程度之异，因此他主张融合中西新旧文化的调和论。在道德问题上，杜氏认为中国儒家道德和西方基督教道德各有长短，不过都不能作为模范道德。同时他还预言希腊文化和希伯来文化将归于调适，并与中国道德趋近。④

杜亚泉之调适论是以多元论为基础的，他对英人"开进而兼能保守""于保守中求进步"的精神赞赏不已。当面对如何回应革命与专制的二难困局时，他选择调适性改革，这在实质上是一条保守型自由主义的内在理路，是一种不温不火、持续渐进的历史设计。在这一设计中，若保守过度就用进步主义调和之，如激进过度则用保守主义调和之。在那迷信激进变革的时代，他的思想不啻为"一贴让人冷静的清凉剂"，充满了思想的智慧。⑤

---

① 杜亚泉:《矛盾之调和》,《东方杂志》15 卷 2 号。
② 杜亚泉:《政党论》,《东方杂志》8 卷 1 号。
③ 杜亚泉:《静的文明与动的文明》,《东方杂志》13 卷 10 号。
④ 杜亚泉:《国民今后之道德》,《东方杂志》10 卷 5 号。
⑤ 许纪霖等:《杜亚泉与现代思想史上的调适思潮》,见 http://www.sylib.com/mrdyqbdzj/1730.htm, 2003 年 11 月。

二

西方自由主义在 20 世纪 40—70 年代以前沿着启蒙主义的道路发展，其总体特征表现为进步乐观主义和理性主义。自由主义肯定人类有一个确定的美好未来和一种至善状态，而人类的使命就是运用理性发挥潜力去实现这个未来，同时，社会、历史的理性即个人生活意义的根源。70 年代以后，权利的优先性已经成为自由主义制度的第一原则，对理性主义的反思和批判继康德之后再次严格地将两种理性区分开来——实践理性和理论理性。这样，在绝对主义价值观被放弃的同时，文化研究进入了自由主义思想的核心，多元论便成为一种与绝对主义价值观完全相反的理解方式和价值体系。

以赛亚·伯林作为当代公认的最坚定的多元论价值观和文化观的倡导者，他的思想植根于对西方启蒙和现代性主流思潮的不懈批判。维柯和赫尔德等人在 18 世纪对差异性和多样性的积极阐发在 19 世纪以后被新形式的价值文化一元论（即决定论）所取代，多元性和多样性以"历史的统一性"为名再度被纳入了一种更为粗暴的价值一元论和文化一元论之中。伯林认为"不管其起源或价值如何，这样一种核心观念，肯定构成许多形而上学沉思、许多追求科学统一的努力、大部分美学与逻辑及社会与历史思想的核心"[1]。

他反对的价值一元论是以柏拉图之理念论为原型的理性主义的极端产物，并已上升为西方文化的主流或思维模式。在一元论中，所有重大问题只有一个答案，而别的答案都是错误的、没有价值的，完美的状态就是人类当下所追求的状态，科学性受到广泛崇拜，就连价值问题也变得科学化了。伯林所反对的只准许存在一个压倒一切人类目的的一元论社会（以纳粹德国为显例）是理论理性对实践理性的入侵、理性与非理性的合流、以及理性之过度滥用的产物，正如波普尔所指出的那样："无论在哪里，只要加以采用，

---

[1] [英]以赛亚·伯林著、胡传胜译：《自由论》，译林出版社 2003 年版，第 174 页。

就会导致采用暴力而不是采用理性"来解决问题。[1] 因此理性主义导致了理性的毁灭,征服对象世界却造成了人类的普遍奴役。一元论本身是一个只有唯一答案的思维形式,是一种专制性的假设。

伯林的多元论具有丰富的内涵,同时也是其整个思想体系的基点所在。首先它是一种价值或观念的多元论,限制国家保护个人要求伯林的哲学论证发展成为一种更坚实更广阔的思考方式,基于对构建人类思维的基本概念的解释或理解的冲突即模式的冲突,人类追求的价值本身以及人性也是相互冲突的。因此人的本质就是在多元的价值与观念总和中做出自由的不受他者干涉和压制的选择,即伯林所推崇的消极自由[2],"与一元论观念的决裂,使得伯林将自由视为政治价值中最重要的价值"[3]。其次,它是一种文化的多元论。伯林强调世界、社会和个人的多样性,而不存在某种固定的人性或绝对合理的社会设置与确定不移的历史发展线索,这样各种文化之间的不相容性、不可通约性甚至冲突性就显得尤为突出。

在这样一个由多元论支持的不具有终极意义之权威的情景下,人类最明智的做法就是让"多元"互相竞争、互相制约。不过,多元论并非仅仅强调竞争和冲突,相反,它在行动上却表现得十分节制:在思想或观念上经历各种各样的可能性而在行为上恪守中庸之道。因此多元论似乎更准确地演绎了自由主义在冲突的力量中寻找平衡、妥协的初衷。需要指出的是,伯林的多元论不同于相对主义,这也是他本人 70—80 年代以后思想的一个重点,多元论在只承认差异的相对主义之外,还承认一个共同的人性基础,意指在多种观念与价值的不相容的同时,人们之间完全可以相互理解相互沟通。这也为后来哈贝马斯的公共理性和交往理论开启了道路,是人类对自身思考方式

---

[1] [英]卡尔·波普尔著、郑一明等译:《开放社会及其敌人》,中国社会科学出版社 1999 年版,第 294 页。
[2] 关于"消极自由"的理解参见[英]以赛亚·伯林著、胡传胜译:《自由论》,译林出版社 2003 年版,第 189—200 页。
[3] 转引自胡传胜:《自由的幻像——伯林思想研究》,南京大学出版社 2001 年版,第 233 页。

的一个重大转变。

三

多元性代表着源于启蒙运动的思想现代性的基本特征。思想模式从一元向多元的转变标志着人类思想从封闭到开放、从武断到宽容的现代转型。[①]杜亚泉与伯林都提倡多元思想，无论从形式还是内容上我们都能看到二者在某种程度的相似：都承袭了英伦自由主义的精髓，主张宽容与开放，内容上都不赞同存在一种唯一正确的、权威性的思想价值体系或文化种类，相反，正是这些观念与文化的多样性构成了我们身边这个实在的生活世界。然而，对于这种多样性的理解，两位思想家却各执己见：杜氏之"多元"是一种和谐的多元，最终融会成一个更大的"一"，也即"多元一体"的调适论；而伯林的"多元"则是一种分散的、互异的、不可通约的甚至冲突的多元，无法采用一种合适的手段将它们统整在一起，其着眼点毋宁是"差异"，强调"他者"永远不可能被完全"同化"，也即韦伯关于"价值领域的诸神冲突"中实现某一价值几乎总是会有损于其它价值，而并非带动和促进其它价值的相关论证。伯林强调多元论的关键点并非在于"多"，如果"多"可以兼容，可以用一个共同尺度来衡量，那么最终还是回到了一元论的老路。因为价值一元论的根本追求和迷人之处就在于，宣称它承诺包含一切价值而且总有一天能够实现一切价值。[②]

颇为有趣的是，伯林反对的"假多元论"恰恰即为杜氏之论证，这种深刻的差异究竟生根于何处？于是我们不得不将目光投向中西文化之不同根基以及中国特有的社会历史背景中去。

多元论是自由主义思想的基石，从历史和逻辑上可以追溯到16世纪的

[①] 高力克：《求索现代性》，浙江大学出版社1999年版，第115页。
[②] ［英］以赛亚·伯林著、胡传胜译：《自由论》，译林出版社2003年版，第174页。

宗教改革和宗教战争中的宗教宽容理想：信仰或者良心是自由的，个人可以有不同的表达信仰的方式，国家不保护任何一种教派，并承认各种教派的合法性。在教派冲突中严守中立的政教分离运动在西方现代国家的成长乃至现代化过程中都具有决定性意义。只有在宽容（其中隐含了平等和权利两项价值）的观念和要求产生以后，才能孕育自由主义。伯林的多元论是以纳粹德国为特殊历史背景，在西方文化传统底蕴中生长起来的，其核心问题是：为什么观念（理想、世界观、意识形态、价值体系）对人类的生活和命运形成巨大的、甚至是决定性的影响？在压倒性的文化环境之下个人将如何？他的整个理论体系充满了对个人以及权利的关怀，并力图从多元的角度去理解人的本质，特别是作为个体而不是社会一员的人的选择，因而他所推崇的自由是一种"免于……"式的消极自由。

"五四"思想启蒙时期乃西方文化传入中国并与中国传统文化发生碰撞的时期，国人对西方文化与传统文化应该采取何种态度是当时学术界争论的焦点之一。杜亚泉的调适多元论思想就是中西思想融合的产物，除了英伦自由主义和科学思想之外，其本土思想皆来源于中国传统文化，其中包括以阴阳学说为主体的中国辩证法思想以及儒家倡导的不偏不倚、于两端择其中的"中庸之道"。在杜亚泉那里，不同的思想各自成立、相互补救，东西文明动静调和，并且他本人始终坚持温和均衡的思考方式与学术态度等等，这些都极具中国传统文化特质。值得注意的是，中国传统文化是具有一定综合性质的文化，无论是辩证法还是中庸思想都是在承认矛盾对立和差异的基础上强调最终的统一与调和（如"天人合一""和合"思想等），在此种文化底蕴上，杜氏思想自然无法远离调适的基调。

其次，多元论基础之上的自由主义是一种典型的西方思维方式，它总是不断地在权利与权力之间寻求制约和平衡，伯林的多元论即体现了这种探寻，并致力于将天平的砝码重新移回个人权利的那边。然而，中国传统哲学中很少突出权利与权力的张力问题,甚至权利的观念都很少涉及。另外,西方市民社会在中国的缺失,更缺少以个人权利为主体的公民文化,相反地,在具有深厚专制主义和宗法主义传统的中国社会,只有"族民""子民""黎民"和"村民",因而那时的中国还处于前现代的"臣民文化"阶段。"普天之下,莫非王土"的家国思想,也折射出中国不具备西方国家社会的二元结构、不具备英美式的多元社会遗产的问题。因此,自由主义所关注的个人与社会,恰恰是中国思想的真空地带。如此便不难理解杜氏的多元论只是一种以多元为前提的"一体"论,以宏观的中国社会文化转型与现代化为理论出发点,而对个人及其权利的关怀痕迹较之伯林就微弱得多。

最后,我们回到社会历史的视角。"五四"时期的中国面临强敌的入侵和西方文化的浸润,但国内帝国封建专制、落后的农业经济、文化心理的儒学一统和社会身份的高度固定形成了一个具有超稳定系统的刚性社会结构,这与英美式多元的弹性社会结构迥然相异。而多元思想是与后者相匹配的,因此英美传统的多元思想如何能在中国发生实际效用是一个值得深思的问题,这关系到多元社会力量的妥协、调和及其建制化等相关问题,而不仅仅涉及政治文化层面的宽容、妥协、调和精神。杜亚泉思想之窘境就在于它是一种刚性结构上的柔性思想,它试图将英美的调适模式运用于中国的现代化进程,而中华帝国的刚性结构却产生了强烈的反弹力。[①]

伯林彻底的多元论立场从理论上讲具备一定的社会文化心理条件,中国所面临的困境在伯林那里都是不存在的。但是,他的多元论实质上是一种"反基础主义的自由主义"基础,正如斯特劳斯指出:它暴露了自由主义无法奠定其"绝对主义基础"之困境,无异于宣告"自由主义的危机"。自由主义寻求理解和倡导宽容与作为一种意识形态之间具有内在的紧张:自由主

---

① 许纪霖等:《杜亚泉与现代思想史上的调适思潮》,见 http://www.sylib.com/mrdyqbdzj/1730.htm, 2003年11月。

义为某一特殊的生活态度或价值体系辩护，视其为最合适的最文明最人道，这也就背离了自由主义的宽容原则。历史地看，启蒙主义继承了两个相互冲突的历史遗产：和解立场和科学革命。我们看到的是宗教宽容中的多元论受到科学的一元论的抑制蜕变成了口号，长期以来无神论也是不被宽容……"五四"时期西方文化在与非西方文化的冲撞中，要不是以一种咄咄逼人的气势涌入中国，而是贯以温和的宽容立场，那么非西方国家的悲剧性历史也将改写，西方文化价值的普遍性也就不会扎根。因此，"两面神"形象的西方文化其内部也具有深刻的紧张。

综上所述，杜亚泉与伯林两种多元论在其落脚点和理论走向及其运用等问题上都存在诸多差异，中西文化之不同根基以及中国独特的社会历史背景等因素不仅致使这些差异的产生，同时也能解释其必然性。当今中国新的社会文化转型的问题再次引起我们的关注，西方理论固然有值得借鉴之处，但我们更应该深入地讨论中国式的相关问题，如特定的历史条件、心理文化环境、社会结构、社会力量以及建制性等等。杜氏的多元调适思想具有深刻的历史洞见，其思想价值也在不断得到肯定与推崇，它代表了一种文明的精神，取代了两极思维的"斗争哲学"。伯林的彻底多元论也推动了自由主义的新发展，使自由主义理论内部的诸多问题清晰化，并使文化研究进入到自由主义思想的核心层面。伯林与杜亚泉都是敢于逆乎常规的思想家，这种独立思考的理论勇气必将不断地激励后来者。

原载《淮北煤炭师范学院学报（哲学社会科学版）》2006年6期

论民国初期杜亚泉的经济思想

李学桃

杜亚泉（1873—1933），浙江绍兴山阴县（今上虞市）人，近代中国思想启蒙和科技启蒙的先驱。他自学成才、无师自通，在自然科学、人文社会科学诸领域内均有造诣；他笔政《东方杂志》9年，使其不断发展、壮大；他积极从事教育事业，介绍与宣传近代西方先进科技知识，在近代思想界、科学界影响重大。20世纪90年代以来，学术界逐渐掀起了研究杜亚泉思想的热潮，但对他的经济思想的研究还极为薄弱。杜亚泉作为转型时期一位颇为活跃的历史人物，对民国初期经济的发展进行了独到的思索。其经济思想内涵丰富，紧扣转型时期中国社会发展动向；经济理念初期以求富为主，"一战"之后转而强调"既富加教"；同时基于世界经济局势之变化，积极探索符合中国实情、强调中国个体特殊性的经济发展之路。

一、"求富"

近代中国实业不振、经济羸弱。如何挽救这一颓势，杜亚泉对此进行了长期探索。大体上看，民国初创至"一战"爆发这一时期里，杜亚泉的经济思想主要集中在探索民初经济危机的解决，以及对晚近以来实业发展步履蹒跚的原因与应对之策的思索上。

1911年10月，辛亥革命爆发，随后中华民国建立。对于这一划时代之巨变，杜亚泉思想上经历了一个"由热情而理性"的变化。[1]他敏锐地意识到新政权面临着严峻的经济危机，并提出了解决方案：利用外债来发展国民经济，同时合理增加赋税充实政府财政。

民初外债问题，在当时争议很大。有认为"民国初建，必借外债"者[2]，也有强调"虽在至愚，未有食毒脯以止饥，引鸩酒以止渴"等反对者[3]。杜亚泉认为，外债是当时中国进行建设等各项工作所必须借助的外在条件。他认为土地、资本与劳力是生产的三个基本要素。中国劳力充裕，西方国家则在资本方面见长，故彼此之间应加强劳务、资本交换，"以赢补绌"，顺应"自然流通之趋势"。中国不利用外资，则"与英美之禁止华工，皆为反乎自然，自减杀其生产力者"[4]。但是，当时之外债，诚如宋教仁所称，"颇含有政治臭味"[5]。杜亚泉也意识到引进外债，若"不善利用之，则其累殊甚"[6]，"外债亡国，固近世之事实"[7]。但是，杜亚泉对此并不是采取绝然两分、固持一端的态度，而是以趋利避害之原则，就如何引入外债进行了思考。他指出，中国应从国内经济下手，先谋求自身经济之独立；在此基础上，适度引入外债，藉以解决经济危机。"吾国民惟有力崇节俭以贮资本，整理财政以厚信用，于经济上先谋独立之基础，然后预备研究利用外债之方法，庶不致与埃摩二国携手而同入图圄耳。"[8]孙中山当时亦认为，"民国成立伊始，固

---

[1] 李学桃：《由热情而理性：1911—1912年间杜亚泉对辛亥革命的态度及认识》，《四川师范大学学报（社会科学版）》2011年5期，第5页。
[2] 叶景葵：《外债问题》，上海经世文社辑：《民国经世文编》（陆），北京图书馆出版社2006年版，第3665页。
[3] 康有为：《大借债驳议》，上海经世文社辑：《民国经世文编》（陆），北京图书馆出版社2006年版，第3667页。
[4] 杜亚泉：《中华民国之前途》，《东方杂志》8卷10号，1912年4月。
[5] 郭汉民编：《宋教仁集》（二），湖南人民出版社2008年版，第463页。
[6] 杜亚泉：《论依赖外债之误国》，《东方杂志》9卷1号，1912年7月。
[7] 杜亚泉：《中华民国之前途》，《东方杂志》8卷10号，1912年4月。
[8] 杜亚泉：《中华民国之前途》，《东方杂志》8卷10号，1912年4月。

不得不借外债"；但是，针对借助外债之弊，他寄希望于"各国资本家不应要求监督财政权"①。杜亚泉的主张在民初政局复杂、经济形势严峻的背景下，不免显得迂阔。但是，他强调自身经济的独立性与引进外资的必要性，则在上世纪中国改革开放以来的经济建设中得到了验证。

同时杜亚泉还提出合理增加赋税以纾缓民初经济危机。新政权建立伊始便增加赋税，杜亚泉认为是不得已而为之。"我国自古迄今，皆以薄税敛为仁政，加赋之禁，几为不成文之大宪章"；并且，当时尚有三个因素决定增加赋税极有难度：一是战争的破坏导致经济凋敝，百姓生活极其艰难；再是自然灾害频繁，民间疾苦不堪。"水患仍频，粮价腾贵，饥民遍地，赈给之不暇，遑论征税"；三是受教育水平影响，国民政治观念淡薄。"教育未普及，下层社会之人民，尚乏政治思想，未识共和之真意，骤加以担负，必群起以鸣其不平。"这样，"欲增进国势，则不得不斥民财以裕国用，而欲休养民力，又不能不轻国计而重民生"②。但是，当时的经济形势是，"瘁于晚清秕政之余，复丁干戈大乱之后，满地兵燹，疮痍弥目，民生凋敝，亦云极矣。重以库帑空虚，岁出增巨，……势不能不加征重敛于民"③。杜亚泉在反复权衡之后指出，政府若要增加赋税，"当议之于整理财政、节减政费之后"④。从整顿田赋、盐税入手，同时减少行政费、精兵简政。他还提出具体的整理田赋的步骤，晚清税制紊乱，民初亦是如此。当时学者龙骧指出，民初税制"紊乱极矣"，谏言"立系统税制"，以"开良好之税源"⑤。至于减少行政费，杜亚泉认为，"首在减少官厅"。随着行政费的减少，"事业费自增"；同时，百姓"将晓然于政府之取之吾民，非为豢养官吏之用，而一改其嫌忌

---

① 《孙中山全集》（第二卷），中华书局1982年版，第385页。
② 杜亚泉：《中华民国之前途》，《东方杂志》8卷10号，1912年4月。
③ 李大钊：《大哀篇——（一）哀吾民之失所也》，《李大钊文集》（第1卷），人民出版社1999年版，第10页。
④ 杜亚泉：《中华民国之前途》，《东方杂志》8卷10号，1912年4月。
⑤ 龙骧：《整理中国税法议》，上海经世文社辑：《民国经世文编》（伍），北京图书馆出版社2006年版，第3188页。

纳税之观念，其关系盖非浅鲜也"①。他在主张开源的同时，强调节流，通过建设一个廉洁、简便、高效型政府来减少财政开支，进而克服经济危机。

晚近以来，实业救国的实践此起彼伏，但效果并不显著。杜亚泉认为这是没有抓住振兴实业之本的缘故。振兴实业之策，"有本末之不同"；中国"实业之所以不振者，当舍其末而求其本矣"②。何谓实业之本，他归结为三个方面：国人从事实业之根性、社会崇尚实业之风俗、政府提倡实业之实心。③

杜亚泉认为，国人有热衷于政治而鄙薄实业建设之根性，实业建设由此收效甚微。"吾国人之心理，夙以仕宦为唯一荣幸之途，……故人民之优秀者，大都致身于仕宦之中，习染既深，衍为种性"；这样，"对于实业之观念，必自然薄弱，自然退化"。这样，尽管"形式虽步武欧西"，"而其部勒，其精神，终有不逮者"。④杜亚泉以当时留学生回国后的任职情况，以及国内学生的专业选择对此做了进一步说明。"游学实业生之毕业归国，每于政治界谋一枝栖，绝鲜用其所长，一偿负笈之初志，虽迫于无缘自见，毋亦根性留遗之影响乎？""法政学校报名者，倍蓰于其额，而投考实业学校者，寥寥无几。"⑤是故要振兴实业，"当先就吾人根性，痛加铲除"⑥。他大声疾呼，"世界物质之竞争，已周绕吾之四围而日加逼压，不自辟其物质之势力，其受朘削，胡有尽期"？因此，"亟宜趁此时机，革除其重视官僚之心，引起其劳力赴功之念，使人人心理，不以分利为职志，而以生利为前提"⑦。

杜亚泉对于社会鄙薄商业之弊的认识，是极为深刻的。上世纪40年代，

---

① 杜亚泉：《中华民国之前途》，《东方杂志》8卷10号，1912年4月。
② 杜亚泉：《现代文明之弱点》，《东方杂志》9卷11号，1913年5月。
③ 杜亚泉：《现代文明之弱点》，《东方杂志》9卷11号，1913年5月。
④ 杜亚泉：《现代文明之弱点》，《东方杂志》9卷11号，1913年5月。
⑤ 杜亚泉：《现代文明之弱点》，《东方杂志》9卷11号，1913年5月。
⑥ 杜亚泉：《现代文明之弱点》，《东方杂志》9卷11号，1913年5月。
⑦ 杜亚泉：《现代文明之弱点》，《东方杂志》9卷11号，1913年5月。

蒋经国经营赣南时，还在着力强调要"创造新的商人精神，取缔社会轻视商人不正确的观念"①，足见近代这一社会心理对于实业建设影响之巨。在杜亚泉看来，人民根性、社会风俗是实业发展之主要障碍，若不从此入手，则是舍本逐末，"徒为形式之踵效"。至于政府对于实业之提倡，杜亚泉认为其影响"在三者中为效最微"；但也有其必要性，且是政治职能之一，"事属诸政府一方面"②。

杜亚泉在这一时期里，还积极主张发展科学技术来振兴经济，其科技思想略带有科学主义的色彩，强调"工艺为本"③（"工艺"，即指"科学技术"）。"鄙人向日读译籍之述西洋工艺者，辄心向往之，以谓工艺为一切事物之本"。④ 基于这样一种科技观，他认为经济发展与实业振兴，都仰赖于科学技术之进步。"农之所产，赖工艺以增其值；商之所营，赖工艺以良其品"；"经济之充裕，必由于工艺之发达"。⑤ 西方经济之发达，乃是科学技术发展之结果。"西洋社会之经济，因机械之利用，事物之发明，而日益发达，此故科学之产物。"⑥ 因此，他撰写了大量的科普著作、创办一系列科技杂志、并躬身教育，积极地宣传、介绍西方科技知识，试图借此发展实业、振兴经济。

杜亚泉上述这些经济思想，主要是就当时国内一些具体的经济问题所展开的思索。这一阶段里，其经济思想的基本理念可以用"求富"囊括之。而"一战"之后，这一理念有所变化。

---

① 《蒋经国先生建设新赣南重要文献辑录》（上册），台湾章贡学会1997年版，第315页。
② 杜亚泉：《现代文明之弱点》，《东方杂志》9卷11号，1913年5月。
③ 李学桃：《基于科技哲学视域下的杜亚泉科技思想研究》，《东北大学学报（社会科学版）》2011年6期，第488页。
④ 杜亚泉：《工艺杂志》序，《东方杂志》15卷4号，1918年4月。
⑤ 杜亚泉：《工艺杂志》序，《东方杂志》15卷4号，1918年4月。
⑥ 杜亚泉：《战后东西文明之调和》，《东方杂志》14卷4号，1917年4月。

二、"既富加教"

1914年8月爆发的第一次世界大战对中国影响重大,这种影响不论是在战时[1]还是战后,在政治、思想、文化等层面上都深深地影响到了当时中国的知识分子。这在杜亚泉身上体现得尤为明显。随着对战争的深入反思,杜亚泉思想上发生了重大变化:体现在其科技思想层面上,由早年略显科学主义色彩的科技思想向怀疑、谨慎的科技思想转化[2];经济思想层面上,表现为其基本理念实现了向"既富加教"的嬗递,并确立起强调个体特殊性、注重中国实际的经济发展原则,积极参以世界经济变化之因素,思想内涵更为丰富。

杜亚泉指出,"一战""使西洋文明,露显著之破绽";因此,"文明之价值,不能不就其影响于人类生活者评定之"。[3]他认为,"于人类生活有最重要之关系者,一曰经济,二曰道德";其中,"人类所需之衣食住及其他生活资料,苟有所缺乏,则生活不能维持,经济关系之重要固无待言"。但是,经济的发达,并不等于社会发展的完善,"然使经济充裕,而无道德以维系之,则身心无所拘束,秩序不能安宁,生活仍不免于危险"。因此,"既富加教,实为人类保持生活之大纲"[4]。杜亚泉强调,社会文明并不仅限于经济的发达,还必须注重道德水平的提高,经济、道德两者须二元并进。"经济、道德俱发达者为文明,经济、道德均低劣者为不文明。"[5]推而言之,经济、道德中任何一方不发达,未协调发展,也为文明之病态。因此,杜亚泉将经济发展与道德建设紧密结合起来,在求富的同时强调道德建设,是谓"既富

---

[1] "第一次世界大战于进行之时对中国的影响",参见郑大华、郭辉:《第一次世界大战与中国知识界的思考——以〈东方杂志〉为中心的考察》,《浙江学刊》2011年4期,第69—78页。
[2] 李学桃:《基于科技哲学视域下的杜亚泉科技思想研究》,《东北大学学报(社会科学版)》2011年6期,第488页。
[3] 杜亚泉:《战后东西文明之调和》,《东方杂志》14卷4号,1917年4月。
[4] 杜亚泉:《战后东西文明之调和》,《东方杂志》14卷4号,1917年4月。
[5] 杜亚泉:《战后东西文明之调和》,《东方杂志》14卷4号,1917年4月。

加教"。

杜亚泉反省欧战的另一个成果，是在思考战后欧洲经济走向的基础上，结合中国的具体实际，提出了发展经济要注重自身特殊性的基本原则。他预计战后欧洲将迎来一场发展经济的热潮，"欧战终结，世局更新，今后各国咸将解甲释戈，努力于实业之发展"①。此时，"欧游"归国的梁启超也指出，战后欧洲将"竞相奖励国产，借此补偿战后疲敝。将来国际间产业战争，只有比前更剧"②。面对这一经济趋势，杜亚泉指出，中国要"厕身于此舞台"，"颉颃期间"，应依据自身之特殊实情，寻求一种适合本国实际而迥异于西方的经济发展道路。虽然，发展实业"不外奖劝工商、增进农产诸大端"；但是，"各国各有特殊之情势，各有特殊之历史，因而不能不有特殊之方策"；加之"吾国地位与欧美悬殊，而实业界过去之事情、现在之状况亦复歧异，则其所以谋将来之发展，与夫杜渐防微、补偏救弊之计画，当有其特殊者在，而不可不审度情势，以求其适当也"③。在明确了这一基本原则之后，杜亚泉进而从诚信品行、资本积累、政府职能、优先发展中小企业等方面就民初经济发展进行了探索。

他首先强调，发展实业必须注重诚信，我国古代商人"处事忠诚，然诺不苟"的宝贵品质，"吾人所当保守不替"。④晚近以来，实业界中"道德信义，日渐堕落"；由是"欺诈之行为，攘夺之手段，赌博之性质，遂传染于商业社会，而曩时可宝贵之优点，且澌灭殆尽"；"缺乏诚信"对发展实业危害极大，"足以阻害事业之发达，实匪浅尠"。⑤ 缺乏诚信，商业投资将难以兴起。并且，"循是以往，国内赀财，必皆深闭固拒，不获资为开拓利源之

---

① 杜亚泉：《中国兴业之先决问题》，《东方杂志》16卷5号，1919年5月。
② 梁启超：《饮冰室文集》7（专集二十三），中华书局1989年版，第20页。
③ 杜亚泉：《中国兴业之先决问题》，《东方杂志》16卷5号，1919年5月。
④ 杜亚泉：《消极之兴业谈》，《东方杂志》12卷7号，1915年7月。
⑤ 杜亚泉：《中国兴业之先决问题》，《东方杂志》16卷5号，1919年5月。

用,甚或为丛驱雀,移而存诸外国银行,或投诸外商组织事业之中,则所谓地大物博者,亦徒供外人之朘削而已",是故"植立信用,实为今日兴业之先务"。①

其次,杜亚泉认为,商业发展过程中应注重资本的积累,克服浮华与奢靡。"商业精神,首在经济,量入为出,……能博巨额之盈利者,皆铢积寸累而来者也。"②西方商界与中国古代商人都具有这种精神,值得效仿。"西洋巨大商店,……谨守此经济主义";"吾国旧时商业,亦皆崇尚实际,不事铺张"。③然而,近代商界因盲目崇拜、效仿西方物质奢华,忽视实业发展过程中需要恪守勤俭、积累,"以为求大利者不惜小贵,成大事者当冒万险";由此酿成不少恶果,"营业未经开始,而基金已耗去大半矣。其甚者,且欲借此虚声,耸动庸俗,以吸收存款,诱引资金。无论此欺饰行为,矜张意气,终必败露也;即幸得继续维持,而开始之耗绌,亦有足贻后日无穷之累,以减衰其发展之力者"④。因此,在财力、经验等都不如西方商人的情况下,"更宜以经济为首务,人力财力均当节俭用之"⑤。

第三,杜亚泉强调,政府要为实业的发展创造一个良好的环境,并且要恰当地处理与实业的关系。他指出,"一国政府之本分,在保全社会之安宁,维持社会之秩序,养其活力之泉源而勿涸竭之,顺其发展之进路而勿障碍之"。政府对于实业,要"勿加扼抑""无事过为干涉",应"遂其生理"。⑥对于当时"捐税之繁多,关卡之林立,税章之凌杂,胥吏之留难"的现状,他强调,政府首要"定一明了统一之税章,立一简便易行之税法,严禁揞

---

① 杜亚泉:《中国兴业之先决问题》,《东方杂志》16卷5号,1919年5月。
② 杜亚泉:《中国兴业之先决问题》,《东方杂志》16卷5号,1919年5月。
③ 杜亚泉:《中国兴业之先决问题》,《东方杂志》16卷5号,1919年5月。
④ 杜亚泉:《中国兴业之先决问题》,《东方杂志》16卷5号,1919年5月。
⑤ 杜亚泉:《中国兴业之先决问题》,《东方杂志》16卷5号,1919年5月。
⑥ 杜亚泉:《消极之兴业谈》,《东方杂志》12卷7号,1915年7月。

勒，力除弊窦，以苏商困"。①此外，政府兴办实业要注意处理好与百姓的利益关系。"各项实业，在理应归国有者，固不妨次第收回，但必须有充分正确之理，以折服人民之心意。"并且，"一切官营事业，务以不碍商人生计，及侵损其权利为要旨"②。

杜亚泉对中国古代政治、实业之间严格的身份区分并不赞同，但对于官商勾结极为警惕。"吾国旧习，士农工商之种类，辨别綦严，各治其生，不容混杂；且一入仕途，例不许兼营商事，此未免限制过甚"；虽说"业有专攻，效乃易举"，但"纵不宜划定阶级，限以终身"。近代以降，这种局面有所打破：实业界人士不乏"驰情禄位"者，政界人士亦"转而营营于货殖"。其中前者，杜亚泉在"一战"前已指出它严重窒碍实业之发展；而后者也深有其弊："通财鬻货之事本非所谙，腐败晏安之习又难尽革，以是所营之业每奄奄无生气，或且出于垄断罔利之为，不幸折阅，则弥缝掩盖之术，又较他人为巧。消耗有用之经济，破坏商市之风习，更间接以扰乱公家之财政。"③更有甚者，杜亚泉指出，官僚实业"愈益得势，则普通实业将受其迫压而愈益凋残"④。此外，它"事事占得优胜，于是以商业起家、本无官僚臭味者，亦不得不接近官僚，以保持其地位"，由此形成好与官僚勾结的风气，"近来商家，好与政界相往还"；这一风气对发展实业极为有害，"足使实业界空气日就腐败，不加铲除，而欲实业之兴盛，不可得也"。⑤当然，杜亚泉并不否定政府扶植实业的必要性，"人民营业，固不能不赖政府之保护奖励"；只是他强调政府权力具有公共性质，不能有所偏重，更不能以公谋私，误用、滥用，"公有之权利，当全国普及，而不可偏重。又西人国外经

---

① 杜亚泉：《消极之兴业谈》，《东方杂志》12卷7号，1915年7月。
② 杜亚泉：《消极之兴业谈》，《东方杂志》12卷7号，1915年7月。
③ 杜亚泉：《消极之兴业谈》，《东方杂志》12卷7号，1915年7月。
④ 杜亚泉：《中国兴业之先决问题》，《东方杂志》16卷5号，1919年5月。
⑤ 杜亚泉：《中国兴业之先决问题》，《东方杂志》16卷5号，1919年5月。

商，常借政府威力为后盾，顾彼仅施于国际，而未尝滥行于国中，此非可误用者也"。① 杜亚泉强调，政府干预实业是利弊共生，如何"取利去弊"？关键在于把握住一个度，如日本近代实业之振兴，初期很大程度上仰赖于政府的干预，后期则在于政府的成功退出；日本政府成功地培植了实业的繁荣，也成功地实现了与实业分开，最终实现经济现代化。

第四，针对中国资本积累的先天不足以及小资本者、劳动力庞大的国情，杜亚泉强调分散资本优先发展中小型企业。他强调，中国资本积累先天不足，社会资本总量不大，"聚之一隅，则其余诸业之待以周转者，必减其活力"；并且"吸收于一机关，不幸而挫折，必伤无限之元气"，若"散之为数十业，则此赢彼绌，得失尚可相偿"。而且，"商业知识、商律观念尚未普遍之时，局中经营，局外监察，又难适当，利不胜弊，势有必然"，因此，"计不如改良手工，维持小企业之较为实在"。② 更为重要的是，中小企业"就表面而论，似在无足轻重之间，然全国商人之营此事业者实居多数，中下社会之生计全系于斯，为菀为枯，关系匪浅，故亦不宜忽视"③。在他看来，小型企业是"全国生命之源泉"，它"较之伟大企图，仅为少数资本家谋利益者，固有本末先后之不同"。④ 杜亚泉这一思考既是对中国资本积累先天不足而只能从小型投资入手之国情的观照；同时，也是为了避免出现西方社会因资本集中而导致社会危机之弊。他指出，资本集中在"欧美各国，已因此而惹起社会之不宁"；因此"宜引以为鉴，先事预防"。⑤

第五，杜亚泉对中国农业的发展也进行了独到的思索。他指出，一般来讲，发展农业总的措施，"莫亟于改用新法"；就大多数"土地有限、劳力

---

① 杜亚泉：《中国兴业之先决问题》，《东方杂志》16卷5号，1919年5月。
② 杜亚泉：《消极之兴业谈》，《东方杂志》12卷7号，1915年7月。
③ 杜亚泉：《消极之兴业谈》，《东方杂志》12卷7号，1915年7月。
④ 杜亚泉：《消极之兴业谈》，《东方杂志》12卷7号，1915年7月。
⑤ 杜亚泉：《中国兴业之先决问题》，《东方杂志》16卷5号，1919年5月。

缺乏之国"而言，也莫过于"用学理以增多出产，藉机械而节省人工"。① 但是，中国"亦有特殊之点在焉"："荒地尚多，劳力过剩"；因此，"目前要务，宜先调剂人地，使土地无旷废之患，人力有致用之途，然后徐图革新，方收美满之效果"。② 杜亚泉看到了中国农村人口的庞大，并将充分利用农村劳力作为振兴农业之前提，这深有见地。此外，他还强调，中国历年垦荒，"绝未为赴垦之农夫图谋便利"，"徒便于资本家及大农家"；由是之故，"虽招垦多年，迄无成绩"。③ 对此，杜亚泉指出，"宜改变方法，奖励小农，而农民之领垦、赴垦及在垦地工作者，应予以种种之补助"。此外，他还强调保证粮食作物的种植面积，以保障人民正常生活之需，"以日用衣食所必需者为本位，其他品种则以余力兼及之"。④ 并且，对于当时的粮食供应，杜亚泉还极为警觉。"南方食米，时或仰给于暹罗，而麦粉一项，亦多自美输入"；因此，"设遇凶歉，将生恐慌"；加之我国"财力既绌，且乏国外航运之机关，纵欲乞籴，亦必仰人鼻息，多所阻难"，是故"不可不预为之地也"。⑤ 杜亚泉针对中国农村实际情况，提出充分开垦荒地以促进农民就业，同时强调垦荒要惠及小农，使得农民拥有一定的土地。并且，他还呼吁要保证粮食作物的种植面积，警惕粮食供应。由此可见，他既抓住了中国当时农村人口多、人均占有土地不均的实情，也看到了粮食对于社会稳定、经济独立乃至民族独立的重要性。

三、结论

杜亚泉的经济思想直接来源于对民初经济问题的观察与思考，由于缺乏

---

① 杜亚泉：《中国兴业之先决问题》，《东方杂志》16卷5号，1919年5月。
② 杜亚泉：《中国兴业之先决问题》，《东方杂志》16卷5号，1919年5月。
③ 杜亚泉：《中国兴业之先决问题》，《东方杂志》16卷5号，1919年5月。
④ 杜亚泉：《中国兴业之先决问题》，《东方杂志》16卷5号，1919年5月。
⑤ 杜亚泉：《中国兴业之先决问题》，《东方杂志》16卷5号，1919年5月。

系统的经济学知识背景，所以不属于纯理论的探索，也无系统性可言，具体表现为内涵的零散以及内在逻辑关联的缺失。这显然符合杜亚泉作为转型时期知识分子的身份特征——思想上既有近代西方思想的影响，又有着传统思维的烙印。总体而言：杜亚泉经济思想内涵丰富，且始终"注重现状"，"从社会真相求其适合"，以"举美满之效果"①；并且不断随经济形势变化而发展变化，始终围绕探索解决当时中国最为迫切的经济问题。这一特点既源于他对国情的理性认识，同时也是其社会关怀所使然。

杜亚泉经济思想能自觉、积极地吸纳西方社会经济发展中的经验教训，参以西方经济发展动向，以为中国经济发展服务。这在"一战"后体现得尤为明显，如对于西方国家资本积累阶段的勤俭、节约精神的肯定，以及对资本集中导致社会危机这一弊病的警醒等。正是因为注重中国"现状"，又能结合西方经济发展过程中的经验教训，因此，杜亚泉的经济思想在基本理念上实现了由"求富"向强调"既富加教"之转变。这标志着杜亚泉经济思想实现了由功利主义而向注重社会关怀与人文关怀之转化。

杜亚泉经济思想中，与其基本理念之转变伴随而生的另一重大成果，是强调中国经济发展要注重自己的独特性。他指出，中国经济的发展应遵循中国社会的特殊性，进而采取一种符合自身实情的发展路径。因此，他强调，不论是在发展工商业还是农业，都需要注重本国实际，不宜盲目照搬西方发展经验等。

杜亚泉的经济思想还有其他一些特点，如其始终强调适当处理政治与经济的关系：他既注重经济对政治的基础作用，积极探索解决民初经济危机以巩固新生政权；同时也看到了政治对经济的反作用，强调政府适度干预实业，提倡合理使用政府权力等。

当然，杜亚泉经济思想也带有明显的调适主义色彩。1912 年起，他积

---

① 杜亚泉：《消极之兴业谈》，《东方杂志》12 卷 7 号，1915 年 7 月。

极介绍日本人幸德秋水的《社会主义神髓》以宣传社会主义。[①] 但到了1919年，当社会主义在苏俄得以实践，并在中国逐渐传播开来之时，杜亚泉却视之为社会"危机"，呼吁提高警惕。"我国急进之徒，若欲乘世界之潮流，率此下层人民中之无职业者，贸贸然企图改革社会之事业，则必使吾全国之社会陷于覆亡之境遇，此实我全体国民所宜兢兢注意者。"[②] 杜亚泉认识到经济危机的加剧会导致战争，但对于反省与克服资本主义经济危机之社会主义的真正到来，却又竭力回避，这也是其保守、调适之秉性在经济思想上的反映。

总的来看，杜亚泉经济思想作为转型时期中国社会的精神遗产，诸多观点对于现今经济之发展仍有重要的现实意义。

原载《首都经济贸易大学学报》2012年4期

[①] 杜亚泉：《社会主义神髓》，连载于《东方杂志》8卷11号至9卷3号（1912年5～9月）。
[②] 杜亚泉：《大战终结后国人之觉悟如何》，《东方杂志》16卷1号，1919年1月。

杜亚泉的"奢俭观"论析

宋 俭 李学桃

杜亚泉（1873—1933），浙江上虞人。作为近代思想启蒙与科技启蒙的先驱，他对近代经济问题亦进行了深入探索，经济思想内涵丰富，颇具价值。从目前的研究来看，学术界对杜亚泉经济思想的研究极为薄弱：除拙作《论民国初期杜亚泉的经济思想》之外[①]，其它成果尚不多见；而对其颇具特色之"奢俭观"的研究更是尚付阙如。笔者早前论述杜亚泉的科技思想时，曾简略涉及到其有关奢、俭问题的一些认识[②]，现今在此基础上对其"奢俭观"作进一步探讨。

一、节俭与文明之密切关系

奢、俭问题是"传统经济思想长期谈论的一个重要问题"[③]。民初以降，杜亚泉对奢、俭问题进行的独到思索，其逻辑起点是强调节俭与人类文明之间存在着密切联系。

杜亚泉指出，节俭作为传统美德，"经传及诸儒学说先哲格言"对此"多称道之。"[④] 事实上也确是如此，"'崇俭节用'消费思想源于先秦，历代思

---

① 李学桃：《论民国初期杜亚泉的经济思想》，《首都经济贸易大学学报》2012年4期，第85—90页。
② 李学桃：《基于科学技术哲学视阈下的杜亚泉科技思想研究》，《东北大学学报（社会科学版）》2011年6期，第487—491页。
③ 赵靖、易梦虹编：《中国近代经济思想史》上册，中华书局1980年版，第101页。
④ 杜亚泉：《说俭》，田建业等编：《杜亚泉文选》，华东师范大学出版社1993年版，第272页。

想家都曾提出过相当深刻的见解。薪火相继，代代传承，'崇俭节用'思想已经成为中国传统消费思想的主流观念，影响了一代又一代中国人的道德实践。"[1]但是，也正因被广为称道，人们往往对其"习为不察"，"有视为老生常谈不屑注意者"。[2]对此，杜亚泉颇为担忧。他强调，"不俭之为害，决非限于个人而止"；"迁流所及"足以使道德堕落，"国家元气"受损；在"世界棣通"、竞争激烈之时代危害尤甚，举凡道德堕落、经济凋敝、政治腐败、社会动乱等，均与其紧密相关。故不能"漫不加察"。[3]

杜亚泉接着就"欲望"对促进人类文明，以及提高人们生活水平等的作用进行了论述。"近之论者，每谓世界进化之大原，全赖人类生活欲望之向上。"[4]在不断追求欲望满足的过程中，人类社会不断向前发展。"于是始而穴处，继而宫室，始而鲜食，继而烹饪，其他一切资生之事，亦无不由简单而变为复杂，由朴陋而即于奢华，递演递进，亦递进递演，遂形成今日灿烂庄严之世界。"[5]因此，"苟无此欲望，则人类社会，犹是狉榛之故态，决无进步之可言。"[6]杜亚泉对于"欲望"与经济、社会发展等关系的上述认识，是值得肯定的。其时，梁启超也指出，"人类以有欲望之故，而种种之经济行为生焉"；"人人皆以欲得财产所有权为目的，既共向此目的以进行，则汲汲自殖其富量，而国民富量即随之增进焉"。[7]无疑，他们对"欲望"的这一认识是合理的。自由主义经济学家指出，"要求改善自己的物质境遇是有思想的人们的内在本能，这种欲求是消灭不了的，它是一切人类行动的推动

---

[1] 张玉华：《"崇俭节用"的当代价值》，《光明日报》2013年4月16日。
[2] 杜亚泉：《说俭》，田建业等编：《杜亚泉文选》，华东师范大学出版社1993年版，第272页。
[3] 杜亚泉：《说俭》，田建业等编：《杜亚泉文选》，华东师范大学出版社1993年版，第272页。
[4] 杜亚泉：《说俭》，田建业等编：《杜亚泉文选》，华东师范大学出版社1993年版，第272页。
[5] 杜亚泉：《说俭》，田建业等编：《杜亚泉文选》，华东师范大学出版社1993年版，第272页。
[6] 杜亚泉：《说俭》，田建业等编：《杜亚泉文选》，华东师范大学出版社1993年版，第272页。
[7] 梁启超：《驳某报之土地国有论》，《饮冰室合集》文集之十八，中华书局1989年版，第22、23页。

力。"①杜亚泉还强调，人们生活水平因为满足不断发展之"欲望"而不断提高。并且，"文明之程度愈进，则奢侈之欲望亦随之而愈增"；昔日认为完美的东西，现今则已不能满足需求；此前认为新奇的事物，历经一段时期后也将不再新奇。②因此，纵观人类社会的演进历程，"吾人饮食日用，决非永持旧态，常向奢侈方面，次第进行"；"世界数千年来之历史，实无日不含有由俭入奢之趋势"③。

杜亚泉认识到"欲望向上，于文明开化，有至大之助力"④，但是，在他看来，社会进化"最要之条件"不在于"欲望向上"，而"在乎勤俭"。"世界一切文化，无一非劳动与资本之结果，而劳动资本，则由勤俭而来。"⑤他以原始时代"野蛮人"与现今人类相比较，指出：虽然"野蛮人类之欲望向上，与文明人类，初无少异"，但他们"一日所获，即以供一日之耗费，不为未来之预备"；而文明时代，人们"有远虑""谋未来"，"知人生之不可无积贮也"，对自身"欲望""常存节制之心"——"不但求现时之享乐，且进而谋后日之享乐"；"于是积其劳力与资本，创造种种伟大之事功，以启发文明而嘉利后叶，凡近代一切文明之产出，皆吾先民勤勉节俭之所留遗者也"。⑥因此，"勤俭实与文明有密切之关系，即谓勤俭生文明，亦非过论"；并且，假若"先民无此懿德，而徒逞其欲望作用，则吾侪社会，与野蛮社会动物社会，相去几何？"⑦杜亚泉将"劳动资本"归结为"勤俭"之结果，并据此强调人类文明与"勤俭"之密切关系，这一论述有其合理之处。因为

---

① ［奥］路德维希·冯·米瑟斯著、韩光明等译：《自由与繁荣的国度》，中国社会科学出版社1995年版，第211页。
② 杜亚泉：《说俭》，田建业等编：《杜亚泉文选》，华东师范大学出版社1993年版，第272页。
③ 杜亚泉：《说俭》，田建业等编：《杜亚泉文选》，华东师范大学出版社1993年版，第273页。
④ 杜亚泉：《说俭》，田建业等编：《杜亚泉文选》，华东师范大学出版社1993年版，第272页。
⑤ 杜亚泉：《说俭》，田建业等编：《杜亚泉文选》，华东师范大学出版社1993年版，第273页。
⑥ 杜亚泉：《说俭》，田建业等编：《杜亚泉文选》，华东师范大学出版社1993年版，第273页。
⑦ 杜亚泉：《说俭》，田建业等编：《杜亚泉文选》，华东师范大学出版社1993年版，第273页。

劳动以及劳动成果的积累,剩余产品出现,"人类社会于是由原始社会步入到文明社会"[1]。此外,强调"节制""欲望"对于"创造伟大之事功""启发文明"且"嘉利后叶"等的作用,也与20世纪中叶马克思·韦伯所提出的"禁欲"对促进资本主义在短时间内获得巨大发展的观点基本一致。韦伯曾强调,基督教新的"禁欲"观念,"对资本主义发展所具有的意义是十分明显的"[2]。

二、奢、俭之判定及节俭不等于悭吝

对于如何判定节俭、奢靡,杜亚泉也进行了深入思索。他指出,奢与俭是相对的,二者并无明确定义。"奢与俭无定义,乃随外缘之境遇,社会之文化,比较而出之名词。"[3] 这与其时另一学者梁实秋对奢、俭的认识基本一致,"奢与俭本无明确界限,在某一时某一地并无亏于俭德之事,在另一时另一地即可构成奢侈行为"[4]。杜亚泉对此还予以了例证,"玉杯象箸,当日目为泰侈,而今则视若寻常,今日平民所使用,有为千百载前王侯显贵所不能获得者"[5]。因此,奢、俭之判定应该灵活地根据社会经济发展状况而定。"世界物产,品类日增,新事物之发明,与时俱进,则吾人生活,自然加高其程度,不能执前此之旧状,指为若者俭而若者奢。"[6]

杜亚泉已然认识到,随着经济不断发展与社会的不断进步,生活水平也将不断提升,因而不能以时况去苛求往时,冠以奢、俭则尤为不对。并且,

---

[1] 中共中央马克思恩格斯列宁斯大林著作编译局编译:《马克思恩格斯文集》第4卷,人民出版社2009年版,第177—184页。
[2] [德]马克斯·韦伯著,康乐、简惠美译:《新教伦理与资本主义精神》,广西师范大学出版社2010年版,第168页。
[3] 杜亚泉:《说俭》,田建业等编:《杜亚泉文选》,华东师范大学出版社1993年版,第273页。
[4] 梁实秋:《说俭》,《梁实秋文集》第二卷,鹭江出版社2002年版,第409页。
[5] 杜亚泉:《说俭》,田建业等编:《杜亚泉文选》,华东师范大学出版社1993年版,第273页。
[6] 杜亚泉:《说俭》,田建业等编:《杜亚泉文选》,华东师范大学出版社1993年版,第273页。

近代中西交流渐趋频繁的情势下，不能固守旧时生活状况而不谋求消费水平之进步。"外围环象，今昔不同，囊者闭关，不妨自为其风气，今则欧美社会，接触频繁，彼既竞炫其华，我亦安能独守其朴？"① 至于具体的判定标准，他认为，原始时代酋长一人所费"超越于均数至多"，"今则普通生活渐高，超越之数渐少，以今较昔，奢侈之度，固已杀灭矣"；因此，不能机械地以古、今作对比，而应将消费与社会的经济发展水平结合起来，以"有无善果"为标准，"窃谓据善果之有无以定奢俭，诚为至论"②。杜亚泉主张以消费的最终影响作为判定"奢、俭"之标准，有其合理之处。从合理消费的经济标准来看，"消费者要依据自身的预期经济收入，遵循人的生命周期的客观规律，处理好即期消费与远期消费的关系，处理好消费增长速度和消费结构优化的关系，超前消费或者滞后消费都是不恰当的"③。杜亚泉还强调，"若取超越之多寡以为断，似不如就财力之胜否以为衡"。譬如富人"衣轻暖""食肥甘"，与贫民相较，"则诚奢矣"；然而，"顾其财力足以致之，则亦不呈何等之弊害"。但是，"又譬有贫乏阶级中甲之一人，竭其劳力所获，丰以自奉，超越于其侪辈之所为，人固目为逾分矣。然使其侪辈相率效尤，不量财力之如何，亦均增高其生活，使甲所超越之数，因而杀减，讵得因此之故，而谓为非奢耶"？④ 依据"财力之胜否"判定奢、俭，值得肯定。一般而言，"消费是否适度或合理的客观标准乃是消费主体的经济力量的大小。量力而行这个原则普遍适用"⑤。其中，所谓"量力"，包括微观与宏观两个层面：微观方面，即指每个消费者或家庭在一定时期的收入；宏观方面，则是指一国或社会在一定时期的国民收入。当然，杜亚泉这里主要是就微观方面

---

① 杜亚泉：《说俭》，田建业等编：《杜亚泉文选》，华东师范大学出版社1993年版，第273页。
② 杜亚泉：《说俭》，田建业等编：《杜亚泉文选》，华东师范大学出版社1993年版，第274页。
③ 刘敏、尹向东：《以合理消费需求主导经济发展》，《消费经济》2014年1期，第3页。
④ 杜亚泉：《说俭》，田建业等编：《杜亚泉文选》，华东师范大学出版社1993年版，第274—275页。
⑤ 杨圣明、张少龙：《论邓小平同志的消费经济理论》，《财贸经济》1994年9期，第9页。

而言。综合来看，他反对在西方物质文明遥遥领先的情况下不思进步抱残守缺之消费，也反对与自身经济实力及社会经济发展水平相脱节之浪费，这些都闪烁着理性的光辉。

杜亚泉的奢俭观之理性特点，还体现在其所强调的"节俭"不等于悭吝。首先，他认为适当的消费能促进经济发展，"吾国今日经济状况，固已较前活动，人民既富于购买之能力，亟宜任其自然，若强以节约，则一方面金钱有壅滞之虞，一方面物产乏销售之路，市场凋落，亦非政治之幸"①。强调合理的消费能促进货币流通与市场繁荣，这是清末以来"从积极方面认识'奢'之于近代社会的实际作用"的继续。②清末以来，谭嗣同、梁启超、章太炎等都强调"尚奢"有利于扩大消费、促进经济发展。如梁启超曾认为，"尚奢"可以加速财富流通、刺激生产，对社会、国家有利，因而鼓励富人"出其财以兴工艺贸易"③。谭嗣同将"尚奢"理解为"积极投资于商品经济，发展资本主义"；并指出它包括生产消费与生活消费两方面；其中，生产消费是"尚奢"之重心，体现为"其财均以流"，存在于"流注灌输之间"，因此他鼓励发展农工商业、发展商品经济，鼓励富人投资生产事业，以增加就业机会、促进国民经济发展，达到"穷民赖以养，物产赖以盈，钱币赖以流通"的境地。④章太炎曾"在《喻侈靡》中指出侈靡对生产发展有很大促进作用"，强调"侈靡"系"百工之所自出"。⑤杜亚泉强调在经济复苏、社会具备一定购买力的前提下不能倡导绝对的节俭，否则会造成市场资金壅滞、货物流通不畅的局面，这触及到近代商品经济发展之实质而闪烁着智慧的光芒。

---

① 杜亚泉:《说俭》，田建业等编:《杜亚泉文选》，华东师范大学出版社1993年版，第273—274页。
② 赵炎才:《清末时期"奢俭"观的学理透视》，《学术研究》2006年10期，第108页。
③ 梁启超:《史记·货殖列传今义》，《饮冰室合集之二》，中华书局1989年版，第37—44页。
④ 蔡尚思、方行编:《谭嗣同全集（增订本）》下册，中华书局1981年版，第327页。
⑤ 章太炎著，朱维铮、姜义华编注:《章太炎选集》，上海人民出版社1981年版，第26页。

其次,他强调机械地提倡"绝对节俭"有违人类天性。"一般青年,因欧风濡染,教育提倡,对于物质上之智识,均已增高;智识既高,则其所需求者,必蕲与其智识相适合,不甘复安于粗陋,此亦人类之天性,而不能强为遏止者也。"① 由此可见,杜亚泉强调的"节俭",并非梁启超曾批判的为囤积财富而"食不熏肉、妾不衣帛"之悭吝,亦绝非古代"黜奢崇俭"思想的复述。"黜奢崇俭"作为古代消费思想的核心,在历代思想家看来,它是解决消费问题的最佳方案。② 杜亚泉则强调,"经济宽余,智识发达,则取精用宏,实乃当然之势"③。并且,崇尚节俭并不是承袭古人生活,"非谓吾人今日当仍沿数十年数百年前之旧";"因物产之增加,新事物之发明,而稍即于完美,吾亦不持异议。"④ 由此可见,杜亚泉不是绝然反对高品质生活,而是强调消费须与社会发展程度相适应。

杜亚泉理性而相对科学的节俭观念,还体现在对教育、卫生等行业的认识。"卫生事项、教育事项,凡所以厚民生浚民智者,以蕲合世界大势之故,略求美备,冀收良好之效果,虽较多费,吾亦表示同情。"⑤ 灵活地区分不同行业之间奢、俭的评判标准与要求,无疑是值得重视的。在杜亚泉之后,有学者在倡导"节俭"的生活态度时就特别强调,"对于子女的教育费和地方上办公益事情的公益费,应当要补助的。这种费用,如果吝惜,那反失节俭的真义了"⑥。

三、中国应持"节俭主义"

杜亚泉早前即已强调,"吾人之经济目的,在生活所需之资料,充足而

---

① 杜亚泉:《说俭》,田建业等编:《杜亚泉文选》,华东师范大学出版社 1993 年版,第 274 页。
② 刘敏、李中明:《浅论中国古代黜奢崇俭的消费思想》,《消费经济》2004 年 5 期,第 45 页。
③ 杜亚泉:《说俭》,田建业等编:《杜亚泉文选》,华东师范大学出版社 1993 年版,第 273 页。
④ 杜亚泉:《说俭》,田建业等编:《杜亚泉文选》,华东师范大学出版社 1993 年版,第 274 页。
⑤ 杜亚泉:《说俭》,田建业等编:《杜亚泉文选》,华东师范大学出版社 1993 年版,第 274 页。
⑥ 周慕兰:《人若不节俭就要怎样》,《生活周刊》1926 年 1 期,第 5 页。

无缺乏而已";"故淫巧有禁,逐末有征,凡足以耗费生活资料或灭杀其生产者,皆加以裁制"①。在他看来,人类经济活动的目的是保障生存资料的充足,而非追逐奢华享受;因而,"对于节俭主义,仍当持守,而不当怀疑"②。

首先,他认为,中国并不具备追求奢华之条件。"细核吾人现在生活,其激进之度,与吾人现在之地位,殊不相称"。他接着指出,"盖所谓境遇与文化者,进步无多,而生活状态,则倍蓰焉,且大半属于浪费,用于厚民生浚民智者,百仅一二而已,故即以比较而论,吾人今日之地位,亦决不应有如是之生活也"③。虽与欧美国家的生活水平相比,中国不免相形见绌;但是,"生活之丰俭,当以主观之地位为高下,不能随外界之风尚以转移"④。近代以降,我国社会资本虽然有所充裕,但这或是借助外债或是外资充斥之结果,"非自然之富力";并且,"人民对于各种学识,如理财、如工业制造,亦未尝增进,足以自辟利源,所增高者,特享用物质文明之智识而已";故"不能据为论证,谓吾人今日,已有可以享用奢华之资格也"。⑤杜亚泉冷静地洞察到中国之国情,强调"就时势以立论,谓奢俭乃由比较而定,理固至确;然就吾人现在之享用,以与吾人现在之境遇及文化较,其果相当而切合乎?"⑥

其次,在杜亚泉看来,近代特殊的历史条件下提倡节俭、反对奢靡有利于发展国民经济以及保障国家经济安全。他指出,在社会生产力有限的前提下,奢侈品的生产必然会挤压社会必需品生产所需的资金与劳力。"地产之所出,既以供无谓之取求,人力之所造,又复偏重于淫巧之物品,而纯正之

---

① 杜亚泉:《战后东西文明之调和》,田建业等编:《杜亚泉文选》,华东师范大学出版社1993年版,第267页。
② 杜亚泉:《说俭》,田建业等编:《杜亚泉文选》,华东师范大学出版社1993年版,第275页。
③ 杜亚泉:《说俭》,田建业等编:《杜亚泉文选》,华东师范大学出版社1993年版,第274页。
④ 杜亚泉:《说俭》,田建业等编:《杜亚泉文选》,华东师范大学出版社1993年版,第274页。
⑤ 杜亚泉:《说俭》,田建业等编:《杜亚泉文选》,华东师范大学出版社1993年版,第274页。
⑥ 杜亚泉:《说俭》,田建业等编:《杜亚泉文选》,华东师范大学出版社1993年版,第274页。

产业、宝贵之人工,转不克完其正当之效用,以增益国富。"①因此,减少奢侈品生产便可充分利用有限的资金与劳力来发展国民经济。此外,提倡节俭还可以防止资本外流。"前此虽或浪费,其所耗散,不出中国之范围,楚弓楚得,于全国经济,所损至微。今则海禁既开,外货充斥,奢侈品物,舶来尤占多数,金钱一去,永不复还"。更重要的是,倡导节俭、反对浪费还能加速资本积累,为工商业的发展积累资本,并实现经济独立、巩固国家经济安全。"昔者以农立国,社会事业,不需巨大之资财,今则工商路矿,亟待振兴,苟以有用之资金,消诸无益之虚费,毫无储积,以为兴业之备,则外资即乘隙而入,财权既去,国权亦亡。"②杜亚泉将"节俭"与国家经济安全相结合的思考,无疑是值得重视的。在生产力极不发达的情况下,工业品大多需要进口,奢侈品更是如此,因此,提倡节俭能够有效地防止资本外流。其时,早前《庸言》杂志就刊文强调,奢侈之弊"第一则启资金流出外国之弊"③。杜亚泉之后,也有学者指出,"今我国大病,除一切有形之灾祸,如外国之军事侵略以及国内各种偏灾外,厥为国际贸易之失其平衡";失衡之原因乃是"洋货充斥",而其中"大部乃属于不必要者",也即奢侈品消费导致资本大量外流;论者忧心忡忡地指出,"今国奢极矣,而国贫亦极矣"④。再者,从工商业发展的角度、尤其是工业化的角度来看,近代中国资本实力弱小,通过节俭来积累资金不仅极具必要性,也有可行性;并且,在主权不完整的前提下,通过节俭积累资本比借助外债更能维护与保障国家的经济安全。

第三,杜亚泉强调,奉行节俭有利于政治廉洁、清明、稳定。他忧心忡忡地指出,"吾国今日所最堪浩叹者,则社会多数,咸趋于身份不相应之

---

① 杜亚泉:《说俭》,田建业等编:《杜亚泉文选》,华东师范大学出版社1993年版,第275页。
② 杜亚泉:《说俭》,田建业等编:《杜亚泉文选》,华东师范大学出版社1993年版,第275页。
③ 吴钧:《风俗奢侈及于国民经济之关系》,《庸言报》1913年8期,第2页。
④ 舒石父:《崇俭救国之实际的检讨》,《复兴月刊》1933年7期,第1—9页。

生活"①。并且,社会开放程度的扩大以及交流的日趋频繁,奢靡之风极易蔓延;并且,由俭入奢易、由奢入俭难,人们一旦沾染此风,"决不能复安于淡泊"。而当奢靡生活难以为继时,"必诈取豪夺,行险侥幸,以求复得",甚至为此"掷其生命","其魔力亦大矣哉"。②奢侈风气使个人迷失本性,进而通过腐蚀个人危及政治。而奢靡之风若为"学者政客"所"沾染",则"流毒乃不堪究诘"。他们"地位本极清高","徒以生活竟尚浮华",平时所入仅敷所出,"一遇事变,为保存地位之故,遂不能径行良心上之主张"。③这样,"人见其进退失据,出处依违,谓为失其独立之人格,而不知彼之内情,乃为经济所牵掣,而经济所以受掣,则亦不俭而已"④。因此,"俭者,非独用以养廉,且可用以养节者也"⑤。杜亚泉这一认识,也为后来学者所察觉。王炳宸就曾强调,"近年以来,我国贪污之风气甚炽,上自政治官吏,下及社会成员,营私舞弊,侵吞卷逃,时有所闻";"揆其原因,由于道德沦亡,法治不彰,允不无关。然推源祸始,愚以为物质之诱惑,实足以意志不坚者之操守,而浸使堕落于不洁之渊!为盛名之累!故为豪华之生活,应为廉洁最大之障害,贪污唯一之根源也"。⑥杜亚泉还以"国会议员"为例,指出:"国会议员之俸给,岁额五千,议员自身岂不知其过厚,顾非此不足维持其高价之生活,遂亦受之而不辞,然岁入虽丰,而人望则缘之而转替,且其代表人民监督政府之权力,亦因此而受无形之障碍焉。"⑦此外,"学问家、言论家"等负有"指导社会""主持清议"等责任,"然苟使用不节,致劳他人之佽助,受政府之分甘,则其议论,即不免有多少之顾忌,不克直抒己见,

---

① 杜亚泉:《说俭》,田建业等编:《杜亚泉文选》,华东师范大学出版社1993年版,第275页。
② 杜亚泉:《说俭》,田建业等编:《杜亚泉文选》,华东师范大学出版社1993年版,第275—276页。
③ 杜亚泉:《说俭》,田建业等编:《杜亚泉文选》,华东师范大学出版社1993年版,第276页。
④ 杜亚泉:《说俭》,田建业等编:《杜亚泉文选》,华东师范大学出版社1993年版,第276页。
⑤ 杜亚泉:《说俭》,田建业等编:《杜亚泉文选》,华东师范大学出版社1993年版,第276页。
⑥ 王炳宸:《俭以养廉》,《上海青年》1937年3期,第4页。
⑦ 杜亚泉:《说俭》,田建业等编:《杜亚泉文选》,华东师范大学出版社1993年版,第276页。

于是清议之力，亦因而减损矣"①。诸此种种，"其贻害皆及于国家，以个人不俭之故，致国家蒙其害，则居于有智阶级者所不可不自行警惕者也"②。杜亚泉将节俭与政治廉洁联系起来，强调奢靡对政治危害极大。他大声疾呼："吾望吾国人加意及此，尤愿吾国抱天才负时望之政客学者之加意及此也。"③更为严重的是，杜亚泉认为奢靡之风的盛行还会危及政治稳定。他在对"一战"进行分析后指出，"全欧大战，今三年矣，……，然其内容，则不外生活上之争竞"；"此次之战，英德争夺商权之战也"。④ 至于中国，"固无向外争存之能力"；但若沉湎奢侈浪费而"不知裁抑"，"物产有限"而"欲望无穷"的情势下争夺必然发生，"干戈""或将起于萧墙之内也"。⑤

杜亚泉所揭橥奢靡风气危害政治是极富洞察力的，"历史和现实都再三昭示，官员贪图享乐、奢侈，势必销蚀斗志、滋生腐败，败坏党风、政风、民风，影响党群关系，损害政府公信力"⑥。而杜亚泉这一忧虑，也并非空穴来风，其时《申报》亦评论说，"言民国之官吏，其生活之程度诚高于前，然人格未能准是。或因所入不足以应生活之程度，而大丧其人格。官吏丧人格，于是乎有侵牟，于是乎有贿赂，于是乎纳税愈多而国愈贫，借债愈多而国愈贫，卒为破产之国。乃知俭德私德，而影响于公德，影响于国家"⑦。

四、结论

杜亚泉"奢俭观"的核心内容是提倡"节俭"；而其倡导的"节俭"之实质即理性消费。摒弃他"勤俭生文明"之"过论"，不难发现其"奢俭观"

---

① 杜亚泉：《说俭》，田建业等编：《杜亚泉文选》，华东师范大学出版社1993年版，第276页。
② 杜亚泉：《说俭》，田建业等编：《杜亚泉文选》，华东师范大学出版社1993年版，第276页。
③ 杜亚泉：《说俭》，田建业等编：《杜亚泉文选》，华东师范大学出版社1993年版，第276页。
④ 杜亚泉：《说俭》，田建业等编：《杜亚泉文选》，华东师范大学出版社1993年版，第276页。
⑤ 杜亚泉：《说俭》，田建业等编：《杜亚泉文选》，华东师范大学出版社1993年版，第276—277页。
⑥ 易培强：《关于节俭消费的几点思考》，《消费经济》2013年5期，第13页。
⑦《说俭》，《申报》1921年3月29日。

有着颇多可贵之处：如认识到理性消费对经济发展、人类文明进程有着巨大促进作用，并指出合理消费能扩大需求而繁荣经济，强调消费应要满足人的发展需求与社会的发展需求等等，这些都是其理论价值所在。更重要的是，杜亚泉还结合近代中国的具体实际，从经济发展与安全、政治清明与稳定等方面强调理性消费之必要性，这又是其"奢俭观"之深切的现实观照所在。在消费旺盛、物欲横流的今天，杜亚泉倡导理性消费的思想无疑仍属值得珍视的宝贵遗产。

原载《廉政文化研究》2015年3期

"唯心的进化论"：杜亚泉对进化论的反思与改造

颜德如　李　过

杜亚泉作为中国近代的思想家，曾执掌《东方杂志》近十年，对近代中国的思想界产生过重要影响。但到目前为止，学界对杜氏思想的挖掘是远远不够的，主要的关注点依然局限于其文化调和思想及其与陈独秀关于东西文化问题的论争。其实，他对进化论做过深入的思考，并提出了他的进化学说即"唯心的进化论"，以矫正达尔文、斯宾塞式的竞争进化论。他对进化论的反思与改造有助于我们更加深刻地了解进化论在近代中国的面貌及其与近代中国社会变革的纷繁复杂关系，更加全面地认识近代中国的进化论思潮。同时，杜亚泉"唯心的进化论"中的诸多理念对于当代中国的现代化建设仍然极具启发意义。

一、进化论的"中国之旅"

杜亚泉首先对达尔文、斯宾塞式竞争进化论在近代中国的传播及被误解的状况、在欧洲的本来面貌，以及给近代中国政治与社会秩序带来的消极影响、与近代中国社会变革的复杂关联进行了深入的反思。

（一）从"物质救国"到"物质亡国"

1913年，杜亚泉发表了长文《精神救国论》，对进化论进行了系统的探讨。他指出，此文的目的乃是以"精神救国论"救治"物质救国论"，

"唯心的进化论"：杜亚泉对进化论的反思与改造

"精神救国论者，乃从物质救国论转变而来，而其针对之反面，则为物质亡国论。盖近数十年中，吾国民所倡导之物质救国论，将酿成物质亡国之事实，反其道而药之，则精神救国论之本旨也"。[1] 其言论有三点值得注意：其一，所谓"精神救国论"，乃是针对"物质救国论"而言，前者是从后者转变而来；其二，近数十年来，"物质救国论"在我国极具影响力；其三，"物质救国论"不仅没有缓解中国当时的社会危机，反而加剧了中国的社会危机。

那么，何为"物质救国论"？何为"精神救国论"？他认为，19世纪后半期，风靡欧美世界的是一种危险至极的"唯物主义"，此主义输入我国，初为"富强论"，继为"天演论"，它传播于上中流人士之间，"炫耀耳目，渗入脏腑"，"我国民之思想，乃陷于危笃之病态，卒至抛掷若干之生命，损失若干之财产，投入于生存竞争之漩涡中而不能自拔，祸乱之兴，正未有艾"。[2] 而同时期的欧洲情形截然相反，"唯物论破碎，唯心论复兴，物质主义一转而为精神主义。而我国民乃犹彷徨于唯物论之魔障中，述达尔文、斯宾塞之绪余"[3]。他所说的"物质救国论"也就是从欧美输入我国的"物质主义"，它在我国表现为富强论和天演论。正是此"唯物主义"引起国民思想的震荡，使中国社会陷入生存竞争的漩涡之中，导致整个社会秩序的紊乱。依其所见，"唯物主义"也就是"唯物论"，其实来自达尔文和斯宾塞的思想。需要注意的是，他在文中用了"绪余"二字，意味着我们学到的不过是达尔文、斯宾塞思想的残余和皮毛，并没有真正窥见其全貌。那么，在中国有如此影响力的"唯物论"，在欧洲到底是一番怎样的面貌呢？

---

[1] 杜亚泉：《精神救国论》，《东方杂志》10卷1号（1913年7月）。
[2] 杜亚泉：《精神救国论》，《东方杂志》10卷1号（1913年7月）。
[3] 杜亚泉：《精神救国论》，《东方杂志》10卷1号（1913年7月）。

（二）"唯心论"与"唯物论"在欧洲史中的双线变动

杜亚泉在《精神救国论》中简要梳理了"唯心论"和"唯物论"在欧洲的发展脉络。在欧洲，"唯心论"以卢梭的《民约论》昌明于世，康德哲学为"唯心论"的精髓，黑格尔的精神现象论、柏克雷的经验论、休谟的怀疑论和孟德斯鸠的理性论都属于"唯心论"的范畴，全欧洲的制度文明亦随着"唯心论"的隆盛而为之一新。然而到了19世纪后半期，物质科学日益昌明，以空想为基础的唯心论遂屈服于以实验为基础的唯物论。"于是以孔德之实验论启其绪，以达尔文之动物进化论植其基，以斯宾塞之哲学论总其成，唯物论哲学，昌明于世，物质主义之潮流，乃弥漫于全欧，而浸润于世界矣。"[①] 据此并联系后文可知，"唯物论"即是以孔德开启端绪、以达尔文和斯宾塞为代表的进化论学说。

杜亚泉在简单介绍了孔德、达尔文和斯宾塞的学说后认为，达尔文学说"不外乎以生存竞争为原因，以自然淘汰为作用，以进化为结果"，而斯宾塞将"一切宇宙现象，皆以进化之根本法则一以贯之"。[②] 那么，达尔文和斯宾塞的进化论是否原原本本地被人们接受了呢？前面也提到，我们是"述达尔文、斯宾塞之绪余"，既如此，他们的进化论到底在中国经历了一个怎样的流传过程呢？

（三）被"谬解"的"唯物论"

杜亚泉直言，达尔文和斯宾塞的进化学说流传于庸俗者之间，"每多谬解"。[③] 就达尔文的学说而言，"谬解达氏之说者，往往视进化论为弱肉强食主义之异名，乃主张强者之权利，怂恿弱者之死灭，于人类社会之道德，置

[①] 杜亚泉：《精神救国论》，《东方杂志》10卷1号（1913年7月）。
[②] 杜亚泉：《精神救国论》，《东方杂志》10卷1号（1913年7月）。
[③] 杜亚泉：《精神救国论》，《东方杂志》10卷1号（1913年7月）。

之不顾"。他征引达尔文的话认为，作为动物社会本能的道德与作为动物自然本能的自我保存是并存的，对于团体而言，由多数慈悲忠实之人构成的社会必定比多数徇私纵欲及奸黠之人构成的社会繁荣稳固。因此，"则因同类之毁誉及教育宗教之提倡，使道德之标准渐高，善良之个人益多，亦自然之理"。所以说，"是达氏之道德观念与竞争观念，实相成而不相悖"。① 至于斯宾塞的学说，"以协力互助为人类进步之特征，已与生存竞争之说隐相对抗"。他同样引用斯宾塞的话认为，随着人类社会进入平和时代，社会也由以社会要求为重、个人要求为轻的"强制的协力"发展为以个人生活的完成为目的的"自动的协力"，个人要求与社会要求得到根本调和，道德法则开始明白而恒久。因此，"是斯氏固以协力互助与生存竞争根本调和，为绝对之道德法，其说较达氏为精"。②

由此可见，达尔文与斯宾塞的进化学说并非专言竞争而不讲道德，尤其是斯宾塞的学说，它已经注意到个人与社会、竞争与"协力"的调和了。最后，他得出结论，"乃世俗流传，仅窥二氏学说之半面，专以生存竞争为二氏学说之标帜，互相推演，而社会进化之学理，转为社会堕落之原因。此非二氏之过，而学二氏者之过耳"。③ 质言之，并非"唯物论"导致了社会的堕落，而是被"谬解"的"唯物论"导致了社会的堕落。那么，此被"谬解"的"唯物论"在近代中国具体扮演了怎样的角色呢？

（四）变革社会中的"唯物论"

杜亚泉认为，海通以来，西洋输入我国的大都为唯物主义学说，也就是唯物论，"以唯心主义之学说，与我国之拟古主义及专制政体不兼容故也"。④

---

① 杜亚泉：《精神救国论》，《东方杂志》10卷1号（1913年7月）。
② 杜亚泉：《精神救国论》，《东方杂志》10卷1号（1913年7月）。
③ 杜亚泉：《精神救国论》，《东方杂志》10卷1号（1913年7月）。
④ 杜亚泉：《精神救国论》，《东方杂志》10卷1号（1913年7月）。

这句话的言下之意是，唯物主义"与我国之拟古主义及专制政体"是相容或者部分相容的。换句话说，正是由于与我国传统思想结构和政治结构具有亲和性，进化论才能够被中国接受并迅速大行其道。他认为，甲午之前，李鸿章等人以富强论为指导倡导的洋务运动导致甲午之辱；此后变法之议兴，维新守旧争持不下，此时输入我国的天演论在社会上最具影响力，源自唯物主义的法律学也同时由日本输入，而民间有志之士则鼓吹基于唯心主义的民权自由学说。此唯物、唯心两大思潮，"磅礴郁结，而成我国前年之革命"①。在辛亥革命中，唯物论是最有影响力的理念，"但此伟大革命事业，果为唯心论所产出乎？抑为唯物论所产出乎？以记者之所见言之，则唯心论的革命，仅主动者之少数而已，大多数赞成革命，实由唯物主义而来"②。正是如此，辛亥革命成为"物质主义之革命"，革命实际上成为各阶级、各阶层竞争权力的产物，革命成果已经被金钱利欲等物质势力所腐蚀，"革命之兴，其表面之标帜，为汉人与满族之竞争，其潜伏之势力，为官僚与亲贵之竞争；而一般之现象，则为攘夺权利者与占有权利者之竞争。故饭碗革命之新名词，在当时已哄传于道路，革命成功以后，一切外交、军事、政治、法律，殆无不可以金钱关系概之。物质势力之昂进，以达于极点。种瓜得瓜，种豆得豆，物质主义之革命，其结果正当如是"。他进而断言，物质竞争的社会是不可能诞生真正的共和国家、出现真正的立宪政治的。③

综上所述，在杜亚泉看来，达尔文、斯宾塞式的竞争进化论是中国近代历程中最有影响力的理论，它既是推动中国近代一系列社会变革的巨大动力，也是中国近代社会中诸多祸乱的肇因。这充分显示了观念在政治社会变迁中的巨大力量，尤其在一个国家、一个民族的转折时期。需要指出的

---

① 杜亚泉：《精神救国论》，《东方杂志》10 卷 1 号（1913 年 7 月）。
② 杜亚泉：《精神救国论》，《东方杂志》10 卷 1 号（1913 年 7 月）。
③ 杜亚泉：《精神救国论》，《东方杂志》10 卷 1 号（1913 年 7 月）。

是，他认为洋务运动也深受竞争进化论的影响，这就提示我们，在严复译介《天演论》之前，西方的竞争进化论就已经进入中国并影响了中国的现代化进程。

二、进化论冲击之下国人的文化取向危机

源自欧洲的进化论输入中国后，给国人造成了怎样的影响？依据杜亚泉的见解，从根本上说，它致使国人出现了严重的文化取向危机。

（一）精神取向危机："悲观主义"盛行

杜亚泉认为，"现代社会之堕落，不能不以受唯物论哲学之影响为重大之原因"①。唯物论究竟是如何造成"现代社会之堕落"的？它导致了"现代社会"怎样的堕落？"盖物质主义深入人心以来，宇宙无神，人间无灵，唯物质力之万能是认。复以惨酷无情之竞争淘汰说，鼓吹其间，觉自然之迫压，生活之难关，既临于吾人之头上而无可抵抗，地狱相之人生，修罗场之世界，复横于吾人之眼前而不能幸免。于是社会之各方面，悉现凄怆之色。"②这段话清楚地表明，唯物论深刻地影响了人们对现实世界的看法，既然生存竞争、自然淘汰是进化定律，人人在其范围内，那么由此而形成的一切苦难也是无法躲避的，人们因此陷入极度悲观的精神状态中。前面他已经提到，在19世纪后半期，当"唯物论"在中国大行其道时，它在西方却已经"破碎"了。这一时期，对斯宾塞主义的批判最典型的莫如赫胥黎。颇为吊诡的是，达尔文、斯宾塞式竞争进化论之所以能在中国流行，正得益于严复对赫胥黎的进化论名作《进化论与伦理学》(严复译为《天演论》)的译介。而到了20世纪，近代中国的思想家们才零星地开始注意到竞争进化学

---

① 杜亚泉：《精神救国论》，《东方杂志》10卷1号（1913年7月）。
② 杜亚泉：《精神救国论》，《东方杂志》10卷1号（1913年7月）。

说的负面因子。

对于当时国人悲观的精神状态，杜亚泉多次论及。在1915年《吾人今后之自觉》一文中，他无限伤感："吾国今日，几于无人不抱悲观主义矣。"① 他对其时弥漫于中国社会的悲观氛围的描摹，向我们展示了国民悲观的精神状态："今则不然，外围之逼压愈深，人心之颓丧愈甚，微特对于世界社会漠不相关，即其家庭小己之间，亦且有我躬不阅遑恤我后之慨。又微特素性恬退、淡于名利之人，即力争上游、在政治社会上有所作为者，亦多存五日京兆之心，而不作谋及百年之计，凡所规画，但求及身或其任事之时期内，得以敷衍粉饰而止，永久之利害、他日之安危，非所虑也。大局之杌陧若彼，人心之泄沓若此，国事宁有豸耶？"② 可见，在当时的中国，国人意志消沉、萎靡不振，无一丝奋斗精神和责任意识；人人持"事不关己高高挂起"的态度，以消极冷漠的眼光看待周围的一切，对现在和未来充满悲观失望之情。杜亚泉的担忧是有道理的：国民的精神状态是一个国家的灵魂，在民初杌陧的局势中，国民如此消极的精神状态对于本已步履维艰的中国社会无异于雪上加霜。他在分析造成此种状况的缘由时，首先即言，"尝进求所以致此之故，其因缘盖不一端。普通之无意识及陷于物质潮流，因而迷误人生之趋向者，无论已"。所谓"物质潮流"也就是进化论潮流。可见，造成近代中国社会精神取向之"悲观主义"的原因极多，但受进化论的冲击是确定无疑的。

（二）价值取向危机："弱肉强食乃天演之公例"

悲观主义的精神取向首先影响到国人的价值取向，"悲观主义之下，一切人生之目的如何，宇宙之美观如何，均无暇问及，唯以如何而得保其生

---

① 杜亚泉：《吾人今后之自觉》，《东方杂志》12卷10号（1915年10月）。
② 杜亚泉：《吾人今后之自觉》，《东方杂志》12卷10号（1915年10月）。

"唯心的进化论"：杜亚泉对进化论的反思与改造

存，如何而得免于淘汰，为处世之紧急问题。质言之，即如何而使我为优者胜者，使人为劣者败者而已。如此世界，有优劣而无善恶，有胜败而无是非。道德云者，竞争之假面具也；教育云者，竞争之练习场也。其为和平之竞争，则为拜金主义焉；其为激烈之竞争，则为杀人主义焉"[1]。此处充分显示了在进化论的冲击之下国人价值观的迷失。在当时的中国，竞争成为唯一的手段，优胜劣汰成为唯一的道德评判。杜亚泉在《吾人今后之自觉》一文中认为，奋斗与争斗不同，"争斗含有与人争夺之意义，奋斗则为自己之努力"[2]。然而，自从进化论进入我国，国人误解了奋斗的真正意义，人们的价值取向已经发生了巨大的改变，"自竞立争存之学说输入吾国以来，国民颇承其弊，以为人类之生，不外攫他人所有以为己有，弱肉强食乃天演之公例，优胜劣败为进化之大原，奋斗云者，不过致自己于优胜，陷他人于劣败而已。于是不道德不名誉之举动，公然行之而不为怪"[3]。道德对人形式上的约束都已经不复存在，中国社会真正陷入了前所未有的价值取向危机之中。他明确指出，人类社会"必以共同生活为前提，而共同生活，要以不相侵夺为原则。彼倡导争存之学者，固未尝不于此三致意焉"[4]。此言表明，所谓弱肉强食的进化公理并非倡导进化论者的本意，而是我们"谬解"了"唯物论"。至于为何有如此误解，是有意的还是无意的，他并没有作更深层次的探讨。

杜亚泉在分析"二次革命"爆发的原因时认为，"尚有一根本上之总因在焉。总因维何，则道德堕落是已"[5]，认为道德堕落是"二次革命"失败的根本原因。虽然他声明这是在剖析"二次革命"的原因，但在我们看来，毋

---

[1] 杜亚泉：《精神救国论》，《东方杂志》10卷1号（1913年7月）。
[2] 杜亚泉：《吾人今后之自觉》，《东方杂志》12卷10号（1915年10月）。
[3] 杜亚泉：《吾人今后之自觉》，《东方杂志》12卷10号（1915年10月）。
[4] 杜亚泉：《吾人今后之自觉》，《东方杂志》12卷10号（1915年10月）。
[5] 杜亚泉：《革命战争之经过及其失败》，《东方杂志》10卷3号（1913年9月）。

宁是在检视辛亥革命后中国社会持续动荡的原因。他指出,"海禁既开,社风骤变,曩时之旧道德,已不足范冶人心,又无新道德以承其后。适物竞争存之学说,乘时输入"①。所谓"曩时之旧道德",当然意指中国的传统道德。这句话表明,自中西海通以来,中国传统的道德规范已不足以整顿人心、规范秩序。正由于此,中国社会出现了价值取向的真空,这为进化论输入中国提供了契机。然而,在他看来,进化论的输入却成为中国社会的一场巨大的灾难,"吾人外怵于国势之不振,内迫于生计之穷蹙,遂误认为救弱剂贫之良药,不数年而海内风行,深入肺腑。夫优胜劣败之说,未尝不可励顽懦,然其弊则自利可以昌言。而弱肉强食,且目为天演之所不能避,而吾国数千年仁民爱物之美德,遂澌灭以无存"②。中国进入共和之后,这一状况不仅没有好转,反而更加糟糕:"共和告成,此风非独不减,且加甚焉。逐利营私,既视为固然而无所于讳。而全国士夫,竟趋于狗苟蝇营之秽德,不知清议廉耻为何物者,夫孰非唯物之说,有以拓其流而助其焰耶。"③在这里,杜亚泉特别强调了民初大夫们的行径。我们知道,在传统中国士大夫居于四民之首,其言行是社会的楷模。虽然士大夫阶级已经随着科举制度的废除而退出历史舞台,继之而起的新型知识分子阶层不再被视为社会重心,但这些知识分子仍然借现代学校和公共传媒拥有文化的影响力。④他们尚且如此,普通百姓也就可想而知了。许纪霖认为中国的现代化是知识分子主导型的现代化⑤,近代知识分子的价值取向如此扭曲,现代化在近代中国的曲折命运也就理所当然了。

---

① 杜亚泉:《革命战争之经过及其失败》,《东方杂志》10卷3号(1913年9月)。
② 杜亚泉:《革命战争之经过及其失败》,《东方杂志》10卷3号(1913年9月)。
③ 杜亚泉:《革命战争之经过及其失败》,《东方杂志》10卷3号(1913年9月)。
④ 许纪霖:《启蒙如何起死回生:现代中国知识分子的思想困境》,北京大学出版社2011年版,第37页。
⑤ 许纪霖:《许纪霖自选集》,广西师范大学出版社1999年版,第30页。

"唯心的进化论"：杜亚泉对进化论的反思与改造

（三）文化认同危机："以权利竞争为新文明，而以正义人道为旧文明"

杜亚泉在《大战终结后国人之觉悟如何》一文中指出，"今大战终结，实为旧文明死灭，新文明产生之时期"。何为"旧文明"？何为"新文明"？"旧文明者，即以权利竞争为基础之现代文明；而新文明者，即以正义公道为基础之方来文明也。"① 可见，随着第一次世界大战结束，以权利竞争为基础的文明已经宣告破产，已被证明是不符合时代发展要求的，而此时也正是产生以正义公道为基础之新文明的时候。"但此在欧洲言之则然，若就我国言之，则当易为新文明死灭，旧文明复活之转语。盖我国今日，固以权利竞争为新文明，而以正义人道为旧文明也。我国近二十年来之纷扰，实以权利竞争为之厉阶，皆食此所谓新文明者之赐，与欧洲国际间纷扰之祸根，实为同物。"② 这就涉及文化认同的问题，既然是一新一旧，那么在民初滚滚的趋新潮流中，国人认同的理所当然就是新文明了。然而，进化论输入中国的20年来，中国的传统文明被视为旧文明而遭到抛弃之后，新文明不仅没能填补传统文明被摒弃而造成的文化认同的真空，反而成为社会纷扰的祸根。换言之，在这20年中，国人既不认同旧文明，也无法认同新文明，中国社会长时期陷入文化认同的危机之中。

杜亚泉一向强调要辩证看待中西文明，重视中国固有文明。"西洋社会之文明，发源于个人之独立；东洋社会之文明，发源于家族之联系。此世人之所公认者也。二者各有特长，而亦各有其弊害"③，"故吾国现象，非无文明之为患，乃不能适用文明之为患；亦非输入新文明之为患，乃不能调和旧文明之为患"④，"西洋文明与吾国固有之文明，乃性质之异，而非程度之差"⑤，

---

① 杜亚泉：《大战终结后国人之觉悟如何》，《东方杂志》16卷1号（1919年1月）。
② 杜亚泉：《大战终结后国人之觉悟如何》，《东方杂志》16卷1号（1919年1月）。
③ 杜亚泉：《论蓄妾》，《东方杂志》8卷4号（1911年6月）。
④ 杜亚泉：《现代文明之弱点》，《东方杂志》9卷11号（1913年5月）。
⑤ 杜亚泉：《静的文明与动的文明》，《东方杂志》13卷10号（1916年10月）。

"吾人之道德观念,除与现时新输入之科学思想稍有凿枘外,在历史上未见如何之反动,不受何等之摧残,至于今日,犹能统摄人心"[1]。在1918年的《迷乱之现代人心》一文中,他对中国固有文明的信心达到了极点,认为要挽救中国迷途只能寄希望于我国固有文明:"救济之道,在统整吾固有之文明,其本有系统者则明了之,其间有错出者则修整之。一面尽力输入西洋学说,使其融合于吾固有文明之中。西洋之断片的文明,如满地散钱,以吾固有文明为绳索,一以贯之。"[2]他进而认为,西洋种种主张骤然看起来与我国固有文明相扞格,但往往"为吾固有文明之一局部扩大而精详之者"[3]。总括而言,根据我们的考察,如果以横坐标为时间,纵坐标为他对中国文明的推重程度,那么画出来的是一条向上凸的抛物线,且以1918年的《迷乱之现代人心》为顶点。[4] 杜亚泉如此苦心孤诣地反复强调中国固有文明的重要性,正表明了中国固有文明在当时已经受到巨大的冲击,国人对固有文明的认同感不断削弱;另一方面,也表明当时输入的西方文明并不能缓解中国社会的种种危机,自然也不能真正得到国人的认同。当时中国出现这种文化认同危机的原因是多方面的,但据他所见,进化论的冲击无疑是原因之一。[5]

三、杜亚泉对进化论的新诠释

杜亚泉在深入反思了达尔文、斯宾塞式的竞争进化论在近代中国引发的

---

[1] 杜亚泉:《战后东西文明之调和》,《东方杂志》14卷4号(1917年4月)。
[2] 杜亚泉:《迷乱之现代人心》,《东方杂志》15卷4号(1918年4月)。
[3] 杜亚泉:《迷乱之现代人心》,《东方杂志》15卷4号(1918年4月)。
[4] 论者常常以《迷乱之现代人心》中杜亚泉对中西文明的观点来证明杜氏的思想如何保守、如何复古。我们认为,这一传统看法可以商榷。《迷乱之现代人心》中的观点确实不无保守,但不可忽视的是,杜氏对中西文明的看法有一个变化的过程,单单以《迷乱之现代人心》中的某段话来定论杜氏的整个文化观点,未免以偏概全。
[5] "文化取向危机""价值取向危机""精神取向危机""文化认同危机"的分析概念来自张灏先生。张灏:《幽暗意识与时代探索》,广东人民出版社2016年版,第131—153页。

"唯心的进化论"：杜亚泉对进化论的反思与改造

种种问题之后，对进化论进行了改造，提出了所谓"唯心的进化论"。"唯心的进化论"由五方面组成，旨在矫正达尔文、斯宾塞式的竞争进化论。

（一）进化之理法："分化与统整"

杜亚泉在《精神救国论》第三节提出了他的进化学说："进化之理法，固大有研究之余地，决非生存竞争自然淘汰之一种理法所得包举无遗。"[①]他将宇宙进化的顺序分为无机界的进化、有机界的进化、人类社会的进化三个阶段，它们分别属于物理学（或理化学）、生理学（或生物学）和心理学的理法。将此三阶段合而观之，则为宇宙的进化有普遍的理法，"此普遍之法，属于哲学的理法，哲学中所谓'分化与统整'（Differentiation and Integration），即说明造化力之作用者也"[②]。接着他简单介绍了无机界、有机界和超有机界的分化与统整。所谓超有机界的分化与统整即人类社会的分化与统整，"则积单简之感应作用，构成繁复之心理作用，个人心理之内部，以智情意之复杂而分化，而以意识之主宰统整之。各个人心理之间，以特殊化之作用而分化，以普遍化之作用统整之"。简言之，人类社会进化的理法是个人心理和社会心理的分化与统整。[③]他在略述宇宙大进化三个阶段的情状之后总结道："统整无止境，即进化之无止境也，此宇宙进化之大意也。"[④]至于何为"理法"，他认为"理法云者，从进化之形式上考量而得"[⑤]。概而言之，进化的形式是分化与统整，对于人类社会而言，进化表现为个人心理和社会心理的分化与统整。

---

① 杜亚泉：《精神救国论》，《东方杂志》10卷3号（1913年9月）。
② 杜亚泉：《精神救国论》，《东方杂志》10卷3号（1913年9月）。
③ 杜亚泉：《精神救国论》，《东方杂志》10卷3号（1913年9月）。
④ 杜亚泉：《精神救国论》，《东方杂志》10卷3号（1913年9月）。
⑤ 杜亚泉：《精神救国论》，《东方杂志》10卷3号（1913年9月）。

（二）进化之本质："心意遂达"

既然已知进化的形式，不可不考究此形式背后的本质。他认为，"本质上之考量云者，换言之，即考察进化之目的也"。不过，"向来生物学中，常以生物进化之形式，从关系于生物体之利益不利益上加以观察，而以生活上之利益，为生物进化之目的"。斯宾塞的进化论就是专以形式立论，不顾目的。其影响"后之学者，汲斯氏之流，故专重进化之形式，而蔑视进化之目的"①。那么，进化的目的到底是什么，或者说，统整与分化背后的本质到底为何？他认为宇宙进化的终极目的是不可知的，但各阶段的目的可知。具体言之，无机界进化的目的为"质力之保存"，即"存在"；有机界进化的目的为"生命之繁孳"，即"生存"；超有机界进化的目的为"心意遂达"。②什么是"心意遂达"？就是对自由的追求，"彼义烈之士，或审于理，或迫于情，或动于意，以心意之不得遂达，而掷其生命者甚多，可知吾侪人类，固于躯体之生存以外，别有高尚之目的存乎其间。语曰：不自由，毋宁死。自由云者，即心意遂达之谓耳"③。他还认为有机界的进化和超有机界的进化于理法、目的皆不同，是不能用同一种原理说明的，"世之操生存竞争说者，欲以生物界之现象，说明人类社会之现象，致使人类社会堕落于禽兽之域，其谬误既不待言"④。要之，在他看来，人类社会进化的目的并非争夺利益，而是追求自由。

（三）进化之原因："不外乎本能"

杜亚泉断言，"以竞争为进化之原因，则尤不足取信"⑤。既然竞争不是

---

① 杜亚泉：《精神救国论》，《东方杂志》10卷3号（1913年9月）。
② 杜亚泉：《精神救国论》，《东方杂志》10卷3号（1913年9月）。
③ 杜亚泉：《精神救国论》，《东方杂志》10卷3号（1913年9月）。
④ 杜亚泉：《精神救国论》，《东方杂志》10卷3号（1913年9月）。
⑤ 杜亚泉：《精神救国论》，《东方杂志》10卷3号（1913年9月）。

"唯心的进化论"：杜亚泉对进化论的反思与改造

进化的原因，进化的原因又是什么呢？"使生物之内部，无变异之本能，具有自不优良而变为优良之能力，则虽日事竞争，其不优良也亦将如故。则进化之原因，不当归之于相互之竞争，而当归之于个体之变异也明矣。"[1] 简单地说，进化的原因在于生物由不优良变为优良的本能。此进化之原因又可以分为"生物进化之内的原因"和"生物进化之外的原因"，前者为偶然的变异或受外围刺激时发生的变异，后者为生物对外围抗争时发生的变异。[2] 在《天意与民意》一文中，他重申了这一观点："然进化论之根据，仍不外乎本能。必生物自有变异之本能，而后能现适应之形质，而后能施淘汰于其不适应者。"他对"本能"作了进一步的解释："动物体内之一机官一细胞，无不具有生命之意志，此普遍之意志，即为本能。"[3] 可见，由不优良变为优良是生物体普遍的意志。总括言之，生存竞争并非进化的原因，进化的原因在于生物由不优良变为优良的普遍意志。

（四）进化应用之旨趣："社会之内，有协助而无冲突"

杜亚泉认为变异的本能虽为生物进化之原因，但"单细胞独立，变异不著，即抗争不强"，因此细胞间也存在联合的现象，此等现象"有协助而无冲突"，是为"生理的联合"。[4] 而"心理的联合"是比"生理的联合"更为高级的联合，"心理的联合者，甲之知能传于乙而与之共知，甲之情能感于乙而与之同情，甲之意能达于乙而与之同意，生命虽各具，而心意则相通，于是各个体乃联合而构成社会"。将社会起源解释为心理的联合，可谓别开生面。他进而认为，心理的联合是继生理的联合而起的，它扩大了生理联合

---

[1] 杜亚泉：《精神救国论》，《东方杂志》10卷3号（1913年9月）。
[2] 杜亚泉：《精神救国论》，《东方杂志》10卷3号（1913年9月）。
[3] 杜亚泉：《天意与民意》，《东方杂志》13卷7号（1916年7月）。
[4] 杜亚泉：《精神救国论》，《东方杂志》10卷3号（1913年9月）。

的范围，使各个个体之间互相协助而无冲突。①如此说来，社会即为"心理的联合"，社会之中就应该只有协助而无冲突，但为何现实又是如此纷扰动荡？杜亚泉将其归咎为进化程度不够："今日之人类社会，固以互相协助而成立，而其间尚不能无互相冲突之迹者，则以进化程度之未臻，致心理联合尚不能如生理联合之切密，是实人类社会之缺憾也。"因此，他认为进化论的旨趣就是要弥补此缺憾，"使社会之内，有协助而无冲突，心理的联合，一如生理的联合，则唯心的进化论应用之旨趣已"②。总而言之，杜亚泉的进化论就是要致力于人与人之间心心相印、情意相通，以消除社会之内的冲突，实现社会的协助。

（五）进化之要素："一为利己，一为利他"

杜亚泉指出，"论者谓吾人心理中，常具有互相反对之二方面：一为自利的，一为利他的；一为自己之生存，一为与他人共生存。从社会上之事实观察之，则自利者不可不利他，利他者未尝不自利；欲自己之生存，不能不与他人共生存。二者本互相融合"③。他在《爱与争》一文中作了进一步的论述："人类进化之要素有二：一为利己，一为利他。利己者，竞立争存，为己之生命而努力，争之因也。利他者，协力互助，为他之生命而努力，爱之本也。"争与爱看似矛盾，实则同一，"争即是爱，爱即是争；有爱即有争，无争即无爱"④。换言之，利己与利他是相互依赖、相互融合的，进化之道在于对二者做恰当的调剂平衡，"固不必讳争以为爱，亦不能援爱以息争。诠释斯旨，则其调剂平衡之道，亦可以知矣"⑤。对于个人心理而言，利己与利

---

① 杜亚泉：《精神救国论》，《东方杂志》10卷3号（1913年9月）。
② 杜亚泉：《精神救国论》，《东方杂志》10卷3号（1913年9月）。
③ 杜亚泉：《精神救国论》，《东方杂志》10卷3号（1913年9月）。
④ 杜亚泉：《爱与争》，《东方杂志》13卷5号（1916年5月）。
⑤ 杜亚泉：《爱与争》，《东方杂志》13卷5号（1916年5月）。

"唯心的进化论"：杜亚泉对进化论的反思与改造

他则"尝不绝冲突"[①]。根据宋儒的理欲观，他认为解决之道在于以"心理作用"统辖"生理作用"。所谓"心理作用"，"以知率情，以情发意，此高尚之心理，纯乎心理作用者也"。所谓"生理作用"，"欲者，存于吾身，冲动吾意，以意率情，以情掣知，此卑劣之心理作用，根于生理作用而起者也"[②]。而"竞争之说，乃唆使主人，各率奴仆，弃其工作，以互相争斗者也"[③]。显然，竞争之说专言利己，是违反进化之道的。

前已述及，在杜亚泉的进化学说中，人类进化的目的是"心意遂达"，也就是追求自由。如何才能达到"心意遂达"，如何才能实现人类的自由？他在《精神救国论》文末对进化论作了总结性论述，提出了"心意遂达"的五条法则。概言之，人人坚持以"心理作用"统辖"生理作用"，各自发展心力，各自专精于一事，并将所发明所发现之新思想新法则通过各种方式社会化，使得社会中每个人的心理逐渐融洽，最终实现心理的联合，达到社会之内的协助。[④]他对其进化学说充满信心："此诸法则，不过就巴氏、胡氏诸家之新唯心论，引申其义，而皆为今日救国之良谟。吾国人诚能推阐新唯心论之妙义，实行新唯心论之训示，则物质竞争之流毒，当可渐次扫除，文明进化之社会，亦将从此出现矣。"[⑤]

四、杜亚泉进化论的思想特色

杜亚泉对进化论的批判和反思出现在1913年以后。在1913年发表《精神救国论》之前，他对进化论已多有研究。但除了在1905年的《物质进化论》一文中对进化论作过简单讨论之外，他主要将进化论作为一种论证工

---

① 杜亚泉：《精神救国论》，《东方杂志》10卷3号（1913年9月）。
② 杜亚泉：《精神救国论》，《东方杂志》10卷3号（1913年9月）。
③ 杜亚泉：《精神救国论》，《东方杂志》10卷3号（1913年9月）。
④ 杜亚泉：《精神救国论》，《东方杂志》10卷3号（1913年9月）。
⑤ 杜亚泉：《精神救国论》，《东方杂志》10卷3号（1913年9月）。

具，以进化论佐证自己的观点。他在 1911 年的《减政主义》一文中，认为"减政主义"符合进化原理，应该倡导[①]；在《论今日之教育行政》一文中，以"夫优胜劣败，社会之公理"来说明当局在地方设立有名无实之学堂的弊害[②]；在《论蓄妾》一文中，认为蓄妾不符合进化原理，应予以废除。[③] 在 1912 年的《论依赖外债之误国》一文中，他以生物进化为例来论证国家依赖外债有害无益。[④] 在 1913 年的《论社会变动之趋势与吾人处世之方针》一文中，他在论述了当时中国社会"为物质的势力所奄有"的状况时，认为"就天演之学理言之，此等现象，不过为竞争淘汰之常"。[⑤] 正是在此处，他流露出对生存竞争学说应用于社会而造成种种腐败堕落的批判。为何他在 1913 年对进化论的态度发生了突变？到底是什么原因使得进化论在其思想中由一种方法论变为批判和反思的对象？如果仔细考察杜亚泉的思想脉络，我们会发现，在 1913 年左右，他的思想还有另外两点变化：其一，从推重物质救国转向推重精神救国；其二，从重视法律在秩序构建中的作用转向重视道德在秩序构建中的作用。事实上，这两点变化与其对进化论的认识变化是互为表里的。从上文已知，他提出救治"唯物论"的"唯心的进化论"，就是重视社会心理建设和国民道德的陶铸。当然，他的此种转变并非截然两分，只不过在此前后有一个显著的倾向。那么，究竟是什么原因导致了他对进化论的这种前后不同的认识呢？通过考察杜亚泉的生平，我们发现他在 1913 年的人生经历并没有特别的变化；可以认为，他对进化论的认知转变应归因于中国时局的变化。因为据他所见，正是进化论的输入导致了中国社会的文化取向危机和政治及社会秩序的紊乱。也就是说，他对进化论的反思

[①] 杜亚泉：《减政主义》，《东方杂志》8 卷 1 号（1911 年 3 月）。
[②] 杜亚泉：《论今日之教育行政》，《东方杂志》8 卷 2 号（1911 年 4 月）。
[③] 杜亚泉：《论蓄妾》，《东方杂志》8 卷 4 号（1911 年 6 月）。
[④] 杜亚泉：《论依赖外债之误国》，《东方杂志》9 卷 1 号（1912 年 7 月）。
[⑤] 杜亚泉：《论社会变动之趋势与吾人处世之方针》，《东方杂志》9 卷 10 号（1913 年 4 月）。

"唯心的进化论"：杜亚泉对进化论的反思与改造

和批判主要是针对当时中国的局势而发声的。[①]

杜亚泉对进化论的新诠释是极具特色的，他所提出的"唯心的进化论"具有深刻的思想内涵，值得玩味。首先，他的进化论富有浓重的自由主义底蕴。他认为进化的形式并非单一的线条式的自然淘汰，而是分化与统整的结合。推而论之，其进化论充分展现了尊重个性和差异的意旨，但同时它又强调事物的变化并非毫无章法，而是有一个主流、有一个方向，这为个人与社会的多元发展和全面发展提供了足够的理论支撑。其次，他认为进化的最终目的是追求自由，也就是他所谓的"心意遂达"。奇怪之处在于，向来被视为保守主义者的他，在此处所言的自由却倾向于伯林所说的"积极自由"，流露出不少激进的革命色彩。其进化论的这一异质之处与其所处时代是相适应的：20世纪初的中国是一个极度浪漫化的年代，以卢梭为代表的欧陆理性主义是思想界的主流。杜亚泉可能未直接拜读过卢梭等人的著作，但作为其时思想界的风云人物，无疑会受到这一思想潮流的影响。特别是在民族主义的强力推动下，积极国民和积极国家的观念成为包括杜亚泉在内的民初众多思想家的共识。作为文化保守主义者的杜亚泉，恰恰是一个政治上的自由主义者。在沧海横流的变革时代，杜亚泉始终秉持积极奋斗的人生信条，正如他在逝世前半年和友人的诗中所言，"鞠躬尽瘁寻常事，动植犹然而况人"[②]，这样的人生观必然会深刻影响他的进化思想。再次，他认为进化的原因在于生物内部具有由不优良变为优良的本能，而生物的这种本能是生物普遍的意志。据上文可知：其一，杜亚泉的进化论流露出明显的唯意志论色彩。唯意

[①] 第一届国会选举的种种舞弊贿赂、宋教仁的遇刺、袁世凯一手导演的尊孔复古、"二次革命"的爆发等一系列重大事件无不对当时的思想界形成强力冲击。1913年在中国近代思想史上的意义甚至超过了1911年，因为辛亥革命虽然成功得突然，但已经历了长时间的酝酿，清王朝的崩解只是迟早的事情。而进入共和之后，国人普遍对中国前途充满乐观，但在1913年，中国形势急转直下，局势在极短时间内的陡然变化造成国人巨大的心理落差。尤其是对时局保持密切关注的思想家们，他们的思想可能会受到更加剧烈的震动。

[②] 蔡元培：《杜亚泉君传》，许纪霖、田建业编：《一溪集：杜亚泉的生平与思想》，生活·读书·新知三联书店1999年版，第4页。

志论哲学家叔本华的哲学在 1904 年左右经由王国维的介绍而传入中国，在 20 世纪初形成第一个传播高潮。[1] 杜亚泉对叔本华的哲学是熟悉的，在 1923 年根据叔本华的人生哲学论文和随笔编译《处世哲学》一书，这是国内第一部叔本华哲学原著。[2] 梁启超也曾经将唯意志论引入他的进化学说，不过，任公注重的是种族的进化，认为历史进化的主体是"群"[3]，强调"民族意力"对历史的推动作用。[4] 其二，他的进化论与严复、康有为、梁启超、孙中山等人的进化学说一样，体现了一种乐观主义或者说进步主义，彰显了对人类社会前途充满希望的启蒙精神，这有别于章太炎对进化论的反思。章太炎在 1906 年提出的"俱分进化论"对进化前途持悲观主义的态度，认为除了人类智识是"一方直进"外，"若以道德言，则善亦进化，恶亦进化。若以生计言，则乐亦进化，苦亦进化"[5]，"今自微生以至人类，进化唯在智识，而道德乃日见其反"[6]。其三，他遵循的依然是斯宾塞普遍进化观的思维模式，这或许与中国传统的整体性思维方式是有关的。作为深受中国传统文化濡染的知识分子，其思想中处处可见传统文化的身影，他以宋儒的天理人欲观来论证"心理作用"对"生理作用"的统辖即是显例。其四，他将其进化学说称之为"唯心的进化论"，认为是对达尔文、斯宾塞式"唯物论"的矫正，将社会起源解释为心理的联合，将人类社会的进化视为个人心理和社会心理的进化，其进化思想表现出浓厚的唯心主义色彩。其实，在 1913 年《精神救国论》发表之前，他便认为"社会进化，以社会心理之发达与否为标准"[7]，

---

[1] 成海鹰、成芳：《唯意志论哲学在中国》，首都师范大学出版社 2002 年版，第 38—40 页。
[2] 成海鹰、成芳：《唯意志论哲学在中国》，首都师范大学出版社 2002 年版，第 43 页。
[3] 高瑞泉：《天命的没落——中国近代唯意志论思潮研究》，上海人民出版社 1991 年版，第 61 页。
[4] 高瑞泉：《天命的没落——中国近代唯意志论思潮研究》，上海人民出版社 1991 年版，第 77 页。
[5]《章太炎全集》（四），上海人民出版社 1985 年版，第 386 页。
[6]《章太炎全集》（四），上海人民出版社 1985 年版，第 442 页。
[7] 杜亚泉：《论中国之社会心理》，《东方杂志》9 卷 9 号（1913 年 3 月）。

"唯心的进化论"：杜亚泉对进化论的反思与改造

"夫社会进化，在乎社会心理之进行"①。他甚至认为，通过心理的联合能够最终实现社会之内的协助，消除社会之内的冲突，其进化论又因此染上了一层浓烈的乌托邦色彩，这可能是受到了当时已经进入中国的无政府主义学说的影响。最后，杜亚泉的进化论中带有明显的互助论色彩。"互助论"是俄国无政府主义者克鲁泡特金在1902年提出的，它是对达尔文式竞争进化论的修正与反思，强调互助而非竞争才是进化的根本原因。互助论在1907年左右经由无政府主义报刊《新世纪》和《天义报》译为中文，并在"五四"前后风靡中国，对民国思想界产生了重大影响。他在其进化论中强调利己与利他的融合，强调社会之内的协助，这些都呈现互助论的印记。他在《精神救国论》中明言，他的进化学说是在综合会通包括克鲁泡特金（杜氏译为"克罗帕得肯"）在内的众多西方进化论者的进化学说基础上提出来的。② 同时，他的进化论具有明显的道德主义倾向——赞成宋儒的天理人欲观，强调"心理作用"统帅"生理作用"，极为看重道德修养。其实，如前所述，对道德的重视是杜亚泉思想的基本特点，尤其是在1913年以后。如其在1913年11月的《国民今后之道德》中认为，虽然法律和道德同为国家有机体的两大要素，但"法律之维絷人心，远不如道德之巩固；涵濡民俗，亦不如道德之秾深"③。另外，由于他具有深厚的自然科学的知识积淀，在阐述其进化论时，多使用西方自然科学的概念和思维方式，其进化论因此展现出论证上的严密性、系统性、科学性和思想上的新颖性、深邃性，这不仅是其进化论的一大突出特色，也是他整个思想的亮点。高力克曾中肯地指出，杜亚泉进化理论最显著的特点就在于其集诸家学说之大成的包容性④，这也正体现了其思想一以贯之的调和色彩。而杜氏进化论的这种包容性并非是对各个思想学

---

① 杜亚泉：《论中国之社会心理》，《东方杂志》9卷9号（1913年3月）。
② 杜亚泉：《精神救国论》，《东方杂志》10卷3号（1913年9月）。
③ 杜亚泉：《国民今后之道德》，《东方杂志》10卷5号（1913年11月）。
④ 高力克：《调适的智慧——杜亚泉思想研究》，浙江人民出版社1998年版，第84页。

说的简单拼装与杂糅，而是充分吸收古今中外的自然人文思想资源，兼收并蓄、博采众长，将它们巧妙地融为一炉，由此形成其进化论调和与深刻的并存。总而言之，杜亚泉的进化论充满了深刻性、独特性、丰富性特点，是思想史上一笔宝贵的、不容忽视的精神财富。

五、余论

杜亚泉有言，"生存竞争之学说输入吾国以后，其流行速于置邮传命，十余年来社会事物之变迁，几无一不受此学说之影响"[1]。进化论在近代中国极具影响力，近代中国的众多思想人物都受到进化论的影响，各种政治思潮（包括民族主义、自由主义、社会主义、无政府主义）都与进化论有着千丝万缕的联系。[2]但达尔文、斯宾塞式竞争进化论的输入并没有实现中国社会秩序的重建，反而加剧了中国社会本已出现的各种危机。到了20世纪初，梁启超、章太炎等少数思想家已经开始反思进化论的弊端。任公在1920年欧游回国后，改进了他一直秉持的文化进化论，由完全服膺西方文化到主张"东西调和"。章太炎则以佛学和庄子哲学反对和批判进化论的线性发展观和乐观主义。但比较而言，二者皆缺乏自然科学的思维和论证方式，且未形成系统。而直到"五四"前后，这样的反思仍然是零星的。杜亚泉在民初对进化论的反思是系统而全面的，他所提出的"唯心的进化论"观点独到、思想深刻，在近代进化论思潮中独树一帜、自成一家。同时由于他一向以自由知识分子的身份观察思考政治社会问题，他对进化论的思考纯粹是出于知识分子的家国情怀和对学术、思想的关怀，并非服务于任何特定的政治目的，因而具有更加恒久的价值。王中江认为："杜亚泉为了对抗庸俗的唯物主义、对抗社会达尔文主义，从而注重心灵和道德价值的进化，实际上

---

[1] 杜亚泉：《静的文明与动的文明》，《东方杂志》13卷10号（1916年10月）。
[2] 高瑞泉认为，进化论吹响了中国近代民主主义的号角，奠定了中国近代自由主义的基石，集结了中国近代社会主义的先导。参见高瑞泉编：《中国近代社会思潮》，上海人民出版社2007年版，第62—78页。

已经在为'五四'注重'精神'革命的整体气质做着准备。"[1] 就此而言，虽然他在"五四"时期作为文化保守主义的代表人物受到新文化运动启蒙思想家们的排斥和打压，站在了"近代思想文化史上最大的科学启蒙运动——'五四'新文化运动"的对立面[2]，但从某种意义上说，他与新文化派却有着相同的思想基因。他的思想，包括其进化论也成为"超越时代的'另一种启蒙'"[3]。"进化主义"与晚清以来中国的政治社会和思想文化变革具有深刻的关联，它深深地融入了中国的现代化历程之中，也对国人的性格产生了深远的影响。"进化主义"既是"一副药力极强的'兴奋剂'"[4]，也带有剧毒性的副作用。杜亚泉所言的近代中国社会在进化论的冲击之下呈现出的"悲观主义"盛行、以"弱肉强食"为公理、价值认同迷失的文化取向危机是值得当今中国社会深切反思的。他在百年前对"唯物论"的反思与改造是深刻的，其"唯心的进化论"中的诸多理念对于当代中国的现代化建设仍然具有重要的启发意义，比如对个性与差异的尊重，对社会的多元发展和全面发展的注重，对自由和正义的追求，对社会心理建设、国民精神改造和道德建构的强调，对社会协助的重视，以及他提出的实现"心意的遂达"的法则等。在经济转型、社会转型和国家转型的过程之中，中国政治社会的稳定、发展与国人健全的心理文化结构息息相关，杜亚泉的"唯心的进化论"告诉我们：人类社会的发展如果仅仅是物质的发展，那么这个社会最终将"为物质的势力所奄有"，将沦为一具没有灵魂和情感的空壳。

原载《福建论坛（人文社会科学版）》2021年3期

---

[1] 王中江：《进化主义在中国的兴起——一个新的全能式世界观》（增补版），中国人民大学出版社2010年版，第218页。
[2] 任元彪：《启蒙者对启蒙运动的批判》，《近代史研究》1995年5期。
[3] 田建业、熊月之、许纪霖等：《超越时代的"另一种启蒙"》，《文汇报》2013年12月3日11版。
[4] 王中江：《进化主义在中国的兴起——一个新的全能式世界观》（增补版），中国人民大学出版社2010年版，第346页。

论杜亚泉的科学观

阎乃胜

杜亚泉（1873—1933），原名炜孙，字秋帆，别号亚泉，又署高劳、伧父。浙江绍兴会稽县伧塘乡（今上虞市伧塘镇）人，中国近代著名的科学教育家和启蒙思想家，毕生致力于科学传播事业，被尊为近代"中国科学界的先驱"[①]。在西方科学潮涌国门、五四"科学主义"风靡一时之际，杜亚泉以冷峻的睿智由起初力倡"科学救国"，转而对科学技术持审慎反思的态度，主张科学与宗教、中医与西医、科技与道德相"调和"。这一凸显"温和渐进"风格的科学观在中国近代科学教育史上颇具特色，闪耀着理性的价值和光芒。

一、科学救国论

甲午战败，中华民族危机大大加深。满怀爱国忧患意识的杜亚泉决定"求实学、济天下"，于1900年创办《亚泉杂志》，在《亚泉杂志·序》中疾呼"科学救国"："但政治与艺术之关系，自其内部言之，则政治之发达，全根于理想，而理想之真际，非艺术不能发现。自外部观之，则艺术者固握政治之枢纽矣。航海之术兴，而内治外交之政一变；军械之学兴，而兵政一变；蒸气电力之机兴，而工商之政一变；铅字石印之法兴，士风日辟，而学政亦不得不变。且政治学中之所谓进步，皆借艺术以成之。……吾国之

[①]《东方杂志》编辑部：《追悼杜亚泉先生》，《东方杂志》31卷1号，1934年1月。

士,……潜心实际,熟习技能,各服高等之职业,犹为不败之基础也。……二十世纪者,工艺时代。吾恐我国之人,嚣嚣然争进于一国之中,而忽争存于万国之实也。"[1] 在此,杜亚泉坦言:科技是政治的基础,科技进步为国家富强的根本。这就与严复所倡导的"有用之效,征之富强,富强之基,本诸格致"[2] 的思想一脉相承,可谓"科学救国"的先声,无疑给盛极一时的"政本艺末"论当头一棒。"这是35年前所作的文字,在那时先生已揭发生产技术决定了政治和社会关系。……单从这里,就可知先生是怎样的一个前进的学者了。"[3] 表明他已从"中体西用"的拘囿中走了出来,堪为独具慧眼。

显然,杜亚泉把科学作为救国的工具,关注其"经世致用"的功利价值,这就对科学做了浅层次的理解,属于"器物科学观"的范畴。钱智修对此做过明确的阐释:"功利主义之评判美恶,以适于实用与否为标准。……功利主义之论学术,既以应用为前提矣。"[4] 从某种意义上说,杜亚泉的这种科学观是一定程度上的实用主义表现。杜亚泉批评新文化运动急功近利,实际上他自己对科学也做了一种功利主义的解释,却在自觉不自觉之中把科学当作富国强民的经济手段[5]。陈独秀曾反击道:"功利主义与图利贪功,本非一物"[6],"《东方》记者误以贪鄙主义为功利主义"[7],"不明功利主义之真

---

[1] 杜亚泉:《亚泉杂志》创刊号,1900年1月。
[2] 严复:《救亡决定论》,吴雁南、冯祖贻、苏中立编:《清末社会思潮》,福建人民出版社1990年版,第323页。
[3] 《东方杂志》编辑部:《追悼杜亚泉先生》,《东方杂志》31卷1号,1934年1月。
[4] 钱智修:《功利主义与学术》,陈崧编:《五四前后东西文化问题论战文选》,中国社会科学出版社1985年版,第48页。
[5] 欧阳正宇:《杜亚泉的科学救国思想及成就》,《甘肃社会科学》2002年5期,第153页。
[6] 陈独秀:《再质问〈东方杂志〉记者》,陈崧编:《五四前后东西文化问题论战文选》,中国社会科学出版社1985年版,第89页。
[7] 陈独秀:《质问〈东方杂志〉记者——〈东方杂志〉与复辟问题》,陈崧编:《五四前后东西文化问题论战文选》,中国社会科学出版社1985年版,第75页。

价值及其在欧美文明史上之成绩"①。其实，文化激进主义者的科学观已经超越了科学的具体涵义，而更重视科学对社会改造或建设的功能，力图把科学的态度带进包括精神文化特别是伦理道德的全部文化领域中，培养国民科学地认知世界和事物的求实态度以及理性方法。由是观之，杜亚泉对对方的责备是欠妥的②。无独有偶，《科学》杂志宣称："夫工商所以富国，国富而后强；科学应用所以发达工商，工商发达而后国富；然则科学应用乃救国上策，至此将如天经地义，为用不磨灭之论矣。"③杜亚泉与中国科学社的思想在此是相当合拍的。当然，这也是"救亡图存"时局之需所使然。正如张准所言："道咸以后，吾国屡挫于外，举国人士，以旧之不足恃，群思变法，汲汲以输入西学为务。其目的不在科学本体，而在制铁船造火器，以制胜强敌，谋富强救国之策。"④鸦片战争以后，西方的"坚船利炮"成为一种征服性的强悍文化，它意味着进步，这种进步被认为是科技的结果，于是科技成为进步的象征，这就很自然地使国人把关于目的的价值问题转换成关于（达到那些目的的）手段的价值问题，即价值的工具化。摆脱列强束缚、屹立于强国之林的"民族的自由"是中国特色"现代性方案"的首要课题⑤。

毋庸置疑，杜亚泉早期对科学技术的看法基本上是正面的，对于科学救国抱以乐观的态度。但是，随着时间的推移，他的科学观渐生转变。"从一个科举出身的旧知识分子到崇拜西方科学技术的学者；又从醉心于西方文化、推崇西方物质文明转变到反对全盘西化，主张中西融合，提倡精神文

---

① 陈独秀：《再质问〈东方杂志〉记者》，陈崧编：《五四前后东西文化问题论战文选》，中国社会科学出版社1985年版，第89页。
② 欧阳正宇：《杜亚泉的科学救国思想及成就》，《甘肃社会科学》2002年5期，第153页。
③ 叶建柏：《科学应用论》，《科学》3卷2期，1917年。
④ 张准：《科学发达略史》，舒新城编：《近代中国教育思想史》，中华书局1932年版，第279页。
⑤ 丁钢编：《全球化视野中的中国教育传统研究》，广西师范大学出版社2009年版，第164—170页。

明，这是我父亲思想上的两次重大飞跃。"① 杜亚泉由乐观的科学救国论逐步转向对科学技术持审慎反思的态度。

二、科学认知有限论

杜亚泉认为，人类的科学认知能力是有限的："故万有包含于无极之中，而吾于无极之内，截取其地段若干，而立为太极。太者大也，最大之止境也。人类所取之太极，即在人类思想能力所已及者为界，谓太极界。太极界之愈扩而愈大，即人类之进步矣。……不可知者，无极之界也；可知者，太极之界也"②，强调宇宙是无限的，而人类对宇宙间科学的认知能力却是有限的；人类的认知能力可以不断发展，不断扩大对宇宙的认知，但是永远不能穷尽对宇宙的认知。后来，杜亚泉提出了与此类似的观点："近世科学，进步甚著，往往侵入命运之领土内，扩张知能之区域。然知能所及之区域，无论如何扩张，常为知能不及之区域所包围，以知能为有限性，自然界为无限性也。故科学虽与命运为仇敌，然谓科学能战胜命运，则决无是理。彼持科学万能说而蔑视命运者，犹于室内燃电灯、置风扇，而谓自然界之昼夜寒暑，皆为吾人知能所管辖，亦多见其不知量矣。"③

与此迥异的是，新青年派极力尊科学为神明，认为西方以自然科学为基础的思想、精神和方法，可以在世界观、人生观、社会历史观等方面全面取代传统，作为现代社会的新信仰④。而杜亚泉这一凸显低调、对人类智能有限性的判断，则充分体现了其怀疑谨慎的科学理性精神，与其早期对科学救国的乐观态度形成了鲜明对比，更打破了"科学万能说"，无疑是对科学主

---

① 杜其在：《回忆我的父亲杜亚泉》，许纪霖、田建业编：《一溪集：杜亚泉的生平与思想》，生活·读书·新知三联书店1999年版，第43页。
② 杜亚泉：《无极太极论》，《普通学报》1901年2期。
③ 杜亚泉：《命运说》，《东方杂志》12卷7号，1915年7月。
④ 张雪松：《陈独秀：以科学代宗教》，《中国民族报》2009年7月14日4版。

义僭妄的矫正。

同时，杜亚泉将这一理性科学精神也贯彻到对中西医价值认识的论辩中。新文化运动伊始，陈独秀就断言"中医非科学"[①]。与之相呼应，余云岫对中医也持鄙薄蔑弃之见，认为中医不仅解剖学落后，而且其医学理论也是非科学的；中医的生理学和病理学皆立基于阴阳五行学说，而阴阳五行说只是古代哲学家的空想，到了今日科学时代，已全无科学的价值，必须将其彻底摒弃[②]。杜亚泉决不赞同对中医价值全盘否定的论调，奋而争之。"中西医学，大同小异。……习西医者诋諆中医，谓中医专重阴阳五行之说，凭臆想而不求实验；信中医者排斥西医，谓西医多用金石剧烈之药，精外科而不善内治。是皆一孔之见，偏执之论也"[③]，强调中西医学理法不同，二者互有优长。"世界上的科学，除了物质方面以外，凡是精神科学、社会科学，都不是全靠着机械的试验才能成立呢！……希望明白科学的，不要作'科学万能'的迷想。世界事物，在现世科学的范围以内者，不过一部分。"[④]

显然，杜亚泉坚持理性的经验主义知识论立场，颇近于英伦经验主义。[⑤]卡尔·波普尔（Karl Popper）把强调人类无知的"理智的谦虚"，归为以色诺芬尼、苏格拉底、伊拉斯谟、蒙田、洛克、伏尔泰和莱辛为代表的欧洲怀疑论传统的共同特征[⑥]。他秉持"科学是一种猜想性知识"的科学观："我们的科学知识仍然不是确定的知识。它可以修改。它由可检验的猜想、由假定构成——至多由经受了最严格的考验的假定构成，然而，它仍然仅仅由猜想构成。随着几乎每一项新的科学成就，随着对科学问题的每一个假定的解

---

① 陈独秀：《敬告青年》，《青年杂志》1卷1号，1915年9月15日。
② 余云岫：《科学的国产药物研究之第一步》，《学艺》1920年2卷4期。
③ 杜亚泉：《中西验方新编叙言》，《东方杂志》13卷11号，1916年11月。
④ 杜亚泉：《中国医学的研究方法》，《学艺》2卷8号，1920年11月。
⑤ 高力克：《调适的智慧：杜亚泉思想研究》，浙江人民出版社1998年版，第111页。
⑥ [英]卡尔·波普尔著，范景中、李本正译：《通过知识获得解放》，中国美术学院出版社1996年版，第224页。

决办法，未解决的问题的数量和难度也都增加。实际上，它们的增加比解决办法要快得多。人们很可能说，我们的假定知识是有限的，而我们的无知却是无限的。但是不仅如此，在对未解决的问题敏感的真正的科学家看来，在非常具体的意义上，世界正越来越变成难解之谜。"① 显而易见，杜亚泉的"科学认知有限论"深契于欧洲怀疑的理性科学精神。

随着时间的推移和时势的变化，尤其是清末社会变革所导引的中国文化的危机以及第一次世界大战所暴露的西方文明的困境，杜亚泉的社会关怀重心逐渐由科学技术转移到精神文明上，并将理性审慎的科学精神渗透至如何处理科学与宗教、中医与西医、科技与道德的关系之中，而主张"调和"。

三、科学调和论

第一，科学与宗教相调和。

杜亚泉认为，宗教作为一种精神信仰资源，具有凝聚民族精神和维系社会秩序的伟大力量，因而现代化不宜蔑弃宗教："夫宗教伦理，为民族组成之要素，其支配社会维持治安之潜力，至为伟大。若被破坏，则善恶无所遵循，是非莫由辨别，人民必将彷徨歧路，靡所适从，精神界之俶扰，有不堪设想者矣。"② 在一定意义上，宗教具有其他资源不可替代的，与科学互补调剂的不可或缺的精神价值。正如罗素所言："世界需要一种能促进生活的哲学或宗教。如果要使生活成为完全是人的生活，它必须为某种目标服务，这种目标在某种意义上似乎是在人的生活以外的，就是某种目标，它是非个人的超出于人类的，有如上帝或真理或美。这一种对于不朽事物的幸福的默想，就是斯宾诺莎所称的对于上帝的理智的爱。"③ 杜亚泉继而指出，一种主

---

① [英] 卡尔·波普尔著，范景中、李本正译：《通过知识获得解放》，中国美术学院出版社1996年版，第231页。
② 杜亚泉：《国家主义之考虑》，《东方杂志》15卷8号，1918年8月。
③ 伯特兰·罗素著、张师竹译：《社会改造原理》，上海人民出版社1959年版，第145页。

义绝对不可能包涵世间万理，宗教也是如此。"夫以千百年各筑藩篱之宗教，乃有接近之一日，此亦足见一种主义之不能包涵万理，而矛盾之决非不可和协者矣"①，力主现代科学与宗教传统兼容调和，并预言："大凡人类于自然界获得胜利之时，则宗教思想必因之薄弱，若至趋于极端陷于穷境之时，则宗教思想必因之唤起。故今后当为希伯来思想复兴时代，与历史上文艺复兴时代遥遥相对。"②

科学与宗教的关系，是"五四"时期中西新旧之争的焦点问题之一。科学主义思潮立基于孔德实证主义文明进化论，而主张"以科学代宗教"的激进方针。其"重新估定一切价值"的评判准则乃是"以西评中""以新衡旧"的单向文化批判，显然源于寻求富强的"现代化情结"。针对这一现象，张灏做了深刻的揭示："就思想而言，'五四'实在是一个矛盾的时代：表面上它是一个强调科学，推崇理性的时代，而实际上它却是一个热血沸腾，情绪激荡的时代；表面上'五四'是以西方启蒙运动重知主义为楷模，而骨子里它却带有强烈的浪漫主义色彩。"③诚如汪晖所指出的，"五四"思想的内在困境和危机，在于其匮缺作为欧洲启蒙传统之基础的"分析还原和理智重建"的理性方法，而仅仅立基于一种"态度"④。而杜亚泉对于科学与宗教的兼容调和态度，恰恰弥补了文化激进主义理性建构不足的缺陷，切中了"五四"启蒙思想的偏弊，其"温和渐进"的"调和"智慧昭然若是。

第二，中医与西医相调和。

"五四"时期中西文化的冲突，在医学领域中表现为以西医否定中医的西化主义倾向。杜亚泉一贯主张调和中医与西医，使二者兼容互补，融会贯

---

① 杜亚泉：《矛盾之调和》，《东方杂志》15卷2号，1918年2月。
② 杜亚泉：《战后东西文明之调和》，《东方杂志》14卷4号，1917年4月。
③ 张灏：《五四运动的批判与肯定》，萧延中、朱艺编：《启蒙的价值与局限：台港学者论五四》，山西人民出版社1989年版，第54页。
④ 汪晖：《无地彷徨："五四"及其回声》自序，浙江文艺出版社1994年版，第16页。

通。"中西学说，若合符节。有中医相传之理，语焉不详，而西医则竟委穷源，了如指掌者，以西医之说考之则益明；有西医发明之事，诩为新得，而中医则习用已久，视为故常者，以中医之法证之则益信"[1]，认为中西医自成系统，各有所长，两者应互相发明，互相参证，融会贯通[2]。他以西医的"血液循环"和"神经作用"学说阐释中医的"血气"，以西方病理学的"循环障碍"理论解释中医的"血气不和"与诊脉方法，以温度作用和气压作用诠解中医的"风火寒热燥湿"（六淫），皆体现了其中西医学融会贯通的医学思想和学术功力。20世纪中国医学的发展以及中西医学结合的趋势，证明了杜亚泉中西医学融合思想的深刻洞见。[3] 当代著名医学家陈可冀针对中西医结合问题，曾评价说，中医与西医是两种截然不同的医学体系，各有优点和短缺。这两种思维方式应兼容互补。中西医学最终将统一在一个完整的医学体系里[4]。后人已经体悟到了杜亚泉中西医调和论的前瞻性和远见卓识。

第三，科技与道德相调和。

面对西方文化的冲击，清末民初中国着力进行了一系列社会变革，但终归还是给国人留下了失望，甚至绝望。中国文化频陷危机之中；同时，第一次世界大战惨绝人寰，创深痛巨，使欧人对自己的前途与命运痛失信心，陷于悲观、混乱、迷茫之境。"欧人危疑彷徨，不知所措，杂药乱投，实陷于理性危机之中。"[5] 尤其是斯宾格勒《西方的没落》一书的出版，更表征了欧人对自己文化的惆怅。杜亚泉有感于时代的变迁，强烈呼吁国人切莫对科学技术持盲从态度。"自欧战发生以来，西洋诸国日以其科学所发明之利器，戕杀其同类，悲惨剧烈之状态，不但为吾国历史之所无，亦且为世界从来所

---

[1] 杜亚泉：《中西验方新编叙言》，《东方杂志》13卷11号，1916年11月。
[2] 杜亚泉：《中国医学的研究方法》，《学艺》2卷8号，1920年11月。
[3] 高力克：《调适的智慧：杜亚泉思想研究》，浙江人民出版社1998年版，第153页。
[4] 朱彤：《中医要引进现代科学——访第一代中西医学家陈可冀院士》，《三联生活周刊》1997年20期。
[5] 韦拉里：《韦拉里论理智之危机》，《大公报·文学副刊》1928年3月5日2版。

未有。吾人对于向所羡慕之西洋文明,已不胜其怀疑之意见。则吾人今后不可不变其盲从之态度,而一审文明真价之所在。"① 他进一步指出,科学仅为发达经济的手段。若经济之目的已误,则手段愈高,危险亦愈甚。西洋社会以科学为前驱,其经济目的在满足其生活所具的欲望,无限之欲望随之而昂进。其结果,使西洋社会之经济消耗于奢侈,浪费于军备,破坏于战争②;并检省道,10余年来自己一直向往和信赖西洋工艺,以为工艺为一切事物之本。及世界大战爆发,考察此战争发生的原由,才始认识工艺的流弊,战争乃"工艺之流毒"③。

"杜氏关于西方资本主义社会中科学技术助长人之欲望的扩张,从而导致奢侈生活和世界战争的看法,可谓深刻揭示了西方现代文明的困境。"④ 他对科学价值的深刻反思,警示国人:必须清醒、理智地看待科学的价值,对其切莫过于信赖,科学技术仅为工具理性的手段,现代人类若不善加利用之,则科技的进步有可能给人类文明带来灾难性的负面影响。

杜亚泉认为,"平情而论,则东西洋之现代生活,皆不能认为圆满的生活,即东西洋之现代文明,皆不能许为模范的文明。……战后之新文明,自必就现代文明,取其所长,弃其所短,而以适于人类生活者为归"⑤,主张建立西方科学与东西方道德相融合的新文明。他预言,源于希腊文化的西方科学与源于希伯来文化的西方道德在欧战后必然会走向融合;相信中国道德本来就与希腊希伯来道德多有契合之处,西方两希传统道德相互调和之后,与中国道德传统必将异曲同工;提醒国人在融合西方科学时务必理智:"西洋事物输入吾国者,必审其于生活上之价值如何。科学上之智识技能,当利

---

① 杜亚泉:《静的文明与动的文明》,《东方杂志》13卷10号,1916年10月。
② 杜亚泉:《战后东西文明之调和》,《东方杂志》14卷4号,1917年4月。
③ 杜亚泉:《工艺杂志》序,《东方杂志》15卷4号,1918年4月。
④ 高力克:《调适的智慧:杜亚泉思想研究》,浙江人民出版社1998年版,第63页。
⑤ 杜亚泉:《战后东西文明之调和》,《东方杂志》14卷4号,1917年4月。

用之以生产日常须要之物，使其产出多而价值廉，以应下层社会之用，而救其缺乏，……勿任贪黠之徒，利用科学以施其兼并侵略之技。"[①]

显然，杜亚泉推崇"经济道德俱发达者为文明"。"杜氏从其经济与道德并重的文明观出发，通过检省和反思西方科学技术进步和工业文明发展的负面效应，而提出了其科学技术与伦理道德相调和的主张。"这种文明调和论"主张以公正的社会经济发展目标来规约科学技术的发展，强调科技的运用应以满足大众的正当生活需求为目的，而不应沦为少数上层社会追逐欲望的工具。杜氏在科技应用问题上之以理性节制欲望，以及公平与效率相结合的思考，提出了现代化中以伦理规约科技，以及工具理性与价值理性相平衡的重大文化课题。这些无疑是深刻的见解"[②]，其思想智慧在"五四"思想界可谓独树一帜。杜亚泉的"科学调和论"充分体现了其辩证中和的思想特质，与独尊科学为神明而蔑弃传统的科学主义、诋毁科学而专崇孔孟的复古主义相比，凸显了多元、开放、辩证、周详的"温和渐进"之风。诚如有学者所指出的，这既不同于保守主义的全面固守传统彻底排斥西方科技，也不同于激进主义的彻底放弃传统完全接受西方科技，还不同于折衷主义的固守传统价值却接受西方实用技术。总体上说，这是一种特殊形式的文化相对主义[③]。

需要特别指出的是，尽管杜亚泉秉持理性审慎的科学认知有限与调和论，但是他对科学的倡导一直矢志不渝，坚信科学技术是现代文明进步的基本动力，也是中国达至富强的必由之路，励志培养"科学的劳动家"，毕生致力于科学教育和传播事业。他预言，随着科学技术的进步，"自农业、工艺、交通、运输诸事业，土木、机械、电气诸工程，几经研究改良，无一不

---

① 杜亚泉：《战后东西文明之调和》，《东方杂志》14 卷 4 号，1917 年 4 月。
② 高力克：《调适的智慧：杜亚泉思想研究》，浙江人民出版社 1998 年版，第 64—65 页。
③ 任元彪：《面对西方科学的冲击：杜亚泉回应方式》，《科学文化评论》2006 年 2 期。

须精密之知识与熟练之技能。于是社会中发生一有力之新阶级,即有科学的素养而任劳动之业务者。此等科学的劳动家,以社会上之需要日增月盛。国家社会间一切机关、职业,悉落于劳动家之手。……吾尤望吾朦胧无意之国民,注目于未来之大势,预备为科学的劳动家,以作20世纪之主人焉"[1]。

针对杜亚泉的科学观,从整体上做出中肯总结的,莫过于胡愈之代表《东方杂志》编辑部的"盖棺"评价最具权威性:"在中国科学发达史中,先生应该有一个重要的地位。到了先生主编《东方》的时候,虽提倡精神文明,发扬东方思想,因此与"五四"时期的《新青年》杂志,曾有过一次论战,但是先生始终没有放弃科学的立场,其对于人生观和社会观,始终以理知支配欲望为最高的理想,以使西方科学与东方传统文化结合为最后的目标。所以从思想方面说,先生实不失为中国启蒙时期的一个典型学者。"[2]杜亚泉开创了中国近代科学启蒙的一个新路径,具有独特的意义与价值。

四、"调和"的智慧:"另一种启蒙"

民初中国新思潮伴随着"调和"与"激进"两种路线的日形抵牾而彼此消长地演进着。陈独秀痛斥"调和":"无论政治学术道德文章,西洋的法子和中国的法子,绝对是两样,断断不可调和牵就的。……因为新旧两种法子,好像水火冰炭,断然不能相容;要想两样并行,必至弄得非牛非马,一样不成"[3],视"调和"为"很流行而不祥的论调",人类惰性的恶德[4],胡适也将"调和"看作"懒人懦夫"所为[5]。他们坚持矫枉过正的激进路线,以"石条压驼背"为指针,实现国民性改造,由此在科学启蒙上就自然奉行

---

[1] 杜亚泉:《未来之世局》,《东方杂志》14卷7号,1917年7月。
[2] 《东方杂志》编辑部:《追悼杜亚泉先生》,《东方杂志》31卷1号,1934年1月。
[3] 陈独秀:《今日中国之政治问题》,《新青年》5卷1号,1918年7月15日。
[4] 陈独秀:《调和论与旧道德》,《新青年》7卷1号,1919年12月1日。
[5] 胡适:《新思潮的意义》,《新青年》7卷1号,1919年12月1日。

科学主义，对科学过度信任，推崇科学为万能的现代神话。而杜亚泉虑及激进的革命易导致社会伦理的失范和国民心理的非理性倾向所难免的破坏性后果，而主张温和理性的思想启蒙，相应的，在科学观上坚持经验主义的知识论立场，崇尚审慎的理性科学精神，力倡"调和"。

诚然，文化激进主义合乎时代潮流，固然不乏其矫枉过正的深刻的历史合理性，而杜亚泉的"科学调和论"则以其稳健的姿态，防避了其矫枉过正的破坏性流弊，体现了多元、开放的思想特征。"假如我们不再持有一元论心态的话，就无法否认这也是一种启蒙。不过是另一种启蒙，一种温和的、中庸的启蒙。"[1]

其实，杜亚泉的启蒙思想立基于"科学救国"，也同样有实现国民"伦理之觉悟"的宏愿——陶铸"科学的劳动家"，他以自己传播科学的实践体悟来告诉国人：什么是科学，中国为什么要引进科学，怎样引进科学。科学启蒙事业不仅要求对科学知识、科学方法的把握，而且更要重视对科学精神的注入，而文化激进主义恰恰缺乏对科学知识、方法的掌握，包括对传统的评判，在高喊科学的同时，却偏离了科学，并非真正的"科学"行为，杜亚泉所批判的也正在于此。另外，我们必须清醒地看到，杜亚泉过于注重作为知识体系的科学，而相对轻视作为社会哲学的科学，且在一定意义上将"调和"演化为"教条"，这就不免使其科学启蒙有所乏力。对此做出"理性"的科学认识，也是杜亚泉科学启蒙理性精神的本质要求之所在。

原载《自然辩证法研究》2010年8期

---

[1] 许纪霖、田建业编：《杜亚泉文存》，上海教育出版社2003年版，第496—497页。

面对西方科学的冲击：杜亚泉回应方式

任元彪

近代以来，所有非西方社会都不得不面对西方科学的强力冲击。面对这种冲击时，所有非西方文明社会一般都会出现以下三种反应：保守主义的全面固守传统，彻底排斥西方科技；折衷主义的固守传统价值，接受西方实用技术；激进主义的彻底放弃传统，完全接受西方科技和文化。对应于这三种回应方式，在日本分别有"尊王攘夷（Sonnoujouyi）""和魂洋才""脱亚入欧"等词汇，在中国则有"夷夏大防""中体西用"和"全盘西化"等。人们对现代日本早期（1700—1900）科学家类型转换和变化的研究分析，也显示了这三种不同回应方式的存在和作用。例如，佐佐木力（Sasali Chikara）教授就指出：在西方科学的冲击下日本的传统型学者以东亚知识为特色、兰学造就的混合型学者以医学或军事科技知识为特色、西式学者则以现代西方科学和技术知识为特色[1]。

除了以上三种同日本等其他非西方文明社会共同的回应方式外，中国人还做出了另外一种具有独特性的回应方式。这就是本文要讨论的杜亚泉回应方式。这种独特的回应方式的存在不仅表现了中国文化的特质，而且揭示了科学的地域性，揭示了科学与其所处社会的文化和哲学之间的联系。

---

[1] 佐佐木力教授的观点见他在法文杂志 DARUMA 2001 和 2002 年合刊上发表的论文 *L'introduction de la science occidentale dans le Japan du bakumatsu et de Meiji*（1840-1912）。本文作者只阅读过该文未发表的英文版本。

一、近代中国重要的科学启蒙者杜亚泉

杜亚泉，原名杜炜孙，字秋帆，1873年11月3日生于浙江绍兴。1889年中秀才，甲午战败后放弃科举转学数学。1898年任绍兴中西学堂算学教员，同时自习理、化、动、植、矿各科，自己购置仪器进行实验研究，已能顺畅翻译日文。1900年创办亚泉学馆和《亚泉杂志》。1903年任过理化博物教员，1904—1932年任商务印书馆编译所理化部主任，负责主持自然科学书籍的翻译和编撰工作。其中的1911—1920年期间兼任《东方杂志》主编。1933年去世。

作为一位科学编译家，杜亚泉为科学在中国的传播做出了非常杰出的贡献。其中特别突出的是创办第一份完全由中国人创办的科学期刊《亚泉杂志》和领导主持商务印书馆编译所自然科学书籍翻译和编撰工作。《亚泉杂志》在引进传播科学知识方面有多项重要贡献：将化学元素周期律首次介绍到中国；及时介绍了氩、氦、镭、钋等新化学元素的发现和和化学领域的其他新成就；首创的化学元素中文名称许多沿用至今；对化学分析方法、实验方法以及数学、物理、生物等其他学科知识的介绍也很有成绩。著名中国现代化学史家袁翰青在《中国化学史论文集》[1]中列举的30余篇中国近代重要化学文献中有4篇是《亚泉杂志》的论文。杜亚泉不仅是杂志的主编而且是这些论文的作者或译者。

在科学传播方面成就更大的工作是从1904年担任商务印书馆编译所理化部主任开始，主持商务印书馆自然科学书籍的翻译和编撰工作长达29年。根据各种资料计算[2]，在他领导期间商务印书馆出版的数、理、化、生等各自然科学学科的教科书和一般自然科学书籍都约占同期整个中国全部出版数量总和的45%上下。其中由他本人校订的十之八九，翻译的约20种、编著

---

[1] 袁翰青：《中国化学史论文集》，生活·读书·新知三联书店1956年版，第288—292页。
[2] 贾平安：《商务印书馆与自然科学在中国的传播》，《中国科技史料》1982年4期，第59页。

约 40 种，许多再版，"广为流行"①。他主编的《植物学大辞典》《动物学大辞典》等自然科学工具书"尤为科学界空前巨著"②，这些中国早期重要的自然科学工具书，至今仍为国内各大图书馆所收藏。

因此，杜亚泉去世时便被尊为"中国科学界的先驱""功业彪炳的前辈"，得到"中国科学发达史中，先生应该有一个重要的地位"③的评价。至少承认"国内科学教育渐见发展，所借以为推进之工具者，杜亚泉先生所编各种理化博物教科书，其重要者也"④。后来的科学史家们一再肯定杜亚泉"对于我国 20 世纪前期的科学发展，起了相当大的推动作用"，肯定在介绍西方科学方面"徐寿先生之后，19 世纪末和 20 世纪初，杜亚泉先生要算是成绩卓著的人物之一了"⑤。在近代中国科学史上，杜亚泉具有光辉的形象和崇高的地位。

与洋务派人士接受的只是"船坚炮利"不同，杜亚泉对西方科学的接受是全面的接受。他不再限于技术引进而是大量引进科学知识并成绩卓著只能部分说明这一判断，更能说明问题的是他在《亚泉杂志》创刊宣言中所表述的"科技救国"思想。在这一了解他思想的重要文献中，杜亚泉说以科学为基础的各种技术才是决定政治的根本⑥："航海之术兴，而内治外交之政一变；军械之学兴，而兵政一变；蒸气电力之机兴，而工商之政一变；铅字石印之法兴，士风日辟，而学政亦不得不变……"这一科学和技术决定政治和社会其他方面的崭新观点，批判了把政治和意识形态凌驾于社会其他方面的传统观念，也是对当时"中体西用"的一种有力驳斥和回击。

总之，杜亚泉是一位成就卓然的科学传播者，一位重要的科学启蒙家。

---

① 谢振声：《杜亚泉传略》，《中国科技史料》1988 年 3 期，第 10 页。
②《东方杂志》编辑部：《追悼杜亚泉先生》，《东方杂志》31 卷 1 号，1934 年 1 月，第 303 页。
③《东方杂志》编辑部：《追悼杜亚泉先生》，《东方杂志》31 卷 1 号，1934 年 1 月，第 304 页。
④ 张梓生：《悼杜亚泉先生》，《新社会》6 卷 2 号，1934 年 1 月，第 43 页。
⑤ 袁翰青：《自学有成的科学编译者杜亚泉先生》，《新晚报》（香港）1982 年 2 月 7 日。
⑥ 杜亚泉：《亚泉杂志》序，《亚泉杂志》1 卷 1 号，1900 年 11 月。

二、"五四"新文化运动批判者杜亚泉

与科学史上的杜亚泉形象相反,思想文化史上的杜亚泉则是一副落后于时代的封建卫道士形象。在"五四"新文化运动中,杜亚泉是新文化运动对立面最主要的代表人物。陈独秀的《新青年》刚一创刊,杜亚泉便常以"伧父""高劳"等为笔名,在他主编的《东方杂志》上针锋相对地发表了一系列阐述东西文化差异和新旧思想冲突的论文,并最终引发陈独秀直接点名与其争论。这不仅使 20 世纪上半叶中国具有重要影响的《东方杂志》成为与《新青年》唱对台戏的几乎唯一的学术论坛,而且使杜亚泉成为"五四"新文化运动中与陈独秀等人进行理论争论的最主要人物。也就是说,杜亚泉是"五四"新文化运动这一中国最重要的科学启蒙运动的重要的批判者。从"五四"新文化运动以来,除了去世时他的生前好友或他提携的后辈在讣告、悼文中为他有所开脱乃至辩解外,作为"五四"新文化运动中陈独秀等《新青年》人物的主要批判者,作为站在"五四"新文化运动对立面的主要代表人物,杜亚泉在近现代中国思想文化史中一直被看成是一个完全守旧的落伍者。中国开放多年以后也至多只是承认杜亚泉在辛亥革命前对科学传播做了不少有益工作,但辛亥革命后就只是守旧人士的代表人物了[①]。

早在"五四"新文化运动兴起之前,杜亚泉便作为一个同"五四"新文化运动具有对立立场的思想文化人物出现了。1911 年,杜亚泉接手原来并不起眼的时事新闻性期刊《东方杂志》,"始扩大篇幅,多载政治、经济、哲学、科学论著,一新面目,行销激增"[②],使之很快成为当时最有影响的重

---

① 在认定他只是一个完全的封建卫道士的观点中,陈崧在其所编《五四前后东西文化问题论战文选》的前言或许可以被看成是众多完全忽视(或根本就不知道)杜亚泉是一位伟大的科学启蒙家这一事实之代表,而袁伟时《现代中国哲学史稿》中的有关论述则是其中注意到杜亚泉科学传播贡献但忽视其科学启蒙者地位的少数研究文献之一。

② 章锡琛:《杜亚泉传略》,教育部中国教育年鉴编审委员会编:《第一次中国教育年鉴·戊编·教育杂录》,开明书店 1934 年版,第 413 页。

要思想文化论坛①。杜亚泉在随后任主编的 9 年间在该刊以多个笔名发表各种文章近 300 篇,除去其中的时事新闻性文章和科普短文外,还有 100 多篇思想理论论文及译文。任主编后的第一期上他发表的第一篇文章(武昌起义 7—8 个月之前)要求在专制集权和无政府主义之间寻找平衡②,就已表现出与后来《新青年》的激进色彩完全不同的调和气质。第 2、3 期接连发表论东西方差异的两篇译文。

1913 年 2、3、4、5 月的第 9 卷第 8、9、10、11 期分别发表的《吾人将以何法治疗社会之疾病乎》《论中国之社会心理》《论社会变动之趋势与吾人处世之方针》《现代文明之弱点》等论文,已明确反对激变,主张渐变,并且中国和西方之间已被给予了精神与物质、静与动、和平与竞争的区别。1914 年就第一次世界大战发表《大战争之所感》一文,认为中国人死于贫穷、疾病、灾难而欧洲人则死于战争,东西文明各有各的问题③。《新青年》刚创刊,杜亚泉就发表《论思想战》④及随后的《再论新旧思想之冲突》⑤《静的文明与动的文明》⑥《战后东西文明之调和》⑦等论文,明确主张东西文明各有所长,应互为补充,互相调和。

《新青年》同陈独秀进入北京大学并迅速聚集起胡适、鲁迅、李大钊等一大批新文化运动的领袖人物加盟后名声大振,销量激增,印行数量很快与《东方杂志》相当。新思潮在北京大学并随后在全国各大、中学校激荡,强烈影响整个社会。面对激烈动荡,主张渐变与调和的杜亚泉发表文

---

① 比如像日本社会主义运动先驱幸德秋水(Nakamura Tetuo)的《社会主义神髓》这样的文章就是 1912 年 5 月开始在该刊连载被首次介绍到中国的,该文由杜亚泉翻译。
② 杜亚泉:《减政主义》,《东方杂志》8 卷 1 号,1911 年 3 月,第 4—10 页。
③ 杜亚泉:《大战争之所感》,《东方杂志》11 卷 4 号,1914 年 10 月,第 5—6 页。
④ 杜亚泉:《论思想战》,《东方杂志》12 卷 3 号,1915 年 3 月,第 1—5 页。
⑤ 杜亚泉:《再论新旧思想之冲突》,《东方杂志》13 卷 4 号,1916 年 4 月,第 1—6 页。
⑥ 杜亚泉:《静的文明与动的文明》,《东方杂志》13 卷 10 号,1916 年 10 月,第 1—8 页。
⑦ 杜亚泉:《战后东西文明之调和》,《东方杂志》14 卷 4 号,1917 年 4 月,第 1—7 页。

章,直接批评了"五四"新文化运动所导致的局面。他说这是在亡国,是源于政治上的强权主义、教育上的实用主义和中国思想界的破产,而解救危局的办法"决不能希望于自外输入之西洋文明,而当希望于己国固有之文明"[1]。对于这种用中国文化去统一整合破碎的西方物质文明的主张,对于早就与《新青年》针锋相对的《东方杂志》和杜亚泉,主张彻底消灭中国文化并且已经在当时中国社会赢得巨大影响的《新青年》和陈独秀实在无法容忍。于是,陈独秀在1918年9月和1919年初先后发表《质问〈东方杂志〉记者——〈东方杂志〉与复辟问题》《再质问〈东方杂志〉记者》等文。杜亚泉也有《答〈新青年〉杂志记者之质问》《新旧思想之折衷》《何谓新思想》等文回答陈独秀的指责,仍然站在"五四"新文化运动的对立面,坚持对中国文明的维护和对西方文明的批判。

如果说作为科学传播者和启蒙家的杜亚泉表现的是杜亚泉对西方科学冲击所做的正面回应,那么作为"五四"新文化运动的批判者的杜亚泉表现的无疑是杜亚泉对西方科学冲击做出的反面回应。他说"科学仅为发达经济之手段"[2],缺少静的文明那种身心安闲,因为在以竞争为常态的动的文明中它只能使人更加疲惫和导致杀戮。他批评"科学勃兴,物质主义大炽"[3]。批评科学兴盛助长了功利主义、实用主义、强权主义和物欲主义,结果是"除竞争权利、寻求奢侈以外,无复有生活的意义"[4]。并且科学威力实在太大,而"苟目的已误,则手段愈高,危险亦愈甚"[5]。因此他要用中国传统文明去"救西洋文明之弊,济西洋文明之穷者"[6]。

---

[1] 杜亚泉:《迷乱之现代人心》,《东方杂志》15卷4号,1918年4月,第6页。
[2] 杜亚泉:《战后东西文明之调和》,《东方杂志》14卷4号,1917年4月,第2页。
[3] 杜亚泉:《战后东西文明之调和》,《东方杂志》14卷4号,1917年4月,第4页。
[4] 杜亚泉:《迷乱之现代人心》,《东方杂志》15卷4号,1918年4月,第3页。
[5] 杜亚泉:《战后东西文明之调和》,《东方杂志》14卷4号,1917年4月,第2页。
[6] 杜亚泉:《静的文明与动的文明》,《东方杂志》13卷10号,1916年10月,第1页。

三、内在统一的杜亚泉

科学启蒙者与启蒙运动批判者这两种完全相反的角色同集于杜亚泉一人之身！然而，科学启蒙者与启蒙运动批判者这两个看起来相互矛盾、不能共存的角色在杜亚泉那里其实是内在统一的。我们可以从以下三方面来分析说明。

第一，作为启蒙运动的批判者，杜亚泉所批判的不是科学而是以陈独秀等人为代表的科学观。"五四"新文化运动中，陈独秀等人要求超越"船坚炮利"的技术层次和具体科学层次去学习西方科学，把握科学精神，把科学作为文化中的根本要素，用于支配社会和人生的各个方面。这就远远胜过了洋务运动和"中体西用"所支配的各种折衷主义，把对西方科学的吸收提高到了一个新的高度。然而，陈独秀等人并不理解的是，科学精神和科学原则是靠科学方法来保证的，而科学方法本身则置身于具体的科学知识体系建立过程之中，依靠获取科学知识的实践去保证。因此，他们这种离开具体科学的科学精神在杜亚泉看来就只能是空中楼阁，所谓科学就也必然面目全非了。杜亚泉在论战前后都一直在为传播科学知识而努力工作，他是当时最懂科学知识和传播科学知识最有成就的人物了。在他看来，陈独秀等人那么激烈地高喊民主与科学的口号，其实正源于他们并不理解科学，"知识蒙昧，感情热烈"必然会让人逞"意气"[1]。

第二，作为启蒙运动的批判者，杜亚泉所批判的不是启蒙而是"五四"新文化运动的激进做法。19世纪末在绍兴中西学堂任算学教员时就因"提倡新思想"而与人发生冲突并导致最终离校[2]。20世纪初发表文章阐述进化论思想[3]，批判封建道德，宣传"平等""博爱"[4]。主编《东方杂志》后，

---

[1] 杜亚泉：《再论新旧思想之冲突》，《东方杂志》13卷4号，1916年4月，第3页。
[2] 蔡元培：《书杜亚泉先生遗事》，《新社会》6卷2号，1934年1月，第42页。
[3] 杜亚泉：《物质进化论》，《东方杂志》2卷4号，1905年5月，第73—78页。
[4] 杜亚泉：《伦理标准说》，《东方杂志》2卷5号，1905年6月，第91—93页。

呼吁"改变吾国人之心理"和"社会之风俗",改变"人民根性"[①]的启蒙要求就更是经常出现在他的文章中了。他认为:"欲挽救将来之国势,不如造成未来之国民"[②],"不徒改革其国体,且当改革其人心"[③]。正如林毓生指出的,"借思想文化解决问题"的方式是中国知识分子的传统[④],辛亥革命后中国的糟糕局面使杜亚泉、陈独秀及其他知识分子都更加着力于启蒙。然而,在如何启蒙的问题上杜亚泉与陈独秀等人却是根本对立的。杜亚泉认为,要改变人民的观念"必以国民教育为前提。此治本之策,非经数十年之陶铸不为功"[⑤]。而陈独秀等人却激进地搞起了一场史无前例的思想文化上的革命运动。显然,主张渐变的杜亚泉相信这种激进做法只能适得其反。因此,他批评这些激进者"表面上为革新之先锋,而浅尝浮慕,宗旨恒不坚定,或转为守旧者之傀儡"[⑥]。

第三,作为激进主义的批判者,杜亚泉反对的不是批判传统文化而是不加分析地全部整体消灭传统文化和新文化运动中只搞旧文化破坏不搞新文化建设。如前所述,杜亚泉原本也是宣传新文化的启蒙者和传统文化的批判者。但他反对"五四"新文化运动中的"不破不立""以破代立"。他说:"新屋既筑,旧屋自废;新衣既制,旧衣自弃"[⑦],重点应该放在建设而不是破坏上面。然而,由于激进派对科学文化的内涵不够了解和不实际的急迫心态,不知道如何建设,因此便只进行破坏了。于是,所谓新文化运动没有了新文化的建设只有对传统文化的破坏,并最终走向了一条彻底消灭传统文化

[①] 杜亚泉:《现代文明之弱点》,《东方杂志》9卷11号,1913年5月,第3—4页。
[②] 杜亚泉:《命运说》,《东方杂志》12卷7号,1915年7月,第9页。
[③] 杜亚泉:《今后时局之觉悟》,《东方杂志》14卷8号,1917年8月,第3页。
[④] [美]林毓生著、穆善培译:《中国意识的危机:"五四"时期激烈的反传统主义》,贵州人民出版社1988年版,第45—51页。
[⑤] 杜亚泉:《力之调节》,《东方杂志》13卷6号,1916年6月,第3页。
[⑥] 杜亚泉:《再论新旧思想之冲突》,《东方杂志》13卷4号,1916年4月,第1—6页。
[⑦] 杜亚泉:《何谓新思想》,《东方杂志》16卷11号,1919年11月,第4页。

之路，或者说形成了一种全盘反传统主义[①]。而杜亚泉为传统文化辩护正是想要对这种过激行为进行纠正。从最后的结果来看，"五四"新文化运动的作为的确不在民主和科学，而在于反旧礼教、倡白话文和疑古史旧书。因此，杜亚泉去世时便有人为他辩护："虽提倡精神文明，发扬东方思想，因此与'五四'时期的《新青年》杂志，曾有过一次论战，但是先生始终没有放弃科学的立场。其对于人生观和社会观，始终以理知支配欲望，为最高的理想，以使西方科学与东方传统文化结合，为最后的目标。所以从思想方面说，先生实不失为中国启蒙时期的一个典型学者。"[②]

四、结论：杜亚泉回应方式的意义

第一，杜亚泉对西方科学冲击所做的回应，是一种完全独特的回应方式。从宣传"科技救国"思想和批判封建伦理道德进行科学启蒙到批判"五四"新文化运动，我们看到杜亚泉既推崇科学又强调人文、既接受西方现代观念又珍惜东方传统文化价值、既批判传统文化又维护它的存在价值、既学习西方现代文化又批判其不足与弊端。这既不同于保守主义的全面固守传统彻底排斥西方科技，也不同于激进主义的彻底放弃传统完全接受西方科技，还不同于折衷主义的固守传统价值却接受西方实用技术。说它不同于保守主义，是因为它接受西方科技并且批判封建伦理和传统价值。说它不同于激进主义，是因为它对传统的批判不是那种不加分析的简单全盘否定，对科学的接受也不是没有思考和缺少消化的囫囵吞枣。说它不同于折衷主义，是因为它对科学的接受并没有限定在实用技术层次或具体科学层次而对传统的保留并不是不加批判的保留。总体上说，杜亚泉承认西方现代文化与中国传统文化具有优劣之分，但只是相对的。这是一种特殊形式的文化相对主义。

[①] [美]林毓生著、穆善培译：《中国意识的危机："五四"时期激烈的反传统主义》，贵州人民出版社1988年版。

[②] 《东方杂志》编辑部：《追悼杜亚泉先生》，《东方杂志》31卷1号，1934年1月，第304页。

第二，杜亚泉这种文化相对主义的回应方式不仅是独特的而且是有代表性的。是在引进西方科学的过程中最具中国文化特质的一种反应方式。因为这种独特性不是像折衷主义那样要求把科学限制在某些部分，不是想打折扣，而是如杜亚泉早在与《新青年》论战之前就反复阐述的要用接续主义、调和主义、渐进主义方法来将科学引进中国文化。接续主义是说旧业与新业要接续方可成，因为社会文化的发展是一个有机过程，不可机械分裂割断；调和主义是说只有采用调和方法，综合和融合新旧事物中的有利因素，"接续"这一有机发展才成为可能；渐进主义是说用接续主义和调和主义方法实现由旧文化到新文化的转型是一个渐进的过程，不可能骤然冒进。接续、调和、渐进，这些都正反映出强调和谐、中庸和有机观的中国文化之特质。因此，从康有为、梁启超、严复、章太炎到梁漱溟等中国近现代思想文化人物都有类似的文化相对主义思想，而且激进派领袖陈独秀、胡适等人在晚年也都承认容忍而不是极端地彻底排斥对立面才是自由主义的根本要义。

第三，如果说面对西方科学冲击时非西方文明社会出现的共同回应方式表明了科学的全球性，那么反映中国文化特质的杜亚泉回应方式的存在则表明了科学的地域性的存在。"五四"时期陈独秀等人的科学观属于实证主义的。库恩以后，人们应该更能看得出杜亚泉文化相对主义的价值了。我同意中村哲夫（Koutoku Shusui）对相似的梁启超文化相对主义的称赞[1]。但是我必须申明：把杜亚泉面对西方科学冲击时那种中国特质的回应方式说成是相对主义的，并不是没有问题。在此，请允许我引用耶胡达·埃尔卡纳[2]在其《知识人类学的尝试性纲领（A Programmatic Attempt at an Anthropology of Knowledge）》中提出的看法：

---

[1] 中村哲夫：《梁启超与"近代之超克"论》，[日]狭间直树编：《梁启超·明治日本·西方：日本京都大学人文科学研究所共同研究报告》，社会科学文献出版社 2001 年版，第 372—399 页。

[2] Elkana, Y., "A Programmatic Attempt at an Anthropology of Knowledge", *in Sciences and Cultures, Sociology of the Sciences Yearbook*, Vol. V, Everett Mendelsohn and Yehuda Elkana, Dordrecht: Reidel, 1981, p3.

第一，大多数人在大多数问题上都同时是实在论和相对主义的（双层思维［two-tier-thinking］）；第二，在文化背景之外探求人类的普遍性是没有意义的；第三，至少存在另外一种理性，即技巧理性（metic reason 或 cunning reason）；第四，只要我们意识到不可能找到历史变革的充分和必要条件，就能对变革的必要条件加以理性分析；为此，必须懂得所有知识都遵循史诗剧（epic theatre）和戏剧（dramatic theatre）规则。

原载《科学文化评论》2006年2期

杜亚泉的启蒙理性与生态意识
——兼及生态时代的东西方文化交流

鲁枢元

生态危机归根结底是人类的文化危机。

在西方，是由启蒙理念主导的现代文化走上极端之后的隐患发作；在东方以及大多发展国家则体现为这一现代文化与本土传统文化的冲突与博弈。

纵观近百年的世界历史，源自欧洲的启蒙理念在推动全球现代化的同时，也将环境灾难与生态危机播及全世界。人类原本期待的福音，已经在很大程度上变成噩梦。看似无关轻重的文化选择与文化冲突，却在不经意间决定了人类社会发展的方向与后果。中国，地球上这一庞大的生命共同体，在迈进现代化、全球化的大门时，原本是有过重大争议与讨论的。这些围绕文化选向的论争最终决定了中国社会发展的去向，如今看来，所得所失已不难分辨。历史不可能重新开始，人们对历史经验教训的总结，却有益于对未来社会的想象与筹划。

杜亚泉，是20世纪初中国最早展开的东西方文化论争中的一位代表人物，本文试图以他作为个案，对东西方文化的冲突与交流、对中国现代化进程中暴露出的某些偏颇与失误略加阐述。

一、中国传统社会启蒙者杜亚泉

杜亚泉，生于1873年，卒于1933年，浙江绍兴人，与梁启超同庚，与蔡元培、秋瑾、鲁迅同乡。他16岁得中秀才，修习于杭州崇文书院，旧学根底深厚。甲午战争后，受时代大潮冲击，以开启民智、济世强国为己任，奋发自学西方科学文化知识，并游历东洋，在数学、物理、化学、生物学、生理学、心理学、医学以及哲学、社会学、政治学、伦理学、语言学诸领域均有所涉猎。他一生从事教育、编辑、出版事业，当年商务印书馆编写、出版的百余种自然科学教科书，皆出自他之手。另有哲学专著《人生哲学》。由他引爆的20世纪初中国首场关于中西文化大论战，即发生在他担任《东方杂志》主编期间。

1933年岁末，杜亚泉于贫病交集中去世，享年仅60岁。杜亚泉去世之后，胡愈之在悼词中称"先生实不失为中国启蒙时期的一个典型学者"，他"没有替遗属留下物质的遗产，却已替社会留下无数精神的遗产"[1]。他的商务印书馆的后继者在回忆文章中说，与他同代的知识分子都曾从杜亚泉编著的教科书中取得大量"启蒙知识"。

在中国近现代，杜亚泉是一位继容闳、严复之后，胡适、梁漱溟、张君劢之前的启蒙思想家。他的启蒙思想集中表现在"引进科学、开发民智、变革人心、改良社会"，尤其在"引进科学""变革人心"方面成绩卓著。直到去世当年，他虽然疾病缠身，仍变卖家产，筹资编印《小学自然科词书》，全书包罗了天文学、气象学、物理学、化学、矿物学、地理学、生物学、卫生学、工程学，以及农业、森林、制造、建筑、食品、摄影等二十多个门类的基础知识，被胡愈之誉为"中国科学界的先驱"。就向国民普及科学知识、科学观念的实绩而言，在近代中国的启蒙运动中，应无出其右者。"就近代中国的知识更新和观念进化而言，其影响则尤为深远，它不仅一般地满足了世纪之初兴学浪潮对自然科学教科书的迫切需要，而且改变了整整一代人的

---

[1] 胡愈之：《追悼杜亚泉先生》，许纪霖、田建业编：《一溪集：杜亚泉的生平与思想》，生活·读书·新知三联书店1999年版，第10、11页。

知识结构，并进而推动新旧知识的更替和思想观念的进化，对近代科学观念的形成和科学精神的确立具有重大的启蒙意义。"[1]

遗憾的是，杜亚泉，这样一位富有实绩的启蒙思想家，在此后波澜起伏的中国社会变革中竟然很快被忽略、被遗忘了。一些重要的思想史著作中看不到他的身影，即使论述中国近现代中西文化之争的书中也很少提到他。

杜亚泉被埋没多年后再次"出土"，已是他去世60年之后、当代中国改革开放方兴未艾之际，对此做出重大奉献的是倡导"新启蒙"的思想家王元化及史学家许纪霖。此后，在中国学术界曾引发一场不大不小的"杜亚泉热"，1993年在杜亚泉的家乡绍兴上虞举办了纪念杜亚泉诞辰120周年全国学术研讨会，接着相继出版了《杜亚泉文选》《杜亚泉文存》《杜亚泉著作两种》、杜亚泉评论集《一溪集》、《杜亚泉重要思想概览》，同时发表了不少研究文章，并出版了浙江大学高力克教授研究杜亚泉思想的力作《调适的智慧》。

一个甲子过后，杜亚泉重现于中国思想界的视野，大多学者认可了王元化对他的定位："他在胡适以前，首开以科学方法治学的风气"，"他不仅是启蒙者，也是一位自由主义者"。他在东西文化之间"主张温和渐进改革的理论"[2]，寄望于"从传统资源中发掘新旧调和观点"以变革中国社会[3]。

但自"五四"运动以来，中国社会的进程基本上为激进革命派掌控，对于西方现代文化，力倡全盘接受；对于中国传统文化，主张从根本上取缔。以政治革命取代社会改良成为时代大趋势，已容不得任何"折衷""调和""改良""渐进"思想的存在。因此，在"五四"运动前夕爆发的那场东西方文化论战中，杜亚泉竟被革命阵营的主将陈独秀斥为维护封建名教纲常

---

[1] 周武：《杜亚泉与商务印书馆》，许纪霖、田建业编：《一溪集：杜亚泉的生平与思想》，生活·读书·新知三联书店1999年版，第196页。
[2] 许纪霖、田建业编：《杜亚泉文存》，上海教育出版社2003年版，第2、3、5页。
[3] 许纪霖、田建业编：《杜亚泉文存》，上海教育出版社2003年版，第13页。

的保守主义者、谋叛共和的反动分子①。十年过后，中国革命形势趋于更加激烈，原先位于"左翼领袖"的陈独秀已被视为"右倾"，本已经属于"右翼"的杜亚泉自然就更加边缘化。加上他惯常的那身长袍马褂、秋帽布履的服饰，"时代落伍者"的头衔俨然已被坐实。此后，在风急浪高的中国思想文化界就再也见不到他的身影。

时过60年，中国学界重提杜亚泉并非简单地为这位启蒙学者恢复名誉，而是具有显著现实意义的。王元化在通读了杜亚泉当年留下的文字后竟发出如此感慨：我们现在思考的很多问题，他在八十年前就注意到了。

"五四"以来的近百年里，事实一再证明，激进主义的革命思潮即使初心良苦，一旦失去多元因素的制约与抗衡，就注定陷入剧烈的错谬之境。近百年来，二元对立的思维模式，急功近利的工具理性，庸俗浅薄的社会进化论，包治百病的科学主义，独尊一说的教条主义，粗暴武断的斗争哲学通过形形色色政治运动的方式，不知给现代化进程中的中华民族带来几多挫折和灾难。60年后在重新评价杜亚泉的不幸遭遇时，有学者以"万山不许一溪奔"相喻，失去溪水滋润的山川，只能沦为一片精神的荒漠。

历史学家许纪霖认为"'五四'实际是一个多元的、各种现代性思潮相互冲突的启蒙运动"②，以杜亚泉和《东方杂志》为代表的是"另一种启蒙，一种温和的、中庸的启蒙"，"激进的启蒙与温和的启蒙、转化的模式与调适的模式，其复杂的关系和历史功过究竟如何，可以进一步讨论，但绝对不是一个进步与落后的机械思维可以概括。二者之间，并非启蒙与反启蒙的对立，而是启蒙阵营中的分歧"③。这使我想到同是法国启蒙思想家的伏尔泰与卢梭，热衷于政治斗争的陈独秀神似伏尔泰，乃至罗伯斯庇尔；而杜亚泉则

---

① 陈独秀：《独秀文存》，安徽人民出版社1987年版，第187页。
② 许纪霖、田建业编：《杜亚泉文存》，上海教育出版社2003年版，第495页。
③ 许纪霖、田建业编：《杜亚泉文存》，上海教育出版社2003年版，第496—497页。

与谦和、清醒的卢梭拥有更多相似之处,他们都对如日中天的科学主义、专制主义保持沉着的批判态度。历史最终证明,看似柔弱的卢梭比叱咤风云的伏尔泰、罗伯斯庇尔更具生命力。据传,歌德曾经做出过这样的判断:"伏尔泰标志着旧世界的结束,卢梭代表了新世界的诞生。"[1]我们是否也可以套用一下歌德的句式:陈独秀为埋葬旧世界燃起一把烈火,而杜亚泉则为尚未到来的新时代添加一抹晨曦。

这里说的"新时代",是指启蒙运动、工业革命开创的"现代社会"之后的这个时代。人们往往把这个时代笼统地称作"后现代",我认定这应该是一个"生态时代"。单向度的、激进式的启蒙理念正是酿成当今全球生态危机的源头,而杜亚泉力倡的多元的、中庸的、调和的、统整的、接续的、渐进的启蒙理念中,或许就已经包含了生态社会的因子。陈独秀等人单向度的启蒙者属于他们自己身处的那个时代,是那个时代的弄潮儿;而杜亚泉以及与他类似的一些思想者,如比他晚生20年的梁漱溟,都有可能已经超越了他们身处的那个时代,成为他们身后那个时代的预言者。我希望沿着这一方向探讨下去,以发现杜亚泉启蒙理性中的生态意识与生态精神。

二、启蒙思想家杜亚泉的生态意识

美国汉学家艾恺(Guy Salvatore Alitto)将启蒙理性扼要地概括为六个字"擅理性,役自然"[2],"启蒙理性"的集中体现即现代科学技术。启蒙理性将人置于自然之外、之上,凭借不断发展的科学技术开发自然,役使自然,为自己源源不绝地获取福利,长期以来已经对自然造成严重伤害,同时也破坏了人类自己生存的环境,污染了人类自己的心灵与精神世界,在地球上酿成日益严重的生态灾难。

---

[1] [法]亨利·古耶著、裴程译:《卢梭与伏尔泰:两面镜子里的肖像》,华东师范大学出版社2010年版,第1页。
[2] [美]艾恺:《世界范围内的反现代化思潮——论文化守成主义》,贵州人民出版社1991年版,第5页。

若是从以上视角看,启蒙理性与生态精神似乎是完全对立的,甚至是敌对的。以塞亚·伯林(Isaian Berlin)在论及启蒙时代那些杰出的、位居主流的思想家时指出:伏尔泰把哲学变成了解剖工具,狄德罗把社会生活视为"巨大的制作工厂"[①],洛克把"心理"当作"被动的贮存器"[②],18世纪的这些哲学家们试图让世界的一切事物都遵循牛顿的物理学定律,认定凭借自然科学人们就能够解决时代面临的一切问题。

伯林在他的书中一再指出:"导致了18世纪思想中最光辉灿烂的洞见,同时也导致了败坏这种洞见的重大谬误,即以科学证明哲学。"[③] 在伯林看来,18世纪这些思想家的"科学崇拜心理"尽管一时发挥了显而易见的效用,归根结底却是"虚妄不实"的,并且隐埋下重大失误。伯林在他的这本书中依次评点了洛克、伏尔泰、贝克莱、休谟、孔狄亚、哈曼诸多启蒙思想家,却没有提到大名鼎鼎的卢梭,或许,他也是把卢梭作为一个启蒙思想界的"异类"对待的,卢梭的思想或许在某种程度上另树旗帜,在某种意义上预言了时代将酿成的那些谬误。

中国的启蒙者杜亚泉是否也是如此?

杜亚泉虽然博学多闻,熟悉当时的自然、人文诸多学科的理论知识,但从其现存的著作中未见他明确地讲到生态学。他在其《人生哲学》一书中论及生物的发生与进化时曾提到的生物学家恩斯特·赫克尔(E.H.Haeckel, 1834—1919),今译海克尔,乃最初为"生态学"命名的生物学家[④]。那时,即使在西方,生态学作为一门独立的学科也仅刚刚出现。在《杜亚泉文存》中,杜亚泉曾两处说到"生态",一处为:"农作苦于某种害虫,则为之讲

---

① [英]以塞亚·伯林:《启蒙的时代:十八世纪哲学家》,译林出版社2005年版,第9页。
② [英]以塞亚·伯林:《启蒙的时代:十八世纪哲学家》,译林出版社2005年版,第42页。
③ [英]以塞亚·伯林:《启蒙的时代:十八世纪哲学家》,译林出版社2005年版,第14页。
④ 杜亚泉著、田建业编校:《杜亚泉著作两种》,新星出版社2007年版,第43页。

演某虫之生态及驱除之法。"[1] 另一处为："一切生物，其机官之发达，生态之变迁，悉为本能之所发展，而非出于知能作用者。"[2] 这里讲到的"生态"，乃指生物体的"生存状态"，与生态学研究的对象相关，但并非严格意义上的生态学概念。尽管如此，从现代生态学的视野看来，我们仍然不难发现，较之陈独秀、李大钊、胡适等主流启蒙思想家，杜亚泉的著作中展现的生态观念、生态意识、生态精神仍然是十分丰富与显突的。

现代生态学是一门研究生物体与其生存环境之间交互关系、及生物体彼此间交互关系的学科。最初仅仅被局限于动物、植物界，直到 20 世纪中期，当生态灾难已经酿成普遍危机时，生态学才开始转向人类社会及人类精神领域，被学术界称作"生态学的人文转向"。生态学的核心观念是世界的整体性，人与自然万物是一个有机整体，世界万物之间存在着普遍联系与多元共生作用，并在不断生发演替的过程中维护着生态系统的持续平衡。

对照上述生态学观念，杜亚泉的生态意识、生态精神内涵表现在下边诸多方面。

（一）杜亚泉认定人与其它生物同类共祖，相依相生，处于同一生存循环之中，更宜相亲相爱。

> 吾尝思物竞之理矣，动物非食植物不生，人类非食动植物不生，则吾人之残害动植物也亦太忍，而独至人与人则虽日日肆其有形无形之竞争，而讲群学者则必以爱其同类为鹄的。夫人与人之宜相亲相爱，固亦天理所当然。但何以人与人宜相亲相爱，而于动物植物，则待之若不必亲爱而可残暴也？以为人与人为同类共祖也，宜爱之亲之也。

---
[1] 许纪霖、田建业编：《杜亚泉文存》，上海教育出版社 2003 年版，第 335 页。
[2] 许纪霖、田建业编：《杜亚泉文存》，上海教育出版社 2003 年版，第 176 页。

则人为脊椎动物之一类,而他之脊椎动物即吾类也;人又为动物中之一类,则动物皆吾同类也;人为生物中之一类,则凡生物皆吾同类也。以为同类者亦不妨残暴,则人与人亦不过同类也耳。亲爱之宜也,则亲爱亦无极;残暴而可也,则残暴亦无极。①

杜亚泉的这段话发表在他主编的《普通学报》1901年第2期上,这时恩斯特·海克尔还健在,而生态学尚未成型。杜亚泉的这段话其实就已经道出生态学的核心观念,世界上所有生物,包括人类在内都是一个有机整体,都存在于一个绵延不绝的系统之中。及至晚年,杜亚泉似乎对于生态学的原理有了更多的了解,在《人生哲学》一书中,不但花费许多笔墨阐述生物体与环境的关系,甚至还曾论及生物链中的碳循环:"没有植物的积贮,动物就没得消耗;但没有动物的消耗,空气中碳气缺乏,植物也就不能营同化作用。可见动植物是相依为命的。"② 同时,他对人类与自然万物在同一个大的系统中循环演进也做出了更为确切的表述:"人类的生命,决不孤立于其他生命以外;一切生物,皆互相结合,同循此伟大的冲动而进行。动物立于植物之上,人类又立于一切动植之上,为共同进行的一大军队。"③ 杜亚泉的这些论述看似常识,实则皆为生态学学科中的基本原则。

(二)杜亚泉特别强调宇宙间万事万物通过"调适""协同"达成的"统整性",即多元的对立统一。

杜亚泉并不否认世界万物之间存在着分化、对立与竞争,但他更看重的是分化、对立与竞争的各方通过"调适"达成"统整","宇宙进化之理法,

---

① 许纪霖、田建业编:《杜亚泉文存》,上海教育出版社2003年版,第5页。
② 杜亚泉著、田建业编校:《杜亚泉著作两种》,新星出版社2007年版,第21页。
③ 杜亚泉著、田建业编校:《杜亚泉著作两种》,新星出版社2007年版,第134页。

为分化与统整","统整无止境,即进化之无止境也,此宇宙进化之大意也"[①]。他否认"丛林法则"仅只一味的对立与竞争,而协力与合作才是自然界的根本法则:"人类之趋向于协力,若男女之相求,若阴阳之相翕,终非人力所能抵抗。"[②] 只有将"生存竞争"与"生存协力"统一起来,才能使事物进入平衡、和谐状态。只有将"统整"作为最终目的,世界万物,包括人类在内,才能结成一个共存共荣的生命共同体。

而达成统整的途径则是"中和",扣其两端,适当妥协,相互宽容,存异求同,行"中庸之道"。具体到某一社会问题,比如"进步党"与"保守党",他认为各有利弊,如"车之两轮""鸟之两翼",缺一不可,只有整合一体才能正常行进[③]。又如"社会主义与国家主义,本处极端矛盾之地",也并非不能"交互提携""协同以进行","天下事理,决非一种主义所能包涵尽净"[④]。

杜亚泉去世后,蔡元培在总结其一生行状时指出:

> 先生既以科学方法研求哲理,故周详审慎,力避偏宕,对于各种学说,往往执两端而取其中,如唯物与唯心、个人与社会、欧化与国粹、国粹中之汉学与宋学、动机论与功利论、乐天观与厌世观,种种相对的主张,无不以折衷之法,兼取其长而调和之;于伦理主义取普泛的完成主义,于人生观取改善观,皆其折衷的综合的哲学见解也。先生之行己与处世,亦可以此推知之。[⑤]

[①] 许纪霖、田建业编:《杜亚泉文存》,上海教育出版社 2003 年版,第 50、51 页。
[②] 许纪霖、田建业编:《杜亚泉文存》,上海教育出版社 2003 年版,第 21 页。
[③] 许纪霖、田建业编:《杜亚泉文存》,上海教育出版社 2003 年版,第 141 页。
[④] 许纪霖、田建业编:《杜亚泉文存》,上海教育出版社 2003 年版,第 30 页。
[⑤] 蔡元培:《书杜亚泉先生遗事》,许纪霖、田建业编:《一溪集:杜亚泉的生平与思想》,生活・读书・新知三联书店 1999 年版,第 7—8 页。

蔡元培不仅是杜亚泉的同乡、同事,更堪称推心置腹的"知己"。

同是"异类启蒙者",与杜亚泉推崇"统整"相似,法国的卢梭看重的是"整全"(depature from wholeness)。卢梭的"整全"面对的是人类社会在"文明"与"自然"之间的悖逆与对立,"在一个被人类文明败坏的堕落社会中如何可能保存天性,过上一种符合自然的生活"[①]。杜亚泉与卢梭在求取人生与社会的和谐、完善上思路是一致的。

(三)杜亚泉对于"科学至上""科学万能""科学救国"的审视与警惕。

在现代社会经济体制下,"科学技术的进步"往往又催生出许多生态灾难,因此"科学技术"本身常常受到质疑,类似的故事就曾发生在美国记者瑞秋·卡逊(Rachel Carson)的生态批评名著《寂静的春天》里。

清末民初,中国最早的一批杰出的启蒙思想家几乎众口一词地赞颂着"科学至上""科学万能""科学救国",而杜亚泉却已清醒地注意到科学问题的复杂性、局限性。从现存资料看,杜亚泉对"科学主义"的审视并不像当代生态批评家那样将矛头指向由科学技术高速发展酿成的资源枯竭、大气升温、环境污染等自然界的病变。因为在当时的中国,这些生态灾难尚未呈现。杜亚泉对科学主义的警惕,仍然是从他的"统整""调适"观念出发的。在他的心目中,人类世界是由物理、生理、伦理、心理诸多层面构成的有机整体,相互联系而又相互区别,不能相互取代,因而就不能指望单靠"科学"包治百病、解决人类面临的所有问题。杜亚泉郑重指出:

> 希望明白科学的,不要做"科学万能"的迷想。世界事物,在现

---

① [美]凯利著、黄群等译:《卢梭的榜样人生——作为政治哲学的〈忏悔录〉》,华夏出版社2009年版,第139页。

世科学的范围以内者，不过一部分。科学家的责任，在把科学的范围扩大起来。若说"世界事事物物，都不能出了科学的范围"，这句话，就是不明白科学的人所讲。[1]

对此，学者高力克评述道："杜亚泉的科学观中贯穿着……一种承认科学和人类认知能力之有限性的'理智的谦虚'，而与'五四'流行之科学主义思潮的僭妄相映成趣。"[2] 不只"理智的谦虚"，更为难得的还有思维的深刻与缜密。杜亚泉在其《人生哲学》一书中敏锐地指出：

科学虽征服自然，使自然为人类所有，而人类的精神转因此丧失。本来希望人类制驭自然，实际上为自然制驭人类。[3]

数十年过后，当科学真的已经在很大程度上"征服自然"后，系统论创始人贝塔朗菲（L.V.Bertalanffy）悲惨地指出："我们已经征服了世界，但是却在征途中的某个地方丧失了灵魂！"[4] 这似乎也应验了早先卢梭的判断："在一个领域里的进步，必不可免地伴随着在另一个领域里的倒退。"[5] 启蒙运动以来三百年的历史，中国现代化的百年历史都已经说明：科学技术飞速发展，物质生活日渐丰富，社会的道德伦理水平并未随之提升，甚至不升反降，而生态环境比起三百年前不知恶化了多少倍！

---

[1]《学艺》2卷8号，转引自高力克：《杜亚泉多元论思想的现代性》，许纪霖、田建业编：《一溪集：杜亚泉的生平与思想》，生活·读书·新知三联书店1999年版，第147页。
[2] 高力克：《调适的智慧——杜亚泉思想研究》，浙江人民出版社1998年版，第113页。
[3] 杜亚泉著、田建业编校：《杜亚泉著作两种》，新星出版社2007年版，第11页。
[4] [奥]冯·贝塔朗菲、[美]A.拉威奥莱特著，张志伟等译：《人的系统观》，华夏出版社1989年版，第19页。
[5] [法]亨利·古耶著、裴程译：《卢梭与伏尔泰：两面镜子里的肖像》，华东师范大学出版社2010年版，第8页。

（四）杜亚泉认为物质主义、功利主义、消费主义、拜金主义暴殄天物、败坏社会风气、荼毒人的心灵。

民国初建，老中华帝国积弱已久，急需振兴实业、发展经济。杜亚泉对此并无异议，自己也曾指导亲朋建工厂，开商店。但作为一位持有机整体性思维的学者，一位注重调适渐进的启蒙思想家，他从一开始就注意到单一向度的凭借刺激消费发展经济，将破坏物质与精神之间的平衡，给社会带来难以挽回的损伤。民国初建不久，中国社会刚刚开始对外开放，奢靡之风即开始流播蔓延，杜亚泉对此充满忧虑：

> 暴殄之天物，浪掷之金钱，何可限量。地产之所出，既以供无谓之取求，人力之所造，又复偏重于淫巧之物品，而纯正之产业、宝贵之人工，转不克完其正当之效用，以增益国富。且一度领略奢华之后，决不能复安于淡泊，苟其失之，亦必诈取豪夺，行险侥幸，以求复得焉。[①]

杜亚泉已经隐约感到，国内兴起的此类物质主义、消费主义、拜金主义源自西方现代社会的经济体制，这种经济体制是有缺陷的，并不完全适合中国的国情：

> 今日社会中之欢迎物质文明，仿效欧美奢侈之生活者，实破坏其社会之特质，而自速其灭亡……纵欲之国民，常失其奋斗之能力。览六朝之兴替，观罗马之衰亡，俱足为社会之殷鉴。今日欧美社会中文明病之流行，识者亦抱无限之隐忧，盖为此也。吾东亚人民，欲于欧风美雨之中，免社会之飘摇，亦惟有保持其克己之特质，以养成其奋

[①] 许纪霖、田建业编：《杜亚泉文存》，上海教育出版社2003年版，第315页。

斗之精神而已。[①]

在杜亚泉看来，鉴于中国的经济实力，不可勉强效尤西洋，不应为西洋物质文明所眩惑，"论进化之大原，谓为由于欲望之向上，无宁谓为由于勤俭所积贮之较为中理也"[②]。他主张维持传统的勤俭朴素之风，让科学技术、经济生产为下层社会广大民众日常生活服务，而不可用鼓励奢侈性、冗余性消费促进经济发展，推动社会进步。

一百年前的杜亚泉不可能具备清晰、明确的生态学理论知识，他的忧虑也仅只停留在"奢侈消费"引发的社会问题上，他自己提出的经济学理论也是朴素的，即消费不是无止境的，消费不应成为少数人谋取金钱与财富的手段，而应当服务于人民大众实际的生活日用。一百年过后，杜亚泉担心并拒斥的欧美消费观念不但没有受到遏止，反而成为一种"全球化的意识形态"风行世界，在杜亚泉自己的国度，如今"消费"的指数已经领先世界，据贝恩咨询机构最近发布的"全球奢侈品市场年度报告"披露，2018年中国已经占据全球个人奢侈品消费市场的33%，远超欧洲与美国，更是日本的三倍。而且消费者还在迅速年轻化[③]。

当代生态批评家布朗（Lester R.Brown）警告世人："我们正在掏空地球的自然资源来刺激消费。我们有半数的人生活在地下水位下降、水井干涸的国家。有三分之一的农田土壤流失超过新土壤形成，土地的肥力在逐步丧失。全世界不断增长的牛羊大军，正在将广袤的草原变成沙漠。我们砍伐森林来扩大农业耕地、生产木材和纸张，使森林每年萎缩530万公顷。五分之四的

[①] 许纪霖、田建业编：《杜亚泉文存》，上海教育出版社2003年版，第288页。
[②] 许纪霖、田建业编：《杜亚泉文存》，上海教育出版社2003年版，第313页。
[③] 见2019年5月23日《南方周末》相关报道。

海洋渔场因满负荷或过度捕捞面临崩溃。"①

长此以往，不但导致地球生态系统的崩溃，还将导致人种的退化衰败。回望当年杜亚泉的忧虑，就不难看出他那"简陋"的经济学主张中蕴含的生态智慧。

（五）杜亚泉认为"物质救国"的结果不但伤及山水森林，还将招致"精神破产"，并因此倡导精神救世。

在日益深入的世界生态运动中，人们在惊呼自然环境遭受严重破坏的同时，发现人们的精神状态也在随之恶化。雅斯贝斯（karl Jaspers）将其视为"技术进步"中的"精神萎缩"②，贝塔朗菲将其看作人类精神世界中符号系统的迷狂和紊乱③；比利时生态学教授 P. 迪维诺（P.Durigneaud）明确地将其称作"精神污染"④。在上述诸位西方思想家之前，中国近代启蒙者杜亚泉就已经对这一问题做出不少论述。他指出，奢侈型消费无端损耗了珍贵的自然资源，结果反而招致国民精神破产，"湖海森林，无不经吾人之搜索，一条之河，一丘之山，无或免吾人之穿凿。吾人之一小躯，其所需何如是之伙耶！实则吾人非为应其需要而营衣食住，乃为满足其功名心与虚荣心而营此衣食住。"⑤"人生在世，决不仅解决衣食住等物质生活，毕其生活能事，如道德、科学、艺术等，均为吾人精神生活的要求。此等精神生活，当不受物质生活的拘束，独立进行，自由表现。"⑥"精神文明之优劣，……不能以贫富贵贱

---

① [美] 莱斯特·R. 布朗著、林自新等译：《崩溃边缘的世界——如何拯救我们的生态和经济环境》，上海科技教育出版社 2011 年版，第 3—4 页。
② [德] 卡尔·雅斯贝斯著、王德峰译：《时代的精神状况》，上海译文出版社 1997 年版，第 130 页。
③ 参见 [奥] 冯·贝塔朗菲、[美] A. 拉威奥莱特著，张志伟等译：《人的系统观》，华夏出版社 1989 年版，第 25—28 页。
④ [比利时] P. 迪维诺：《生态学概论》，科学出版社 1987 年版，第 333 页。
⑤ 杜亚泉著、田建业编校：《杜亚泉著作两种》，新星出版社 2007 年版，第 242 页。
⑥ 杜亚泉著、田建业编校：《杜亚泉著作两种》，新星出版社 2007 年版，第 13 页。

为衡。"针对中国社会鼎革之后呈现的种种"精神破产之情况",如权利竞争,唯利是图,贪享奢侈,纵情食色,昨为民党今作官僚,早拥共和夕拥帝制,改节变伦不以为羞,投机钻营自以为智,他厉声惊呼:"吾国之鹤(指精神追求,引者注),已毙于物质的弹丸之下矣!"①"中华民国……将变为动物之薮泽。"② 杜亚泉对于"科学""实业"的了解并不比当时的主流启蒙思想家少,但他仍然不相信仅仅依靠"科学"与"实业"就可以救中国,反而提出"精神救国论"。"盖近数十年中,吾国民所倡导之物质救国论,将酿成物质亡国之事实,反其道而药之,则精神救国论之本旨也。"

杜亚泉在倡导"精神救世""精神救国"时,把古罗马时期的斯葛多学派的思想家塞涅卡(Seneca)奉为楷模,将其《幸福论》作为中国"救时之良药"。而《幸福论》的主旨,即:"使形体服从于精神,肉身服从于灵魂,为保全幸福之道。"③ 当时,生态学的奠基人海克尔的著作已经由马君武、刘文典翻译出版,其中《宇宙之谜》一书中写道,19世纪的自然科学不仅在理论上取得惊人的进步,而且在技术、工业、交通等世纪应用过程中也取得了极为丰硕的成果,然而"在精神生活和社会关系这样重要的领域里,与过去世纪相比,我们却取得很少或者干脆没有取得什么进步,甚至令人遗憾地出现某些严重的倒退。这种明显的矛盾,不仅使人产生一种内部支离破碎、虚妄荒谬的令人厌恶的感觉,而且还会在政治与社会领域里引起重大灾难的危险"④。

杜亚泉应该是看过海克尔的书的,并把这一观点视为西方人对物质主义的反思告诫给中国社会的主流启蒙思想家们,可惜并未得到认可。而海克尔在19世纪最后一年做出的这一论断很快就被20世纪的两次世界大战所证实。

---

① 许纪霖、田建业编:《杜亚泉文存》,上海教育出版社2003年版,第366页。
② 许纪霖、田建业编:《杜亚泉文存》,上海教育出版社2003年版,第54页。
③ 杜亚泉著、田建业编校:《杜亚泉著作两种》,新星出版社2007年版,第238页。
④ [德]恩斯特·海克尔著、上海外国自然科学哲学著作编译组译:《宇宙之谜:关于一元论哲学的通俗读物》,上海人民出版社1974年版,第4页。

如果考虑到 20 世纪世界以及中国社会政治中发生的一系列惨剧，回头再看杜亚泉大声疾呼的"精神救世""精神救国"的主张，就不得不承认他作为一位思想者的严肃性与前瞻性。二战后，英国著名历史学家阿诺德·汤因比（Arnold Toynbee）明确指出："要根治现代社会的弊病，只能依靠来自人的内心世界的精神革命。"①汤因比将"精神革命"视为人类为地球生态解困的唯一途径，这与杜亚泉当年呼吁的"精神救国""精神救世"也是一致的。

杜亚泉"精神救国"的倡导，莫说在当时，即使在"发展是硬道理"的当代中国，也难免被视为书生之议。然而，越来越多的事实证明，一个国家的经济实力即使达到世界前列，如果思想贫瘠，信仰全无，道德滑坡，民生涣散，也还是难以成为世界强国的。

以上五点，是我对中国启蒙运动的先驱杜亚泉学术思想中生态精神的发掘。其实，杜亚泉当年所关注的而如今已经成为严重生态问题的，还不止于这些。如他对忽视农村文化建设、过度城市化的担忧：

  田野生活者，富国之源泉，物质文明之生产地也。近今欧美各国，每以人民群集都会，引为文明过盛之隐忧。吾国文明，尚在幼稚，而都市生活之趋势，已露端倪，亦宜杜渐防微，力为禁遏，夫然后受物质文明之利而不承其弊也。②

  况近今农民，咸慕都会之繁华，工业之安逸，有日趋都会之倾向。苟不急为补救，使住居田舍者稍得慰藉之途，则优良者将轻弃其乡里，别营城市之生涯，劣下者或愈即于畸邪，流为赌博之征逐，驯至田野荒芜，风俗堕坏。③

---

① ［英］A.J. 汤因比、［日］池田大作著，荀春生等译：《展望二十一世纪——汤因比与池田大作对话录》，国际文化出版公司 1985 年版，第 566 页。
② 许纪霖、田建业编：《杜亚泉文存》，上海教育出版社 2003 年版，第 274 页。
③ 许纪霖、田建业编：《杜亚泉文存》，上海教育出版社 2003 年版，第 333 页。

为此，他倡导在乡村开发民智，普及新知，建立机构，改良民生，"随时势之需要，寓教育于娱乐，使农民略有相当之知识，以应外界之潮流"①。

又如，他认为中国的官场制度弊端严重，政治生态日益败坏，如不痛加改良将祸国殃民。

> 人民重视官吏，其危害之及于国家甚大。直接之影响，使国家之政治不安，间接之影响，使社会之实业不振，其关系可得而言焉。盖人民既视官吏为最优之职业，则必努力以造成官吏之人才，教育乃首承其弊……而一般人民，且以登第学生之多寡，定学校之价值。试验之成绩如何，为学校之死活问题，于此而欲施正当之教育，殆无可望。风气所趋，年年岁岁，制出多数之官吏候补者，供过于求，无待言矣。此等多余之官吏，其学问志愿，除政治生涯以外，不适于他种之职业，即或为学校教师，或为新闻记者，亦无非鼓吹政治主义，挑拨政治感情，使政治风潮，波及于学校，政治新闻，弥蔓于城市而已。②

杜亚泉的这段话已经深刻地涉及中国在教育体制、价值导向、官场生态方面存在的顽疾，他提出的改良措施是"裁减冗员""简放政务""划除官威""厘订官俸"，让官员"谨身修己亦贡献国家"，让民众"平等视官"以做好自己的营生。杜亚泉的这些建议，对于今日中国政治生态、教育生态仍具有现实意义。

究竟出于什么原因，使清末民初的杜亚泉在中国社会刚刚跨进现代化的门坎，就让他意识到现代性存在的严重问题，并由此发表许多如今看来甚具"生态批评精神"的言论，从而使他成为中国独树一帜的启蒙者。

---

① 许纪霖、田建业编：《杜亚泉文存》，上海教育出版社 2003 年版，第 335 页。
② 许纪霖、田建业编：《杜亚泉文存》，上海教育出版社 2003 年版，第 267 页。

我想到的有以下几个方面：

一是他对西方哲学与现代科学有着多方面的认知与把握。

杜亚泉不是某一学科的专家，他的知识空间具有广泛的跨学科性，几乎跨越他那个时代自然科学、社会科学、人文学科的方方面面。并且，他对西方近现代思想家如达尔文、斯宾塞、伏尔泰、卢梭、贝克莱、休谟、孔德、康德、孟德斯鸠、海克尔、黑格尔、冯特、詹姆斯、托尔斯泰、罗曼·罗兰、叔本华等人的思想都有着不同程度的吸纳。他还曾一度游学日本。这不但使他拥有了科学与哲学的开阔视野，也使他具备了反思性的思维方式。在现代诸多学科门类中，杜亚泉对海克尔的生物学、叔本华的生命哲学、威廉·詹姆斯的机能主义心理学，塞涅卡的伦理学情有独钟，在我看来，这些学科与当代生态学及生态批评、环保运动，有着千丝万缕的联系，这对杜亚泉生态意识的形成起到明显的作用。

二是中国古代传统文化的滋养。

杜亚泉从童蒙时代即受到良好的传统文化教育，青年时代中秀才，于经史子集、训诂音韵之学均有悉心研究。形成于漫长农业社会的中国传统文化，其核心实为人与自然合一的生态文化。杜亚泉对此是认同的，他说过中国传统文化"一切皆注重于自然"，"以自然为善，一切皆以体天意、遵天命、循天理为主"，"我国人之文明为顺自然的"[①]。这个传统文化中蕴含的"生生为易""天人合一""中庸之道""物与民胞""抱朴怀素""知白守黑""无为而无不为"等等生态精神注定对杜亚泉产生过潜移默化的作用。西方现代科学中的生态理念与古代中华传统文化中的生态底蕴相结合，是杜亚泉生态意识产生的重要成因。当然，对于西方现代文化，他不一味顺从；对于自己民族的传统文化，他也并不一味地膜拜，而是有所扬弃。比如中国传统道德中的"克己"，从好的一面说，养成了民族重内轻外，重精神轻物

[①] 许纪霖、田建业编：《杜亚泉文存》，上海教育出版社2003年版，第339页。

质的优良品性，但一味"克己"又使国民才智内缩、畏葸苟且、求逸避险、卑曲萎靡，理想的人格则为"保持其克己之特质，以养成其奋斗之精神"[①]。杜亚泉热衷西方科学却不忘科学之怀疑精神，珍爱民族传统文化，始终秉持"扣其两端而取其中"的中庸之道，这也是当代生态运动应当发扬的识见。

三是杜亚泉拥有报刊记者的时事眼光。

这使他能够及时对第一次世界大战的破坏性做出整体性反思。在西方，"科学主义"神话的破产，"物质主义"的批判，社会进步论的幻灭，以及"现代性的反思"，多半是在两次世界大战前后发生的。这一时期的杰出思想家，如西美尔、舍勒、怀特海、韦伯、别尔嘉耶夫、斯宾格勒、德日进、马尔库塞，他们对人类社会文化的反思，都是以两次世界大战的惨痛教训为背景的，舍勒于一战爆发之际发表的《战争的天才》，指出物质战胜了人，变成"机械残杀"的工具，人类自身成了时代面临的最大麻烦。斯宾格勒写于一战期间的名著《西方的没落》认为，在"金钱"与"机器"统治下，人的精神创造力消失了，所谓进步带来了越来越多的资源耗费和环境恶化，西方文化作为一个整体正在衰败。这些思想家们的反思，有意无意间都涉及了人与自然，人性与工业文明的冲突，因而具备了生态批评的倾向。杜亚泉作为一位资深的报刊记者、编辑，身历一战的酝酿、爆发、结束全过程，他在此期间发表了大量言论。如"自欧战发生以来，西洋诸国，日以其科学所发明之利器，戕杀其同类，悲惨剧烈之状态，不但为吾国历史之所无，亦且为世界从来所未有"[②]。杜亚泉的关于东西方文明优劣之比较研究，关于人类文明趋向之判断，应是在总结一战教训基础上展开的，这也就使得他的思想观念中充满了敏锐而又不自觉的生态批评精神。

四是内敛、沉着、冷静、审慎、善疑、多思的个性。

---

① 许纪霖、田建业编：《杜亚泉文存》，上海教育出版社2003年版，第288页。
② 许纪霖、田建业编：《杜亚泉文存》，上海教育出版社2003年版，第338页。

对于文学创作来说，有一句名言"风格即人"，即人的个性。那么学者的个性与学者的治学有无关系呢？恐怕不能说没有关系，对于卢梭与杜亚泉这样自学成才的学者来说，关系更大，几乎是决定性的。杜亚泉去世后，亲友对其性情、为人有许多评价。蔡元培描述他："君身颀面瘦，脑力特锐。所攻之学，无坚不破，所发之论，无奥不宣。有时独行，举步甚缓，或谛视一景，伫立移时，望而知其无时无处无思索也。"① "先生虽专攻数理，头脑较冷，而讨寻哲理针砭社会之热诚，激不可遏。"② 胡愈之在追悼文章中写道："先生生平自奉之俭，治学之勤，待人的和蔼，处事的果敢，无不足为青年人效法。"③ 他的儿子回忆说："父亲是一位既严肃又慈祥的老人，不苟言笑，衣着古板，刻苦自学，勤奋写作，自奉甚俭，立志不当官，不经商。"④ 对照上述评说，结合他自己的大量著作，我们不难看出杜亚泉是一位勤学多思、敏锐善疑、冷峻内敛、自奉俭约、甘守清贫、淡于名利却又能仗义执言的人。这样的人并不适合商业社会的竞争，反而屡受其害；这样的人也不可能投身革命运动的战场，而只会提出一些建言与清议，说到底他还只是变革时代一位坚持独立思考、坚持自由发声的书生，或曰公共知识分子，这样的人已经溢出启蒙时代主流意识之外，反而与生态时代的精神气息更为接近。陈独秀、李大钊、吴稚晖以及丁文江、胡适，这些中国社会杰出的启蒙思想家，依其丰富的知识，坚定的信念，努力奋取的斗志，在当时何以不能意识到人类已经面临的生态问题？只能说是现代化的强光，遮蔽了他们的视线，内在

---

① 蔡元培：《杜亚泉君传》，许纪霖、田建业编：《一溪集：杜亚泉的生平与思想》，生活·读书·新知三联书店1999年版，第3页。
② 蔡元培：《书杜亚泉先生遗事》，许纪霖、田建业编：《一溪集：杜亚泉的生平与思想》，生活·读书·新知三联书店1999年版，第6页。
③ 胡愈之：《追悼杜亚泉先生》，许纪霖、田建业编：《一溪集：杜亚泉的生平与思想》，生活·读书·新知三联书店1999年版，第12页。
④ 杜其在：《回忆我的父亲杜亚泉》，许纪霖、田建业编：《一溪集：杜亚泉的生平与思想》，生活·读书·新知三联书店1999年版，第41—43页。

的局限使他们一股道疾驰在想象中的社会进步的"金光大道"上，相对于他们，杜亚泉就显得更柔弱也更复杂些，更矛盾也更丰富些。柔弱，复杂，丰富，不也正是地球生物圈的属性吗？

　　回望历史，杜亚泉是清末民初中国社会转型时期一位严肃认真、品节高尚、见地卓越的文化人、思考者。他或许尚未成为像卢梭乃至在中国稍迟于他的梁漱溟那样的大思想家，他有他自身的弱势与局限性。自学成才，使他免受学院派的约束，也使他的某些术语、概念的运用流于随意性，对此他自己也曾做出反省：介绍诸说，多辗转移译，不免谬误；摘要举示，不免得粗遗精，时以记者之见地，妄为取舍①。他的有机、统整、调适、接续的思维方式使他在分析问题时透递出许多宝贵的现代生态批评的思想光芒，但他身处的时代，自然生态在中国尚未成为重要问题；就西方社会而言生态学的人文转向尚未启动，因此，杜亚泉在论及生态问题时，常常还是站在人类中心的立场上，未能达到更深的层次。杜亚泉不组党，不结盟，不像陈独秀那样有强大的组织力量支撑；他虽然热衷于建学校办教育，无奈总是艰难多舛以失败告终，这又使得他不像胡适那样门徒、弟子遍布四海。所以，在他去世后，他的学说以及他的存在很快就消失在中国社会大变革的洪流中，这不仅是他个人的不幸，更是中国思想界的不幸。

三、20世纪初中国的文化选向及人类新文明建设

　　20世纪初，中国进入现代社会之际就文化选择而言，一度曾存在三个向度：守旧主义、渐进主义、激进主义。固守传统、泥古不化的守旧主义很快就溃不成军败下阵来。此后，持续不断的主要是渐进主义与激进主义的论战。首场大规模的论战即爆发在《东方杂志》与《青年杂志》（后改名为《新青年》）之间的"东西文化之争"。据相关专家统计，这场争辩从1915

---

① 许纪霖、田建业编：《杜亚泉文存》，上海教育出版社2003年版，第48页。

年起延续十余年，先后参与者数百人，发表文章近千篇，对以后中国近现代的文化运动产生了重大影响①。论战的主将，激进主义一方是陈独秀，渐进一方是杜亚泉。所谓"激进""渐进"，当时的主要分歧在于对待西方外来文化与本土民族文化的态度。

陈独秀持全盘西化的立场，对欧洲启蒙运动以来卓有成效的"科学主义""物质主义""功利主义""实用主义"的文化理念推崇备至，竭力主张以西方现代文化取代中国的传统文化，以"革命"的方式建立一个"新中国"。杜亚泉则采取兼收并蓄、调和折中、统整接续的立场，主张既吸收西方现代文化的特长又要避开其已经显露的弊端，同时吸纳接续中国传统文化的精华，选择中西文明融合的道路，以渐进"改良"的方式推动中国社会现代化的进程。

这场论战的稍后阶段，梁漱溟曾提出文化选择的三个路向，一是"意欲反身向后要求"的印度文化，一是"意欲向前要求的西方文化"，一是"意欲自为调和持中的中国文化"。他的文化立场显然是站在杜亚泉一边的，有甚于杜的是，他断定"世界未来文化就是中国文化的复兴"②。年轻气盛的梁漱溟的这些论断不免有些粗疏武断，但胡适在批评他时，连东西方文化之间的差异也否定了，认为世界上的文化不过大同小异，不存在性质的差别，只存在落后、先进的程度。当然，胡适认可的代表人类同一属性的文化是西方文化，居于先进地位的也是西方文化。这场轰动一时的文化论战以杜亚泉、梁漱溟的失败告终。梁漱溟在不久后辞离北京大学到山东菏泽教中学去了；杜亚泉竟因此被免去《东方杂志》主编的职务。而陈独秀与胡适随后都成为引领时代的风云人物。中国社会在历史转折的紧要关头，选择了由欧洲启蒙理性主导的以"科学主义""物质主义""功利主义""实用主义"为内

---

① 陈崧编：《五四前后东西文化问题论战文选》，中国社会科学出版社1985年版，第2页。
② 梁漱溟著、中国文化书院学术委员会编：《梁漱溟全集》第一卷，山东人民出版社1990年版，第114页。

涵、以"革命"为手段的激进主义文化路向。

从 1915 年展开的这场文化论战，到如今已经过去一百多年。一百多年间，中国社会经历过俄国十月革命、"五四"运动、两次世界大战、国共两党的合作与决裂、1949 年后的大跃进、人民公社化、三年大饥荒、"文化大革命"，直到最近 40 年的经济建设高潮。其中的成败功过当然不是一篇文章所能够说清楚的。可以大体做出判断的是：中国社会的变革是巨大的，成就显著，问题突出。"成也萧何败也萧何"，成就与问题就文化层面上来说，当然不能全部归结于启蒙时期的激进主义，但与在现代化进程的起跑线上选择了激进主义路线密切相关。国内文化学者陈来就曾指出："可以说，整个 20 世纪中国文化运动是受激进主义所主导的。"[①] 农业问题专家温铁军将其一部总结中国农村现代化的著作命名为《告别百年激进》，他认为中国农村现代化的教训就是激进主义主导了整个过程。而这一过程，正是以 1915 年的东西方文化论战为起点的。

激进主义的一个突出表现，就是面对西方发达国家的"赶超心态"。中国与西方在文化上的差异既然仅仅是时段与发达程度上的，那就是说我们可以在同一条道上通过自身努力赶上甚至超越过去。陈独秀早在 1917 年就主张："西洋种种的文明制度，都非中国所及。单就经济能力而言，我们中国人此时万万赶不上。倘不急起直追，真是无法可以救亡。"[②] 孙中山也把其建国大计寄托在对于西方的赶超上，他相信人力完全可以超越自然进化，只要发挥出火一般的革命意志和创造精神，中国就能够"压缩"许多进化"阶段"，神速地达到"进化"的高级阶段，后来居上，超过欧美，并成为世界进化新潮流的领导者[③]。孙中山去世早，尚未来得及实施他的赶超学说，而

[①] 陈来：《传统与现代——人文主义的视界》，北京大学出版社 2006 年版，第 69 页。
[②] 陈独秀：《独秀文存》，安徽人民出版社 1987 年版，第 107 页。
[③] 见郑大华、邹小站主编：《西方思想在近代中国》，社会科学文献出版社 2005 年版，第 123 页。

他的后继者毛泽东却把这一学说发展到了极致。在1958年的"大跃进"中，毛泽东提出了要在主要工业产品的产量上七年超过英国，十五年赶上美国，后来又将时间缩短为三到十年。激进的梦想落实为揠苗助长，结果只能是惨重的灾难。我是当年全民"大炼钢铁"的亲历者，为了实现这一赶超目标，家里灶房的铁锅、墙上的铁钉都拿去炼钢，周边的大树全都砍去做了燃料。劳民伤财，炼出的不过是一堆废铁。"大跃进"后随之而来的是"大饥荒"，千万人死于非命，震惊了整个世界。

激进主义的另一个突出表现是把"斗争"绝对化。杜亚泉以"静的文明"与"动的文明"形容中国文明与西方文明的差异。他列举的"动的文明"的首要属性即"竞争自烈"、"对抗纷争"、"战争为常态，和平其变态"、"以竞争胜利为生存必要之条件，故视胜利为最重，而道德次之"。而中国的传统文化则重在"勤俭克己，安心守分"、"清心寡欲"、"与世无争"。陈独秀完全否定这一划分，李大钊倒是认可杜亚泉的说法，只是他对中国的"静的生活"持否定态度，认为只有"弃其从来之一切静的生活，取彼西洋之一切动的生活；去其从来之一切静的文明，迎彼西洋之一切动的文明"，方能够救中国。他号召青年一代行动起来，迎合世界潮流，将中国由静的国家改变为动的国家[①]。此后，竞争、对抗心态迅速在中国社会蔓延开来，更加上对马克思列宁主义学说的活学活用，遂生成一种愈演愈烈的"斗争哲学"，与天斗、与地斗、与人斗其乐无穷，外斗加内斗，"阶级斗争""路线斗争"一度成为年年讲、月月讲、天天讲的头等大事，政治斗争运动每隔七八年就要来一次，"洒向人间都是怨"，严重地破坏了国家与民族的安定团结。激进的功利主义干扰了科学文化教育界的健康发展。在这场论争中，《东方杂志》阵营中钱智修的《功利主义与学术》一文也成为激进派猛烈攻击的靶子。钱文认为中国受西方文化影响最大的是"功利主义"。由边沁（Jeremy

---

① 李大钊著、中国李大钊研究会编注：《李大钊全集》第二卷，人民出版社2006年版，第138页。

Bentham)、穆勒（John Stuart Mill）等人创始的功利主义是一个内容极为繁富的学派，中国文化界在引进这一"功利主义"学说时已经功利主义地将其大大简化了，大抵只剩下"实用""急用""对大多数人有用才有价值"的条文。钱文列举了此类功利主义在中国学术界引发的种种弊病，如：仅把应用价值作为学术研究的目的是有害于学术的；学术受制于应用将妨碍学术之独立；"文化重心，自在于高深之学，所谓普及教育，不过演绎此高深之学之一部分，为中下等人说法耳"；"功利主义之最大多数说，其弊在绝圣弃智，使学术界无领袖人才"；"唯以国家之力助少数学人脱离社会之拘束，俾得从容治学"，学术才有精进之望[1]。对于钱文，陈独秀却大不以为然，他认为"人世间去功利主义无善行"，针锋相对地提出中国应该"彻头彻尾颂扬功利主义"的口号[2]。百年过后，从今日的实际状况看，中国大众的普及教育以及科学技术的普及应用都取得了显著成绩，但高等教育的质量及基础理论研究的水平始终落在世界后面；无论自然科学还是人文学科，堪称"学界领袖"的学术大师越来越稀缺；不少重大核心科学技术多停留在借用仿效阶段，缺乏自主创新能力。追根溯源，不能说与现代中国在科技文化教育界长期持守的急功近利的激进思维模式无关。

激进主义的现代化运动严重地破坏了地球生态。发生在20世纪初的这场文化论战，关于人类与自然之间关系的判断，激进派显然也压倒了杜亚泉的温和派。文化史学者王中江对中国激进主义革命派的宇宙观曾做出以下描述："革命派对宇宙自然与人类社会的二重处理方式，最终也落脚在人类社会对于宇宙自然的优越、人类社会与自然的不同上"，"他们的'意图'是要通过人类与自然的二元化，把人类从被动的自然秩序之下解放出来，使之成为'创造'进化的积极'主体'"。在陈独秀那里，"人类主体"被表述为：

---

[1] 陈崧编：《五四前后东西文化问题论战文选》，中国社会科学出版社1985年版，第50、52页。
[2] 陈崧编：《五四前后东西文化问题论战文选》，中国社会科学出版社1985年版，第75页。

"以人胜天，以学理构成原则，自造祸福，自导其知行"。陈独秀的这一观念并非他自己的发明，而是启蒙理性的核心，即人类凭借自己独有的"学理"高居自然之上，战天斗地，为自己谋取福利。这一简单不过的逻辑，既是启蒙理性的核心，也是生态灾难的源头。中国社会在现代化伊始选择了这一发展逻辑，也就为此后的生态灾难打开了潘多拉盒子，乃至付出惨重的代价。至于当前的生态灾难严重到什么程度，报纸网络天天都有大量报道，本文不必再一一列举那些统计数字，每个人都有自己的切身体验。总之，连吃饭、饮水、呼吸、生殖、繁育这些人类生存的最基本的保障都已经成了大问题。"先污染，后治理"实际上成为中国当代经济建设领域的潜意识。若是仔细考虑到经济高速发展的生态成本，改革开放的红利就不得不大大打个折扣。

以上四点只是择要说明激进主义给中国现代化进程造成的伤害。虽然说以启蒙理性为核心的西方现代性理念自身就存在许多问题，但中国的问题更大程度上是长期将这一启蒙理念付诸单一地、片面地、过激地实践，而且从来缺少认真地反思。

进入现代社会以来，人类做出的第一次重大反思是在第一、第二次世界大战牺牲掉数以千万计的人类生命之后。这次反思以西方学者为主，对西方现代社会赖以存在的思想基础进行了全面的、彻底的反思与批判，其中就包括曾经被杜亚泉"渐进主义者"怀疑、质问过，被陈独秀"激进主义"褒奖、颂扬过的"科学主义""物质主义""消费主义""功利主义""实用主义"以及"机械唯物论""直线进步论"等等。为了矫正西方社会的偏颇、挽救现代社会的败落，西方的一些著名学者也曾把目光转向世界的东方。我甚至猜想，德国思想家马克斯·舍勒（Max Scheler）在当时似乎就已经察觉到中国思想界的论争，以及论争中不同学者关于东西方文化的不同立场：

特别是中国和日本等国中的某些阶层今天正竭尽全力去掌握欧洲

实证主义的科学方法，去掌握相应的工厂化生产方式和经商方式，因而资本主义机制普遍化看来是近在咫尺了；然而，尽管如此，近些年来这些民族的更为高贵的代表们已知道，这种错误的所谓"欧化"只能触及心灵和生命的皮毛，对于种族相应的、出自民族自身历史的精神性基本态度（在宗教、伦理、艺术中一切属于生命意义的东西）却依旧毫未触及。……这些国家中的佼佼者还知道：西欧作为信使把资本主义"精神"作为自己最后的光束带给这些国家，而这一精神之根，就是说，在西欧的中心本身，这一"精神"正在慢慢衰亡。这些国家中都有自己的陀思妥耶夫斯基、索洛维约夫、托尔斯泰：他们带着讽刺的微笑瞧着本土市民群众的欧化狂潮劲儿，因为他们知道，正当自己的国家的群众将为胜利、为自己的国家与欧洲一样实现了文明而欢呼时，朝他们迎面走来的"旧的"欧洲此时却正在垮下去，正将让位给一个新的、更高贵的欧洲。[①]

舍勒的这段话显然是在批评一味追随西方"全盘欧化"的"某些阶层"，因为他们看不到西方在其现代化道路上已经惹下要命的麻烦，扎根于启蒙理性的西方文化已经到了矫枉纠偏的时刻；舍勒同时又在点赞东方民族本土思想家中那些"更为高贵的佼佼者"，认为他们着手设计的将是一个新时代的新的文明。至于这个"新时代"的命名，舍勒进而说道：

> 如果我站在这个新时代的大门口题献一个名称，而这个名称又将包含着这个时代的总体趋势的话，那么，只有一个名称在我看来似乎

[①] [德] 马克斯·舍勒著，刘小枫编校、罗悌伦等译：《资本主义的未来》，生活·读书·新知三联书店1997年版，第81页。

是适应的,这就是"协调的时代"(Ausgleich)。①

舍勒认为这种"协调"将在自然界、物理界、精神界的各个层面展开,其中包括种族间紧张关系的协调、东西方不同文化群落之间的协调、原始文明与高级文明之间的协调、科学技术知识与人文精神之间的协调等。

对照舍勒的评析,对照杜亚泉执守的"统整""调适"理念,在20世纪初中国思想界发生的这场事关中国前途的论战中,谁是"欧化狂潮"的激进者,谁是深谋远虑的"佼佼者",不就一目了然吗?

地球人类第二次面临的生死选择,该是自20世纪中期逐日逼近的全球性生态危机。较之上一次的反思,这一次的反思体现出更为广阔也更为深刻的世界性的视野。

愈演愈烈的生态危机逼迫人们不得不做出重大选择:人类将进入一个与以往不同的新的历史时期,一个新的文明阶段。相对于由启蒙运动开创的工业文明及现代社会,这一"新文明"就是"生态文明",这一"新的历史时期"就是生态时代。

最初做出这一判断的是奥地利学者、系统论的创始人路德维希·冯·贝塔朗菲(Ludwig von Bertalanffy),他在20世纪50年代就宣告:由文艺复兴和启蒙运动开创的西方文明已经完成自己的使命,它的伟大创造周期已告结束。新的文明,将是一种生存的智慧,一种生态学意义上的文明。生物学的世界观正在取代物理学的世界观。"19世纪的世界观是物理学的世界观……同时它也为非物理学领域——生命有机体、精神和人类社会提供了概念模型。但在今天,所有的学科都牵涉到'整体''组织'或'格式塔'这些概念表征的问题,而这些概念在生物学领域中都有它们的根基。""从这个意

---

① [德]马克斯·舍勒著,刘小枫编校、罗悌伦等译:《资本主义的未来》,生活·读书·新知三联书店1997年版,第215页。

上说，生物学对现代世界观的形成做出了根本性的贡献。"[1] 另一位杰出的思想家 E. 拉兹洛（Ervin Laszlo）则指出：这是人类史上继"农业革命""工业革命"之后的"第三次真正的革命"，即将来临的时代是一个"人类生态学的时代"[2]。

对照上述当代西方思想家的言论，我们再去仔细研究 20 世纪初发生在中国的那场"东西方文化大论战"，我们就不得不承认杜亚泉的融汇中西、统整古今、调适渐进、人与自然共生的主张更具前瞻性，更吻合生态文明、生态时代的精神。哲学的功用是缓慢的，思想并不总能"立竿见影"，而是往往要潜伏很长时间才会显现其意义与价值。

自欧洲文艺复兴时代以来，中国与西方的文化交流起伏跌宕、波谲云诡，许多时候就像中国京剧《三岔口》中的表演，充满隔膜、偏执、误读、臆测，而且存在着严重的不对等。比如，伊丽莎白·迪瓦恩（Elizabeth Devine）等人编纂的《20 世纪思想家辞典》是我案头常备的工具书，其中收录的思想家共计 414 人，但东方仅 4 人，其中印度 3 人，或许还是沾了英殖民地的光；日本 1 人；中国则完全缺席[3]。编纂者如果不是出于傲慢，那就是出于知识的严重欠缺。面对生态时代的到来，这种情形可能将要发生根本性的改变。生态危机的全球性、后现代时期信息传播的高效性，已经为世界各个国家、各个民族的文化交流提供充分的必要性与可行性。

在即将到来的生态时代，无论西方或是东方，世界上各个国家的思想家与知识分子精英之间的基本见解正在日益趋向一致。时过百年再来回顾中国上个世纪初展开的那场事关中国命运的文化论战，经验与教训都已经大抵清

---

[1] ［奥］路德维希·冯·贝塔朗菲著，吴晓江译、金吾伦校：《生命问题——现代生物学思想评价》，商务印书馆 1999 年版，第 1 页。
[2] ［美］欧文·拉兹洛著，王宏昌、王裕楝译：《布达佩斯俱乐部全球问题最新报告》，社会科学文献出版社 2004 年版，第 106 页。
[3] 见［英］伊丽莎白·迪瓦恩等编、贺仁麟总译校：《20 世纪思想家辞典——生平、著作、评论》，上海人民出版社 1996 年版。

楚。反思这场论争，不但有益于当下中国社会的健康发展，同时也会有益于世界新时代文明的创建。其中，异类思想家杜亚泉启蒙理念中蕴含的生态意识就更值得我们珍视、发扬、传承。

原载《岭南学报》2019年2期

杜亚泉的教育救国思想及成就

欧阳正宇

杜亚泉（1873—1933），浙江绍兴府山阴县伧塘乡（今上虞长塘）人，原名炜孙，字秋帆，别号亚泉。

杜亚泉生活的时代是中国社会剧烈动荡的时代，内受封建专制的压迫，外遭列强侵略，使中国面临着亡国灭种的危险。于是，救亡图存成为时代的主旋律。有识之士都在思考、在行动，用各种方式寻找救国救民的根本出路。具有强烈爱国思想和忧患意识的杜亚泉，虽然从小接受传统文化教育，但清朝的腐败和民族的危难促使他放弃科举仕途，在艰苦的条件下顽强自学了近代西方科学技术知识，从而从经学的桎梏中挣脱出来，从封建士大夫的队伍里脱颖而出，成为一位新式知识分子。在19世纪末20世纪初众多的救国方案中，杜亚泉选择了教育救国。

一、"改造社会应先提高国民素质与觉悟"

新文化运动的倡导者认为近代化的本质是实现人的近代化，西方的近代化就是从人的启蒙和解放开始的，由于人的觉醒，才使"物质文明之盛，直傲睨前此二千余年之业绩"[1]，因此他们发出了"伦理的觉悟，为吾人最后觉悟之最后觉悟"[2]的呐喊。

---

[1] 鲁迅：《文化偏至论》，《鲁迅全集》第一卷，人民文学出版社1981年版。
[2] 陈独秀：《吾人最后之觉悟》，《陈独秀文章选编》，生活·读书·新知三联书店1984年版，第105页。

清末民初，社会上一浪高过一浪的是改革的浪潮、革命的浪潮。杜亚泉赞成改革，他说："改革云者，实吾侪社会新陈代谢之机能，而亦吾侪社会生死存亡之关键矣。"①对清末民初改革屡屡不见实效，杜亚泉一语道破症结："旧人行新政。"②"其所改革者，位阶职务之名称，簿书文告之程式，而其所不可改革者，即为官吏之个人"③，导致"吾国国体改革，虽已六年，而人心之积垢，则与六年前所异无几"。所以他主张"改革云者，不徒改革其国体，且当改革其人心"④。所谓"改革人心"，即改革人们的思想观念。这里，杜亚泉明确提出："欲挽救将来之国势，不如造就未来之国民。"

杜亚泉斥责民国后"党人争权""武人干政"的局面是假共和，他说："真共和之成立，不外二因。一为国内农工商业之发达，二为国民教育之普及。"而普及教育，"决非有赖于政治上之势力而后能为之者，而其对于真共和前途之效益，实较政治上之势力为大"⑤，"就中国目前现状而为治标之策，则必以开通智识为前提，而尤以普浚常识为急务"⑥。因而他主张改造社会应提高国民素质与觉悟。"是故吾侪今日，不必讨论吾侪之社会当如何改革，但研究吾侪之个人，当如何改革而已；不必悬想吾侪之社会，当改革之使成如何之社会，唯考念吾侪之个人，当改革之使成如何之个人而已；不必叹社会之病弱，但当求个人之强健；不必痛社会之荼疲，但当期个人之振作；不必悲社会之沉沦，但个人当自求其救济；不必忧社会之堕落，但个人当自高其品格。"⑦因为"未有己不正而能正人者，亦未有分子腐败，而团体能良好

---

① 杜亚泉：《个人之改革》，田建业等编：《杜亚泉文选》，华东师范大学出版社1993年版，第125页。
② 杜亚泉：《个人之改革》，田建业等编：《杜亚泉文选》，华东师范大学出版社1993年版，第126页。
③ 杜亚泉：《个人之改革》，田建业等编：《杜亚泉文选》，华东师范大学出版社1993年版，第126页。
④ 杜亚泉：《今后时局之觉悟》，田建业等编：《杜亚泉文选》，华东师范大学出版社1993年版，第285页。
⑤ 杜亚泉：《真共和不能以武力求之论》，田建业等编：《杜亚泉文选》，华东师范大学出版社1993年版，第291—293页。
⑥ 杜亚泉：《论中国之社会心理》，田建业等编：《杜亚泉文选》，华东师范大学出版社1993年版，第73页。
⑦ 杜亚泉：《个人之改革》，田建业等编：《杜亚泉文选》，华东师范大学出版社1993年版，第127页。

者"。只有造就有觉悟、有良好品格和素养的新型国民才是救济社会的根本。同时，杜亚泉也清楚地意识到，"吾侪之社会间，积五千余年沉淀之渣滓，蒙二十余朝风化之尘埃"，普及国民教育是一项艰巨而恒久的工作，需要付出极大的心血默默耕耘，决非一朝一夕可以奏效，"人心之改革，须由渐渍"，国民教育这一治本之策，"非经数十年之陶铸不为功"，但他毅然承担了这一"承传文化、培育新人、延伸人类社会的伟大使命"[1]，并将自己的一生献给了教育救国事业。

二、以普及国民教育为宗旨

在旧中国，人们只要受教育，就能读书看报，开阔眼界，了解国家状况和世界大势。"现实社会生活就会促使或迫使他们要求改变现状，产生进步和变革的思想，走上爱国救亡的道路。"[2]如果不受教育，没有文化知识，不知道国家危亡，不懂得世界形势，就只能沉睡于蒙昧状态，即使反抗，也是自发的。在民初，社会上涌起一股"平民教育"运动，"把神圣的教育普及到一般神圣的平民身上"[3]，教育应该："一为公众谋福利，二为人己求互助，三为社会促进化，四为国家增实力。"[4]杜亚泉对教育目的和教育功能的见解也是这样的。

杜亚泉认为一种积极向上的精神，以国家大事为己任的精神是中国摆脱贫困和愚昧，挺立于世界的希望。这种精神的形成期待着大多数国民的觉醒和参与。"社会心理者，社会各个人心理所积而成，即社会之精神也。社会不能离个人而独立，故社会精神，亦不能离个人精神而存在。"[5]所以杜亚泉

---

[1] 金忠明：《艰难的求索——五四新教育剖析》，中国社会科学院科研局、《中国社会科学》杂志社编：《五四运动与中国文化建设：五四运动七十周年学术讨论会论文选》，社会科学文献出版社1989年版，第698页。
[2] 丁守和：《实业救国、教育救国、科学救国思潮的再认识》，《文史哲》1993年5期。
[3]《平民主义和普及教育》，《平民教育》12号，1919年12月27日。
[4]《社会服务底目的是什么？》，《少年社会》1卷10期，1920年3月19日。
[5] 杜亚泉：《论中国之社会心理》，田建业等编：《杜亚泉文选》，华东师范大学出版社1993年版，第69页。

更注重对全体国民普及教育，"夫教育云者，非限于学校教育已也，宜兼及于社会教育；且非指高等教育而言也，宜注重于普通教育。务使社会的个人，咸受教育的影响，备具相当之常识"。

报刊杂志是普及教育的一个重要媒介，许多因条件限制无法到学校接受系统教育的人，都是靠报刊杂志来获得信息，接受新知识、新观念。早在19世纪末郑观应就说："大抵泰西各国教育人才之道，计有三事，曰学校，曰新闻报馆，曰书籍馆。"①如果书籍馆可比之中国古代的书院，那么新闻报馆则是全新的教育机构了。"五四"前后，办报纸、出杂志、搞出版风靡知识阶层。商务印书馆创刊于1904年的《东方杂志》最初只是一种选报性质的刊物，剪辑每月报章杂志上的记事、论文及政府文告，分类刊登，其中占首要地位的是《宫门抄》和《奏折》，读者并不多。1911年，杜亚泉以其深厚的才学知识被聘为《东方杂志》主编。这时"中国杂志界还是十分幼稚，普通刊物都以论述政治法令，兼载文艺诗词为限"②。杜亚泉任主编后，对杂志的内容和形式均进行了重大改革。首先改革版面，把杂志"改为大本"，增加插图；接着扩充篇幅，除保留"时论摘要"和"中外大事论"外，广泛地从东西文杂志报章，撷取材料，凡"世界大势，国家政象，社会演变，学术思潮，靡不搜集编载，研究讨论，贡献于国人"③。尤其值得肯定的是《东方杂志》对国际形势的关注和报道，"凡世界最新政治经济社会变象、学术思想潮流，无不在《东方》译述介绍。而对于国际时事，论述更力求详备，对于当时两次巴尔干战争和1914年的世界大战，在先生所主编的《东方杂志》都有最确实迅速的评述，为当时任何定期刊物所不及"④。此外，杜亚泉还新增"科学杂俎""谈屑"等栏目，介绍科普知识，大胆议论时弊。

---

① 郑观应：《学校》，《中国近代史资料丛刊·戊戌变法》第一册，神州国光社1953年版。
② 《东方杂志》编辑部：《追悼杜亚泉先生》，《东方杂志》31卷1号，1934年1月。
③ 蔡元培：《杜亚泉君传》，田建业等编：《杜亚泉文选》，华东师范大学出版社1993年版，第3页。
④ 《东方杂志》编辑部：《追悼杜亚泉先生》，《东方杂志》31卷1号，1934年1月。

1911—1920年，杜亚泉主编《东方杂志》9年，他力图通过杂志这一大众传播媒介，让更多的人关心时政，开阔视野，促使他们从保守封闭的思维模式和生活圈子里走出来，真正感受时代的变化，接受新文化的熏陶。《东方杂志》能成为当时国内销量最大、最有影响、最负盛名的杂志，杜亚泉的功绩是不可磨灭的。

大量编撰教科书是杜亚泉普及国民教育的另一种方式。封建教育以"义理、考据、词章"为内容，以儒家经典为基本读物。清末开始有了近代意义上的教科书的编写和出版，但"多为外国教会与清政府把持，充满殖民主义和封建主义的糟粕"[1]。众所周知，教育内容对一个人"思想结构的建构、思想模式的定型及文化心理取向起着关键作用"[2]。不同的教育内容，将导致不同群体的生成。封建教育是封建政治与道德教化的手段。而杜亚泉希望"吾朦胧无意之国民，注目于未来之大势，预备为科学的劳动家，以作20世纪之主人焉"[3]。"科学的劳动家"，这就是杜亚泉教育的目标。为此，他首先以新的教育内容灌注于学生，投资创办了普通学书室，编译发行科学书籍及语文史地等教科书。他自己编撰了《格致教授法》《普通新历史》《文学初阶》等教科书，这些教科书符合当时需要，广为流传，"连清政府学部颁印的教科书也无法与之抗衡"[4]。其中《普通新历史》1922年初版，广受欢迎，到1927年已经再版28次；《文学初阶》共6册，在1901—1907年间出齐，供当时学堂教授之需，该书销路极好，为我国最早的国文教科书之一[5]。

1912年，民国教育部宣布废除清朝学部颁行的教科书，公布《审定教科用图书规程》，规定中、小、师范学校教科用的图书，任人自行编辑，"务

---

[1] 史全生主编：《中华民国文化史》，吉林文史出版社1990年版，第230页。
[2] 陈蕴茜：《论教育对近代中国知识分子群体转型的影响》，《江海学刊》1996年5期。
[3] 杜亚泉：《未来之世局》，田建业等编：《杜亚泉文选》，华东师范大学出版社1993年版，第283页。
[4] 谢振声：《杜亚泉传略》，《中国科技史料》1988年3期。
[5] 《东方杂志》编辑部：《追悼杜亚泉先生》，《东方杂志》31卷1号，1934年1月。

合乎共和民国宗旨"[1]。商务印书馆承担着编印《共和国教科书》的重任；1920年，民国教育部通令初级小学教科书全部要用白话文，商务印书馆编撰出版了我国第一套白话文《新法教科书》20种，教员用书25种；1922年，商务印书馆编写了当时最完善、最进步的课本《新学制教科书》。[2] 这期间，任商务印书馆编译所理化部主任的杜亚泉义不容辞地投入了编书工作。据曾任商务印书馆总编辑的王云五称，杜亚泉"三四十年来编著关于自然科学的书百数十种"。其中有相当数量是教科书，其范围从初小到高中以及师范学校，内容包括动物、植物、矿物、数学、物理、化学、生理及农业等。[3] 胡适1921年到商务印书馆编译所考察两个月后，也从内心深处感到："这个编译所确是很要紧的一个教育机关——一种教育大势力。"[4]

如果说商务印书馆为民国时期全国教科书及参考用大型工具书的编撰出版起了奠基作用，那么杜亚泉则是其中一块坚实的基石。

三、改革教育体制的方案

为改革教育体制，提高教育质量，1906年，杜亚泉东渡日本考察教育，当时国内许多学者认为"日本明治维新成功的原因，根本在其教育的优良"。回国后，杜亚泉写了《论今日之教育行政》一文。[5] 指出中国教育的弊病首先在于国家对教育的导向有错误，即"出身之奖励"。"学而优则仕"历来是读书人的目标，虽然八股试帖的科举制被废除了，但其流弊并没肃清，一些人求学的目的仍是进入仕途，以求身份上之荣名，"是固予数年以来辛苦于

---

[1] 史全生主编：《中华民国文化史》，吉林文史出版社1990年版，第230页。
[2]《1897—1987商务印书馆九十年——我和商务印书馆》，商务印书馆1987年版，第70—71页。
[3] 田建业等编：《杜亚泉文选》，华东师范大学出版社1993年版，第428页。
[4] 陈达文：《胡适与商务印书馆：胡适日记和书信中的商务资料》，《1897—1987商务印书馆九十年——我和商务印书馆》，商务印书馆1987年版，第575页。
[5] 杜亚泉：《论今日之教育行政》，田建业等编：《杜亚泉文选》，华东师范大学出版社1993年版，第21—24页。

课业之代价也耳"。由于国家这种奖励政策，导致一些青年虽在新式学堂受教育，即使受西方教育，回国后也要求政府以相应的功名奖励，以得到社会的承认。杜亚泉认为改变这种弊端，首先政府应提倡"教育之基础，当立于国民生活之上，不当立于官吏进身之上"。他说："以作官吏之故而受教育，则当其在学校焉，所期待者，年级之资格也；所预备者，问题之答案也；所注意者，考试之等第也；所摹拟者，官场之习气也。"但"以谋生活之故而求教育者，当其在学校之时，所研究之学业，所怀抱之希望，无一不求其适于将来社会之生活，毕业以后，即为独立自营之国民"。杜亚泉指出：现在的青年，"皆来日之主人，其影响于未来之世局，较吾侪为甚。若仍施以旧时之教育，悬官吏为目的，引之于希荣干禄之途，是不啻对于后日之社会播散骚乱之种子。"[1]杜亚泉强调说，这一点是我们"不可忽视"的"责任所在"。

其次，杜亚泉认为中国教育体制的弊病在于"政府对教育干涉过多"，"教授必用何项之书籍"，"教师必具如何之资格"，"教科必如何分配"等等，导致人们学习内容受到限制，学习目的发生偏差。他举例说："科举时代，政府干涉之，而帖括之文，乃日流于污下，不足与于学艺之林，习为此文者，除向政府讨生活以外，无可以自立。"而"他如农工商业，与夫算术绘画之类，民间自相传习，不受政府之干涉，虽其学术不及近世欧美各邦之发达，而其中固有确实之经验、精当之理法，为近世专家所取资者，全国之生活机能，今犹唯此是赖，决不至无用如八股也"[2]。因而他主张：今后"凡关于社会所经营之教育事业，宜力主放任，去其干涉之手段；关于政府所经营之教育事业，宜力求进步，尽其诱导之责任"。因为"教育之价值，即以其对于国民生活上之价值为标准。苟学堂之所教育，有益于国民之生活也，则

---

[1] 杜亚泉：《今后时局之觉悟》，《东方杂志》14卷8号，1917年8月。
[2] 《论今日之教育行政》（续），田建业等编：《杜亚泉文选》，华东师范大学出版社1993年版，第27页。

自然臻于兴盛，无待政府之提倡也"。他对政府所经营之教育事业设计了一套改革方案：1. 京师大学堂为全国学艺之中枢，京师师范学堂为全国教育之根本。由政府尽力扩充，以求完备，使其"内足以系全国士林之物望，外足以与欧美著名之大学并驾齐驱"；2. 在地方，政府应"设规模较备之学堂于交通较便之地"，"以远大之眼光，求学术之进步，……谋共同之发达"。这是杜亚泉对近代教育的结构及功能进行新探讨的有益尝试。

四、教育救国思想的价值

杜亚泉视教育为救国自强的根本，为推动社会进步最有效的途径。将教育与经济、科技、职业紧密联系起来，是他努力的方向。因而在重视基础教育的同时，杜亚泉也大力倡导职业教育。亚泉学馆、越郡公学、新中华学院都是专门培养科技人才和实业人才的学校，这可以说是杜亚泉对"重政轻艺"的传统教育的一种彻底反叛。中国传统的儒家教育是取"政治伦理一元定向的教育价值"[①]。正是由于文化教育的核心是政治伦理，统治阶级才对教育十分重视，也能起重大作用。这也就是为什么改良派思想家会对清政府推行政治和教育的改革抱有热切期望的原因。新文化运动的倡导者也同样重视政治思想教育，把政治伦理教育的改革和重建视为社会改革进程中更为艰难的环节，只是这时政治伦理教育的内涵与封建时代相比起了质的变化，民主主义的思想冲击和取代了封建礼教观念，尤其是到"五四"后，中国的当务之急是革命，伦理政治教育被强调并且与革命教育划了等号。而杜亚泉所从事的是一种铺路搭桥式的建设型教育。培育人才是一项艰苦又须付出极大耐力的事业，"百年大计，教育为本"。革命可以是摧枯拉朽的，立竿见影的，革命教育可以催人奋进，促人觉醒；而建设则是添砖加瓦、日积月累的，建

[①] 金忠明：《艰难的求索——五四新教育剖析》，中国社会科学院科研局、《中国社会科学》杂志社编：《五四运动与中国文化建设：五四运动七十周年学术讨论会论文选》，社会科学文献出版社1989年版，第702页。

设教育也不可能一蹴而就，它的功能可能在若干年或更长的一段时间方能显示出来。但政治、文化、教育却是互相促进、互相补充的，新因素的不断增长和成熟，是一种建设和积累的过程，它比急剧的革命自然显得缓慢而遥远，但它的稳健性和坚定性却同样是新社会的营养剂和催生剂。名记者黄远庸、具有进步倾向的《申报》主编张梓生、近代出版家章锡琛、曾为北大校长的蒋梦麟、北大地质教授王烈等都曾受教于杜亚泉先生，他们为中国近代化建设做出的贡献是有目共睹的，这也从另一方面说明了杜亚泉教育救国的成效。

原载《西北师大学报（社会科学版）》2003年1期

杜亚泉论博弈与人生的关系

唯 嘉

杜亚泉先生是我国近代自然科学的先驱者，生平著述丰硕，近年来，科学界人士已陆续有所介绍。但他在文、史、哲等社会科学方面也有不少著作，并具有一定代表性，对此，世人所知较少。他在晚年曾写过一本《博史》（开明书店1933年出版），对中国历史上各种博弈，如博棋、博塞、骰子、双六、宝应象戏、象棋、宣和牌、叶子戏、马将牌以及西洋纸牌和象棋等的渊源和演变，都做了生动而富有情趣的叙述和周密的考证，特别是关于博弈游戏与社会生活的关系，根据社会进化原理和哲学的观点，加以论述，颇有精辟的见解。为了有助于了解杜先生的学术思想，现将书中关于博弈游戏与人生关系的主要观点介绍于下。

杜亚泉先生在书中首先阐述了"游戏"的概念。他认为"游戏"是人类生活的一种表现。儿童刚离开褓襁，开始学步，就喜欢打掷东西，捕捉小虫，玩弄水火，弄得遍体污秽，皮破血出。稍长，男孩好弄枪棒，喧哗争斗，女孩则喜玩洋娃娃，摹拟家事操作。到了成年，更依其生活环境，有不同的兴趣爱好。总的说来，"游戏"不外乎"以抽象的生活代表具体的生活，以幻想的生活改换实际的生活"。游戏与实际生活所不同的，只是前者不受时间和空间的限制罢了。所以就这一点来说，人生实际上是有时空限制的戏局，而戏局则是没有时空限制的人生。他认为，人类对于游戏的兴趣和对于生活的兴趣，实出于同一根源，即哲学家所谓的"生活意志"，因此，凡游戏的性质，同人类的实际生活越相近似，吸引人的兴趣就越浓厚。

接着他对游戏和生活的构成要素做了比较。他说，人类的生活要素有二：一是客观环境，二是主观努力。前者是不能由个人意志去选择或决定的，后者则可以由自己的意志去努力增进。主观努力和客观环境是互相影响的、互相制约的，人类生活的真相，就在这二者交迭作用中实现的。同样，游戏也是由客观环境和主观努力二种要素构成。前者如掷骰、拈阄之类，全凭客观环境（即机遇）决定胜负，"智者无所施其巧，才者无所施其能"。后者如围棋、象棋之类，要凭借自己的主观努力（即智慧和技巧），优胜劣败。

对于游戏中的机遇性和技巧性的关系，他做了辩证的分析。他说，一般的博弈游戏都同时兼有机遇和技巧二种性质，互相消长。有时客观机遇占优势，个人技巧难以发挥作用；有时由于主观努力的结果，转变了不顺利的机遇。游戏者身处其中，一方面凭借机遇，产生无穷的希望，一方面又尽力发挥自己的技巧智慧，作出种种运筹。游戏的兴趣，就在于这些无穷的希望和种种运筹之中。但是，机遇的顺逆和技巧的优劣，并没有绝对的标准，有时机遇很好，当局者正沾沾自喜，不料他所以为喜的正是失败的开始；反之，有时正处在劣势，旁观者以为必败，结果由于关键的一着，扭转了全局。这种祸福无常的奥秘，同社会生活真相极为相似。

博弈是我国传统文化的一个分支，历史悠久，各类繁多，自周秦以来即有文字记载，但是很少有人用科学的方法进行系统研究和考据。杜亚泉先生在这方面也可以算是一位先驱者。有兴趣的学者若能在亚泉先生研究的基础上做进一步探索，一定是很有意义的。

此外，亚泉先生在论述博具发展的过程中，还常与外国博具发展做比较，从而看出它们的渊源关系。如他认为日本槃中的双六，是中国魏时流入的，日本将棋是中国唐时传去的。西洋象棋是中国唐时传去而后改变的。中国唐时的叶子戏、马吊，约于南宋时传入西洋，而后发展成扑克牌。至于麻将牌是由明天启年间马吊牌发展成默和牌，又发展成麻将牌……从中也可从一个侧面看到中西文化的交流和民间对博弈游戏的共同爱好。

绘图文学初阶的创新特色

汪家熔

杜亚泉在世60年，有28年正式任职于商务印书馆，负责编译所理化部。如从1900年开始委托商务印书算起，直到病故前还为商务执笔，则与商务共有34年因缘。他在商务印书馆工作，不是为谋生，而是为文化建树、为社会进步、为民族复兴，且始终不渝，鞠躬尽瘁。为文化建树、社会进步、民族复兴——这是他一生奋斗的目标，也是贯彻在他一生编辑工作中的一条思想主线。

甲午战后，民族危机空前严重，救亡图强的思潮震撼神州。在这形势下，杜亚泉认为蒙学一事不但为学生一生德行知识之基础，实为国家人民盛衰文野之根源，它对国家兴亡、民族复兴的关系至为巨大。基于这个认识，他对中小学教材的建设特别重视。他不仅首创格致、算术、历史、动植物等教科书的编辑，开拓了教学的知识领域，特别值得一提的是他的《绘图文学初阶》。这本教材，不但在形式上打破"三、百、千"的框架，而根据儿童熟悉的事物和社会生活的需要，采用字、词、句、篇的编排方式，既符合语言规律，也体现了认知思维发展的规律，而且在思想内容上彻底抛弃了"劳心者治人""唯有读书高"等封建思想的遗毒，将教育的目的，从"学而优则仕"引向求知、养德、为社会服务。这是一个很了不起的大变革。故《文学初阶》虽只是一本使用不久的小学教科书，但从文化建设角度来看，它的编辑思想是非常值得重视的，富有科学性和革命性的智慧。

杜亚泉的《文学初阶》初版于1902年，我们现在能见到1905年的第8版。2月印的第7版，4月印的第8版。应该考虑此时商务《最新国文教科书》出版已经整1年，后来居上而《文学初阶》还有市场，可见其自有特点。但其总的发行时间不长。缘于《文学初阶》编写时清廷还未公布学制，出版后《钦定蒙学堂章程》才公布。章程规定蒙学为4年，而《文学初阶》仅能供3年用。而《最新国文教科书》是在1904年《奏定小学堂章程》公布之后编的（蒙学4年改为初小5年），它符合学制，容易被学校采用，《文学初阶》就被替代了。但《初阶》的历史价值仍然存在。

《文学初阶》的价值要从当时背景考虑，才能了解其意义。它初版于1902年农历六月，离清廷1901年农历八月初二发布兴办学校的上谕为10个月。兴学上谕是"辛丑新政"中的一件事，并不是脱胎换骨的事。上谕说了"并多办蒙养学堂"后，紧接着说"其教法当以四书五经纲常大义为主，以历代史鉴及中外政治艺学为辅"。——汤和药都没有换，仅仅书院改名学堂而已！亚泉先生在编《文学初阶》时，"新的"蒙学读物已有几种。他在《文学初阶》序言中说："编辑蒙学新书者已若干家，体段粗具。是编凭借诸家之蓝本，冀为初学之津逮。"

这些蓝本都试图摆脱"三、百、千"，在摸索中编写，但都不成熟。大多有两方面问题。一是从语文教育方面，仍然都按"三、百、千"用字基本不重复的原则。《三字经》1140字、《百家姓》422字、《千字文》1000字，共2562字。其中生字约近2000。按2000生字计，读2562字，在课文中生字重复率仅为1.28次。重复率低，学生只能用不断背诵的方法记忆。因为汉字不是表音文字，孩子往往背得滚瓜烂熟，而字离开了句就不认识，没有能力组复音词。小学语文教学目的，虽然说是培养识字、看书（吸收语言养料）、作文（表达思想）能力，由于语言的基本单位是词而非字，所以首先应该是培养识词（当然以字为工具）。而当时新读本因循"三、百、千"仍以识字为根本。如上海澄衷学堂的《字课图说》，共 3000 多字，按名字、动字、静字分类排列，每字附以图画，再加解释。实是装订成册的看图方块字，其生字重复率为零。

亚泉先生的《文学初阶》以字入手，以词为根本，注重字的重复出现，这是没有前例的。

《文学初阶》共 6 册（卷），"计学生半年读一卷，凡三年可以读毕"。每册分课从 100 课到 120 课不等。第一册 120 课共有课文 1224 字，其中生字 542 个，生字重复率为 2.25 次。用现行北京小学第一册比较：北京一册必读课文 351 字，生字 160 个，重复率为 2.19 次。《初阶》第二册课文 3048 字，其中生字 523 个。2 册相加，计课文 4262 字，生字 1065 个，生字重复率为 4 次。北京第二册课文 1736 字，生字 278 个。2 册相加，计课文 2087 字，生字 438 个，生字重复率为 4.76 次。2.25∶2.19；4∶4.76，重复率极相近的。如果考虑到后者是几十年多少人研究的结果，前者在 90 多年前就达到这个水平，可以说当时是考虑得很科学的。

以词而不以字为儿童识读根本，这是首创，完全符合语言的规律。词语大量是实词，儿童较易理解。《初阶》第一册在第 90 课以前不出现虚词，全部用儿童身边常见的浅近事物做认字课文和内容。如第 1 课，生字为"大小牛羊"4 字。再组成"大牛、小羊、大小、牛羊"4 词做课文；又以"小牛、大羊"2 词提问。4 个字教会了学生组成 6 个词；每个字在 6 个词中重复出现 3 次，就易巩固。在第 80 课以前都是这个格式，就认了 320 个字、外加约 480 个复音词。第 81 课开始出现简单句，如"马负车、牛耕田、桃开花、竹生笋"。

那些蓝本的另一个不足之处是对学生读书目的的引导没有和旧的"读书做官""劳心者治人"一刀两断。这在《初阶》里是很坚决的。

古代的识字课本，现在能见到最早的《急就篇》《苍颉篇》都是"就字论字"。实行选仕制度后,逐渐产生了读书仅仅为了做官的风俗,形成了读书仅仅是少数人的事,对社会发展起了阻碍作用。后来《三字经》《千字文》等启蒙读物都落在读书才能光宗耀祖上:"幼而学,壮而行。上致君,下泽民。扬名声,显父母。光于前,裕于后。""学优登仕,摄职从政"以及"万般皆下品,唯有读书高"。少数人读书的习俗是民主主义革命必须解决的几个问题之一。而后来曾革命如章炳麟,1928年重订《三字经》,对"幼而学"24个字,除"上致君",改为"上匡国"外,其余21个字都保留。而《初阶》在1902年就毫不留情地抛弃了"唯有读书高"和读书为做官的思想。

《初阶》极明确地提出了平等的职业观:"我国向分士农工商四业,士最贵,农工商次之。其实此四业者,皆世间不可少之事,当听人择(择其性之所好)而为之,不必分贵贱也。盖士有士之学,农工商有农工商之学,皆必勤苦而后成业。岂可自命为士,而轻视农工商哉?况今日之为士者,国家之官能有几何,至天下之士不可胜数,宜其穷困无聊矣"(6.93)[①]!他提出了新的贵贱观:"世人以手艺为贱。此谬说也!天下唯懒惰无事之人为最贱。此外能出力以谋生者,即习手艺之工匠。皆极可贵。"接着举虞舜、傅说、孔子少贱多能鄙事,外国如彼得大帝、富兰克林、华盛顿等都从事过体力劳动,说"由此观之,手艺岂贱事哉"(6.40)。他指出"凡人于一材一艺,苟能用心专习,精益求精,即必大有益于世"(5.93)。他并非不要"士"。他说:"读书明道,不为农工商而能知农工商之学者曰士,士之有才能而能治农工商者曰吏。"(6.2)对士的这种要求就不是当时仅钻研科举的人所能企及的了。前面提到《亚泉杂志·序》,他反对士无官可做时变成"终老而成一不生产之人物",就是对那种钻研科举、手不能提、肩不能挑者说的。在《初阶》里批评说:"至于近代,专以八股取士。士子专以弋取科名为重,一

[①] (6.93)表示《初阶》第6册第93课,下文以此类推。

切有用书籍，多不知其名，唯读时文与四书讲章而已。"（5.73）

他提出了士农工商都有学，也就是人人要读书、人人都该读书。这正是民主主义者所要求的。除了说人人应读书外，他还以其他国家为例："凡有教化之国，其民必读书识字，教化愈甚，则读书识字之人愈多，而国愈强。今日英法德美诸国，其国中读书识字之人，较我国多数倍，故诸国强而我国弱。此读书所以为要事也。"而且不仅士农工商，"即妇女亦宜读书"（6.6），还有专门一课讲妇女读书的必要（6.46）。

以上这些使国家摆脱封建制度极为重要的事，是他的蓝本和此后一些课本都没触及的。

19世纪末20世纪初是中华民族处于"三千年一大变革"、封建制度总崩溃的前夜。对于旧的伦理道德有个严肃的批判继承问题，人人都要回答。《初阶》对于忠孝等人伦，对忠，不提君臣之忠，只提待人之忠："待人之道，忠信笃敬尽之矣。何谓忠，尽己心也。"6册书里通篇不提皇帝，只有国家。激励学生爱国的课文至少有10课之多。在刚学句子时就教学生："均是国也，彼之国家兴隆，而我之国家衰败。羞孰甚焉。"（3.80）又说："国家将亡，忧之甚者也。其何以释吾忧乎。"（3.78）第5、6两册里长篇讲述我国政治之腐败和外患，以及补救之法：5.32、5.33、6.22、6.29、6.88、6.99等课都是。

对于孝，他提出，不在乎尊之敬之，要在做晚辈的事业有成就："然尤有大者：当勤学以悦其心，俭朴以慰其心。于是为父母者，必曰吾有令子，吾无忧矣。"（5.47）"若徒服劳奉养，朝夕承欢，而学问仅窃虚名，事业难求进步，亲之望子者何在？无以承亲志，即无以顺亲心也。"（6.41）

交友之道他提出重在相互促进："夫朋友者，有患难则互相护持，有拟议者互相商问，有善则相劝，有过则相规。是无价之宝也。"（5.49）

仁，也就是爱的观念，他提出："既知事亲，当知爱人。凡世上之人，皆我同类。不独师友宜爱，就不相识之路人，亦不可无爱之之心。见有穷苦无依者，必量力而助之；见有聋哑跛瞽残疾之人，必哀矜而援之。见有不肖者，必善言以导之。虽遇外国人，亦当敬爱，方不愧为有教化之民。"（6.43）——仁爱是种文明行为。

既然谈到德行，必然要谈恶行。他认为危害社会最甚的有两件事，一为游惰，一为鸦片。

对鸦片，他说："我恨世人之吸鸦片，不但病己而已，且病及国家。"（3.77）至少有5篇课文批评鸦片之危害和帝国主义的鸦片贸易之可恶："既伤吾财，又伤吾身。可恶孰甚焉"（6.80）以及5.19、5.20、6.71诸课。

那时不可能认识到私有制剥削的结果，必然有失掉生产资料的人，所以对流氓、盗贼、乞丐等统认为是游惰、挥霍的结果，他也不能例外："怠惰者玩忽而失时，阘弱者优游而坐废。人少恒业，遂多流氓。"（6.9）乞丐、盗贼等流民的生成历来是社会不安定的一个因素。当时全国范围内饥荒遍地，城市生产不发达；白银外流；历次对外"赔款"的搜括，民不聊生。根源在政治腐败，这是维新人士的一致看法。维新活动也由此而来。但他们都不能直抒己见，只能反身求诸己，希望人人就业："欲设法而挽回之，其要在兴工艺始。"（6.9）他后来在《中国政治革命不成就及社会革命不发生之原因》一文中指出，历史上过剩的劳动阶级并不是社会革命的动力。他们在社会中力量强大时，会和一部分过剩的知识阶层结合，对抗贵族统治。"秦始以后，二十余朝之革命，大都由此发生。"而一旦这种革命成功，马上变为新的贵族统治，社会丝毫没有变化。所以他称之为"帝王革命"，而非社会革命。从这点看，他在《初阶》里反反复复批评流民和劝学生好好读书、将来学一种谋生手段，就不奇怪了。

他是位积极宣传自然科学的热心人，在《初阶》里自然科学的材料十分丰富，天文、物理、化学、卫生常识、生物知识无所不有。在宣传这些知识的同时，也破除了相关的迷信。

《初阶》不仅教学生识字知理，还引导人生。在最后一册即将学完时，安排了几课可说是临别赠言。六册86课叫《为学之要》，说最要之学共四：一是当知养生之学；二是当知为人之道，修身之学；三是当习一艺以谋生，谋生之学；四是既为一国之民，当知为民之责。第89课《戒惰》。第93课《择业》，讲不要轻视农工商三业。这"为学之要四"，在以往各课里都陆续讲过。可以说《初阶》是将学生引向现实生活，而不是引向科举。我曾经说过，如果说商务后来编的《最新国文教科书》是我国第一部成熟的和影响大的教科书，那么《文学初阶》是在此之前的一个重要阶梯。所说成熟，指的就是将学生引向生活，这是一千多年来读书目的的大革命，值得大书特书的。至于文字教育的技法，那是第二位的。

《文学初阶》因为和后来学制不符以及商务后来《最新国文教科书》的出版而发行了仅几年时间，但它对后来各种国文或语文教科书的影响却不能抹杀：

《文学初阶》的课文全部是编写而不用范文。其中某些课文的选题一直被后来的课本袭用，就是明证。如：

第4册第5课　让梨；第79课　灌水浮球；第80课　击缸救童；第87课　望梅止渴；第98课　大禹治水。

第5册第56课　诚谎（狼来了）；第57课　二友遇熊；第79课　二童争日；第85课　鹬蚌相争；第88课　螳螂捕蝉；第97课　西门豹治邺；第100课　曹冲称象。

第6册第35课　华盛顿砍樱桃树。

这10多个课文选题在此后的三四十年中被各种小学语文课本所沿用，现在六七十岁年纪的老人多少都读过。不仅这些首选自古代子书、寓言、外国故事的内容陆续被沿用，而且某些具有一定意义的文字也被移用。如第4册第65课课文："冬月大雪，路有乞人呼饥寒。师告诸生曰：尔辈饱食暖衣，无忧无虑，非尔父之劳力得钱，尔母之关心家事，衣食何来乎？尔辈于此，当思父母矣。"后来1919年中华书局的《新式国文教科书·附课》："哪一位给衣裳你穿？哪一位给饭你吃？哪一位很疼爱你？你仔细想，不是你的父母吗？"两者课文的寓意和行文不是很相近么。

原载《商务印书馆一百年（1897—1997）》，商务印书馆1998年版，有修改

杜亚泉编辑出版教科书研究

吴小鸥　姚　艳

科学（science）一词源于拉丁语词scientia，即学问或知识。自19世纪以来，科学被定义为一种系统化的知识，将之视为关于自然界、社会和思维的知识体系。杜亚泉是中国近现代史上传播科学、普及科学知识的标志性人物，一位百科全书式的学者，蔡元培称其"脑力特锐，所攻之学，无坚不破，所发之论，无奥不宣"[1]。他早年创办亚泉学馆是"后来私立大学的滥觞"[2]，创刊《亚泉杂志》是"中国人自办最早的自然科学类综合性刊物"[3]，主编《植物学大辞典》《动物学大辞典》"都是该学科第一部大辞典"[4] 且"尤为科学界空前巨著"[5]，主编《东方杂志》"为其时各杂志之冠"[6]。杜亚泉从1898年开始投身教育教学实践，北大校长蒋梦麟、开明书店创办者章锡琛、《申报》主编张梓生都曾是他的学生。他从1901年开始编辑从国文到自然科学乃至人生哲学等诸多学科教科书，是20世纪中国教科书史上编辑教科书种类与数目最多的人，并形成了丰富的教科书编辑思想。

---

[1] 蔡元培：《杜亚泉君传》，《新社会》1934年6卷2号。
[2] 袁翰青：《自学有成的科学编译者杜亚泉先生》，香港《新晚报》1982年2月7日。
[3] 许力以主编：《中国出版百科全书》，书海出版社1997年版，第608页。
[4] 林吕建主编：《浙江民国人物大辞典》，浙江大学出版社2013年版，第171页。
[5] 《东方杂志》编辑部：《追悼杜亚泉先生》，《东方杂志》31卷1号，1934年1月，第303—304页。
[6] 《本馆四十年大事记（1936）》，商务印书馆编：《1897—1992商务印书馆九十五年——我和商务印书馆》，商务印书馆1992年版，第678页。

一、杜亚泉教科书编辑实践

杜亚泉（1873—1933），字秋帆，笔名伧父、高劳，浙江绍兴人。他 16 岁中秀才，18 岁时乡试落榜，觉得"帖括非所学"[1] 转而研习训诂学，攻读《说文解字》。1894 年，杜亚泉赴杭州求学，第二年在经学考试中获全郡第一。但震惊于甲午战败，"于是叹考据词章之汩人心性，而科举之误人身世也。翻然改志购译书读之，得制造局所译化学若干种而倾心焉，以谓天下万物之原理在是矣"[2]。他虽无师指点，却能"自觅门径"[3]，"得理化学之要领"，"能直译东籍（日文书籍）而无阻"。[4] 1898 年，杜亚泉应绍兴中西学堂监督蔡元培之聘，任该校数理教习，提倡民权、女权、进化论等，"先生与余往往偏于革新方面"[5]。1900 年，杜亚泉在蔡元培辞去学堂监督时也同时离开，前往上海。1901 年开始编辑（译）、校订教科书，初步统计有 87 种 225 册。

（一）1901—1902 年，杜亚泉在普通学书室主持出版"普通"系列，是中国第一套中学堂教科书

杜亚泉到上海后自号"亚泉"，创建亚泉学馆，后又创设普通学书室，"陆续编译《普通数学》《普通化学》《普通质学》《普通矿物学》《普通植物学》《普通动物学》《普通生物学》《普通英文典》等中等学堂教科书。"[6] 这套落款"亚泉学馆编译""普通学书室出版"的"普通"教科书是第一套中学堂新式教科书。在普通学书室并入商务印书馆后，这套教科书转由商务印书馆出版，如 1901 年 6 月普通学书室初版、亚泉学馆编译的《普通矿

---

[1] 蔡元培：《杜亚泉君传》，《新社会》1934 年 6 卷 2 号。
[2] 高力克：《调适的智慧——杜亚泉思想研究》，浙江人民出版社 1998 年版，第 204 页。
[3] 张梓生：《悼杜亚泉先生》，《新社会》1934 年 6 卷 2 号。
[4] 蔡元培：《书杜亚泉先生遗事》，《新社会》1934 年 6 卷 2 号。
[5] 蔡元培：《书杜亚泉先生遗事》，《新社会》1934 年 6 卷 2 号。
[6] 叶再生主编：《出版史研究》（第 2 辑），中国书籍出版社 1994 年版，第 231 页。

学》，后增补为商务印书馆《最新中学教科书矿物学》。

（二）1902—1903年，杜亚泉在亚泉学馆编辑《绘图文学初阶》，是中国第一套按"字、词、句、段、篇"编排的语文教科书

1902年夏，南浔庞氏浔溪公学发生学潮，杜亚泉应邀赴任该校校长，不久还创办越郡公学及三所小学。他认为"蒙学一事，不但为学生一身德行知识之基础，实为全国人民盛衰文野之根源，所关甚巨"[1]。他按照语文学习规律编辑《绘图文学初阶》6册供蒙学堂三年教学使用，卷1、卷2为字与词，卷3、卷4为句，卷5、卷6为短篇。汪家熔指出，"新式教育提倡多年，课本建设摸索多年，至此才大致走上正道"[2]。

（三）1904—1924年，杜亚泉在商务印书馆组建"绍兴帮"，编撰出版百余种自然科学教科书

1902年，杜亚泉任绍兴七县同乡会议长，1903年绍兴同乡会在上海设绍兴教育会，蔡元培、杜亚泉为庶务。1904年，杜亚泉应邀进入商务印书馆任编译所理化部主任，引进杜山佳、杜山次、杜就田、寿孝天、骆师曾、章锡琛、杜其堡等绍兴人士，培育出中国第一个自然科学教科书编辑团队。"理化部是绍兴帮，除校对之类也许不是绍兴人。"[3] 他们"编辑时同志三四人，就东西书籍中，分任搜集，商定节目，易稿四五次，写定稿"[4]。商务印书馆初期所出理科教科书及科学书籍"大半出于先生手笔"[5]，且"三四十

---

[1] 杜亚泉编纂：《绘图文学初阶》（卷1），商务印书馆1903年第1版、1906年第15版，第1页。
[2] 汪家熔：《商务印书馆史及其他——汪家熔出版史研究文集》，中国书籍出版社1998年版，第339页。
[3] 茅盾著，叶子铭校注：《茅盾全集（34）：回忆录一集》，人民文学出版社1997年版，第121页。
[4] 徐善祥、杜亚泉、杜就田编纂：《共和国教科书·动物学》，商务印书馆1915年初版、1923年15版，第1页。
[5] 《东方杂志》编辑部：《追悼杜亚泉先生》，《东方杂志》31卷1号，1934年1月。

年来编著关于自然科学的书百数十种"①。

(四) 1924—1929 年,在新中华学院授课编成《人生哲学》,"尤为君精力之所萃云"

1924 年,杜亚泉创办新中华学院,"常在宿舍中与青年学生为长时间的谈话,觉此等青年的思想,除为其日常习处的父兄师友所熏染外,大都从报张杂志上吸收。……于社会上事物,往往不能为严切密致的批判;于自己的立身处世上,也就往往为时俗的见解所左右,不能自由的建设一理想,以为进取的目的"②。他开设人生哲学课,"鄙人因此曾就近人编译书籍中,选其足以开发青年思想者数种,劝学生阅读;又就生物学、心理学、社会学、哲学、伦理学等科学中,搜辑其新颖警切的理论,每周为学生讲述一次"③。后来以《人生哲学》为名出版,被章锡琛认为"尤为君精力之所萃云"④。

二、杜亚泉教科书编辑思想

杜亚泉是动荡时代的清醒智者,一直力图揭示各种矛盾缠绕的中国近现代历史的困境,倾其一生探寻沉沦中的国家最缺乏什么、最需要什么,"其思路之开阔,立论之坚实,见解之深邃,往往难为后人所超迈"⑤。杜亚泉编辑的教科书中蕴含着丰富的编撰思想。

---

① 王云五:《序》,杜亚泉等编:《小学自然科词书》,商务印书馆 1934 年版,第 1 页。
② 杜亚泉编纂:《人生哲学》,商务印书馆 1929 年初版、1934 年国难后第 1 版,第 3 页。
③ 杜亚泉编纂:《人生哲学》,商务印书馆 1929 年初版、1934 年国难后第 1 版,第 3 页。
④ 章锡琛:《杜亚泉传略》,教育部中国教育年鉴编审委员会编:《第一次中国教育年鉴·戊编·教育杂录》,开明书店 1934 年版,第 410 页。
⑤ 王元化:《杜亚泉与东西文化问题论战(序)》,田建业等编:《杜亚泉文选》,华东师范大学出版社 1993 年版,第 10 页。

(一)教科书编辑的责任在"将世界之学,消化之而为我国之学",理想是"为国家谋文化上之建设"

作为敏于感知中国社会之现状、深窥社会之病诟的知识分子,杜亚泉认识到普及知识的启蒙教育的重要。"夫小学教育,每与国家以伟大之影响,时或收意外之殊绩者,非徒使识字人数增多,浅近知识普及而已,为其有无形之教旨,深入于人民之脑中,使之齐趋于一致焉。"[1] 他怀揣着理想应邀进入商务印书馆时写道:"时张菊生、蔡鹤卿诸先生,及其他维新同志,皆以编译书报为开发中国急务,而海上各印刷业皆滥恶相沿,无可与谋者,于是咸踵于商务印书馆,扩大其事业,为国家谋文化上之建设。"[2] 杜亚泉明确将教科书编辑与国家文化建设关联,并选择先进的科学文化作为救国救民的武器。1905年,他在教科书中写道,"有一国独有之学,有世界公有之学。历史、地理、国文、政治、法律等,各国各有其性质。此一国独有之学也。……窃谓今日学者,欲将世界之学,消化之而为我国之学,则其责任有二,一曰输入,一曰精制。输入者,求新知识于他国以为材料。精制者,取外国之新理新法而考订之。……近者,科学之行,已盛于曩日。苟吾国学人,各负其责任,则吾之所言,当得于吾身亲言之。"[3] 杜亚泉以开放心态、辩证分析和理性思考对待中西文化,明确"现时代之新思想,对于固有文明乃主张科学的刷新,并不主张顽固的保守;对于西洋文明,亦主张相当的吸收,唯不主张完全的仿效而已"[4]。他"朝夕编摩……未尝不叹其勤且劳

---

[1] 杜亚泉:《国民共同之概念》,《东方杂志》12卷11号,1915年11月。
[2] 杜亚泉:《记鲍咸昌先生》,商务印书馆编:《1897—1987 商务印书馆九十年——我和商务印书馆》,商务印书馆1987年版,第10页。
[3] 杜亚泉纂译:《化学新教科书》,商务印书馆1905年初版、1906年4版,第1—2页。
[4] 杜亚泉:《新旧思想之折衷》,《东方杂志》16卷9号,1919年9月。

也"①，和商务印书馆"共安乐、共患难，有始有卒积三十年"②，且在"全馆被毁，先生始蒙难而出，退休珂里，然犹任馆外编辑事，至病中不辍"③。商务印书馆在《追悼杜亚泉先生》中写道，"先生始终没有放弃科学的立场，其对于人生观和社会观，始终以理智支配欲望为最高的理想，以使西方科学与东方传统文化结合为最后的目标"④。

（二）理科教科书取材强调"致用""务实"，遵循"总以毕业后可供实际应用的为主"

经世致用是明清之际主张做学问有益于国计民生的学术思想，鸦片战争后，学习西学是经世致用在当时的现实展现。杜亚泉指出，"普通学者，如经学、史学、文学、算学、格致之类，五伦将来欲习何业，皆有用处"⑤。他多次强调教科书取材要"处处注重实用"⑥，如"此书非为习医者计，乃供生徒研究之用，一切力求简明切近，凡奥衍难记、艰深无用者一概不及，所以省脑，力求实用也。此书论生理处，旁及卫生之大意，庶学者可略知治疗感冒等症之梗概，以为日用所必需"⑦。他在《自然科教材的选择》一文中明确指出，"至何方面最为重要，何方面可以简略，尤为选择教材的先决问题。……选择教材须就儿童的知力与情意两方，斟酌难易"⑧。他不断强调教

---

① 张元济：《杜亚泉先生诔辞》，许纪霖、田建业编：《一溪集：杜亚泉的生平与思想》，生活·读书·新知三联书店1999年版，第5页。
② 张元济：《杜亚泉先生诔辞》，许纪霖、田建业编：《一溪集：杜亚泉的生平与思想》，生活·读书·新知三联书店1999年版，第5页。
③ 张元济：《杜亚泉先生诔辞》，许纪霖、田建业编：《一溪集：杜亚泉的生平与思想》，生活·读书·新知三联书店1999年版，第5页。
④ 《东方杂志》编辑部：《追悼杜亚泉先生》，《东方杂志》31卷1号，1934年1月。
⑤ 杜亚泉编纂：《绘图文学初阶》（卷5），商务印书馆1903年第1版，第75页。
⑥ 凌昌焕、杜亚泉编纂：《新学制小学后期用新法理科教科书》（第1册），商务印书馆1922年初版、1923年21版，第1页。
⑦ 杜亚泉、杜就田编译：《中学生理学教科书》，商务印书馆1907年初版、1922年17版，第1页。
⑧ 杜亚泉：《自然科教材的选择》，《自然界》1930年5期。

科书取材要重视其对人生、科学、生态等方面的价值，如"教授理科，首在选择教材。选择教材之条件，一、为对于人生之关系较为重要者。二、为在科学上可以为模范者。三、当注重于生态一方面，必其生活之理法，易于明显者。四、为易于采得实物者"①。教科书取材标准要以学生在毕业后可以应用为主。"本书取材以下列三项为标准：（一）习见的事物、为吾人所当理解的；（二）于个人生活有重要关系的；（三）于吾人思想上或社会生活上有重要关系的——总以毕业后可供实际应用的为主。"②杜亚泉认为教科书取材要不断更新，呈现最新科学技术发明及应用。如"本书较之旧时中学教科书，间有略加扩充之处，以应实势要求。如本册中关于电学的教材，约增十之二三。以现时都市中电气事业日益兴盛，机械日益新颖，中等学校学生对于电学的知识，不能不随同进步。"③

（三）教科书编排必须遵从"顺序""关系"，眉目清晰地建构知识

教科书是一种赋予教学意义的结构化存在，"学生的认知结构与系统的教材知识结构有着密切的关系"④，杜亚泉认为，"教材之排列，必从时节之顺序，而科学上之关系及生态上之关系，前后次序，尤不可不注意，是为兹编排列教材之意趣"⑤。为清晰明了地建构知识，教科书章节纲目要清晰，并注重归纳提炼，一目了然。"各章之中又有分节，以清眉目者。至章节之下，

---

① 杜亚泉、杜就田编纂：《共和国教科书·高等小学新理科》（第1册），商务印书馆1912年初版、1912年4版，第1页。
② 杜亚泉编辑：《新学制初级中学教科书·自然科学》（第1册），商务印书馆1923年初版、1932年国难后第1版、1932年国难后第3版，第1页。
③ 杜亚泉编辑：《新学制初级中学教科书·自然科学》（第4册），商务印书馆1926年初版、1926年10版，第2页。
④ 陈侠：《学校课程编订和实施中应处理好的十大关系》，课程教材研究所：《课程教材研究十年》，人民教育出版社1993年版，第49页。
⑤ 杜亚泉、杜就田编纂：《共和国教科书·高等小学新理科》（第1册），商务印书馆1912年初版、1912年4版，第1页。

复统刮大要，列为一表，俾得引端索绪，一览瞭然。"①同时，教科书每章每节之后，"随时示学生以归纳的方法，并引起学生对于系统的研究"②。为遵循个体认知从直观到抽象、从简单到复杂的发展顺序，"本书前三册教授事项，多系具体的、现实的、比较简单的；至抽象的、理论的、繁杂的事项，概入第四册中"③。他还明确中小学教科书编例存在差异，"小学教科之教材，逐课提示，随时联络。而中学教材，不可不为系统的叙述"④。杜亚泉探寻科学知识的结构、学生认知结构、教科书自身逻辑结构、自然时节变化之间的有效契合，以求科学启蒙自身的科学性。

（四）教科书的教学指导要"明瞭"，教授重点"不在记忆其文字而在洞澈其事理"

教科书是用于教学活动的文本，杜亚泉指出教科书教授的重点是要学生明白知识的来龙去脉而不是单纯记忆，就是记忆也要符合规律，常常将教授目的及其步骤的预设计等事项明确指示。如"教授理科，不在记忆其文字，而在洞澈其事理。教授时宜先指示实物，按教授法之次序讲演。名词之指点，要项之提揭，随时示文字图画于黑板。讲演毕，然后授以教科书之文字。分数时教授者，即可分数段讲演。全课毕后，揭教科之要点，令学生笔记，以助其记忆"⑤。杜亚泉还考虑到各地教学条件的差异，在教科书中尝试指导之。如"化学实验，计 90 余项，均系器械单简，装置便易的；庶内地

---

① 杜亚泉、凌昌焕编纂：《共和国教科书·生理学》，商务印书馆 1914 年初版、1916 年 3 版，第 1 页。
② 杜亚泉编辑：《新学制初级中学教科书·自然科学》（第 1 册），商务印书馆 1923 年初版、1932 年国难后第 1 版、1932 年国难后第 3 版，第 1 页。
③ 杜亚泉编辑：《新学制初级中学教科书·自然科学》（第 1 册），商务印书馆 1923 年初版、1932 年国难后第 1 版·1932 年国难后第 3 版，第 2 页。
④ 杜亚泉编纂：《增订共和国教科书·植物学（中学校用）》，商务印书馆 1913 年初版、1921 年 27 版，第 1 页。
⑤ 杜亚泉、杜就田编纂：《共和国教科书·高等小学新理科》（第 1 册），商务印书馆 1912 年初版、1912 年 4 版，第 1 页。

交通不便，经费不多的学校，亦可以勉强设法。至设备较为丰富的学校，于本书所提出的实验以外，另行增加，尤为完善。又各种单质或化合物，本书中虽未提示实验，学校中亦应具备实物，于教授时提示学生，则学生目击实物后，于其物体的形状性质，自然明瞭；讲授时可不烦言而解，便利殊多"①。

（五）教科书编辑时参考资料"殆不可少"，名词术语"多附英文"，以预备研究及应用

杜亚泉认为编辑教科书必须参考最新的中外教科书及学术著作。"教材之参考书，殆不可少。"② 他一般都将参考书目附在教科书中，如《共和国教科书·动物学》列举有中文、英文参考书目，"兹摘列之如下：国文《动物新论》（日本箕作佳吉原著、杜就田译）、《民国教科书·动物学》（丁文江编）、《动物新教科书》（日本箕作佳吉原著、王季烈译）；日本文《中等动物学教科书二卷》（五岛清太郎著）、《新撰动物学二卷》（会田龙雄著）、《动物学讲义上卷》（石川千代松著）、《海之动物研究》（神野浅治著）、《最近昆虫学》（松村松年著）；英文 Anatomy of vertebrate animal（Huxley）、Anatomy of invertebrate animal（Huxley）、Textbook of zoology（Porker and Huswell）、The natural history of animals（Davis）"③。杜亚泉还认为教科书学术名词必须附上外文原词以便师生进一步探究，如《共和国教科书·植物学》"本书于术语之下，附记英文，植物科目之下，附记腊丁名。植物名称之自西文转译者，亦

---

① 杜亚泉编辑：《新学制初级中学教科书·自然科学》（第3册），商务印书馆1925年初版、1932年国难后第1版、1932年国难后第2版，第2页。
② 徐善祥、杜亚泉、杜就田编纂：《共和国教科书·动物学》，商务印书馆1915年初版、1923年15版，第1—2页。
③ 徐善祥、杜亚泉、杜就田编纂：《共和国教科书·动物学》，商务印书馆1915年初版、1923年15版，第1—2页。

附记学名。为学者研究欧文植物学之预备"①。《新学制初级中学教科书·自然科学》"名词、术语,重要的附注英文,以便毕业后研究英文书籍,或在工商业事业上应用"②。

三、几点启示

教科书编辑的过程是教科书编辑者生命力彰显的过程,其编辑思想直接影响到教科书编辑能否为学生提供智慧资源。杜亚泉的教科书编辑实践及编辑思想,让我们深深感受到"科学不仅是智力的努力,而且也是道德的努力"③,给我们极大的启示。

(一)文化担当的使命感和文化建设的理想是杜亚泉编辑教科书的精神立场

文化是人类生活的重要表征,"在全世界许多国家的学校课堂上,正是教科书为教学提供了大量的物质条件,也正是教科书确定了什么才是值得传承下去的精华和合法的文化"④。教科书是民族文化、社会进步和科学发展的集中反映,是对读者影响最为深远持久的文本。教科书"确立的文化标准不单纯是普遍接受的常识或被动的经验,而是一系列主动的介入"⑤。杜亚泉倾力编写近百种教科书,观照宇宙、社会、人生问题,建构"科学实用"教科书新文化,呈现既不同于激进派的西化主义又有别于保守派的传统主义的

---

① 杜亚泉编纂:《共和国教科书·植物学》,商务印书馆 1913 年初版、1917 年 14 版,第 1—2 页。
② 杜亚泉编辑:《新学制初级中学教科书·自然科学》(第 1 册),商务印书馆 1923 年初版、1932 年国难后第 1 版、1932 年国难后第 3 版,第 2 页。
③ J. Ben-David, *Scientific Growth: Essays on the Social Organization and Ethos of Science*, Berkeley: University of California Press, 1991, pp.341-342.
④ [美] M. 阿普尔、L. 克丽斯蒂安-史密斯编,侯定凯译:《教科书政治学》,华东师范大学出版社 2005 年版,第 95 页。
⑤ 吴小鸥:《教科书:本质特性何在?——基于百年中国教科书的几点思考》,《课程·教材·教法》2012 年第 2 期。

文化综合范式。他在中西文化论战的风口浪尖卷入与陈独秀、蒋梦麟、余云岫、李石岑、朱光潜等人的笔墨论战，遭遇困境仍毅然坚守，并编辑出版《人生哲学》进一步阐明自己的文化立场，蔡元培评价说，全书"以科学方法研求哲理……对于各种学说，往往执两端而取其中，如唯物与唯心，个人与社会，欧化与国粹，国粹中之汉学与宋学，动机论与功利论，乐天观与厌世观，种种相对的主张，无不以折衷之法，兼取其长而调和之"[1]。抗战爆发后，各界认识到文化危机是更本质、更深刻的民族危机，文化作为民族国家的认同基础，"能建设中国文化，才能谈到复兴民族"[2]。商务印书馆在"为国难而牺牲，为文化而奋斗"[3]的呐喊中于1933年推出气势磅礴的"复兴教科书"，明确蕴含着本土化与西化交融调适的思想。杜亚泉从文化建设的立场编辑教科书，展现了他的先锋使命感和启蒙情怀。

（二）立足科学规律的探寻和博采众长的视域是杜亚泉编辑教科书的创新源泉

杜亚泉曾明确指出"是故吾人之天职，在实现吾人之理想生活，即以科学的手段，实现吾人经济的目的；以力行的精神，实现吾人理性的道德"[4]。他积极探索教科书取材到编排、教授及运用等方面的科学规律。如他编辑《绘图文学初阶》时大幅提高字词编排重复率、设计大量开放式问题等，使教科书由玄妙笼统的教化转向科学能力的训练，为现代教科书编写提供全新范式。如《绘图文学初阶》卷1共有课文1224字，其中生字549个，生字重复率为2.23次，利于儿童巩固复习。他将问题以"法问"出现，形式有填空、比较、问答、论证、续写等，如卷1第106课为"高于山、快于马、

---

[1] 蔡元培：《书杜亚泉先生遗事》，《新社会》1934年6卷2号。
[2] 陈立夫：《民族复兴的原动力》，《海外月刊》1932年1期。
[3] 王云五：《王云五文集·岫庐八十自述（上）》，江西教育出版社2011年版，第223页。
[4] 杜亚泉：《战后东西文明之调和》，《东方杂志》14卷4号，1917年4月。

疾于电、贤于我。法问：明于○、红于○、○于冰"①。他自觉运用迁移、类比等学习心理规律设计问题，希望通过问题设计引导学生创新思维，并用"试"来鼓励学生积极探索，如卷4第58课为："一童子放纸鸢，二女抛线球，纸鸢之线，忽挂在树枝上，不能牵动，其一女孩，为之取竿拔下。法问：课末试再须一二句。"②杜亚泉强调"凡教科书欲其适于本国教科之用，殆非以新意编纂不可。"③他用混合编制编辑《新学制初级中学教科书·自然科学》，以开创之功引领风骚，共有插图562幅、实验266个、提要101个、问题716个，如第4册"以理化为主，他科为辅"，"主课为电学及放射元素；辅课为地质及生物学"④，有插图198幅，实验45个，提要25个，问题232个。

（三）满足教学实践的需求和科学理性启蒙的追求是杜亚泉编辑教科书的实在努力

杜亚泉深知"教育的革新，不是单就理想上说的；必须把理想表现于事实才行。但是理想愈进，实行愈难；这也是一个定理。"⑤在杜亚泉编辑的教科书中，处处彰显其以非常严谨的科学态度编辑教科书，如《中学新撰植物学教科书》"系日本理学博士三好学原著，译述之时，更参考三好氏所著之《中等教育植物学教科书》《植物学教科书》及高桥、丹波、柴田诸氏合译之《普通植物学》，白井光太郎所著之《中等植物教科书》，互相比较，其间序次详略互异之处，斟酌而从其宜。故译本与原书不同之处，约百之三四"⑥。

---

① 杜亚泉编纂：《绘图文学初阶》（卷1），商务印书馆1903年第1版、1906年第15版，第28页。
② 杜亚泉编纂：《绘图文学初阶》（卷4），商务印书馆1903年第1版、1906年第11版，第18页。
③ 杜亚泉纂译：《中学化学新教科书》，商务印书馆1905年初版、1906年4版，第4—5页。
④ 杜亚泉编纂：《新学制初级中学教科书·自然科学》（第4册），商务印书馆1926年初版、1926年10版，第1页。
⑤ 杜亚泉编纂：《小学自然科教学法》，商务印书馆1931年初版，第1—4页。
⑥ 杜亚泉编纂：《中学新撰植物学教科书》，商务印书馆1903年初版、1913年17版，第2页。

杜亚泉是第一位明确阐述教科书编辑目的、教科书编辑责任、教科书取材条件及标准、教科书编排的学者，他立足教育教学实践，呕心沥血编辑教科书，其教科书编辑思想是中国近代教科书编撰思想形成的标志。杜亚泉一生汲汲以求于科学理性启蒙，正如他自己所言，"鞠躬尽瘁寻常事，动植犹然而况人"[①]。1932年淞沪战役中杜亚泉寓所与商务印书馆俱被焚毁，他回乡创办出版社，义务到中学讲学，并将商务印书馆发的遣散费400余元购买参考书，编撰70余万字《小学自然科词书》，收录小学自然科学教科书必需词汇2000余条。他晚年病笃时无钱医治，死后借棺入殓，"先生虽然没有替遗属留下物质的遗产，却已替社会留下无数精神的遗产了"[②]。

原载《福建师范大学学报（哲学社会科学版）》2016年3期，标题有修改

[①] 蔡元培：《杜亚泉君传》，《新社会》1934年6卷2号。
[②] 《东方杂志》编辑部：《追悼杜亚泉先生》，《东方杂志》31卷1号，1934年1月。

杜亚泉对我国早期科技编辑和科技期刊发展的贡献

陈馈文　姚　远

杜亚泉（1873—1933）是中国近代西学东渐背景下致力于西方科学知识引进及普及的标志性人物，一生致力于办刊教育。关于杜亚泉社会政治思想的研究有多种论著涉及，但科技编辑思想的研究，仅见有俞望的《探析杜亚泉的科技编辑思想与贡献》一文[①]。本文侧重史料研究，依据杜氏有关论著、译著、期刊发刊词、编者按语、教科书序言等，试图重新认识其科技编辑思想。

一、"工艺为一切事物之本"，"二十世纪者，工艺时代"

杜亚泉在光绪二十六年（1900）十月所撰的《亚泉杂志·序》，突出地表明其对20世纪初叶中国时局切中时弊的看法以及通过科学期刊"传述""西艺"和借此强国的主张。首先，他从分析我国近代自与西方交往以来，特别是甲午战败以来，知识阶层对中国图强的不同看法入手，提出："我国自与欧洲交通以来，士大夫皆称道其术。甲午以后，国论一变，啧啧言政法者日众。即如南皮张氏所著《劝学篇》，亦云西政为上，西艺次之。氏固今之大政治家，所言必有见，且政重于艺，亦我国向来传述不刊之论也。"[②]这就是说，他不同意"西政为上""西艺为次"，不应该是"政重于

[①] 俞望：《探析杜亚泉的科技编辑思想与贡献》，《中国科技期刊研究》2007年3期，第537—541页。
[②] 杜亚泉：《亚泉杂志》序，《亚泉杂志》1卷1号，1900年11月。

艺",而应该是"艺重于政"。这里的"艺"即指科学技术。接着,他浓墨重彩地论述了政治(泛指人类社会生活、社会进步)与艺术(指工艺技术或实业、科学技术)的关系,提出:"政治与艺术之关系,自其内部言之,则政治之发达,全根于理想,而理想之真谛,非艺术不能发现;自其外部观之,则艺术者固握政治之枢纽矣。航海之术兴,而内治、外交之政一变;军械之学兴,而兵政一变;蒸气、电力之机兴,而工商之政一变;铅字石印之法兴,士风日辟,而学政亦不得不变。且政治学中之所谓进步,皆借艺术以成之。例如电信通而后文报疾是也。抑吾岂谓政治学之不适于应用?"他进而形象地指出:"譬之人身,必以手、足、耳、目、口、鼻组合而成,脑髓只须一个。又譬之船舰,水手要多,船长只须一人,则存活我社会中多数之生命者,必在农商工艺之界可知矣。今世界之公言曰:二十世纪者,工艺时代。"他把人的头脑喻为政治,而将手、足等喻为科学技术,又将船长喻为政治,把水手喻为科学技术,并预言20世纪为科学技术的时代,认为欲图祖国富强,就须发展科学技术。所以,"亚泉学馆揭载格致、算化、农商工艺诸科学,其目的盖如此"[①]。这后者可以说是一语道破其创刊《亚泉杂志》的目的。

在1915年所撰的一篇论文中,他指出:"欧美事业所以有今日之势力者,非短时间之产物也,必经由科学之阐明,技术之进步,知识之增进。"[②]在为商务印书馆青年励志会创办的《工艺杂志》所撰的序中,杜亚泉进一步强调:"鄙人向日读译籍之述西洋工艺者,辄心向往之,以谓工艺为一切事物之本。农之所产,赖工艺以增其值;商之所营,赖工艺以良其品;社会文化之兴,工艺实助成之,故印刷捷而书报得以广布,仪器精而科学得以发达

[①] 杜亚泉:《亚泉杂志》序,《亚泉杂志》1900年1卷1号,第1页。
[②] 杜亚泉:《消极之兴业谈》,《东方杂志》12卷7号,1915年7月,第1—5页。

（如显微镜之于微菌学）。"①

然而，杜亚泉又指出，"记者自料非能期此目的者，且区区杂志，讵足当此目的"，即仅靠《亚泉杂志》"一片败叶"，难以成"林"，"唯冀为他日艺林"的形成，也就是说要通过《亚泉杂志》促成科学之林的形成。这正是杜亚泉连续创办《亚泉杂志》《普通学报》，改良《东方杂志》，以及编写数十部自然科学教科书、工具书的初衷所在。其中尤其是《亚泉杂志》，可以说首开科学期刊之先河，增添了晚清中文期刊的新类型，亦使杜氏成为国人自办综合性科学期刊之父，特别在化学传播、科学名词术语的划一方面做出重要贡献，也由此"一叶"促成了中国科学期刊之林的繁茂。这也确定了《亚泉杂志》以传播科学技术为宗旨的基调，并形成了我国第一份国人自办的综合性自然科学期刊的基本办刊思想。

二、"蹙然忧""甲午之秋中日战耗"，"外患之将日益亟"，岂"置国事若罔闻"，不如"倾心天下万物之原理，穷日力以研究"

杜亚泉对甲午战争以后政治颓败、国势日落，以及知识界不重视科学，却沉湎于科举或考据词章的现状忧心如焚。他在《亚泉杂志》补白中不无忧虑地指出："甲午之秋，中日战耗传至内地，予心知我国兵制之不足恃，而外患之将日益亟也，蹙然忧之。时方秋试将峻，见热心科名之士，辄忧喜狂遽，置国事若罔闻知，于是叹考据词章之汩人心性，而科举之误人身世也，翻然改志，购译书读之。"②这是杜亚泉心迹的一个重要表白，也是其为什么从追取功名转向化学研究，以及为什么创刊以化学为特色的《亚泉杂志》的唯一一次自我表白。

由此，从甲午战后直到其在《东方杂志》转向政论为止，这一时段是他

---

① 杜亚泉：《工艺杂志》序，《东方杂志》15卷4号，1918年4月，第8—9页。
② 杜亚泉：《补白》，《亚泉杂志》1901年10号，第8页。

筚路蓝缕，全身心投入自然科学教育、化学研究和化学传播的一个独特时段。他回忆："得制造局所译化学若干种而倾心焉，以谓天下万物之原理在是矣，穷日力以研究之。购造粗拙之瓶钵，搜罗纷杂之材料，水溶火煅，昏瞀终日，丧财耗精，千失一得，僻居乡曲，无所见闻，畏化学器材之繁贵，不敢问鼎，仅仅得寄其心思于卷帙之中而已。"①

三、勿使青年"终老而成一不生产之人物"，"今日学生之趋向"，应"潜心实际，熟习技能"，"用之实务"

杜亚泉将其科学救国的理想寄托于20世纪的青年一代。他在《亚泉杂志·序》②中对于晚清民初留日潮中，只重视法政学习，而不重视科学技术的学习尤为担心，他指出："吾恐吾国之人，嚣嚣然争进于一国之中，而忽争存于万国之实也。苟使职业兴而社会富，此外皆不足忧。文明福泽乃富强后自然之趋势。天下无不可为之事，唯资本之缺乏为可虑耳，吾愿诸君之留意焉。"③他在此所说的"万国之实""职业兴""文明福泽""资本"，实际上均指科学技术，认为它才是强国的根本，才是20世纪青年一代所应该潜心之职业。他又指出："设使吾国之士，皆热心于政治之为，在下则疾声狂呼，赤手无所展布，终老而成一不生产之人物；在朝则冲突竞争，至不可终日。果如是，亦毋宁降格以求，潜心实际，熟习技能，各服高等之职业，犹为不败之基础也。"他以德国和日本的强国之路为例指出："德意志之兴，虽其君相之贤，而得赉赐创置新枪，中兴之功，未始非铜匠之力耳，且吾更有说焉"；"夫日本固以改革政治而兴者。今其教育社中之言曰：今日学生之趋向，欲当于应用之实务者甚少，可为国家忧。见社中所著游学案内，亦此意耳"。

---

① 杜亚泉：《补白》，《亚泉杂志》1901年10号，第8页。
② 杜亚泉：《亚泉杂志》序，《亚泉杂志》1900年1卷1号，第1页。
③ 杜亚泉：《亚泉杂志》序，《亚泉杂志》1900年1卷1号，第1页。

在这方面，27 岁的杜亚泉可以说是身先士卒，为青年一代做出了很好的表率。无论在《亚泉杂志》《普通学报》，还是商务印书馆和《东方杂志》，他提携了一批青年加入科学传播事业。如《亚泉杂志》和《普通学报》扶持起来的扬州知新算社社长周美权（周达），不仅在《亚泉杂志》发表《平圆互容新义》等其最早的数学论文，到后来《普通学报》连续发表其 11 篇数学论文，以致引起国内和日本学界的注意。可以说周美权完全是被杜亚泉发现和扶持起来的一位晚清民初数学家。晚清民初著名化学家虞和钦也是杜亚泉偶尔在一次社交活动中发现并用《亚泉杂志》扶持起来的。随着杜亚泉进入商务印书馆，从北京大学冶金系毕业的侄子杜其堡亦被介绍入馆，在印刷、管理方面也推荐不少绍兴同乡进馆工作，并拟定出版计划，置备图书。其中，从事动物学编辑的杜就田，负责数学编辑的寿孝天、骆师曾，负责《东方杂志》的集稿、编排的杜山次，教师参考书编辑章锡琛、接任《东方杂志》主编的胡愈之等，都是在杜亚泉提携指导下成长起来的科技编辑。

四、"广播书籍"，"发达民智"，"印刷之事，实为吾辈求进步之脚踏车"

《亚泉杂志》创刊号卷末"辑录余谈"中上下排放有两幅图，一幅是一台印刷机，一幅是一辆当时最时髦的代步工具脚踏车，用这两项当时最具代表性的科学技术发明非常形象地表达了杜亚泉重视科技编辑出版的思想。

杜亚泉认为："或问此书卷末绘印书架及脚踏车图，何意也？答曰：亚泉之意，劝我辈读书人自求进步也。"这里的"书架"即印刷机器，代表读书人，也代表出版事业；脚踏车则为当时除火车、汽车、轮船外最适合平民，且有较快速度的代步工具，"读书人"骑上它，进步的速度就会加快。这种比喻，真是切贴适时，形象生动，也很有科学味，恐怕只有长期接触科技事物或从事出版事业的人，才会有这种联想。杜亚泉进一步认为："试观近年来出版新书甚属寥寥，著作之权落于书贾之手，大率任意抄袭，改换名目，而士林争购之。其弊之由来，因吾等读书之人胶固成见，不肯著出新书，又不留意印刷之事，意谓著作盛业不可妄，希且必藏之名山，传之后世，方可不朽。此意虽甚盛重，而实阻碍文化之进步。"然而，"书籍者，记录事物、传布意旨、交换知识，非必务冀不朽，且世界中除经典史册外，亦断无传之不朽之书。东西书册，岁岁更新，陈编旧简无过问者，盖精益求精，每数年必须修改也。至印书之事，我辈尤宜留意图表行幅之类著作者，皆自具匠心，若任他人为之，多失本意。我辈际此时，会当以将来文学之汲引者自任，若非广播书籍，何以发达民智，故印刷之事实为吾辈求进步之脚踏车矣。"正是由于"铅字石印之法兴，士风一变"。"吾观西来教士，到处设书会印书，廉价广布，其精到者士林皆珍为鸿宝，有名之印字馆皆教士所立，窃恐将来进步之事，借外力以成之。"如果我们不发展自己的出版事业，那就会被传教士越俎代庖，取而代之。

因此，杜亚泉以亚泉学馆和《亚泉杂志》"小效其效"，但"普及尚在来日"，"故取义于此车。此车不借风力、人畜之外力，自求进步，速如奔马"①。这正是他的"区区寓意"。杜亚泉正是从自学自然科学，自学日语，到创办亚泉学馆、普通学书室，创刊以科学为特色的《亚泉杂志》和《普通学报》，改良《东方杂志》，编辑或著译 70 余部以自然科学工具书和教科书为主的著作，在《亚泉杂志》《普通学报》《东方杂志》等刊发表以科学和政论为特色的 300 余篇文章，亲自实践了他发表的这两幅图的寓意，即"广播书籍"，"发达民智"，"自求进步，速如奔马"。他终生从事出版事业，传播科学，骑着"自求进步，速如奔马"的脚踏车度过了短暂而壮丽的人生。

---

① 杜亚泉：《辑录余谈》，《亚泉杂志》1900 年 1 卷 1 号，卷末。

五、"旧译化学""于教科颇多窒碍","命名之定理,一曰简便,二曰能表明合质之组成","以后本杂志悉准是表"

光绪二十六年(1900),杜亚泉在从事化学著译、教学与编辑出版的实践中,即深感:"我国已译化学书虽不多,然名目参差百出。肄业者既费参考,续译者又无所适从,且近世检出之新原质,名目未立,无可稽考。平日寒斋披阅,常作表以便检,偶有记录,即借表以为准。其旧有之名,大都从江南制造局译本者居多,并列他书译名之异者,若未有旧名,不得已而杜撰之,有'米'者皆是。非敢自我作故,亦冀较若划一耳。以后本杂志中有记述化学者,悉准是表,故不揣疏漏而录之。"①其中,"以后本杂志中有记述化学者,悉准是表"的做法,实际上是提出了我国第一个化学名词的命名编辑规范,对于从出版源头上把好科学的规范化传播尤其具有重要意义。杜亚泉在光绪三十一年(1905年)9月所译《中学化学新教科书》中对其化学命名思想作了进一步阐述:"我国旧译化学,于合质不立名目,即以分子式为名,然于教科颇多窒碍。一则不便于称述……二则初习化学时,断不能言分子式之所由来……三则合质互相化变时,其性质难于明了。""命名之定理,一曰简便,二曰能表明合质之组成。"他认为《中学化学新教科书》原著者、日本化学家吉田彦六郎在该书无机物命名法叙论中提出的命名原则是适当的,即"命名之当不当,只能就应用之便不便论之,不能就学理之合不合言之,故唯有就其物质对于他物质所生常见之感应以为其组成之标准而已"②。其中"当不当""便不便""合不合",显然已被杜亚泉发展为"一曰简便,二曰能表明合质之组成",同时也被运用到了命名实践之中。比如化学元素的金属左偏旁、气体元素的"气"字头、中文音译、词尾以"谟"结束、读音以右旁汉字读音为准等都很简便合理。

---

① 杜亚泉:《化学原质新表》,《亚泉杂志》1900年1卷1号,第1—6页。
② 杜亚泉:《化学新教科书》附录之八"本书中无机物命名释例",商务印书馆1905年版。

其中，以星号标记的杜撰者有："氩"（亚儿良，Argon）、"铍"（别利留谟，Beryllium）、"鿏"（斯甘胃谟，Scaudium）、"铥"（丢留谟，Thullium）、"镱"（伊的尔彪谟，Ytterbium）、"镝"（实实乌谟，Didyum）等化学元素，其命名均出自杜亚泉之手，并被一直沿用至今。惰性气体元素的"气"字头，也由"氩"衍生而来。其余有中和、分解、分子式、分子量、化学式、化学反应、化学方程式、化合物、元素、有机物、有机酸、可逆反应、合金、原子、原子价、定性分析、定量分析、干燥剂、挥发、电离、电解、溶解、饱和液、试验纸、蒸馏、还原、二硫化铁、王水等 90 余种化学名词术语、化学物质名称都出自杜亚泉之手，来自其首创的我国第一个化合物命名方案[①]。

民国初年，他受当时的教育总长蔡元培之邀，赴京担任国音统一会会员，为文字、注音等的统一做出重要贡献。杜亚泉"以圈点二十四史作试验，历时两年多，他最早建议增加一种逗号'，'，并获采用"[②]。他在商务印书馆的编辑工作中，也为我国新式标点的创制试验和推广做出积极的努力。

自 19 世纪中叶，传教士与中国科学家开始着手近代西方化学名词术语的汉译传播以来，已有 130 多年的历史。丁韪良（Williama A.P.Martin，1827—1916）[③]、玛高温（Daniel Jerome Macgowan，1814—1893）、华蘅芳（1833—1902）[④]、嘉约翰（John Glasgow Kerr，1825—1901）、何瞭然（1871—？）[⑤]、傅兰雅（John Fryer，1839—1928）、徐寿（1818—1884）[⑥]、毕力干（Anatole

---

[①] 赵匡华：《中国化学史·近现代卷》，广西教育出版社 2003 年版。
[②] 杜耿苏：《杜亚泉：商务印书馆初创时期的自然科学编辑》，许纪霖、田建业编：《一溪集》，生活·读书·新知三联书店 1999 年版，第 28—40 页。
[③] 丁韪良：《格物入门》，京师同文馆 1868 年版。
[④] 玛高温、华蘅芳：《金石识别》，江南制造局 1871 年版。
[⑤] 嘉约翰、何瞭然：《化学初阶》，博济医局 1871 年版。
[⑥] 傅兰雅、徐寿：《化学鉴原》，江南制造局 1871 年版。

Adrien Billequin，1837—1894）[①]等曾为此做出贡献。以上大多为通过图书媒介传播西方化学名词术语的代表人物，然而通过期刊媒介传播近代西方化学名词术语，并提出命名思想和给出规范化标准者却始于杜亚泉主编的《亚泉杂志》。在此之后，还有鲁迅[②]在《浙江潮》，任鸿隽[③]、吴承洛[④]、曾昭伦[⑤]在《科学》，梁国常[⑥]在《学艺》等期刊，进行了化学名词术语汉译传播。

六、"先民精神上之产物……固当发挥而光大之"，"应该把中国的医学……用科学的方法来说明，归纳到科学的范围以内"

对于中国传统文化和西洋文化的认识，杜亚泉指出："夫先民精神上之产物，留遗于吾人，吾人固当发挥而光大之，不宜仅以保守为能事，故西洋学说之输入，夙为吾人所欢迎。"[⑦] 这是"五四"时期杜亚泉与陈独秀论战的焦点之一，它说明杜亚泉并非陈独秀所指斥守旧，反而杜亚泉在文化思想上反对保守，同时也对西洋学说有正确认识。在《亚泉杂志》，经由日本对西方化学的传播，以及在商务印书馆理化部经由日本翻译编写的大量自然科学教科书的实践都表明了他对传统文化和西方文化的正确认识。他将这种思想运用到解决废除中医还是继承中医的论争之中，批驳余云岫和陈独秀关于中医非科学的观点[⑧]。建议"融会而贯通""中西医学"，指出："若要高明的医生，所谈阴阳五行六气三候之类，决不能说他全无道理。不

[①] 毕力干：《化学指南》，京师同文馆 1873 年版。
[②] 自树：《论鈤》，《浙江潮》1903 年 8 期，第 85—92 页。
[③] 任鸿隽：《化学元素命名说》，《科学》1915 年 1 卷 1 号，第 157 页；《无机化学命名商榷》，《科学》1920 年 5 卷 4 号，第 347 页。
[④] 吴承洛：《无机化学命名法平议》，《科学》1927 年 12 卷 10 号，第 1449 页。
[⑤] 曾昭伦：《二十年来中国化学之进展》，《科学》1935 年 19 卷 10 号，第 1514—1554 页；《江南织造局时代编辑之化学书籍及其所用之化学名词术语》，《化学》1936 年 3 卷 5 号，第 746—762 页。
[⑥] 梁国常：《无机化学命名商榷》，《学艺》1921 年 3 卷 6 号，第 1—5 页。
[⑦] 杜亚泉：《迷乱之现代人心》，《东方杂志》15 卷 4 号，1918 年 4 月，第 1—7 页。
[⑧] 陈独秀：《敬告青年》，《青年杂志》1 卷 1 号，1915 年 9 月 15 日，第 13—15 页。

过他们没有学过西洋科学,不能用科学的名词术语来解释它。若是有科学知识的人,肯把中国医学的理论,细心研究,必定有许多地方,比西洋医学高深呢。""现在学西医的,或是学中医的,应该把中国的医学,可以用科学说明的,就用科学的方法来说明,归纳到科学的范围以内,不能用科学说明的,从'君子盖阙'之义,留着将来研究。"① 这显然是一种科学的认识,比起陈独秀"连李杜诗文这样的人类文化中的瑰宝也加以贬斥的宣判式否定批判更符合科学精神和科学原则,也更有利于对传统的扬弃和接纳科学"②。

在此基础上,他又提出一种文化统整说。对于国学,他认为"关于名教纲常诸大端,则吾人所以为是者,国人亦皆以为是,虽有智者不能以为非也,虽有强者不敢以为非也";对于西学,他认为"今日种种杂多之主义主张,皆为破坏以后之断片",其"救济之道,在统整吾固有之文明"③。他还进一步认为,要"尽力输入西洋学说","使其融合于吾固有文明之中","进化之规范,由分化与统整二者互相调剂而成"④,"就分化言,可谓之进步,就统整言,则为退步无疑"⑤。这些思想,实际上是提出一种带有东、西调和色彩或"中体西用"色彩的"文化统整观"。对于这种"统整",他还继承严复"开民智"和"民之可化,不可期之以骤"的思想,主张"必以国民教育为前提。此治本之策,非经数十年之陶铸不为功"⑥。这种渐进而行的思想,相较于激进思想,也显然有其合理的一面。

---

① 杜亚泉:《中国医学的研究方法》,《学艺》2卷8号,1920年11月,第17—21页。
② 任元彪:《启蒙者对启蒙运动的批判》,许纪霖、田建业编:《一溪集:杜亚泉的生平与思想》,生活・读书・新知三联书店1999年版,第111—125页。
③ 杜亚泉:《迷乱之现代人心》,《东方杂志》15卷4号,1918年4月,第1—7页。
④ 杜亚泉:《静的文明与动的文明》,《东方杂志》13卷10号,1916年10月,第1—8页。
⑤ 杜亚泉:《迷乱之现代人心》,《东方杂志》15卷4号,1918年4月,第1—7页。
⑥ 杜亚泉:《力之调节》,《东方杂志》13卷6号,1916年6月,第1—5页。

七、结语

杜亚泉的这些思想认识，大多发表于杜亚泉自己主编的《亚泉杂志》《普通学报》《东方杂志》等期刊。这些思想必定会影响期刊传播的方针、范围和内容，尤其是其中的科学思想，必定会转化为期刊传播思想或科技期刊编辑思想，影响到期刊的宗旨、定位和风格的形成。

杜亚泉对大型文理综合性的学术期刊《东方杂志》的改造，创造一种以化学传播为特色的综合性自然科学期刊《亚泉杂志》类型，到创造以数学为特色和试图贯通文理的《普通学报》类型，贯穿杜亚泉整个办刊生涯的科学编辑思想具有极强的探索性和拓荒性，在中国学术期刊发展史上具有重要意义。

原载《中国科技期刊研究》2009年6期

探析杜亚泉的科技编辑思想与贡献

余 望

论及近代西方自然科学知识在我国的传播，则不能不提到杜亚泉，胡愈之先生曾赞扬他是"中国科学界的先驱，不但在其早年生活中对于自然科学的介绍，尽了当时最大的任务，此外在政治学、社会学、语言学、哲学方面，先生亦致力于科学思想的灌输。在中国科学发达史中，先生应该有一个重要的地位"[1]。

杜亚泉（1873—1933），原名炜孙，字秋帆，笔名伧父、高劳，号亚泉，1873年（清同治十二年）11月3日出生于浙江绍兴府山阴县伧塘（今上虞市东关镇长塘村）。光绪十五年（1889），杜亚泉考中秀才，嗣后乡试落榜。因受西学东渐的影响，"幼习举业"的他便未再走科举之途，毅然舍国学而习历算，并先后自学了物理、化学、动植物、矿物诸学科，还自学了日文。1900年，他到上海自费创办亚泉学馆，编辑出版我国最早的自然科学杂志——《亚泉杂志》半月刊。杂志内容为"揭载格致算化农商工艺诸科学"，率先介绍了门捷列夫化学元素周期表律。1902年，杜亚泉担任《中外算报》的主编。1904年，他应出版家张元济之邀进入商务印书馆，担任编译所理化部主任。在商务印书馆的28年中，编辑了中国第一代自然科学的教科书，他所主编的《植物学大辞典》《动物学大辞典》被称为"科学界空前之巨著"。1912年起，他兼任《东方杂志》主编，对杂志进行了"大改良"，其

---

[1]《东方杂志》编辑部：《追悼杜亚泉先生》，《东方杂志》31卷1号，1934年1月，第304页。

宗旨是"随世运而俱进"，使《东方杂志》成为当时最有影响的综合性期刊。"五四"前后，以杜亚泉、梁漱溟、章士钊为代表的东方文化派曾围绕东西文化问题与以陈独秀、胡适为代表的新文化派展开过一场大论战，他在论战中坚持的东西文化调和论在思想文化史上具有一定的意义和价值。近现代历史中，像他这样自学成才，却在自然科学和社会科学两大领域都有极高造诣和贡献的学者是非常罕见的。

杜亚泉一生高举"科学救国"的大旗，通过创办杂志、编撰辞书、编译西方近代科学著作等方式，广泛传播科学知识，对近代中国科技知识的更新和观念的进化起到了一定的推动作用，在其长期的科技编辑生涯中，留下了不少独特的宝贵经验，一些尝试仍值得我们今天细细品味。

一、致力于科学知识的传播，"为国家谋文化上之建设"

近代中国，西方列强的不断侵扰给中华民族带来了太多的屈辱和痛苦，一些有识之士便产生了"科学救国"的强烈愿望，他们提出"以夷人之长技制夷"，大力推介近代先进的西方科学技术，杜亚泉便是其中之一。他广泛涉猎西方社会科学知识，关心社会现实，希望以革新达到富强之路，认为科学技术是社会政治、经济、军事、文化等各方面进步的根本力量。创刊号的《亚泉杂志·序》突出地表明了办刊者的科学态度、科学立场和办刊目的[1]。他这样写道："政治学中之所谓进步，皆借艺术以成之"[2]。他考察了西方近代物质发达的原因，认为："航海之术兴，而内治、外交之政一变；军械之学兴，而兵政一变；蒸气、电力之机兴，而工商之政一变；铅字石印之法兴，士风日辟，而学政亦不得不变"[3]，由此说明，发展科技是立国之本。他劝勉国人与其"赤手无所展布，终老而成一不生产之人物"，或

---

[1] 苏力、姚远:《中国综合性科学期刊的嚆矢——〈亚泉杂志〉》,《编辑学报》2001年5期，第258—260页。
[2] 杜亚泉:《亚泉杂志》序，田建业等编:《杜亚泉文选》，华东师范大学出版社1993年版，第1页。
[3] 杜亚泉:《亚泉杂志》序，田建业等编:《杜亚泉文选》，华东师范大学出版社1993年版，第1页。

"冲突竞争,至不可终日","毋宁降格以求,潜心实际,熟习技能,各服高等之职业,犹为不败之基础也"①。杜亚泉认为,科技与实业才是达到民富国强的前提与"不败之基础",他肯定工业、科技在未来的主导作用,预言20世纪将是"工艺时代",把发展科学技术置于特别重要的位置。杜亚泉之醉心理化、矿物及动植物诸科并不仅仅出于个人的学理兴趣,"在他的醉心背后有一种显而易见的关怀在焉"②。在上个世纪初的中国,科技期刊可谓是凤毛麟角的新生事物。杜亚泉与晚清以来的华蘅芳、李善兰、徐寿等人所做的科学启蒙工作一样影响深远,对于推动中国近代科技的发展做出了非常重要的贡献。

1900年,当八国联军疯狂入侵北京,慈禧、光绪逃命热河的时候,杜亚泉却在"十里洋场"的上海创办了第一个完全由中国人自办而没有外国传教士参加的综合性自然科学杂志——《亚泉杂志》③,杂志的一大特点是,在全部40篇论文中,外来稿件只有5篇,其余35篇皆出自主编杜亚泉先生之手,时年仅27岁的青年编辑,通过刻苦的自学,竟能掌握如此广博的科学知识,委实令人钦佩④。除介绍近代化学知识外,《亚泉杂志》还涉及数学、物理学、天文学、地学、生物学知识。1902年,杜亚泉又担任了《中外算报》的主编,这是一本专业性很强的数学杂志,登载了不少有关数学方面的文章,对于当时的数学研究和教育起了极大的推动作用。《亚泉杂志》后改为《普通学报》,因杜亚泉离沪返乡而停顿,到1903年3月29日,改为《科学世界》重新出版,以"发明科学基础实业,使吾民之知识技能日益增进"为宗旨,栏目分原理、实习两大类,涉及数学、天文学、物理、化学、

---

① 杜亚泉:《亚泉杂志》序,田建业等编:《杜亚泉文选》,华东师范大学出版社1993年版,第1页。
② 周武:《为国家谋文化上之建设——杜亚泉与商务印书馆》,《档案与史学》1998年4期,第43—49页。
③ 欧阳正宇:《杜亚泉的科学救国思想及成就》,《甘肃社会科学》2002年5期,第151—153页。
④ 徐克敏:《我国最早的科技期刊〈亚泉杂志〉》,《中国科技期刊研究》1990年3期,第48—51页。

地文、地质、机械、土木、电气、美术等科[①]。可以说，传播科学知识成了杜亚泉的终生事业，从《亚泉杂志》到《普通学报》《科学世界》是如此，在商务印书馆主编《东方杂志》时也是如此，虽然这一时期以写政论性文章为主，但也不忘在科技方面继续推介，如自写或译述了《理科小识》《鼠疫之预报及看护法》《食物养生法》《钢骨三合土建筑法述略》等文章。这些工作看起来很平凡，但实际上对逐步形成学科学、讲科学、用科学的风气起了一定的推动作用。

杜亚泉可谓是百科全书式的科技编辑，"学者型编辑""杂家"这些称号用在他身上再贴切不过了。他的研究涉及许多领域，其编辑出版的主要科技书籍有：1902年，编著最初的初小教科书《格致》；1904年，著有最新中学教科书《植物学》《矿物学》及《理化示教》；1909年，译著《盖氏对数表》附"用法说明"，曾多次再版；1912年，著有《理科》《植物学》《矿物学》《生理学》；1913年，再著有《植物学》；1917—1918年，主编《植物学大辞典》，共300万字。时任北京大学校长的蔡元培欣然命笔，作序称："吾国近出科学辞典，详博无逾于此矣！"苏州东吴大学生物系主任祁天锡（美国学者）也称赞说："自有此书工作，吾人于中西植物之名，乃得有所依据，奉为指南焉。"1915—1918年，再著有《动物学》；1917—1922年，主编《动物学大辞典》，与《植物学大辞典》是同时计划、先后完成的"姊妹篇"，共有250万字；1924年初，编著有《中外度量衡币比较表》；1919—1925年，著有《自然科学》；1932年，编著有《化学工业宝鉴》；1933年，著有《高等植物分类学》（同年再版）及《下等植物分类学》等。

诚如胡愈之所说，杜亚泉"对于自然科学的介绍，尽了当时最大的任务"。

[①] 史和：《中国近代报刊名录》，福建人民出版社1991年版。

二、不趋时媚俗，主张东西方文化的调和折衷

虽然杜亚泉致力于西方现代文明的引进，但他没有因此盲目推崇西方的科学技术，而贬低中国传统科学成就。《自然界》在20世纪20年代末、30年代初与《东方杂志》《教育杂志》《小说月报》等被称为商务印书馆的"十大期刊"，其主编是周建人。戈公振在《中国报学史》中说："《自然界》于民国十五年一月，发刊于上海，为杜亚泉、周建人等所编辑。"有学者认为，戈氏把杜亚泉列为主编之一并不是没有根据的[1]。《自然界》属商务印书馆博物生理部领导，杜亚泉是这个部的部长，《自然界》的创刊与编辑方针，主要是由他策划和制订的。杜亚泉等在《自然界》的"发刊旨趣"里这样写道："从别方面看来，总觉着这种科学，仍然是西洋的，不是我们中国的。好像一枝荷兰瞿麦（carnation），栽在中国式的花园里，总显出他是舶来品，不是土产。"[2] 因此，在中国普及科学对"科学上的理论和事实须用我国民所习见的现象和固有的经验来说明它"，这样才容易被大众理解，又如"我国民以乳腐、霉菜梗等经过发酵的植物性食品下饭的很多：价值很廉，营养的价值却很大，旨味既佳，消化又易，能促进食欲。西洋虽习用酸牛乳、发酵牛酪，但对于发酵的植物性食品，向无经验，故此等有益细菌不加注意。我国学校中讲授细菌，只把病源细菌讲得淋漓尽致，不曾把有益细菌分别说明，容易使学生把一切细菌都认做病源细菌"[3]。这篇发刊导言并不趋时媚俗，态度客观冷静，在肯定要吸收西洋科学的同时，并不采取全盘否定的态度，强调也要总结我国的科学遗产。他们进一步提出，要"发掘五千余年内蕴藏的瑰宝"，"我国民对于科学上的贡献，决不止于发明磁针和创造火药的二事。我们应该在我们祖先遗下的字纸篓里，细细检查一番"，例

---

[1] 陈江：《〈自然界〉：为"科学的中国化"努力》，《编辑学刊》1995年3期，第81—84页。
[2]《自然界》编者：《发刊旨趣》，《自然界》1926年1期，第1页。
[3]《自然界》编者：《发刊旨趣》，《自然界》1926年1期，第1页。

如，我国固有的"像髹漆工业、染色工业、大豆工业、酿造工业等，应用的方法都和学理相合。似乎我们的先民，对于有机化学、细菌学等，都有很确实的研究"①。这篇《发刊旨趣》所表述的观点，与杜亚泉的署名文章所一贯主张的东西方文化应该调和折衷、互补、兼容并蓄、不全搬西方的观点相一致。由于此文并未署名，因此不能贸然肯定出于杜亚泉的手笔②，《自然界》既然是在他的领导之下，那么此文融合了他的部分编辑思想应该是可以肯定的。

杜亚泉是一位较为冷静的学者。第一次世界大战的爆发，使他受到了极大的冲击，他开始认识到西方文化的缺陷，不再盲目崇拜，觉得应该采取批判接受的态度。杜其在在《回忆我的父亲杜亚泉》中说："从一个科举出身的旧知识分子到崇拜西方科学技术的学者，又从醉心于西方文化，推崇西方物质文明转变到反对全盘西化，主张中西融合，提倡精神文明，这是我父亲思想上的两次重大飞跃"③。杜亚泉主张在批判的基础上对东西文化进行综合创新，认为"夫学术者在于实事求是"，无"中西之别"。因此，他主张"融会而贯通""中西医学"，这是非常客观的做法。有些学过西医的人著文攻击中医，说中医"没有实验的根据，就是有些理论，不过阴阳五行六气三候之类，笼统含糊，不合科学的法则"，有人甚至提出要废除传统的中医。杜亚泉因此写了《研究中国医学的方法》一文。文章例举各种疾病现象，把中西医不同的看法和称谓，逐一分析对比，极符合科学精神。他在文中提道："若要高明的医生，所谈阴阳五行六气三候之类，决不能说他全无道理。不过他们没有学过西洋科学，不能用科学的名词和术语来解释它。若是有科学知识的人，肯把中国医学的理论细心研究，必定有许多地方与西洋医学相

---

① 《自然界》编者：《发刊旨趣》，《自然界》1926年1期，第1页。
② 陈江：《〈自然界〉：为"科学的中国化"努力》，《编辑学刊》1995年3期，第81—84页。
③ 杜其在：《回忆我的父亲杜亚泉》，《一溪集：杜亚泉的生平与思想》，生活·读书·新知三联书店1999年版，第41—49页。

合，恐怕还有许多地方比西洋医学高深呢。"又说："现在学西医的，或是学中医的，应该把中国的医学，可以用科学说明的，就用科学的方法来说明，归纳到科学的范围以内；不能用科学说明的从'君子盖阙'之义，留着将来研究。"他认为，中医和西医各有所长，各有所短，不能笼统地认为西医一切方面都优于中医；其实有不少地方，中医强于西医，中医学有很多优良传统，值得继承、发扬。因此，他主张，不论是学中医，还是学西医，都要以科学为基础；对于传统中医应该有科学态度，尽量用现代科学技术知识来说明中医，以促进中医的科学化、现代化[①]。这种不盲目推崇西方科学技术的思想在当时实属可贵，而他的这些评论即使放在今天，也依然闪耀着辩证和智慧的光芒。

三、坚持"古为今用、洋为中用"的原则

如果把《自然界》的办刊宗旨归结为一句话，那便是"科学的中国化"。其"发刊旨趣"有这样的语句："印度的佛教，传到中国，变做中国的佛教；这工作称为'佛教的中国化'。科学的中国化，也是这样的意思。"[②] 可以说，以杜亚泉为代表的这批人追求的是要让从西方传入的科学，像佛教那样在中国生根、普及、开花，并有所创造，"以使西方科学与东方传统文化结合为最后的目标"。他在编写《辞源》条目时，就结合了许多西方科学的阐述方法，如从东汉《说文解字》开始至清末的旧辞书里，千余年来，水的解释都是："水，准也。"直到杜亚泉编写的《辞源》条目里才有了科学的解释："水，氢气氧气化合之液体，无色无臭。摄氏表百度则沸，冷至零度凝为冰。"他主编的最有名的《植物学大辞典》和《动物学大辞典》这两部大型自然科学专业辞书，均融会了我国古代科学技术成就和西方传来的大量科

[①] 谢振声：《杜亚泉传略》，《中国科技史料》1988 年 3 期，第 8—14 页。
[②] 《自然界》编者：《发刊旨趣》，《自然界》1926 年 1 期，第 1 页。

学知识，是当时具有创始作用的空前巨著。《植物学辞典》不仅详细记录了各种植物的命名、属性、科目，对植物的叶片、花型、根茎等，作了详细论述。引用了李时珍《本草纲目》，对祖国几千年对农作物、植物、中药的零散记载进行大规模的整理，并把世界各地对植物、农作物的记载，都借鉴而充实在书中，第一次运用了植物的拉丁文名称和日文名称，在当时这样的记载不能不说是一种进步，充分体现了"古为今用、洋为中用"的精神，其内容之丰富、集取之广博是前所未有的[1]。为了编撰好这两部大辞典，杜亚泉及众多学者查阅了大量中国古代文献及外文书籍，做了充分的准备。在编写过程中，他们认真把握每一部分内容，努力做到解释科学、正确、严格，语言表达准确、贴切、恰当；并且为了保证质量，他们做了极其认真、详细的校对、检查，力争使错误降到最低。正是靠着他们深厚的学术底蕴和一丝不苟的态度，使这两部书内容非常丰富、条理非常清楚，而且配以大量的插图，使其图文并茂，具有很高的学术价值。直到今天，国内各大图书馆仍然把这两部大辞典列为重要的参考工具书[2]。在这里，"古代"和"现代"，"西方科学"和"东方传统文化"很和谐地结合在一起，堪称近代科技出版史上的典范。

四、开展科学名词审查活动，注意科技出版用语的规范化表达

科学名词审查工作虽然最早开始于1915年的博医会医学名词委员会召开的医学名词审查会，但更广泛深入的工作是科学名词审查会做的。科学名词审查是一项科学中国化的基础性的学科建设工作，大大促进了近代科学中国化事业的发展。杜亚泉们认为，要"考订名词术语"，并"用本国文字语言为正确的表示"。在中国"科学知识的不容易普及，固然因为科学本身的

---

[1] 张建红、赵玉龙：《民国初年的〈植物学大辞典〉》，《华夏文化》2004年4期，第55页。
[2] 张国祚、张瑞山：《介绍近代西方科学的先驱者杜亚泉》，《中华骄子》，龙门书局1995年版。

理论细密和事实繁复，但有时因为文字语言上艺术的拙劣"。民国初年，杜亚泉担任国音统一会会员，为中国新式标点符号的创制者之一，所创"、"一直沿用至今。

当时的启蒙学者认识到科学中国化的第一条件是要"在文字语言上"，"从考订名词术语着手"。认为只有"有了国语的科学或科学的国语，才可用以传播科学知识，使其普及于民间"。杜亚泉对以往化学元素"名目参差百出"的现象做了认真的"划一"工作，对"未有旧名者"，即重新命名，而且宣布今后本杂志记述化学时，将以此表为准①。他在商务印书馆1905年出版的《化学新教科书》附录之八《本书中无机物命名释例》中又说："我国旧译化学，于合质（化合物）不立名目，即以分子式为名，然于教科颇多窒碍。一则不便于称述，如钾二硫养四，……此种名词，殊无名词之性质。二则初习化学时，断不能与之言分子式之所由来，而于讲授时举一合质之名，即以分子式示之，必眩惑而不能记忆，而于小学校教科，尤属为难。三则合质互相化变时，其性质难于明了。凡此诸弊，为当世学人所共知。而合质之命名，必不可已，想亦当世学人所具同情者也。命名之定理，一曰简便，二曰能表明合质之组成[成分及分剂（当量）]。然合质之组成，随时代而异其见解……吉田氏于无机物命名法之绪论曰：命名之当不当，只能就应用之便不便论之，不能就学理之合不合言之，故唯有就其物质对于他物所生常见之感应以为其组成之标准而已。"杜亚泉的无机物命名方案，与益智书会的命名法相比，有继承也有发展，尤其比后者更详细可行。这是中国学者发表的第一个化合物的系统命名方案②。他所整理的化学概念术语如：中和、中性、分解、中性反应、分子式、分子量、分解热、化学记号、化学平衡、化学式、化学作用、化学反应、化学方程式、化合物、元素、元素分

---

① 杜亚泉：《后记》，《亚泉杂志》1901年10号，第7页。
② 赵匡华：《中国化学史·近现代卷》，广西教育出版社2003年版。

析、可逆反应、生成热、可溶性、有机物、有机酸、光学异性体、同分体、合金、炭化、色素、金属、定性分析、定量分析、定比例之定律、空气、重金属、原子、原子价、容量分析、干燥剂、液化、蛋白质、贵金属、挥发、电离、电解、电解物、溶解、溶剂、溶液、溶液沸腾点、饱和液、焰色反应、游离、试验纸、酸化（按：即氧化）、酸基、酸化物、酸性反应、蒸馏、轻金属、滴定、胶化、复分解、浓度、质量不变之定律、燃烧、还原、还原焰、糖化、发酵、碱化、盐化、盐化物等；化学物质名称如：一盐化醋酸（CH2 CICOOH）、二硫化铁、水素（H）、水酸化第一铁 [Fe（OH）$_2$]、王水、安母尼亚（NH$_3$）、多盐基酸、次亚硫酸曹达、弗素（F）、亚铅、硝酸、亚硝酸、亚硫酸、炭酸铅、脂肪、笑气、窒素（N）、葡萄糖、雷酸水银（以酒精与硝酸水银共热之即得）、酸素（氧）、酵素、醋酸、蚁酸等[①]，这些译名有的已经很接近于现代所采用的译名了，而有的至今仍在使用。现在所使用的"元素周期表"中，"氩（Ar）、铍（Be）、镨（Pr）、钆（Gd）、铥（Tm）、镱（Yb）" 6 种元素的中译名也是杜亚泉定的，由于当时科技还很落后，与其说编译词典，不如说是在确定译名。科学名词的审查及科技出版用语的规范化表达，在当时都是极其辛苦、烦琐而又吃力不讨好的工作，但其科学的意义和价值不言而喻。

五、培养和构建了具有核心竞争力的编辑团队

杜亚泉识才爱才，提携后学青年不遗余力。他亲手为商务印书馆培育出了第一个自然科学的编辑群体，对于哺育一代人的科学知识，对于推动中国科学的进步是起了作用的。张元济在商务印书馆曾大力提倡"用少年人"，"进有用之人"，"退无用之人"。

杜亚泉作为理化部主任，他直接引进了不少的理科编辑人才，这些人多

[①] 赵匡华：《中国化学史·近现代卷》，广西教育出版社 2003 年版。

数是他的绍兴同乡，作为近代民族资本主义企业的商务印书馆仍然保留着若干封建习气是难免的。沈雁冰曾回忆说："理化部是绍兴帮，除校对之类也许不是绍兴人。"杜亚泉在编辑人员之间做了大致的分工：他自己从事植物、矿物编辑；引进杜就田负责动物学，寿孝天、骆师曾负责编辑数学，开明书店创始人章锡琛进入商务之后，负责搜集资料编辑教科书，杜亚泉让他做的第一件事是翻译"镭锭发明者居里夫人的传记"（后以高劳的笔名刊发于《东方杂志》）。他曾深情地回忆道，接到之后，"不禁汗流浃背"，"勉强成了篇，送给亚泉先生。他替我改削了一下，我再拿出来和原文对看，把自己译错的地方记下来，做下次的预备。……经过大半年之后，渐渐觉得顺手，翻译的文字也渐渐多起来了"[1]。

曾在理化部工作过的胡愈之回忆起杜亚泉，称他为忠厚长者，一面放手让他们在实际工作中锻炼；一面又悉心指导，促使他们迅速成长[2]。1919年，胡愈之还只是个只有初中二年级学历的十几岁青年，被招收进商务编译所为练习生一年后，任《东方杂志》编辑助理，在此期间，得到杜亚泉的悉心指导，不久即任编辑，杜还鼓励胡愈之留学法国。胡愈之也不负所望，以后在商务为改革《东方杂志》立下了汗马功劳，并接任杜亚泉《东方杂志》的主编之职。解放后，还担任了国家出版总署的第一任署长。

1910年，杜亚泉担任了浙江庚子赔款留美学生主考，竺可桢就是在他的教导下应试而赴美留学的，以至于后来竺可桢一直称其为"师长"。

正是杜亚泉等一批"社会角色上的中国第一代科学家"的不懈努力，才使中国诞生了具有真正近代意义的科学，培养了一批思想解放、知识渊博的科技人才，他们为中国科学事业的补白、重构、振兴起了积极的推动作

---

[1] 章锡琛：《从商人到商人》，《中学生》1931年11期。
[2] 王建辉：《科学编辑杜亚泉》，《出版广角》2000年6期，第55—57页。

用，对中国近代科学事业具有创始之功[1]。商务印书馆也因有了这样一支具有新思想的编辑团队，才编辑出了符合时代潮流的教科书，改变了整整一代人的知识结构，将近代科学技术的发展引入了一个更高的层次和一个更新的阶段。

原载《中国科技期刊研究》2007年3期

---

[1] 欧阳正宇：《杜亚泉的教育救国思想及成就》，《西北师范大学学报（哲社版）》2003年1期，第28—31页。

杜亚泉编辑自然科教科书的思想与实践

海 旭　迟艳杰

近代中国内忧外患。甲午战败后，杜亚泉（1873—1933）弃科举转学自然科学[1]，讲求实学、救世济民就成为他的人生理想，并终身致力于自然科学的传播和自然科教科书编辑，其思想和实践发挥了重要的启民智、育新人的历史作用，是一份珍贵的文化遗产，对我们今天教科书的建设仍有借鉴意义。

一、编辑自然科教科书的动因

杜亚泉自幼接受传统教育，家人希望他走"学而优则仕"的道路。但是，"在当时知识界掀起的变法图强热潮的影响下，他开始感到这些学问并不能使国家富强，就毅然抛弃科举学业，改学西方科学技术。"[2] 这是杜亚泉治学思想的一次转变。随后，在"1894年（甲午）战争这一年，第二次乡试未售，甲午战败后更引起他思想上的变化，丧权辱国冲淡了他走'正途出身'的信心。同当时爱国的士大夫阶层一样，想讲求实学来济世救民了。"[3] 杜亚泉认为只有革新传统教育的内容，才能使民众与国家摆脱被欺辱的境地，只有这样的变革方式才能来唤醒政府与民众最根本的自强意识。所以，他坚定地走

---

[1] 石鸥、吴小鸥：《中国近现代教科书史》（上册），湖南教育出版社2012年版。
[2] 许纪霖、田建业编：《一溪集：杜亚泉的生平与思想》，生活·读书·新知三联书店1999年版，第42页。
[3] 许纪霖、田建业编：《一溪集：杜亚泉的生平与思想》，生活·读书·新知三联书店1999年版，第29页。

上了启蒙"国民思想"的实践道路,其中编辑自然科教科书成为他主要的实践活动。可以说,讲求实学、救世济民是他编辑自然科教科书的动因。

杜亚泉一生致力于编辑自然科教科书,还出于他对自然科教科书作用的认识。首先,他认为自然科教科书是普及新道德的途径。在《博物学初步讲义》一书中,杜亚泉在第三章专门阐述了人与自然的关系,"吾人生于今日文明之时代,觉世界万物悉为吾人类之所有而为之。"这也就是说,道德具有最基本的影响力,而教科书籍则是普及新道德的最佳途径。接着又阐述道:"人类道德之发展尤为人类最高尚之能力。家族之亲睦、社会之团结、地方之安静、国家之发达、实业之兴盛,皆赖道德以维系之。"其次,自然科教科书能提高国人的科学知识。杜亚泉认为:"现时物质文明发达的迅速,传布的广泛,大可惊异。例如:气油机关、诱导电动机、电热器、无线电话等,在旧制中学教科中,往往仅叙述数语,或者全不叙述。……就学理上言……遗传定律等,在科学上已占重要的地位,应用极广。"[1]即使是"初中学生,即不为升学计,毕业后就业社会,出任事务,科学知识亦不得不尽量提高"[2]。

二、选择自然科教材的"四要件"思想

杜亚泉十分重视编辑自然科教科书的材料,他于1930年在《自然界》上先后发表文章论述教科书选材的问题。在《自然科教材的选择》一文中重点讨论了选择教材的四个要件思想。

(一)选择教材的第一要件为模式的教材[3]

所谓"模式的教材",就是所选材料与自然界相对应,有助于儿童形成

---

[1] 杜亚泉:《中学校算学科和自然科的程度标准及教科用书》,《自然界》1926年1期,第4页。
[2] 杜亚泉:《中学校算学科和自然科的程度标准及教科用书》,《自然界》1926年1期,第4页。
[3] 杜亚泉:《自然科教材的选择》,《自然界》1930年5期,第1—5页。

一般概念。他认为,自然科可分为自然物和自然现象两类别,其中自然物分为生物、无生物或动物等;自然现象包括物理现象、气象现象、地学现象和生活现象等,例如:生活中的地上水与地下水、岩石、地层、火山、地震等,这些都是自然科选材的重要材料。在面对这些自然物和自然现象的选材时,"只能斟酌儿童的程度和教学时间的限制,选取少数的事物作为各方面的代表,使儿童就具体的事物得一般的概念"①。以植物为例,他提出植物有许多分类,如种类上的分类、形态上的分类、生态习性的分类、生产上的分类等。对此,他主张"方面既如此之多,教学时所选材料须可以代表若干方面,至少须有可以代表一方面的价值"②,强调"至何方面最为重要,何方面可以简略,尤为选择教材的先决问题"③。以《新撰自然科学教科书》第一册关于"稻"的讲解为例:该教科书的使用对象为小学高年级学生。对于学生而言,该教科书对于"稻"的知识的介绍以图片并配以文字为主,其中,关于知识点的介绍,主要涉及"稻"的生长环境以及属性的相关特征,如:生长在暖地、叶片形状以及果实的形成等,不涉及到其相关细节的描述,具有一定的一般化概念的作用。可以看出,关于植物方面教材的选择凸显了"使儿童就具体的事物得一般的概念"的选材思想,以及其教材在实际中具有一定的普遍代表性。

(二)选择教材的第二要件在于普通④

所谓普通,"就是实际生活所屡屡遭遇,因而与实际生活有密切的关系,其中尤以与儿童现在的生活有密切关系的为最要"⑤。这是因为不普通的事物

---

① 杜亚泉:《自然科教材的选择》,《自然界》1930年5期,第1—5页。
② 杜亚泉:《自然科教材的选择》,《自然界》1930年5期,第1—5页。
③ 杜亚泉:《自然科教材的选择》,《自然界》1930年5期,第1—5页。
④ 杜亚泉:《自然科教材的选择》,《自然界》1930年5期,第1—5页。
⑤ 杜亚泉:《自然科教材的选择》,《自然界》1930年5期,第1—5页。

难以满足儿童的好奇心,而且,对于那些与生活脱离的教材而言是无价值的。接着他又阐述道:"但事物的普通与否总是比较的。有全国的普通,有一地方的普通,北方普通的事物与南方不同;沿江沿海的普通的事物与山地高原不同;大都市的普通事物与农村不同,所以自然教材应当随地而异。"① 所以,在选择教材时,应就全国范围来考虑,选择各地方较为普通的事物为教材,对于比较稀有的事物,教师应根据地方情形斟酌利害关系。这就是说全国决不能使用同一的自然科教科书,教师可以适当选用教科书,避免使用同一的教科书所带来的束缚。

认为"若一切教材,必以地方普通事物为限,而缺略重要方面的代表事物,则宁就稍不普通的事物中选择其有代表某方面的价值为宜"②。例如,对于城市与农村的学生而言,不能将其"教材"割裂开,即对于农村的学生只讲解蚕桑等知识,不介绍电灯等材料;以及对于城市学生只讲解电灯等知识,而不介绍稻蚕桑等知识,这种情形只会让学生在知识面上形成一种"畸形"。因此,选择教材时要格外注意普通之意义。

(三)选择教材的第三要件为实验观察比较容易的事物③

自然科的教学方法主要以观察实物或以实施实验并观察其结果,而且观察实验的难易程度常随不同的地域而不同,所以,在选材时要选择比较容易观察的事物。杜亚泉认为:"观察的难易常随儿童的能力和兴趣而异。静止的事物容易观察,但儿童常好观察活动的事物。比较粗大的事物容易观察;但儿童常好观察细小的事物。"④ 所以,在教学时的事物由简单而进于复杂;因简单的观察较易,复杂的观察较难的观点不能进行定论。这是因为"人类

---

① 杜亚泉:《自然科教材的选择》,《自然界》1930年5期,第1—5页。
② 杜亚泉:《自然科教材的选择》,《自然界》1930年5期,第1—5页。
③ 杜亚泉:《自然科教材的选择》,《自然界》1930年5期,第1—5页。
④ 杜亚泉:《自然科教材的选择》,《自然界》1930年5期,第1—5页。

观察的发达，一方由单简的综合而成复杂的观念；一方从复杂的观念分析而成单简的观念。所以说单简的事物必适于儿童，复杂的事物必不适于儿童，殊属不妥。"① 因此，"选择教材须就儿童的知力与情意两方，斟酌难易"②。在选择教材时，对于初年级的学生而言，还要避免选取那些"变动过于迅速"或"过于细小的"的教材，以及在教科书中减少冗长的言语，以期防止将来对于研究陷入萎缩状态。

（四）选择教材的第四要件为投合儿童的兴味③

杜亚泉首先认为："任何富于教育价值的教材，若儿童不感兴味时，其价值减半。若其教材更不适于儿童的理解，则其价值直等于零。"④例如，参观复杂的工厂和难于理解的理论讲述都属于毫无益处的，只能是徒费时间。他将成人与儿童的趣味相比较并阐述其选材的道理，"儿童的兴味和成人不同。成人重理解，而儿童则重感情。所以物语之类，在成人以其不合事理，不感兴味；而儿童则往往迎欢"⑤。在涉及成人与儿童的价值关注点时，杜亚泉认为"成人常注意于经济的价值，而儿童则注意于游嬉的价值。所以儿童的工作，与其告以将来的利益，不如示以眼前的愉快"⑥。因此，对于选材而言要注意的是"儿童感兴趣的事物既为具体的和实现的，若抽象的探索的兴趣则不易实现"⑦。例如，对于小学四年级以下的学生而言，要减少对于物质不灭，能力不灭，以及生物进化的方法等知识的传播，虽然这些知识与现代生活息息相关，但学生对此根本无兴趣可言，也因此，这种教材的选择就是

---

① 杜亚泉：《自然科教材的选择》，《自然界》1930 年 5 期，第 1—5 页。
② 杜亚泉：《自然科教材的选择》，《自然界》1930 年 5 期，第 1—5 页。
③ 杜亚泉：《自然科教材的选择》，《自然界》1930 年 5 期，第 1—5 页。
④ 杜亚泉：《自然科教材的选择》，《自然界》1930 年 5 期，第 1—5 页。
⑤ 杜亚泉：《自然科教材的选择》，《自然界》1930 年 5 期，第 1—5 页。
⑥ 杜亚泉：《自然科教材的选择》，《自然界》1930 年 5 期，第 1—5 页。
⑦ 杜亚泉：《自然科教材的选择》，《自然界》1930 年 5 期，第 1—5 页。

徒劳无益的。

《新学制自然科教科书（小学校初级用）》第一册[①]，在对自然物知识点"狗"的介绍上，以图片和简洁文字组成；在知识的呈现方式上，主要围绕日常生活的情形为主题背景，并将知识融进适当的氛围中，以学生自身的生活经验为基础直接明了地呈现其相关知识。他还认为"自然科学习的对象，为自然物和自然现象，固无待言。是等事物现象刺激吾人诸种感官而成感觉，感觉集合而成事物的知觉"[②]。故，杜亚泉编辑的教科书多插有直观形象的图片，再有简单的解释性文字。又如《新撰自然科教科书》第一册，主要介绍自然生活中的实物知识，每一部分都以图片作直观介入，并加以简短文字作解释说明。虽然本书共有 20 个自然实物知识点，但全书作为辅助的图片就有 45 张，这都体现出了他所主张的"宜于儿童学习"思想。

三、选择自然科教材时应处理好的三对关系

基于选材的"四要件"思想，杜亚泉又提出选材时应处理好的三对关系，即选择教材内容的"广浅与狭深"的关系、选材类型的"基础与应用"的关系以及"理化与博物"的关系，并撰文《教材的选择》阐述其观点。

（一）"教材的内容，以广而浅为宜，还是以狭而深为宜。"[③]

对于"广而浅"和"狭而深"的理解上，杜亚泉认为低年级的教材宜于广浅，高年级的教材宜于狭深。这是因为在理论上，"广浅主义"教材多而内容简略；"深狭主义"教材少而内容详实，两者都有其自身的优点，前者为学生容易理解、不容易产生厌倦之感，后者是科学训练视域下的有效方法。例如，在同一时间学习中选用"蛙与蛇"为教材，还是只以"蛙"或

---

① 凌昌焕：《新学制自然科教科书（小学校初级用）》（第一册），商务印书馆1923年版。
② 杜亚泉：《新学制自然科学教科书（初级中学用）》，商务印书馆1926年版。
③ 杜亚泉：《自然科教材的选择》，《自然界》1930 年 5 期，第 1—5 页。

"蛇"为教材时，前者的范围较广，所以内容较浅；后者范围较狭，但内容较深。基于这对关系，杜亚泉主张"这二主义宜斟酌并用。于某教材取广浅主义，而于某教材则取深狭主义，不可拘于一格。取广浅主义的，亦不可过于肤浅；取深狭主义的，亦不可过于难深"①。因此，低年级的教材应以广浅为主，并随年级的渐高，渐次采取深狭的方式，并依据圆周学习法供学生学习。

（二）"自然科选择教材，当以基础的材料为重，还是以应用的材料为重。"②

重基础还是重应用反映了不同的教育主张。实用主义者注重"应用"的材料，而人文主义者注重的是"基础"的材料。杜亚泉认为在现实中这二者是不可分离的。这是因为，没有基础的知识，应用决不能充分；若知识离开了应用，就没有价值。进言之，基础材料不仅在科学的定理与原则上是科学的生命，而且对于门类部分的归纳也有重大关系。杜亚泉指出"旧教育比较的注重基础材料，于应用上殊不切实。新教育对于应用材料，比较注重；但重要的基础材料，断不能缺乏。否则学习的知识技能，没有本源，没有系统；散漫凌乱，就没有科学的价值了。"③

（三）"选择教材，注重理化材料，还是注重博物材料。"④

20世纪二三十年代，自然科学知识的传播中，一直存在着理化知识多于博物知识的情形，这主要出于让学生理解现代文明，改良物质生活的认识。对此，杜亚泉认为这种偏重理化教材减少博物教材的主张是不合理的。

---

① 杜亚泉：《自然科教材的选择》，《自然界》1930年5期，第1—5页。
② 杜亚泉：《自然科教材的选择》，《自然界》1930年5期，第1—5页。
③ 杜亚泉：《自然科教材的选择》，《自然界》1930年5期，第1—5页。
④ 杜亚泉：《自然科教材的选择》，《自然界》1930年5期，第1—5页。

因为，尽管现代的文明和生活都依赖于理化的进步，但自然物为文明生活的资料，离开自然物，文明就不能存在，生活就不能得以继续。而且，由于生存环境的不同，城市的居民应用理化教材较为丰富，而博物教材反而应用得较少。依据当时工业发展处在早期时代的情形，杜亚泉进一步提出教育在注重理化的同时，也需要关注博物知识，两部分的教材选择不应有所偏倚；博物教材重在观察，理化教材重在思考，其比博物教材难于理解，因此，在编辑自然科教科书时应"低年级学生，宜多选博物的教材，少选理化的教材。年级渐高，理化的教材，渐次增多；博物的教材，渐次减少"[1]。

杜亚泉关于教科书内容选择的这三个方面关系的思考是深刻的，这些是自然科教科书内容选择中的基本问题。在他编辑《新学制初级中学教科书·自然科学》中，还明确指出取材的标准："（1）习见的事物、为吾人所当理解的；（2）于个人生活有重要关系的；（3）于吾人思想上或社会生活上有重要关系的——总以毕业后可供实际应用的为主。"[2]

杜亚泉编辑自然科教科书思想与实践紧密结合，其编辑的教科书体现了他所主张的"四要件"思想，并很好地处理了这三对关系，其编辑教科书的思想是我国科学教科书历史上的宝贵财富，而其举一生之力编辑出的众多自然科教科书充分体现了他"鞠躬尽瘁寻常事，动植犹然而况人"的人生境界。

原载《当代教育与文化》2014年6期

---

[1] 杜亚泉：《自然科教材的选择》，《自然界》1930年5期，第1—5页。

[2] 杜亚泉编：《新学制初级中学教科书·自然科学》，商务印书馆1926年版。

为教育的一生——杜亚泉科学教育实践与思想

李逢超　王初阳

引言

杜亚泉(1873—1933),浙江绍兴人,原名炜孙,字秋帆,号亚泉并以号名世,是中国近代杰出的出版家、教育家、启蒙思想家。甲午战败后,内忧外患,杜亚泉对国势日落深感忧虑,叹科举误人,认为科考"无裨实用"[1],遂绝意仕进,弃科举之途,而立科学救国之抱负并转向讲求实学,改习数学。杜亚泉坚持"从事教育,欲于此实现其理想"[2]。他"一辈子都有解释不了的科学情节"[3],不论是创办学校还是创办杂志,不论是编译出版著作、文章还是亲自撰文参与讨论,每一领域皆涉科学教育。杜亚泉直到辞世前仍坚持义务授课、编纂科学辞典,兢兢业业,筚路蓝缕,为教育事业奉献毕生心血。

清末民初,近代中国处于重要的社会转型和文化变迁时代,在此大动荡时局下,国运衰微,民不聊生,杜亚泉忧国忧民,积极探索近代中国救亡图存之路,期望通过科学教育开启民众心智,并为之耗尽心力,其一生堪称

---

[1] 章锡琛:《杜亚泉传略》,许纪霖、田建业编:《一溪集:杜亚泉的生平与思想》,生活・读书・新知三联书店1999年版,第16页。

[2] 张梓生:《悼杜亚泉先生》,许纪霖、田建业编:《一溪集:杜亚泉的生平与思想》,生活・读书・新知三联书店1999年版,第20页。

[3] 王建辉:《科学编辑杜亚泉》,《出版广角》2000年6期,第57页。

"为教育的一生"。

一、"最所热心，则在教育"

  1898年，杜亚泉时年25岁，受邀在绍兴中西学堂担任数理科教员。杜亚泉自此年任教算起，至1933年去世，他从事教育事业的时间长达35年。1900年，杜亚泉在上海创立亚泉学馆，普及、宣传科学知识，培养能够"自营生活"的人才。亚泉学馆被视为后来私立大学的滥觞，后人称赞他创办了"中国近代首家私立科技大学"[①]。他创办了我国第一本科学性杂志——《亚泉杂志》，主要翻译、转载科普类文章。近代出版家章锡琛对此评价说："吾国之有科学期刊，此其嚆矢也。"[②] 1901年，杜亚泉把亚泉学馆更名为普通学书室，继续出版科学书籍。后来《亚泉杂志》停刊，杜亚泉又创办了《普通学报》，两刊均主要刊载自然科学方面文章，展现了杜亚泉致力于宣传、普及科学知识的耿耿初心。1902年，杜亚泉担任浙江浔溪公学校长。为了谋求学校生存与发展，他殚精竭虑，悉心擘画，聘请当时许多知名学者担任教师，为实现教育理想推出多项改进措施。后因学潮兴起，杜亚泉去职，学校停办。1903年，杜亚泉在绍兴与当地志趣相同人士共同创办越郡公学，并亲自教授理化科，但不到一年，学校因款绌而停办。1904年，杜亚泉在张元济邀请下进入商务印书馆，自此，他在该馆工作达28年之久。杜亚泉的科学情结在其进入商务印书馆后体现得淋漓尽致。初期，他主要从事编译工作，尤其是致力于教科书的编撰、出版，成绩卓著，章锡琛指出，当时商务印书馆出版发行的中小学数理化方面的教科书等"什九皆出

---

① 龚洁颖：《我市举行杜亚泉学术成就研讨会，纪念乡贤杜亚泉诞辰140周年》[EB/OL]. (2013—10—23) [2021—03—27]. http://synews.zjol.com.cn/synews/system/2013/10/23/017185274.shtml.
② 章锡琛：《杜亚泉传略》，许纪霖、田建业编：《一溪集：杜亚泉的生平与思想》，生活·读书·新知三联书店1999年版，第16页。

君手"[1]。杜亚泉在商务印书馆所编撰的自然教科书在当时影响甚巨，一时无出其右，其中许多教科书经政府审定，明确规定为学校采用。胡愈之称赞杜亚泉主编的《动物学大辞典》《植物学大辞典》"尤为科学界空前巨著"[2]，这两部辞典是我国最早的大型科普类工具书，也反映了当时科学水平和出版水平的提高和突破。1905年，蔡元培长爱国女学时，邀请杜亚泉为爱国女学讲授理科课程，"为不支薪俸之教员"[3]。1911—1920年，杜亚泉兼任《东方杂志》主编。主政9年期间，他对该刊的改良是其编辑出版生涯中的最大成就之一。《东方杂志》也成为杜亚泉普及科学知识、开展科学教育的主要平台。这也是他通过刊物开展科学普及教育、展现其科学教育特点、输出其科学教育理念的顶峰。1924年，杜亚泉在上海独立出资创办新中华学校，主要目的是为农村培养有文化懂技术的人才。他深恶社会颓靡学风，倡导敦朴之风，鼓励学生毕业后到乡村从事教育。为了学校生存，杜亚泉倾其平生积蓄，但是学校还是因资不抵债仅维持两年多时间而停办[4]。

1932年，上海爆发"一·二八事变"，商务印书馆和杜亚泉的住所均被日军炮火焚毁，杜亚泉遂至赤贫，举家流离，后携家人返乡避难。因杜亚泉多年收入基本投于教育，几无所藏，在家乡生计艰难。即便如此，杜亚泉仍痴心不改，依然钟情于教育事业。一方面，他每周从乡下进城给稽山中学免费讲课2小时，授课内容包括文理多科；另一方面他还与亲戚及商务旧同事创办"千秋编辑所"，编著书目，完成《小学自然科词书》(1934年4月商务

---

[1] 章锡琛：《杜亚泉传略》，许纪霖、田建业编：《一溪集：杜亚泉的生平与思想》，生活·读书·新知三联书店1999年版，第16页。
[2] 胡愈之：《追悼杜亚泉先生》，许纪霖、田建业编：《一溪集：杜亚泉的生平与思想》，生活·读书·新知三联书店1999年版，第10页。
[3] 蔡元培：《书杜亚泉先生遗事》，许纪霖、田建业编：《一溪集：杜亚泉的生平与思想》，生活·读书·新知三联书店1999年版，第7页。
[4] 杜其在：《回忆我的父亲杜亚泉》，许纪霖、田建业编：《一溪集：杜亚泉的生平与思想》，生活·读书·新知三联书店1999年版，第44—45页。

印书馆出版该词书时，杜亚泉已经辞世），为当时乡村教育提供了急缺的自然科学工具书。1933年12月，杜亚泉积劳成疾，一病不起，身后萧然，令时人痛惜。杜亚泉曾和友人诗一首，末两句为"鞠躬尽瘁寻常事，动植犹然况人"①，堪为其"为教育的一生"的真实写照。

蔡元培曾评价杜亚泉"最所热心，则在教育"②。杜亚泉一生的办学经历非常艰难坎坷，他一直希望独立创办一所学校，以自己的科学教育理念培养社会需要的各类人才，但格于情势，愿望最终落空。纵观杜亚泉的一生，他以普及科学知识为己任，通过创办学校和杂志、出版科学著作等方式，大力宣传科学、兴办教育，对在近代中国普及科学技术、培养科学人才做出了突出贡献。

二、"工艺为本"的教育理念

甲午战争的失败，给中华民族带来空前的民族危机，大大加深了中国半殖民地半封建社会的程度，也直接促发了中国人民挽救民族危亡运动的高涨。这也导致杜亚泉思想上的巨大变化，国运衰败冲淡了他走"正途出身"的信心③。他放弃了科举致仕的幻想，同当时许多爱国知识分子一样，期望通过科学教育、讲求实学实现济世救民的理想。

杜亚泉早年非常向往、推崇西方科技，其科学教育思想的重要内容之一是"工艺为本"。1900年，在《亚泉杂志》创刊号序文中，杜亚泉就明确指出："政治与艺术之关系……艺术者固握政治之枢纽矣。"④1918年，他在

---

① 杜耿荪：《杜亚泉：商务印书馆初创时期的自然科学编辑》，许纪霖、田建业编：《一溪集：杜亚泉的生平与思想》，生活·读书·新知三联书店1999年版，第40页。
② 蔡元培：《杜亚泉君传》，许纪霖、田建业编：《一溪集：杜亚泉的生平与思想》，生活·读书·新知三联书店1999年版，第3页。
③ 杜耿荪：《杜亚泉：商务印书馆初创时期的自然科学编辑》，许纪霖、田建业编：《一溪集：杜亚泉的生平与思想》，生活·读书·新知三联书店1999年版，第29页。
④ 杜亚泉：《亚泉杂志》序，《亚泉杂志》1900年1期，第I—III页。

《工艺杂志》序文中开门见山地说："鄙人向日读译籍之述西洋工艺者,辄心向往之,以谓工艺为一切事物之本。"①杜亚泉所说"艺术"和"工艺"即"工艺之术",意指科学技术。杜亚泉认为科学技术至上,而政治从属于科学技术。这与当时的传统观念明显是格格不入的。杜亚泉还把科技发展与政治革新联系起来考虑,认为科学是推动政治变革与进步的关键因素,"政治学中之所谓进步,皆借艺术以成之"②。如果科学发达,则"政治道德诸问题,皆迎刃而解"③。一个国家政治的进步、道德的向上,与经济关系密切;而经济的发展,其基础全在于科学技术的发达④。这突出了发展科学技术、开展科学教育的重要性、迫切性。杜亚泉认为,无论内政、外交抑或教育和经济,均与科学具有密切联系。"航海之术兴,而内治外交之政一变……铅字石印之法兴,士风日辟,而学政亦不得不变"⑤。杜亚泉指出:"二十世纪者,工艺时代。"⑥他呼吁有知识有技能的人,不要脱离生产,不要争权夺利,而是应当潜心于实际生活,学习、掌握技能,从事科技实业,从而实现社会文明,摆脱落后挨打的困境。"苟使职业兴而社会富,此外皆不足忧。文明福泽,乃富强后自然之趋势"⑦。

杜亚泉清醒地认识到科学教育对于强国强民的重要意义,认为学习、掌握科学技术是实现强国强民的重要前提,并全身心投入科学教育的实践中。他通过办学、办刊、著述等多种途径积极开展科学教育活动,传播科学文化知识,训练科学研究方法,培养民众的科学精神。如前所述,杜亚泉一生中有35年的时间投身于教育事业,投身于科学文化知识的传播和科学精神的

---

① 杜亚泉:《工艺杂志》序,《东方杂志》15卷4号(1918年4月),第8—9页。
② 杜亚泉:《亚泉杂志》序,《亚泉杂志》1900年1期,第I—III页。
③ 杜亚泉:《工艺杂志》序,《东方杂志》15卷4号(1918年4月),第8—9页。
④ 施亚西、田建业编:《杜亚泉重要思想概览》,上海社会科学院出版社2016年版,第55页。
⑤ 杜亚泉:《亚泉杂志》序,《亚泉杂志》1900年1期,第I—III页。
⑥ 杜亚泉:《亚泉杂志》序,《亚泉杂志》1900年1期,第I—III页。
⑦ 杜亚泉:《亚泉杂志》序,《亚泉杂志》1900年1期,第I—III页。

培育中。据统计，杜亚泉一生共主编科学类刊物3种；出版科学译著17部、科学大辞典3部、科学教科书38部；发表在各类期刊上的科学论文95篇[①]。诚如胡愈之所高度评价的：杜亚泉是"中国科学界的先驱……对于自然科学的介绍，尽了当时最大的任务"[②]。

杜亚泉在科学教育实践中，将科学性、专业性与趣味性、大众性进行结合，相互补充，极大提高了科学传播的效率，扩大了科学普及的领域。杜亚泉的这些科学普及工作有效传播、宣传了近代科学文明，对当时民众了解科学知识，开阔学识领域，掌握职业技能，更好地适应形势和社会要求起到了积极促进作用。

三、培养"科学的劳动家"

第一次世界大战的爆发，对杜亚泉思想影响极大，他对所谓西方文明进行了深入分析，原来的观点发生了极大转变，对西方科学技术产生怀疑的态度，认为不能盲目模仿西方文明，开始将目光投向了中国传统固有文明，寻求精神的进步，探索中西方文明融合之路。但是杜亚泉并未因此改变倡导科学教育、传播科学知识的初衷，而是始终相信科技是推动现代文明进步的动力，是实现国家富强的重要手段。

基于对于科学技术的推崇，杜亚泉认为通过在普通民众中广泛传播、普及科学文化，并与道德理念相调和，那么未来社会将产生一个新的主体——"科学的劳动家"。他认为精密知识与熟练技能对于农业、科学、交通运输以及土木、机械、电气工程等都非常重要，"于是社会中发生一有力之新阶级，即有科学的素养而任劳动之业务者。此等科学的劳动家，以社会上之需要，

[①] 许纪霖、田建业：《附录：杜亚泉生平著作、译著及编著目录》，许纪霖、田建业编：《杜亚泉文存》，上海教育出版社2003年版，第466—484页。

[②] 胡愈之：《追悼杜亚泉先生》，许纪霖、田建业编：《一溪集：杜亚泉的生平与思想》，生活·读书·新知三联书店1999年版，第11页。

日增月盛"①。他预言未来社会是一个科技的社会，各行各业都需要有"科学的素养而任劳动之业务者"，"国家社会间一切机关、职业，悉落于劳动家之手"②，"科学的劳动家"是推动未来社会发展的中坚力量。在杜亚泉的观念中，"科学的劳动家"群体"皆为此有学识而任业务之人"③。他们富有科学素养和道德品质，能够自食其力，自谋生路。杜亚泉相信这一"有力之新阶级"的产生，将会使"平时戴鬼面以威吓人民之武人，其所持之快枪巨炮，彼等既不为之制造，亦不为之使用，则亦嗒然若丧，无复维持之策。其形式的军队，乃不得不撤除；其演剧的战斗，乃不得不停止"④。"科学的劳动家"阶层的产生使"数千年来争权争利之政党与作威作福之武人，至此时已扫地以尽矣"⑤。

杜亚泉指出"科学劳动家"群体为"有科学的素养而任劳动之业务者"。如此看来，这样的"科学劳动家"至少需要符合两个条件：第一，有科学素养，这里包含对劳动者的科学态度、道德规范和职业精神的要求；第二，能够胜任工作，这里强调劳动者要有科学技术、工作方法和熟练技能。杜亚泉在培育科学精神、训练科学方法方面，付出了巨大努力，花费了巨大心力。杜亚泉非常重视实用性教育，认为学校应当注重向学生传授知识技能，因为这些知识和技能能够帮助民众"以自营生活"，此"诚为教育中所应有之事"⑥。

在杜亚泉看来，"科学的劳动家"是一个新生的阶级，是中国的新生命。他指出："吾国新势力之所在……惟储备其知识能力，从事于社会事业，以谋自力的生活……保其个人的名誉与信用，标准于旧道德，斟酌于新道德，

---

① 杜亚泉：《未来之世局》，许纪霖、田建业编：《杜亚泉文存》，上海教育出版社2003年版，第198页。
② 杜亚泉：《未来之世局》，许纪霖、田建业编：《杜亚泉文存》，上海教育出版社2003年版，第198页。
③ 杜亚泉：《未来之世局》，许纪霖、田建业编：《杜亚泉文存》，上海教育出版社2003年版，第198页。
④ 杜亚泉：《未来之世局》，许纪霖、田建业编：《杜亚泉文存》，上海教育出版社2003年版，第198页。
⑤ 杜亚泉：《未来之世局》，许纪霖、田建业编：《杜亚泉文存》，上海教育出版社2003年版，第198页。
⑥ 杜亚泉：《迷乱之现代人心》，许纪霖、田建业编：《杜亚泉文存》，上海教育出版社2003年版，第365页。

以谋个人之自治。"①杜亚泉相信，我国的新势力会出现在那些去除浮躁，从社会生活与个人修养方面，努力储备并提高能力，恪守道德准则，讲求信誉，从事社会事业，谋求独立生活的青年人中。这也体现了"科学的劳动家"指向的是既有科学素质又有道德品质的新生命。杜亚泉非常看重"科学劳动家"群体，认为他们对于中国的未来发展具有重大意义。展望新的时代，杜亚泉对"科学的劳动家"群体寄予无限期待，希望还处于迷茫观望中的普通民众，能够看清未来国家形势，顺应历史潮流的变化，在科学技术的时代努力学习、掌握、发展科学技术，做好成为"科学的劳动家"的充分准备，"以作二十世纪之主人焉"②。

杜亚泉主张培养道德品质，坚持普及科学教育，传播科学知识，教授科学实验技能和方法，目的就是培养道德品质与科学技术兼备的"科学的劳动家"，使其成为20世纪的主人。杜亚泉所提出的"科学的劳动家"，在中国近代科学教育史上，开创了脑体劳动结合、德才兼备的育人之路。杜亚泉期望通过科学教育让民众掌握科技常识，不仅能够以技能谋生，而且逐步形成理性的科学精神，学会用科学理念分析问题，用科学方法解决问题，用道德理念规约科技手段，形成较高的科学和文化素养。这样民众既可以运用所掌握的实用性科学技术自谋生路，提高生活质量；同时也能够依据所形成的科学理念自觉卫护科学真理。

四、关注科学实验，培养科学思维

科学方法是人类在认识和实践活动中所运用的正确方法，也是科学精神的具体体现和构成要素。科学认识来源于实践，科学实验是科学理论的源泉，任何科学理论的建立和发展都必须得到科学实验的证明。这是科学发展

---

① 杜亚泉:《中国之新生命》，许纪霖、田建业编：《杜亚泉文存》，上海教育出版社2003年版，第214页。
② 杜亚泉:《未来之世局》，许纪霖、田建业编：《杜亚泉文存》，上海教育出版社2003年版，第199页。

史所证明的颠扑不破的真理。

中国古代传统文化已符号化、条理化、系统化，重人文、重伦理而轻科技、轻研究，更极少涉及实验。作为科学启蒙家，杜亚泉则不落窠臼，开时代新风，在教育活动中特别重视科学方法的训练，强调要配备教学仪器、标本，开展科学实验，培养实验技能。杜亚泉早年在自学理科知识时，曾"购置仪器，躬自实验"[1]。杜亚泉还于修业之暇，携带器具药品等到集市上人员聚集的地方，公开讲解演示实验，尽心竭力宣传、普及科学知识。在主办亚泉学馆时，杜亚泉曾通过赠送各种科学仪器，如小天秤、铜码和酒准及测量用的小尺子，以促销杂志，普及科学知识。杜亚泉主编的《普通学报》在1902年第4期上曾专门为上海科学仪器馆刊登宣传广告，承诺随《普通学报》赠送该馆讲解博物标本以及理化器械等的书册[2]。他主持浔溪公学时，力劝校董投资"六千金购置东西图籍及仪器标本"[3]，在学校里设立了图书馆和仪器馆，以便实施科学教育；同时还劝校董购置印刷机与铅字以备用。在越郡公学时，杜亚泉甚至因化学实验被玻璃炸伤面部。杜亚泉"最早提倡研制教学用的科学仪器标本"[4]。在他的积极努力下，商务印书馆开办了一个小型标本仪器班，招徒授课，他也曾亲自上课，培养了一批能够自制仪器、标本的人才。这在当时非常难能可贵。杜亚泉曾从书籍中摘抄一些生产工艺和配方，资助亲友开办制造墨水、仪器等教学用品的作坊。杜亚泉还在《科学世界》等杂志上发表文章，指出科学实验能够帮助民众获得科学知识，培养求真求实的科学精神，"吾人之思想，苟不实验之

---

[1] 章锡琛：《杜亚泉传略》，许纪霖、田建业编：《一溪集：杜亚泉的生平与思想》，生活·读书·新知三联书店1999年版，第16页。
[2] 谢振声：《上海科学仪器馆述略》，《科学》1990年1期，第70—71页。
[3] 章锡琛：《杜亚泉传略》，许纪霖、田建业编：《一溪集：杜亚泉的生平与思想》，生活·读书·新知三联书店1999年版，第16页。
[4] 施亚西、田建业：《附录：文化前辈杜亚泉》，施亚西、田建业编：《杜亚泉重要思想概览》，上海社会科学院出版社2016年版，第138页。

于自然界,则往往陷于谬误而生迷信"①。因此他不遗余力地呼吁积极开展科学实验研究。

杜亚泉在教学与编写教材时,充分考虑儿童的心理特点,结合国情借鉴西方经验,循序渐进地安排学科内容,重视具体学科学习方法的传授,目的是培养学生的科学思维能力。如他编写的《文学初阶》(1—6册),打破传统教材惯例,以字、词、句、篇顺序编排,采用由儿童熟悉的事物到浅近知识进而到伦理修身等内容,首创以词而非以字为儿童识字的根本,注重字的重复出现②。这种编写方法充分考虑儿童的心理特点,非常符合语言发展的规律。

可以看出,杜亚泉在科学教育中不仅非常重视宣传、传授科学知识,同时也高度重视科学方法,关注科学实验,强调科学思维的培养。这对于民众深入学习科学知识,熟练掌握职业技能,并学以致用,"自营生活",最终养成科学精神产生了重要作用。

五、结语

杜亚泉的科学教育思想经历了一个发展变化的过程。早年他坚持以科技为本,认为"艺重于政";民初他开始反思科学技术的负面作用,质疑西方物质文明,注重精神世界的关怀;后来他强调东西方文明的调和、科学与道德的统一。在这一过程中,杜亚泉始终认为科学教育是推动社会进步的有效途径,既没有像激进派那样唯科学,也没有像守旧派那样唯复古,而是秉持深刻、睿智的文化调和思想,主张温和、渐进的调适观念,坚持走稳健的教

---

① 参见张彬、付东升:《杜亚泉科学教育实践及其影响》,中国地方教育史志研究会、《教育史研究》编辑部:《纪念〈教育史研究〉创刊二十周年论文集(2)——中国教育思想史与人物研究》,2009年,第2426页。

② 汪家熔:《杜亚泉对商务印书馆的贡献》,许纪霖、田建业编:《一溪集:杜亚泉的生平与思想》,生活·读书·新知三联书店1999年版,第214—215页。

育救国、科学救国之路。在长期的科学教育实践中,杜亚泉为提高民众科学素养、形成民众科学理性精神做出了富有创造性的贡献,在中国近代科学教育史上具有突出的地位。

原载《山东理工大学学报(社会科学版)》2021年5期

作为翻译家的杜亚泉

刘永利

作为"东西方文化论战"中东方文化论的主将，以及鼎盛时期《东方杂志》的主编，杜亚泉（1873—1933）被称作晚清、民国之际最重要的保守主义思想家和出版家之一，在近现代思想史和新闻出版史上，都占有举足轻重的地位。然而，杜亚泉的另一重身份——翻译家，则为研究者所忽视。迄今为止，翻译学界没有一篇系统介绍杜亚泉译学成就的专题论文；在所有重要的翻译史著作当中，他的名字也仅在《中国科学翻译史》中被提及。[1]

然而，作为商务印书馆编译所理化部的主任，作为化学元素汉译名称统一过程中的关键人物，作为中国第一部专科辞典的编译者，作为将社会主义思想译介至中国的先行者，杜亚泉的翻译贡献是不应当被遗忘的。那么，杜亚泉究竟开展了哪些翻译活动？他的翻译作品有哪些特点？产生了什么影响？我们如何评价他在近代翻译史中的地位？本文试图围绕上述问题，勾勒一个作为翻译家的杜亚泉。

---

[1] 只有李亚舒、黎难秋主编的《中国科学翻译史》（湖南教育出版社2000年版，第339页），以及黎难秋著的《中国科学翻译史》（中国科学技术大学出版社2006年版，第408页），简略提到了杜亚泉的翻译活动。

一、翻译生涯与作品

杜亚泉,原名炜孙,字秋帆,号亚泉[1],生于浙江绍兴府山阴县伧塘乡(今绍兴市上虞区长塘镇)一个商人家庭,幼习传统训诂、音韵之学。1894至1895年,中日甲午战争爆发,战败经历激发了中华民族奋进和中国近代知识分子觉醒[2],青年杜亚泉正是受此影响,"嗣又谓是学亦无裨实用,改习畴人术"[3],系统研读了李善兰(1811—1882)、华蘅芳(1833—1902)的数学著作,并出任绍兴中西学堂算学教员。同时,他还自学了江南制造局翻译出版的《化学鉴原》《化学考质》等书籍,以及动物学、植物学、矿物学等学科知识。时任绍兴中西学堂总理的,是蔡元培(1868—1940)先生。在他主张下,中西学堂开设了日语课程,作为教员的杜亚泉也颇受其惠,其日文水平达到了能够顺利阅读和翻译的程度。这一段经历,为杜亚泉将来从事科学和人文社科翻译工作,从知识和语言两个方面奠定了良好的基础。资料表明,杜亚泉的翻译生涯开始于1900年,直到他1933年去世,延续了34年。在此期间,科技翻译始终是杜亚泉翻译活动的主线。但1911年执掌《东方杂志》以后,杜亚泉翻译重心也一度转向人文社科领域,形成了科技与人文并重的格局。下面按照这一划分,对其翻译活动分别叙述如下。

杜亚泉在科技翻译领域成就斐然。1900年,杜亚泉自费创立了亚泉学馆,并发行《亚泉杂志》,翻译并登载了包括《化学原质新表》(1900)、《定性分析》(1900)在内的重要文章。这是我国第一份由国人独立创办的、以译介国外自然科学文献为主的综合性自然科学期刊。因其偏重于化学知识

---

[1] 王元化先生提到,亚泉二字是"氩"和"線"的省写,"氩"为空气中最冷淡的原素,"線"在几何学上为无面无体的形式,杜亚泉以此科学元素为号,有自谦的意味,表示他自己为冷淡、不体面的人。参见氏著《杜亚泉与东西方文化论战》,许纪霖、田建业编:《杜亚泉文存》,上海教育出版社2003年版。
[2] 王继平、张晶宇:《论1895年—19世纪末20世纪初中华民族意识的觉醒》,《湘潭大学学报(哲学社会科学版)》2016年5期,第125—130页。
[3] 蔡元培:《杜亚泉君传》,许纪霖、田建业编:《一溪集:杜亚泉的生平与思想》,生活·读书·新知三联书店1999年版,第1页。

的介绍，故科技史研究者也将其"看作是我国第一部化学期刊"[①]。稍晚一点，杜氏又创办了我国第一份数学专业期刊《中外算报》，刊载国外数学文献，推行数学普及教育。尽管亚泉学馆开办不过 3 年，《亚泉杂志》和《中外算报》也仅出版数期，但仍为杜亚泉带来了译介、传播科技知识的宝贵经验。1904 年，杜亚泉在蔡元培推荐下，加入商务印书馆，任编译所理化部主任。这一职位与杜亚泉的个人兴趣、才能，形成了近乎完美的匹配，故杜氏担任这一职位长达 28 年之久。任职期间，杜亚泉先后编译了大量的自然科学书籍。就其类型来说，包括中小学理科教科书、科学著作、词典工具书及科技文章等；从学科角度而言，则涵盖了化学、植物学、动物学、地质学等多个自然科学学科门类。当时商务印书馆是中小学教科书的主要出版商，而该馆出版的自然科学教科书，大部分都出自杜亚泉之手。他主编的《最新格致教科书》(1902)和《最新笔算教科书》(1902)，被认为是我国最早的理科教科书。他翻译的《中学化学教科书》(1905)、《最新中学矿物学教科书》(1906)、《盖氏对数表》(1909)等，则开译介国外教科书之先河。在教科书以外，杜亚泉还适应中国现代科学知识体系建构之需要，着力编译学科辞典。他主持编纂和修订了《植物学大辞典》(1918 年初版、1933 年缩本初版)、《动物学大辞典》(1923 年初版、1927 年四版)等。其中，《植物学大辞典》被誉为中国第一部专科辞典，也是该学科的第一部学科辞典，均具有开创性的意义。杜亚泉编译的自然科学类教科书、工具书等，一经出版，便迅速得到了广泛认可，成为当时青年学子的科学启蒙读物和科技工作者案头的必备参考书。杜亚泉透过其科技翻译，有力地推动了近代教育史和科技史的发展。故有论者指出，杜亚泉是继徐寿之后，19 世纪末 20 世纪初，介绍

[①] 张子高、杨根：《介绍有关中国近代化学史的一项资料——〈亚泉杂志〉》，《化学通报》1965 年 1 期，第 55—69 页。

西方科学最有成绩的人之一。[1]

　　杜亚泉在人文社科领域内的翻译成就也不容忽视。1911年,杜亚泉以编译所理化部主任身份,兼任《东方杂志》主编,随即将工作重心转移到杂志编撰上,一直到1920年卸任。《东方杂志》(1904—1948)是商务印书馆最为重要的刊物之一,为近代杂志中"时期最长久而最努力者"[2]。作为杂志主编,杜亚泉敏锐地察觉到了当时民众了解国内外情势的迫切需求,以此为依据对《东方杂志》进行了大胆改革,"扩充篇幅,增加图版,广征名家之撰述,博采东西之论著,萃世界政学文艺之精华,为国民研究讨论之资料,借以鼓吹东亚大陆之文明,餍足读者诸君之希望"[3]。改革后的《东方杂志》增加了国内外政治、经济、文化等方面论说文章的比例,及时介绍国际社会发展的新动向,研究中西文化关系,期待以刊物推动中国政治、社会诸方面的进步。《东方杂志》随即成为国人了解国际时事、异域风情和思想文化的主要窗口。同时,杜亚泉还是《东方杂志》的主要作者。他用本名和"伧父""高劳"等笔名,在《东方杂志》上发表论文、时评、译文共计300多篇[4]。

　　"五四"运动前期,杜亚泉与陈独秀就东西方文化问题展开了论战。作为东方文化论者,他恪守中国文化本位主义,坚持理性温和的调和论思想,与激进的革命思想主流相抵触,受到《新青年》的猛烈批评。迫于情势,他于1920年辞去了《东方杂志》主编一职,将工作重心重新转回编译所理化部。在此期间,又潜心完成了《动物学大辞典》、《处世哲学》(1923)等著作的编译、翻译。1932年"一·二八"淞沪战役爆发,杜亚泉回乡避难,

---

[1] 袁翰青:《自学有成的科学编译者杜亚泉先生》,许纪霖、田建业编:《一溪集:杜亚泉的生平与思想》,生活·读书·新知三联书店1999年版,第27页。
[2] 戈公振:《中国报学史》,生活·读书·新知三联书店1955年版,第126页。
[3] 杜亚泉:《辛亥年〈东方杂志〉之大改良》,《东方杂志》7卷12号,1910年。
[4] 高力克:《调适的智慧——杜亚泉思想研究》,浙江人民出版社1998年版,第210—211页。

仍成立了千秋编辑所，编译了 70 万字的《小学自然科词书》，并于 1934 年由商务印书馆出版。1933 年 12 月，一代翻译家杜亚泉积劳成疾，在贫病中离世，享年 61 岁。杜亚泉一生中，究竟留下了多少翻译作品？据笔者统计，至少包括教科书 12 种，学术译著 9 种，发表于《亚泉杂志》《东方杂志》等期刊的翻译文章共计 68 篇[①]。但这绝非杜亚泉译作的全部。一方面，商务印书馆曾被"一·二八"淞沪战役炮火焚毁，杜亚泉寓所中的所有手稿、书籍、日记、信札、文件亦毁于一旦。目前所知的杜亚泉作品，皆是后人从当时发行量较大的期刊杂志以及各大图书馆藏书中发掘出来的，绝非杜氏作品之全部。另一方面，杜亚泉所处的时代，乃是我国大规模吸收现代科学知识、构建学科体系的时期，由他署名"译述""编译"的著作，固然属于译作无疑；但即使是署名"主编""编著"的著作，实际上也是从各种日文资料中摘译，然后按照一定的体例汇编而成的。对于后者，今日的研究者已经很难根据杜亚泉的作品，按图索骥，寻找到当时所依据的原语文本了。因此，保险起见，本文在讨论杜亚泉译著及其数量时，都仅指已经确定为编译或翻译的作品。

二、科技翻译的先行者

作为一位科技翻译家，杜亚泉在中国近现代科技翻译史上留下了浓墨重彩的一笔。他不仅译介了大量科技文献，其翻译方法也是开创性的，具有显著的示范意义和历史效应。

从翻译的方法来看，杜氏对国外科技文献进行了选择性编译。杜亚泉在《中学化学新教科书》（1906 年重印版）《译例》中说道：

---

① 这一数字综合了三个方面的资料统计而成。一是《杜亚泉生平著作、译著和编著目录》，见许纪霖、田建业编：《杜亚泉文存》，上海教育出版社 2003 年版，第 466—484 页；二是《杜亚泉编年事辑》，见高力克编：《调适的智慧——杜亚泉思想研究》，浙江人民出版社 1998 年版，第 203—258 页；三是"商务印书馆《东方杂志》全文检索数据库"（网址：http://cpem.cp.com.cn）。统计时，已删去了重复出现文献。

作为翻译家的杜亚泉

> 凡教科书欲其适于本国教科之用,殆非以新意编纂不可。仅用译本,则其材料之排列,叙述之先后,未必全无窒碍。譬诸一物质,在彼国为习见者,可提出之,而由此以推出种种之新材料。若在此国,此物未必习见,则其次序即不能强同。①

这说明,杜亚泉没有原封不动地照搬原作,而是考虑当时我国民众科学基础薄弱、科学知识匮乏的国情,出于"将世界之学,消化之而为我国之学"②的目的,自觉选择了"以新意编纂"的编译行为,体现出"为我所用"的自主意识。杜亚泉的选择性编译,是早期理科教科书的代表性编纂方式。

从翻译的效果来看,杜氏科技翻译促进了科学翻译的规范化。长期的自然科学学习,让杜亚泉对科学翻译中的不足更具感知力。以杜亚泉最为擅长的化学学科为例,现代化学于19世纪中期传入中国以来,京师同文馆、江南制造局翻译馆等翻译机构出版的各种化学书籍,纷纭复杂,连化学元素名称都没有形成统一的翻译命名方案③。鉴于此,杜亚泉编制了《化学原质新表》,首次统一了化学元素汉译名称:

> 我国已译化学书虽不多,然名目参差百出。肄业者既费参考,续译者又无所适从,且近世检出之新原质,名目未立,无可稽考。平日寒斋披阅,常作表以便检,偶有记录,即借表以为准。其旧有之名,大都从江南制造局译本者居多,并列他书译名之异者,若未有旧名,不得已而杜撰之,有"米"记者皆是,非敢自我作故,亦

---

① 杜亚泉编:《中学化学新教科书》,商务印书馆1906年版,第4—5页。
② 杜亚泉编:《中学化学新教科书》,商务印书馆1906年版,第1页。
③ 陈镱文:《近代西方化学在中国的传播——以期刊媒介〈亚泉杂志〉为例研究》,西北大学博士论文,2009年。

冀较若画一耳。[1]

在《新表》中，他以江南制造局《化学鉴原》的元素名称为准，将各种元素的其他汉译法分别对照列出，以便读者检索。对于没有汉译名的新化学元素，采取"杜撰"也就是赋予新名字的方式，确定其汉译名，如"氩"这一化学元素名称就是杜亚泉首先提出并得到使用的。据统计，该表共列出了73种化学元素的中文、西文和日文名称，较之前江南制造局所译化学书籍中出现的化学元素多出13种[2]。从术语翻译的角度来看，化学元素的定名，有效促进了化学学科知识体系的稳定性、系统性和规范性，为学习者提供便利条件，也有利于现代化学知识的传播。

杜氏在科技翻译中，还特别注重我国传统知识和西方现代科学知识的融合与对接。他组织编译的《植物学大辞典》，集中反映了这一点。该词典是我国第一部专科辞典，蔡元培盛赞"吾国近出科学辞典，详博无逾于此者"[3]。杜亚泉采取了在一个词条下，同时呈现出西文（主要是拉丁文、英文和德文）、日文和中文名称的形式。这在当时也是一项首创。杜亚泉曾自述道：

> 当时吾等编译中小学校教科书，或译自西文，或采诸东籍，遇一西文之植物学名，欲求吾国固有之普通名，辄不可得。常间接求诸东籍，取日本专家考订之汉名而用之。近时日本专家，亦不以考订汉名为重，植物名称，多仅列学名及用假名联缀之和名，不附汉名，故由

---

[1] 杜亚泉：《化学原质新表》，《亚泉杂志》1900年1期。
[2] 陈镱文、姚远：《〈亚泉杂志〉与西方化学元素名称在中国的传播》，《西北大学学报（自然科学版）》2007年2期，第341—344页。
[3] 蔡元培：《植物学大辞典》序，见高平叔编：《蔡元培全集》（第三卷），中华书局1984年版，第114页。

和名以求相当之汉名，亦非转辗寻求不可。[①]

杜亚泉及其同事辗转搜求中国传统的植物学语汇，并与现代西方的植物学名称一一对应起来。这种避简求繁的做法，将中国传统植物学知识纳入了现代科学知识的基本框架，弥合了当时经由翻译带来的新语汇和传统语汇之间的罅隙，促进了传统学问和现代西方科学知识的融合，加速了西方科学新知识的中国化和普及化。

杜亚泉不仅留下了众多科技翻译著作，创造了科技翻译史上的多项第一[②]，其科技翻译思想也颇有独到之处。总体来看，杜氏科技翻译思想的主要特点是：有意识地进行选择性编译，展现出为我所用的气度；表现出术语学意识，试图促进学科知识体系的稳定、系统和规范发展；注重我国传统知识和西方现代科学知识的融合，加速了专业知识的国内普及。这些思想不仅具有历史的意义，其合理成分一直沿用到今天。就此而论，杜亚泉无愧于20世纪初中国科技翻译先行者的称号。

三、人文思潮的引领者

20世纪初的许多译者，如徐寿、华蘅芳、康有为、林纾等，或擅长科学翻译，或擅长文学翻译，俱是学有专精之士。与他们相比，杜亚泉的翻译视界则更显宽广。除科学翻译而外，他的人文社会科学翻译也取得了极高的成就。

[①] 杜亚泉主编：《植物学大辞典》，商务印书馆1918年版，第1—2页。
[②] 田建业（杜亚泉外孙）总结过杜亚泉的"十二个全国第一"，其中涉及翻译的就有6项：一是出版第一份国人自办的自然科学杂志《亚泉杂志》，传播化学知识；二是第一个在我国期刊介绍门捷列夫化学元素周期律；三是出版我国第一份数学专业期刊，译介数学知识；四是改版国内第一份大型综合性杂志《东方杂志》，增设科学栏目，及时介绍国外新思潮；五是编译我国第一部有影响的专科辞典《植物学大辞典》；六是最早引入社会主义理论并在我国广泛传播。参见"上虞市乡贤研究会网页"（网址：http://www.xyxjh.com / new_detail.aspx? id=1447）。

如前所述，杜氏主持下的《东方杂志》以餍足国人及时了解域外时事、文化、思想的需要为宗旨。因此，杜亚泉这一时期人文社科翻译的首要特点，就是报道及时、反映全面。杜亚泉主持《东方杂志》期间，国际社会处于第一次世界大战及战后恢复时期，而国内则处于"五四"新文化运动酝酿前期。出于对时局的敏锐感知力，杜亚泉翻译了大量政治经济类文章。《墨西哥革命成功之伟人》(1912)迅速地传递了墨西哥革命的消息，《欧美社会党之消息》(1915)、《欧洲战乱与社会党》(1916)则对欧洲社会党加以及时报道。《德意志帝国主义之由来》(1915)、《俄国军队之缺点》(1915)、《美国之参战与战后之变动》(1917)、《欧洲大战与中国历史之比较》(1918)、《德意志屈服之原因》(1919)、《太平洋之将来与列强之贸易战》(1919)、《国际联盟之成立与日英同盟之将来》(1919)等，则始终着眼于第一次世界大战。故时人反映，"对于两次巴尔干战争和1914年的世界大战，《东方杂志》都有最确实迅速的评述，为当时任何定期刊物所不及"[①]。但杜亚泉的译作绝不止于时事报道。他翻译的《加查氏之东西两洋论》(1911)、《东西洋社会根本之差异》(1911)、《美国之新国民主义》(1911)、《东洋最初之共和国》(1912)、《社会主义神髓》(1912)、《日本明治时代之进步》(1912)、《日人之开发中国富源论》(1915)、《英国之富源》(1918)等文章，广泛地反映了国外的政治体制、社会制度、经济形势和思想文化，"凡世界最新政治经济社会变象，学术思想潮流，无不在《东方杂志》译述介绍"[②]。此外，他还重视外国观察家对中国局势的评论，通过翻译将其引介给中国读者。如《中国财政之观察》(1918)、《去年中国铁路之概况》(1918)等，皆属此类。总而言之，迅速和广泛地报道国外形势，成为这一时期杜亚泉政治经济类译文的重要特点。

---

① 商务印书馆编辑部：《商务印书馆一百年 1897—1997》，商务印书馆 1998 年版，第 484 页。
② 商务印书馆编辑部：《商务印书馆一百年 1897—1997》，商务印书馆 1998 年版，第 484 页。

作为翻译家的杜亚泉

尤其值得一提的，是杜亚泉翻译的《社会主义神髓》（1912）。此书原作者为日本记者、日本社会主义运动先驱幸德秋水。杜亚泉将其译为中文，分为5期，连载于1912年5月至9月的《东方杂志》（第8卷第11、12号，第9卷第1、2、3号）。不难发现，杜亚泉翻译该书时，正值满清政府被辛亥革命推翻。围绕革命后怎样建设一个现代国家，人们纷纷从西方、日本寻求政治思想资源。杜亚泉取道日本，带来新兴的社会主义观念，给当时的知识分子提供了有价值的参考，也为20世纪中国社会主义运动的蓬勃开展埋下了一颗种子。作为最早向中国民众介绍社会主义思想的作品之一，杜译《社会主义神髓》比陈望道（1891—1977）翻译《共产党宣言》（1920）早了整整8年，这充分展现出杜亚泉的时代敏感性和前瞻性。

杜亚泉人文社科翻译的第二个特点，就是注重中西文化会通与交流。在经历了"东西方文化论战"以后，杜亚泉以鲜明的东方文化立场，理解外国哲学家的思想著作，并完成了《处世哲学》（1923）等作品的翻译。《处世哲学》原作者为德国哲学家叔本华（Arthur Schopenhauer，1788—1860），杜亚泉的翻译则是依据日本人杉安的日文版本转译而来。在该书的前言中杜亚泉提到：

> 或评其（叔本华思想）为厌世主义，近于佛教之小乘，殆然。但论其实际，决非以灰身灭智为主义，不无与大乘融洽之处。予读其书，觉名言警论，络绎不绝；每当懊丧丛挫之余，展卷就之，忽聆亲切之言，喁喁焉慰藉吾心；忽闻危悚之词，侃侃焉直谈吾过。盖虽日夕共处之良师益友，其感触予心，殆无若是之深者也。[1]

在这段话中，无论是以小乘佛教灰身灭智的主张来比拟叔本华《处世哲

---

[1] 杜亚泉译述：《处世哲学》，商务印书馆1923年版，第1—2页。

学》的悲观厌世,还是以大乘佛教渡己渡人的思想来强调该书对心灵的慰藉作用,实质上都是一种"格义",即站在中国文化的立场上来理解外来思想。这一做法,在当时翻译家群体当中并不鲜见,一定程度上也是杜亚泉中西文化会通发展思想的体现。

杜亚泉不仅是翻译家,同时也是一位成功的翻译活动组织者。在《东方杂志》期间,他组建起一支稳定的译者队伍,英文译者有钱智修(1883—1947)、胡愈之(1896—1986)、甘永龙(生卒年不详)等,日文译者有许家庆(生卒年不详)、章锡琛(1889—1969)和杜亚泉本人等[1]。正是这支高素质的译者队伍,为《东方杂志》提供了源源不断的译稿,使《东方杂志》面目一新,成为民国初年国内影响最大的学术政论综合刊物[2]。杜亚泉还在林纾(1852—1924)的翻译活动中扮演了重要角色。《普通学报》发行之初,杜亚泉就发表了林纾的早期翻译作品《英女士意色儿离鸾小记》和《巴黎四义人录》。主持《东方杂志》后,林译小说也成为这一时期《东方杂志》文学栏目的重要内容。《空谷佳人》《荒唐言》等翻译作品,陆续在1906至1919年《东方杂志》小说栏目上连载[3],并受到广泛欢迎,展现出极大的文学魅力和社会影响力。

杜亚泉以翻译为主要手段,以其敏锐的时代感知力和冷静的洞察力,介入了处于社会剧变时期的历史进程。他早年专注科技知识的翻译,矢志科学救国,后期则转向人文社会思想的译介,着力于文化救国、思想救国。这一转变固然有身份改变的个体性、偶然性因素在,但也在很大程度上与整个时代思潮的转变暗合,显示出个人对民族国家命运的使命承担。从这个意义上讲,杜亚泉正是凭借其人文社会科学的翻译,成为了时代人文思

---

[1] 陶海洋:《〈东方杂志〉(1904—1948)——现代文化的生长点》,南京大学博士论文,2013年。
[2] 高力克:《调适的智慧——杜亚泉思想研究》,浙江人民出版社1998年版,第210页。
[3] 王勇:《林纾与杜亚泉》,《福建师范大学学报(哲学社会科学版)》2011年2期,第54—59页。

潮的引领者。

四、评价及现代启示

　　作为清民之际的重要翻译家，杜亚泉翻译作品回应时代主题，推动了中国的现代化进程。清代末年，西方列强坚船利炮和文化双重入侵，不仅将古老帝国送入了世界资本主义体系，也导致了传统政治、经济体制的倒塌。旧的秩序已经崩溃，新的秩序尚未建立，中国社会将走向何处，成为一切有识之士共同关心的问题，他们先后探索了实业兴国、教育救国、社会革命等道路。杜亚泉服膺于科技救国思想，其翻译生涯就肇端于自然科学翻译。进入民国后，面对国际、国内的新形势，中国将在新生世界秩序中占据怎样的地位，如何避免重蹈西方国家的覆辙而步入现代化的快车道，国内政治、社会、经济、教育等等应该如何发展——成为这一时期知识分子必须考虑的重大问题。杜亚泉作为其中的一员，对国际国内时局有着深刻的体察。正是为了回答这些问题，他的人文思想类译文几乎覆盖了海外国家的政治制度、经济制度、思想文化、法律政策、世界局势等重要领域。总而言之，杜亚泉始终以一名译者的身份，与时代主题的嬗变保持着高度的一致，主动参与和推动中国的发展复兴。正如论者所说，"没有晚清翻译，何来现代中国"[①]。而以杜亚泉为代表的清民之际的译者，展露出的强烈主体意识和社会责任意识，乃是推动时代进步不可忽视的力量；他们的翻译活动，在改造社会的过程中发挥了直接的作用。

　　作为一名译者，杜亚泉的翻译家身份还起到了连结多个工作领域并实现共赢的纽带作用。杜亚泉翻译活动一个重要特点，就是响应时代脉搏，及时关注市场需求，自主选择翻译材料，依托商务印书馆这一平台迅速实现编辑出版，而翻译则成为联接这些社会活动的纽带。作为翻译者和翻译组织者，

[①] 王宏志：《一本〈晚清翻译史〉的构思》，《中国比较文学》2001年2期，第98—107页。

杜亚泉长期接触欧美和日本的先进科技、文化信息，这深刻地影响到作为思想家的他，对国家前途和民族命运的思考；反过来，作为思想家，杜氏对社会发展与变革的思考，也指导了翻译原材料的选择，使其翻译作品特别具有时代敏感性和前瞻性。与此类似，其编辑出版家的身份，给杜亚泉的翻译活动带来了更大的自主性，而且还帮助其将翻译成果尽速推向公共阅读市场，并转化为对民众和社会的影响力；另一方面，市场和读者的反馈，也能及时传递给作为翻译者的杜亚泉，从而影响杜氏的翻译过程，形塑其翻译产品。作为翻译家的杜亚泉，始终与作为思想家、出版家的杜亚泉保持着良性的互动。这一点，在译者被囿于翻译生产链终端的今天，或许仍有积极的启示意义。

总的来看，杜亚泉的译事活动贯穿于他的整个学术生涯，其翻译作品广泛地关注了国家命运、民族命运、社会改革和科技文化，是一位百科全书式的学者和翻译家。杜亚泉翻译作品和翻译方法的选择也是他自身文化心态和文化立场的真实体现，其温和理性的调和论思想，兼容新旧学术、中外学术的观点，是推动近代中国现代化进程中的重要声音。当我们予杜亚泉以"近代文化保守主义思想家""出版家""近代科学传播者"等历史评价时，我们不能忘记，在这些多重身份的背后，存在着一个共同的底色，那就是作为翻译家的杜亚泉！

原载《上海翻译》2017年1期

普通学书室出版与发行研究

赵学舟　王细荣

自鸦片战争以来，中国社会动荡不安，外国列强从政治、经济、文化多方面对我国进行侵袭。这种内忧外患的局面，引起了中国一大批先进知识分子的思考。他们先后发起了洋务运动、戊戌变法等进步运动，但都以失败告终，于是乎知识阶层就中国图强产生了不同的看法。"西学救国"是当时的主流思想，但对于传播"西学"至关重要的出版环节，却掌握在教会机构的西方人手上。当时影响力较大的广学会、美华书馆、墨海书馆等，均是西人所办，正所谓"有名之印字馆皆教士所立"。面对教会出版机构的强势输入，中国近代著名的出版人杜亚泉（1873—1933，原名炜孙，字秋帆，号亚泉，笔名伧父、高劳）意识到我国"将来进步之事"，可能须"借外力以成之"[1]，于是身体力行，投入到民族出版的潮流中，创办了亚泉学馆，后将其改名为普通学书室。杜亚泉一直反对当时社会政治为上的风气，宣扬"艺重于政"，此"艺"即指科学技术。亚泉先生作为中国最早一批意识到科学技术对于强国重要性的新型知识分子之一，该理念贯穿其整个编辑职业生涯。他创办并经营的亚泉学馆与普通学书室，也一直致力于培养科学人才，编译科学书刊，竭力将当时西方科学技术传播到国内，一定程度上推动了近代科学中国化的进程。

亚泉学馆作为中国最早的科技期刊《亚泉杂志》的编辑及出版机构，已

---

[1] 杜亚泉：《亚泉杂志序》，《亚泉杂志》1900年第1期。

有学者进行过详细研究，但其更名为普通学书室后的那段历史，却鲜有系统介绍。普通学书室经营时间虽短，但其出版的期刊、译著及"普通"系列教材等图书，对我国近代科学的传播、新式教育的推广均有重要的意义。本文拟以普通学书室为研究对象，介绍其基本身世，分析其出版与发行的特点，阐述其对中国近代教育的贡献等。

一、普通学书室概述

杜亚泉少年时期就具有革新精神。18岁时，他已深知"括帖非所学"，感叹考据词章"汩人心性"，而科举"误人身世"，因此自学东文、理化等西学，无师指点却能得其要领。那时，他深感在西方列强强势侵略下，没有科学武器的清政府难以与之抗衡，从而将"科学救国"的信念植根于心。1900年秋，杜亚泉来到上海，将原名更为亚泉（亚为氩之省笔，泉为线之省笔，有自谦"寡合"之意[①]），并以此名创办亚泉学馆，出版书刊，招收学员传授理化知识，以至于有学者称亚泉学馆为"中国第一所私立科技大学"[②]。

亚泉学馆出版发行的《亚泉杂志》，是我国最早的自然科技期刊，以"揭载格致算化农商工艺诸科学"为宗旨[③]。《亚泉杂志》为半月刊，从1900年11月创刊至1901年6月终刊，其中几期有所延误，至终刊为止共出版10期。由于当时"杂志"两字是从日本输入的，加上《亚泉杂志》封面设计比较花哨，不是用传统的题签方式，且其出版时又在八国联军攻占北京期间，因此被国人误解为日本人所办《亚东时报》的续刊，常称其为"大日本亚泉学馆""大日本亚泉杂志"等[④]。1901年7月，杜亚泉为避免此种情况继续发生，在父亲的资助下，将亚泉学馆改为普通学书室。

[①] 周榕仙：《杜亚泉先生传》，《仪文》1948年第2期。
[②] 陈镱文、姚远：《杜亚泉先生年谱（1873—1912）》，《西北大学学报（自然科学版）》2008年第5期。
[③] 高峻：《中国最早的自然科技期刊——〈亚泉杂志〉》，《出版史料》2003年第2期。
[④] 马光仁主编：《上海新闻史（1850—1949）》，复旦大学出版社1996年版，第271—272页。

亚泉学馆更名的原因或许也与其出版的《亚泉杂志》举步维艰有关。从《亚泉杂志》广告页中的一些叙述可以判断出亚泉学馆当时也面临着严峻的经营难题，从而加快了杜亚泉另起炉灶的行动。如该杂志第 5 期就曾提及亚泉学馆人手不够，又加上"图式太多，排工甚费"，以至于出现杂志发行延期的问题。杂志第 7 期中提及，当时亚泉学馆忙于"辑算学书""印铺生意日繁"，又一次印证了亚泉学馆缺少人手的事实；"杂志中字式往往须另铸铜模，甚为费时"，反映的则是出版印刷技术的落后是延误《亚泉杂志》发行的一大原因。随后出版的第 8 期上则提到：邮政司规定杂志按照印刷物投送，因此需要增加邮费。这使得本就薄利的《亚泉杂志》又要以定价的三分之一用作邮费，因此更加入不敷出。无奈于各种现实因素，"《亚泉杂志》出版十期后，或许由于太专门些，发行量少……亚泉学馆于是改设普通学书室"[①]。

普通学书室当时设在上海棋盘街，其出版宗旨与亚泉学馆一脉相承，编译刊行科学书籍及语文史地等教科书，编辑出版科学期刊，同时也发行本室和其他出版机构的书刊。1902 年夏，杜亚泉将普通学书室的经营交由他的胞弟管理，他自己则赴任浙江南浔庞氏浔溪公学校长，1903 年返乡与人创立越郡公学，并任该校理化博物教员和绍兴七县同乡会议长。1904 年秋，杜亚泉经好友蔡元培介绍，加上商务印书馆张元济、夏瑞芳的邀请，进入商务印书馆，任编译所理化部主任。当时的普通学书室营业疲顿，杜亚泉便将书室并入商务印书馆。次年 8 月 13 日，普通学书室在《申报》上刊载一则广告，上面写道："本书室今已收歇，所有寄售各书号于一礼拜内在三马路大平坊恒庆绸庄提取，逾期概不认赔，特此通知。"[②]

---

① 任元彪：《科学传播者与封建卫道士——近代科学史和思想史上的杜亚泉》，北京大学硕士学位论文，1988 年，第 5 页。
②《紧要告白》，《申报》1905 年 8 月 13 日 7 版。

二、普通学书室的图书出版与发行

普通学书室创办短短的三年期间，广纳海内的知识分子，形成了水平较高的作者群以及编辑团队，因此编辑并出版了一批优秀的书籍。除自行编辑的书籍外，普通学书室还代行国内其他机构出版的优秀作品，且另有专人在海外搜集先进的读物，以期"随伴文明之进运，企图出版之事业，以为书业改良之嚆矢"[1]。对此，《普通学报》第1期的广告写道："本书室搜罗最新出版之书，凡制造局、南洋公学、益智会、广学会及一切译书诸家，均有联约贩卖。本书室兼售东西文书籍，有最新之东文科学书出售，有专友在日本与东京各书林联约贩卖。"[2] 第2期74页亦有类似的广告："本书室现有一种英文小说书（即 *Mermaid Series: the best plays of the old dramatist*——作者注）寄售，系彼国古时演曲者所作之词曲小说，共十八巨册，每册价洋二元。本书室兼有英文各种课本及拼音、作文、写信等书。又大小英文字典、华英字典和词林及英文文典、史记、地志、算学等书出售。"[3] 由此可见，杜亚泉创办书室的初衷是将先进的科学文化知识传播给国民，而全无"商人"之顾虑。

在普通学书室刊行的图书中，尤以"普通"系列教科书影响深远。据1901年9月14日（光绪二十七年八月二日）光绪皇帝颁发的兴学诏，各个地方的书院改为新式学堂，同时逐级设立蒙养学堂（相当于幼儿园）、小学堂、中学堂。杜亚泉抓住这个机会，延聘翻译和精通西学方面的人才，在原来已经印行《普通矿物学》《普通新历史》等教科书的基础上，继续刊行《普通数学》《普通化学》《普通质学》《普通植物学》《普通动物学》《普通生物学》《普通英文典》等。这套"普通"系列教科书是我国第一套专为中学

---

[1]《普通学书室广告》，《普通学报》1901年第1期，第82页。
[2]《普通学书室广告》，《普通学报》1901年第1期，第82页。
[3]《普通学书室广告》，《普通学报》1901年第2期，第74页。

堂编译的新式教科书，尽管因初版比较匆忙，原印本间有讹字等，但后来普通学书室的重版以及随着普通学书室并入商务印书馆而由商务印书馆推出的重版，均较好地反映了当时学科的最新水平。其中有些教材在多次补充与完善后，一直使用至民国。例如，《普通新历史》初版发行一个月后出版《校正普通新历史》，对初版进行了订正和删改；1902年普通学书室又出版了增补近年史实的《增补普通新历史》；1913年商务印书馆又在《校正普通新历史》基础上出版了《增订普通新历史》，至1917年农历八月已至28版[①]。另外，作为"普通"系列教科书的补充，普通学书室也刊行《世界大事年表》《新式地文学问答》等学堂教学参考书。

根据《普通学报》广告页中的出版信息以及其他相关文献，笔者整理出普通学书室出版的图书信息（见表1）和仅发行的图书信息（见表2）。这些图书包括普通学书室前身亚泉学馆初版、后由普通学书室发行的图书。

表1 普通学书室出版的图书一览

书名	责任者	初版年	出处
农务土质论	（美）金福兰格令希兰著，范熙庸译	1900	《普通学报》1901年第1期 p.82《普通学书室广告》
化学定性分析	（日）平野一贯、河村汪合著，杜亚泉译	1901	《普通学报》1901年第1期 p.82《普通学书室广告》；吴小鸥著《文化拯救》p.503
支那文明史论	（日）中西牛郎著，亚泉学馆译	1901	读秀数据库；吴小鸥著《文化拯救》p.503
时务目论	泪滨渔者著	1901	读秀数据库
学堂教科论	蔡崔庼（元培）著	1901	《普通学报》1901年第1期 p.82《普通学书室广告》

---

① 吴小鸥：《文化拯救：近现代名人与教科书》，商务印书馆2015年版，第152—154页。

续表

书名	责任者	初版年	出处
皇朝纪略	山阴北乡义塾编译	1901	《普通学报》1901年第1期p.82《普通学书室广告》
德相卑士麦传	（日）笹川洁著，普通学书室编译	1901前后	中国历史文献总库·民国图书数据库（以下简称"民国图书数据库"）
普通矿物学	亚泉学馆编	1901	《普通学报》1901年第1期p.82《普通学书室广告》；读秀数据库；吴小鸥著《文化拯救》p.153
普通植物学	亚泉学馆编	1901	《普通学报》1901年第1期p.82《普通学书室广告》
普通新历史	普通学书室编	1901	《普通学报》1901年第1期p.82《普通学书室广告》；吴小鸥著《文化拯救》p.154
世界大事年表	出洋学生编译所编著	1902	读秀数据库；吴小鸥著《文化拯救》p.155
普通新地志	普通学书室编	1902	读秀数据库
新式地文学问答	出洋学生编译所编	1902	读秀数据库
内国历史地图	亚泉学馆编	1902	交通大学图书馆编、1934年版《交通大学图书馆图书目录·丛书》p.141
普通动物学	亚泉学馆编译	1901—1902	吴小鸥著《启蒙之光》p.69
普通质学	亚泉学馆编译	1901—1902	吴小鸥著《启蒙之光》p.69
普通化学	亚泉学馆编译	1901—1902	吴小鸥著《启蒙之光》p.69
普通数学	亚泉学馆编译	1901—1902	吴小鸥著《启蒙之光》p.69
普通英文典	亚泉学馆编译	1901—1902	吴小鸥著《启蒙之光》p.69
普通生物学	亚泉学馆编译	1901—1902	吴小鸥著《启蒙之光》p.69

续表

书名	责任者	初版年	出处
理化示教	杜亚泉编译	1903	1906年商务印书馆改正出版；吴小鸥著《启蒙之光》p.69
化学源流论	（英）方尼司著，王汝楠译	1903	《普通学报》1901年第1期 p.81《普通学书室广告》
博物学大意	杜就田著	1903	商务印书馆有再版本；商务印书馆编、商务印书馆1919年出版的《涵芬楼藏书目录（直省府厅州县志目录）》理科部 p.9
数学揭要	不详	不详	《普通学报》1901年第1期 p.82《普通学书室广告》
代数学揭要	不详	不详	《普通学报》1901年第1期 p.82《普通学书室广告》
算式解法	（美）好敦司、（美）开奈利著，（英）傅兰雅口译，华蘅芳笔述	不详	《普通学报》1901年第1期 p.82《普通学书室广告》
植物学歌略	叶澜著，王氏小方壶斋印	不详	《普通学报》1901年第1期 p.82《普通学书室广告》
生理化学分析表	（日）高坂驹三郎译	不详	《普通学报》1901年第1期 p.82《普通学书室广告》
合数术	不详	不详	《普通学报》1901年第1期 p.82《普通学书室广告》
微积备旨	不详	不详	《普通学报》1901年第1期 p.82《普通学书室广告》
和文读本	不详	不详	1929年12月版《湖南省立中山图书馆图书分类目录十卷（下）》P.15

表2　普通学书室仅发行的图书一览

书名	责任者/出版者	初版年	出处
波兰衰亡战史	（日）涩江保/译书汇编社	1901	《普通学报》1902年第4期p.8《普通学书室广告》
日本维新儿女英雄奇遇记	（日）长田偶得/爱国社	1901	《普通学报》1902年第4期p.8《普通学书室广告》
白山黑水录	上海作新社/上海作新社	1902	民国图书数据库：作新社1902年版《白山黑水录》版权页
可萨克东方侵略史	上海作新社/上海作新社	1902	民国图书数据库：作新社1902年版《可萨克东方侵略史》版权页
政治学教科书	杨廷栋/上海作新社	1902	民国图书数据库：作新社1902年版《政治学教科书》版权页
原政	上海作新社/上海作新社	1902	民国图书数据库：作新社1902年版《原政》版权页
日本维新三十年大事记	上海作新社/上海作新社	1902	民国图书数据库：作新社1902年版《日本维新三十年大事记》版权页
新编万国史略	上海作新社/上海作新社	1902	民国图书数据库：作新社1902年版《新编万国史略》版权页
日本制度提要	（日）相泽富藏著，陶珉译/译书汇编社	1902	《普通学报》1902年第4期p.8《普通学书室广告》
东洋史要　四卷	（日）小川银次郎/浔溪公学附属印书所	1902	《普通学报》1902年第4期p.8《普通学书室广告》
露漱格兰小传	原著者不详，信陵骑客译/支那新书局	1903	民国图书数据库：《露漱格兰小传》序言等
孙唐体力养成	（日）嘉纳治五郎编，钟观光译	1903	《孙唐体力养成》版权页

续表

书名	责任者/出版者	初版年	出处
Mermaid Series（老剧作家的美人鱼丛书）18册	埃利斯（H.H.Ellis）编	不详	外国小说：《普通学报》1901年第2期p.74广告
英文课本，拼音、作文、书信等书，大小英文字典、华英字典、词林、英文文典等	不详	不详	《普通学报》1901年第2期p.74广告

如表1所示，普通学书室编译出版了中学堂"普通"系列教科书以及其他专著，内容广泛，涉及物理、化学、文学、数学、植物学、农学、教育学、史学等学科。此外，普通学书室还代售其他出版社出版的优秀出版物（见表2），如上海作新社、译书汇编社等的出版物。可见，杜亚泉先生是希望借由普通学书室，打造一个适合全学科的学术交流基地。这在科学本土化早期的中国，是一个不小的创举。虽然普通学书室未能长久地存续下去，但其经营理念值得后世学习。

三、普通学书室报刊的出版与发行

普通学书室自行编辑出版、发行的期刊有《普通学报》。《普通学报》为石印小本子，每期约40页，连史纸印刷，编辑人杜亚泉。该刊为"文部之先声，学生之好友"[①]，其主要著者有杜亚泉、吴稚威、谢洪赉、周天鹏、周美权、林琴南、魏充叔、蔡雀屏（蔡元培）、汤济沧、林蕊初、赵楚惟、虞自勋（虞和钦）、陆应麟，日籍著者有竹溪腾谷、樱溪横山、鹿山柏崎、田边新、石田羊、素轩野村、梅仙弓削等。

---

① 杜亚泉：《亚泉题字》，《普通学报》1901年第1期。

"普通学"一词是清末时期对基础学科的统称，与之相对的是"专门学"。因此，承继《亚泉杂志》的《普通学报》，又增加了人文社会学科的内容，如经学、文学、外国语学等，使得期刊的学科类目更加全面。并且原来排列无序的文章被系统地分成八个栏目（版块），每一期杂志的目录页大都清楚地按顺序列出经学科、史学科、文学科、算学科、博物科、格物学科、外国语学以及学务杂志这八个栏目和栏目下的文章名，更加便于读者查找兴趣相关的学科。其中经学科栏目包括心理、伦理、政法、宗教、哲学等次级学科，史学科栏目包括中国历史、外国历史、中国地志、外国地志等次级学科，文学科包括伦理、文典、修辞、诗歌、小说等次级学科，算学科包括数学、形学（几何学）、代数、八线（三角函数）等次级学科，博物科包括矿物、植物、动物、身理（生理）等次级学科，格物学科包括质学（主要指物理学）、化学等次级学科，外国语学包括英文、东文等次级学科，学务杂志包括学堂教科、学堂章程、新出图书评刊、海外留学通信等类[①]。《亚泉杂志》的内容仅限于算学、化学、物理学、航海、天文大气、地质矿产、蚕业、地震等，涉及格致、算、化、农商、工艺诸科学，栏目有互相问答、算题答问、化学答问等。可见，与《亚泉杂志》相比，《普通学报》拓宽了学科门类，将自然科学与人文社会科学并重，因此在知识传播上更加系统和全面。

　　除设定八个栏目外，《普通学报》为月刊，并采用代售机制。这可以从该期刊第1期刊载的《章程揭要》看出："凡派报者提价十分之二，须有介绍人或先付报费几成。"[②] 期刊发行范围亦拓宽到苏州、扬州、宁波、杭州、绍兴、南浔、无锡、南京、嘉兴、广东、江西，由各地的书室或学馆代售。定购全年一元五角，十期止；定购半年八角，五期止。

　　此外，杜亚泉先生在经营普通学书室期间十分重视对于期刊编撰团队的

[①]《章程揭要》，《普通学报》1901年第1期。
[②]《章程揭要》，《普通学报》1901年第1期。

培养，还规定每篇发表在《普通学报》上的文章都须标明其作者，尤其是当时的名家，因此形成一批相对固定、层次较高的作者群，这从《普通学报》创刊号《章程揭要》中列出的"执笔赞助"人名字可见一斑。这些"执笔赞助"者有林琴南（纾）、蔡崔庼（元培）、王琴希（季点）、魏充叔（易）、周美权（达）、林蕊初（克家）、龚子英（杰）、陆应麟（鹤）、谢洪赉（鬯侯）、钟宪鬯（观光）、叶浩吾（瀚）、虞自勋（和钦）[①]。表3列出了已刊行的《普通学报》主要撰稿人、文章所属学科以及撰写篇数。从表3可以看出，蔡元培、周美权、谢洪赉、虞和钦发稿量共26篇，《普通学报》共刊登文章97篇，占总文章量约三分之一。这批作者在该刊停办后，陆续成为《东方杂志》《科学世界》等期刊的重要撰稿人。另外，杜亚泉自己亦有多篇文章发表在《普通学报》的各个栏目。

表3 《普通学报》主要作者及其投稿篇数一览

栏目	作者	撰写篇数	作者	撰写篇数
经学科	蔡崔庼（蔡元培）	4	方泽山	1
	（日）逸见晋	2	杜亚泉	2
史学科	叶浩吾	1	（日）乌谷部铣太郎	1
	汤济沧	1		
文学科	（日）竹溪藤谷	1	（日）松窗冈田	1
	（日）东民渡边	9	（日）梅仙弓削	1
	（日）樱溪横山	2	（日）樱泉小牧	1
	（日）鹿山柏崎	1	（日）素轩野村	1
	（日）田边新	1	林琴南	6
	（日）石田羊	1	魏充叔	5

---

① 《章程揭要》，《普通学报》1901年第1期。

续表

栏目	作者	撰写篇数	作者	撰写篇数
算学科	周美权	12	杜亚泉	1
格物学科	谢洪赍	2	虞自勋(虞和钦)	3
	林蕊初	2	赵楚惟	2
博物科	周天鹏	1	杜亚泉	1
外国语学	谢洪赍	5		
学务杂志	吴稚威	1	杜亚泉	1
	钟宪鬯(钟观光)	1		

注：统计中，未注明作者或作者为普通学书室编译所的文章均未统计。

除发行《普通学报》外，普通学书室也发行《科学世界》。从1901年10月首刊至1902年5月终刊，《普通学报》共计出版5期。作为《普通学报》的替代，上海科学仪器馆于1903年3月创办了《科学世界》。对此，普通学书室在《科学世界》前3期刊登广告云："今因同志诸君另办《科学世界》，未能再续。凡订阅《普通学报》十期者，除前寄五期外，其余五期即以《科学世界》三期交换，仍由普通学书室发行。"[①]另外，考察《科学世界》撰稿人队伍，发现《普通学报》的多数作者后来成为其重要撰稿人，加上两种期刊风格相似，因此有学者认为《科学世界》为《普通学报》的延续[②]。

有的学者指出，杜亚泉任主编的《中外算报》为普通学书室于1902年2月刊行的月刊，设有"文编""演说""译编""来稿""课艺""问答"等栏目，编译收录了微分学、平面与立体几何学、大代数、解析几何学、三角

[①] 普通学报馆：《阅普通学报者鉴》，《科学世界》1903年第1、2、3期，广告页。
[②] 王细荣、潘新：《中国近代期刊〈科学世界〉的查考与分析》，《中国科技期刊研究》2014年4期。

等教学参考资料，是20世纪初我国第一份数学专业期刊，推动了近代中国的数学研究和教育发展[1]。其实，截至目前，没有证据表明，《中外算报》为杜亚泉主编、普通学书室刊行。1902年2月2日，《南洋七日报》第21期"专件"栏目刊载《中外算报叙》，其中写道："世界之教育，普通学为第一；算学者，通学科中之普通学科也。"[2]该文后刊载的《中外算报馆附属算学馆略章》中又有"本社以讲求普通学为主义"之说[3]。也许其中也有"普通学"的字样，《中外算报》才被后世认为是由杜亚泉开办的普通学书室刊行。但《中外算报》实则为赵连璧（字星衫，算学学者，江苏扬州江都人）编撰，由中外算报馆发行。《中外算报》创刊于1902年3月，1903年3月出版第6期后停刊，其中前3期上海图书馆有馆藏[4]。

另外，根据《普通学报》第2期封面、第3期第14页的广告，普通学书室也发行《外交报》。该报是我国最早研究国际问题的报刊，发起人为张元济（1867—1959，字筱斋，号菊生）、蔡元培、杜亚泉等，创刊于1902年1月4日，由张元济任主编，蔡元培等任撰述，上海外交报馆编辑，普通学书室是其初期的总发行所，是年底改由商务印书馆出版发行，一直到1911年1月5日出版300期后停刊。

四、普通学书室与中国近代教育

中国近代教育是在西学的传入以及国人开始尝试自编教科书共同作用下而出现的。普通学书室所处的正是新式教育蓬勃发展的历史时期。这时为应付"科举"而生的传统教学用书已不适应新式教育的需求，而西方教会所出教科书与中国文化异源，不能从根本上强大国民教育，所以当时一些新型知

---

[1] 陈镱文、姚远：《杜亚泉先生年谱(1873—1912)》，《西北大学学报（自然科学版）》2008年5期。
[2]《中外算报叙》，《南洋七日报》1902年第21期。
[3]《中外算报馆附属算学馆略章》，《南洋七日报》1902年第21期。
[4] 王秀良：《清末杂志、社团与数学传播》，天津师范大学硕士学位论文，2003年，第41—45页。

识分子创办的出版机构开始尝试自编教材，普通学书室就是其中之一。

20世纪初，清政府开始兴办大学堂、中学堂、小学堂以及蒙养学堂。"普通"系列教科书正是为中学堂所编，相当于现在的中学程度。普通学书室刊行的"普通"系列涵盖了历史、数学、植物学、矿物学、质学（主要指物理学）、动物学、化学等学科。当时虽有许多机构以及留学生编译教材，如京师大学堂、南洋公学、文明书局等，但普通学书室出版的这套教科书，统一以"普通"系列命名，涵盖学科广泛，并且编译质量较高，其中个别科目反映了当时学科的最新水平，因此广受青睐。例如，由亚泉学馆编译（实际上为杜亚泉编译）、1901年农历六月初版的《普通矿物学》，后于1906年农历六月增补为商务印书馆刊行的《最新中学教科书矿物学》，到1910年农历二月，该增补版已刊行到第七版了。

这里需要指出的是，1901年清政府开始实施新政，其中之一是派遣留学生出国，多数学生选择留日求学。这些留日学生最大的感触便是国内普通学的缺乏，于是归国后的学生纷纷开始编译普通学教材。普通学书室的"普通"系列教科书很多就是在日文书籍的基础上编译而成，如《普通植物学》主要基于日本理学博士三好学（1861—1939）的植物学著作，再参考高桥、丹波、柴田诸氏合译的《普通植物学》，白井光太郎所著的《中等植物教科书》编译而来。从普通学书室编辑出版的一些刊物中，也可以看出当时日本对于近代中国书界的影响，例如《普通学报》中，日本作者占了较高比例，第1期还专门收录了《日本假名文字考》，用以普及日文。普通学书室翻译的书籍，也大多是日文和英文小说。

除了编译"普通"系列教科书，普通学书室也是我国最先认识到外国语重要性的出版发行机构之一。19世纪末，随着中外往来愈加频繁，国人对于外国语的需求越来越迫切。掌握一门外国语，对于普通民众来说，可以在通商口岸获得一份收入不菲的工作；对于知识分子来说，是学习国外最新科技的利器；对于政府官员来说，在外交过程中起到至关重要的作用。因此，早期图书市场上出现了许多外国语学习用书，但大多是"洋泾浜英语"。当时专门学习外国语的机构，一是官办的几所同文馆，二是各种教会机构。由于教会的目的是传教，因此并没有系统的教学办法。1903 年，清政府颁布《奏定学堂章程》，规定中学堂开设"外国语"一科，这标志外国语正式进入中国的教育系统。1901 年 10 月，普通学书室的《普通学报》创刊号刊行，其中所设的八科中就有外国语学。由此可见，普通学书室相较于清政府，更早地意识到外国语的重要性，可谓近代推广外语的先行者。《普通学报》的外国语学科，主要内容包括英文和东文，五期共发表此类文章 5 篇，它们是《英语考原》《论英文读本》《英语句读之关系》《日本假名文字考》《简易东文课本》，其中英文部分都由当时著名的翻译家、著述家，英文教学界权威谢洪赉（1873—1916，字鬯侯，别号寄尘，晚年自署庐隐）撰写。谢氏于 1898 年出版的《华英进阶》在全国范围内都影响甚大，可见普通学书室在外国语内容的出版上，秉持的是"最新""最好"的理念。此外，普通学书室的"普通"系列中学堂教科书中就包括《普通英文典》。总之，外国语在普通学书室的"普通学"中，一直是有一席之地的。

五、结语

普通学书室作为亚泉学馆的延续，其出版与发行的宗旨与亚泉学馆既一脉相承，又有所创新。《普通学报》在传承《亚泉杂志》以科学为主题的办刊风格上，增设了人文社会学科，并且将文章系统分为八个栏目，更有利于读者的查阅和学习。普通学书室刊行的"普通"系列教科书，吸纳了国外最新的学科知识，编译质量上乘，成为第一套专为中学堂编译的新式教科书，对推动近代教育的发展起到了重要的作用。此外，普通学书室灵敏地嗅到了时代的需求，是近代中国最早推广外国语的民营出版机构之一。一方面在

《普通学报》上增设外国语学科，用以传播英文、日文知识；另一方面编译了许多英文、日文小说，让优秀的外国文学作品在国内得以传播。普通学书室是近代科学中国化的推动者，是近代中国新式教育书刊出版的探索者，也是近代践行科学与人文并举理念的出版者。这种出版理念，以及传播科学文化的责任感、使命感，对后世出版人有一定的借鉴意义。

原载《中国出版史研究》2022年3期

杜亚泉与商务印书馆

周 武

杜亚泉生于1873年，逝于1933年，活了60个春秋。在中国近代史上，这是一个极不寻常的动荡年代。在这个年代里，杜亚泉并没有轰轰烈烈的壮举，也没有慷慨激昂的言论，但他是那个时代最清醒的智者之一，他知道沉沦中的中国最缺乏什么，最需要什么，并在"最缺乏"与"最需要"中完成了自己的人生定位：为国家谋文化上之建设。31岁那一年，他应夏瑞芳和张元济之邀，加盟商务印书馆，成为该馆编译所理化部主任。从此，他的名字，他的命运，便紧紧地和商务，和中国近代思想文化联系在一起了。

"鞠躬尽瘁寻常事，动植犹然而况人。"从1904年进馆到1932年避难返乡，他在商务服务了28个年头。在这28年中，他亲历了商务的初创、改制、鼎盛和重创诸历史时期，有欢欣，也有苦涩。但他并不因为欢欣而忘却自己的责任，也不因为苦涩而改变自己的初衷，始终坚持科学的立场，在漠视科学的时代不遗余力地倡导和普及科学技术，并因此而成为"中国启蒙时期的一个典型学者""中国科学界的先驱"。他的学行和志业留在了商务，留在了近代中国，成为中国人走出中世纪历程中一份十分珍贵的学思资源。

一

早在加盟商务之前，杜亚泉就已经是一个颇有名声的学者了。那个时候，正值甲午战后，"啧啧言政法者日众"，但他对政法并不那么热衷，而更醉心于艺术（科学技术）。他是近代中国第一位深刻地阐述政治与科学技术之间关系的人。他认为，政治的改革固然重要，但政治的发达与科学技术的普及是紧密地联系在一起的，政治的发达，必须由科学技术的发展来实现。就是说，科学技术的发展比政治的改革更为根本，假使不从这个根本上下踏实的功夫，国中之士"皆热心于政治之为"，未必有好的结果。1900年，他在上海创办《亚泉杂志》，"揭载格致算化农商工艺诸科学"，并亲撰序文，其中写道：

> 政治与艺术之关系，自其内部言之，则政治之发达，全根于理想，而理想之真际，非艺术不能发现。自其外部观之，则艺术者固握政治之枢纽矣。航海之术兴，而内治外交之政一变；军械之学兴，而兵政一变；蒸汽电力之机兴，而工商之政一变；铅字石印之法兴，士风日辟，而学政亦不得不变。且政治学中之所谓进步，皆藉艺术以成之。……且吾更有说焉：设使吾国之士，皆热心于政治之为，在下则疾声狂呼，赤手无可展布，终老而成一不生产之人物，在朝则冲突竞争，至不可终日，果如是，亦毋宁降格以求，潜心实际，熟习技能，各服高等之职业，独为不败之基础也。①

这段近一个世纪前的文字揭示了科学技术对现代政治和社会的决定性作用，把发展科学技术置于特别重要的位置。从这段文字可以看出，杜亚泉之醉心理化、矿物及动植诸科并不仅仅出于个人的学理兴趣，在他的醉心背后有一种显而易见的关怀在焉。

和那个时代的知识分子一样，杜亚泉曾受过系统的传统教育，早年受业于何桐侯，"致力清初大家之文，上追天崇隆万"，稍后"效从叔山佳治训

---

① 田建业等编：《杜亚泉文选》，华东师范大学出版社1993年版，第1页。

诂，罗致许氏学诸家书"，潜心研读。甲午战后受外患强击，亟思有以救之，乃弃帖括、训诂等"无裨实用"之学，转而刻苦自修历算、理化、动植诸学科。兼习日文，"购置制造局傅、徐两氏所译诸书，虽无师，能自觅门径，得理化学之要领"。自是而后，乃致全力于科学技术的启蒙之业。1898年应蔡元培之邀赴绍兴中西学堂任算学教员。1900年中西学堂停办后到上海创办亚泉学馆（后改为普通学书室），同时发行《亚泉杂志》，编译科学书籍及语文史地等教科书，全力普及新知新学，特别是科学技术知识。1902年夏，一度应南浔庞氏之邀赴任南溪公学校长，冀借此以实现自己的教育理想，惜未几学潮复起而辞职，返归故里。乡居期间，又与当地文教界知名学者王子余、寿孝天等人创办越郡公学，锐意培养科技人才。在这个过程中，他成为继徐寿之后的又一位成绩卓著的学者，一个有名于当时的学者。

这个时候，张元济已加盟商务印书馆，并创设了编译所，正在筹划、编纂《最新小学教科书》，决心以出版来推动新式教育和文化启蒙，他和夏瑞芳乃力邀杜亚泉入馆，共同来推进这一没有先例的事业。后来杜亚泉在《记鲍咸昌先生》一文中叙其事道：时张菊生、蔡鹤卿诸先生，及其他维新同志，皆以编译书报为开发中国急务，而海上各印刷业皆滥恶相沿，无可与谋者，于是咸踵于商务印书馆，扩大其事业，为国家谋文化上之建设。[①]

说起来，杜亚泉与商务印书馆颇有些渊源关系。1900年他在上海创办的《亚泉杂志》（从第11期起更名为《普通学报》），即由商务印书馆印制，可见他与夏瑞芳已有业务来往，对商务的业绩及夏瑞芳的经营才干显然有所了解。至于他与张元济何时相识，不得而知，但至少在1902年初他们已经相当熟悉了。1902年1月4日张元济创刊的《外交报》最初就是由杜亚泉创办的普通学书室发行的。有了这样一层关系，而且志向又相同，所以，当张元济和夏瑞芳为新创设的编译所物色编译人才的时候，杜亚泉很快进入他

[①]《1897—1987商务印书馆九十年——我和商务印书馆》，商务印书馆1987年版，第9—10页。

们的视野就是非常自然的事了。而从杜亚泉方面来说，他虽有心编译书报开启民智，却因财力所限而无法一展怀抱！他在绍兴创办的越郡公学因款绌而不得不停办，他在上海惨淡经营的普通学书室亦因苦于没有雄厚的财力作后盾而陷于疲顿状态，他有理想有才华甚至也有相当的名望，却没有一个用武之地。在这种情况下，夏瑞芳和张元济向他发出邀请，他当然乐就了。1904年秋，他正式加盟商务印书馆，并将普通学书室并入商务，成为商务编译所早期人才群落中的重要成员。

二

杜亚泉的加盟商务并非为谋食而来，他的选择寄托着他的理想，这个理想用他自己的话说，就是"为国家谋文化上之建设"。他进馆后，即被聘为编译所理化部主任，与张元济、高梦旦等人，志同道合，齐心协力，默契配合，致力于科学技术的普及和传播，可谓得其所哉。他的进馆，在商务是得一编译之才；在他本人，则是找到一个可以施展自己怀抱的理想场所。可以说，无论对商务还是对他个人都是好事，后来的事实恰好证明了这一点。

在商务的历史上，那是一个艰辛的创业时代。一批有理想有抱负且又富于新知新学的有识之士，在昌明教育和为国家谋文化上之建设的同一目标下，云集到北福建路唐家弄（今福建北路天潼路一带）的商务编译所。首先是张元济、蔡元培、高凤歧和夏曾佑进馆，而后是高梦旦、蒋维乔和庄俞接踵而至，现在杜亚泉又加盟进来，这一批人除蔡元培因故离馆外，其余诸同志构成了商务编译所最初的编译阵容。他们来自不同的领域，有着各不相同的阅历，但有一个共同的特点，他们都留心时务西学，富于新知，且都以昌明教育和为祖国谋文化上之建设为己任。张元济依靠这一人才群体，以世纪之初的学制变更为契机，大举编印教科书，并带动整个商务扬帆驶进知识更新的时代大潮，使商务迅速成为20世纪初年中国传播新学普及新知的重镇，从根本上奠定了商务初期腾飞的基础。

这首先当然应该归功于张元济，但也不能忘记参与创业的编译所诸同人，没有他们的咸来相助和精诚合作，张元济势必孤掌难鸣，商务自然也不会如此迅速地成为中国新书业的巨擘。在商务初期的腾飞过程中，杜亚泉这个名字是不应该被忽略的。

创办之初的商务编译所编印人员不多，懂理化、博物方面的人才更少，因此当时商务出版的理化、博物等方面的教科书和其他相关书籍，大都出自杜亚泉之手。即使是聘请馆外人士翻译，也大都由他亲自校订。据王云五称，杜亚泉为商务印书馆编著的关于自然科学方面的书多达百数十种。其中相当数量是教科书和教授法，范围从小学到中学以及师范学校，内容包括动物、植物、矿物、数学、物理、化学、生理及农业等。由于商务早期的出版物不少只署"本馆译"或"本馆编"，目前尚无法确定这些书中哪些是杜亚泉编译的，但仅就杜亚泉署名的书籍已相当可观。这里根据1911年第1期《东方杂志》所附的《商务印书馆出版图书总目录》及相关资料，将已知为杜亚泉1911年编译的各书罗列如下：

《文学初阶》6卷，初等小学堂国文教科书，1904年前出版，前4卷定价1角，后2卷定价1角5分。《东方杂志》创刊号登有该书广告云："绍兴杜亚泉著。书分六卷，自浅入深，循循善诱。始以一二字相联缀，导其先路，继以三四字成词句，掖其进步，依次递进，如升阶然。篇中词尚浅近，意取明晰，务期童蒙易悟。附图数百幅，凡飞潜动植服饰器用等类靡不惟妙惟肖。首卷并列教授诸法，尤便讲解。学生约半年读一册，足敷三年教课之用。"这是最早用新法编著的小学国文教科书之一。

《格致》，1901年出版。这是国人自编的具有系统性的早期新式教科书。

《矿物学》，1902年出版。这是目前已知最早的矿物学教科书之一。

以上三种教科书均为杜亚泉进商务前在商务出版的教科书。下面所列为杜亚泉进馆后一直到1911年前编译的自然科学方面的教科书：

《中学生理学教科书》（译著），定价4角。

《动物学教科书》（译著），定价6角。

《中学植物学教科书》（译著），定价6角。

《新撰植物学教科书》（译著），定价6角，经学部审定。

《矿物学》（译著），定价8角，为《最新中学教科书》之一，经学部审定。

《初等矿物学教科书》（译著），定价3角。

《理化示教》，定价2角5分，经学部审定。

《实验化学教科书》（杜就田编，杜亚泉校订），定价4角。

《化学新教科书》（译著），定价1元2角。

《物理学新教科书》（译著），定价1元。

《实验植物学教科书》（译著），定价5角。

《盖氏对数表》，定价6角5分，1909年初版，后曾多次重印。

《最新高等小学理科教科书》（4册，谢洪赉著，杜亚泉参订），定价8角，为高等小学教科用书之一。有广告称此书"材料精当，部次分明，最便高等小学理科之用"。

《最新高等小学理科教科书教授法》（同上），定价2元，有广告云，此书"备载教授时应用之器具、图画、标本模型及预备之方法，讲述之次序"。

《最新高等小学笔算教科书》（4册，杜亚泉等编），定价8角，为高等小学教科用书之一，经学部审定。学部评云："浅深比类，参互错综，皆采取各种新编而复参以经验，自较旧籍为精。"

《最新高等小学笔算教授法》（同上），定价除第2册为3角外，其余3册均为2角5分。

《最新农业教科书》（4册，杜亚泉、严保诚编），定价第1、2册各1角半，

3、4册各2角。有广告称该书"详述农事中浅近普通之知识,极便实用"。

以上诸书只是杜亚泉在晚清7年中编译或校订的众多自然科学教科书的一部分,但仅就这些教科书而言,已足以说明他在普及自然科学方面的突出贡献了,更何况这些书大都曾风行一时,成为那个时代的学子进学之阶梯。近代许多文化人的自然科学知识就是从这些书籍中获得的。据《蒋维乔日记》1906年条记载:他在这一年所读各书就有"杜译《植物学》一册、《生理学粹》两册、《普及动物学教科书》一册、《简明矿物学教科书》一册"。[①]在杜亚泉的倡议下,商务还创设了仪器馆,供学习和观摩动、植、矿物及生理诸科之用。同时举办标本仪器传习班,招收生徒,培养自制仪器、标本、模型的人才。杜本人经常到传习班义务授课。这在当时都是开风气之举。正因为他在商务初期腾飞中的突出贡献,在商务早期,他与高梦旦、陆尔奎一道被称为"创业三杰"[②]。

杜亚泉主持商务编译所理化部最初7年间,除了亲自编译和校订外,还组织理化部内外同人编译了大量的博物、理化、算学等教科书及辅助教材,这些书籍一般都由他亲自设计编辑,编译所理化部因此而成为20世纪初年中国最有影响的普及和传播近代自然科学知识的机构,确乎可谓功业彪炳!尽管在他之前,已有不少机构专门从事近代西方科学技术书籍的翻译与介绍,如教会主持的墨海书馆、美华书馆、益智书会、广学会等,政府官办的上海江南制造局翻译馆、京师同文馆、京师大学堂编译局等,均以翻译西书为务,其中绝大部分是自然科学方面的书籍。但这些机构翻译的西方自然科学技术方面的书籍多数并不着眼于普及教育和文化启蒙,影响有限。晚清以出版教科书为主业的30余家出版社也曾出版过不少自然科学方面的教科书,但无论是就质量、数量而言,还是就系统性和完整性而言,都无法和杜

[①] 汪家熔:《蒋维乔日记》,《商务印书馆馆史资料》第47期,第17页。
[②] 陈江:《邝富灼小传》,《商务印书馆馆史资料》第47期,第24页。

亚泉主持的理化部相媲美。据1911年《东方杂志》所载《商务印书馆出版图书总目录》统计，理化部组织编译的初等小学算学、格致教科书凡13种38册，高等小学算学、理科、农业和商业教科书凡13种57册，小学补习科简易数学和简易格致课本2种3册，中学地理、博物、理化、数学教科书凡82种101册，师范学堂用书12种14册，高等学堂用书1种，共计123种214册。其中经学部审定的初等小学教科书6种21册，高等小学教科书5种24册，中学教科书24种29册，师范学堂用书1种，高等学堂用书1种，另有经"总理学务大臣审定"的各类教科书5种，共计42种81册，占送审的各出版社之首。商务编译所理化部能有这样的成绩，与杜亚泉对科学技术的高度重视有关，也与他的精心擘画和实力倡导密不可分。诚如胡愈之所说，杜亚泉"对于自然科学的介绍，尽了当时最大的任务"[①]。

虽然在杜亚泉亲自编译和组织编译的众多书籍中，原创的东西并不多，用他自己的话说，只是一个"科学家的介绍者"，但其影响是非常巨大的。就商务的早期发展而言，这一大批教科书的畅销，一方面使商务成为世纪之初普及和传播近代自然科学技术的重镇，另一方面也为商务创造了可观的利润，壮大了它的实力，并为它的进一步发展奠定了坚实的基础。而就近代中国的知识更新和观念进化而言，其影响则尤为深远，它不仅一般地满足了世纪之初兴学浪潮对自然科学教科书的迫切需要，而且改变了整整一代人的知识结构，并进而推动新旧知识的更替和思想观念的进化，对近代科学观念的形成和科学精神的确立具有重大的启蒙意义。

三

除了大规模地编译近代自然科学书籍外，从1911年起，杜亚泉兼任《东方杂志》的主编。他上任伊始，即对《东方杂志》进行大刀阔斧的改良，

[①]《东方杂志》编辑部：《追悼杜亚泉先生》，《东方杂志》31卷1号，1934年1月。

此后的《东方杂志》从内容到形式都有了显著的改进。

《东方杂志》创刊于 1904 年，初定名为《东亚杂志》，正式发刊时依张元济的建议更名为《东方杂志》，以启导国民、联络东亚为宗旨，分社说、谕旨、内务、军事、外交、教育、财政、实业、交通、商务、宗教、杂俎、小说、丛谈和新书月旦等 15 个栏目，除撰译社说、广辑新闻外，并选录各种官民月报、旬报、七日报、双日报、每日报名论要件，主体部分是分类选刊当时比较权威性的文献和时政资料，同时刊出诸如《各省理财汇志》《各国理财汇志》那样的信息性材料，署名文章极少，可以说是一份汇集各种时政资料和信息性资料的大型文献性期刊。从 1908 年第 6 期起，言论部分的分量有所增加，但仍以时政性资料为主。

杜亚泉接任主编后，立即宣布对《东方杂志》进行大改良，在第 8 卷第 1 期卷首刊出广告，其中说："国家实行宪政之期日益迫，社会上一切事务皆有亟亟改进之观，我《东方杂志》刊行以来，已阅寒暑，议论之正确，记载之翔实，既蒙当世阅者所许可，顾国民读书之欲望，随世运而俱进，敝社同人不得不益竭绵力以谋改良。兹于今春扩充篇幅，增加图版，广征名家之撰述，博采东西之论著，萃世界政学文艺之精华，为国民研究讨论之资料，借以鼓吹东亚大陆之文明。"具体的改良办法有五：

（一）改 32 开本为 16 开本，每期 80 页 20 余万字，字数较前增加一倍；

（二）每期卷首列铜版图 10 余幅，随时增入精美之三色图版，各栏内并插入关系之图画；

（三）各栏内揭载政治、法律、宗教、哲学、伦理、心理、文学、美术、历史、地志、理化、博物、农工商业诸科学最新之论著，旁及诗歌、小说、杂俎、游记之类，或翻译东西杂志，或延请名家著作，以启人知识、助人兴趣为主；

（四）记载时事，务其大者，近自吾国，广及世界，凡政治上之变动，社会上之潮流，国际上关系，必求其原委，详其颠末，法令公文亦择要附录焉；

（五）定价特别从廉，仍如曩例。

与此同时，在同一版面上还刊登了《悬赏征文略例》，向社会各界征求关于政治及时事、有形无形诸科学、农工商实业方面的论著，以及诗歌、小说、杂俎、游记和游戏娱乐方面的论著。

与以前相比，大改良后的《东方杂志》无论内容还是形式都发生了根本性的变化：在内容方面，以前以选刊各种时政资料为主体，署名文章极少，现在以发表署名文章为主体，扩大篇幅，取消了谕旨、奏章等官方文件，同时大大压缩时事资料方面的篇幅；以前强调资料性，带有明显的资料选刊性质，现在改为时论性与学术性并重，旁及知识性和趣味性，可读性大大增强。在形式方面，以前为32开本，现在改为16开本；以前仅在卷首列数幅图片，现在不仅在每期卷首列铜版图10余幅，并随时插入精美的三色图版若干，而且在各栏内插入关系之图画，令人赏心悦目。这种变化，只要将改良前的最后1期（第7卷第12期）与改良后的第1期（第8卷第1期）的目录略作比较，即可以一望而知。前者分图画3幅、谕旨若干则、论说1篇、记载（内分中国大事记及补遗、世界大事记、中国时事汇录、世界时事汇录）、文件（公牍1篇）、调查（世界调查录1篇）、附录（新知识、杂纂、杂俎小说）、各表（京外职官表和金银时价表）；后者分图画（铜版图、三色版12页、插图54幅）、言论3篇、中外实事13篇、学术论文7篇，另有科学杂俎、连载小说、诗选、杂纂及中国大事记、外国大事记和职官表。二者之间的差异显而易见，前者大体沿用戊戌年代《时务报》的模式，以有限的论说和大量的时事资料为主，后者则开创了中国杂志界的新格局，已刊登各种论著为主体，大大地拓展和丰富了现代杂志的内涵与外延。因此，杜亚泉的大改良，对中国当时的杂志界而言，实质上是一次革命，它代表了一种现代杂志的崭新概念。此后创办的综合性杂志如《大中华杂志》等等大体都套用《东方杂志》的模式。单凭这一点，杜亚泉在中国期刊史上就应该有一个重要的地位。

经过杜亚泉的大改良，《东方杂志》焕然一新，"销行1万份以上，打破历来杂志销数的记录"[①]，成为当时中国杂志界最具影响力的大型综合性期刊。1934年1月胡愈之以"《东方杂志》编辑部"的名义撰写的《追悼杜亚泉先生》一文对此曾做过恰如其分的评价，其中说："杜亚泉先生主编《东方》，……先后共历9年。当时中国杂志界还是十分幼稚，普通刊物都以论述政治法令、兼载文艺诗词为限。先生主编《东方》后，改为大本，增加插图，并从东西文杂志报章，撷取材料，凡世界最新政治经济社会变象、学术思想潮流，无不在《东方》译述介绍。而对于国际时事，论述更力求详备，对于当时两次巴尔干战争和1914年的世界大战，在先生所主编的《东方杂志》，都有最确实迅速的评述，为当时任何定期刊物所不及。《东方杂志》后来对于国际问题的介绍分析，有相当的贡献，大半出于先生创建之功。"

在主编《东方杂志》期间，杜亚泉除了处理繁忙的编务、延请名家撰稿外，还大力译述介绍世界最新政治经济社会变象、学术思想潮流，在政治学、社会学、语言学、哲学方面亦致力于"科学思想的灌输"。从《东方杂志》第8卷第1期到第16卷第12期，他亲自撰写和译述的关于政治时事、自然科学和人文社会科学方面的论著多达300余篇，几乎每一期上都有他的多篇论著或译述，最多的一期甚至有12篇论著和译文出自他的手笔。这是一个相当惊人的数字！在数量惊人的论著中，杜亚泉始终以一个启蒙者和自由主义的立场纵横论列，在社会改造、政治鼎革以及东西文化问题上留下了许多极富针对性的深邃思考。譬如在国家与社会问题上，他倡导"减政主义"，认为"政府之进步，仰社会之提携"，政府不应当过多地干预社

[①] 章锡琛：《漫谈商务印书馆》，《1897—1987商务印书馆九十年——我和商务印书馆》，商务印书馆1987年版，第112页。

会，而应当尽力培植社会的活力，并保证其得以顺畅的发展，防止其因受阻而枯竭。在新旧问题上，他主张"接续主义"，所谓"接续"指的是旧业与新业相接续，二者不可割断。接续主义"一方面含有开进之意味，一方面又含有保守之意味"，他认为有保守而无开进则拘墟旧业，有开进而无保守则使新旧之间的接续截然中断，势必动摇国家的基础。在东西文化问题上，他提倡精神文明，发扬东方思想，但并未放弃科学的立场；"其人生观和社会观，始终以理智支配欲望为最高理想，以使西方科学与东方传统文化结合为最后的目标"①，对于固有文明主张"科学的刷新"，反对"固执地保守"，对于西洋文明主张"相当的吸收"，但反对"完全的仿效"……杜亚泉是一个具有科学头脑、坚持理性的人，也是一个温和渐进的改良主义者，不相信一阵呐喊或一两次激进的运动就能解决中国的现代化问题，他的所有这些思考大致都沿着温和的渐进的改良进路展开。

然而，从辛亥到"五四"，随着"共和政体"的蜕化变质，中国的思想界发生了深刻的变化，一场以激进反传统、重建现代价值为主旨的启蒙运动和思想革命蓬蓬然而起，它以《新青年》杂志的创办为标志，并迅速蔚为时代主潮。在新文化凯歌行进的精神气候之下，杜亚泉的渐进改良的理念就"显得过于稳健，过于持重，过于保守了"②。据说，当时杜亚泉曾作打油诗讥讽《新青年》所倡导的白话诗，其诗云："一个苍蝇嘶嘶嘶，两个苍蝇吱吱吱，苍蝇苍蝇伤感什么，苍蝇说：我在作白话诗。"③对白话诗的态度在一定程度上反映了他对新文化的态度，这种态度说明他与时代之间存在着鲜明的反差。作为《东方杂志》的主编，杜亚泉与时代之间的这种反差，在很大

---

① 《东方杂志》编辑部：《追悼杜亚泉先生》，《东方杂志》31卷1号，1934年1月。
② 王元化：《杜亚泉与东西文化问题论战》，《杜亚泉文选》序，田建业等编：《杜亚泉文选》，华东师范大学出版社1993年版，第5页。
③ 胡愈之：《回忆商务印书馆》，《1897—1992商务印书馆九十五年——我和商务印书馆》，商务印书馆1992年版，第124页。

程度上也决定了《东方杂志》与时代主潮的偏离，这种偏离又反过来决定了杜亚泉及《东方杂志》的命运。尽管在今天看来，杜亚泉渐进改良的理念有非常独特的不容抹煞的价值和意义，"其思路之开阔，立论之坚实，见解之深邃，往往难为后人所超迈"[①]，但在当时的思潮背景中，杜亚泉及《东方杂志》非常自然地成了《新青年》集矢的靶子。1918年9月，陈独秀率先发难，在《新青年》第5卷第3号发表《质问〈东方杂志〉记者——〈东方杂志〉与复辟问题》，遂引发了一场旷日持久的东西文化问题大论战。同年12月，杜亚泉在《东方杂志》第15卷第12号上发表《答〈新青年〉杂志记者之质问》，回应陈独秀的驳难。次年2月，陈独秀又在《新青年》第6卷第2号上发表《再质问〈东方杂志〉记者》作为一种间接的回应，杜亚泉在这一年的《东方杂志》上接连发表了《大战结束后国人之觉悟如何》《中国政治革命不成功及社会革命不发生之原因》《新旧思想之折衷》《何谓新思想》等论文，全面申论了自己在东西文化问题上的主张。较之陈独秀的"质问"，杜亚泉的申论无疑包含了更多的理性成分，但形势比人强，《东方杂志》与时代主潮的偏离，以及由此而受到《新青年》的猛烈批评，使《东方杂志》日益显得陈旧落伍，销量亦急剧下滑。在这种情况下，出于声誉与营业上的双重考虑，商务领导层决定改组《东方杂志》乃成必然。于是，1920年初杜亚泉无奈地告别了《东方杂志》！从此，他基本上从言论界消失了，当时及尔后的爱智者再也无从继续领略其言论的神采了。

四

告别《东方杂志》后，杜亚泉继续留在商务，专任编译所理化部主任。辞去《东方杂志》主编之职，对他而言是一件无奈的事，但他并没有因此而沮丧，

[①] 王元化：《杜亚泉与东西文化问题论战》，《杜亚泉文选》序，田建业等编：《杜亚泉文选》，华东师范大学出版社1993年版，第10页。

仍然一如既往地从事自然科学的编译之业，为自然科学的传播和普及而努力。

和晚清时期略有不同，民国时期，他除了继续编纂中小学自然科学教科书和其他一些普及读物外，更侧重于主持编纂高质量的辞书和传播较高层次的自然科学著作，并陆续由商务印书馆出版发行，以满足不同层次读者的需求。这些辞书和著作主要有：《有机化学》（杜亚泉、郑贞文编），《矿物学》（中学共和国教科书，经教育部审定），《新编植物学教科书》，《高等植物分类学》（"百科小丛书"之一，1933年初版），《下等植物分类学》（"百科小丛书"之一，1933年初版），《植物学大辞典》（杜亚泉主编，1918年初版），《动物学大辞典》（杜亚泉主编，1922年初版），《食物与卫生》（合译，《东方文库》第54种，1924年出版），《博物学教授指南》（1924年出版），《动物学精义》（译著，"大学丛书"之一，1939年初版），《化学工艺宝鉴》（1917年初版），《小学自然科词书》（合编，1934年3月初版）。这些书籍中尤以他主持编纂的《植物学大辞典》和《动物学大辞典》为空前巨制。前者集13人之力，历时12年之久，凡300余万字，蔡元培称"吾国近出科学辞典，详博无逾于此者"；后者凡250余万字，囊括和整合了中外有关动物学资料及最新的研究成果，可谓集中外动物学研究之大成。二者均为我国近代动植物科学辞书的开山之作，于增进动、植物科学研究的贡献极大，至今仍有一定的参考价值。

一个人的一生能做成的事是极为有限的，杜亚泉无疑尽了自己的最大努力。他在漠视科学技术的时代里始终以罕见的热情致力于自然科学知识的传播和普及，至死不改其志，这种精神尤其令人钦佩。1932年初，商务印书馆被炸毁后，编译所解散，杜亚泉被迫离开供职28年之久的商务，举家避难返乡。"士唯有品乃能贫。"那时他债台高筑，经济非常拮据，且疾病缠身，但他依然不能忘情于科技知识的普及，特别对小学自然科教师参考书之严重缺乏耿耿于怀，他说："小学有了理科或自然科的课程，已经几十年，而国民于自然科学的常识绝少进步。其原因不止一端，但是小学教师参考资料之短缺，和小学生补充读物之不足，使教者和读者都呆守着一本教科书，既感兴趣的贫乏，又没有考证和旁通的机会，在这种情况之下，自然科学的常识不易进步，自系当然的结果。现在关于小学生的补充读物，如儿童理科丛书、少年自然科学丛书等，陆续印行，为数似尚不少，而可供小学自然科教师用的参考书还是没有。因此便决意编著一部专供小学教师用的小学自然科词书，以补此憾。"[1] 于是，他变卖了老家的所有产业，邀集几位亲友组织了千秋编印社，焚膏继晷地编纂《小学自然科词书》，该书收录自然科学词汇2000余条，包括自然科学、天文学、气象学、物理学、化学、矿物学、地质学、地文学、生物学、植物学、动物学、医学、生理学、卫生学、工程学、农业、森林、化工、制造、建筑、摄影术、游戏、食品等23类，书末附有四角号码索引、西文索引、分类索引。全书近90万字，内容极为丰富、实用，是一部深入浅出的极具参考价值的小学自然科教师用书。据说，该书编成后，世界书局曾出高价争购，但杜亚泉不为所动，仍决定交商务出版，以实际行动支援商务的"复业"奋斗。令人遗憾的是，这部小学教师教学参考书未及出版，他便因病长逝了。

杜亚泉逝世的消息传到商务后，商务同人莫不震悼！1934年1月18日，张元济在批转杜海生请为杜亚泉遗像题字的来函时写道："祈代请汤颐翁代撰诔词，最好用长语句韵语……弟精神涣散，竟不能握管。多劳良友，且感且悚。亚翁入商务印书馆甚早，先自设普通学书室，后以营业不佳，并入商务，遂入公司任事，盖三十年矣。"字里行间浸透着对杜亚泉猝逝的哀伤之情。王云五特别为杜氏遗著《小学自然科词书》作序，对杜氏的劳绩给予肯定和表彰，并以最快速度出版此书。胡愈之则以"《东方杂志》编辑部"的名义发表《追悼杜亚泉先生》一文，以饱蘸感情的笔触沉痛缅怀了杜亚泉一生的志业。由于杜亚泉晚景凄凉，身后萧条，且尚有二子在中学肄业，商

---

[1] 谢振声：《杜其堡先生事略》，《商务印书馆馆史资料》第35期，第5页。

务同人蔡元培、郑贞文、钱智修、高梦旦、张元济、傅纬平、何炳松、庄俞、周昌寿、李宣龚、王云五和夏鹏等12人于同年1月联名发出"铅印单张",为杜亚泉募集子女教养基金,其中写道:

> 旧同事杜亚泉先生不幸于上年十二月六日在籍病故。念先生服务商务印书馆,垂三十年,遭国难后,始退休归里,然犹任馆外编辑,至弥留前不辍,可谓劳且勤矣。今闻溘逝,身后萧条,尚赖其族戚亲友为之经纪其丧,文士厄穷,思之可慨。顾其夫人亦老而多病,稚女未嫁,二子在中学肄业。同人等久契同舟,感深气类,悯其子女孤露,不可使之失学。因念先生遗风宛在,旧雨甚多,或以桑梓而悉其生平,或以文字而钦其行谊,必有同声悼惜,乐与扶持。为此竭其微忱,代申小启,伏希慨解仁囊,广呼将伯,集有成数,即当储为基金,使其二子一女,皆可努力读书,克承先业,则拜赐无既,而先生亦必衔感于九泉之下也。[1]

这一教养基金后来究竟募集到多少,已无从稽考,但这篇文字所表达的感念和心意,作为杜亚泉与商务关系的最后见证,多少令人感到温暖和欣慰。然而,像杜亚泉这样"品格崇高、行足讽世之学人",这样对民族文化教育事业做出突出贡献的智者,这样把自己毕生的精力与智慧全部都献给科技启蒙的"科学界先驱",身后竟如此萧条,甚至不得不借棺入殓,又不禁令人感慨系之。

原载《档案与史学》1998年4期,标题有修改

---

[1] 蔡元培等:《为杜亚泉募集子女教养基金启》,见高平叔编:《蔡元培全集》第六卷,中华书局1988年版,第376页。

杜亚泉与商务印书馆史事考略

张稷

杜亚泉（1873—1933），原名炜孙，字秋帆，浙江绍兴人，近代著名出版家、思想家、教育家、翻译家、编纂家，二十世纪科学先驱。杜亚泉一生鞠躬尽瘁，致力于"为国家谋文化上之建设"，对近代中国的科学、文化、教育、出版等事业做出了巨大贡献。上世纪90年代，杜亚泉思想重获学界关注，此后相关研究成果宏富。应该看到，杜亚泉并非"书斋型"知识分子，其思想形成和嬗变与其生平事业关系极大，而学界对其生平史事的考订梳理仍较薄弱。从1901年受商务印书馆之邀为其编纂教科书，直到1933年病逝，杜亚泉服务商务前后三十余年，其中在馆内任编译所理化部主任28年，主持《东方杂志》约9年。其科学救国、教育救国理想的施展，其关于中西文化关系等主要思想洞见的发表，均是以商务印书馆为中心舞台展开的。可以说，杜亚泉和商务印书馆是互相成就的。一方面，他的平生事业大多以商务印书馆为依傍，其主要思想亦在商务工作期间形成和发展，并藉商务的书刊广为传播；另一方面，他也是商务成为当时中国最重要文化机关的重要推手之一，其个人毁誉荣辱亦系于此间。杜亚泉思想的形成、变化及影响，亦很难脱离他在商务印书馆三十余年的事业背景。杜亚泉在商务印书馆及前后兼及的事功，涉及科学普及、普通教育、编辑出版、文仪制造等多端，既是文论家，又是实干家，考订周详，亦非易事。本文以"杜亚泉与商务印书馆"为题，对杜亚泉的生平史事以及历史贡献，择其大端作一点考订和考察，亦可为相关研究提供略为详尽的史事背景。

一

杜亚泉进商务前，已立志教育，从事出版。1900年在上海办有亚泉学馆，出版《亚泉杂志》。《亚泉杂志》于1900年11月29日（清光绪二十六年阴历十月初八日）创刊，共出10期。亚泉学馆编印、发行各类以教科书为主的自然科学图书，是杜亚泉从事出版的端始。杜亚泉最早的文章，便出自杂志创刊号。在《亚泉杂志》创刊号卷末"辑录余谈"里，他谈到对出版的认识："试观近年来出版新书甚属寥寥，著作之权落于书贾之手，大率任意抄袭，改换名目，而士林争购之。其弊之由来，因吾等读书之人胶固成见，不肯著出新书，又不留意于印刷之事，意谓著作盛业不可妄，希且必藏之名山，传之后世，方可不朽。此意虽甚盛重，而实阻碍文化之进步"。然而，"书籍者，记录事物、传布意旨、交换知识，非必务冀不朽，且世界中除经典史册外，亦断无传之不朽之书。东西书册，岁岁更新，陈编旧简无过问者，盖精益求精，每数年必须修改也。至印书之事，我辈尤宜留意图表行幅之类著作者，皆自具匠心，若任他人为之，多失本意。我辈际此时会，当以将来文学之汲引者自任，若非广播书籍，何以发达民智，故印刷之事实为吾辈求进步之脚踏车矣"。正是由于"铅字石印之法兴，士风一变"，"吾观西来教士，到处设书会印书，廉价广布，其精到者士林皆珍为鸿宝，有名之印字馆皆教士所立，窃恐将来进步之事，借外力以成之。"[①]杜亚泉紧迫于如果不发展中国人自己的出版事业，进步之事就会被传教士越俎代庖，取而代之。

创刊号《〈亚泉杂志〉序》里，杜亚泉首先阐明了科技之于社会发展的重要性，认为："存活我社会中多数之生命者，必在农商工业之界。"杜亚泉

---

① 杜亚泉：《辑录余谈》，《亚泉杂志》第1期封底，1900年11月。

简要说明了办刊宗旨："揭载格致算化农商工艺诸科学，其目的盖如此。"① 亚泉学馆出版有杜亚泉译《化学定性分析》《支那文明史论》；蔡元培著《学堂教科论》；以亚泉学馆名义编译的《普通矿物学》《普通植物学》《普通动物学》《普通质学》《普通化学》《普通数学》《普通英文典》《普通生物学》等。1901 年 4 月，亚泉学馆因经营困难停办，受父亲杜锡三资助，改办普通学书室。普通学书室因袭了亚泉学馆的办学宗旨，但内容上有所扩展。1901 年 10 月，创刊了"注重科学，兼载时事及政治"②的《普通学报》，1902 年 5 月停刊，共出 5 期。但普通学书室继续经营，仍编印发行以自然科学为主要特色的教科图书，有：《普通新历史》《数学揭要》《代数学揭要》《合数术》《微积备旨》等。③

《亚泉杂志》和《普通学报》均委托商务印书馆印刷，杜亚泉开始与商务印书馆发生联系，并与夏瑞芳、张元济熟稔起来。他应邀为商务印书馆编写教科书。1901 年还与张元济、蔡元培、商务印书馆等合办《外交报》。④由张元济主编，拟由蔡元培任主撰，由商务印刷。《外交报》初期由普通学书社发行，1902 年底改为由商务发行。1903 年 10 月商务印书馆出版了杜亚泉编纂的《绘图文学初阶》（简称《文学初阶》）。《文学初阶》旨在培养国人的识字、造句、写作等"应世"语文能力，早于 1904 年出版的《最新国文教科书》，是商务印书馆出版的第一部国文教科书，也是最早由国人自编的近代语文教科书之一。《文学初阶》共 6 册，供小学堂每半年一册，用三年。该书就儿童身边常见的浅近事物编写识字课文，并穿插各科浅近知识、伦理修身、读书学艺等内容，其自然科学知识的广度、深度和通俗性，都是前所

---

① 杜亚泉：《〈亚泉杂志〉序》，《亚泉杂志》第 1 期，1900 年 11 月。
② 蔡元培：《杜亚泉君传》，《杜亚泉先生讣闻》，开明书店代印，1934 年。
③ 赵学舟、王细荣：《普通学书室出版与发行研究》，《中国出版史研究》2022 年第 3 期。
④ 起初拟定名为《开先报》，创办时正式定名为《外交报》。《蔡元培日记》（上），北京大学出版社 2010 年版，第 184 页。

未有的。《文学初阶》不断重印，被汪家熔称为"从教育学的原理讲，是我国小学课本史上划时代的一部课本"①。1904年普通学书室"营业疲顿"濒临破产，杜亚泉受夏瑞芳、张元济邀请，带着普通学书室的"生财"入股商务。彼时商务印书馆编译所成立不久，出版事业尚处起步，夏瑞芳、张元济、高梦旦等在日本编辑家的襄助下，正在编撰一套旨在以新知识培育新国民的新型教科书。10月，杜亚泉进编译所，参加最新教科书编纂，旋被聘为理化数学部主任。

杜亚泉为商务所倚重，不得不提及他的学问造诣，以及他教育救国、科技救国的志向。近代西学东渐，在船坚利炮的压迫下，国人民族意识觉醒，最感切肤的是科学技术之于救国图存的重要。中华民族数千年繁衍生息，产生过灿烂的科技文明。但有关知识的传承，或属畴人之学，例如天文历法中算，往往在与宫廷王室有特定关系的家族中传续；或在民间以师徒相授，如营造、农业、工商业、医学等，均从未纳入过普通教育；近代西方科学陆续传入，至十八世纪末，也未及推广到普通教育当中。与同时期绝大多数知识分子一样，杜亚泉起初也致力"清初大家之文""治训诂"，且"考经解，冠阖郡"，即在乡试中获得过经解全郡第一②。但他很快意识到，传统经学、小学于兴邦救国无裨实用，旋即自学数学。不几年，"君考算学，又冠阖郡"。③蔡元培曾评价他，"脑力特锐。所攻之学，无坚不破，所发之论，无奥不宣"④。杜亚泉学习数学，"由中法而西法，读李善兰、华蘅芳二氏书。"⑤杜亚泉常以西方代数运算的结果，与习中算的叔叔杜山佳用中国古代天元术方程

---

① 汪家熔：《"鞠躬尽瘁寻常事"——杜亚泉和商务印书馆与〈文学初阶〉》，《商务印书馆一百年 1897—1997》，商务印书馆 1998 年版，第 669—687 页。
② 蔡元培：《杜亚泉君传》，《杜亚泉先生讣闻》，开明书店代印，1934 年。
③ 蔡元培：《杜亚泉君传》，《杜亚泉先生讣闻》，开明书店代印，1934 年。
④ 蔡元培：《杜亚泉君传》，《杜亚泉先生讣闻》，开明书店代印，1934 年。
⑤ 蔡元培：《杜亚泉君传》，《杜亚泉先生讣闻》，开明书店代印，1934 年。

运算相印证。"自是而后，兼习理化，兼习东文"①，很快熟识日语且初通英文，进而接触到整个西方文化。

杜亚泉入商务前，在科学教育普及方面已颇具声名。清末教育转型，自然科学成为新教育的难点和焦点，杜亚泉投身教育救国，锁定了科学救国的方向，亚泉学馆便是首次把自然科学引入到普通教育范畴的教育出版实践。亚泉学馆、普通学书室均以出版"科学书及教科书"②为主业。此外，杜亚泉还历履中西学堂算学教员、浔溪公学校长、越郡中学办学及理化博物教员、上海爱国女校不支薪之理科教员等职，拥有实际科学教学的经验。杜亚泉教育救国的抱负，与"吾辈相约以扶助教育为己任"的商务领导层志趣相投，而杜亚泉人文与科学并举的复合知识视野，在上下急欲引进西学以求自强，而士林学问仍以传统经学为主流的二十世纪初叶，无疑是极为稀缺的。对商务来说，杜亚泉可谓主持新出版自然科学目的最佳人选。

办新教育至少需要两个条件：新知识教员和新知识教科书。这两者中，教科书尤要先行。翻译—编译—自撰，是近代教科书发展的一般路径。与后来接受外部来稿的"编辑部"不同，"编译所"承担了书稿的翻译和编著工作。加入商务印书馆，杜亚泉摆脱了经营的琐碎，得以专心从事理化、博物等各自然科学教科书的编纂。

"理化数学部"，常被简称为"理化部"。编译所设立之初，规模不大，书稿以外包为主，常任编辑仅有高梦旦、蒋维乔等寥寥数人，同时聘谢洪赉、伍光建、夏曾佑、庄俞、徐隽等为馆外编辑（部分人不久进馆），编撰蒙学、历史、地理、算学、英汉读物等以教科类为主的图书。不久又分设国文、英文、理化、字典等部。高梦旦任首任国文部主任，杜亚泉为理化部主

---

① 蔡元培：《杜亚泉君传》，《杜亚泉先生讣闻》，开明书店代印，1934年。
② 蔡元培：《杜亚泉君传》，《杜亚泉先生讣闻》，开明书店代印，1934年。

任,颜惠庆、邝富灼先后负责英文部,陆尔奎负责字典部。早期编译所,杜亚泉是除张元济、高梦旦以外,也参加过编译所会议的编辑,其在编译所的地位,仅次于高梦旦。与其他科目相较,理化数学人才较之其他科目更加稀缺。好在数学在绍兴杜家有一定家学基础;而"实学"这条新出路,想必在绍兴亦有一定的跟随效应。杜亚泉热心拉乡族读书人以科学立身,引荐了杜山佳、杜山次、杜就田、寿孝天、骆师曾、章锡琛、杜其堡等绍兴人士入馆,他们大都进了理化部,被称为"绍兴帮",与国文部的"常州帮"形成了有趣的对比。"绍兴帮"实为商务印书馆科学编译人才的重要来源。

所谓"理化数学",即物理、化学、数学。但"理化部"的范围,却广泛涵括理工各科,实为编译所学科范围最广、工作难度最大的部门。商务印书馆的出版事业,本即以教科书起家,教科书的编纂、发行及其相关事业,为其核心业务。杜亚泉所负责的理化部教科书,小学有算学、笔算、格致、理科等,中学有数学、物理、化学、生物、生理、动物、植物、矿物、博物、农业等。1919年,理化部分为理化、博物两部[①],留日归国的郑贞文接任理化部主任,杜亚泉专任博物部主任。杜亚泉不仅负责出版博物书籍,还提议开办标本仪器传习班,充实馆内教学仪器标本和模型制造人才。[②] 郑贞文谈及,早期理化部"理化和博物合为一部,部长杜亚泉能阅日文,商务初期的理化教科用书,都是由杜据日文书籍参考编成"。[③] 胡愈之回忆,"商务印书馆初期所出理科教科书及科学书籍,大半出于先生手笔"[④]。章锡琛回忆:"自是终其身凡二十八年,馆中出版博物理化教科参考图籍,什九皆出君手。"[⑤]

---

① 理化数学部在20世纪20年代又分为数学、博物生理、物理化学三部。
② 杜耿苏:《杜亚泉——商务印书馆初创时期的自然科学编辑》,《绍兴文史资料选辑》第一辑,1983年12月,第239页。
③ 郑贞文:《我所知道的商务印书馆编译所》,《1897—1987商务印书馆九十年——我和商务印书馆》,商务印书馆1987年版,第201页。
④ 胡愈之:《追悼杜亚泉先生》,《东方杂志》31卷1号,1934年1月,第303页。
⑤ 章锡琛:《杜亚泉传略》,教育部:《第一次中国教育年鉴·教育先进传略》,开明书店1934年版,第413页。

周武教授从 1911 年第 1 期《东方杂志》所附《商务印书馆出版图书总目录》统计，仅晚清 7 年，杜亚泉编纂、编译的教科书有：《绘图文学初阶》《格致》《矿物学》《中学生理教科书》《动物学教科书》《中学植物学教科书》《新撰植物学教科书》《最新教科书·矿物学》《初等矿物学教科书》《化学新教科书》《物理学新教科书》《实验植物学教科书》《盖氏对数表》《最新笔算教科书》《最新笔算教授法》等 15 种，校订的有《实验化学教科书》《最新理科教科书》《最新理科教授法》等 3 种。[①]除了这些教科书，杜亚泉还编译了《盖氏对数表》《中外度量衡比较表》《化学工艺宝鉴》《高等植物分类学》《下等植物分类学》《动物学精义》等。杜亚泉还编写了《格致教授法》《博物学教授法》之类的教学法书籍，供教师参考。1934 年 3 月，王云五为杜亚泉遗著《小学自然科词书》写序道："杜亚泉先生提倡自然科学最早，三四十年来，编著关于自然科学的书百数十种。"[②]其用力之深、涉猎之广、著述之多，在名人如织的商务编译所，亦无有出其右者。杜亚泉因此被誉为"中国近代编译教材第一人"[③]。

从 1901 年杜亚泉受邀为商务印书馆编纂教科书开始，其在馆服务期间，正值四万万中国人中，接受新教育者，起初每年仅零星的数百上千人；而至其去世的 1933 年，全中国在校接受新教育的中小学、大学学生总数，已发展到 1300 余万人。[④]而商务印书馆教科书在全国占比最多时高达 80%，这其中理科教科书品种占到全部教科书品种一半以上。商务印书馆的营业，亦由最初数千元发展到 1200 余万元。杜亚泉对近代科学教育事业的贡献，对商务印书馆的发展，可谓居功至伟。

---

① 周武：《杜亚泉与商务编译所》，《科学》2016 年第 1 期，第 50 页。
② 杜亚泉、杜其堡、杜其垚：《小学自然科词书》，商务印书馆 1934 年版。
③ 陈镱文：《〈亚泉杂志〉与近代西方化学在中国的传播》，科学出版社 2017 年版，第 33 页。
④ 见《第二次中国教育年鉴》，商务印书馆 1948 年版，第 1400 页、1428 页、1455 页。

随着研究的深入，杜亚泉对近代科学普及和教育文化事业的贡献，不断为世人更多地了解。其中未曾引起注意却尤为值得一提的，是杜亚泉对传统科技知识的重视和传承。以数学为例。得益于对中国传统算术的学习和了解，杜亚泉系统引进西方自然科学的同时，同样关注中国传统算学的传承和应用。他力主将珠算纳入"新教育"体系，又发明了珠算的开平方和开立方的方法。18世纪末19世纪初，社会倡导新教育，在中国连贩夫走卒也须臾不能离手的珠算术，在一般学堂却未设课程。1901年杜亚泉在《亚泉杂志》第8期、第9期①连续发表《珠盘开方法》，介绍自己发明的珠算开平方和立方的方法，并提倡将珠算列入学堂课程。他说："我国向有之普通算学，即珠算是也。但珠算中仅于加、减、乘、除四事，立有成法，其他则未闻。……若添以开方一门，以期完备，不亦善乎。"他对比日本学校对珠算的重视，指出将珠算列入普通课程对于我国自定教育宗旨、自立教育方法的象征意义："珠算为我国最便于应用之事，而现在学堂中学生，仅学笔算而不学珠算，甚为非是。其故因我国初创学堂，或系延请西人教习，或沿用西国成规，故将珠算遗弃而不列课程之内，可见本国之人，不能自定教育宗旨，自立教育方法，殊可愧也。日本之中小学校，珠算教科甚重，有特许专利学校用之悬算盘，及学生用之长算盘，其教科书不知若干种，与笔算相须而用，其法甚善，愿教育家之留意也。"北洋官报局[清]所编在文教界颇具权威的《学报汇编》曾转载此文，其"校者志"对杜亚泉的主张表示支持，称"算学一切法门，不外加减乘除开方五法而已，吾国向以珠盘为普通算器，便捷远过于筹笔，然而畴人家率弃置不屑道者，以其能加减乘除，而不能开方，则于他术多所障碍也。杜君亚泉为补开平立方二法，珠盘之用，始为完全。日本中小学校，珠算列于专科，与笔算相须为用，法至善也。矧吾珠算祖国，可不设法表章，以保国粹之一端乎？"1904

---

① 杜亚泉：《珠盘开方法》，《亚泉杂志》第8期、第9期。

年商务出版了蒋士荣编《普通珠算学》(1904);[①]1905年、1907年先后出版最新教科书珠算初小版和高小版,分别为杜就田编《最新珠算入门》(初等小学堂用),1907年杜综大、杜秋孙编《最新珠算教科书》(高等小学用)。此后历次教科书翻新,如"共和国教科书""新学制教科书""新法教科书""复兴教科书"等,都会编订新版珠算教科书。同样以教科书出版见长的文明书局、中华书局、世界书局等,也都出版了多种珠算教科书。传统珠算在西学东渐的滚滚潮流中幸免了被淘汰的命运。1949年后,在计算器发明之前,我国许多重大科技突破的复杂数学计算,均运用了珠算。当下,珠算被普遍认为能够提高人的心算能力和计算效率,在珠算基础上发展的"珠心算"亦被广泛用于学前儿童的数学启蒙。仅据此,杜亚泉在数学史上应有一席之地。

有人形容杜亚泉之于二十世纪的中国科学,犹如"盗火者"普罗米修斯,他系统引进近代科学,通过商务印书馆这个推行新教育的平台,点燃了科学教育和科学普及的燎原之火,为传播科学知识、培养科学编译人才、影响国人形成科学观念,做出了奠基性贡献。

二

吸收新知识,产生新概念,汉语整体面貌急遽地发生变化,中西杂糅、古今交织,概念极为混乱。"癸卯甲辰之际,海上译籍初行,社会口语骤变。报纸鼓吹文明,法学哲理名辞稠迭盈幅。然行之内地,则积极消极、内籀外籀皆不知为何语。"[②]语言的混乱即知识的混乱。新词汇累积到一定程度,必须加以整理。一方面新概念亟需统一名称和明确定义,另一方面,经由各种管道进入汉语的错综杂糅的新知识也需规范化和系统化;与此同时,本土知

[①] 见孔夫子旧书网。注明1904年第三版。因未展出版权页,编者不详。从冠以"普通学"字样判断,很有可能由普通学书室编,初版在普通学书室出版。目前所搜寻到的普通学书室出版的图书目录,未见此书。
[②] 陆尔奎:《辞源说略》,《辞源》卷首,商务印书馆1915年版。

识体系迫切需要与西来知识体系衔接整合，以沟通古今、汇通中外。而辞典是知识整理的最佳载体。1906年陆尔奎进馆，发出"国无辞书，无文化之可言"的呼吁，商务印书馆规划编纂各科专门工具书，"公司当局，拟即着手编纂专门辞典二十种，相辅而行。"①

基于"吾国编纂辞书，普通必急于专门"的考虑，"与字书之性质，则迥乎不侔"②的"词"典《辞源》受到馆内重视，商务调集各部人员参加。与1979年第二版之后《辞源》的语文工具书性质不同，老《辞源》是以语词为主、兼收百科的综合性辞书。辞书编纂，最主要的学术性工作是两项：一是定词，根据编纂宗旨确定所收词汇；二是释义，给每个词分出义项并加以解释。杜亚泉负责理化博物等百科词汇。他参考日文和西文文献，吸收晚明以来近代科学研究和外来科技名词整理的成果，将这些科学概念用汉语固定到辞典条目中；本土的汉语科技名词，则整合古、今、中、外能够触及到的知识进行梳理融合、分项释义。因史料阙如，杜亚泉编纂《辞源》的具体情形已难以稽考，沈国威教授注意到老《辞源》专科词汇存在词源不清的问题并对其溯源。③但毋庸置疑，这是一项前无古人的浩大的知识整理工作。《辞源》在近代辞书编纂史的各个方面都是开创性的、具有划时代意义。如其百科释义，第一次摆脱了传统字书的体例。以"水"为例。传统字书"水"多释为"水，准也。"其科学属性向来不列义项；《辞源》："水，轻气氧气化合之液体，无色无臭。摄氏表百度则沸，冷至零度凝为冰。"——全然是科学意义上的"水"物质了。这一释义角度被延用至今，被几乎所有工具书列在"水"条的首义项。④

---

① 方毅：《辞源续编说例》，《辞源续编》卷首，商务印书馆1931年版。
② 陆尔奎：《辞源说略》，《辞源》卷首，商务印书馆1915年版。
③ 沈国威：《〈辞源〉(1915)与汉语的近代化》，《中国出版史研究》2017年第4期。
④《现代汉语词典》各版的"水"条第①义项，均延用了《辞源》解释，增加了化学式 H_2O 和"在标准大气压下"冰点、沸点等。见《现代汉语词典》各版；最新版为第7版，商务印书馆2016年版，第1224页。

在编纂《辞源》的过程中,各分科辞书的眉目逐渐清晰了起来。国文部通晓古汉语、古籍及传统典章社会制度,决意编纂《中国人名大辞典》《中国古今地名大辞典》等;理化部通晓科技和外文,于是以杜亚泉为主,编纂完成了《植物学大辞典》和《动物学大辞典》;又在杜亚泉指导下,以杜其堡为主,编纂了《地质矿物学大辞典》。嗣后商务陆续出版的专科大辞典,还有哲学、医学、教育等。杜亚泉主持的《植物学大辞典》和《动物学大辞典》,被誉为"科学界空前巨著"[1]。

《植物学大辞典》于 1918 年 2 月出版。1917 年第 14 卷第 10 期《东方杂志》,刊登了预售广告,称辞典"编辑时期,始于前清光绪三十二年丙午,成于民国六年丁巳,前后共十有二年。编辑人延请科学专家及通东西文字者,分任编辑,先后共十三人"。[2] 从中可以看出,《植物学大辞典》虽然 1918 年才出版,晚于《辞源》(1915 年),但其启动时间为 1906 年,早于《辞源》(1908 年),可见是商务印书馆最早着手的现代意义上的大型工具书。

杜亚泉领导的理化部编纂中小学教科书,主要参考资料为日本及西方有关书籍。他们发现,日语和西语的名称术语,往往很难找到对应的汉语植物名称,于是萌发了编纂中日西植物名称对照表的想法。编纂中不断发现新问题,于是不断修改计划。中国动植物种类繁富,中华民族是农耕民族,历史上积累了大量以植物学为中心的农业、工业和药用知识,分散在众多典籍中,但名称却不确定。同一种植物,此书所称与彼书不同,所谓"同物异名者甚多"[3]。西方植物学家一度热衷于考订中国植物,根据其科属定以拉丁学名。日本明治维新后亦出现一批涉及中国植物的名物考订及科学成果。《植

---

[1] 胡愈之:《追悼杜亚泉先生》,《东方杂志》31 卷 1 号,1934 年 1 月,第 303 页。
[2] 《植物学大辞典预约出版广告》,《东方杂志》14 卷 10 号(1917 年 10 月),第 15 页。
[3] 《植物学大辞典·凡例》,《植物学大辞典》,商务印书馆 1918 年版。

物学大辞典》便是要整理、连通这些古今中外的植物学知识，形成以本国语言为主体的多语言对照的植物学名称术语和基础知识体系。这部辞典洋洋300万言，以8980个中文植物名称术语为主体，在中文条目下，注有4170条日语名称和5850条西文名称术语（所谓西文，植物名称下，所附西文为学名即拉丁文；植物学术语下所附西文为英语和德语，德语为斜体）[1]。六、七种文字[2]，每种文字又分学名、普通名、别名、术语等，仅各语种的植物名称术语，便形成了大量的错综复杂的排列组合关系，但这不过是第一步。辞典还要标注植物科属，述其形态特征，说明用途和原产地等，部分本土植物还要标注词源，重要植物更是配以图片。辞典所附1000余幅植物白描图片细致精美，一旁注有手写体的植物名称。在百余年前的排版和印刷技术条件下，这部大辞典排印是相当复杂而浩大的工程。幸而商务以印刷起家，美术图画、排字制版、印刷装订，样样独步中国，不遑让世界任何先进。今天翻开这部辞书，依然目不暇接、赏心悦目。

《植物学大辞典》出版后，引一时轰动。伍光建、蔡元培、杜亚泉以及东吴大学美籍教师、生物学家祁天锡[3]均作有序言。蔡元培称之为科学巨制，认为"吾国近出科学辞典，详博无逾于此者。"[4]祁天锡作序，言"自有此书之作，而吾人于中西植物之名，乃得有所依据，而奉为指南焉。"[5]诚然，正如杜亚泉所言，作为本国第一部大型植物学辞书，"挂漏在所不免"[6]。但"脑力特锐"、禀赋异常、博学广闻、冷静执着的杜亚泉，借助商务印书馆这艘文化航母，带领理化部同人，秉守"为国家谋文化上之建设"的信念，从编一本植物学名词对照手册的初衷出发，一步步完成了这部前无古人的植

---

[1]《植物学大辞典·凡例》，《植物学大辞典》，商务印书馆1918年版。
[2]《植物学大辞典·凡例》，《植物学大辞典》，商务印书馆1918年版。
[3] 祁天锡英文名为Nathanile Gist Gee。
[4] 蔡元培：《植物学大辞典·序二》，《植物学大辞典》，商务印书馆1918年版。
[5] 祁天锡：《植物学大辞典·序三》，《植物学大辞典》，商务印书馆1918年版。
[6]《植物学大辞典·凡例》，《植物学大辞典》，商务印书馆1918年版。

物学科学巨制。一百多年过去了，商务在清末擘画的包括《植物学大辞典》在内的几部大型专科辞典，至今无可替代者。[①] 而主持这部科学巨制的杜亚泉，在科学史上堪称巨擘。"在中国科学发达史中，先生应该有一个重要的地位。"[②]

三

在担任理化部主任，编纂教科书、工具书的同时，杜亚泉在商务印书馆的另一个重要身份，便是担任《东方杂志》主编。

《东方杂志》创刊于1904年日俄战争期间，终刊于1948年国共战争期间，是近代发行时间最长、影响最大的综合性期刊。二十年代，戈公振称之为"杂志中时期最长久而最努力者"[③]；三十年代，清华大学图书馆毕树棠称其为书店杂志中"标准最高，出版最好的。"[④] 可见《东方杂志》在当时便享有盛誉。《东方杂志》"不仅仅是信息交流与扩散的重要渠道，而且在知识传授与传播、意识形态灌输与教化、社会舆论导引与控制诸方面发挥着重要的作用。"[⑤] 这不得不归因于《东方杂志》的文化品格和现实定位。有研究认为，其"渗透了稳健与渐进完美统一的文化品格，始终秉持着既不激进又不保守的调和主义态度"[⑥]。洪九来教授总结《东方杂志》"有容乃大、万流归

[①] 汪家熔：《杜亚泉对商务印书馆的贡献》，许纪霖、田建业编：《一溪集：杜亚泉的生平与思想》，生活·读书·新知三联书店1999年版，第211页。
[②] 胡愈之：《追悼杜亚泉先生》，《东方杂志》31卷1号，1934年1月，第303页。
[③] 戈公振：《中国报学史》，商务印书馆1927年版，第128页。
[④] 毕树棠：《中国的杂志界》，《独立评论》1933年第64号，第12页。
[⑤] 姜义华：《〈宽容与理性——〈东方杂志〉的公共舆论研究（1904—1932）〉序》，洪九来：《宽容与理性——〈东方杂志〉的公共舆论研究（1904—1932）》，上海人民出版社2006年版，第1页。
[⑥] 周为筠：《民国杂志：刊物里的时代风云》，金城出版社2009年版，第237—238页。

一"的胸襟①和"稳健深厚的内在定力"②,使得其在跌宕起伏的复杂环境里,始终游刃有余,成为杂志中老寿星。的确,在波诡云谲、气象非凡的近代中国,《东方杂志》历任主编均秉持多元、开放、宽容、平和、稳健、理性、务实的风格,使之呈现出一种罕见的大家风范。而这种风范和品质的形成,其贡献最大者,公推杜亚泉。"《东方杂志》是在先生(杜亚泉)的怀抱中抚育长大的。"③

一部杂志的定位,取决于办刊人的初衷,而其风格和品质,往往取决于主编者的知识视野和思想能力。作为《亚泉杂志》《普通学报》的主编,《外交报》的创办人之一,杜亚泉进商务前,已经是颇有名望的科学杂志出版人。但不止于此,杜亚泉对时代有着敏锐的观察和透彻的分析,笔力不凡。仍以目前可考的杜亚泉公开发表的第一篇文章——1900年《〈亚泉杂志〉序》为例。这篇不足800字的短文,系统论证了生产力决定生产关系和上层建筑:"政治与艺术之关系,自其内部言之,则政治之发达,全根于理想,而理想之真际,非艺术不能发现。自其外部观之,则艺术者固握政治之枢纽矣。航海之术兴,而内治外交之政一变;军械之学兴,而兵政一变;蒸汽电力之机兴,而工商之政一变;铅字石印之法兴,士风日辟,而学政亦不得不变。且政治学中之所谓进步,皆借艺术以成之。……"④(按,此处所谓"艺术"当时系用作"技术"解。)胡愈之曾评论:"这是三十五年前所作的文字,在那时先生已揭发生产技术决定了政治和社会关系。至于先生对当时朝野的批评,在现在看来,也还是非常正确。单从这里,就可知先生是怎样的一个

---

① 洪九来:《宽容与理性——〈东方杂志〉的公共舆论研究(1904—1932)》,上海人民出版社2006年版,第68页。
② 洪九来:《宽容与理性——〈东方杂志〉的公共舆论研究(1904—1932)》,上海人民出版社2006年版,第81页。
③ 胡愈之:《追悼杜亚泉先生》,《东方杂志》31卷1号,1934年1月,第303页。
④ 杜亚泉:《〈亚泉杂志〉序》,《亚泉杂志》第1期,1900年11月。

前进的学者了。"① 同一篇文章，杜亚泉还谈及中国的隐忧，在于不懂得全球视野下国与国之间的竞争"吾恐吾国之人，嚣嚣然争进于一国之中，而忽争存于万国之实也"。并认为"苟使职业兴而社会富，此外皆不足忧。文明福泽乃富强后自然之趋势。"杜亚泉看出资本乃我国发展的软肋，忧虑国人对资本认识不足："天下无不可为之事，惟资本之缺乏为可虑耳，吾愿诸君之留意焉。"至今读来仍具启发。

杜亚泉的知识结构，融通传统中学与西来的社会科学新学说、自然科学诸原理，具有很强的学理性。其文章往往追本溯源，偏重逻辑推演，形成一种抽象、理性、透彻、冷峻的风格，所思所议不囿于一时一事，鞭辟入里又立意深远。以1901年发表在《普通学报》的《无极太极论》②为例。杜亚泉从"试燃一烛于太平洋之海中"开篇，论证了宇宙之无限（无极）和人生之有限（太极）的辩证关系；继之层层递进，得出"竞争者，无极也，天则也；秩序者，太极也，亦天则也"的结论。以"今之人闻竞争之说，以为天则，而吾欲举秩序亦天则之言以匹敌之，故为此论"结尾，对名噪一时的"社会达尔文主义"在学理和逻辑的层面给予含蓄的纠正和批评。这篇仅3000字的文章，运用了物理（光学原理以及时间与空间概念）、数学（无理数和微积分）、生物学（动植物、脊椎动物）、史学（唐虞以及诸朝代等）、经学（中庸）、佛学（恒河沙、无量数）、西来的社会科学（斯宾塞进化论）等原理和学说，在古今中西、社会科学与自然科学之间穿梭整合，环环相扣，逻辑谨严，意境辽远。这种融会文理的知识结构、连通中西的思想视野、贯穿古今的敏锐观察，使得杜亚泉的思想能力远超同时代绝大多数知识分子，也必然会体现在杂志编辑中。

---

① 胡愈之：《追悼杜亚泉先生》，《东方杂志》31卷1号，1934年1月，第303页。
② 杜亚泉：《无极太极论》，《普通学报》1901年第2期，第7—14页。

虽然杜亚泉对《东方杂志》的贡献为同时代人和当今学者所公认，但关于杜亚泉何时担任《东方杂志》主编，却众说纷纭。《东方杂志》创刊时以"启导国民，联络东亚"为宗旨，初期为"选报"性质，保留了不少旧式"宫门抄"特点，每月剪集报章杂志上的记事、论文，分类刊登，供留心时事者查考。每期仅有一两篇本社撰译的"社说"；栏目亦按官衙事务分类，如论旨、内务、军事、外交、教育、实业等，另设小说等文学栏目。杂志不署主编。1908年7月，从日本回国不久、投身立宪运动的孟森担任主编，刊出《东方杂志改良凡例》，对杂志改革，调整了栏目，新设记载、法令、记事、调查、言论等纪实性、学术性内容，又设杂俎等杂闻新知类栏目，并设各表（官职表和金银时价表）①增加其工具性。这些栏目内容仍然以选载综述其他杂志报刊内容为主体。张元济和孟森均支持立宪，这期间发表了大量立宪文章，孟森亲自撰稿连载《宪政篇》，记载宪政实录，杂志内容与往期相比有了不少创新。1909年孟森当选为江苏省谘议局议员，本年第三期（1909年闰二月）始《东方杂志》编辑者署名便由"湖阳孟森"改为"华阳陈仲逸"。

"华阳陈仲逸"作为编者化名，一直用到1920年8月17卷15号，前后12年。期间《东方杂志》曾经停刊，1920年后又改为半月刊，笔者统计，12年内共出139期。这段时间仅有一期署"绍兴陈仲逸"，有42期署"绍兴杜亚泉"（为期三年零五个月），其余96期均署"华阳陈仲逸"。由于目前有关研究中，关于"华阳陈仲逸"署名的起始时间较为混乱，故笔者详列下表以说明。

---

① 孟森主编的第一期即5卷7号上新设"京官表""外官表""金银时价表"。本栏目一直持续至1911年1月8卷1号。第一表和第二表有时合并为"京外官表"。

早期《东方杂志》编辑者署名情况表

起止日期	卷数	期数	编辑者署名	备注
1904年1月—1908年6月	1卷1号—5卷6号	共54期	无	徐珂等担任主编
1908年7月—1909年2月	5卷7期—6卷2号	共8期	湖阳孟森	孟森担任主编
1909年闰2月—1911年9月	6卷3号—8卷9号	共31期	华阳陈仲逸	有关文章一般认定杜亚泉担任主编时间为1911年1月
1911年10月—1912年3月,因辛亥革命停刊半年				
1912年4月—1915年9月	8卷10号—12卷9号	共42期	绍兴杜亚泉	杜亚泉担任主编
1915年10月	12卷10号	仅1期	绍兴陈仲逸	杜亚泉担任主编
1915年11月—1919年12月	12卷11号—16卷12号	共50期	华阳陈仲逸	1919年12月,杜亚泉卸任杂志主编
1920年1月—1920年8月	17卷1号—17卷15号	共15期	华阳陈仲逸	1920年1月,陶惺存任杂志主编
1920年8月后	17卷16号后		嵊县钱智修	1920年7月,陶惺存去世,钱智修接任杂志主编

由此表可见,杜亚泉主编期间"编辑者"栏署"华阳陈仲逸"超过一半。由此引发了杜亚泉担任杂志主编具体时间的不同观点。章锡琛回忆"原名炜孙,字秋帆,别号亚泉,版权页上用'华阳陈仲逸'的假名"[1],可证明"华阳陈仲逸"确为杜亚泉化名之一。有学者据此认为,杜亚泉担任《东方

---

[1] 章锡琛:《漫谈商务印书馆》,《1897—1987商务印书馆九十年——我和商务印书馆》,商务印书馆1987年版,第112页。

杂志》主编的时间,应从 1909 年 6 卷 3 号 "编辑者" 署 "华阳陈仲逸" 起始,汪晖教授则认为杜实际负责《东方杂志》应当从 6 卷 5 号开始,适孟森履江苏省谘议院议员之职。[①] 这便与蔡元培、胡愈之、章锡琛等同时代人说法相抵牾,他们明确说到杜亚泉主持《东方杂志》,始自 1911 年即辛亥年 8 卷 1 号,或 1910 年底。[②] 笔者倾向蔡元培等同时代人的说法。首先,这些文章作者都是与杜亚泉有过深厚交往的人,如蔡元培,既是同乡,又是中西学堂同事,还同为《外交报》的创始人,同为商务印书馆股东……彼此生平交集甚多;章锡琛、胡愈之均为《东方杂志》编辑、绍兴同乡;且他们的纪念文章都写于杜亚泉去世不久,在杜亚泉何时开始主编《东方杂志》这样大的事件上出现集体记忆偏差的可能性很小。其二,"华阳陈仲逸"究竟是杜亚泉专用笔名还是编辑部同人共用化名?由上表可见,杜亚泉主持期间和陶惺存主持期间(1920 年上半年),[③] "编辑者"署名均用了"华阳陈仲逸",因此可以肯定"华阳陈仲逸"为编辑部同人共用的化名。"一·二八"事件后《东方杂志》复刊的头两年即 1932—1933 年间,"仲逸"在杂志上还发表了数篇以白话文撰写的国际关系的文章,从行文和内容判断,大概率为这一时期实际担任《东方杂志》主编的胡愈之所作。1935 年新知书店出版"陈仲逸"等著《意阿问题与第二次世界大战》,以及 1938 年 2 月胡愈之组织复社翻译出版《西行漫记》,译者之一"陈仲逸",皆为胡愈之笔名。其三,1909 年"编辑者"署名更换为"华阳陈仲逸"之后,杂志栏目虽然有变化,但大体还是因循前例。这一年,杜亚泉还以"杜炜孙"署名发表了两篇科普小文章。1910 年 1 月(7 卷 1 期)杂志刊出《改良序例》,增加了新闻性,也增

---

① 汪晖:《文化与政治的变奏——战争、革命与 1910 年代的"思想战"》,《中国社会科学》2009 年 4 期,第 120 页。
② 参见蔡元培、胡愈之、章锡琛、张梓生相关文章,许纪霖、田建业编:《一溪集:杜亚泉的生平与思想》,生活·读书·新知三联书店 1999 年版。
③ 商务印书馆因中西文化论战而换帅《东方杂志》,详见《张元济日记》下册 1919 年 10 月数处。(商务印书馆 1981 年版,第 668—671 页。)

加了实用科技的内容，但杂志内容依然以选刊为主，杂志整体上看不出明显起色。这种情况一直延续至1910年底。因此从这次改良前后内容推断，判断不出杜亚泉起了主导作用。但从杜亚泉署名发表科普文章来看，较之前杜亚泉或在更大程度上参与了杂志编辑。

1910年12月，《东方杂志》7卷12期在卷首刊出《东方杂志之大改良》[1]，说："国家实行宪政之期日益迫，社会上一切事物有亟亟改进之观，我《东方杂志》刊行以来，已七阅寒暑，议论之正确，记载之翔实，既蒙当世阅者所许可，顾国民读书之欲望，随世运而俱进，鄙社同人不得不益竭绵力以谋改良。兹于今春扩充篇幅，增加图版，广征名家之撰述，博采东西之论著，萃世界政学文艺之精华，为国民研究讨论之资料，借以鼓吹东亚大陆之文明。"具体改良办法有五："一，改32开本为16开本，每期80页20余万字，字数较前增加一倍；二，每期卷首列铜版画10余幅，随时增入精美之三色图版，各栏内并插入关系之图画；三，各栏内揭载政治、法律、宗教、哲学、伦理、心理、文学、美术、历史、地志、理化、博物、农工商业诸科学最新之论著，旁及诗歌、小说、杂俎、游记之类，或翻译东西杂志，或延请名家著作，以启人知识、助人兴趣为主；四，记载时事，务其大者，近自吾国，广及世界，凡政治上之变动，社会上之潮流，国际上之关系，必求其源委，详其颠末，法令公文亦择要附录焉；五，定价特别从廉，仍如曩例。"大改革后的《东方杂志》从内容到形式均有很大变化，内容方面，取消了谕旨、奏章等"宫门抄"式的官方文件，同时压缩时事资料的篇幅；大量发表原创署名文章，使之成为内容主体。这些文章以时论性与学术性见长，旁及知识性和文学性，杂志的思想性、可读性大大增强。版式方面，由32开

---

[1]《辛亥年东方杂志之大改良》，《东方杂志》1910年7卷12号。1911年8卷1期再刊《本杂志大改良》，内容与前者同。

本改为 16 开，字数翻倍，容量大增。图片方面，以前仅在卷首列数幅图片，现在不仅增加卷首铜版图片达 10 幅以上，而且随时插入精美的三色图版若干，各栏目内也配以相关图片。改良后第 1 期，署名文章达 35 篇之多，杜亚泉一人就有 4 篇，另有张元济、高梦旦、蒋维乔、长尾雨山这样的编译所元老，也有杜就田、孔庆莱、黄以仁、寿孝天这些理化编辑，以及山木宪、松田舟山这样的日本作者。他们或谈论国是，如高梦旦《利害篇》，杜亚泉《减政主义》《政党论》；或发表历史地理研究论文，如张其勤、慎庵氏《西藏宗教源流考》；或介绍最新发明和自然科学论文，如杜就田《空中飞行器之略说》、黄以仁《苜蓿考》、寿孝天《代数之谬误》等。张元济则发表《环游谈荟》，介绍欧美考察经历。而蒋维乔、长尾雨山等则在"诗选"栏目捧场。杂志面目焕然一新，销路很快增至一万余份。胡愈之评价："当时中国杂志界还是十分幼稚，普通刊物都以论述政治法令，兼载文艺诗词为限。先生主编《东方》后，改为大本，增加插图，并从东西文杂志报章，撷取材料。凡世界最新政治经济社会变象，学术思想潮流，无不在《东方》译述介绍。而对于国际时事，论述更力求详备。对于当时两次巴尔干战争和 1914年的世界大战，在先生所主编的《东方杂志》，都有最确实迅速的详述，为当时任何定期刊物所不及。《东方杂志》后来对于国际问题的介绍分析，有相当的贡献，大半出于先生创建之功。"[1] 有学者认为杜亚泉的这次大改良，"对中国当时的杂志界而言，实质上是一次革命，它代表了一种现代杂志的崭新理念。此后创办的综合性杂志如《大中华杂志》等等大体都套用《东方杂志》的模式。单凭这一点，杜亚泉在中国期刊史上就应该有一个重要的地位"。[2]

---

[1] 胡愈之：《追悼杜亚泉先生》，《东方杂志》31 卷 1 号，1934 年 1 月，第 303 页。
[2] 周武：《为国家谋文化上之建设——杜亚泉与商务印书馆》，《档案与史学》1998 年第 4 期，第 43 页。

  主编《东方杂志》，杜亚泉终得一自主抒发思想的平台，从此开启了他的思想家模式。主持杂志期间共发表"讨寻哲理针砭社会"[1]的思想言论和观察文章300余篇，最多时仅一期便有十数篇。"不但在其早年生活中，对于自然科学的介绍，尽了当时最大的任务，此外在政治学、社会学、语言学、哲学方面，先生亦致力于科学思想的灌输。"[2]"所撰文字，自国际时事、经济、政治以至哲学、教育、科学、语言、考古，靡不具备。"[3]"在中国学术界中，无论就自然科学言，就社会科学言，就文哲思想言，固皆有其适当之地位也。"[4]

  杜亚泉一生有两次大的思想转变。第一次大转变是受甲午战败的刺激，放弃科举考试转向实学，由经学转而小学，再到数学、理化生物和外语等。此时思想倾向与洋务派"中学为体，西学为用"相类，急迫地引进、学习西方科学的同时，对传统文化持肯定态度，言论侧重于维护本国文化的主体性和现代价值，试图结合西方科学与中国文化，形成一种"绝新之文明"[5]；第二次大转变发生在第一次世界大战前后，虽然对中西文明基本关系的看法并没有颠覆，但目睹国际秩序的混乱和战争的惨烈，对西方政治乃至西方文明产生了强烈的负面认识，言论的重心转向对物质主义、社会达尔文主义、帝国主义等西方文明的警惕和批评，并不惜与陈独秀发生了那场著名的大论战。这场论战以《东方杂志》滞销、稿源枯竭[6]、杜亚泉落败而告终，商务管理层不得不将杜亚泉调离《东方杂志》，专任编译所博物部主任，远离了思想舆论场。杜亚泉从此专心著述、用心教育。但这场争论埋下了杜亚泉晚年

---

[1] 蔡元培：《书杜亚泉先生遗事》，《新社会》6卷2号，1934年1月，第13页。
[2] 胡愈之：《追悼杜亚泉先生》，《东方杂志》31卷1号，1934年1月，第303页。
[3] 章锡琛：《杜亚泉传略》，《第一次中国教育年鉴·教育先进传略》，开明书店1934年版，第413页。
[4] 张梓生：《悼杜亚泉先生》，《新社会》6卷2号，1934年1月，第14页。
[5] 杜亚泉：《浔溪公学开校之演说》，《普通学报》第4期，1902年，第75页。
[6] 见《张元济全集》第7卷"日记"1919年8月5日"编译"："《东方杂志》事，惺翁告，亚泉只能维持现状。又云外间绝无来稿。"《张元济全集》第7卷，商务印书馆2008年版，第105页。

悲剧的伏笔。

有关这场大论争的研究，争论过程、双方观点及其思想价值等研究已逾百篇，在此不作赘述。时间是最好的试金石。上世纪八十年代，龚育之、王元化等人率先评述，杜亚泉思想引起了思想界、学术界的广泛关注，形成了一股研究热潮。从上世纪八十年代到今天，中国的发展和世界的变迁，如白驹过隙一日千里。然而只要翻开杜亚泉文章，仍时有醍醐灌顶之感。近年出版的由戴逸、柳斌杰主持的"中国近代思想家文库"丛书里，《杜亚泉卷》与张之洞、康有为、梁启超、蔡元培、王国维等一百多位杰出思想家著作一起入列，可见，杜亚泉在近代思想史上已享有相当之地位了。

回望这场论战，陈独秀等新文化派，选择《东方杂志》和杜亚泉作为对手，在一定程度上是策略性的；为了博取舆论，言论并非无过激之处；其理性、科学的外表下，带有强烈的浪漫主义色彩，故其方法论上具有一定的绝对化倾向。两者的历史贡献在不同历史时期、不同文化维度上均有所展开。汪晖教授认为："两者建立历史叙述的方式截然不同：前者紧密追踪战争发展与共和危机的轨迹，反思战争与现代文明的关系，而后者以革命（先是法国革命，后是俄国革命）为线索，试图从革命所带动的历史变动和价值指向中探索摆脱战争与共和危机的道路；前者在危机之中重新思考中国'文明'的意义，注重传统的现代能量，构思中国的未来，而后者立足于'青年''青春'，以'新文化''新思想'召唤'新主体'，为新时代的创造奠定地基。"[①] 笔者认为，或者可以这样界定两者的区别：杜亚泉是以构造理想社会模型为目的导向的、相对纯粹的理性层面的学术探讨；陈独秀等新文化派，是以诉诸社会实践为目的导向的、偏有策略色彩的实践层面的思想动

---

① 汪晖：《文化与政治的变奏——战争、革命与1910年代的"思想战"》，《中国社会科学》2009年4期，第121页。

员。在新文明即将破壳而出的历史时刻，更为简明、激进且更具行动指向的学说，更容易掌握舆论成为时代主流。但这并不意味着对立一方是不合理的、落后的甚至"反动"的。放大到长时段观察，杜亚泉的许多学说反而表现得更具时空穿透力，具有一种温和隽永的说服力。历史是在动态平衡中行进的，在任何历史节点，或者迈左脚，或者迈右脚，不可能并步跳跃。如此，微观视野中的个人便会陷入具体的历史情景，选择不同的立场从而获得不同的命运。但拉回长时段视野，任何社会都蕴含着至少两种相对来说所谓"左"或"右"的势能，历史便是在两者所维系的微妙平衡中运动。过度保守或过度激进，如若达到一定烈度和长度，均会造成巨大的社会破坏，构成巨量的历史沉没成本。

四

商务印书馆除了印刷和出版，其印刷机械制造和仪器标本制作也曾非常发达。两者最早均为舶来技术，前者与印刷业务关系密切，在馆内主要推动者为鲍氏家族等；后者与中小学理科教学相关，杜亚泉在其制造的标准化、国产化，以及与本土教育系统相适配的过程中，发挥了主导作用。

在学习引进近代教育的同时，仪器标本等教学辅助用具也伴随着理科课程的开设逐渐得到应用。中国近代第一家经营仪器标本的是科学仪器馆，这是由钟观光、虞辉祖、虞和钦等几位立志学习理化博物知识的宁波人在上海创立的，杜亚泉亦是其创办参与者之一，担任过该机构的董事。这几位宁波藉的科学爱好者，一边学习科学知识，一边尝试做理化实验，并试图创立造磷厂。在这一过程中，深感国内仪器设备的缺乏，也初通了仪器经营的门道。1901年他们创立科学仪器馆，先从英国继而从日本进口相关仪器向国内销售。后来便根据西方和日本的仪器图录尝试自行制造。杜亚泉热心其事，在《普通学报》第2期上刊登了科学仪器馆开办的消息；1902年农历

2月又在《普通学报》第4期再刊科学仪器馆广告。不几年，商务印书馆的仪器标本经营，随着教科书的畅销亦开始跟进。1908年两家曾经合署经营，1912年科学仪器馆和商务印书馆又各自办理。① 当年，商务印书馆编译所理化部分出博物部，印刷所又成立铁工制造部，制作印刷机器和理化仪器。

商务印书馆的仪器标本订制和销售很快便初具规模，发行所各门店均设有文具仪器柜台，销售科学仪器馆和部分自产的仪器、教具、标本和教学模型。但此时国内仪器标本制造依然是据西方和日本的图录进行仿制，馆内相关用品的进货、制造和经营均与教科书编辑部门不通声气，自然与本版教科书的教学内容不能匹配；国产的仪器模型等在品种和质量等方面也存在一定问题。因此，商务印书馆仪器标本模型的市场呈现，在其品种、质量、规模和影响等方面，均与商务印书馆在教科书领域的绝对主导地位不相匹配。换句话说，这条产品线，全然没有规划和设计，内容上与本版教科书未形成呼应，停留在仿制加工的初级阶段。在具体经营上，也存在诸多弊端。《张元济日记》中，反复记有处理仪器部门经营混乱和相关人员任用等问题。

1916年4月，商务仪器部同人向张元济反映，商务物理、理科、手工等教科书内所举器械与仪器部购得或自制的不相匹配。张元济便致函高梦旦、杜亚泉、庄伯俞等编译所元老，请他们与仪器部同人沟通，解决这个问题。② 经过调研，杜亚泉注意到理学各科辅助教学用具的适配和质量问题是一个亟待解决的大问题。他观察到商务在仪器标本制作和经营方面存在着六大问题③：（1）目录陈旧。"当时同业公用的仪器目录，沿用已久。所用名称，大都根据制造局译名。有完全译音的；有过于冗长不便称述的；有译名

---

① 张元济：《在民国元年商务印书馆股东常会上的报告》，《张元济全集》第4卷，商务印书馆2008年版，第290页。
② 张元济：《张元济全集》第6卷，商务印书馆2008年版，第48页。
③ 杜亚泉：《商务印书馆筹备新制高小应用仪器标本的经过》，《自然界》1卷1号（1926年1月），商务印书馆。

含混与同类的器械不能分别的。"（2）仪器标本目录名称混乱，且与教学需要分离。未区分中学应用和小学应用，有关产品随机性很大。"馆里编译的理科教科图书，和仪器标本的制作，当初是完全隔膜的。""教科图书内，关于器物名称的改良，和学术名词的改译，制作部全无所知。"商务的标本目录，"不过列普通植物三百种、五百种，工艺植物五十种，高山植物二十种，食肉植物十种，哺乳类二十种，鸟类三十种，鱼类十种，昆虫五十种、一百种等名称。这本是从贩卖日本货时期沿袭而来。那时候非把日本制品，检查汉名，改换台纸，除去没有汉名的，凑成数目发卖。因此没有汉名的植物、昆虫等，存积颇多。到了制作时期，就是由家庭小工业家把他在传习时所认识的，以及能检查名称的若干种动植物，采集凑数，能凑五十种，就算五十种一组；能凑到一百种，就算一百种一组。有时一组当中，同科属的倒有一半以上；重要的科属，却一种没有；学校上应用的模式植物很少；而且只有腊叶、花、果实，以及特别应注意的部分，多不具备。"（3）各类矿物岩石标本，中国物产情况不明。标本说明书中所标注的矿物产地，竟全是日本地名。中国本土何地有矿出产，从未有过调查，因而一无所知。"大概一径贩卖日本货，并没有制作的（科学仪器馆曾搜集中国矿物标本若干种，但也非依教育上应用的目的去采集的）。说明书中所注产地，都是日本地名，在中国是完全用不着的。"（4）制作大多为雇工或包工制作，质量不稳定。"有时不重要的部分，材料可以省减的，却用很结实的材料；因此多耗成本。那容易损坏的和吃重的部分，材料反不结实，以致不能耐久。……至于模型，大概照西洋模型仿造；在中小学应用，程度过高；而且经过若干次模仿，渐渐改变原样。至于说明书的翻译，符号的黏贴，常有不妥当不明了的地方，都是应该改良的。"（5）订购的成套仪器，有大量不适用的品种，大大增加了经营成本和销售价格，影响经营。"目录内，第一件仪器往往分列甲乙丙等三种或四种；因此每种预备几件，存货就很多，吃本就很重。仪器的购买力既然有限，存货多是很吃亏的。目录中应该每一件只定普通应用的一种或二种，其余统可删去。"（6）精致的仪器，仍以进口为主，且存在进销不对路的问题。"精致的玻璃器械，仍然向外国输入；有时竟有大学专门学校应用的器械，价值很贵的，存积五年十年，无人顾问。甚至逐渐朽坏，不堪再售。而中小应用的玻璃器皿，因为抵制日货，或因欧战时输运不便，竟致缺货。"①

为了克服这些弊端，杜亚泉向张元济等提出建议，宜根据本版教科书内容，重新编订目录，成系统地研制仪器模型，自行采集动植矿物标本，并提出分级营业的方针。杜亚泉将仪器标本制作分为三个等级：高小、中学和大学。建议商务先从高小入手，自己制作；成熟后再着手中学；大学一概进口舶来品转售。"凡属于高小应用范围以内，一切须用国产，非万不得已，不许参用外国材料。高小应用的准备完全以后，再着手于中学应用的。馆中制作方面，当以中小学应用的为限；高等专门应用的，专售舶来品，与欧洲名厂订约代理。"②这一思路，得到馆方支持。杜亚泉遂着手修订仪器标本目录。仪器方面，变更不大；但标本方面，则需完全另起炉灶，经过多次考察和论证，终编订出高小应用目录。其中有理化试验仪器、动植物标本、人体模型、矿物标本、手工业品制作标本等。许多变态动植物，如昆虫的各种变态，陶瓷制作的各个环节等，还需要采集过程标本。

目录编订完成后，交由制作部筹备。杜亚泉原以为是一个小型的改革，很快便可以完成，没想到两年过去了，虽然杜亚泉编订的仪器标本模型目录，取代了旧有的翻译图目，为上海仪器标本模型的同业公用，但制作采集方面却并没有成功。原来这看似简单的事情，实际操作起来却充满困难。

---

① 杜亚泉：《商务印书馆筹备新制高小应用仪器标本的经过》，《自然界》1卷1号（1926年1月），商务印书馆。
② 杜亚泉：《商务印书馆筹备新制高小应用仪器标本的经过》，《自然界》1卷1号（1926年1月），商务印书馆。

"仔细考察，照新目录筹备，有几处的确是不容易的。例如鲮鲤、刺猬等兽类，鸢、鸮、啄木鸟等鸟类，凤蝶、衣鱼等昆虫，都并不是稀有的种类，不过若定规要每种备办一二百件，那就不是一定办得到的。况且像蛙、螟蛾、蚕蛾的发育标本，蜜蜂蚁的分类标本，更非仓卒间所能成就。尤其难的，就是矿物标本和岩石标本。不必说别的，即如砾岩，我们平常游山的时候，似乎常常见到；等到要采集了，却不知在那里找寻。若不是平日对于这地方的地质很有研究的，决不能仓卒得着。鄙人曾经把砾岩的样子，给山里人，叫他们去找；结果六个人找了两天，找到的没有一块是砾岩。"[1]

高小仪器标本制造尚无结果之时，学制再次改革。高小由四年制改三年制，很快又改为两年。编译所迅速编订新制教科书。四年缩成两年用，内容自然减省了许多。杜亚泉将这些情况报告给张元济，建议尽早修订新学制适用的仪器标本目录。为保障计划顺利实施，提议开办仪器标本实习所，以培养充实采办、制作、发行仪器标本模型的人才。馆方对此非常重视，拨出专款一万元筹办，并在宝山路总厂划出一片空地，作为标本植物的培养园。1923年冬季，实习所开学，招实习生四十人，定半年毕业，由庄百俞、杜季光负责筹办。杜亚泉则亲自上课，传授相关知识。仪器标本实习所办得有声有色，"造就大批工作人员。对于社会贡献颇多"。[2]

杜季光负责仪器制作，他参考各类图书目录等，配合材料，一边做一边摸索着设计仪器的功能，由仪器员周榕仙监制出图样，再发给制造部门和馆外厂家，这样一边摸索，一面实践，竟然完成了。采办标本则需要大量人手，有了实习生，这个问题便迎刃而解。其中有一位名叫周俊生的实习生，办事极为勤勉负责，他被派在夏季于嘉兴一带采集螟蛾标本，因为螟蛾出现

---

[1] 杜亚泉：《商务印书馆筹备新制高小应用仪器标本的经过》，《自然界》1卷1号（1926年1月），商务印书馆。
[2] 周榕仙：《杜亚泉先生传》，《仪文》1948年第2期。

时间很短，大约4天左右，所以格外紧张辛苦。杜亚泉曾着墨介绍这位实习生的工作情形，"勘定地点后，每夜十二时即起，由旅馆步至田野，提灯携网补蛾，至黎明归旅馆，即时行临时制作。同时采集蛹、幼虫和卵等。前后约旬日，天气酷热，同行诸人，每夜不过睡三四小时，勤奋殊甚。"可惜这位"成绩特优，任事最勇"的实习生，竟在秋季时因感染脚气去世，同人莫不悲痛。另一位绍兴籍年轻同人周榕仙，为采集陶瓷制作的过程标本，赴宜兴、景德镇两地考察。其中去景德镇考察期间，为当地人误会，反复沟通解释交涉，大费周折，但终有所得。不料归途中于夜间行舟返航，突遇山洪，几乎覆于河滩。当然商务在各地的分馆也纷纷施以援手，但许多事情，最终还是派专人亲赴当地才得以实现。比如去湖南采集矿物标本，"我们知道凡事非从实地上做起，不会成就。遂决计派实习生姜茂生，前往湖南，亲至各矿地采集。差不多走过湖南大半省地面，把我们所定目的地，一一亲到；所要目的物，一一办到，成绩最好。"① 采办标本一事，杜亚泉从始至终均予以极大的支持和指导。

经过了一年半左右的筹备，适用高小教学的全套仪器标本基本完成。这是国人自编目录、自行制造的第一套中小学校教学用的仪器和标本模型。

1926年，商务创办《自然界》杂志，由周建人担任主编。这本杂志的主要目的，是配合理化博物教科书发行和辅助教学的，最初的内容，几乎可被视为理化博物部的"机关刊物"。杂志刊载各类与教学相宜的科普文章；辟有"自然教学实验资料"栏目；介绍各地动植矿物特色，如，连载有《扬子江下游常见的鸟》等。杜亚泉非常重视，创刊号共12篇文章，3篇为杜亚泉所撰，另3篇为周建人所撰，其他6篇均出自理化部同人之手。杜亚泉的《商务印书馆筹备新制高小应用仪器标本的经过》，便是他所撰3篇文章

---

① 杜亚泉：《商务印书馆筹备新制高小应用仪器标本的经过》，《自然界》1卷1号（1926年1月），商务印书馆。

之一。当期还有一篇与本题相关的内容，即周榕仙《宜兴制陶记略》，记述其赴宜兴考察陶器制作过程标本的情形和收获。

除了本馆的教学仪器和模型标本的制作，杜亚泉一直对实用科学的应用和相关实业的兴办饶有兴趣。但他从未利用自己掌握的实用科学技术开办任何企业为自己赢利，倒是经常提携鼓励其他人兴办实业。堂弟杜春帆家境贫困，想找工作，杜亚泉就建议他制造墨汁，并从日本图书中抄引生产工艺和配方相送，又出资助其办起了家族作坊。这个作坊后来发展了起来，成为1949年后上海墨水厂的前身。由仪器标本实习所毕业后留在商务从事仪器标本模型等相关工作的一批工人，于"一·二八"国难全员解雇后，合股创办了一家制造理化仪器的小工厂，后来也发展得很好，1949年后成为一家制造石油和地质工业仪器的企业。① 这些是杜亚泉不太为人注意的利用科学知识成功扶助实业的事迹。

杜亚泉推动了商务印书馆科学仪器标本制作的标准化和体系化，使之与本国教学内容相适配；其推行的标本自行采集工作，使有关教学内容与本土的动植物物种和矿物物产相结合，实则在丰富科学教育内容的同时，增加了学生对本国国情的了解。这些科学仪器与标本的设计、制作与运用，促进了我国科学仪器标本制作工业的国产化，在近代新式教育萌芽阶段，丰富了科学教育的手段，至今仍具借鉴意义。

五

大概是受杜亚泉再发现的"科学—出版—思想"的路径影响，当代对杜亚泉的研究，考察其作为思想家、出版家身份以及近代科学普及贡献等方面为多，对于杜亚泉作为教育家的讨论，则相对集中于科学教育方面，对其教

---

① 杜其在：《鞠躬尽瘁寻常事，动植犹然而况人——回忆我的父亲杜亚泉》，《商务印书馆馆史资料》第42期，1988年11月29日，第4页。

育家生平和教育思想的分析几乎是缺位的。与此相反，同时代人对杜亚泉的纪念与回忆，均有相当篇幅谈及杜亚泉的教育理想和教育实践。蔡元培说其"最所热心，则在教育"[1]；张梓生说"尝从事教育，欲于此实现其理想"[2]。"先生以治学、著书、作育人才终其一生，而其特色，则开风气之先，与一切以理想为依归也。"[3] 1983 年，杜耿荪回忆文章以"杜亚泉真是为教育事业辛勤劳动了一辈子"[4] 作为结句。杜亚泉的第一份工作便是在绍兴中西学堂任算学教员，而其人生的终点，也是倒逝于为教育的奔波劳累之中。杜亚泉一生所系，在教育。

1898 年，杜亚泉受绍兴中西学堂总理蔡元培邀请，担任学堂数学及理科教员。彼时亚泉先生二十五岁，意气风发。蔡元培形容"虽专攻数理，头脑较冷，而讨寻哲理针砭社会之热诚，激不可遏"[5]。蔡元培长杜亚泉六岁，两人在众多教员中倾向革新，"平时各有任务，恒于午膳晚餐时为对于各种问题之讨论"[6]。是时教职员与学生同一膳厅，他们与旧学精深的保守教员常常发生争论。因言辞激烈"不为少数旧学精深之教员稍留余地"[7] 受到校董警告，不久双双辞职。新旧交替、风云际会，教育变革已成共识，但教育理念、教学内容、教学模式等如何变革的探讨和实验却刚刚开始，纷争与冲突充斥着新旧课堂。总之，教育呈现出新秩序诞生前的混沌景象，杜亚泉奉献于中国教育的一生，就这样不算顺利地展开了。

杰出的出版家，本质上都是教育家。商务印书馆的第一代编辑，以及从

---

[1] 蔡元培：《杜亚泉君传》，《杜亚泉先生讣闻》，开明书店代印，1934 年。
[2] 张梓生：《悼杜亚泉先生》，《新社会》6 卷 2 号，1934 年 1 月，第 14 页。
[3] 张梓生：《悼杜亚泉先生》，《新社会》6 卷 2 号，1934 年 1 月，第 14 页。
[4] 杜耿荪：《杜亚泉——商务印书馆初创时期的自然科学编辑》，《绍兴文史资料选辑》第一辑，1983 年 12 月，第 239 页。
[5] 蔡元培：《书杜亚泉先生遗事》，《新社会》6 卷 2 号，1934 年 1 月，第 13 页。
[6] 蔡元培：《书杜亚泉先生遗事》，《新社会》6 卷 2 号，1934 年 1 月，第 13 页。
[7] 蔡元培：《书杜亚泉先生遗事》，《新社会》6 卷 2 号，1934 年 1 月，第 13 页。

商务出走创办了中华书局、开明书店等的出版家无不心怀教育的理想。杜亚泉进商务之前的所有活动，归结到一点，就是：办教育。中西学堂的教学经历，让杜亚泉真切地感受到新教育势在必行，感知到自然科学在新教育中的重要地位，当然也清醒地认识到教材的缺乏，认识到编印科学教材的迫切性。从中西学堂离任后，1900年3月，杜亚泉曾向蔡元培提出兴办"蒙学会"，对此，《蔡元培日记》有载："集同志数人，分编课程书。先于府城开一学堂，会中人为教习，并立师范生数人，教学生二十余人，即以所编之书陆续授之，借以知其善否，随时改定，俟部类略备，风气渐开，乃推之乡镇。""课程拟分两界：初学惟识字、故事、公理三门，附以体操之易者。第二界分读经、阅史、舆图、数学、格致，皆由浅入深。大约以三年为限。今拟先编第一界书，吾任字书，湄莼任故事，秋帆任公理。"①可见杜亚泉对教育事业的热忱。1900年秋，杜亚泉来到上海，先后创办亚泉书馆和普通学书室，便是以编印发行科学教科书为主要业务。

1902年二十九岁的杜亚泉随蔡元培回浙江南浔调停浔溪公学学潮，应庞清臣聘请担任浔溪公学校长。杜亚泉非常珍惜这次施展理想的机会，"君不辞劳瘁，悉心擘画"②：为了提高教学水平，延请知名学者任教；为了学生能够阅读到最新书籍，开辟学校图书室；为了学生们的试验和实习，又辟"仪器馆"；因认识到"传达文化恃印刷物"③，便说服庞清臣购置印刷机器和铅字，以编印有关资料和书籍。杜亚泉为办学校已达忘我的境地，9月杜亚泉夫人去世，因忙于校务，杜亚泉竟推迟了一个多月才回乡料理。惜乎不久浔溪公学学潮再起，杜亚泉多方劝导无果，学校因此停办。其中一位带头的学生黄远庸，后来成为民国著名记者、时评家，曾在与友人书信中，懊悔当

---

① 中国蔡元培研究会编：《蔡元培全集》第十五卷，浙江教育出版社1998年版，第212页。
② 蔡元培：《杜亚泉君传》，《杜亚泉先生讣闻》，开明书店代印，1934年。
③ 蔡元培：《杜亚泉君传》，《杜亚泉先生讣闻》，开明书店代印，1934年。

年意气用事，有负亚泉先生拳拳苦心："有书致其友，谓曩时年少气盛，不受师训，杜师之言，皆内含至理，切中事情，当时负之，不胜追悔云。"① 杜亚泉痴心做了几个月的校长，便匆匆结束了第二次从教经历。

浔溪公学是杜亚泉第一次作为校长施展理想。这段经历留下了一篇理解杜亚泉思想的重要文章《浔溪公学开校之演说》②。在这篇文章里，杜亚泉开宗明义指出青年对家庭、对社会、对国家的责任。"人生在世，无人不有责任；若一人自卸其责任，则此人即为蠹国而病民者。"对此，必须对人类文明有一个整体的概念。他继而阐述了中西文明的激烈冲突以及吾国吾民面临的深刻危机。"故世界之文明者，有二大潮流，即东洋文明与西洋文明是也。此二大文明，发源不同，性质自异，虽其间不无互相交通互相影响之处，而四千年来未曾直相接触，今也不但相接触而且相冲突矣。""处此激烈竞争之地，一旦失败，则我四百兆所团结之社会，与四千年所蕴蓄之权力，将随之而俱付东流。临渊履冰，岂足喻此危境耶？"他分析东西文明的特点，将之归纳为形而上之文明与形而下之文明："基于科学而发达之形体的文明，即形而下之文明，则东固输一筹于西；若属于思想道义界之精神的文明，即形而上之文明，东西之孰优孰劣，固未易遽判也。"而青年的责任在于："当起而挽东亚之风云，策富强之实效，行维新于政治之上，充实理于学问之中，其责任殆如是耳。""第一当研求科学以补东洋文明之不足；第二研究固有之文明，与西洋之文明包含而化合之，以表章一绝新之文明。"

为了启发学生，杜亚泉以其丰富的知识视野，言简意赅地阐明了各学科之间微妙区别和有机联系："格物学者③，研究万物内蕴之形状质性，而考其公律；博物学者，研究万物外著之形状质性，而辨其系统。""论其应用，而

---

① 蔡元培：《杜亚泉君传》，《杜亚泉先生讣闻》，开明书店代印，1934年。
② 杜亚泉：《浔溪公学开校之演说》，《普通学报》第4期，1902年，第71—75页。
③ 格物学，当时一般又称理化学，即物理和化学；博物学，包含植物、动物、矿物、生理四科。

农工商实业，及海陆军学医学药学，无不受其影响。""至形而上之学，在普通学科中，如历史地志文学，皆为其基址，而其归宿，终不过二大部，即哲学与政法学是也。""哲学者，内圣之学；政法学者，外王之学。""政法为有形之哲学，哲学即为无形之政法。"使学生在入学之初即获得一个清晰的现代知识图谱，自然大有裨益于志业。杜亚泉反对游移虚浮的无责任无目标的人生："若游移无据，其在校也学成外国语之口技，出校而为无关身世之营谋，殊非所以对此责任之道矣。"提倡务实的人生态度："但使立志既定，人人于此责任中各认其一部中之一部，则今日同学数十人，即可收众擎共举之效。"① 这是杜亚泉第一次系统阐发中西文明观和自己的教育思想。这篇文章可以作为理解杜亚泉思想和生平的一把钥匙，其中表露出来的中西文明观和为人生、为科学的教育理念，杜亚泉毕其一生均在践行。

1903年，杜亚泉因上海普通学书室的经营与胞弟发生严重分歧返回绍兴。他与同乡宗能述、王子余、寿孝天、杜山佳、杜海生等人创办越郡公学于能仁寺，自任理化教员。这次办学，曾因试验化学，被炸碎的玻璃瓶伤及面部而在上唇留下伤痕。然而学校还是因校款中绌而停办。这是杜亚泉第三次从事实际教育。越郡公学停办后，杜亚泉再返上海，不久加入商务印书馆，专心编译撰述，努力书林。1905年，为配合新式教科书事业，商务印书馆创办师范讲习所，杜亚泉与蔡元培、张元济、蒋维乔、高梦旦、长尾雨山等均在校内任教，试图以"以简易方法讲习各学科，以养成小学教员之用。"此后商务自办的各种学校，杜亚泉常有授课。同年还在蔡元培爱国女校任不支薪的理科教员。杜亚泉虽然进了商务，"此后先生虽以著作为业，而对于理想之教育事业，未尝去之于怀。"②"君虽尽瘁著作，然平日尤致力

---

① 杜亚泉：《浔溪公学开校之演说》，《普通学报》第4期，1902年，第76—77页。
② 张梓生：《悼杜亚泉先生》，《新社会》6卷2号，1934年1月，第14页。

于教育。"①

在商务期间，1906年曾偕族叔杜海生东渡日本考察教育。"民国初年，曾由教育部聘任读音统一会会员，于注音字母之创制，贡献甚多。"② 同时期，商务印书馆的编辑们还参与了"新式标点"的创制和推行，杜亚泉也是其中之一。他最早建议使用逗号，并获采用。"为了检验初创时的几种符号是否适用和够用，是否对学子研读古典书籍起很大的帮助作用，他以圈点《二十四史》作试验，历时二年多。""这些工作，都是在馆外做而无报酬的。"③ 这是杜亚泉为汉语现代化所做的贡献。

杜亚泉热心同乡事宜，曾经担任绍兴七县旅沪同乡会议长，期间"为设小学三所"，④并设绍兴旅沪同乡公学。杜亚泉被推为校董。1910年担任浙江庚子赔款留美学生主考，鼓励竺可桢应试，竺可桢后来考中并赴美留学。他主张学习自然科学一定要做实验，在他的倡议下，1912年，商务印书馆增设博物部。杜亚泉离开《东方杂志》后，专心经营博物部，又建议开办过标本仪器传习班，培养制作教具的人才，杜亚泉在其中授课。博物数门，按照杜亚泉《浔溪公学开校之演说》⑤的定义，"博物学者，研究万物外著之形状质性，而辨其系统"。因此致力于动、植物和矿物标本采集制作，商务后来专门设有仪器标本室。

蔡元培曾经生动描写杜亚泉痴心教育的样貌情形："常欲自办一校，以栽植社会需要之人才，初拟设于其乡之诸葛山，嗣拟设于绍兴县城之塔山。如何建筑、如何设备、如何进行，如何由中学扩充为大学，每一谈及，兴高

---

① 章锡琛：《杜亚泉传略》，《第一次中国教育年鉴·教育先进传略》，开明书店1934年版，第413页。
② 胡愈之：《追悼杜亚泉先生》，《东方杂志》31卷1号，1934年1月，第303页。
③ 杜耿荪：《杜亚泉——商务印书馆初创时期的自然科学编辑》，《绍兴文史资料选辑》第一辑，1983年12月，第239页。
④ 章锡琛：《杜亚泉传略》，教育部：《第一次中国教育年鉴·教育先进传略》，开明书店1934年版，第413页。
⑤ 杜亚泉：《浔溪公学开校之演说》，《普通学报》第4期，1902年，第71—75页。

采烈，刻日期成。"① 张梓生转述杜传："热心教育，尝欲自设一校，以栽植人才，初欲假其乡诸葛山麓之僧寺为校舍，设一中学，尝与朋侪言及：作何设备，作何措施，如何进行，如何扩张，如何由中学以晋大学，并谓苟得如愿，虽终其身服务于是校，并子侄亦终其身服务于是校，均所不惜。谈至酣畅时，兴高采烈，几欲克日观成，嗣以诸葛山地太偏僻，学生不易招致，拟改设城中塔山山上，向当道乞领官地，而自行募捐建筑校舍，格于情势，不克如愿。然此念蟠伏于中，未尝一日忘也。"②

20年代初期，平民教育运动方兴未艾，上海开"学店"之风很盛。其理念与杜亚泉的教育主张非常契合，杜亚泉再度重拾办学的念头。此时杜亚泉已在商务服务近二十年，自认小有积蓄，便摆脱资本牵绊选择了独自投资。1924年，他在上海创立新中华学院（中学），自任教授训导之责。此时杜亚泉居上海已二十余年，深恶上海学风之颓靡，力主敦朴。他看到青年不是想做官，就是做洋奴、当买办，很是痛心。他希望自己培养的学生毕业后能离开大城市，深入乡村从事教育及农村合作事业。他卖掉了在商务的部分股份，命长子为校长，又把大学毕业的所有子侄叫来一起任课以减少开支。因忙于校务"因此减少商务馆服务之薪入，不顾也"③。杜亚泉乃一介书生，"学校不用'噱头'招徕学生，一切措施是朴实的，没有脱离书生本色"④。他怀抱一腔办学的理想却不懂得经营之术，更不谙社会之险恶。包厨克扣伙食，杜亚泉便借钱来增加伙食费。"亚泉先生说青年的食品必须有足够的养分，所以饭菜必须好。厨房说那很容易办，只要加饭钱。于是加了钱。这一类的事情很不少。于是他的数千元贮蓄不久就用完了，只好把学

---

① 蔡元培：《杜亚泉君传》，《杜亚泉先生讣闻》，开明书店代印，1934年。
② 应为杜山次为杜亚泉所写的传，未见原文。见张梓生：《悼杜亚泉先生》，《新社会》6卷2号，1934年1月，第14页。
③ 蔡元培：《杜亚泉君传》，《杜亚泉先生讣闻》，开明书店代印，1934年。
④ 杜耿苏：《杜亚泉——商务印书馆初创时期的自然科学编辑》，《绍兴文史资料选辑》第一辑，1983年12月，第239页。

校收了场。"① 这次办学，前后两年半，耗资八千余元，用光了杜亚泉所有积蓄，典卖了在商务所有股份还欠外债二三千元。"君家仅中资，至是尽罄其所有。"②

"然君对社会之热心，并不因此而挫折"③，"一·二八"事件后，杜亚泉又回到了他人生的起点——故乡绍兴。商务复业后杜亚泉被聘为馆外编辑，为馆翻译《动物学精义》等；同时招募原编译所理化部老同仁，杜其堡、杜其垚（两人均为其侄）等四人成立家庭编译所——千秋编辑所，编辑《小学自然科词书》。这个家庭编辑所的全部费用，包括编辑人员工资生活费均由杜亚泉独力支付，基本上是靠变卖祖产来维持的。在此期间，杜亚泉于1932年秋到1933年夏，担任绍兴稽山中学的义务教师。"犹每周一次晋城，到稽山中学尽演讲义务。"④ "每周为高中班讲课二小时。所讲内容，涉及政治、经济和自然科学概要等。"⑤ 杜亚泉每周去城里，为了不占用白天的写作和编纂词典的时间，他就在有课的前一天夜里，独自一人雇一只中型的乌篷船，从伧塘到县城，约九十华里，天亮时到达县城的南门头。"在船里，还要秉烛看书，或同船工谈论乡间风物。船工曾谈过，虽然携带被褥落船，但他入睡的时间很少。上午在校讲课，下午访亲友，入晚，再乘原船返家。"⑥ 这一年杜亚泉刚刚遭遇"一·二八"灭顶之灾，既要谋顾家人生计，又欲向馆方讨要退休金。杜亚泉并不曾消沉，亦没有放下教育的理想。然而急火攻心之下，不但奔波劳累、费力劳神，还一再熬夜坐船浸染寒凉夜气。当时还

---

① 周建人：《忆杜亚泉先生》，《申报》1934年2月2日"自由谈"。
② 章锡琛：《杜亚泉传略》，教育部：《第一次中国教育年鉴·教育先进传略》，开明书店1934年版，第413页。
③ 蔡元培：《杜亚泉君传》，《杜亚泉先生讣闻》，开明书店代印，1934年。
④ 蔡元培：《杜亚泉君传》，《杜亚泉先生讣闻》，开明书店代印，1934年。
⑤ 杜耿荪：《杜亚泉——商务印书馆初创时期的自然科学编辑》，《绍兴文史资料选辑》第一辑，1983年12月，第239页。
⑥ 杜耿荪：《杜亚泉——商务印书馆初创时期的自然科学编辑》，《绍兴文史资料选辑》第一辑，1983年12月，第239页。

有一件事情，也影响了杜亚泉的健康，当地有一位名叫罗厚卿的土豪鱼肉乡民，无恶不作，当地乡民深受其害。杜亚泉返乡后为乡民伸张正义，自己出资上诉于绍兴县政府和法院，最后总算免去了其乡长之职，但杜亚泉为此花费了许多精力和财力，也受了不少气。1933年秋，年逾六十的杜亚泉终于病倒了。周建人收到杜亚泉来信"告诉我曾患肺炎，经治疗后，生命大概已经无妨，不过尚须休养数日耳。可是相隔不多久，即得友人的报告，说有一晚上他忽然顾虑到将来的许多问题，精神过于兴奋，彻夜不睡，次日体温又增高，病势转成沉重。"①"不幸于二十二年秋患肋膜炎，医药累月，至十二月六日，竟不起。衾不蔽体，不异黔娄。"②

1933年12月6日，杜亚泉先生于贫病交加和重重忧虑中在家乡去世。

与作为出版家、著述家的相对平顺的人生相反，杜亚泉的教育家实践，由支薪的算学教员开始，至倒贴金钱与生命的义务教员结束，其间充满了崎岖、坎坷甚至劳累、心酸，看上去不仅算不上成功，杜亚泉因此还负债累累。但1934年，教育部编《第一次中国教育年鉴》，其中《教育先进传略》便收入了章锡琛所撰《杜亚泉传略》。杜亚泉为教育家中少数办学校不成功却被同时代人所公认为教育家的。

为什么杜亚泉堪称真正的教育家？其一，商务印书馆向来自称教育机构，是聚集了一批以出版为手段实现"教育救国"理想的知识分子。以出版昌明教育，这是在时代压迫下士人阶层的责任感使然，亦是科举废除后，知识分子的相对理想的人生新出路。胡适曾称"这个编译所确是很要紧的一个教育机关，一种教育大势力"。商务的事业，是以"昌明教育"为宗旨展开的。杜亚泉在商务印书馆编译所成功的编纂撰述家、出版家生涯，是围绕

---

① 周建人：《忆杜亚泉先生》，《申报》1934年2月2日"自由谈"。
② 蔡元培：《杜亚泉君传》，《杜亚泉先生讣闻》，开明书店代印，1934年。

其教育家理想而展开的。杜亚泉在办学中所思考和意欲解决的问题、所积累的经验,成为他编纂教科书、工具书和撰述著作文章的动机、指南。而杜亚泉所编纂、翻译、校订的百数十种教科书、工具书,对于中国近代教育事业的转型具有奠基性贡献,仅这一点,杜亚泉堪称那个时代贡献卓著的教育家了。其二,杜亚泉实为以蔡元培、张元济为核心的近代教育革新派的核心成员之一。在新学制设计、新课程设计、新教材编写理念方法、教育管理体制改革、教学方法革新等方面贡献良多,并在平民教育、职业教育、汉语现代化等方面均有所推动。其三,杜亚泉的办学失败,并非其教育理念行之无效,更多是受制于具体的时代风潮和办学条件等外在因素。中西学堂和浔溪公学,均因学潮而停办;越郡公学和新中华学院,均因校款支绌而无以为继。杜亚泉屡次失败却不气馁,概因在办学试验中其教育理念不断得到印证,亦曾获得传道授业的愉悦。这一点,前文黄远庸言论足可证明。杜亚泉也因此不惜反复创造条件努力再试。其四,教育家有善于经营者如实业家张謇;有善于聚集社会势力、拥有社会影响者如蔡元培。杜亚泉的长处在于对教育思想、教育理念、课程设置、教材编纂等的教育实践前沿的学理探索、学科建设和教学试验。假设杜亚泉能拥有一方安静的校园,能得到充沛的资金支持,使之专心做一位纯粹的校长,杜亚泉的从教生涯想必又是另一番风景了。

杜亚泉之所以是一位真正的教育家,其中尤为值得关注的,是其在现代教育探索中,所形成的以人本主义为核心的教育思想。

杜亚泉起初的教育思想,以科学启蒙为主要诉求,其价值核心仍以继承中国传统士大夫的家国情怀,即天下兴亡与匹夫担当为主体框架。但杜亚泉远未止步于此。蔡元培曾说:"余终觉先生始终不肯以数理自域,而常好根据哲理,以指导个人,改良社会,三十余年,未之改也。"[①]不久杜亚泉便开

[①] 蔡元培:《书杜亚泉先生遗事》,《新社会》6卷2号,1934年1月,第13页。

始关注普通教育。第一次世界大战前后，杜亚泉敏锐地感知到西方现代文明的物质主义、科学主义、社会达尔文主义以及强权政治对个体生命所带来的一定程度的负面作用，其教育思考逐渐聚焦于人生问题，关于人之为人的生物的、社会的、伦理的、哲学的等基本要素和界定，有关人生价值等的人生哲学问题的探究，形成了其人本主义教育思想雏形。如，他提出培养完全之人格的思想。"其一曰卫生。使身体全健，机官发达，于体格上得成为个人。""其二曰养心。使知情意各方面调和圆满，于精神上得成为个人，身心无缺陷矣。""其三曰储能。大之如文事武备，小之如应对洒扫，凡属普通应用者，皆当习之；于学理上之研究以外，尤当为实地之试验。""其四曰耐劳。……一日不食则饥，一日不衣则寒，每日得衣得食，则每日必出若干之劳力以为酬。……盖劳力为个人皆当自尽之义务，非仅以谋衣食得酬报而为之也。"[1] 此四项即为体、心、智、劳。杜亚泉敏锐地感知到现代社会人性所遭遇的压迫和变形，特别强调教育首先要使之"成为个人"，把身体康健和心理健康放在了最重要位置，使之"身心无缺陷"。再如，提倡社会教育和普通教育，重视常识教育和培养健康的社会心理："夫教育云者，非限于学校教育已也，宜兼及于社会教育；且非指高等教育而言也，宜注重于普通教育。务使社会的个人，咸受教育的影响，备具相当之常识，庶感情意思，得所指导，不至为盲从、为妄动，则中国社会心理，其或有精确正当稳健之一日。"[2] 又如，批评社会达尔文主义，提倡爱的教育："从来言进化者，以进化之主要素为竞争，而不知以爱为一大原理，是仅注意于为己之生命而努力者，而于其为他之生命而努力者，则忽而忘之也。"[3] 杜亚泉还在战争与革命的滚滚大潮中，发声维护个人的权利："个人对于国家，各有相当之责任"。

---

[1] 杜亚泉：《个人之改革》，《东方杂志》10卷12号，1914年6月，署名伧父。
[2] 杜亚泉：《论中国之社会心理》，《东方杂志》9卷9号，1913年3月，署名高劳。
[3] 杜亚泉：《精神救国论》，《东方杂志》10卷1、2、3号，1913年7、8、9月，署名伧父。

一方面,"当此国事危急之秋,个人岂容自私其所有",另一方面,国家的目标在于为多数人谋福利,指出国家权力的界限:"况国家者,乃多数个人集合而成,谋国家之福利,不外谋多数个人之福利,然欲为谋未来之福利,而先令失其现在之福利,此理亦嫌矛盾,日后之能否取偿不可知,而目前之痛苦,已非一般人民所愿受。"①

1929年8月,商务印书馆出版了杜亚泉《人生哲学》,据蔡元培介绍这是一部与中学生谈论人生哲学的讲义整理稿。"最近先生曾在其子弟所设之中学,试验人生哲学的谈话。……后因学校停办,先生乃取搜辑的材料,加以扩充与整理,编为《人生哲学》,作为高级中学教科书,于十八年八月由商务印书馆出版。"②此书从开始搜集资料到编成,费时六七年之久。杜亚泉在"编辑大意"中表明其人本主义的立场,声明人之于宇宙的中心地位:"人生哲学……乃是以生命为万有中心,尤其以人类的生命为万有中心而创设的哲学,……亦可称为唯生论的哲学。"③并将人生哲学定位于统整人类全部知识的崇高地位:"鄙人以为这新哲学成立后,现代纷杂的思想界,将有统整的希望。"④其内容:"就近人编译书籍中,选其足以开发青年思想者数种,劝学生阅读;又就生物学、心理学、社会学、哲学、伦理学等科学中,搜辑其新颖警切的理论,每周为学生讲述一次;尤于各科学的名词界说,为学生逐一检查词典,严密注意。"⑤全书分三部分,一、人类的机体生活(生理的),二、人类的精神生活(心理的),三、人类的社会生活(伦理的)。"先生既以科学方法研求哲理,故周详审慎,力避偏宕,对于各种学说,往往执两端而取其中,如唯物与唯心,个人与社会,欧化与国粹,国粹中之汉

---
① 杜亚泉:《个人与国家之界说》,《东方杂志》14卷3号,1917年3月,署名高劳。
② 蔡元培:《书杜亚泉先生遗事》,《新社会》6卷2号,1934年1月,第13页。
③ 杜亚泉:《人生哲学》"编辑大意",杜亚泉:《人生哲学》,商务印书馆1929年版。
④ 杜亚泉:《人生哲学》"编辑大意",杜亚泉:《人生哲学》,商务印书馆1929年版。
⑤ 杜亚泉:《人生哲学》"编辑大意",杜亚泉:《人生哲学》,商务印书馆1929年版。

学与宋学,动机论与功利论,乐天观与厌世观,种种相对的主张,无不以折中之法,兼取其长而调和之;于伦理主义取普泛的完成主义,于人生观取改善观,皆其折中的综合的哲学见解也。先生之行己与处世,亦可以此推知之。"① 可见,其人本的教育理念在思想方法和价值取向上,既以"人生"为核心,又以折中调和为特点,力避极端。此书出版后,受到士林推崇。

杜亚泉留下了丰富的教育思想,值得进一步发掘、研究,对当下及后世有巨大的借鉴意义。

六

"一·二八"国难中,杜亚泉于仓皇中携眷归乡。商务复业后,杜亚泉未能受聘馆中,而是居乡担任馆外编辑。1933 年,杜亚泉患肋膜炎于穷乡僻壤去世,家中赤贫,借棺入殓,身后甚为凄凉,于商务、于中国教育事业"功业彪炳"②的杜亚泉如此凄惨离世,家人、旧同人、旧友以及当今学界等,耿耿于怀。20 世纪 80 年代以来的杜亚泉纪念活动,亦以杜氏后人及上海、浙江学者为主导,商务未曾参与其中③。这笔人事旧账遂成一段不大不小的历史公案。

中西文化论战后,商务管理层迫切希望延请新派人物进馆主持编译大局。1921 年,经胡适介绍,王云五进馆主持编译所并进行改革。理化部此时已分为物理化学、博物生理、数学三部,杜亚泉负责的博物生理部范围大致包括动物、植物、生理、矿物等。杜亚泉仍兢兢业业从事教科书、工具书等的编纂,商务教科书推陈出新,"新法"、"新学制"、"新撰"、"新时代"等各版教科书,杜亚泉均有贡献。1922 年历时 5 年编纂的《动物学大辞典》也付梓出版。1922 年—1923 年,《东方杂志》编辑部选编杂志上刊载的有分

---

① 蔡元培:《书杜亚泉先生遗事》,《新社会》6 卷 2 号,1934 年 1 月,第 13 页。
② 胡愈之:《追悼杜亚泉先生》,《东方杂志》31 卷 1 号,1934 年 1 月,第 303 页。
③ 商务印书馆在成立专门的馆史部门之前,未参与组织过除张元济之外的其他馆史人物的纪念活动。

量的文章，辑成"东方文库"出版，杜亚泉所译《社会主义神髓》《战争哲学》《处世哲学》均被收入文库。

主持编译所的王云五，与杜亚泉有一些相似之处，他们同样是自学成才，同样精通外语，同样有意于编纂百科类工具书。但他们分属两代知识分子，性格差异也很大。作为新派代表请进商务，王云五眼界自然更新也更广。王云五大规模聘用新一代知识分子，尤其是海外留学的知识精英。20世纪20年代，现代高等教育和研究机制已获长足发展，受杜亚泉新式科学教科书影响成长起来的知识精英业已学有所成。1922年，任鸿隽进馆担任理化部主任；竺可桢进馆担任史地部主任。任鸿隽为中国科学社和《科学》杂志创办人，先后求学于康奈尔大学和哥伦比亚大学；竺可桢为浙江绍兴人，当年正是受了杜亚泉鼓励参加留美预科考试，后毕业于哈佛大学，亦为中国科学社活跃人士。这一时期进馆的还有杨贤江、郑振铎、周建人、杨端六、朱经农、竺可桢、段育华、周鲠生、陶孟和、顾颉刚、叶圣陶、何炳松等，编译所风气为之一变。引进新人的同时，一些资深的老编辑被退职。同在理化部服务近二十年的数学编辑、绍兴同乡寿孝天即为第一批辞退人员。1929年，英文部主任邝富灼因不满于王云五越级干预本部事务，在退休前几个月与之大吵后拂袖而去。杜亚泉提出的一些工作计划，在理化部内部受新人掣肘，外部也未获王云五支持，在沪办学又遭破产并欠下数千元外债。杜亚泉心情颇为低落，在服务满25年之际，提出退休。根据公司规定，可获退休金1万元，这笔巨款足可偿还欠债、颐养天年。第一次退休申请被王云五以公司倚重之类的理由挽留。1930年2月，王云五担任总经理，赴欧美考察几个月后，于1931年1月在馆内疾风暴雨地推行科学管理改革。馆方出台《科学管理计划》和《编译所编译工作报酬标准试行章程》，不料遭到四大工会组织的联合反对。杜亚泉也卷入其中并公开发表了反对意见。1931年杜亚泉再次萌生去意，两次提出退休，同样遭拒。杜耿荪著文称，内部同人有说，是因王云五不愿支付一万元退休金有意不允杜亚泉退休的。①

1932年"一·二八"事变，商务遭日军飞机掷弹焚毁。商务在宝山路建厂二十多年以来，闸北为多事之地，二次革命、齐卢战争、北伐战争，均被卷入战事。居民隔三差五，便"率眷属携细软避居于租界，仰帝国主义者之鼻息，受租界二房东之掯勒，同时为爱国志士所讪笑。"②因此虽然事变前社会上传言四起，且不少人已避入租界，但商务亦有编辑于司空见惯中坐守家中。1月27日上午，编译所里还有不少人上班，但至午饭后便几无一人。杜亚泉起初不相信这些传言，也希望即便发生战事，亦能保持镇定。但这次不同，闸北紧邻虹口日本人聚集的公共租界，日人觊觎已久。③欣欣向荣的商务印书馆，被认为是中国文化教育的大本营，日军更欲毁之而后快。杜亚泉所居宝兴里为商务人自己开发的本馆员工集中寓居的小区。待及附近陷入一片火海，杜亚泉才于漏夜中挈妇将雏，混入难民队伍，为馆中最后一个撤离闸北的人，④因此回乡之路格外辗转艰难。两天后一家人终于逃回久不住人的会稽伧塘乡间老屋，全家仅每人一身衣服，家里衣被、家具、食物、燃料、医药均需从头添置，杜亚泉只好变卖十几亩田产应付困境，从此沦为赤贫。

商务对"一·二八"的反应极为迅速。1月29日被炸当天，即宣布给被难职工维持费十元。1月31日，董事会特别会议，王云五即提议为复业计，惟先将上海一切职工全体解雇；2月1日东方图书馆大楼再遭纵火，商务已烧成一片残垣断壁。董事会决定所有总馆同仁全体停职，总馆总务处、编译所、印刷所、发行所、研究所、虹口和西门两分店一律停业，总经理与两经理辞职照准。组成董事会特别委员会处理善后，并付商务职工1月份工资，

---

① 杜耿荪：《杜亚泉——商务印书馆初创时期的自然科学编辑》，《绍兴文史资料选辑》第一辑，1983年12月，第239页。
② 方叔远：《一二八闸北避难追忆》，《东方杂志》31卷3号，1934年2月。
③ 方叔远：《一二八闸北避难追忆》，《东方杂志》31卷3号，1934年2月。
④ 方叔远：《一二八闸北避难追忆》，《东方杂志》31卷3号，1934年2月。

再加每人半个月薪水。①

张元济、王云五等董事会成员均在第一时间着眼复兴。"一·二八"国难，商务印书馆损失计1632万余元，上海各机构职工3700余人，但账上可用现款仅200余万元，各项债务500万元左右。复兴前景不甚明朗的情况下，一方面，公司无法同时安排所有职工迅速复工，另一方面未脱离商务又实际处于失业状态的职工，与公司关系不定，定会持续纠纷，如此对公司复业不利，也有误于职工另谋生路。3月16日，董事会决议将总馆停职之职工全体解雇，废止原来酬恤章程；储蓄及存款余额停发，再发半月薪水作为最后补助。同时也宣布，将来复业，优先雇用旧职工。商务大部职工都住在公司附近，对他们而言，"国难就是家难"。②20世纪20年代，劳工是一股新兴的社会力量为各界推重，商务工人素有争取权益的传统，在大火中失去了室家财产的职工，把希望寄托于公司复业，忽然间被宣布正式解雇。部分职工不能接受，遂成立解雇职工的善后委员会与馆方谈判，并通过媒体发声，聘请律师申诉，成为当时上海各界关注的一大社会事件。馆方将解雇酬恤方案报请上海社会局以及虞洽卿等名流予以调解，双方来回拉锯数月，最后均作出妥协，馆方再行补偿，职工接受被解雇。馆方最后为此付出现金一百五十万，其中六十七万为公司对解雇职工的各种酬恤补助费用。③

5月5日，中日签订《淞沪停战协定》，5月8日，社会局批准总馆职工解雇决定及有关待遇办法。5月12日，商务在宁波路24号发给总馆解雇职工退职金及特别储蓄等款。5月，杜亚泉于国难后第一次回到上海，在沪寓所虽未炸毁却被抢劫一空，宝山路昔日繁华重回一片荒地，他只得住在族叔

---

① 见《申报》1932年2月5日第2版、2月10日第2版有关报道；商务印书馆《董事会议录》第九册第37—39页（民国二十一年二月一日，紧急会议），商务印书馆藏。
② 见张稷、崔册：对鲍咸昌孙女鲍爱妹所作口述采访记录。未刊。
③ 商务印书馆《董事会议录》第九册第52—53页（民国廿一年九月二十日，第四百○二次会议），商务印书馆藏。

杜山次家。杜亚泉听闻商务的善后退职金给付办法后大为失望。按照公司本次酬恤章程，退俸退职金按17.8%的比例发放。①杜亚泉一度拒绝领取这笔退职金，然而特别时期下，杜亚泉的诉求淹没在1200多名追诉权益的职工中，公司一切措施均置于内部职工、外部舆论以及上海市府当局的监督中，完全透明。此时公司若开例外，势必引起连锁反应。王云五派了杜亚泉莫逆之交董事丁榕前来劝说，晓以公司困难，允将来聘为馆外编辑报酬从优等。与前面三次提出退职时一样，杜亚泉被说服了。据杜耿荪记载，共领各项款项4000元左右。领到款项的杜亚泉转身即去虹口内山书店购得四百多元各科书籍返程归乡。

杜亚泉于国难中的境况极为困窘。按退俸金折扣，杜亚泉退职金损失高达8000余元。1901年，时编译所尚未成立，杜亚泉就应邀为商务印书馆编纂教材，已达32年之久；1904年进馆主持理化部，也已28年。编译所创业元老不过六七位，如今他们要么是商务印书馆董事会成员，居于公司管理层，不必退职，如：张元济、高梦旦；要么在公司鼎盛时期，领取高额退职金正常退休，如：陆尔奎因编纂《辞源》致盲早已退休；蒋维乔也离职多年专心治学；邝富灼于国难前与王云五决裂也领取全额退俸金果断退职。而更为意难平的是，杜亚泉于国难前三次提出辞职三次被拒，作为服务商务三十余年的创业元老，年近六旬勉力应馆方要求留馆服务，却落得损失8000元退休金的下场。这于欠下外债复在大火中一贫如洗，变卖了田产勉强让一家六口活命的杜亚泉来说，不外当头再挥一棒。不管从对公司贡献论，从损失金额论，从其曾经三次提出退休三次遭拒论，从其年近六旬却面临一家生计的窘境论，杜亚泉实为国难中至为委屈、损失至为严重的！杜亚泉酬恤金

---

① 董事会第三九九次记载："一、议王祖勋、薛嘉圻等律师代表、解雇职工来信要求二十年份花红及补发退俸金百分之八二·二等项案。"商务印书馆《董事会议录》第九册第48-49页（民国二十一年八月三日），商务印书馆藏。

一事，董事会上未见记录；从杜亚泉于国难后退职的最终结果看，至少没有循商务往日对公司贡献卓著者旧例，予以深切体恤——这或许是当时公司形势使然，亦或许是科学管理精神使然。在当时乃至往后很长一段时间，思想文化的潮流一路向左，杜亚泉的中西文化论争中的思想价值不仅不为世人重视、予以称许，更被视为"保守"派代表而失去话语地位。此时主持商务印书馆复业大计的总经理王云五，恰为新文化领袖之一胡适介绍入馆，是否对败阵之保守派存有定见，或视之为负资产之一部分，则不得而知。无论如何，商务的各项事业，本身是近代文化史至为重要的组成，其主事者以长远的眼光看待这些事业，对待当中的历史人物，抱以适度的温情与敬意，或是更为明智的态度。

8月1日公司宣布复业。数月来解雇职工仍在以各种方式追诉权益，公司复业后，即遭他们的集体诉讼。8月2日，杜亚泉亦提笔给公司管理层写信，他历数为公司服务之经过，请求公司发给生活费每月80元，"俾亚泉夫妇无冻馁之忧，子女无失学之苦。"① 读来真是满纸辛酸。

全信如下：②

商务印书馆有限公司

  总经理、经理诸位先生台鉴：

  径启者，亚泉自光绪辛丑年始为公司编辑教科书籍，计距今已三十二年之久；甲辰以后在公司编译所服务，迄今亦满二十七周年。流光迅速，现时年已六旬。自问毕生精力，除求学时期以外，大部分皆消耗于公司之中。满拟退职以后，得藉公司之退职金以赡养余年，且润及子女，俾其成立。讵料骤撄国难，公司既备受摧残，亚泉私计

---

① 杜亚泉1932年8月2日致公司信，商务印书馆藏。
② 杜亚泉1932年8月2日致公司信。商务印书馆藏。

复大遭损失，申家服物，荡也无存；书籍稿件，亦多残缺。嗣因公司停业，退职所得退职金，仅得百分之一七有奇。鄙眷老弱六人，伏居乡间半年以来，制备生活必须之衣被、家具，及支出生活必须之食物、燃料、医药等费，已耗去太半。学校下学期开学，子女四人，均在就学期间，预备学费已虞不足，欲从事编译投寄稿件，藉资生活。则因亚泉平时耗用脑力，不自摄卫，在馆时已屡患头痛，春初避难又感冒风寒，以致屡染流行性疾患，身心益就衰弱，不堪重理旧业，自分前途有委填沟壑之惧。伏念亚泉自壮岁以还，完全在公司服务。当时公司日就发展，亚泉亦与有荣施。今因公退职，以国难之故，所减少之退职金，乃在八千元以上。现时公司尚有相当财产，得以规复旧业；而亚泉乃仅余衰弱之身，至将不能维持其生命。揆之情理，当在诸公矜念之中，为此奉函，请求公司给与生活费每月八十元，俾亚泉夫妇无冻馁之忧，子女无失学之苦。在公司既念旧不遗，在亚泉亦慰情聊胜。此项生活费如蒙俯允，希望终亚泉天年而止。如亚泉在民国二十七年以前去世，则希望继续至民国二十七年，俟亚泉幼子成年而止。

诸祈裁示，并颂
筹安

八月二日
旧同人杜亚泉敬上

王云五没有答应杜亚泉的生活费请求，而是以每千字三元翻译费和每千字一元的校订费，请杜亚泉翻译未完稿日本惠利惠《动物学精义》。商务复业后到次年秋天，是年近六旬杜亚泉居家两年高产而忙碌的一年。一方面应付馆内交待的翻译工作，另一方面，对教育需求和编辑工作均了然于胸的他，组织千秋编辑社编纂出 70 万字的《小学自然科词书》，于 1933 年夏交给商务印书馆（该书于 1934 年杜亚泉去世后第二年出版，且很快重印）。与此同时，因年长体弱，再加之操心劳累，杜亚泉反复生病。1933 年 6 月，赴沪结算稿费，因住旅馆条件恶劣而染上喉炎；1933 年秋，小病终聚成大病，"初患感冒，后转肺炎，继而并发肋膜炎"①，终至卧床不起。

1933 年 12 月 5 日，预感自己不久于人世的杜亚泉向家人交代后事，提起自己身后家人可领人寿保险 6000 元，可还清亲戚处的欠债，又提笔给王云五写信，请他在自己死后，给家里发生活津贴每月八十元，为期十年，至子女成年，这笔钱亦大致相当于商务在国难中折扣的退职金数额。②这封信寄出的第二天，杜亚泉溘然长逝。家中仅剩十几块钱，不得已借其族叔杜海生寿棺入殓。杜海生写信向蔡元培及馆方求助，请求商务帮贴以了后事。蔡元培闻讯，立即发函呼吁张元济、寿孝天等旧友捐助抚恤，作为偿还医药费及丧葬之用。而商务因国难巨亏，为职工所上的人寿保险业已全部撤回，董事会早已于 1932 年 6 月议决"以本公司被难，本届结账亏耗甚巨，原有同人子弟学校基金、总馆同人教育补助金、扶助同人子女教育基金、尚公学校基金、尚公学校津贴准备基金、同人寿险基金、同人俱乐部基金、公益存款等均应由公司如数收回。"③不得已，张元济、王云五联名复信，乃愿以个人名义发起，向在馆和离馆旧友告助。1934 年 1 月，蔡元培、张元济、夏鹏、高梦旦、王云五等 12 人联合署名，为其子女募集教育基金，启事如下：

---

① 施亚西：《文化前辈杜亚泉》，施亚西、田建业编：《杜亚泉重要思想概览》，上海社会科学院出版社 2016 年版，第 150 页。
② 1933 年 12 月 5 日杜亚泉致王云五信。商务印书馆藏。
③ 商务印书馆《董事会议录》，第九册第 51—52 页（民国廿一年六月廿五日，第三九三次会议），商务印书馆藏。

《为杜亚泉募集子女教养基金启》[1]

（一九三四年一月）

　　旧同事杜亚泉先生不幸于上年十二月六日在籍病故。念先生服务商务印书馆，垂三十年，遭国难后，始退休归里，然犹任馆外编辑，至弥留前不辍，可谓劳且勤矣。今闻溘逝，身后萧条，尚赖其族咸亲友为之经纪其丧，文士厄穷，思之可慨。顾其夫人亦老而多病，稚女未嫁，二子在中学肄业。同人等久契同舟，感深气类，悯其子女孤露，不可使之失学。因念先生遗风宛在，旧雨甚多，或以桑梓而悉其生平，或以文学而钦其行谊，必有同声悼惜，乐与扶持。为此竭其微忱，代申小启，伏希慨解仁囊，广呼将伯，集有成数，即当储为基金，使其二子一女，皆可努力读书，克承先业，则拜赐无既，而先生亦必衔感于九原之下也。

　　蔡元培　郑贞文　钱智修　高梦旦　张元济　傅纬平

　　何炳松　庄　俞　周昌寿　李宣龚　王云五　夏　鹏

同谨启

　　家人自然无从领取6000元的人寿保险，很快收到了由馆方代集的赙金一千多元，其中张元济出力最多。[2]杜亚泉生前义务讲学的稽山中学，召开了隆重的追悼会，会上有悼词、悼歌，称杜亚泉"人才乐育，著作等身"，并对其二子杜其在、杜其执均免予学费。[3]如此再加之其他救济和照顾，终使弱

---

[1] 高平叔编：《蔡元培全集》第六卷，中华书局1988年版，第376页。
[2] 杜耿荪：《杜亚泉——商务印书馆初创时期的自然科学编辑》，《绍兴文史资料选辑》第一辑，1983年12月，第239页。
[3] 杜其在：《鞠躬尽瘁寻常事，动植犹然而况人——回忆我的父亲杜亚泉》，《商务印书馆馆史资料》第42期，1988年11月29日，第4页。

妻幼子渡过难关。①

    杜亚泉壮年去世，在同人旧友中引起一片唏嘘！蔡元培、胡愈之、章锡琛、张梓生、周建人、杜山次、寿孝天、周榕仙等纷纷撰文，追叙他的平生，对其平生贡献，给予充分的肯定，同时对于其淡泊名利，一心为国家谋文化上之建设的崇高品格，予以很高的评价。张元济著《杜亚泉先生诔辞》：回忆早年朝夕相处时"与君同舟，汪汪在望"；一同编研学术时"缉柳编蒲，学术相饷"；与先生订交时间长久"功系人文，卅年以上"；事业发展时"遥想阶前，芝兰茁壮"；事业有成时的"培养成林，大宗足充"。而杜亚泉去世后"渺渺予怀，临风怅恨"，表达了深切的哀悼怀念之意。胡愈之则重点回忆其对《东方杂志》的贡献；六十年代，其堂弟杜耿苏回忆杜亚泉热衷办学及居乡二年，着墨较多，回忆其自费为稽山中学讲课，"往返一次，要他自己付出舟金三元多，并供应船工膳食。他既不领讲课报酬，稽中当局虽几次要送旅费，他也婉谢。一学年末，稽中赠送银盾做为纪念。"②周榕仙对亚泉淡泊名利，有更细致评说："先生对于后进，恒讲述科学哲理，就近取譬，娓娓不倦。族中子侄之教养培植，悉力资助，俾能自立。而自奉淡泊，不喜功利。有热中者，辄面斥之。故拜金主义之徒，见先生莫不有愧色也。先生对于工商企业，只谈如何改进，不谈如何获利，尝谓赚钱非人生最终目的，不论何业，应以服务社会发展社会为职志，须善用财而不为财所役，中国之守财虏，外国之托辣斯，均失中庸之道，慎弗学也。"③哲人其萎，国人冷淡，张梓生大为感慨："国人对于人物之崇仰，久失其正鹄。当曲园之死，

---

① 施亚西：《文化前辈杜亚泉》，施亚西、田建业编：《杜亚泉重要思想概览》，上海社会科学院出版社2016年版，第150页。
② 杜耿苏：《杜亚泉——商务印书馆初创时期的自然科学编辑》，《绍兴文史资料选辑》第一辑，1983年12月，第239页。
③ 周榕仙：《杜亚泉先生传》，《仪文》1948年第2期。

举国淡然，时王静庵已深有所感。近则时局幻变，人心愈趋卑下，对数政客官僚之死亡，报纸争载，市巷纷谈；而对于品格崇高，行足讽世之学人之逝世，除三数熟友外，类皆无所感怀。呜呼！此亦叔世应有之现象乎！"[1]蔡元培悲痛呼号："嗟乎！人师几人，斯人憔悴，人琴叹逝，笔述斯人。我国人览此传文，倘亦肃然而恻然欤。"[2]

杜亚泉弥留之际向商务提出发其及家人生活费之要求；去世后家人亦一再向商务求助，可见，在杜亚泉及家人心中，他终身为商务服务，始终还是商务人。这是在商务服务三十年耳濡目染所形成的执念。对杜亚泉的请求，商务没有以公司名义允以关照，这终究还是历史黯淡的一叶，总归来讲，是一件憾事。杜亚泉本人曾在去世前半年，赴龙山诗巢雅集时，和友人诗有云"鞠躬尽瘁寻常事，动植犹然而况人"，想必对自己一生为教育、为文化呕心沥血而至穷困潦倒的人生结局，早已有所参悟；内心深处，或已释然。

---

[1] 张梓生：《悼杜亚泉先生》，《新社会》6卷2号，1934年1月，第14页。
[2] 蔡元培：《杜亚泉君传》，《杜亚泉先生讣闻》，开明书店代印，1934年。

编者的话：我所理解的杜亚泉

施亚西[①]

一、一个偶然的发现

1988年6月的一天，一位朋友送来了一份6月13日的《世界经济导报》，报上刊登了时任宣传部长的龚育之同志在1988年5月人民大会堂举行的科学与文化论坛第一次座谈会上的发言，题为《科学·文化·杜亚泉现象》。文中他首先肯定了杜亚泉，说"他一生为中国的科学和教育事业辛勤工作，他在这方面的贡献是不可抹煞的"，是"一位在中国传播自然科学知识的'先驱者'。"但接着又说："我同时惊讶地发现，他原来就是'五四'新文化论战中的那位守旧派！"又说："我完全赞成对杜亚泉这位中国近代文化史上的人物作出如实的、全面的、公正的评价，不应该让他只是作为反面形象留在后人的心目中和史书上；我也赞成对杜亚泉在文化论战中的论点再作分析，可能其中也会有某些有价值的、曾经被忽视了的东西。""但是我以为更值得研究的是'杜亚泉现象'：为什么一个介绍自然科学知识的先驱者会成为新文化运动中的落伍者，集先驱和落伍于一身？为什么会出现这样的矛盾现象？"[②]

[①] 施亚西，为杜亚泉先生幼子杜其执的夫人。杜亚泉思想与生平的重要研究者、杜亚泉研究的重要推动者。
[②] 龚育之：《科学·文化·杜亚泉现象》，《思想解放的新起点》，湖南人民出版社1988年版，第141页。该文后也收入龚育之著《自然辩证法在中国》，北京大学出版社1996年版。

当时杜亚泉的儿子杜其在、杜其执还在，父亲故世时他们还是不懂事的少年，只知道父亲主编《东方杂志》时和人有过争论，具体内容毫无所知。看到龚育之的文章，兄弟俩不禁好奇：自己的父亲到底怎么保守落后？又写过什么样的文章？何不把它们找来看看？于是翻出家中压箱底的一本杜亚泉逝世后的《讣闻》，内有张元济、蔡元培、胡愈之等的悼念文章，也知晓父亲的笔名有高劳、伧父等。华东师范大学图书馆正好藏有《东方杂志》。于是我和外甥田建业便从尘封了几十年的《东方杂志》中把杜亚泉的文章一一找了出来。

不看不知道，一看大为惊奇！杜亚泉当年说过的许多话，对当今这个时代却很有现实意义。感觉他不但不保守落后，而且颇具前瞻性。我们商量之下，决定把这些文章结集出版，名为《杜亚泉文选》，又商议由许纪霖出面请王元化先生作序。

王元化先生的长序《杜亚泉与东西文化问题论战》于1993年发表后引起了学术界的广泛关注。[1] 本文介绍了杜亚泉的学术思想，对他和陈独秀之间所发生的东西文化问题论战，作了再认识、再评价，一时间引起了不大不小的杜亚泉研究热潮。杜亚泉能重新被人认识，有一定的必然，十一届三中全会提出"解放思想、事实求是"，给全社会带来一股自由清新的空气。龚育之同志在这个大背景下，按照尊重科学、实事求的精神，率先提出"对杜亚泉在论战中的观点再作分析，可能其中也会有某些有价值的、曾经被忽视了的东西"，为杜亚泉学术思想的研究和讨论开了一个头，点出了方向，这才有了学术界持续多年的杜亚泉研究热潮。不能不说，这一过程也具有一定的偶然性。

那么，龚育之提出"杜亚泉现象"的真相是什么呢？一个为了引进世界

---

[1] 王元化：《杜亚泉与东西文化问题论战》（王元化序），田建业等编：《杜亚泉文选》，华东师范大学出版社1993年版，第1—20页。

先进文化、普及近代科学知识而做了许多踏踏实实贡献的人,却长期被定位在"新文化运动"的对立面,请问,新文化的"民主与科学",不正包括先进的科学文化知识吗?要解答这一问题,就不能不提及在近代不同历史阶段出现的若干次的"全盘西化"、民族虚无主义和彻底的反传统的狂热思潮。时至今日,在党的十八大以来,对中华传统文化的全新定位的时代大背景下,更加觉出杜亚泉先生一百多年前出于对本民族的文化自信,在"复辟"、"谋叛共和"的巨大舆论压力下,所阐发的传承中华文化固有传统、调和中西文化以创造一个新的中华文明的观点的可贵价值和现实意义。可叹杜亚泉先生只读过几年私塾而自学成才,成为"中国近代的科学先驱"和"百科全书式的思想家",这,是否也是独树一帜、颇为值得研究的"杜亚泉现象"呢?

二、一个并不难解的"死结"

1992年春夏间,我去拜访王元化先生。先生对我说:"我看了杜亚泉许多文章,实在看不出他有什么迷恋封建统治的地方,可他在《迷乱之现代人心》中,确确实实写着'君道臣节,名教纲常'这几个字,要不然陈独秀也抓他不住什么。这真正是个解不开的'死结'!"先生后来在《杜亚泉与东西文化问题论战》一文的最后部分再次提到类似观点。

我听了也很纳闷,一心想解开这个"死结"。我在阅读了杜亚泉的原文后,发现"君道臣节""名教纲常"这两个词组并不是连在一起的。王元化先生其实也注意到这一点。陈独秀在论争的情境下,单拎出这八个字,在《质问〈东方杂志〉记者——〈东方杂志〉与复辟问题》及《再质问〈东方杂志〉记者》中连连发问,反复使用十余次之多,这其中,有不少是臆测和发挥的成分。其副标题——"〈东方杂志〉与复辟问题",昭示《东方杂志》是支持复辟的舆论阵地。明确将杜亚泉与谋叛共和、张勋复辟挂钩,杜亚泉封建卫道士形象从此跃然纸上。文章发表后，迫于舆论压力，商务印书馆不得不撤去杜亚泉《东方杂志》主编的职务。杜亚泉作为新文化运动对立面的"落后"形象，在这场论战中固定了下来，直至20世纪末，上述龚育之、王元化的文章横空出世，人们才慢慢拨开历史的迷雾，还原那场论战的更多细节以及杜亚泉思想的本来面目，并重新予以历史评价。

为了进一步解开这个"死结"，我们来看看《迷乱之现代人心》一文[①]。细读之后，可不可以这样理解：杜亚泉所说的"君道臣节""名教纲常诸大端"，是指我民族在长期社会实践中自然形成的文化观念和道德规范，而并非古代所谓"君为臣纲，父为子纲，夫为妇纲"的纲常。正如我们平时说"三教九流"，并不一定是指儒、释、道三教，儒、道、阴阳、法、名、墨、纵横、杂、农等九家，而是泛指各种行业流派或各色人等。我认为整段话表达的是：君（包括皇帝、大总统）、臣（包括各级议长、部长等）以及各类官吏、员工，都有其应尽的职责和应守的道义。仁君、昏君、暴君、忠臣、奸臣、良吏、酷吏、好人、坏人……老百姓心中都有一杆秤，这就是"国是""国民共同概念"，是老百姓在长期的社会实践中自然而然形成的共识，用今天的话说，即民族的基本精神和道德规范。过去智识阶层在议论朝廷时政时，也往往以此作为判定是非的标准。

杜亚泉在此时提出这个问题，与时局有很大关系。当时民国虽已成立，却遭遇各式危机。徒有"民主共和"之名，实是"旧人行新政"。袁世凯称帝、张勋复辟、国会解散、武人跋扈……政局一片混乱。西方学说之输入，又往往橘变为枳，各取所需，盲从谬托，思想界也同样混乱。社会上拜金主义、强权主义、享乐主义等奢侈淫乐之风日盛，旧道德落幕，新道德何在？权与钱公开追逐而不受道德规范约束，人际间强调竞争，寡谈是非与善恶。世风日下，人心迷乱实为现实的真实写照。人们对民国政府和社会现实的不

[①] 杜亚泉：《迷乱之现代人心》，《东方杂志》15卷4号（1918年4月），第1—7页。

满，导致庞杂而激进的无政府主义思潮迅速蔓延。反对强权名义之下，便是反政府、反法律、反宗教，甚至反对私有制和婚姻家庭等一切社会组织，极端个人主义、追求绝对自由等社会观念甚嚣尘上。有些无政府主义者还以社会主义、共产主义的名义传播。20世纪初到20年代，可谓近代思想最混乱的时期。杜亚泉在《迷乱之现代人心》一文中所批评的迷乱现象不是空穴来风。文章的主要矛头是针对那些"昨为民党，今为官僚"、假借主义之名以争权夺利者，以及对外来文化盲从谬托、误导人心者，而决不是针对科学民主思想和爱国图强的进步行为。当时的中国，国际上受尽列强欺凌几陷于被瓜分的境地；国内执政当局争权夺利，陷底层百姓于水深火热；知识界热衷于主义之争而没有形成社会共识。

这里有一则资料可表明杜亚泉对当局的态度。1917年6月8日的北京《晨钟报》有一条新闻题为《杜亚泉大发牢骚之演说》（在绍兴同乡会聚餐会上的演说），内中有云："咳！现在是七国八乱的时代，我们国家闹到如此地步，做百姓的还在此地高兴喝酒，我们真可谓全无心肝……民国政府六年里闹了三四次，我们同乡会七年里却不曾闹过一次。……政府里、国会里几多大人老爷转该到我们同乡会里学点样子呢，他们大人老爷都是在民国支薪俸、得银钱。我们的董事是赔钱的议员，是尽义务的，要是他们肯学我们这个样子，我想必定不会再闹了。"[①]

在这种危机四伏、暗黑混乱的情势下，杜亚泉希望智识阶级不要内耗，而是团结起来，将矛头指向腐败的军阀官僚和不良习气。他发表《智识阶级之团结》系统阐发自己的观点。[②] 杜亚泉提出了"清议""国是"[③]等问题。他认为，一个国家之立国，不仅要有土地、人民、政府，要有统一的语言、

---

① 《杜亚泉大发牢骚之演说》，北京《晨钟报》1917年6月8日。
② 杜亚泉：《智识阶级之团结》（谈屑），《东方杂志》16卷10号（1919年10月），第10—12页。
③ 杜亚泉：《迷乱之现代人心》，《东方杂志》15卷4号（1918年4月），第1页。

文字，更重要的是人民要有大致相同的"共同概念"①，这样才能相维相系，在国家有危难时群策群力，同舟共济。联系杜亚泉的其他文章来看，意思是很明白的。至于其中提到的"猩红热""魔鬼"②，决不是指西方先进的文化言论。此前，杜亚泉也翻译介绍过不少西方观点，如1912年翻译的《社会主义神髓》③。他所持中西文化各有所长，应取长补短、融会贯通的观点，也是一贯的、明确的。从杜亚泉的整体思想来看，并不存在不可解的死结。陈独秀之所以死死抓住"君道臣节，名教纲常"这几个字做文章，也许是出于他实现"彻底反传统、全盘西化"的一种策略。陈独秀和杜亚泉都是爱国者，都有一片救国爱民之心。两人都痛恨官僚军阀，同情劳苦大众，向往科学民主，不满旧教育制度和社会风气的腐败，他们在清末民初的启蒙运动中是同道，而最后竟水火不容，颇耐人寻味。此非三言两语能说清，当另撰文再作讨论。

三、一个平凡的奇才

杜亚泉16岁中秀才，1895年有感于甲午战败之辱，毅然弃绝仕途而向往科学救国之路，靠自学成才以"为国家谋文化上之建设"，被视为"中国近代科学界先驱""百科全书式的思想家"。有人赞叹他是奇人奇才，其实杜亚泉一生过得极为平凡，从无豪言壮语，只是默默笔耕，与奇人奇才沾不上边。但仔细想想，他似乎是有些常人不易做到的地方，如：

（一）人生的动机和目的、社会责任和个人志趣的高度统一。

综观杜亚泉一生，他的治学、著作、办学或其他作为，无不是为了传播科学、建树文化，以求国家富强、民族复兴。从19岁立志厌弃仕途直到60

---

① 杜亚泉：《国民共同之概念》，《东方杂志》12卷11号（1915年11月），第2页。
② 杜亚泉：《迷乱之现代人心》，《东方杂志》15卷4号（1918年4月），第6—7页。
③ [日]幸德秋水著、杜亚泉译：《社会主义神髓》，《东方杂志》8卷11号—9卷3号，1912年5—9月。

岁贫病交迫犹笔耕不缀,四十年如一日,无论遭遇何等艰苦困顿或抨击责难,一切毁誉得失,均未改其志。他就是凭着这种超然而执着的精神,战胜了一切不利因素。

他为国家谋文化上的建设,是和他热爱科学、探求真理的精神高度整合在一起的,故无论办杂志,还是编教材、辞典,既能切实关注社会进步的需要,又能好之、乐之,且不断有创见创举。努力的动机、目标和社会责任感与个人学术兴趣的高度一致,使他的生命充满活力和创新精神。这与他过早衰老的外表显得很不协调。

(二)荒原野径上的自学成才之路。

熊月之先生在《略论杜亚泉思想特色》一文中,认为他的治学方法是在荒原野径上自己探索出来的"野路子",所以能摆脱经院教育模式的束缚而成为高度复合型人才[1]。这话十分值得我们现在办教育的人深思。

思考、体味这条"野路子"的由来,我认为他的学习方法和学习态度,大约可用儒家经典中这几句话来概括:"格物致知。"[2] "博学之,审问之,慎思之,明辨之,笃行之。"[3] "毋意,毋必,毋固,毋我。"[4] "择善而固执之。"[5]

尽管杜亚泉从小接受的是封建科举教育,但其治学却避免了教条、僵化,极具独立思考的精神、缜密思辨的习惯和精进求是的品质。蔡元培说他"所攻之学,无坚不破;所发之论,无奥不宣"。这样敏锐而成效卓著的思维,未尝不得力于博学深思、锲而不舍的精神,反映了他方法上的科学性。

杜亚泉能在"格物致知"的基础上坚持实事求是,在博学基础上坚持慎

---

[1] 熊月之:《略论杜亚泉思想特色》,《历史教学问题》2014年1期,第4—8页。
[2] 格物致知,语出《礼记·大学》:"欲诚其意者,先致其知,致知在格物。"
[3] 博学之,审问之,慎思之,明辨之,笃行之。语出《礼记·中庸》。
[4] 毋意,毋必,毋固,毋我。语出《论语·子罕第九》。
[5] 择善而固执之,语出《礼记·中庸》。

思明辨。任何事都要知其然、探其所以然，各种现象、观点都要分析研究、进行比较，然后"择善而固执之"。这样便去粗取精、去伪存真，形成自己的独到见解，不致偏执或盲从。

由此可见，杜亚泉并不是什么天才、奇才，只是善于学习罢了。最关键的是他早早摆脱了"学而优则仕"的传统理念，不囿名利得失，故能在人类广阔的知识海洋里自由自在地"探宝"，终于成为"百科全书式的思想家"。

（三）"长宙大宇、凭高鹰瞬"的视野与调和折中的思维方式。

英国哲学家培根曾说"知识就是力量"。知识之所以能产生力量，并不在于知识本身，而在于人的大脑如何去掌握它、运用它。知识只有通过一定的思维活动、思维方式才能形成智慧，产生力量。杜亚泉"脑力特锐"，主要得力于博学深思的学习方法、活跃的想象力和逻辑思维、辩证思维的能力，所以他能摆脱主观主义、本本主义、教条主义的束缚，获得更为客观真实的独到见识。

杜亚泉的思想特色主要有二：前瞻性和调适性。这既非天赋，也非师传，是他自己从学习中获得的。

熊月之以"长宙大宇，凭高鹰瞬"形容杜亚泉视野的广阔和眼力的敏锐，非常生动而得当。当年学识渊博、著作等身的专家学者不少，但像杜亚泉这样博通古今中外、文理各学科知识的实不多。"长宙大宇，凭高鹰瞬"的视野和眼力，使他对世上纷繁复杂的万事万物和彼此间的关系、变化，有较清晰的感知，并能由此及彼推测事物发展的方向，因而其思考和见解往往带有前瞻性。如1900年他在《亚泉杂志》序中指出："艺术者（按，此指科学技术），固握政治之枢纽矣。"[1] 当时他并未接触到马克思关于生产力与生产关系的学说，但他看到世界上许多国家在现代化过程中出现的种种现象，

---

[1]《亚泉杂志》序，田建业等编：《杜亚泉文选》，华东师范大学出版社1993年版，第1页。

于是悟出：科技发展促使生产力发展，经济发展终将促使社会与政治的改变。"中体西用"者的头脑是得不出这样的结论的。关于这一点，1934年胡愈之在《追悼杜亚泉先生》中评价说："这是35年前所作的文字，在那时先生已揭发生产技术决定了政治和社会关系。至于先生对当时朝野的批评，在现在看来，也还是非常正确。单从这里，就可知先生是怎样的一个前进的学者了。"

又如对俄国十月革命的看法。虽然他在1912年翻译《社会主义神髓》时，对马克思学说已有所了解，也在第一时间跟踪了俄国十月革命的经过。但法国大革命当中的激进潮流造成的法国百年内乱，也使他为俄国革命感到担忧。十月革命成功后，缺乏温和的政策和稳健的人才。他认为"革命之事业可以激烈手段取得之，不能以激烈手段治理之"。他还认为社会发展有一定规律，从废除农奴制到建设共产主义，不能一蹴而就。躐等而行，没有不发生纷乱的。[①]

历史的发展果不出他所料。

思维的前瞻性源于他能理智、客观地按事物发展的规律来思考问题。实事求是、不慕虚名，使他较早掌握今天我们所提倡的科学发展观。

说到"调和折中"，有人认为这是满怀保守思想的杜亚泉在西方思潮汹涌袭来时仓皇应战的办法，这是很大的误解。杜亚泉"调和折中"的思维模式，是由他博学、深思、明辨、择善的学习方法演化而自然形成的。也可以说是在中国从封建落后的农业社会向现代化大转型的时期，面对中、西、新、旧冲突而产生的各种新现象、新问题时，突破"非此即彼"的一元论而探索出来的创造性思维模式。这种思维模式的形成来自杜亚泉的宇宙观，其思想基础是老子、庄子、《周易》《中庸》的朴素辩证法及近代西方科学知识。他认为宇宙是个无始终、无涯际同时又根据其自身的法则和规律不断运行的

---

① 杜亚泉：《续记俄国之近状》，《东方杂志》15卷1号，1918年1月。

天体。古人说的"一阴一阳之为道",今人说的"对立统一规律",正是人类探索宇宙运行法则得出的结论。"调和折衷"就是一种符合对立统一规律的科学思维。

综观杜亚泉对许多事物的观察和论述,可见他非常注意"序"和"度"。有"序",即符合事物发展的规律;有"度",即对事物把握、处理得适当。凡事处理得有"序"有"度",则诸事物必彼此和谐而利于发展;反之,失"序"而无"度",则会导致混乱而受挫。它的哲学思想,就建立在我国古代"中庸之道"及"中和"思想上。正如刘黎红在《"调和折衷"在杜亚泉思想中的方法论意义》一文中说:"杜亚泉是在以中国的传统文化来参照、发明西方的学说,最终也就不难发现,表面上以西方各种理论为依据建立起来的'调和折衷'方法实际上是中国传统辩证思想的应用。"[1]杜亚泉自己也说,"世界事理,如环无端,东行之极则至于西,西行之极亦至于东。吾人平日主张一种之思想,偶闻异己之论,在当时确认为毫无价值者,迨吾所主张之思想,研究更深,而此异己之论忽然迎面相逢,为吾思想之先导。"[2]这是他学习了一些西方历史和哲学著作后非常深刻的体验。

由此可见,文化上中、西、古、今的差异绝不是新旧对立、水火不容的关系。杜亚泉身上也不存在"科学先驱—文化保守落后"这样的矛盾现象,他的许多观点、论述,都是他那"脑力特锐"的"思维加工厂"选用古今中外的资料,以"调和折中"的生产方式加工生产出来的新产品,以此奉献给社会,供人选择试用。他自称愿为一片败叶,奉献给未来的森林。他就像"春蚕到死丝方尽"的蚕,亦如龚自珍诗句"化作春泥更护花"中的泥土。

---

[1] 刘黎红:《"调和折衷"在杜亚泉思想中的方法论意义》,《聊城师范学院学报(哲学社会科学版)》,2001年第6期,第44页。

[2] 杜亚泉:《论思想战》,《东方杂志》12卷3号,1915年3月。

四、一些耐人深思的论点

蔡元培说杜亚泉是个"无时无处无思索"的人。看他的文章，小而至于电子、质子，大而至于人类社会、宇宙万象，无所不议，好像很庞杂。但这些庞杂的议论背后隐隐有着一以贯之的理路。可说杜亚泉思想就是：竞争，秩序；天道，人道；科学，文化。

100年过去了，有些见解、议论时过境迁，只能看作历史资料，但有些论点还是很耐人深思的。如：

（一）竞争者，无极也，天则也；秩序者，太极也，亦天则也。（《无极太极论》，1901年）[①]

19世纪末叶，达尔文学说传入中国后，大大激发了中国人的民族意识，觉悟到非发愤图强，难以生存。杜亚泉最初也热衷于学习、宣传进化论，但不久，争权夺利，只讲竞争、不讲是非善恶等现象随即显现。再看世界大局，他敏感地意识到片面强调竞争，决非人类福音。于是他提出了上述论点。

他借用斯宾塞耳（今译斯宾塞）分宇宙为不可知界和可知界之说，对应无极、太极，来说明人类历史在宇宙间不过是极短的片断，人类社会只是从地球、自然界、动物界长期竞争中分化出来的一个群体。人类在生存竞争和生活实践中，突破动物的本能之爱而进化到伦理之爱，意识到利己之外，还应有利他、利群的观念，逐渐而有名分、分工、组织、制度、道德等并形成一定的社会秩序。正是这种爱和秩序，使人类内部生活在矛盾竞争中得到协调，互助增进了群体的力量，在对外部自然界的斗争中增强了竞争力，获得优胜，从而逐渐脱离动物界，从野蛮进入文明时代。所以建立在伦理之爱和

[①] 杜亚泉：《无极太极论》，《普通学报》2期（1901年10—12月），转引自田建业等编：《杜亚泉文选》，华东师范大学出版社1993年版，第6页。

利群基础上的社会秩序，是人类赖以生存和发展的依靠，即"人之道"。"人之道"不能不顺应"天之道"，它只能对竞争起遏制或调节作用，而不能取代或消灭竞争，也就是说，秩序中仍然有竞争存在，但秩序能使竞争受到遏制或调节，以有序的竞争减轻或消灭竞争失控带来的灾难。故竞争者，天则也；秩序者，亦天则也。杜亚泉把"秩序"和"竞争"同样视为"天则"，是极有见地的。

（二）改革是社会新陈代谢之机能，亦社会生死存亡之关键。（《个人之改革》，1914年）[①]

杜亚泉1914年发表的《个人之改革》说的是个人之改革，目的还在于社会、国家之改革。1911年辛亥革命结束了君主专制，开创了民主共和，但不过二三年，军阀官僚争权夺利、互相倾轧，社会越来越黑暗混乱，杜亚泉认为主要原因在于"旧人行新政"。形式上制度、职务、名称都改了，脑子还是旧的。这个"旧"，不仅在少数执政者，而是带有社会整体性的：如旧官僚摇身一变而为"新公仆"，依然争夺权势，追求富贵。有的人有改革社会的意愿，但只想改革他人，不想改革自己；甚至标新立异以改革名义相竞争，求名利。学校改了学制，却仍是培养官僚的阶梯。底层老百姓仍然贫困落后，愚昧无知。

他认为社会是个整体，每个人都是其中一个细胞、分子，故强调个人改革，实是有关社会整体改革的大事。我们民族五千多年的文化传统中有许多宝贵的、优良的遗产，杜对此深信不疑，但他认为必须分清传统文化的精华和糟粕，他提醒人们要抛弃那些沉淀的渣滓，和被历代统治者用来维护统治的谬误的东西。对这些渣滓和糟粕，是不可不廓清而扫除之的。改革是牵涉到民族文化传统的复杂、艰巨、长期的大事。他把改革看成社会"新陈代谢

[①] 杜亚泉：《个人之改革》，《东方杂志》10卷12号（1914年6月），第1页。

之机能""生死存亡之关键",是在对中国国情和国民素质有了深刻体察思考之后的见解。当时没有人把改革提到这样的高度。一般只认为列强的入侵使我们民族到了生死存亡的关头,没有想过改革也会成为生死存亡的关键。一百多年过去了,学者对其是非得失多有评述,但对这个观点我却感到常读常新。

我们现在富了,强了,但贫富悬殊还很大,思想文化上的两极分化也很大,这对于社会安定和发展都很不利。物质层面的改革相对较容易,文化、精神世界的改革却难得多。而这恰恰是关系到我们民族复兴和能否成为现代化强国的大事,我们作为新时代的主人,对此应有清醒的认识。

杜亚泉说改革是"社会新陈代谢之机能","生死存亡之关键"。我体会里面有三个要点:

1. 我们的改革是全民族整体性的,任何人概莫能外。

2. 改革是长期的,没有止境,因世界在不断发展,必须积极跟上。改革不能搞一窝蜂,搞形式主义,必须吐故纳新,不断清除不利于个人身心和社会机能的旧意识、坏习惯,发扬好的优良传统,更要学习吸收他人、他国的先进经验、先进文化及优良的民风民德。善于学习,才利于长进。

3. 改革是科学,不是按少数人的主观意图来改。改革也不是小修小补的改良,而是根据社会全局和发展前途来考虑的不断吐故纳新、边破边立、持续发展、稳步前进的智慧,不能等到矛盾激化、积重难返时再来处理。吐故纳新、边破边立,才能使社会发展与时俱进。

(三)人民要养成正确运用理性思维的习惯与能力。(《理性之势力》,1913年)[①]

杜亚泉认为理性能使人较明智地"应付事物,范律心身",理性也是帮

[①] 杜亚泉:《理性之势力》,《东方杂志》10卷6号(1913年12月),第1—4页。

助人们识别是非善恶的良知和维护正义的伟大力量。他认为辛亥革命之发生，就是群众理性之抬头，故能顺利地推翻君主专制，建立民主共和。但不久，国家形势比以前更混乱不安，这是因为理性的势力虽伟大，但也很容易受抑制而消减。

于是他呼吁，人们要养成判断事理、审察物情之能力。希望负责教化的当权者，要知人民理性之不可挠抑，又不可任其迷误，要善于引导。更希望知识分子著书立言，不要好高骛远，要考虑人民接受水平和时势需要，作理性之前驱。社会上总是先知先觉者少，而中国尤多不知不觉者。但理性问题似乎引不起人们的兴趣。直到1919年，杜亚泉与蒋梦麟关于"新思想是个态度问题"的辩论，1927年与李石岑关于"理智产生于欲望"及与朱光潜"情与理"的辩论，其核心问题只是人的行为应受理性的指导，还是感情、欲望为动力，反对受理性之引导。后来是"态度说""感情说""欲望说"占了优势，没有继续讨论下去。

回想"五四"时期的"情""理"之争，有人说人的行动应受理性的支配，有人说理性是受感情支配的，有人说"是由态度决定的"，还有人说是由欲望支配的。中国人大都认同后三者，因为理性较难，不仅要有一定知识水平，还要能独立思考，坚持真理。如果缺乏理性，难免会做错事、蠢事，甚至好事变坏事。这真正是个值得深刻反思的问题。中国人有干劲，有热情，如果多一点理性，前途一定能少些挫折、折腾，发展得更快更顺利些。

（四）社会协力主义——现今时代，将由国民之协力，进为人类之协力之时代。（《社会协力主义》，1915年）①

杜亚泉一生有两次思想上的大转变，一次是甲午战后抛弃仕途而转向科学救国，另一次是第一次世界大战后，从关心国家命运扩展到关心人类命

---

① 杜亚泉：《社会协力主义》，《东方杂志》12卷1号（1915年1月），第4页。

运，人类的互助、协力和世界和平。

杜亚泉对近代国际上的战争形势一直非常关心。第一次世界大战的惨烈令举世震惊，也使他深为关切。这场人类互相残杀的空前灾难，使世界上不同人群产生了不同感受和思想。有人认为国家要生存必须激发国民的爱国心和民族意识，要重视军备竞赛，以应付日后的战争，是为国家主义。另一部分人认为战争都是国家、政府发动的，故必须取消国界、军备、国防，并号召世界上一切反战的和平力量联合起来，制止战争，是为和平主义。大战后整个世界的形势，主要就是国家主义与和平主义这两种势力的消长。

杜亚泉认为两者都有一定道理，但若走向极端，弊病也不小。国家主义若走向极端，易发展成军国主义、帝国主义，成为战争之源。持和平主义者若废除国界和国防，弱小国家一旦受外力侵略，必无力抵抗而遭殃，故他主张调和两者而成社会协力主义。他认为协力的范围愈广，方法愈多，协力之能力也愈大，生存也更安全。但协力与竞争是同时存在的，这两者间常有一个"界"。对界内为协力，对界外有竞争。现在的国家主义以国家为界，对内是协力，对其他外部国家、民族则为竞争。和平主义是以全人类为界，对自然界为竞争。

杜亚泉主张的社会协力主义与国家主义不同，它不搞对外竞争，重视内部协力，也注重对外协力。人类协力必以国民协力为基础。国民要储备自己的能力，砥砺才智；其次努力工作，勤勉于事业，自己有实力，才可能与他人言协力。最终目的还是要落实到人类共同的利益。他特别强调：人类之协力并不是要消灭国民与人种之间的差异，恰恰相反，国民与人种之间的分化正是协力之需要。一方面发展自身之特长，保留自国之特性，一方面确守国际上之道德。合作互利，实行四海同胞之理想。杜亚泉的合作互利思想，正如费孝通所说"各美其美，美人之美，美美与共，天下大同"。

一战结束已100多年，二战结束也已70多年，战争的结果证明了军国主义的失败，但军国主义的影响并未消失，军备竞赛似更加激烈。一百多年前，杜亚泉谈到对人类疾病和死亡的最大威胁有二，一是自然界的细菌、病毒，包括中间宿主；一是电、毒物、械器等。这两大威胁也是当今世界所面临的，当然还包括大气、海洋污染等问题，是全球性的问题，不是哪一个国家能独自应付得了的，也不是靠少数几个国家联盟就能解决的。希望人类能从人类历史发展和当今世界的现实情况，觉悟到"人类协力"的重要性。

（五）东西方文明各有特色，宜取长补短，融会而化合之"以表章一绝新之文明"。(《浔溪公学开校之演说》，1902年)①

> 人类之思想，经一次之变动，必有一次之更新。……战后之新文明，自必就现代之文明取其所长，弃其所短，而以适于人类生活者为归。
>
> 吾代表东洋社会之中国，当此世界潮流逆转之时，不可不有所自觉与自信。……吾人当确信吾社会中固有之道德观念，为最纯粹最中正者，……却不可以此自封自囿。世界各国之贤哲，所阐发之名理，所留遗之言论，精深透辟，足以使吾人固有之观念益明益确者，吾人皆当研究之。……以彼之长，补我之短，对于此点，吾人固宜效法也。
> ——《战后东西文明之调和》（1917年）②

> 中国人既为人类之一部分，则对于世界之未来文明，亦宜有所努力，有所贡献。中国固有文明虽非可直接应用于未来世界，……关于人类生活上之经验与理想，颇有足以证明西洋现代文明之错误，为世界

---

① 《浔溪公学开校之演说》，《普通学报》4 期，转引自许纪霖、田建业编：《杜亚泉文存》，上海教育出版社 2003 年版，第 329 页。
② 杜亚泉：《战后东西文明之调和》，《东方杂志》14 卷 4 号（1917 年 4 月），第 6 页、2 页。

未来文明之指导者;苟以科学的法则整理而刷新之,其为未来文明中重要之一成分,自无疑义。

——《新旧思想之折衷》(1919年)[1]

杜亚泉认为中西文化可合成一种新文化的观点是早就有的,且一以贯之,只是初期重点放在学习西方科学上,一战期间才将重点转向传统文化。何以会有这样的转变？他早年也醉心于西方文化,但一战使他深深感到西方交战诸国虽有先进科学技术,但科学技术既可造福人类,也可危害人类。他反顾中国传统文化,认为传统文化中不乏以人为本,崇尚仁爱、正义、和平的思想资源,可以弥补西方因片面强调达尔文"竞争说"而崇尚强权、武力、好战等缺陷,从而促使他思想上有这个转变。

中外古今的文化各有特色和优缺点,宜取长补短,融会创造出新文化。从杜亚泉前后的许多文章,特别是《精神救国论》三篇来看,他非常重视儒家的《大学》《中庸》。儒家的学说是仁学、"人学",是专门研究人、人如何自处、人与人、人与社会、人与自然的学问,其中心思想出于爱和互助,引人向善发展。

文化的传承、交流、创新是一件看不到边的大工程,杜亚泉自然也只能提出一些原则性的意见,有几点我感受较深:

1. 对传统文化视野要大、挖掘要深,不能只看到三纲五常或某些表面现象。

2. 一定要分清良莠,清除渣滓,保留精华,提出对某些现象或理论宜"做科学的刷新"。

3. 要有开放的心态,学习西方贤哲的至理名言,中西互相参照发明,得益更多。

---

[1] 杜亚泉:《新旧思想之折衷》,《东方杂志》16卷9号(1919年9月),第2页。

正确理解和对待我们民族的传统文化,是治疗盲目崇洋或妄自尊大的痼疾的良方,也是我们能否健康地迈向民族复兴的重要一环。

五、还想说一些话

《杜亚泉文选》是我担任编辑的最后一本书,于1993年出版,我自以为已完成了一件历史任务,以后研究、评论,是学者和读者们的事了。

读了杜亚泉的文章后,他内心深处对国家、民族的深切关怀,对文化建树孜孜不倦的奉献和坚持理性思维的科学态度,时常浮现在我脑海中,使我深为敬重,常与田建业交流看法。我们觉得杜亚泉不仅是一位百科全书式的学者,且很有创新精神,从创办我国第一份科学杂志《亚泉杂志》,到参与编纂《辞源》时提出增加适应新文化、新生活需要的词汇条目等具首创性的事有十四五件[①],还有他主编和翻译的新式教科书、学术著作,这种埋头实干、默默奉献的精神和成果,令我们后辈敬佩和学习。然而长期以来,他却被"标签"为保守落后、反对新文化运动的代表人物,实在令人惋惜。

《杜亚泉文选》及《杜亚泉文存》出版后,受到国内许多学者的关注和研究。他们陆续从不同领域、不同层面、不同角度发表了许多有价值的论文,读后给人颇多启发。商务印书馆从中遴选数十篇辑为《杜亚泉研究论集》,即将出版。杜亚泉对文化的贡献早已受到学界的重视,但我以为最可贵、最值得学习的,还是他的学习方法、思想方法,他的调适的智慧和善于独立思考的精神。他思考问题有两个最基本的立足点:一是"以人为本",尊重人的本性和福利。二是尊重事物的规律。

他根据当时中国生产力极低、文盲与半文盲占绝大多数的国情,提出中国的当务之急有二:一是宣传科学,提高生产力,发展经济;一是普及教育,开启民智,提高人民的思想觉悟和文化素质。他的许多著述,除了抨击

---

① 《杜亚泉的十四个中国最早》,《海派文化》2011年6期。

时政、介绍国际形势之外，大都是围绕这两方面的内容。

所谓空想、梦想、理想，都是人类对未来美好生活的憧憬和向往。世界上只有人类有这种想象和思考的能力。狮虎再威猛，猴子再聪明，都不可能想象怎样把自己的生活建设得更美好。至于能否把空想变成现实，变成怎样的现实，那就要看人类的智慧了。

这篇长文是我晚年阅读杜亚泉的随笔杂感连缀起来的，可惜我学识浅陋，既未能识其全貌，更未能窥其堂奥，只能是"初识"而已。2023年是亚泉先生诞辰150周年，逝世90周年，谨以此文作为对文化前辈的一个纪念。由于年来视力锐减，几近于盲，有关资料未能一一查对，疏忽谬误在所难免，恳祈学者、朋友们多多指教。

施亚西　时年百岁
2022年夏于华东师大

我写此文，曾受到熊月之《略论杜亚泉思想特色》、高力克《调适的智慧》、刘黎红《"调和折衷"在杜亚泉思想中的方法论意义》等文的启发，深觉研究杜亚泉的思想和思想方法，比过去惯用的"落后—先进，旧派—新派"这样归类定调的方式更有意义。但杜亚泉的文章内容很庞杂，思路很广，一时很难下手。后来我从他"说了些什么？为什么这样说？为什么会这样说？"这样的思路来探索，发现他在精神文明和物质文明发展方面，似有隐隐的两条思路，它们的形成似乎有点像"究天人之际，通古今之变，融中西之善，成一家之言"这样的过程。这可说是具有中国特色的治学方法。

令人惊奇的是杜亚泉思想的大方向与我国改革开放、科学发展观、民族复兴、中国特色社会主义发展的大方向是大致合拍的。这也不难理解，因为他对中国传统文化的优缺点及其对社会的影响有较深了解，也是我国较早接受西方文化包括马克思学说在内的学者之一，他以辩证唯物主义观点、调和折中的思想方法，在古、今、中、外之间探索思考，感悟到符合中国国情的发展方向。故有些思想观点至今读起来还能受到一点启发，虽然我国社会早已从小农经济进入到数字化时代。

施亚西

2022 年 12 月 16 日

编后记

施亚西

1993年《杜亚泉文选》出版后，三十年来，学术界对杜亚泉思想的研究不断深入。最初是对"五四"以来激进思潮的反思，着重在对中西文化观的分析，以后逐步向杜亚泉思想在各个文化领域的体现方面发展，如对道德、伦理、政治、经济、科技、教育，以及教科书编辑等。更值得一提的是，有些学者对杜亚泉思想的本身，如它的成因、它的特色、它在我国文化发展中的地位等，也作了较深的研究，并具有独特的见解。可以说，研究中国近代史，杜亚泉是个绕不开的人物，他的思想对当今建设有中国特色的社会主义还是有一定启迪意义的。

这类文章积累多了，不觉萌发选编本书的想法，以便读者交流参考。当然所选各篇文章的观点，都是作者一家之言，不妨见仁见智，以利学术探讨。由于我们学识浅陋寡闻，遗珠是难免的，恳祈专家学者及读者同好多多指教。

本书在编选过程中，得到熊月之、许纪霖、江晋华诸老师的关怀和指教，上虞陈秋强、施超，商务印书馆上海分馆鲍静静等同志的帮助和支持，深为感激，谨致谢意。

2023年10月

附录一　杜亚泉年谱简编[①]

周月峰

清同治十二年（约1873年）　1岁[②]

生于浙江绍兴府山阴县伧塘乡，原名炜孙，字秋帆。父亲杜锡三。

清光绪十五年（约1889年）　17岁

17岁前，"幼习举业，父锡三望之綦切；君亦能自奋勉"。[③] 曾因塾师严酷患胃肠病。自述："予幼时读书家塾。塾师严酷，如桎梏于囹圄中，致患胃肠病甚剧。"[④]

是年，入山阴县泮。中秀才。[⑤]

清光绪十六年（约1890年）　18岁

娶妻薛氏。[⑥]

因"乡居见闻寡陋"，入绍兴城居族叔杜山佳[⑦]家，与杜、何两家子弟切磋学问。

---

① 本文原为《中国近代思想家文库·杜亚泉卷》的"附录"，收入本书时有较大增改。
② 本文农历时间用中文数字表达；公历时间用阿拉伯数字表达。
③ 张梓生：《悼杜亚泉先生》，许纪霖、田建业编：《一溪集：杜亚泉的生平与思想》，生活·读书·新知三联书店1999年版，第19页。
④ 杜亚泉：《乐客戏谱序》（1932年1月），《博史（附乐客戏谱）》，开明书店1933年版，第1页。
⑤ 蔡元培：《杜亚泉传》（1937年2月），高平叔编：《蔡元培全集》第7卷，中华书局1989年版，第168页。
⑥ 蔡元培：《杜亚泉传》（1937年2月），高平叔编：《蔡元培全集》第7卷，中华书局1989年版，第168页。
⑦ 杜山佳，原名杜渐、杜子彬，1870年（同治庚午年）生，1893年（光绪癸巳年）举人。顾廷龙编：《清代硃卷集成》第285册，台北成文出版社1992年版，第49页。

拜何桐侯[①]为师，致力于清初大家之文，上追天崇隆万。[②]杜山次回忆"光绪己丑入泮。其为文本尚声调，习时趋，嗣乃幡然改图，致力于清初诸大家，远及天崇隆万"。[③]杜耿荪[④]回忆："先父山佳（谱名子彬）和表兄何桐侯（谱名楸，后为绍兴名书家）先后在这段时期中式本省举人。他们两人的诗文，在当时绍兴学界中有些小名气。我的祖父派下各房聚族居住在绍兴城内西咸欢河沿，聘有几位名师教授子弟。大家庭中又多藏书。何桐侯家里文风也盛，藏书也不少。亚泉就进城拜何桐侯为师，并住宿在我们的大家庭里，遂得与杜、何两家子弟一起切磋琢磨学问。既有大批书籍供他阅览，他就抓着这种良机下苦功夫。"[⑤]

清光绪十七年（约1891年） 19岁

应乡试落榜。

回乡后，"以帖括为不足业"，转从杜山佳治训诂，攻读许氏《说文》及家藏许氏学诸书。杜山次[⑥]回忆"辛卯乡试报罢，仍回乡居，又以帖括为不足业，见山佳治训诂字书，遂亦从事于斯，尤肆力于许氏之学，罗致群书，昼夜研究。夏季苦热，则以夜代昼，治业每达天明。书室北向，冬遇风雪，则闭其窗户，露一线光，仅能辨字，铅椠其中，终日不出。仆辈咸笑其痴"。[⑦]

[①] 何桐侯，原名何楸，1861年（咸丰辛酉年）生，1882年（光绪壬午年）举人。顾廷龙编：《清代硃卷集成》第271册，台北成文出版社1992年版，第157页。
[②] 蔡元培：《杜亚泉传》（1937年2月），高平叔编：《蔡元培全集》第7卷，中华书局1989年版，第168页。
[③] 转引自张梓生：《悼杜亚泉先生》，许纪霖、田建业编：《一溪集：杜亚泉的生平与思想》，生活·读书·新知三联书店1999年版，第19页。
[④] 杜耿荪为杜山佳之子。
[⑤] 杜耿荪：《杜亚泉：商务印书馆初创时期的自然科学编辑》，许纪霖、田建业编：《一溪集：杜亚泉的生平与思想》，生活·读书·新知三联书店1999年版，第29页。
[⑥] 杜亚泉从叔。
[⑦] 转引自张梓生：《悼杜亚泉先生》，许纪霖、田建业编：《一溪集：杜亚泉的生平与思想》，生活·读书·新知三联书店1999年版，第19页。

清光绪二十年（约1894年） 22岁

春，至杭州，肄业于浙江省垣崇文书院。[1]

秋，第二次乡试未及第。回乡。

清光绪二十一年（约1895年） 23岁

春，岁试，考取全郡（绍兴）经解第一名。[2]

秋，惊闻中日战耗深受震动。转从杜山佳学习数学。初学中算，后改西方数学。自述："甲午之秋，中日战耗传至内地，予心知我国兵制之不足恃，而外患之将日益亟也，戚然忧之。时方秋试将竣，见热心科名之士，輒忧喜狂遽，置国事若罔闻知。于是叹考据词章之汩人心性，而科举之误人身世也。"[3]张梓生[4]回忆：以经学"无裨实用，改习畴人术。时从叔山佳治中算，习天元。君初亦习中算，旋改西法，习代数，取李善兰、华蘅芳二氏之书，日夕研索，时以所得与山佳相印证。如是两年，所造深邃"。[5]

又治化学。购置江南制造局翻译馆傅兰雅、徐寿所译《化学鉴原》《化学鉴原续编》《化学求数》等书，穷研冥索。自述：于甲午年"翻然改志，购译书读之，得制造局所译化学若干种而倾心焉，以谓天下万物之原理在是矣。穷日力以研究之，购造粗拙之瓶钵，搜罗纷杂之材料，水溶火锻，昏瞀终日，丧财耗精，千失一得。僻居乡曲，无所见闻，畏化学器材之繁贵，不敢问鼎，仅仅得寄其心思于卷帙之中而已"。[6]

---

[1] 蔡元培：《杜亚泉传》(1937年2月)，高平叔编：《蔡元培全集》第7卷，中华书局1989年版，第168页。
[2] 张梓生：《悼杜亚泉先生》，许纪霖、田建业编：《一溪集：杜亚泉的生平与思想》，生活·读书·新知三联书店1999年版，第19页。
[3] 杜亚泉：《〈定性分析〉后记》，《亚泉杂志》第10册，光绪二十七年（1901年）四月廿三日，第7页。
[4] 杜亚泉《东方杂志》同事。
[5] 张梓生：《悼杜亚泉先生》，许纪霖、田建业编：《一溪集：杜亚泉的生平与思想》，生活·读书·新知三联书店1999年版，第19页。
[6] 杜亚泉：《〈定性分析〉后记》，《亚泉杂志》第10册，光绪二十七年（1901年）四月廿三日，第7页。

清光绪二十二年（约1896年） 24岁

继续研读数学。

清光绪二十三年（约1897年） 25岁

春，绍兴设中西学堂。

经数年研读，杜亚泉算学渐精邃。①

清光绪二十四年（约1898年） 26岁

三月，"学使按临，考取阖郡算学第一"。②

冬，蔡元培任中西学堂总理，聘杜亚泉任数理教习。蔡元培回忆："余之识亚泉先生，始于民元前十三年。是时，绍兴有一中西学堂，余任监督，而聘先生任数学及理科教员。"③

续治化学。自述："丁酉，越中设郡学，予承乏以算学课诸弟，暇则读分原辨质之书，知分类定性之理，乃专备考质之器料以治之，复得学堂所备之小学理化器械而试验之。于是前所读之书始有条理而得纲领也。旋复以小学化学课诸弟，同志渐多，颇得研究之乐"。④

开始学习日语。自述："惟以仅借数种译籍为脚本，如沟之无源，如邱之无脉。时塾中同志延日人课东文，予从游焉，条理其文典，稍有一得。"⑤

日语学习助其数学、理化日趋精进。自述："购日文之化学书读之，渐

---

① 张梓生：《悼杜亚泉先生》，许纪霖、田建业编：《一溪集：杜亚泉的生平与思想》，生活·读书·新知三联书店1999年版，第19页。
② 张梓生：《悼杜亚泉先生》，许纪霖、田建业编：《一溪集：杜亚泉的生平与思想》，生活·读书·新知三联书店1999年版，第19页。
③ 蔡元培：《书杜亚泉先生遗事》（1934年1月16日），高平叔编：《蔡元培全集》第6卷，中华书局1988年版，第359页。
④ 杜亚泉：《〈定性分析〉后记》，《亚泉杂志》第10册，光绪二十七年（1901年）四月廿三日，第7页。
⑤ 杜亚泉：《〈定性分析〉后记》，《亚泉杂志》第10册，光绪二十七年（1901年）四月廿三日，第7页。

得熟其学名与规则,而世界普通之化学乃略窥其范〔藩〕篱。"①蔡元培介绍:"以考质为的,穿穴诸书,为表为说,及得译本辨质,而竟有造车合辙之验"。②蔡元培回忆:"自数学入手,而自修物理、化学及矿、植、动物诸科学"。③蔡元培介绍,杜虽无师指点,却能"自觅门径"。不久,"得理化学之要领",从而得以窥见世界新思潮。④

是时,学堂教员为绍兴一时之选。教员分为新旧两派,杜亚泉与蔡元培偏于革新。蔡元培回忆:"教员中授哲学、文学、史学的有马湄莼、薛阆轩、马水臣诸君,授数学及理科的有杜亚泉、寿孝天诸君,主持训育的有胡钟生君,在当时的绍兴,可为极一时之选。但教员中颇有新旧派别,新一点的,笃信进化论,对于旧日尊君卑民,重男轻女的旧习,随时有所纠正,旧一点的不以为然。后来旧的运动校董,出而干涉,我遂辞职。"⑤

新旧两派争执不合,与蔡元培双双辞去教职。蔡元培回忆:"是时,教职员与学生同一膳厅,每一桌,恒指定学生六人、教职员一人。其余教职员,则集合于中间之一桌,先生(杜亚泉)与余皆在焉。每提出一问题,先生与余往往偏于革新方面,教员中如马湄莼、何阆仙诸君,亦多表赞同;座中有一二倾向保守之教员,不以为然,然我众彼寡,反对者之意见,遂无由宣达。在全体学生视听之间,不为少数旧学精深之教员稍留余地,确为余等之过失,而余等竟未及注意也。卒以此等龃龉之积累,致受校董之警告,余

---

① 杜亚泉:《〈定性分析〉后记》,《亚泉杂志》第10册,光绪二十七年(1901年)四月廿三日,第7页。
② 蔡元培:《〈化学定性分析〉序》(1901年3月31日),高平叔编:《蔡元培全集》第1卷,中华书局1984年版,第120页。
③ 蔡元培:《书杜亚泉先生遗事》(1934年1月16日),高平叔编:《蔡元培全集》第6卷,中华书局1988年版,第359页。
④ 蔡元培:《杜亚泉传》(1937年2月),高平叔编:《蔡元培全集》第7卷,中华书局1989年版,第169页。
⑤ 蔡元培:《我在教育界的经验》(1937年12月),高平叔编:《蔡元培全集》第7卷,中华书局1989年版,第194—195页。

愤而辞职,先生亦不久离校矣。"①

是年,绝意仕进。自述:"当戊戌政变时,记者已知国难将作,绝意仕进。"②

清光绪二十五年(约1899年) 27岁

春,向蔡元培建议兴办蒙学会。蔡元培二月十一日日记:"兴一蒙学会,集同志数人,分编课程书。先于府城开一学堂,会中人为教习,并立师范生数人。教学生二十余人,即以所编之书陆续授之,借以知其善否,随时改定,俟部类略备,风气渐开,乃推之乡镇。"设想:"初学惟识字、故事、公理三门,附以体操之易者。第二界分读经、阅史、舆图、数学、格致,皆由浅入深,大约以三年为限。"当时拟编初学书,计划由蔡元培任识字书,马用锡任故事书,杜亚泉任公理书的编撰。③

春,与蔡元培编和韵记号,"以无字之音,非记号不能读"。④

清光绪二十六年(约1900年) 28岁

秋,赴上海,寓上海大马路鸿仁里,所居曰亚泉学馆。蔡元培十月十八日日记:"见同文沪报《亚泉杂志》告白,盖秋帆所发也。秋帆寓上海大马路鸿仁里,所居曰亚泉学馆。"⑤

创亚泉学馆,致力科学教育,培养科学人才。亚泉学馆被称为"后来私

---

① 蔡元培:《书杜亚泉先生遗事》(1934年1月16日),高平叔编:《蔡元培全集》第6卷,中华书局1988年版,第360页。
② 伧父(杜亚泉):《智识阶级之团结》(谈屑),《东方杂志》16卷10号,1919年10月15日,第11页。
③ 蔡元培1899年二月十一日日记,《蔡元培日记》上卷,北京大学出版社2010年版,第105页。
④ 蔡元培1899年二月十二日日记,《蔡元培日记》上卷,北京大学出版社2010年版,第105页。
⑤ 蔡元培1900年十月十八日日记《蔡元培日记》上卷,北京大学出版社2010年版,第138页。

立大学的滥觞"。[1]

冬,《亚泉杂志》出版,为半月刊,由商务印书馆代印。内容多为数理化论文及知识性文章。首期《序》明其意"揭载格致算化农商工艺诸科学",推广化学、物理、数学,提出科学技术"固握政治之枢纽"。[2]在《申报》刊有告白:"此书辑录格致算化农商工艺诸学,每月上下弦各出一册,计十六大板,其板式纸料斟酌尽美。本月第一册业经印成,先行送阅,欲阅者请至英大马路鸿仁里亚泉学馆内索取,不取分文。以后每册售钱六十四文,每十册定价及邮费计小洋八角,大洋七角。"[3]《亚泉杂志》曾受当时两广总督陶模赏识,"饬属购阅"。[4]

是时,始用"亚泉"别号。曾对蔡元培释其意:"亚泉者,'氩線'之省写,氩为空气中最冷淡之原素;线(綫)则在几何学上为无面无体之形式。我以此自名,表示我为冷淡而不体面之人而已"。[5]

冬,编《化学原质新表》。表中元素命名为通用化学元素名称由来之一。述其用意:"我国已译化学书虽不多,然名目参差百出,肄业者既费参考,续译者又无所适从,且近世检出之新原质,名目未立,无可稽考。平日寒斋披阅,常作表以便检,偶有记录,即借表以为准。其旧有之名,大都从江南制造局译本者居多,并列他书译名之异者。若未有旧名,不得已而杜撰之,有米(※)记者皆是。非敢自我作故,亦冀较若划一耳。以后本杂志中有记

---

[1] 袁翰青:《自学有成的科学编译者杜亚泉先生》,许纪霖、田建业编:《一溪集:杜亚泉的生平与思想》,生活·读书·新知三联书店1999年版,第24—25页。
[2] 《〈亚泉杂志〉序》,《亚泉杂志》第1册,光绪二十六年(1900年)六月,无页码。
[3] 《新刊〈亚泉杂志〉》,《申报》1900年12月4日(十月十三日)第7版。几天后,蔡元培所见到的"同文沪报《亚泉杂志》告白",当是在其他沪报所登同一条广告。
[4] 张梓生:《悼杜亚泉先生》,许纪霖、田建业编:《一溪集:杜亚泉的生平与思想》,生活·读书·新知三联书店1999年版,第19页。
[5] 蔡元培:《书杜亚泉先生遗事》(1934年1月16日),高平叔编:《蔡元培全集》第6卷,中华书局1988年版,第360页。

述化学者，悉准是表，故不揣疏漏而录之，以俟诸大家教正也。"①

清光绪二十七年（约1901年） 29岁

春，应叶瀚（浩吾）所邀，拟往"经正书院"授算学、化学。蔡元培一月十日日记："杜宿帆来，言秋帆近为叶浩吾所邀，将往经正书院授算、化学。"②

八月，得父资助收购萧姓经营之普通学书室，亚泉学馆改为普通学书室，编译发行科学书籍及语文史地等教科书，并招收学生传授科学知识。9月（八月初二日）《申报》"诸同业鉴"刊有布告："普通学书室自八月始，并归杜氏开设，另请别人经理店务，前经理人萧姓因另有高就，已于前月辞去。恐未周知，特此布告。"③

夏秋，扩展杂志内容，改办《普通学报》。"分八门，乞同志分任撰译，每期四页或二页，嘱元培任经学门。经学者，包伦理、论理、哲学，大约偏于理论者。"④至此，《亚泉杂志》出版十册，转改办《普通学报》。后因胞弟挥霍资金陷入困境，《普通学报》五期后停办。⑤

夏秋，拟次年春往湖州浔溪公学任算学格致理化教习。该公学夏秋刊布招生广告，称："本学堂开设南浔东栅洗粉兜前，准明春正月二十日开学，额定学生六十名，内师范生十名，考选中东西文字，每种已有根柢者充之。不收修金，月取膳金三元。中学普通级及专门豫科学生五十名，月收修膳金七元，按季先交。限四年卒业，后酌送出洋肄习各种专门之学。此堂系南浔庞氏独力创办，已聘叶君浩吾为总教习，算学格致理化教习杜君亚泉，汉文分教汤君际沧，东英文教习二位，分门教授。本堂虽开于浔镇，而

---

① 《化学原质新表》，《亚泉杂志》第1册，光绪二十六年（1900年）十月，第1—6页。
② 蔡元培1901年正月十日日记，《蔡元培日记》上卷，北京大学出版社2010年版，第157页。
③ 《诸同业鉴》，《申报》1901年9月14日第7版。
④ 蔡元培1901年七月二十九日日记，《蔡元培日记》上卷，北京大学出版社2010年版，第180页。
⑤ 杜耿荪：《杜亚泉：商务印书馆初创时期的自然科学编辑》，许纪霖、田建业编：《一溪集：杜亚泉的生平与思想》，生活·读书·新知三联书店1999年版，第32页。

招生不限方域，各直省有志向学者皆可来学。本镇及浙江、江苏诸属报名者皆可至南浔镇三府前厅第，俟本年十一月二十日后陆续赴镇投考，十二月初十日截止。外省报名者可至上海老闸厚德里怡泰账房及新马路登贤里周字四百三十四号叶宅，随报随考。至年终汇齐，报告考录人姓名，于明正开学前半月入学。一切章程可向报名处取阅可也。此布。"①

九月，与张元济、温宗尧、蔡元培议创旬报"开先报"，后定名"外交报"。与蔡元培合认一股。蔡元培九月二日日记："与仲宣邀惠卿、逊斋诸君饮于一品香，与菊生、钦甫、亚泉议创旬报，拟名以'开先'，因钦甫所拟英文名，有前队、冲锋之意。"②

清光绪二十八年（约1902年） 30岁

春，普通学书室发行《外交报》。③

春，普通学书室发行《中外算报》月刊。该刊为本世纪我国第一份数学专业期刊。

春，为浔溪公学事赴南浔。不久回上海与蔡元培商浔溪公学事。④

参与商务印书馆最新教科书编纂。庄俞回忆："光绪二十八年七月颁布学堂章程，是为中国规定学制之始。有志教育之士，亟亟兴学；无如学校骤盛，教材殊感缺乏，遂有蒙学课本诸书之试编；但不按学制，不详教法，于具体工具犹多遗憾。本馆编译所首先按照学期制度编辑修身、国文、算术、历史、地理、格致诸种，每种每学期一册，复按课另编教授法，定名为最新

---

① 《浔溪公学招生告白》，《申报》1901年9月11日第4版。
② 蔡元培：《蔡元培日记》上卷，北京大学出版社2010年版，第184页。
③ 《外交报》于上海创刊，旬刊，至1911年1月停刊，共出300期。初由杜亚泉创办之普通学书室发行，第29期后改由商务印书馆发行。见张人凤、柳和城：《张元济年谱长编》上卷，上海交通大学出版社2011年版，第111页。
④ 蔡元培1902年一月十八日、一月二十六日、二月十四日日记，《蔡元培日记》上卷，北京大学出版社2010年版，第194、195、196页。

教科书，此实开中国学校用书之新纪录。当时张元济、高梦旦、蒋维乔、庄俞、杜亚泉诸君围坐一桌，构思属笔，每一课成，互相研究，互相删改，必至多数以为可用而后止。最新国文第一册初版发行，三日而罄，其需要情形可以想见。自此扩大编纂，小学而外，凡中学，师范，女子各教科书，络绎出版，教学之风，为之一变。"①

夏，浔溪公学发生学潮，杜亚泉应庞清臣之邀赴任校长。锐意改进，建议置图书馆、仪器馆，并备置印刷机具。所请教员均为知名学者。杜认为此乃实现自己教育理想的良机，悉心擘画，用力甚勤。叶瀚回忆："然生得假藉时会，得友人南浔庞青城元澂助，游日本，实地参观学校教育。盖青城捐巨金立南浔公学，延生为总教，生此行购置中小教育教科书及模型仪器等荟备，盖皆出友人杜亚泉之计议也。"②蔡元培回忆："壬寅夏，南浔庞氏浔溪公学发生学潮，庞君清臣到沪，邀学者往为调停，君亦被邀，前校长辞职，延君继任，君不辞劳瘁，悉心擘画，为学生参考计，实习计，辟图书、仪器二馆，又以传达文化，恃印刷物，劝庞君购置印机及铅字以备用。九月，薛夫人故，君归理其丧，因顾校务，而迟月余。未几，学潮又作，君多方劝导，卒无效，浔校遂尔停办。"又，"未几，先生膺南浔庞君清臣之聘，长浔溪中学，所请教员，均为一时知名之学者。然终以一化学教员之故，校中忽起风潮。余时在爱国学社，特往南浔调停，无效。先生卒以是辞职，而浔溪中学亦从此停办矣。"③

九月，薛夫人故。

---

① 庄俞：《三十五年来之商务印书馆》(1931年)，《1897—1992商务印书馆九十五年——我和商务印书馆》，商务印书馆1992年版，第724—725页。
② 叶瀚：《块余生自纪·上》，《中国文化研究集刊》第5辑，复旦大学出版社1987年版，第479页。
③ 蔡元培：《杜亚泉传》(1937年2月)，高平叔编：《蔡元培全集》第7卷，中华书局1989年版，第169页；蔡元培：《书杜亚泉先生遗事》(1934年1月16日)，高平叔编：《蔡元培全集》第6卷，中华书局1988年版，第360页。

冬，浔溪学潮复起，辞公学校长职。学校停办。①

冬，归绍兴，与杜山佳、蔡元培、何寿章相商在越郡设公学。何寿章是年九月廿九日日记："（杜）山佳叔辈偕鹤庼（蔡元培）、（杜）秋凡拟在越郡设公学，来就余商，约共料理。"②

是年，普通学书室出版《化学理论》《格致》《矿物学》。

清光绪二十九年（约1903年） 31岁

二月（公历3月），与蔡元培、徐友兰等发起"绍兴教育会"。与同为发起人的蔡元培分别发表演说，并一同担任该会庶务③。3月29日，参加绍兴教育会第一次月会，所拟绍兴教育会章程、教育法程及事务所规则获通过。④

春，在绍兴，与文化教育界人士王子余、寿孝天、宗能述等创办越郡公学于能仁寺，任理化博物教员。期间因试验化学，被炸碎玻璃瓶伤及面部，上唇留伤痕。不久该校因款绌停办。⑤

六月，《最新中学教科书植物学》出版。在该书绪言讨论"使吾国与欧美各国列于对等之地位"，认为："今吾辈之所希望于吾国者，无非欲使吾国与欧美各国列于对等之地位而已。然此希望果如何而可达乎？政治界、经济界、实业界，繁博难言，吾姑就学界言之。学界之内，科目繁多，吾姑就博物学科中之植物学言之。"⑥

夏，清廷颁布学堂章程，商务印书馆首先按照学制创编最新小学用教科书，分修身、国文、算术、历史、地理、格致，每种每学期一册。与张元

---

① 蔡元培：《杜亚泉传》（1937年2月），高平叔编：《蔡元培全集》第7卷，中华书局1989年版，第169页。
② 转引自孙元超编：《辛亥革命四烈士年谱·徐锡麟年谱》，书目文献出版社1981年版，第12页。
③ 会议还议定组设办法，公举干事四员，推经元善、徐友兰主持会计，蔡元培、杜亚泉担任庶务。
④ 高平叔：《蔡元培年谱长编》上卷，人民教育出版社1996年版，第257页。
⑤ 蔡元培：《杜亚泉传》（1937年2月），高平叔编：《蔡元培全集》第7卷，中华书局1989年版，第169页。
⑥ 普通学书室编译：《最新中学教科书植物学》，商务印书馆1903年版。

济、高梦旦、蒋维乔、庄百俞等诸君分任编辑，陆续出版。①

应商务印书馆之邀，编写《文学初阶》一套六册。"亚泉学馆后改普通学书局，除继续刊行科学书籍外，复自编《文学初阶》，供当时学堂教授之需，为中国最早的国文教科书。"②

冬，续娶王夫人。③

清光绪三十年（约1904年） 32岁

秋，应张元济之邀赴上海，由蔡元培推荐，被聘为商务印书馆编译所理化部主任。将普通学书室并入商务。④

秋，与张元济共同校订、由徐隽编纂的《最新初等小学笔算教科书》第一册出版。

清光绪三十一年（约1905年） 33岁

在蔡元培所办的爱国女学讲授理科课程，与寿孝天、王子余等人均为不支薪俸教员。⑤

三月（4月9日），与蔡元培、钟观光、蒋维乔等共商中国教育会特设

---

① 《本馆四十年大事记》（1936），《1897—1992商务印书馆九十五年——我和商务印书馆》，商务印书馆1992年版，第679页。
② 胡愈之：《追悼杜亚泉先生》，许纪霖、田建业编：《一溪集：杜亚泉的生平与思想》，生活·读书·新知三联书店1999年版，第9页。
③ 蔡元培：《杜亚泉传》（1937年2月），高平叔编：《蔡元培全集》第7卷，中华书局1989年版，第169页。
④ 据《张元济年谱长编》转引《商务印书馆编译所人员名册》载："杜炜孙，号亚泉；到所年日［月］：光绪三十年甲辰十月；介绍人：张菊生；何部：理科；薪水数：百五十元。"自此，杜亚泉在商务服务二十八年之久。除研究理化博物外，还涉及哲学、政治、法律、经济、伦理、音韵、医学等方面。商务最初出版之理化、博物、算学等方面教科书，大都出于其手。商务在杜亚泉倡议下，开办过标本仪器传习班，招收学徒，授以技术。杜本人在传习班讲课。张人凤、柳和城编：《张元济年谱长编》，上海交通大学出版社2011年版，第148页。
⑤ 蔡元培：《书杜亚泉先生遗事》（1934年1月16日），高平叔编：《蔡元培全集》第6卷，中华书局1988年版，第360页。

通学所事。四月间，通学所开办，早晚上课，使在职人员能来补习，获取知识。学科有拉丁文、德文、法文、英文、日文、初级理化、高级理化、博物、代数、几何、名学等，来学者一百数十人。①

春夏间，以绍兴同乡组织名义宴请自日本归国的秋瑾。②

是年，与蔡元培、张菊生、蒋维乔、徐念慈、高梦旦、严练如、长尾桢太郎等受聘于商务印书馆"速成小学师范讲习所"担任教职。③该馆七月二十日（8月20日）开学。其宗旨："以简易方法讲习各学科，以养成小学教员之用。"

是年，在商务印书馆出版的《东方杂志》上发表《物质进化论》、《伦理标准说》。

清光绪三十二年（约1906年） 34岁

六月初十日，偕杜海生赴日本考察教育，购日文书籍数十种归。④此行获商务印书馆支持。"送洋二百元，后又交还五十元"。⑤

清光绪三十三年（约1907年） 35岁

八月，被选为浙江旅沪学会评议员。该会在《申报》刊有广告，称："浙人寓沪，岁有增益，未能团结一气，进步极难，是以亟谋创设学会。今粗幸成立，议于八月初即须举行大会，办理会中一切事宜，以谋全省公益。凡我浙旅沪官绅士商之热心公益者，务乞赞成此举。通信处在四马路东首惠福里口新智社楼上本会事务所，或惠福里内科学仪器馆虞君含章处，均可。草

---

① 高平叔：《蔡元培年谱长编》上卷，人民教育出版社1996年版，第300—301页。
② 高力克：《杜亚泉学术年谱简编》，许纪霖、田建业：《一溪集：杜亚泉的生平与思想》，生活·读书·新知三联书店1999年版，第250页。
③ 高平叔：《蔡元培年谱长编》上卷，人民教育出版社1996年版，第302页。
④ 蔡元培：《杜亚泉传》（1937年2月），高平叔编：《蔡元培全集》第7卷，中华书局1989年版，第169页。
⑤ 张元济1917年3月31日日记，张元济：《张元济全集》第6卷，商务印书馆2008年版，第184页。

章即向通信处索阅可也。"①《申报》报道："浙江旅沪学会于初十日下午借愚园开会，到者约二百人。先由各会员公举周金箴先生为临时会长，述开会词。次由金雪朕先生代述浙会设立之旨。次由姚伯怀、王惕斋、俞宗周、王熙普、鲍葆琳、庄申甫、张苞龄诸先生相继演说。濮紫泉先生以力顾公益、屏除私见为主，由金箴先生代述。次举职员登录如下：正会长张菊生；副会长周金箴、刘澄如；会董十二人：朱葆三、严子均、李云书、虞治卿、樊时勋、濮紫泉、孙问清、陶惺存、卢鸿沧、汤蛰仙、徐冠南、王一亭；评议员十二人：叶仲裕、汤济沧、沈迪民、虞合章、屠康侯、姚伯怀、石积夫、杜亚泉、史庚身、叶揆初、孙玉仙、杨谱笙；干事员六人：方樵苓、胡叔田、宋伯寅、严濬宣、杨振骧、孙楚琴。一切办法定于十二晚再开职员会提议。迨散会时已钟鸣六下矣。"②

清光绪三十四年（约1908年） 36岁

夏，热心江浙路权，为之奔走。江浙两省士绅反对清政府向英商出卖苏沪及沪杭两铁路修筑权，各地成立"拒款会"，倡议集款自办。蔡元培回忆："浙路拒款事起，大声疾呼者，浙江旅沪学会。君在学会为评议员，对于路事，尽心力而为之。欲为绍兴实现认股五百万之扬言，与编译所中绍籍二友通力合作，二友告假两月，回绍劝股，君则以同时间之薪入充其周历八县之资斧。"③

组织旅沪绍兴同人恳亲会，每月聚会一次。参加者有山阴县孙伯圻，余姚县冯仰山，上虞县许善斋等人，至1911年绍兴七县旅沪同乡会成立方止。④

① 《浙江旅沪学会成立广告》，《申报》1907年8月23日第1版。
② 《浙江旅沪学会开会纪事》，《申报》1907年9月18日第19版。
③ 蔡元培：《杜亚泉传》(1937年2月)，高平叔编：《蔡元培全集》第7卷，中华书局1989年版，第169—170页。
④ 蔡元培：《杜亚泉传》(1937年2月)，高平叔编：《蔡元培全集》第7卷，中华书局1989年版，第169—170页。

年底（阳历1909年初），与孟森合著的《各省咨议局章程笺释（附议员选举章程笺释）》出版。①

是年，参与《辞源》编纂。②

清宣统元年（约1909年） 37岁

闰二月，在浙江旅沪学会会议发表演说，支持立宪。③

三月，上海寓所失火，稿件仪器遭焚毁。④ 商务印书馆给与失火津贴。⑤

春，参与《东方杂志》编辑。原主编孟森当选为江苏咨议局议员，无暇兼任⑥。《东方杂志》从宣统元年（1909年）闰二月二十五日出版的6卷3号始，"编辑者"署名由"阳湖孟森"改为"华阳陈仲逸"。

夏，以股东身份参加浙路股东会。⑦

清宣统二年（约1910年） 38岁

任浙江省庚子赔款留美学生主考，负责数理出题。⑧

拟《东方杂志》改良方案，于本年最后一期《东方杂志》(7卷12号)刊出。

---

① 孟森、杜亚泉：《各省咨议局章程笺释（附议员选举章程笺释）》，商务印书馆1909年版。
② 张人凤、柳和城编：《张元济年谱长编》上卷，上海交通大学出版社2011年版，第263页。
③ 《浙江旅沪学会开会纪事》，《申报》1909年3月29日，第3张第4版。
④ 《警局马巡之粗卤》，《申报》1909年5月16日，第3张第2—3版。
⑤ 张元济1919年10月30日日记，张元济：《张元济全集》第6卷，商务印书馆2008年版，第429页。
⑥ 吴相湘：《我的业师：孟心史先生》，《孟心史学记：孟森的生平和学术》，生活·读书·新知三联书店2008年版，第27页。
⑦ 《浙路第四次股东会概略（到会股东杜亚泉述）》，《申报》1909年7月17日，第4张第2版。
⑧ 高力克：《杜亚泉学术年谱简编》，许纪霖、田建业编：《一溪集：杜亚泉的生平与思想》，生活·读书·新知三联书店1999年版，第252页。

清宣统三年（约1911年） 39岁

春，被聘兼任《东方杂志》主编。任内大幅改革：扩大篇幅，活跃版面，增加内容，增设"科学杂俎"等栏目传播科学知识，设"谈屑"等栏目议论时弊，从而面目一新，成为当时国内销量最大、最有影响的杂志。

十月，辛亥革命爆发，即撰《革命战争记》和《革命战争》，及时报道。

十月，绍兴七邑旅沪同乡会成立。《申报》报道："十七日下午二时，旅沪绍人在西门永锡堂开同乡会成立大会，会员来宾到者千余人，颇极一时之盛。先由许默斋君代表事务所所长陈乐庭报告创办规画，继由临时议长何阆仙君推选纠议员，暨投票监察员、开票监察员各八人，由许默斋宣读。议长宣布修改会章，会员杜亚泉、黄国瑾二君提出修改案数条，旋由来宾王引贯、孙梅棠、梅竹庐及何阆仙、陈汉翘诸君先后演说。次投票选举职员，揭晓后当选者三十人，姓名列左：

陈乐庭、裘云卿、徐乾麟、何阆仙、吴宗尧、林蓉圃、陈菱舸、杜亚泉、徐杏书、孙廷焕、冯志绪、孙蔼人、黄楚九、田资民、沈晋镛、章楚藩、何焕庭、沈飐民、谢惠塘、袁贤渭、袁肇炜、马明晰、黄德胜、陈晏沧、汪慎斋、施再春、高立甫、俞达夫、倪志庭、田谷香

至开□经费悉由周子庆、祝尧勋、王应栋三君筹垫，现在会员已达千余人，所缴会费悉数存储大清银行。今日为开成立大会之期，会员到者非常踊跃，会场秩序极为严整云。[①]

是年，同乡会设小学三所。设绍兴旅沪同乡公学，被推为校董，拟定学校各章程。[②]

[①]《绍兴同乡会成立大会记事》，《申报》1911年10月10日，第2张第3版。
[②] 张梓生：《悼杜亚泉先生》，许纪霖、田建业编：《一溪集：杜亚泉的生平与思想》，生活·读书·新知三联书店1999年版，第21页。

是年，参与编写商务印书馆《简易课本小学补习科教科书》。①

1912年（民国元年） 40岁

5月，参加国民捐会，被推选为主席。②

7月，提出请杜山初、许善斋二人分担《东方杂志》编辑事，欲抽时间编理科教科书。张元济1912年5月29日（农历四月十三日）日记："亚泉为杜山初、许善斋二人自阳历七月起多担任杂志编辑事，伊自己抽出时间编理科教科书，故请加杜、许二人薪水每月十元。七月十二日又来说，骆绍先办事颇勤，亦要求加十元。又言庄君不甚得力，拟暂留试看。"③

6月，介绍凌文之到商务印书馆任职。张元济1912年6月14日（农历四月廿九）日记记载："凌文之由亚泉介绍，亦招请到馆。并约能即来最好。月薪各六十元。"④

发表《革命成功记》、《中华民国之前途》、《论共和折衷制》等文，介绍辛亥革命，提出治国建议。

是年，参与编写商务印书馆共和国新教科书。⑤庄俞回忆："辛亥革命，南京临时政府成立，设教育部，宣布普通教育之暂行办法；5月，北京教育部成立，通电凡教科书中不合共和宗旨者，逐一改正之。同年7月，教育部召开临时教育会议，改订学制，并规定教科书用审定制，高梦旦、庄俞、傅运森、谭廉、杜亚泉、凌昌焕、邝富灼诸君编辑共和国教科书。凡小学，中学，师范学校各科用书，无不齐备，各校纷纷采用。其小学用共和国国文教

---

① 庄俞：《谈谈我馆编辑教科书的变迁》，《1897—1987商务印书馆九十年——我和商务印书馆》，商务印书馆1987年版，第68页。
②《戢虹园之国民捐会》，《申报》1912年5月15日第7版。
③ 张元济：《张元济全集》第6卷，商务印书馆2008年版，第1页。
④ 张元济：《张元济全集》第6卷，商务印书馆2008年版，第3页。
⑤ 庄俞：《谈谈我馆编辑教科书的变迁》，《1897—1987商务印书馆九十年——我和商务印书馆》，商务印书馆1987年版，第69页。

科书，自出版迄今，复印至 300 余次，销售至七八千万册。其他各书，大概称是。"①

1913年（民国二年） 41岁

春，在北京参加读音统一会。教育部为"筹议国语统一之进行方法"，2月15日召开读音统一会。与会各省代表及特邀代表共80余人。举吴稚晖为会长。会间拟定拼音字母39个。朱希祖1913年2月24日记："午后至读音统一会，发出绍兴杜亚泉、保定王仪型音韵表一份。是日，吴议长敬恒决定用《广韵》及《音韵阐微》开读，杜亚泉、马体乾等大反对，余与汪荣宝、马裕藻等说明理由，赞成议长说，先审定声母、韵母，以定反切之标准，众多默认。"②

致力注音字母和新式标点的创制。③对注音字母的创制贡献颇多；与商务印书馆的编辑一起参与新式标点创制。最早建议使用"逗号"，并以圈点《二十四史》试验，历时二年有余。④

针对辛亥革命后的社会动荡，发表大量政论文章，呼吁社会改革。主张渐变，反对激进。提出需以提高国民之素质为先行。在《东方杂志》发表《共和政体与国民心理》《论人民重视官吏之害》《吾人将以何法治疗社会之疾病乎》《论中国之社会心理》《论社会变动之趋势与吾人处世之方针》《现代文明之弱点》《精神救国论》《国民今后之道德》等文。

冬，与张元济邀蔡元培、汪精卫等为《东方杂志》投稿，以与中华书局

---

① 庄俞：《三十五年来之商务印书馆》（1931年），《1897—1992商务印书馆九十五年——我和商务印书馆》，商务印书馆1992年版，第725页。
② 朱希祖著，朱元曙、朱乐川整理：《朱希祖日记》上册，中华书局2012年版，第96页。
③ 杜耿荪：《杜亚泉：商务印书馆初创时期的自然科学编辑》，许纪霖、田建业编：《一溪集：杜亚泉的生平与思想》，生活·读书·新知三联书店1999年版，第31页。
④ 杜耿荪：《杜亚泉：商务印书馆初创时期的自然科学编辑》，许纪霖、田建业编：《一溪集：杜亚泉的生平与思想》，生活·读书·新知三联书店1999年版，第31页。

出版、梁启超主笔的《中华杂志》竞争。1914年4月16日，蔡元培致吴稚晖信有载："去冬菊生及杜亚泉（东方杂志之编辑人）因中华杂志有卓如等主笔，要求汪、李两先生及弟等投稿，以与之竞争，弟等三人均诺之，然至（今）无所投。"①

是年，参与编写商务印书馆初等小学单级教科书、教授书。②

1914年（民国三年） 42岁

8月，第一次世界大战爆发。发表《大战争与中国》《战争杂话》《大战争之所感》等文，予以及时报道。

11月，当选江苏省教育会理科教授研究会编审员。③

1915年（民国四年） 43岁

是年，鉴于世界大战及国家危难之形势，在《东方杂志》发表大量文章以图唤起国人之爱国心和自觉性。认为现代战争多由意识形态引起，提倡国与国之间之沟通、调和，主张社会协力。发表《社会协力主义》《论思想战》《国家自卫论》《波海会》《国民对外方法之考案》《吾人今后之自觉》等文。

1916年（民国五年） 44岁

4月，接张元济函，约其定期与仪器部同人接洽。张元济1916年4月29日日记："昨日仪器部诸君谈及物理、理科、手工诸书所举器械与本肆所有或自制者不能尽符，宜谋联络，现正拟印目录。如仪器部所定名目不妥，即依书改目，但未备之器总宜不用，将所有者列入为是。本日函告梦旦、亚

---

① 高平叔：《蔡元培年谱长编》上卷，人民教育出版社1996年版，第546页。
② 庄俞：《谈谈我馆编辑教科书的变迁》，《1897—1987商务印书馆九十年——我和商务印书馆》，商务印书馆1987年版，第69页。
③ 《省教育会理科教授研究会补纪》，《申报》1914年11月25日第10版。

泉、伯俞，约其定期与该部同人接洽。"①

5月，拟编理化、博物器械说明书。张元济1916年5月8日日记："亚泉来信，拟编理化、博物器械说明书，并须另行制图。午后到编译所，与之面谈。"②

与杜亚泉商理化部事。张元济主张修订数理化书，不编新书。③

6月初，在上海旅沪绍兴同乡会聚会上，即兴发表有关民国政治之演说。④

6月，就《东方杂志》报道第一次世界大战立场事，与张元济磋商。张元济1916年6月9日日记："商议法领事馆书记来商杂志记载欧洲战事一节。拟来稿如专表扬法国者"。⑤

8月，对商务印书馆拟用白话编《初等国文》发表不同意见。张元济1916年8月1日日记：杜"以为难。谓内地读官话与文言无异，且官话亦不准，将来文理必不好，而官话又不适用"。⑥

12月，受张元济委托编《数学辞典》。张元济与之商议请寿孝天编《算学辞典》。张元济1916年12月5日日记："乃约亚泉谈，决定请其在外办事，编一《数学辞典》，分数学、代数、几何、三角为四部。一部编完，再编一部。每月约交五万字，送一百元。限一年编完，约六十万字。全书完后，每万字补送廿元，合成每万字四十元。继思六十万字，须二千四百元，未免太重。电告梦翁，拟减为四十万字。"⑦

是年，针对袁世凯复辟帝制，发表长篇连载报道《帝制运动始末记》；发表《天意与民意》等文。

---

① 张元济：《张元济全集》第6卷，商务印书馆2008年版，第48页。
② 张元济：《张元济全集》第6卷，商务印书馆2008年版，第53页。
③ 张元济1916年6月28日日记，张元济：《张元济全集》第6卷，商务印书馆2008年版，第77页。
④《杜亚泉之痛快演说》，《时报》1917年6月5日，第4张第9版。
⑤ 张元济1916年6月9日日记，张元济：《张元济全集》第6卷，商务印书馆2008年版，第67页。
⑥ 张元济1916年8月1日日记，张元济：《张元济全集》第6卷，商务印书馆2008年版，第89页。
⑦ 张元济：《张元济全集》第6卷，商务印书馆2008年版，第133页。

附录一　杜亚泉年谱简编

一战爆发后，觉察资本主义社会种种弊病，引发思想转变。反对盲从西方文明，反对全盘否定传统文化。发表《再论新旧思想之冲突》《静的文明与动的文明》《〈中西验方新编〉叙言》等文。

1917年（民国六年）　45岁

1月，因《东方杂志》报道欧战，被越南、新加坡禁止，与张元济等商议对策，提出改变报道策略。张元济1917年1月19日日记："因越南及新加坡两处禁制本馆《东方杂志》，牵及他书，并扣查各货。当约杜亚泉及朱赤萌、屏农、铁樵诸人细商。总以不登战事为是。《东方》除去外国大事记及欧战综记，其余译件愈少愈妙，战图亦不登。"[1] 后与张元济商议杂志事时，提出"欧洲战事似不能载，只好偏重英、法一面"。[2]

2月，与章太炎所托严潡宣商议章太炎文集出版事。[3]

3月，为商务印书馆博物品制造选定目录。[4]

春夏，头痛。半日到馆、半日在家办事。张元济1917年3月16日日记："亚泉拟午后在家办事，恐他人援例不便，仍作欠班，由总务处补送。……另聘理化专科人帮亚泉。"[5] 张元济1917年4月2日日记："亚泉因头痛，拟半日到所，半日在寓办事，仍写课单。其原信由梦翁拟复，余亦签名，允其照办，并言可勿过拘。来往信稿均存编译所。"[6] 张元济1917年7月2日日记："伯训昨言，亚泉言暑假后拟仍办全日事，谓在外总觉松散，等语。本日三所会议既散，余告亚泉，谓伯训昨日见告各节，似可不必。因

---

[1] 张元济：《张元济全集》第6卷，商务印书馆2008年版，第144页。
[2] 张元济1917年2月6日日记，张元济：《张元济全集》第6卷，商务印书馆2008年版，第151页。
[3] 张元济1917年2月7日日记，张元济：《张元济全集》第6卷，商务印书馆2008年版，第151页；张元济1917年2月28日日记，张元济：《张元济全集》第6卷，商务印书馆2008年版，第161—162页。
[4] 张元济1917年3月13日日记，张元济：《张元济全集》第6卷，商务印书馆2008年版，第169页。
[5] 张元济：《张元济全集》第6卷，"日记"，商务印书馆2008年版，第171页。
[6] 张元济：《张元济全集》第6卷，"日记"，商务印书馆2008年版，第184页。

下午在家既觉有效，自可继续。公司对于旧人及倚重之人，不能以常例相绳。他人亦不得滥援。只要精神上愉快，公司自能获益。暑假后，仍请半日在寓可也。"①

5月，从张元济处接"《各国战后之准备》译稿两纸"。张元济请其"据作材料撰论，劝我国政府及人民作未雨之绸缪。"②

7月，向张元济提出将编译所理化部委托他人，自己专力主编《东方杂志》。张元济1917年7月2日日记："亚泉谓钟宪鬯已回沪，自己于《东方》担任，实觉不能兼顾理化部事，如能约宪鬯来，即以理化事专托之于彼。余告以公司计划须俟梦翁归后商议再定。"③

8月，因《东方杂志》本期插画问题，与高梦旦意见分歧，写信拟辞杂志主编职。张元济1917年8月22日日记："《东方杂志》八号有插画一张，梦意拟扯去。亚泉不平，来信辞去杂志主任事。梦已复信慰留，余亦去信。"④

9月，选《东方杂志文编》一册，被张元济、高梦旦认为体例不合，请另编《东方杂志时论类编》。张元济1917年9月15日日记："亚泉选《东方杂志文编》，已成一册。卷帙既多，又不分类，甚不合。与梦商，只可废去，请其另编分类。定名为《东方杂志时论类编》。"⑤

夏秋，着手编《欧洲大战》前编。张元济认为"和局不久即定，既定再出后编，前编必不合用，必须修改。且此等销路无多，不如从缓"。

夏秋，被张元济要求续编理化数等辞典时，建议"矿物学须编，可俟植、动两种销路如何再动手"。⑥

11月，介绍余姓友人为商务印书馆翻译《药物学》。张元济1917年

---

① 张元济：《张元济全集》第6卷，"日记"，商务印书馆2008年版，第224—225页。
② 张元济1917年2月7日日记，张元济：《张元济全集》第6卷，商务印书馆2008年版，第207—208页。
③ 张元济：《张元济全集》第6卷，商务印书馆2008年版，第225页。
④ 张元济：《张元济全集》第6卷，商务印书馆2008年版，第246页。
⑤ 张元济：《张元济全集》第6卷，商务印书馆2008年版，第258页。
⑥ 张元济1917年9月20日日记，张元济：《张元济全集》第6卷，商务印书馆2008年版，第260页。

11月17日日记:"亚泉介绍余君译《药物学》,约每千字三元。全书约三四十万字,需千元余。梦来信,以费重为虑。然已与谈数次,似难停止。复果精审,非不可办。但交稿不宜迟,或先付二元,俟交齐再付一元云。"[1]

是年,撰文呼唤真共和,发表《个人与国家之界说》《国会之解散》《真共和不能以武力求之论》等文。

是年,关注东西文化论争。发表《战后东西文明之调和》。

是年,关注社会改革方面。发表《男女及家庭》《选举与考试》《妇女职业》《农村之娱乐》《自由结婚》《文明结婚》《说俭》等文。

是年,发表《未来之世局》。预言未来世界将出现国家的联合;社会将出现新的阶级——有科学素养的劳动者;国家的民主主义将变为世界的社会主义;政党、武人将消灭。

是年,于俄国十月革命爆发后,发表《革命后之俄国近情》,介绍十月革命后的俄国国情。

1918年(民国七年) 46岁

2月,与张元济商议编纂《理化辞典》等事,建议先编矿物和药物辞典。张元济1918年2月16日日记:"与杜亚泉谈,拟接编《理化辞典》。杜云,不如矿物、药物为要。余云,即可编矿物。至药物,不如纳入化学为宜。杜云,凌文之现编《实用高小理科》因共和一种不能适,系原备阳历四月开学所用之故。吴和士现修改《矿物学》,完后可编。余又请告就田,将《动物辞典》速行了结。"[2]

3月,当选绍兴同乡公学校董。在开校日发表演说,称:"本校今日成立虽学生不过五十一人,然旅沪同乡数逾十万,同乡会为同乡子弟将来竞胜

---

[1] 张元济:《张元济全集》第6卷,商务印书馆2008年版,第279页。
[2] 张元济:《张元济全集》第6卷,商务印书馆2008年版,第329页。

商场计议，设学校。经三四年之踌躇而毅然决办，实抱有十倍此数百倍此数之目的。欲达此目的，一方全仗校长、教员，以热心从事；一方尤有赖于学生者二端，一注意行检、一勤求学问。如是则本校之名誉增隆，自然日臻发达，可不负同乡会之初意。"①

春，主编的《植物学大辞典》出版。本辞典自1906年开始编辑，历时12年，全书300余万字。为商务印书馆编印专科辞典之始。嗣后续出人名、医学、动物学、地质矿物学、哲学、地名等辞典，皆以此书导其先河。蔡元培作序称："吾国近出科学辞典，详博无逾于此者。"②广告中介绍此书"自前清光绪三十二年丙午开始编辑，至民国六年丁巳告成，前后共十二年"；其特色为"搜罗植物名称术语，详加解释，列说附图。全书载本国植物名称术语共八千九百八十余条，西文学名术语共五千八百五十余条，日本假名标音之植物名称共四千一百七十余条，重要植物插图共一千零零二枚。全书用五号字排，共一千七百余面，用上等洋纸印刷，洋装布面，订一厚册"。③

6月，拟办《理科杂志》，未获张元济同意。"意可缓，因无利，又呆占一人"。④

8月，代张元济"拟致王芸阁信，商化学名词事"。⑤对新改化学名词态度消极。⑥

12月，在《东方杂志》第15卷第12号发表《答〈新青年〉杂志记者之质问》。答复陈独秀在《新青年》第5卷第3号发表的《质问〈东方杂志〉记者——〈东方杂志〉与复辟问题》一文，持中西文化调和论，主张："尽力

---

① 《绍兴同乡公学开校》，《申报》1918年4月1日第10版。
② 蔡元培：《植物学大辞典序》（1917年10月15日），高平叔编：《蔡元培全集》第3卷，中华书局1984年版，第114页。
③ 《商务印书馆发行植物学大辞典》，《申报》1917年10月25日第1版。
④ 张元济1918年6月25日日记，张元济：《张元济全集》第6卷，商务印书馆2008年版，第374页。
⑤ 张元济1918年8月30日日记，张元济：《张元济全集》第6卷，商务印书馆，2008年版，第398页。
⑥ 张元济1918年9月6日日记，张元济：《张元济全集》第6卷，商务印书馆2008年版，第401页。

输入西洋学说,使其融合于吾固有文明之中。"

10月,参加绍兴同乡会大会,当选议员,倡议职业教育。①

12月,与张元济讨论"有关文具各项意见书","主张注重高小用品,其次中学用品,不宜广泛"。②

是年,东西方文化论争益趋激烈,发表《推测中国社会将来之变迁》《矛盾之调和》《政治上纷扰之原因》《迷乱之现代人心》《中国之新生命》《劳动主义》《国家主义之考虑》《对于未来世界之准备如何》《言论势力失坠之原因》等文。

1919年(民国八年) 47岁

第一次世界大战结束,发表《大战终结后国人之觉悟如何》,呼吁国人"抛弃权利竞争,保国内之和平","励行社会政策,以苏下层人民之苦痛"。③

9月在《东方杂志》第16卷第9号发表《新旧思想之折中》,答复陈独秀在《新青年》第6卷第2号发表的《再质问〈东方杂志〉记者》一文。阐明中西文化观点:"对于固有文明乃主张科学的刷新,并不主张顽固的保守;对于西洋文明亦主张相当的吸收,惟不主张完全的仿效而已。"④

2月,建议商务印书馆将马君武《动植物》一书"减价速售,免久搁成本",并主张博物标本事务设专人负责。称"须有人主任,不能仍照旧习惯办理,最好总务处有一人可以担任其事"。⑤

2月,推荐账房冯某进商务印书馆,后因业务不熟被辞退。张元济1919年3月8日日记:"亚泉前荐冯君任账房,许笃斋谓不适宜,且乘法亦

---

① 《绍兴同乡会大会纪事》,《申报》1918年10月7日第10版。
② 张元济1918年12月10日日记,张元济:《张元济全集》第6卷,商务印书馆2008年版,第451页。
③ 杜亚泉:《大战终结后国人之觉悟如何》,《东方杂志》16卷1号,1919年1月15日,第6页。
④ 杜亚泉:《新旧思想之折衷》,《东方杂志》16卷9号,1919年9月15日,第3页。
⑤ 张元济1919年2月17日日记,张元济:《张元济全集》第7卷,商务印书馆2008年版,第26页。

未熟。余约晤谈，询知前习刑名，兼办文牍，年已四十又八。即函亚泉，请其代辞。到馆五日，送薪五元。"①

4月，发表《中国政治革命不成功及社会革命不发生之原因》，归因于知识阶级未能与资产阶级和劳动阶级相结合。

5月，杜亚泉因父病回籍。张元济与高梦旦等商定，拟请陶惺存（葆霖）接管《东方杂志》，并登征文。②

7、8月间，因父殁告假回籍三个月。退回缺勤之薪水，张元济当面送还。张元济8月5日日记："回籍侍父病及办丧葬，共告假三个月，退回薪水两个月"，"又当面送还，谓不能以寻常事例相待"。③

8月，《东方杂志》滞销，外稿枯竭。张元济8月5日日记记载，陶惺存来告《东方杂志》事，"亚泉只能维持现状，又云外间绝无来稿"。④

11月，在《东方杂志》发表《何谓新思想》，与蒋梦麟进行关于新旧思想问题的论辩。主张"新思想依据于理性"，反对以感情、意志为断，指出以感情与意志为思想之原动力，实为西洋现代文明之病根。

---

① 张元济1919年2月24日、3月8日日记，张元济：《张元济全集》第7卷，商务印书馆2008年版，第29、36页。
② 张元济1919年5月24日日记，张元济：《张元济全集》第7卷，商务印书馆2008年版，第70页。
③ 张元济1919年8月5日日记，张元济：《张元济全集》第7卷商务印书馆2008年版，第105页。杜亚泉离任《东方杂志》主编一职前后，其对商务印书馆的态度有明显改变。张元济在1919年底及1920年两次宴请，杜亚泉均缺席。张元济1919年12月8日、1920年5月1日日记，张元济：《张元济全集》第7卷，商务印书馆2008年版，第162、208页。
④ 张元济1919年8月5日日记，张元济：《张元济全集》第7卷，商务印书馆2008年版，第105页。"日记"载：10月，商务印书馆确定陶惺存担任《东方杂志》主编，杜亚泉专管理化部事。1919年10月22日陶惺存谓："《东方杂志》投稿甚有佳作，而亚均不取，实太偏于旧。"（第145页）张元济1919年10月27日日记："惺存函商《东方杂志》办法。自己非不可兼，但不能兼做论说。先拟两法：一招徕投稿，二改为一月两期。余意，一月两期既费期，又太束缚，以不改为是。"（第146页）10月28日决定"请亚泉专管理化部事，《东方》由惺存担任"。（第147页）

1920年（民国九年）48岁

正式离任《东方杂志》主编职，专事于理科图书编辑。因与新文化论争陷入被动局势，商务当局力劝杜亚泉勿再发文反驳新文化派，便提出"身体不佳"，"拟减事减薪"，有意疏离商务印书馆。[①]杜在社会上颇有影响力的政论活动，至此基本停止。

继母殁。两年中"连遭大故，沪绍奔驰，精力稍替"。[②]

是年，参与编写商务印书馆初级小学、高级小学新法教科书及教员用书。[③]

1922年（民国十一年） 50岁

10月，参与编写新学制教科书。庄俞回忆："民国11年10月，全国教育会联合会在广东开第七届会议，产生新学制系统表，采用六三三制，并取纵横活动主义。本馆即遵照部颁之《新学制课程大纲》编辑新学制教科书，王云五、朱经农、吴研因、庄适、唐钺、竺可桢、段育华、杜亚泉、郑贞文诸君，实主其事。凡初小、高小、初中、高中、师范职业各学校用书，各科咸具。其中学教科书编制有二种，甲种教材，取混合编制法，为我国教科书空前之创作；乙种教材，取分科编制法，仍注重各科联络。以上二种教科书通行最广，足以代表一时代之精神。"[④]

1923年（民国十二年） 51岁

是年，主编《动物学大辞典》出版。本书编辑始自1917年，共历6年。全书250余万字。时有广告称："动物学界之明星"，介绍"全书一万零三百余

[①] 张元济1920年1月3日日记，张元济：《张元济全集》第7卷，商务印书馆2008年版，第173页。
[②] 蔡元培：《杜亚泉传》（1937年2月），高平叔编：《蔡元培全集》第7卷，中华书局1989年版，第170页。
[③] 庄俞：《谈谈我馆编辑教科书的变迁》，《1897—1987商务印书馆九十年——我和商务印书馆》，商务印书馆1987年版，第70页。
[④] 庄俞：《三十五年来之商务印书馆》（1931年），《1897—1992商务印书馆九十五年——我和商务印书馆》，商务印书馆1992年版，第725—726页。

条，插图三千六百余方并附彩画，洋装三千余页布面金字"，"本书搜罗广博，所采名词术语，除吾国固有者外，更就西洋之动物学名附以译名而解释之，其范围广漠，自不待言。卷首附有'动物界之概略''动物学术语图解之一斑'等项以补正文所不及。全书编成费时七八载，易稿二三次，实可谓集动物学之大成，为专治此科者所必备"，"本年阳历八月底截止，十月底出书"。①

1924年（民国十三年） 52岁

元月，参加由中华博物学会及江苏省教育会附设的理科研究会所举办理科教材讨论会。②

是年，在上海创办新中华学院并自任校长。③蔡元培回忆："最所热心，则在教育。常欲自办一校，以栽植社会需要之人才。初拟设于其乡之诸葛山，嗣拟设于绍兴县城之塔山，如何建筑，如何设备，如何进行，如何由中学扩充为大学，每一谈及，兴高采烈，刻日期成，格于情势，未能实现。至十三年，遂在上海设立新中华中学，子若侄毕业大学者，均任教课，君亦自任教课，虽因此减少商务馆服务之薪入，不顾也"。④

撰《新中华学院简章序言》阐明办学理念："以为吾国中学制度，宜以外国语为随意科目，使学生之希望入大学受专门教育者习之。大学专门学校，一切学术，皆宜用国语为研究工具，并就所研究之专科中，治外国之学名术语，以与世界各国交换知识。至于豫备留学，及为国际商业国民外交上培养人才，则宜于都市中设特殊的中等教育，除国文以外，一切科学，皆以

---

① 《动物学大辞典发售预约》，《申报》1922年7月4日第3版。
② 《理科教材讨论会今日开会》，《申报》1924年1月26日第14版。
③ 杜亚泉自任校长，教务主任杜其均，事务主任王莘夫。据《上海新中华学校续招新生》，《申报》1925年9月6日第6版。
④ 蔡元培：《杜亚泉传》（1937年2月），高平叔编：《蔡元培全集》第7卷，中华书局1989年版，第170—171页。

外国语为研究工具,初中之教学方法,宜附以国语之讲解及说明。"①

1925年(民国十四年) 53岁

7月,将学校迁移至杨树浦平凉路近胜路口,扩充新中华学院校舍。②

1926年(民国十五年) 54岁

元月,为新中华学院接收捐赠,添置仪器。③

是年,开始为周建人主编之《自然界》杂志撰稿。④

是年,为办学反复变卖商务股份并举债。

是年,新中华学院勉力支撑两年半、斥资八千余元后,因款绌停办。蔡元培回忆:"支持两年半,虽因此脱售商务馆旧占股份,又负债二三千元,不顾也。卒以无力继续,不得已而停办"。⑤

8月,参加江苏省理科研究会年会,当选为编审员。⑥

1927年(民国十六年) 55岁

先后于2月和11月在《一般》杂志上发表《对于李石岑先生演讲〈旧伦理观与新伦理观〉的疑义和感想》及《关于情与理的辩论》,质诘李石岑和朱孟实尊情抑理和割裂新旧伦理的观点。⑦

10月,参与编印"新时代教科书"。庄俞回忆:"国民革命军北伐告成以后,学制虽无重大变更,而国民训练之目标,显然已以三民主义为基础。

---

① 杜亚泉:《新中华学院简章序言》,《教育杂志》16卷8号,1924年8月20日,"附载"第1页。
② 《上海新中华学校启事》,《申报》1925年7月23号第2版。
③ 《新中华学校志谢招生》,《申报》1926年1月17日第2版。
④ 参见《自然界》(1926年1月创刊),自然界社发行。
⑤ 蔡元培:《杜亚泉传》(1937年2月),高平叔编:《蔡元培全集》第7卷,中华书局1989年版,第171页。
⑥ 《苏省理科研究会年会之第二日》,《申报》1926年8月19日第11版。
⑦ 参见杜亚泉:《对于李石岑先生演讲〈旧伦理观与新伦理观〉的疑义和感想》,《一般》2卷2期(1927年2月);杜亚泉:《关于情与理的辩论》,《一般》3卷3期(1927年11月)。

本馆为协助贯彻党义教育起见，编辑新时代教科书一套，材料新颖，宗旨纯正，自小学以至初中，无不齐备，王云五、何炳松、朱经农、杜亚泉、段育华诸君主持之。均先后经大学院及教育部审定，风行全国。"①

1929年（民国十八年） 57岁

《人生哲学》出版。蔡元培回忆：将其在学校中讲授之人生哲学内容，充实资料，汇编整理而成；称"先生（杜亚泉）既以科学方法研求哲理，故周详审慎，力避偏宕，对于各种学说，往往执两端而取其中，如惟物与惟心，个人与社会，欧化与国粹，国粹中之汉学与宋学，动机论与功利论，乐天观与厌世观，种种相对的主张，无不以折中之法，兼取其长而调和之；于伦理主义取普泛的完成主义，于人生观取改善观，皆其折中的综合的哲学见解也。先生之行己与处世，亦可以此推知之"。②

1931年（民国二十年） 59岁

10月，参加绍兴七县旅沪同乡会会员大会③，当选监委。④

10月，研究博史。自述"民国二十年十月，费半月之光阴，成此工作。工作之大部分，为在东方图书馆中收集材料"。⑤

本年，列入《当代中国名人录》。条目介绍："杜亚泉，年五十八岁。浙江绍兴人。日本留学生。现任上海商务印书馆生物学编辑。著有各种自然科

---

① 庄俞：《三十五年来之商务印书馆》（1931年），《1897—1992商务印书馆九十五年——我和商务印书馆》，商务印书馆1992年版，第726页。
② 蔡元培：《书杜亚泉先生遗事》（1934年1月16日），高平叔编：《蔡元培全集》第6卷，中华书局1988年版，第361页。
③ 本次会议通过了新章，改用委员制。
④《各同乡会消息》，《申报》1931年11月13日第10版。
⑤ 杜亚泉：《博史（附乐客戏谱）》，开明书店1933年版，第39页。

学教科书多种。"①

近年,参与编辑新课程标准教科书。庄俞回忆:"教育部近年对于学制之研究修改,不厌烦费,征集教育专家及富有经验者,迭次开会,规定新课程标准。先将草案颁布,博采教育人士之意见,然后正式公布,非常慎重。本馆遵此新标准编印基本教科书,小学有国语、算术、常识、社会、自然、历史、地理、音乐各种,方法革新,材料适合儿童心理。每种均有详善之教学法。中等以上需要各书,亦同时编印,何炳松、刘南陔、高觉敷、沈百英、段育华、杜亚泉、郑贞文、周昌寿、傅运森诸君主持之。实亦教育界所渴望之新教材也。"②

是年,回答《中学生》杂志记者怎样应付时局之问,发表《贡献给今日的青年》。倡议学生修养品德、服务社会。③

1932年(民国二十一年) 60岁

"一·二八"事变中因商务印书馆遭日寇炸焚并殃及四周员工寓所,率全家回乡避难。商务被迫停业并全员解雇总部职工。变卖家产,举债为生。④自述:"上海闸北方面,骤遭国难;东方杂志社被轰炸为瓦砾场。沪寓又当火线之冲,予在硝烟弹雨中,蜷伏一日两夜,匆匆出走,不携一物,间关数百里,避难乡间。"并自谓:"予在此次国难中,虽幸得保存生命,而所受创痛,亦至深巨。"⑤

是年,商务印书馆因停业解雇职工造成劳资矛盾。5月中旬,职工代表

---

① 樊荫南编纂:《当代中国名人录》,良友图书印刷公司1931年版,第115页。
② 庄俞:《三十五年来之商务印书馆》(1931年),《1897—1992商务印书馆九十五年——我和商务印书馆》,商务印书馆1992年版,第726页。
③ 杜亚泉:《贡献给今日的青年》,《中学生》第21号,1932年1月1日,署名杜亚泉。
④ 蔡元培:《杜亚泉传》(1937年2月),高平叔编:《蔡元培全集》第7卷,中华书局1989年版,第171页。
⑤ 杜亚泉:《博史(附乐客戏谱)》,开明书店1933年版,第39—40页。

晋京请愿。劳资双方各请杜亚泉、孙菊生、高梦旦三人试行调解，[①]未获成功。5月下旬，因不满商务印书馆退职金方案，发表抗议："鄙人等对于商务印书馆自愿解雇声明将未领之退职金保留债权，并声明公司所发领单内印有'遵批调解'字样不能承认，业已登报。今公司对鄙人等之异议不愿接受，鄙人等以为公司对于自己所订立之章程，自己所允许于职工之权利，尚复背约弃信，则鄙人等对于公司所发领单内取销其'遵批调解'字样，当然在情理之中。须知民无信不立，其责任实在公司，鄙人等惟望公司之反省而已。"[②]杜亚泉之子杜其在认为责任主要在王云五："一向苛待工人的商务领导人王云五借口商务遭受战争损失，取消了我父亲按商务章程应得的一笔数目不小的退职金（约一万数千元）。"[③]

是年，被聘商务印书馆馆外编辑。

是年，召集其侄杜其垚、杜其堡及商务退职同人，自费在乡间创办千秋编辑所，从事科学编著工作。

是年，"每周一次晋城，到稽山中学尽演讲义务"。[④]

是年，变卖家产，举债为生。

1933年（民国二十二年） 61岁

4月，所著《博史》出版。"绪言"介绍："前十余年，马将牌行于英之伦敦，英人对于此牌之起源，为种种附会之传说，甚至谓为孔子所创作。英人中有知其谬者，函书告予友，谓中国人宜以马将牌之起源，译登英报，以祛谬惑。友以嘱予。当时予曾作《马将推原》一篇，载于《东方杂志》第二十卷第

[①] 《商务职工代表晋京请愿》，《时报》1932年5月14日第2张第7版。
[②] 《凌文之杜亚泉启事》，《申报》1932年5月24日第11版。
[③] 杜其在：《回忆我的父亲杜亚泉》，许纪霖、田建业编：《一溪集：杜亚泉的生平与思想》，生活·读书·新知三联书店1999年版，第47页。
[④] 蔡元培：《杜亚泉传》（1937年2月），高平叔编：《蔡元培全集》第7卷，中华书局1989年版，第171页。

附录一　杜亚泉年谱简编

二十四号,并嘱予友摘要英译,寄诸伦敦。予之研究博史实以此时为嚆矢。"①

夏,特约为中华书局新编《国文读本》撰述者。②

6月,赴龙山诗巢雅集,和友人六如韵诗,有曰:"鞠躬尽瘁寻常事,动植犹然而况人。"③

10月,参加绍兴七县同乡会选举,当选监察委员。④

是年,完成《小学自然科词书》编纂。该书于次年出版。曾述其意:"小学校有了理科或自然科的课程,已经几十年;而国民对于自然科学的常识绝少进步。其原因虽不止一端;但是小学教师参考资料之短缺,和小学生补充读物之不足,使教者和读者都呆守着一本教科书,既感兴趣的贫乏,又没有考证和旁通的机会;在这种情况之下,自然科学的常识不易进步,自系当然的结果。现在关于小学生的补充读物:如儿童理科丛书,少年自然科学丛书等,陆续印行,为数似尚不少,而可供小学自然科教师用的参考书还是没有。因此,便决意编著一部专供小学教师用的小学自然科词书,以补此憾。"⑤商务印书馆有广告介绍:"主编者杜亚泉先生以数十年来从事自然科学的编辑和研究的经验,并得几位自然科学研究者的帮助而编成此书。就最广义的自然科范围搜集适应国人生活需要的各项材料,逐条加以详细的说明;遇必要时,更附插图,以助说明所不及。凡天文、地质、生物、生理、卫生、医学以至化学工业、及各项工程学的名词术语,均一一采入。不特对于教授自然科的小学教师是不可缺少的良书,即对于一般读者和爱好自然科学的学者也是非常有用的参考书。"⑥

---

① 杜亚泉:《博史(附乐客戏谱)》,开明书店1933年版,第1页。
② 《中华书局新编初中教科书》广告,《申报》1933年6月7日、8月7日,第1版。
③ 蔡元培:《杜亚泉传》(1937年2月),高平叔编:《蔡元培全集》第7卷,中华书局1989年版,第171页。
④ 《绍兴七县同乡会选举纪》,《申报》1933年10月3日第14版。
⑤ 王云五:《小学自然科词书序》(1934年3月1日),《小学自然科词书》,商务印书馆1934年版,第1页。
⑥ 《小学自然科词书》广告,《申报》1934年3月11日第4版。

秋，患肋膜炎。贫病交加无钱医治。①

12月6日在故乡伧塘老屋去世。"身后萧然，几于不克棺敛。"②葬于故乡上虞伧塘。

次月，蔡元培、张元济等12人署名刊发《为杜亚泉募集子女教养基金启》。云："广呼将伯，集有成数，即当储为基金，使其二子一女皆可努力读书，克承先业，则拜赐无既，而先生亦必衔感于九原之下也。"③

商务印书馆内部刊物《同舟》刊《为杜亚泉先生募集子女教养基金》记其事：

旧同事绍兴杜亚泉先生，不幸于上年十二月六日在籍病故。先生服务本公司垂三十年，遭国难后始退休归里；然犹任馆外编辑，至弥留前不辍。先生家本寒素，不喜积蓄，身后萧然，其夫人亦老而多病，稚女未嫁，二子在中学肄业，文士厄穷，同深悼惜。同事张元济、王云五、钱智修、周昌寿、蔡元培、何炳松、郑贞文、庄俞、高梦旦、李宣龚、傅玮平、夏鹏诸先生以久契同舟，感深气类，悯其子女孤露，不可使之失学，发起为先生募集子女教养基金。开募以来，已收七百元之谱。高翰卿先生怜旧情深，特赠五十元。郑心南先生于月初匆匆过沪时，亦赠五十元。王云五、李拔可、夏筱芳诸先生各赠巨数。其他诸旧同事亦各有捐赠，太约千金不难致也。庄百俞君有诗悼之。诗曰："卅年海上赋同舟，一度烽烟两地愁。博古通今穷物理，谈天说地为人谋。毕生无愧先知觉，垂死犹深后顾忧。文士寒酸何足异，宜将姓氏付千秋。"语语皆记实也。④

---

① 蔡元培：《为杜亚泉逝世发通函》（1933年12月21日），高叔平编：《蔡元培全集》第6卷，中华书局1988年版，第343页。
② 蔡元培：《为杜亚泉逝世发通函》（1933年12月21日），高叔平编：《蔡元培全集》第6卷，中华书局1988年版，第343页。
③ 张人凤、柳和城编：《张元济年谱长编》下册，上海交通大学出版社2011年版，第943页。合署12人为：蔡元培、郑贞文、钱智修、高梦旦、张元济、傅纬平、何炳松、庄俞、周昌寿、李宣龚、王云五、夏鹏等12人。
④ 《为杜亚泉先生募集子女教养基金》，《同舟》2卷7期，1934年3月5日，第17页。

附录二 杜亚泉主要著译作品

（一）杂志	责任形式	出版机构	出版时间/创刊年
《亚泉杂志》	主编	亚泉学馆	1900年11月
《普通学报》	主编	普通学书室	1901年9月

（二）著作	责任形式	出版机构	出版时间
《各省谘议局章程笺释》	合编	商务印书馆	1908年
《化学工艺宝鉴》	编纂	商务印书馆	1917年
《辛亥革命史》	编	商务印书馆	1923年12月
《帝制运动始末记》	编	商务印书馆	1923年12月
《欧战发生史》	合著	商务印书馆	1923年12月
《大战杂话》	合著	商务印书馆	1923年12月
《俄国大革命记略》	合著	商务印书馆	1923年12月
《东西文化批评》（上）	著	商务印书馆	1923年12月
《人生哲学》	编纂	商务印书馆	1929年8月
《博史》	著	开明书店	1933年4月

（三）译著	责任形式	出版机构	出版时间/创刊年
《支那文明史论》	译	普通学书室	1901年底
《社会主义神髓》	译	商务印书馆	1923年12月
《战争哲学》	合译	商务印书馆	1923年12月
《处世哲学》	译述	商务印书馆	1923年12月

| 《食物与卫生》 | 合译 | 商务印书馆 | 1924年4月 |

（四）论文/译文　　　　　　　　刊载刊物及时间

《〈亚泉杂志〉序》	《亚泉杂志》第1期，1900年11月
《化学原质新表》	《亚泉杂志》第1期，1900年11月
《质点论》	《亚泉杂志》第1期，1900年11月
《麻布洗涤法》	《亚泉杂志》第1期，1900年11月
《木器塞漏法》	《亚泉杂志》第1期，1900年11月
《钙之制法及质性》	《亚泉杂志》第1期，1900年11月
《天气预报器》	《亚泉杂志》第1期，1900年11月
《地球风向图》	《亚泉杂志》第1期，1900年11月
《考察金石表》	《亚泉杂志》第1期，1900年11月
《探南极之航路》	《亚泉杂志》第1期，1900年11月

《日本长野县桑蚕业同志会委员中村利元采访中国蚕业记》（译文）

　　　　　　　　　　　　　《亚泉杂志》第1期，1900年11月

《算学问题》	《亚泉杂志》第1期，1900年11月
《配合各色玻璃材料方》	《亚泉杂志》第2期，1900年11月
《矿物理学》	《亚泉杂志》第2期，1900年12月
《食物标准及食物各质化分表》	《亚泉杂志》第2期，1900年12月
《质点论》（续）	《亚泉杂志》第2期，1900年12月
《论蚕与光线之相关》	《亚泉杂志》第2期，1900年12月
《照相用显影药水新法》	《亚泉杂志》第2期，1900年12月
《算题问答》	《亚泉杂志》第2期，1900年12月
《化学问题》	《亚泉杂志》第2期，1900年12月
《化学理论》	《亚泉杂志》第3期，1900年12月

附录二　杜亚泉主要著译作品

《化学奇观》　　　　　　　　　《亚泉杂志》第 3 期，1900 年 12 月
《考察金石表》（续）　　　　　　《亚泉杂志》第 3 期，1900 年 12 月
《日本长野县桑蚕业同志会委员中村利元采访中国蚕业记》（译文）（续）
　　　　　　　　　　　　　　　《亚泉杂志》第 3 期，1900 年 12 月
《微积答问》　　　　　　　　　《亚泉杂志》第 3 期，1900 年 12 月
《质学问题》　　　　　　　　　《亚泉杂志》第 3 期，1900 年 12 月
《算题问答》　　　　　　　　　《亚泉杂志》第 3 期，1900 年 12 月
《定性分析》（译文）　　　　　　《亚泉杂志》第 4 期，1901 年 1 月
《化学理论》（续）　　　　　　　《亚泉杂志》第 4 期，1901 年 1 月
《显形新方》　　　　　　　　　《亚泉杂志》第 4 期，1901 年 1 月
《微积略论》（续）　　　　　　　《亚泉杂志》第 4 期，1901 年 1 月
《算题答问》　　　　　　　　　《亚泉杂志》第 4 期，1901 年 1 月
《论地震》　　　　　　　　　　《亚泉杂志》第 5 期，1901 年 1 月
《电学试验》（续）　　　　　　　《亚泉杂志》第 5 期，1901 年 1 月
《定性分析》（续一）　　　　　　《亚泉杂志》第 5 期，1901 年 1 月
《算题答问》　　　　　　　　　《亚泉杂志》第 5 期，1901 年 1 月
《化学周期律》　　　　　　　　《亚泉杂志》第 6 期，1901 年 3 月
《定性分析》（续二）　　　　　　《亚泉杂志》第 6 期，1901 年 3 月
《电学试验》（续）　　　　　　　《亚泉杂志》第 6 期，1901 年 3 月
《日本长野县桑蚕业同志会委员中村利元采访中国蚕业记》（译文）（续）
　　　　　　　　　　　　　　　《亚泉杂志》第 6 期，1901 年 3 月
《算题问答》　　　　　　　　　《亚泉杂志》第 6 期，1901 年 3 月
《述铜鈤鉬三原质之性情》　　　《亚泉杂志》第 7 期，1901 年 3 月
《铍即鉛考》　　　　　　　　　《亚泉杂志》第 7 期，1901 年 3 月
《论火山》　　　　　　　　　　《亚泉杂志》第 7 期，1901 年 3 月

《流质皮面之收缩力》	《亚泉杂志》第7期，1901年3月
《定性分析》（续三）	《亚泉杂志》第7期，1901年3月
《日本理学书目》	《亚泉杂志》第7期，1901年3月
《互相问答》	《亚泉杂志》第7期，1901年3月
《博物学总义》	《亚泉杂志》第8期，1901年5月
《论氩》	《亚泉杂志》第8期，1901年5月
《论歇偹谟》	《亚泉杂志》第8期，1901年5月
《电学试验》（续）	《亚泉杂志》第8期，1901年5月
《日本数学书目》	《亚泉杂志》第8期，1901年5月
《定性分析》（续四）	《亚泉杂志》第8期，1901年5月
《珠盘开方法》	《亚泉杂志》第8期，1901年5月
《算题问答》	《亚泉杂志》第8期，1901年5月
《论物质之溶和》	《亚泉杂志》第9期，1901年5月
《定性分析》（续五）	《亚泉杂志》第9期，1901年5月
《自来火工业》	《亚泉杂志》第9期，1901年5月
《珠盘开方法》（续）	《亚泉杂志》第9期，1901年5月
《幻视图》	《亚泉杂志》第9期，1901年5月
《防腐及贮藏法》	《亚泉杂志》第10期，1901年6月
《定性分析》（续六）	《亚泉杂志》第10期，1901年6月
《〈定性分析〉后记》	《亚泉杂志》第10期，1901年6月
《日本算学书目》	《亚泉杂志》第10期，1901年6月
《电学试验》（续）	《亚泉杂志》第10期，1901年6月
《算题答问》	《亚泉杂志》第10期，1901年6月
《化学答问》	《亚泉杂志》第10期，1901年6月
《太阳工业摘录》（译文）	《亚泉杂志》第10期，1901年6月

附录二　杜亚泉主要著译作品

《级数求和》　　　　　　　　　　《普通学报》第 1 期，1901 年
《有机物原质之鉴别法》　　　　　《普通学报》第 1 期，1901 年
《论洋蓝》　　　　　　　　　　　《普通学报》第 1 期，1901 年
《土壤之种类》　　　　　　　　　《普通学报》第 1 期，1901 年
《日本假名文字考》　　　　　　　《普通学报》第 1 期，1901 年
《无极太极论》　　　　　　　　　《普通学报》第 2 期，1901 年
《普通矿物学序言》　　　　　　　《普通学报》第 2 期，1901 年
《苗族纪》　　　　　　　　　　　《普通学报》第 2 期，1901 年
《〈支那文明史论〉凡例》　　　　《支那文明史论》，普通学书室 1901 年版
《中国士流改进策》　　　　　　　《选报》第 5 期，1901 年
《文学初阶》叙言　　　　　　　　《文学初阶》第 1 册，商务印书馆 1902 年版
《西乡从道传》（译文）　　　　　《普通学报》第 3 期，1902 年
《谈蚁》（译文）　　　　　　　　《普通学报》第 3 期，1902 年
《西乡从道传》（译文）（续）　　《普通学报》第 4 期，1902 年
《岩石纪要》　　　　　　　　　　《普通学报》第 4 期，1902 年
《浔溪公学开校之演说》　　　　　《普通学报》第 4 期，1902 年
《伦戤氏及职肯德氏简易炭酸定量器使用法》
　　　　　　　　　　　　　　　　《普通学报》第 4 期，1902 年
《心理学略述》　　　　　　　　　《普通学报》第 5 期，1902 年
《植物分类学》　　　　　　　　　《普通学报》第 5 期，1902 年
《物质进化论》　　　　　　　　　《东方杂志》2 卷 4 号，1905 年
《伦理标准说》　　　　　　　　　《东方杂志》2 卷 5 号，1905 年
《初印〈妖怪学讲义总论〉序》　　《妖怪学讲义录总论》，商务印书馆 1906 年版
《比较中法度量权衡说帖上会议政务处》　《东方杂志》5 卷 7 号，1908 年
《〈各省谘议局章程笺释〉》序言　商务印书馆 1908 年版

《理科小识》　　　　　　　　　　《东方杂志》6卷1号，1909年

（含《保存鸡卵法》《最大之动物》《人类之祖先》《假造金刚石》《放礟虫》《人鱼》《卵之雌雄》《援木求鱼》《输运果实法》《登山不觉疲劳之法》《裁缝鸟》11篇）

《理科小识》（续）　　　　　　　《东方杂志》6卷5号，1909年

（含《雌雄性分别之原因》《擬皮制造法》《牙粉制造法》《最大之植物》《磁石草》《时计花》《最小之生物》《明岁之彗星》《大海之波浪》9篇）

《杜亚泉致某君书》　　　　　　　《教育杂志》1卷9期，1909年

《博物学初步讲义》（合著）　　　《师范讲义》第1期，1910年

《博物学初步讲义》（合著）（续一）　《师范讲义》第2期，1910年

《博物学初步讲义》（合著）（续二）　《师范讲义》第3期，1910年

《博物学初步讲义》（合著）（续三）　《师范讲义》第5期，1910年

《博物学初步讲义》（合著）（续四）　《师范讲义》第6期，1910年

《博物学初步讲义》（合著）（续五）　《师范讲义》第7期，1910年

《动物学讲义》（合著）　　　　　《师范讲义》第7期，1910年

《动物学讲义》（续）（合著）　　《师范讲义》第8期，1910年

《论政策》　　　　　　　　　　　《时事新报月刊》第1期，1911年

《动物学讲义》（续）（合著）　　《师范讲义》第9期，1911年

《矿物学讲义》（未完）　　　　　《师范讲义》第10期，1911年

《动物学讲义》（续）（合著）　　《师范讲义》第10期，1911年

《减政主义》　　　　　　　　　　《东方杂志》8卷1号，1911年

《政党论》　　　　　　　　　　　《东方杂志》8卷1号，1911年

《英国政界之现在与将来》（合著）　《东方杂志》8卷1号，1911年

《中国文字之将来》（译者按）　　《东方杂志》8卷1号，1911年

《中国文字之将来》（译文）　　　《东方杂志》8卷1号，1911年

《论今日之教育行政》　　　　　　《东方杂志》8卷2号，1911年

附录二　杜亚泉主要著译作品

《加查氏之东西两洋论》(译文)　　《东方杂志》8卷2号，1911年
《述处世哲学》　　　　　　　　　《东方杂志》8卷2号，1911年
《食物养生法》(译文)　　　　　　《东方杂志》8卷2号，1911年
《鼠疫之预防及看护法》(译文)　　《东方杂志》8卷2号，1911年
《日本人对于四国借款之言论》　　《东方杂志》8卷3号，1911年
《外交之新局面》(译文)　　　　　《东方杂志》8卷3号，1911年
《墨西哥乱事记》　　　　　　　　《东方杂志》8卷3号，1911年
《摩洛哥事件》　　　　　　　　　《东方杂志》8卷3号，1911年
《纪俄相司徒连平辞职事》　　　　《东方杂志》8卷3号，1911年
《东西洋社会根本之差异》(译文)　《东方杂志》8卷3号，1911年
《述处世哲学》(续)　　　　　　　《东方杂志》8卷3号，1911年
《着色茶之禁止》(译文)　　　　　《东方杂志》8卷3号，1911年
《论蓄妾》　　　　　　　　　　　《东方杂志》8卷4号，1911年
《英皇之加冕礼》　　　　　　　　《东方杂志》8卷4号，1911年
《英国之帝国会议》　　　　　　　《东方杂志》8卷4号，1911年
《美国之新国民主义》(译文)　　　《东方杂志》8卷4号，1911年
《论病为兴国之基》(译文)　　　　《东方杂志》8卷4号，1911年
《英国之国外投资额》　　　　　　《东方杂志》8卷5号，1911年
《再纪摩洛哥事件》　　　　　　　《东方杂志》8卷5号，1911年
《马可波罗事略》　　　　　　　　《东方杂志》8卷5号，1911年
《永历太妃遣使于罗马教皇考》　　《东方杂志》8卷5号，1911年
《摩洛哥与列强》　　　　　　　　《东方杂志》8卷6号，1911年
《后四国借款抗议》　　　　　　　《东方杂志》8卷6号，1911年
《不平安慰法》(译文)　　　　　　《东方杂志》8卷6号，1911年
《日本之生活难》(译文)　　　　　《东方杂志》8卷6号，1911年

《不平安慰法》（译文）（续）	《东方杂志》8卷7号，1911年
《论今日之教育行政》（续）	《东方杂志》8卷8号，1911年
《英国政争之经过》	《东方杂志》8卷8号，1911年
《大同盟罢业》	《东方杂志》8卷8号，1911年
《川路事变记》	《东方杂志》8卷8号，1911年
《世界多事之年》	《东方杂志》8卷8号，1911年
《革命战争》	《东方杂志》8卷9号，1911年
《论俄德协约》	《东方杂志》8卷9号，1911年
《革命战事记》	《东方杂志》8卷9号，1911年
《纪意土战争》	《东方杂志》8卷9号，1911年
《海地共和国之革命》	《东方杂志》8卷9号，1911年
《中华民国之前途》	《东方杂志》8卷10号，1912年
《革命成功记》	《东方杂志》8卷10号，1912年
《墨西哥革命成功之伟人》（译文）	《东方杂志》8卷10号，1912年
《英国与印度》	《东方杂志》8卷10号，1912年
《东洋最初之共和国》（译文）	《东方杂志》8卷10号，1912年
《纪暹罗皇帝加冕礼》	《东方杂志》8卷10号，1912年
《俄波之交涉》	《东方杂志》8卷10号，1912年
《的利波里问题》	《东方杂志》8卷10号，1912年
《支那革命之成功与黄祸》（译文）	《东方杂志》8卷10号，1912年
《论共和折中制》	《东方杂志》8卷11号，1912年
《英德之外交》	《东方杂志》8卷11号，1912年
《德国之经营胶州湾》	《东方杂志》8卷11号，1912年
《年龄论》（译文）	《东方杂志》8卷11号，1912年
《生活困难之研究》	《东方杂志》8卷11号，1912年

附录二　杜亚泉主要著译作品

《临时政府借债汇记》	《东方杂志》8卷11号，1912年
《万国鸦片会议》（译文）	《东方杂志》8卷11号，1912年
《中裁条约之将来》（译文）	《东方杂志》8卷11号，1912年
《英国煤矿工之大同盟罢业》	《东方杂志》8卷11号，1912年
《意土之讲和》	《东方杂志》8卷11号，1912年
《社会主义神髓》（译者按）	《东方杂志》8卷11号，1912年
《社会主义神髓》（译文）	《东方杂志》8卷11号，1912年
《镭锭发明者居里夫人小传》	《东方杂志》8卷11号，1912年
《中央财政概论》	《东方杂志》8卷12号，1912年
《奥地利与匈牙利》	《东方杂志》8卷12号，1912年
《泗水华侨与和兰警察之冲突》	《东方杂志》8卷12号，1912年
《巴拿玛运河之影响》	《东方杂志》8卷12号，1912年
《社会主义神髓》（译文）（续一）	《东方杂志》8卷12号，1912年
《尿粪制造燃灯瓦斯》	《东方杂志》8卷12号，1912年
《论依赖外债之误国》	《东方杂志》9卷1号，1912年
《银行团借债及垫款之交涉》	《东方杂志》9卷1号，1912年
《塔虎脱与罗斯福》	《东方杂志》9卷1号，1912年
《清宫秘史》	《东方杂志》9卷1号，1912年
《社会主义神髓》（译文）（续二）	《东方杂志》9卷1号，1912年
《论命令之性质及范围》	《东方杂志》9卷2号，1912年
《外蒙古之宣布独立》	《东方杂志》9卷2号，1912年
《清宫秘史》（续）	《东方杂志》9卷2号，1912年
《社会主义神髓》（译文）（续三）	《东方杂志》9卷2号，1912年
《论省制及省官制》	《东方杂志》9卷3号，1912年
《社会主义神髓》（译文）（续四）	《东方杂志》9卷3号，1912年

《论人民重视官吏之害》　　　　　《东方杂志》9 卷 4 号，1912 年
《共和政体与国民心理》　　　　　《东方杂志》9 卷 5 号，1912 年
《论切音字母》　　　　　　　　　《东方杂志》9 卷 5 号，1912 年
《省制仿普鲁士州制之商榷》　　　《东方杂志》9 卷 5 号，1912 年
《日本明治时代之进步》（译文）　《东方杂志》9 卷 5 号，1912 年
《日本明治天皇大丧纪》　　　　　《东方杂志》9 卷 5 号，1912 年
《独立命令论》　　　　　　　　　《东方杂志》9 卷 6 号，1912 年
《中华民国第一届国庆纪事》　　　《东方杂志》9 卷 6 号，1912 年
《再论减政主义》　　　　　　　　《东方杂志》9 卷 7 号，1913 年
《十年以来中国政治通览》上编中的《通论》与下编中的《财政》《实业》两篇
　　　　　　　　　　　　　　　　《东方杂志》9 卷 7 号，1913 年
《吾人将以何法治疗社会之疾病乎》《东方杂志》9 卷 8 号，1913 年
《独立后之库伦及俄蒙协约》　　　《东方杂志》9 卷 8 号，1913 年
《论中国之社会心理》　　　　　　《东方杂志》9 卷 9 号，1913 年
《论社会变动之趋势与吾人处世之方针》《东方杂志》9 卷 10 号，1913 年
《现代文明之弱点》　　　　　　　《东方杂志》9 卷 11 号，1913 年
《西康建省谈》　　　　　　　　　《东方杂志》9 卷 11 号，1913 年
《西康建省谈》（续）　　　　　　《东方杂志》9 卷 12 号，1913 年
《大借款之经过及其成立》　　　　《东方杂志》9 卷 12 号，1913 年
《精神救国论》　　　　　　　　　《东方杂志》10 卷 1 号，1913 年
《对于筹备巴拿马赛会之意见》　　《东方杂志》10 卷 1 号，1913 年
《精神救国论》（续一）　　　　　《东方杂志》10 卷 2 号，1913 年
《精神救国论》（续二）　　　　　《东方杂志》10 卷 3 号，1913 年
《革命战争之经过及其失败》　　　《东方杂志》10 卷 3 号，1913 年
《国民今后之道德》　　　　　　　《东方杂志》10 卷 5 号，1913 年

附录二　杜亚泉主要著译作品

《理性之势力》　　　　　　　　　　《东方杂志》10卷6号，1913年
《中俄关于蒙事协商之成立》　　　　《东方杂志》10卷6号，1913年
《个人之改革》　　　　　　　　　　《东方杂志》10卷12号，1914年
《接续主义》　　　　　　　　　　　《东方杂志》11卷1号，1914年
《策消极》　　　　　　　　　　　　《东方杂志》11卷2号，1914年
《欧洲大战争开始》　　　　　　　　《东方杂志》11卷2号，1914年
《大战争与中国》　　　　　　　　　《东方杂志》11卷3号，1914年
《战争杂话》　　　　　　　　　　　《东方杂志》11卷3号，1914年
《大战争续记》　　　　　　　　　　《东方杂志》11卷3号，1914年
《大战争之所感》　　　　　　　　　《东方杂志》11卷4号，1914年
《大战争续记二》　　　　　　　　　《东方杂志》11卷4号，1914年
《破除享福之目的》　　　　　　　　《东方杂志》11卷5号，1914年
《大战争续记三》　　　　　　　　　《东方杂志》11卷5号，1914年
《用脑之方法》（学艺）　　　　　　《学生》1卷1号，1914年
《有脊动物国之大会议》（学艺）　　《学生》1卷1号，1914年
《太阳热之利用》　　　　　　　　　《繁华杂志》第3期，1914年
《特别邮政》　　　　　　　　　　　《繁华杂志》第3期，1914年
《社会协力主义》　　　　　　　　　《东方杂志》12卷1号，1915年
《大战争续记四》　　　　　　　　　《东方杂志》12卷1号，1915年
《自治之商榷》　　　　　　　　　　《东方杂志》12卷2号，1915年
《欧美社会党之消息》（译文）　　　《东方杂志》12卷2号，1915年
《日本众议院之解散》　　　　　　　《东方杂志》12卷2号，1915年
《论思想战》　　　　　　　　　　　《东方杂志》12卷3号，1915年
《大战争续记五》　　　　　　　　　《东方杂志》12卷3号，1915年
《国家自卫论》　　　　　　　　　　《东方杂志》12卷4号，1915年

《日本要求事件》	《东方杂志》12卷4号，1915年
《德国般哈提将军主战论之概略》（译文）	
	《东方杂志》12卷4号，1915年
《差等法》（谈屑）	《东方杂志》12卷4号，1915年
《戒早婚》（谈屑）	《东方杂志》12卷4号，1915年
《度量》（谈屑）	《东方杂志》12卷4号，1915年
《政争》（谈屑）	《东方杂志》12卷4号，1915年
《战争与文学》	《东方杂志》12卷5号，1915年
《大战争续记七》（6号更正为六）	《东方杂志》12卷5号，1915年
《恰克图会议之经过》	《东方杂志》12卷5号，1915年
《日本选举运动之内幕》（译文）	《东方杂志》12卷5号，1915年
《德国般哈提将军主战论之概略》（译文）（续）	
	《东方杂志》12卷5号，1915年
《商会》（谈屑）	《东方杂志》12卷5号，1915年
《波海会》（谈屑）	《东方杂志》12卷5号，1915年
《隐逸》（谈屑）	《东方杂志》12卷5号，1915年
《国民对外方法之考案》	《东方杂志》12卷6号，1915年
《假亲王》（外交新剧）	《东方杂志》12卷6号，1915年
《日人之开发中国富源论》（译文）	《东方杂志》12卷6号，1915年
《纪远东运动会》	《东方杂志》12卷6号，1915年
《谈名利》（谈屑）	《东方杂志》12卷6号，1915年
《国家意思之发表》（谈屑）	《东方杂志》12卷6号，1915年
《产业组合》（谈屑）	《东方杂志》12卷6号，1915年
《禁酒与禁烟》（谈屑）	《东方杂志》12卷6号，1915年
《消极之兴业谈》	《东方杂志》12卷7号，1915年

附录二　杜亚泉主要著译作品

《命运说》	《东方杂志》12卷7号，1915年
《假亲王》（外交新剧）（续）	《东方杂志》12卷7号，1915年
《日人对于中日交涉解决后之言论》	《东方杂志》12卷7号，1915年
《职业智识》（谈屑）	《东方杂志》12卷7号，1915年
《知事试验》（谈屑）	《东方杂志》12卷7号，1915年
《国情之歧异》（谈屑）	《东方杂志》12卷7号，1915年
《读色嘉纳〈幸福论〉书后》	《东方杂志》12卷8号，1915年
《假亲王》（外交新剧）（续）	《东方杂志》12卷8号，1915年
《大战争续记七》	《东方杂志》12卷8号，1915年
《劝业委员会》（谈屑）	《东方杂志》12卷9号，1915年
《德意志帝国主义之由来》（译文）	《东方杂志》12卷9号，1915年
《吾人今后之自觉》	《东方杂志》12卷10号，1915年
《欧战之感想》（谈屑）	《东方杂志》12卷10号，1915年
《慈善事业》（谈屑）	《东方杂志》12卷10号，1915年
《大战争续记八》	《东方杂志》12卷10号，1915年
《国民共同之概念》	《东方杂志》12卷11号，1915年
《大战争续记九》	《东方杂志》12卷12号，1915年
《俄国军队之缺点》（译文）	《东方杂志》12卷12号，1915年
《英德海上对抗之大势》	《东方杂志》13卷1号，1916年
《欧洲战乱与社会党》（译文）	《东方杂志》13卷2号，1916年
《家庭与国家》	《东方杂志》13卷3号，1916年
《大战争续记十》	《东方杂志》13卷3号，1916年
《从生物现象上观察之战争》	《东方杂志》13卷3号，1916年
《保护宜昌石龙记》	《东方杂志》13卷3号，1916年
《再论新旧思想之冲突》	《东方杂志》13卷4号，1916年

《妇人参政权运动小史》（译文）　　《东方杂志》13卷4号，1916年
《爱与争》　　《东方杂志》13卷5号，1916年
《论国音字母》　　《东方杂志》13卷5号，1916年
《陆先生应麟传》　　《学生杂志》3卷5号，1916年
《力之调节》　　《东方杂志》13卷6号，1916年
《天意与民意》　　《东方杂志》13卷7号，1916年
《集权与分权》　　《东方杂志》13卷7号，1916年
《帝制运动始末记》　　《东方杂志》13卷7号，1916年
《集权与分权》（续）　　《东方杂志》13卷8号，1916年
《帝制运动始末记》（续一）　　《东方杂志》13卷8号，1916年
《论民主立宪之政治主义不适于现今之时势》
　　《东方杂志》13卷9号，1916年
《梁任公先生之谈话》　　《东方杂志》13卷9号，1916年
《帝制运动始末记》（续二）　　《东方杂志》13卷9号，1916年
《日本人之领土购买政策论》（译文）　　《东方杂志》13卷9号，1916年
《静的文明与动的文明》　　《东方杂志》13卷10号，1916年
《予所想望于大总统者》　　《东方杂志》13卷10号，1916年
《帝制运动始末记》（续三）　　《东方杂志》13卷10号，1916年
《〈中西验方新编〉叙言》　　《东方杂志》13卷11号，1916年
《大战争续记十一》　　《东方杂志》13卷12号，1916年
《外交曝言》　　《东方杂志》14卷1号，1917年
《豫言与暗示》（谈屑）　　《东方杂志》14卷1号，1917年
《中国人果惰乎》（谈屑）　　《东方杂志》14卷1号，1917年
《男女及家庭》（谈屑）　　《东方杂志》14卷1号，1917年
《钢骨三和土建筑法述略》　　《东方杂志》14卷1号，1917年

附录二　杜亚泉主要著译作品

《予之蔬食主义及方法》（谈屑）	《东方杂志》14卷2号，1917年
《选举与考试》（谈屑）	《东方杂志》14卷2号，1917年
《个人与国家之界说》	《东方杂志》14卷3号，1917年
《妇女职业》（谈屑）	《东方杂志》14卷3号，1917年
《农村之娱乐》（谈屑）	《东方杂志》14卷3号，1917年
《战后东西文明之调和》	《东方杂志》14卷4号，1917年
《家庭之改革》	《东方杂志》14卷4号，1917年
《日本议会解散记》	《东方杂志》14卷4号，1917年
《旅居暹罗之中国人》（译文）	《东方杂志》14卷4号，1917年
《俄国大革命之经过》	《东方杂志》14卷5号，1917年
《自由结婚》（谈屑）	《东方杂志》14卷5号，1917年
《文明结婚》（谈屑）	《东方杂志》14卷5号，1917年
《说俭》	《东方杂志》14卷6号，1917年
《未来之世局》	《东方杂志》14卷7号，1917年
《恽代英〈结婚问题之研究〉附志》	《东方杂志》14卷7号，1917年
《今后时局之觉悟》	《东方杂志》14卷8号，1917年
《国会之解散》（谈屑）	《东方杂志》14卷8号，1917年
《游场与公园》（谈屑）	《东方杂志》14卷8号，1917年
《交友》（谈屑）	《东方杂志》14卷8号，1917年
《运河政策》（译文）	《东方杂志》14卷8号，1917年
《真共和不能以武力求之论》	《东方杂志》14卷9号，1917年
《宣战与时局之关系》	《东方杂志》14卷9号，1917年
《国内调查》（谈屑）	《东方杂志》14卷9号，1917年
《防盗》（谈屑）	《东方杂志》14卷9号，1917年
《谨告阅者诸君》	《东方杂志》14卷10号，1917年

《中国回教传衍之历史及各省回教之近况》

《东方杂志》14卷10号，1917年

《美国之参战与战后之变动》（译文）　《东方杂志》14卷11号，1917年

《革命后之俄国近情》　《东方杂志》14卷12号，1917年

《世界人之世界主义》（译文）　《东方杂志》14卷12号，1917年

《义勇农》（谈屑）　《东方杂志》14卷12号，1917年

《战争时代多产男子之实据》（谈屑）　《东方杂志》14卷12号，1917年

《最轻之金属与最轻之气体》（谈屑）　《东方杂志》14卷12号，1917年

《力之经济》（谈屑）　《东方杂志》14卷12号，1917年

《殖民》（谈屑）　《东方杂志》14卷12号，1917年

《墓地》（谈屑）　《东方杂志》14卷12号，1917年

《蝾螈与龙之关系》　《教育杂志》9卷12号，1917年

《推测中国社会将来之变迁》　《东方杂志》15卷1号，1918年

《续记俄国之近状》　《东方杂志》15卷1号，1918年

《劳动争议之解决方法》（译文）　《东方杂志》15卷1号，1918年

《英国之富源》（译文）　《东方杂志》15卷1号，1918年

《矛盾之调和》　《东方杂志》15卷2号，1918年

《政治上纷扰之原因》　《东方杂志》15卷2号，1918年

《论移民海外之利害》（译文）　《东方杂志》15卷2号，1918年

《死之哲学》（谈屑）　《东方杂志》15卷3号，1918年

《中国农田收获量与德国之比较》（谈屑）

《东方杂志》15卷3号，1918年

《北美合众国之人口状态》（译文）　《东方杂志》15卷3号，1918年

《迷乱之现代人心》　《东方杂志》15卷4号，1918年

《〈工艺杂志〉序》　《东方杂志》15卷4号，1918年

附录二 杜亚泉主要著译作品

《印度之宗教》(译文)	《东方杂志》15卷4号，1918年
《日本之对华政策及两国之关系》(译文)	
	《东方杂志》15卷4号，1918年
《金权与兵权》	《东方杂志》15卷5号，1918年
《中国财政之观察》(译文)	《东方杂志》15卷5号，1918年
《论中日提携》(译文)	《东方杂志》15卷6号，1918年
《美索波太迷亚之英德关系》(译文)	《东方杂志》15卷6号，1918年
《中国之新生命》	《东方杂志》15卷7号，1918年
《山东之苦力》(译文)	《东方杂志》15卷7号，1918年
《罗马灭亡之经济考察》(译文)	《东方杂志》15卷7号，1918年
《劳动主义》	《东方杂志》15卷8号，1918年
《国家主义之考虑》	《东方杂志》15卷8号，1918年
《国文典式例》	《东方杂志》15卷8号，1918年
《欧战延长之原因及与我国之关系》	《东方杂志》15卷9号，1918年
《去年中国铁路之概况》(译文)	《东方杂志》15卷9号，1918年
《西伯利亚事情》(译文)	《东方杂志》15卷9号，1918年
《对于未来世界之准备如何》	《东方杂志》15卷10号，1918年
《教育之指导》(谈屑)	《东方杂志》15卷10号，1918年
《迷误之告文》(谈屑)	《东方杂志》15卷10号，1918年
《满蒙经济大要》(译文)	《东方杂志》15卷10号，1918年
《日本米风潮中之日人言论》	《东方杂志》15卷10号，1918年
《侨居都市者对于乡里之责任》(谈屑)	《东方杂志》15卷11号，1918年
《族葬》(谈屑)	《东方杂志》15卷11号，1918年
《新亚细亚主义》(译文)	《东方杂志》15卷11号，1918年
《战后之美国移民问题》(译文)	《东方杂志》15卷11号，1918年

《言论势力失坠之原因》　　　　　　《东方杂志》15卷12号，1918年
《答〈新青年〉杂志记者之质问》　　《东方杂志》15卷12号，1918年
《欧洲大战与中国历史之比较》（译文）《东方杂志》15卷12号，1918年
《大战终结后国人之觉悟如何》　　　《东方杂志》16卷1号，1919年
《中国之内国关税》（译文）　　　　《东方杂志》16卷1号，1919年
《欧战后中国所得之利益》　　　　　《东方杂志》16卷2号，1919年
《高加索之过去现在及将来》（译文）《东方杂志》16卷2号，1919年
《中国之糖业》（译文）　　　　　　《东方杂志》16卷3号，1919年
《中国政治革命不成就及社会革命不发生之原因》

　　　　　　　　　　　　　　　　　《东方杂志》16卷4号，1919年
《德意志屈服之原因》（译文）　　　《东方杂志》16卷4号，1919年
《中国兴业之先决问题》　　　　　　《东方杂志》16卷5号，1919年
《太平洋之将来与列强之贸易战》（译文）

　　　　　　　　　　　　　　　　　《东方杂志》16卷5号，1919年
《中等阶级论》（译文）　　　　　　《东方杂志》16卷6号，1919年
《中国之电话事业》（译文）　　　　《东方杂志》16卷6号，1919年
《美人及美国论》（译文）　　　　　《东方杂志》16卷7号，1919年
《人种差别之意义》（译文）　　　　《东方杂志》16卷7号，1919年
《历史上之世界支配者》（译文）　　《东方杂志》16卷8号，1919年
《美国之政治组织》（译文）　　　　《东方杂志》16卷8号，1919年
《新旧思想之折衷》　　　　　　　　《东方杂志》16卷9号，1919年
《美国之政治组织》（译文）（续）　《东方杂志》16卷9号，1919年
《国际联盟之成立与日英同盟之将来》（译文）

　　　　　　　　　　　　　　　　　《东方杂志》16卷9号，1919年
《职业之高下》（谈屑）　　　　　　《东方杂志》16卷10号，1919年

附录二　杜亚泉主要著译作品

《奸商与死刑》（谈屑）　　　　　　《东方杂志》16卷10号，1919年
《世界经济状况之变迁》（谈屑）　　　《东方杂志》16卷10号，1919年
《智识阶级之团结》（谈屑）　　　　　《东方杂志》16卷10号，1919年
《国际法上之保护领》（译文）　　　　《东方杂志》16卷10号，1919年
《何谓新思想》　　　　　　　　　　《东方杂志》16卷11号，1919年
《共济组合论》（译文）　　　　　　　《东方杂志》16卷11号，1919年
《国际法上之保护领》（译文）（续）　《东方杂志》16卷11号，1919年
《论通俗文》　　　　　　　　　　　《东方杂志》16卷12号，1919年
《对蒋梦麟〈何谓新思想〉一文的附志》
　　　　　　　　　　　　　　　　　《东方杂志》17卷2号，1920年
《中国医学的研究方法》　　　　　　　《学艺》2卷8号，1920年
《有机化学命名之讨论（其二）》　　　《学艺》2卷8号，1920年
《有机化学命名之讨论（其二）》（续）《学艺》2卷9号，1920年
《不寐书怀》（诗词）（合著）　　　　《学艺》4卷6号，1922年
《归乡卧病》（诗歌）　　　　　　　　《学艺》4卷9号，1923年
《〈新中华学院简章〉序言》　　　　　《教育杂志》16卷8号，1924年
《说明科学名词审查会审定氪氰氲三元素名称不能适用的理由》
　　　　　　　　　　　　　　　　　《自然界》1卷1号，1926年1月
《罐藏和坛藏》　　　　　　　　　　　《自然界》1卷1号，1926年1月
《商务印书馆筹备新制高小应用仪器标本的经过》
　　　　　　　　　　　　　　　　　《自然界》1卷1号，1926年1月
《中学校算术科和自然科的程度标准及教科用书》
　　　　　　　　　　　　　　　　　《自然界》1卷4号，1926年4月
《自然的解释》　　　　　　　　　　　《自然界》2卷2号，1927年2月
《对于李石岑先生"旧伦理观与新伦理观"的疑义和感想》
　　　　　　　　　　　　　　　　　《一般》2卷2号，1927年

《关于情与理的辩论》　　　　　　《一般》3卷3号，1927年
《研究中国医学的方法》　　　　　《医界春秋汇选》第1期，1927年
《六淫新解》（合著）　　　　　　《绍兴医药月报》4卷3号，1928年
《人生哲学》编辑大意　　　　　　《人生哲学》，商务印书馆1929年版
《自然科教学实验材料·关于改良学习书及教授书的意见》
　　　　　　　　　　　　　　　　《自然界》5卷2号，1930年2月
《自然科教学实验材料·自然科笔记簿及参考书》
　　　　　　　　　　　　　　　　《自然界》5卷3号，1930年3月
《自然科教学实验材料·自然科教材的选择》
　　　　　　　　　　　　　　　　《自然界》5卷4号，1930年4月
《自然科教学实验材料·教材的选择》《自然界》5卷5号，1930年5月
《自然科教学实验材料·自然科教材的混合和教材细目》
　　　　　　　　　　　　　　　　《自然界》5卷7号，1930年8月
《自然科教学实验材料·观察》　　《自然界》5卷8号，1930年9月
《自然科教学实验材料·实验》　　《自然界》5卷9号，1930年10月
《自然科教学实验材料·思考与说明》《自然界》5卷10号，1930年11月
《自然科教学实验材料·中小学自然科课程标准的讨论》
　　　　　　　　　　　　　　　　《自然界》6卷1期，1931年1月
《对于教育部颁行小学课程暂行标准中（自然科课程标准）的修正意见》
　　　　　　　　　　　　　　　　《自然界》6卷10期，1931年11月
《贡献给今日的青年》　　　　　　《中学生》第21号，1932年
《越语研究》　　　　　　　　　　《越华》1卷1期，1933年
《越语研究》（续）　　　　　　　《越华》1卷2期，1933年
《读孙先生家骥哭其德配陶夫人声绎文书后》
　　　　　　　　　　　　　　　　《越华》1卷3期，1933年

附录三　杜亚泉编纂、翻译、校订、出版的主要自然科学类教科书、工具书等

名称	类别	责任形式	出版年/创刊年	出版者
学堂教科论	图书	——	1901年	普通学书室[①]
格致	教科书	编	1901年	——
化学定性分析	教科书	译	1901年	普通学书室
普通植物学	教科书	编	1901年	普通学书室
普通矿物学	教科书	编	1901年	普通学书室
普通生物学	教科书	编译	1901—1902年	普通学书室
普通数学	教科书	编译	1901—1902年	普通学书室
普通质学	教科书	编译	1901—1902年	普通学书室
普通化学	教科书	编译	1901—1902年	普通学书室
普通动物学	教科书	编译	1901—1902年	普通学书室
数学揭要	图书	——	——	普通学书室
代数学揭要	图书	——	——	普通学书室
合数术	图书	——	——	普通学书室
微积备旨	图书	——	——	普通学书室
普通新地志	教科书	编	1902年	普通学书室
矿物学	教科书	编	1902年	——
理化示教	教科书	编译	1903年	普通学书室
普通植物学教科书	教科书	——	1903年	普通学书室
最新中学教科书·植物学	教科书	编译	1903年	普通学书室

[①] 普通学书室的出版物大部分未见实物，情况不明，下同。

绘图文学初阶（初等小学堂用）	教科书[①]	编纂	1903 年	商务印书馆
（中学）新撰植物学教科书	教科书	编纂	1903 年	商务印书馆
最新初等小学笔算教科书	教科书	合作校订	1904 年	商务印书馆
最新初等小学笔算教科书教授法	教科书	合作校订	1904 年	商务印书馆
最新高等小学理科教科书	教科书	合作校订	1905 年	商务印书馆
最新高等小学笔算教科书教授法	教科书	合作编纂	1905 年	商务印书馆
中学化学新教科书	教科书	纂译	1905 年	商务印书馆
中学生理学	教科书	——	1905 年	商务印书馆
最新初等小学格致教科书	教科书	编辑	1906 年	商务印书馆
简易格致课本	教科书	编纂	1906 年	商务印书馆
初等小学格致教科书教授法	教科书	——	1906 年	商务印书馆
最新高等小学笔算教科书	教科书	编纂	1906 年	商务印书馆
高等小学算术教本·笔算	教科书	校订	1906 年	商务印书馆
（订正）高等小学算术教本·笔算	教科书	合作校订	1906 年	商务印书馆
中学用器画教科书·平面几何画 投影画	教科书	合作校订	1906 年	商务印书馆
中学用器画教科书	教科书	校订	1906 年	商务印书馆
师范学校教科书·理化示教	教科书	编译	1906 年	商务印书馆
最新中学教科书·矿物学	教科书	编纂	1906 年	商务印书馆
格致课本教授法	教科书	——	1907 年	商务印书馆
物理学新教科书	教科书	编译	1907 年	商务印书馆
中学植物学教科书	教科书	合作译订	1907 年	商务印书馆
中学植物学教科书	教科书	合作编译	1907 年	商务印书馆

[①] 教科书（多册一套）出版时间为编者所见最早版本的出版时间，下同。

附录三 杜亚泉编纂、翻译、校订、出版的主要自然科学类教科书、工具书等

中学植物教科书	教科书	合作译订	1907年	商务印书馆
（中学）新撰植物学教科书	教科书	编译	1907年	商务印书馆
中学生理学教科书	教科书	合作编译	1907年	商务印书馆
中学生理卫生新教科书	教科书	合作校订	1907年	商务印书馆
中学初等矿物界教科书	教科书	合作译订	1907年	商务印书馆
通俗实用家计簿记教科书	教科书	校订	1908年	商务印书馆
高等小学最新农业教科书	教科书	合作校订	1908年	商务印书馆
博物学教授指南	教科书	合作校订	1908年	商务印书馆
实验化学教科书	教科书	校订	1908年	商务印书馆
新撰动物学教科书	教科书	合作校订	1908年	商务印书馆
中学动物学教科书	教科书	合作校订	1908年	商务印书馆
中学新撰矿物学教科书	教科书	校订	1908年	商务印书馆
中学新式矿物学	教科书	校订	1909年	商务印书馆
盖氏对数表（附用法）	工具书	合作重译	1909年	商务印书馆
师范学堂生理卫生学	教科书	——	1910年前	商务印书馆
订正中外度量衡币比较表	工具书	合编	1910年	商务印书馆
动物新论	图书	校订	1910年	商务印书馆
初等师范学校动物学教科书	教科书	——	1910年	商务印书馆
实验植物学教科书	教科书	编译	1911年	商务印书馆
高等小学新理科教授法	教科书	合作编纂	1912年	商务印书馆
高等小学新理科·甲种	教科书	合作编纂	1912年	商务印书馆
博物学初步讲义	教科书	合作编纂	1912年	商务印书馆
矿物学讲义	教科书	述	1912年	商务印书馆
（订正）最新笔算教科书	教科书	合编/合校	1912年	商务印书馆
共和国教科书·新理科（高等小学）	教科书	合作编纂	1913年	商务印书馆

共和国教科书·新理科教授法	教科书	合作编纂	1913年	商务印书馆
单级算术教科书	教科书	合作校订	1913年	商务印书馆
新编植物学教科书（订正本）	教科书	校订	1913年	商务印书馆
共和国教科书·植物学（中学校用）	教科书	编纂	1913年	商务印书馆
初等小学单级算术教授书·珠算	教科书	合作校订	1914年	商务印书馆
共和国教科书·生理学（中学校用）	教科书	合作编纂	1914年	商务印书馆
共和国教科书·矿物学（中学校用）	教科书	编纂	1914年	商务印书馆
最新中学教科书·植物学	教科书	校订	1915年	商务印书馆
（增订）最新中学教科书·植物学	教科书	校订	1915年	商务印书馆
实用理科教科书	教科书	合作校订	1915年	商务印书馆
实用理科教授书	教科书	合作校订	1915年	商务印书馆
普通教科书·动物学（中学校用）	教科书	合作编纂	1915年	商务印书馆
共和国教科书·动物学（中学校用）	教科书	合作编纂	1915年	商务印书馆
辞源	具书	参与编写	1915年	商务印书馆
植物学大辞典	工具书	主编	1918年	商务印书馆
新法理科教科书（高等小学校用）	教科书	合作校订	1920年	商务印书馆
新法理科教科书（新学制小学后期用）	教科书	合作编纂	1922年	商务印书馆
中等学校教科书·有机化学	教科书	合作编纂	1922年	商务印书馆
动物学讲义	教科书	合编	1922年	商务印书馆
动物学大辞典	工具书	主编	1922年	商务印书馆
新学制自然科学教科书（初级中学用）	教科书	合编	1923年	商务印书馆
新学制自然科教科书（小学校初级用）	教科书	合作校订	1923年	商务印书馆

附录三　杜亚泉编纂、翻译、校订、出版的主要自然科学类教科书、工具书等

书名	类别	方式	年份	出版社
新撰自然科教授书（新学制小学校高级用）	教科书	校订	1924年	商务印书馆
新撰自然科教科书	教科书	编纂	1924年	商务印书馆
新时代自然教科书（小学校初级用）	教科书	合作校订	1927年	商务印书馆
新智识丛书·天界现象	图书	校订	1928年	商务印书馆
小学自然科教学法	教科书	编纂	1931年	商务印书馆
自然教科书（小学校初级用）	教科书	合作校订	1931年	商务印书馆
自然科教学参考书·矿物测验及截片法	教科书	校订	1931年	商务印书馆
新时代高中教科书·岩石学	教科书	校订	1931年	商务印书馆
科学丛书·人生动物学	图书	校订	1931年	商务印书馆
百科小丛书·下等植物分类学（万有文库）	教科书	著	1933年	商务印书馆
百科小丛书·高等植物分类学（万有文库）	教科书	编纂	1933年	商务印书馆
新标准初中教本·动物学	教科书	校	1934年	商务印书馆
小学自然科词书	工具书	合编	1934年	商务印书馆
大学丛书（教本）·动物学精义	教科书	合译	1939年	商务印书馆